BPSC शिक्षक भर्ती

बिहार प्राथमिक विद्यालय शिक्षक

प्रैक्टिस बुक

प्रथम संस्करण

हिन्दी माध्यम

18 प्रैक्टिस सेट्स

रोहित वैदवान

Published by :

Invincible Publication Pvt. Ltd.

BPSC PRACTICE BOOK

ISBN : 978-8196391898
by ROHIT VAIDWAN
Medium : Hindi
Translation by: Content Team Adhyayan Mantra
Publication No. 80
Published by
Invincible Publication Pvt. Ltd.
201A, SAS Tower, Sector 38, Gurugram - 122003
Phone: +91-124-4034247, +91 9599066061
www.invinciblepublishers.com
Sales: Office No. 4760-61/23 Basement, Pratap Street,
Ansari Road Daryaganj, New Delhi. 110002
Phone: +91-11-40198405
Email: invinciblepublishers@gmail.com

1st Edition - 2023

Thank You

Hope you are happy with your purchase !

We sincerely appreciate the trust and confidence you have in us. We will make sure we continue to put your needs first.

Every child's suggestions and feedbacks matters to us, please share your valuable feedback on Amazon

It will give a positive motivation for new editions.

You are the reason Adhyayan Mantra does what it does !

Thank you for the confidence that you've placed in us.

Rohit Vaidwan

Please give your valuable feedback on

amazon Flipkart

Disclaimer (अस्वीकरण):

इस पुस्तक के निर्माण में विश्वसनीय व अधिकृत स्रोतों का प्रयोग किया है। यद्यपि पुस्तक के निर्माण में पूर्ण सावधानी रखी गई है तथा पुस्तक को त्रुटिरहित बनाने का पूर्ण प्रयास किया गया है, किन्तु पुस्तक का मुद्रण व निर्माण का कार्य कम्प्यूटर के द्वारा किया गया है, जिसके कारण कुछ त्रुटियां संभावित हो सकती है। इस पुस्तक में होने वाली किसी भी त्रुटि के लिए लेखक, प्रकाशक व संस्था की कोई जिम्मेदारी नहीं होगी।

PREFACE

BPSC PRACTICE BOOK has been well-planned and methodically structured as an effective and focused resource. The book has a fine blend of the usual but necessary material you will find in any book for the examinations, along with some well researched and useful features that students could use to prepare for best results. An important feature of the book is chapter wise summary with relevant questions from the original BPSC papers. For instance, we have provided a practice book with question bank that consists of all MCQ's that were asked in the BPSC exam.

We must confess that bringing out such a practice book where collection, verification, and assessment of the material is a huge task, has been a group effort. The team behind this effort is a gifted squad of researchers, who went through the entire process meticulously, without losing steam at any phase, and keeping in mind the timelines and all qualitative aspects of publishing a book. Despite our best efforts at the desk-level, a few errors may have unintentionally crept in the book. We request that such blemishes must not be ignored but brought forward to us, so that we may rectify these in our next editions.

Suggestions for improving the book in any way are most welcome.

For any feedback and suggestions mail us at: **ampublicationsdelhi@gmail.com**

For any doubts and queries regarding any questions and answers given in this book follow our

YOUTUBE Channel (ADHYAYAN MANTRA)
Telegram Channel:- Adhyayan Mantra

We wish all the aspirants the very best.

Publisher

विषय-सूची

क्र. प्रैक्टिस सेट	पृष्ठ सं.

प्रैक्टिस सेट

भाषा प्रैक्टिस सेट

SET 1

BPSC प्राइमरी प्रैक्टिस सेट

1. मोहनजोदड़ों पाकिस्तान के सिंध प्रांत में पुरातत्व स्थल है। मोहनजोदड़ो का क्या अर्थ है?

(a) आतंकमय पुरुषों का स्तूप
(b) महान पुरुषों का स्तूप
(c) सन्तुष्ट पुरुषों का स्तूप
(d) मृत पुरुषों का स्तूप
(e) उपर्युक्त में से कोई नहीं/उपर्युक्त में से एक से अधिक

2. बनावली हरियाणा के किस जिले में सिंधु घाटी सभ्यता काल से संबंधित पुरातत्व स्थल हैं?

(a) सिरसा (b) कुरूक्षेत्र
(c) फतेहाबाद (d) जींद
(e) उपर्युक्त में से कोई नहीं/उपर्युक्त में से एक से अधिक

3. निम्नलिखित में से कौन-सा भारत का एक पुरापाषाण स्थल नहीं है?

(a) भीमबेटका गुफा (b) हुंसगी गुफा
(c) कुर्नूल गुफा (d) बराबर गुफा
(e) उपर्युक्त में से कोई नहीं/उपर्युक्त में से एक से अधिक

4. निम्नलिखित में से कौन सा शहर सिंधु घाटी सभ्यता का हिस्सा था?

(a) द्वारका (b) हड़प्पा
(c) मुजिरिस (d) साँची
(e) उपर्युक्त में से कोई नहीं/उपर्युक्त में से एक से अधिक

5. सिंधु घाटी सभ्यता एक _____ युग की सभ्यता थी।

(a) तांबा (b) लोहा
(c) कांस्य (d) पत्थर
(e) उपर्युक्त में से कोई नहीं/उपर्युक्त में से एक से अधिक

6. राजा जयपाल और मोहम्मद गजनी के बीच पेशावर का युद्ध किस वर्ष में लड़ा गया था?

(a) 1512 (b) 1001
(c) 1758 (d) 1205
(e) उपर्युक्त में से कोई नहीं/उपर्युक्त में से एक से अधिक

7. तराइन का प्रथम युद्ध मोहम्मद गोरी और निम्नलिखित मे से किस भारतीय राजा के बीच में लड़ा गया था?

(a) देववर्मन (b) राजा यशोविग्रह
(c) पृथ्वीराज चौहान (d) राजा उदयसिंह
(e) उपर्युक्त में से कोई नहीं/उपर्युक्त में से एक से अधिक

8. महमूद गजनवी ने ____ में, अपने पहले आक्रमण में हिन्दुस्तानी राजतंत्र पर हमला करते हुए जयपाल को पराजित किया-

(a) 1001 ई. (b) 1011 ई.
(c) 1006 ई. (d) 1008 ई.
(e) उपर्युक्त में से कोई नहीं/उपर्युक्त में से एक से अधिक

9. दिल्ली की सुरक्षा प्राचीर में निम्न में से कौन-सा इब्नबतूता के द्वारा सबसे उत्तम दरवाजा बताया गया?

(a) माण्डवी दरवाजा (b) बदायूँ दरवाजा
(c) गुल दरवाजा (d) दिल्ली दरवाजा
(e) उपर्युक्त में से कोई नहीं/उपर्युक्त में से एक से अधिक

10. भारत में अंग्रेजों के लिए फ्रांसीसी चुनौती निम्नलिखित में से किस युद्ध के बाद समाप्त हो गई?

(a) प्लासी का युद्ध (b) बक्सर का युद्ध
(c) वांडीवाश का युद्ध (d) श्रीरंगपत्तनम का युद्ध
(e) उपर्युक्त में से कोई नहीं/उपर्युक्त में से एक से अधिक

11. वास्को डी गामा भारत किस वर्ष आये थे?

(a) 1470 (b) 1445
(c) 1498 (d) 1450
(e) उपर्युक्त में से कोई नहीं/उपर्युक्त में से एक से अधिक

12. कौन से मुगल सम्राट के शासनकाल में अंग्रेज ईस्ट इंडिया कंपनी ने भारत में अपनी पहली फैक्टरी स्थापित की?

(a) अकबर (b) जहाँगीर
(c) शाहजहाँ (d) औरंगजेब
(e) उपर्युक्त में से कोई नहीं/उपर्युक्त में से एक से अधिक

13. प्लासी के युद्ध में ब्रिटिश ईस्ट इंडिया कंपनी की ओर से अंग्रेजों का नेतृत्व किसने किया था?

(a) चार्ल्स स्टुअर्ट (b) वारेन हेस्टिंगस
(c) रॉबर्ट क्लाइव (d) जेम्स लैंकेस्टर
(e) उपर्युक्त में से कोई नहीं/उपर्युक्त में से एक से अधिक

14. 1757 में प्लासी की लड़ाई ने बंगाल के किस नवाब को ब्रिटिश सेना ने हराया था?

(a) मीर जाफर (b) सरफराज खान
(c) सिराज-उद-दौला (d) मीर कॉसिम
(e) उपर्युक्त में से कोई नहीं/उपर्युक्त में से एक से अधिक

15. कुख्यात विश्वासघाती 'मीर जाफर' किस युद्ध से संबंधित है?

(a) हल्दीघाटी (b) प्लासी
(c) पानीपत (d) बक्सर
(e) उपर्युक्त में से कोई नहीं/उपर्युक्त में से एक से अधिक

16. _________ चट्टान या धातु के बड़े हैं जो ज्यादातर मंगल और बृहस्पति के बीच सूर्य की परिक्रमा करते हुए पाए जाते हैं।

(a) धूमकेतु (b) उपग्रहों
(c) क्षुद्रग्रह (d) बौना ग्रह
(e) उपर्युक्त में से कोई नहीं/उपर्युक्त में से एक से अधिक

17. भारतीय मानक समय ग्रीनविच माध्य समय _______ से आगे है।

(a) 2 घंटे (b) 3 घंटे 45 मिनट
(c) 7 घंटे 15 मिनट (d) 5 घंटे 30 मिनट
(e) उपर्युक्त में से कोई नहीं/उपर्युक्त में से एक से अधिक

18. भारतीय मानक समय ग्रीनविच माध्य समय _____ से आगे है।

(a) 2 घंटे (b) 3 घंटे 45 मिनट
(c) 7 घंटे 15 मिनट (d) 5 घंटे 30 मिनट
(e) उपर्युक्त में से कोई नहीं/उपर्युक्त में से एक से अधिक

19. पीसा की मीनार किस देश में स्थित है?

(a) इटली (b) तुर्की
(c) यूनान (d) रूस
(e) उपर्युक्त में से कोई नहीं/उपर्युक्त में से एक से अधिक

20. कौन - सा देश विश्व में सर्वाधिक सोना उत्पादित करता है?

(a) मेक्सिको (b) चीन
(c) जापान (d) जर्मनी
(e) उपर्युक्त में से कोई नहीं/उपर्युक्त में से एक से अधिक

21. निम्नलिखित में से क्या पृथ्वी के घूर्णन का परिणाम है?

(a) ज्वार-भाटा (b) कोरिऑलिस बल
(c) गुरुत्वाकर्षण बल (d) ग्रहण
(e) उपर्युक्त में से कोई नहीं/उपर्युक्त में से एक से अधिक

22. कौन - सी रेखा /सीमा भारत और पाकिस्तान को अलग करती है?

(a) सीमांत रेखा (b) सीग्राइड रेखा
(c) रैडक्लिफ रेखा (d) मैकमोहन रेखा
(e) उपर्युक्त में से कोई नहीं/उपर्युक्त में से एक से अधिक

23. पीर पंजाल पर्वतमाला की सबसे ऊँची चोटी कौन-सी है?

(a) इन्द्रासन पर्वत (b) देव टिब्बा पर्वत
(c) मणिमहेश कैलाश पीक (d) पीर कांथी
(e) उपर्युक्त में से कोई नहीं/उपर्युक्त में से एक से अधिक

24. महानदी नदी का उद्गम निम्नलिखित में से किस राज्य में है?

(a) आंध्र प्रदेश (b) झारखंड
(c) मध्य प्रदेश (d) छत्तीसगढ़
(e) उपर्युक्त में से कोई नहीं/उपर्युक्त में से एक से अधिक

25. भारत के निम्नलिखित में से किस राज्य में ज्यादातर मरुस्थलीय मृदा है?

(a) राजस्थान (b) उत्तर प्रदेश
(c) मध्य प्रदेश (d) महाराष्ट्र
(e) उपर्युक्त में से कोई नहीं/उपर्युक्त में से एक से अधिक

26. भारतीय संविधान के हस्ताक्षरकर्ताओं की कुल संख्या कितनी थी?

(a) 264 (b) 256
(c) 272 (d) 284
(e) उपर्युक्त में से कोई नहीं/उपर्युक्त में से एक से अधिक

27. निम्नलिखित में से कौन-सा भारतीय संविधान में उल्लेखित एक मौलिक अधिकार नहीं हैं?

(a) संपत्ति का अधिकार (b) शोषण के विरूद्ध अधिकार
(c) स्वतंत्रता का अधिकार (d) समानता का अधिकार
(e) उपर्युक्त में से कोई नहीं/उपर्युक्त में से एक से अधिक

28. भारतीय संविधान का कौन-सा अनुच्छेद मूल अधिकारों की परिभाषा से संबंधित है?

(a) 12 (b) 10
(c) 14 (d) 16
(e) उपर्युक्त में से कोई नहीं/उपर्युक्त में से एक से अधिक

29. धन विधेयक निम्न में पेश किया जा सकता है:

(a) लोकसभा और राज्यसभा दोनों
(b) न लोकसभा और न ही राज्यसभा
(c) केवल राज्यसभा
(d) केवल लोकसभा
(e) उपर्युक्त में से कोई नहीं/उपर्युक्त में से एक से अधिक

30. जहाँ किसी राज्य के विधानमंडल का केवल एक सदन होता है, उसे कहा जाता है-

(a) विधान सभा (b) राज्यसभा
(c) विधान परिषद (d) लोकसभा
(e) उपर्युक्त में से कोई नहीं/उपर्युक्त में से एक से अधिक

31. एक ईवीएम अधिकतम कितने उम्मीदवारों के लिए पर्याप्त होती है?

(a) 64 (b) 72
(c) 36 (d) 24
(e) उपर्युक्त में से कोई नहीं/उपर्युक्त में से एक से अधिक

32. पंचायती राज प्रणाली की शुरुआत _____ से की गई थी।

(a) जयपुर (b) शादनगर
(c) हैदराबाद (d) नागौर
(e) उपर्युक्त में से कोई नहीं/उपर्युक्त में से एक से अधिक

33. भारतीय संविधान में निम्नलिखित में से किस संशोधन द्वारा भाषाई आधार पर राज्यों का पुनर्गठन किया गया था?

(a) 3वें (b) 9वें
(c) 7वें (d) 5वें
(e) उपर्युक्त में से कोई नहीं/उपर्युक्त में से एक से अधिक

34. भारत में आयुध अधिनियम किस वर्ष में पारित किया गया था?

(a) 1951 (b) 1959
(c) 1964 (d) 1955
(e) उपर्युक्त में से कोई नहीं/उपर्युक्त में से एक से अधिक

35. भारत सरकार द्वारा कितने अल्पसंख्यक बहुल जिले सूचीबद्ध है?

(a) 74 (b) 86
(c) 120 (d) 90
(e) उपर्युक्त में से कोई नहीं/उपर्युक्त में से एक से अधिक

36. निम्नलिखित में से कौन भारत में एक अप्रत्यक्ष कर है?

(a) निगम कर (b) सम्पत्ति कर
(c) आयकर (d) सेवा कर
(e) उपर्युक्त में से कोई नहीं/उपर्युक्त में से एक से अधिक

37. वह दर जिस पर बैंक विनिमय बिलों या अन्य वाणिज्यिक पत्रों को खरीदने या बदलने के लिए तैयार रहती है, उसे _____ कहा जाता है?

(a) रिवर्स रेपो दर
(b) बैंक दर
(c) नकदी आरक्षित निधि अनुपात
(d) रेपो दर
(e) उपर्युक्त में से कोई नहीं/उपर्युक्त में से एक से अधिक

38. नीति आयोग में NITI (नीति) से तात्पर्य है-

(a) नेशनल इन्स्टीट्यूशन फॉर ट्रांसफॉर्मिंग इण्डिया
(b) नेशनल इन्फॉर्मेशन एण्ड टेक्नोलॉजी इन्स्टीट्यूट
(c) नेशनल इन्स्टीट्यूशन फॉर टेक्निकल इन्फॉर्मेशन
(d) न्यू इन्स्टीट्यूशन फॉर ट्रांसफॉर्मिंग इण्डिया
(e) उपर्युक्त में से कोई नहीं/उपर्युक्त में से एक से अधिक

39. "प्रधान मंत्री रोजगार योजना" किस वर्ष प्रारंभ हुआ था?

(a) 1980 (b) 1990
(c) 1996 (d) 1966
(e) उपर्युक्त में से कोई नहीं/उपर्युक्त में से एक से अधिक

40. भारत सरकार की प्रथम पंचवर्षीय योजना की समय-अवधि थी:

(a) 1951-1956 (b) 1950-1955
(c) 1951-1955 (d) 1952-1957
(e) उपर्युक्त में से कोई नहीं/उपर्युक्त में से एक से अधिक

41. त्वरण की एस.आई. इकाई है-

(a) ms^2 (b) m/s^2
(c) m/s (d) ms
(e) उपर्युक्त में से कोई नहीं/उपर्युक्त में से एक से अधिक

42. एक खगोलीय इकाई निम्न के बीच औसत दूरी होती है?

(a) पृथ्वी तथा सूर्य (b) पृथ्वी तथा चन्द्रमा
(c) बृहस्पति तथा सूर्य (d) प्लूटो तथा सूर्य
(e) उपर्युक्त में से कोई नहीं/उपर्युक्त में से एक से अधिक

43. कोई पिंड इस प्रकार गति करता है कि उसके द्वारा चली गयी दूरी लिए गए समय के वर्ग के अनुक्रमानुपाती है। इस पिंड की गति के विषय में क्या निष्कर्ष निकाला जा सकता है?

(a) पिंड शून्य त्वरण से [illegible]तिमान है।
(b) पिंड का त्वरण नियत है।
(c) पिंड बढ़ते त्वरण से गति कर रहा है।
(d) पिंड घटते त्वरण से गति कर रहा है।
(e) उपर्युक्त में से कोई नहीं/उपर्युक्त में से एक से अधिक

44. वह उपकरण जो यांत्रिक ऊर्जा को विद्युत ऊर्जा में परिवर्तित करता है, _____ कहलाता है-

(a) जेनरेटर (b) मोटर
(c) अमीटर (d) डायनेमोमीटर
(e) उपर्युक्त में से कोई नहीं/उपर्युक्त में से एक से अधिक

45. उत्तल दर्पण द्वारा बनने वाला प्रतिबिंब सदैव ____और ____ होता है।

(a) आभासी, सीधा (b) वास्तविक, सीधा

(c) वास्तविक, उल्टा (d) आभासी, उल्टा

(e) उपर्युक्त में से कोई नहीं/उपर्युक्त में से एक से अधिक

46. कैल्शियम का परमाणु द्रव्यमान .... होता है।

(a) 42 (b) 40

(c) 38 (d) 39

(e) उपर्युक्त में से कोई नहीं/उपर्युक्त में से एक से अधिक

47. लिटमस पेपर को साबुन के पानी में डालने पर, यह इनमें से किस रंग में बदल जाता है?

(a) नारंगी (b) पीला

(c) लाल (d) नीला

(e) उपर्युक्त में से कोई नहीं/उपर्युक्त में से एक से अधिक

48. सोडियम में सही इलेक्ट्रॉनों का वितरण है-

(a) 2, 8, 1 (b) 2, 6, 3

(c) 5,5,1 (d) 2, 5, 4

(e) उपर्युक्त में से कोई नहीं/उपर्युक्त में से एक से अधिक

49. निम्नलिखित में से कौन-सा अम्ल है?

(a) H_2O (c) NaCl

(b) H_2SO_4 (d) Na_2CO_3

(e) उपर्युक्त में से कोई नहीं/उपर्युक्त में से एक से अधिक

50. एन्टोमोलॉजी (Entomology) का विज्ञान किसका अभ्यास करता है?

(a) मानव व्यवहार

(b) कीड़े-मकोड़े

(c) प्रौद्योगिकी और वैज्ञानिक परिभाषा का मूल एवं इतिहास

(d) खंडकों की रचना

(e) उपर्युक्त में से कोई नहीं/उपर्युक्त में से एक से अधिक

51. भोजन में जीवाणु .... के बीच की तापमान सीमा में सबसे तेजी से वृद्धि करता है।

(a) 20°F और 140°F (b) 40°F और 140°F

(c) 100°F और 140°F (d) 30°F और 140°F

(e) उपर्युक्त में से कोई नहीं/उपर्युक्त में से एक से अधिक

52. ____ कोशिका की एक प्रकार की अपशिष्ट निपटान प्रणाली है।

(a) राइबोसोम (b) माइटोकांड्रिया

(c) लाइसोसोम (d) गाल्जी तंत्र

(e) उपर्युक्त में से कोई नहीं/उपर्युक्त में से एक से अधिक

53. गाजर और आम इनका विपुल स्त्रोत है

(a) विटामिन A (b) विटामिन B

(c) विटामिन C (d) विटामिन D

(e) उपर्युक्त में से कोई नहीं/उपर्युक्त में से एक से अधिक

54. परिवार नियोजन की शल्य प्रक्रियाओं में से एक है:

(a) लेसेक्टोमी (b) मेसेक्टोमी

(c) नेसेक्टोमी (d) वेसेक्टोमी

(e) उपर्युक्त में से कोई नहीं/उपर्युक्त में से एक से अधिक

55. किस पौधे को औषधि की रानी कहा जाता है?

(a) घृत कुमारी (b) नीम

(c) पवित्र तुलसी (d) पुदीना

(e) उपर्युक्त में से कोई नहीं/उपर्युक्त में से एक से अधिक

56. एक संगठन में सभी कर्मचारियों के वेतन का औसत 25000 रुपए है। 10 कर्मचारियों का औसत वेतन 30000 रुपए है और शेष का औसत वेतन 15000 रुपए है। संगठन में कर्मचारियों की कुल संख्या _____ है।

(a) 13 (b) 25

(c) 15 (d) 20

(e) उपर्युक्त में से कोई नहीं/उपर्युक्त में से एक से अधिक

57. 4.5, 15 और 0.3 का लघुतम समापवर्तक है:

(a) 45 (b) 4.5

(c) 450 (d) 15

(e) उपर्युक्त में से कोई नहीं/उपर्युक्त में से एक से अधिक

58. चार मेजों का मूल्य 10 कुर्सियों के मूल्य के बराबर है। 15 कुर्सियों और 2 मेजों का कुल मूल्य 4000 रुपए है। 12 कुर्सियों और 3 मेजों का कुल मूल्य है

(a) 3500 रुपए (b) 3750 रुपए

(c) 3840 रुपए (d) 3900 रुपए

(e) उपर्युक्त में से कोई नहीं/उपर्युक्त में से एक से अधिक

59. यदि एक संख्या के 25 प्रतिशत के $\frac{3}{7}$ भाग का 26 प्रतिशत, 136.5 हो, तो वह संख्या क्या है?

(a) 6300 (b) 5600

(c) 4800 (d) 4600

(e) उपर्युक्त में से कोई नहीं/उपर्युक्त में से एक से अधिक

61. रौनक का भार 86.7 kg है। यदि वह अपने भार को 5:3 के अनुपात में कम करता है, तो उसका नया भार ______ होगा।

(a) 52.02 kg (b) 54.18 kg

(c) 50.02 kg (d) 56.02 kg

(e) उपर्युक्त में से कोई नहीं/उपर्युक्त में से एक से अधिक

60. नम्रता ने अंकित मूल्य पर 25% की छूट पर एक कार खरीदी। उसने इस कार को 300 दिनों के लिए किराए पर देकर इसकी आधी राशि की कमाई की। लेकिन उसे रिपेयरिंग और सर्विसिंग पर अंकित मूल्य का पांचवां हिस्सा खर्च करना पड़ता है। उसके बाद, वह इसे अंकित मूल्य के तीन- पांचवें हिस्से पर बेचती है। यदि इस पूरे लेन-देन में उसने 120000 रुपए अर्जित किए, तो उसे प्रति दिन प्राप्त होने वाले किराए की राशि ज्ञात करें।

(a) 4000 रुपए (b) 7500 रुपए
(c) 6000 रुपए (d) 4500 रुपए
(e) उपर्युक्त में से कोई नहीं/उपर्युक्त में से एक से अधिक

62. किस ब्याज दर से 2500 रुपए पर 2 वर्ष में 500 रुपए सरल ब्याज मिलता है?

(a) 10% (b) 5%
(c) 15% (d) 12%
(e) उपर्युक्त में से कोई नहीं/उपर्युक्त में से एक से अधिक

63. 92 ÷ 8 ÷ 2 = ?

(a) 5.25 (b) 4.25
(c) 6.75 (d) 4.75
(e) उपर्युक्त में से कोई नहीं/उपर्युक्त में से एक से अधिक

64. तीन कारों की चालों का अनुपात क्रमशः 3:4:5 है। प्रत्येक द्वारा समान दूरी तय करने में लिए गए समय का अनुपात है-

(a) 12:15:20 (b) 3:4:5
(c) 5:4:3 (d) 20:15:12
(e) उपर्युक्त में से कोई नहीं/उपर्युक्त में से एक से अधिक

65. गार्गी जूलियट की तुलना में तीन गुना अच्छी कार्यकर्ता है और जूलियट की तुलना में एक कार्य को करने में 6 दिन कम लेती है। जूलियट उसी कार्य को कितने दिनों में पूरा कर सकती है?

(a) 12 दिन (b) 15 दिन
(c) 6 दिन (d) 9 दिन
(e) उपर्युक्त में से कोई नहीं/उपर्युक्त में से एक से अधिक

66. एक सार्थक शब्द के अक्षरों को अव्यवस्थित किया गया है और उन्हें क्रमांकित किया गया है। आपको शब्द का निर्माण करना है और उस विकल्प का चयन करना है, जो शब्द बनाने के लिए संख्याओं द्वारा इंगित अक्षरों का सही क्रम देता है।

E-1, L-4, B-3, D-7, R-1, U-5, A-9

(a) 7529341 (b) 7529134
(c) 7523941 (d) 7259341
(e) उपर्युक्त में से कोई नहीं/उपर्युक्त में से एक से अधिक

67. अक्षरों / संख्याओं / पदों के पैटर्न को पढ़ें और निम्नांकित विकल्पों में से गायब पद मालूम करें:

IAZ, KEB, ?, OOF, QUH

(a) MDD (b) MII
(c) MIO (d) MID
(e) उपर्युक्त में से कोई नहीं/उपर्युक्त में से एक से अधिक

68. उस विकल्प का चयन करें जो तीसरे पद से उसी प्रकार से संबंधित है जिस प्रकार से दूसरा पद पहले पद से संबंधित है।

घड़ी : समय :: तापमापी : ?

(a) तापमान (b) दाव
(c) ऊंचाई (d) भार
(e) उपर्युक्त में से कोई नहीं/उपर्युक्त में से एक से अधिक

69. प्रकाश पूर्व की ओर 50 मीटर चलता है। वह बायीं ओर मुड़ता है तथा 30 मीटर चलता है। वह दायीं ओर मुड़ता है तथा 40 मीटर चलता है। यह बायीं ओर 135 डिग्री के कोण पर मुड़ता है तथा 20 मीटर चलता है। वह बायीं ओर मुड़ता है तथा 10 मीटर चलता है। अतंतः वह दायीं ओर 45 डिग्री के कोण पर मुड़ता है तथा 50 मीटर चलता है। निम्नलिखित में से कोन सा कथन सही है?

I. तीसरे मोड़ के बाद, प्रकाश का मुख उत्तर-पूर्व की ओर होगा।

II. पांचवे मोड़ के बाद, प्रकाश का मुख दक्षिण की ओर होगा।

(a) केवल II (b) ना ही I ना ही II
(c) केवल I (d) I तथा II दोनों
(e) उपर्युक्त में से कोई नहीं/उपर्युक्त में से एक से अधिक

70. एक फोटो की ओर इशारा करते हुए अमित ने कहा, वह मेरी माँ के इकलौते पुत्र का पुत्र है। अमित का फोटो में दिख रहे व्यक्ति से क्या संबंध है?

(a) भाई (c) पयेरा भाई
(b) चाचा (d) पिता
(e) उपर्युक्त में से कोई नहीं/उपर्युक्त में से एक से अधिक

71. अशोक के स्तम्भ लेख बिहार के किस जिले से प्राप्त हुई है?

(a) पटना (b) वैशाली
(c) चंपारण (d) नालंदा
(e) उपर्युक्त में से कोई नहीं/उपर्युक्त में से एक से अधिक

72. चंपारण आंदोलन (1917) था-
(a) किसान आंदोलन
(b) जनजातीय आंदोलन
(c) कपड़ा मिल मजदूरों का आंदोलन
(d) उपर्युक्त में कोई नहीं
(e) उपर्युक्त में से कोई नहीं/उपर्युक्त में से एक से अधिक

73. बिहार में "विनम्रता तथा उपासना का दिन" किस तिथि को मनाने का निर्णय लिया गया?
(a) 6 अप्रैल 1919 (c) 19 अप्रैल 1919
(b) 3 अप्रैल 1919 (d) 6 जून 1919
(e) उपर्युक्त में से कोई नहीं/उपर्युक्त में से एक से अधिक

74. बिहार में राष्ट्रीय कॉलेज और विद्यालय संबंद्ध थे-
(a) विद्यापीठ (b) पटना कॉलेज
(c) ब्रिटिश सरकार (d) भारतीय राष्ट्रीय काँग्रेस

75. भगत सिंह बिहार आए-
(a) 1924 में (b) 1923 में
(c) 1928 में (d) 1925 में
(e) उपर्युक्त में से कोई नहीं/उपर्युक्त में से एक से अधिक

76. बिहार में किसने सोड़ा से नमक तैयार करने और चौकीदार टैक्स देना बंद करने से सविनय अवज्ञा आंदोलन में सत्याग्रह आरंभ करने को गाँधी जी से अनुमति माँगा था?
(a) श्री कृष्ण सिंह (b) डॉ॰ राजेन्द्र प्रसाद
(c) प्रोफेसर अब्दुल बारी (d) दीप नारायण सिंह
(e) उपर्युक्त में से कोई नहीं/उपर्युक्त में से एक से अधिक

77. बिहार प्रोविंसियल किसान सभा का गठन कब हुआ?
(a) 1929 (b) 1930
(c) 1931 (d) 1932
(e) उपर्युक्त में से कोई नहीं/उपर्युक्त में से एक से अधिक

78. बिहार में द्वैध शासन का प्रारंभ कब हुआ था?
(a) 29 दिसम्बर 1919 (b) 29 दिसम्बर 1920
(c) 1 जनवरी 1920 (d) 1 जनवरी 1919
(e) उपर्युक्त में से कोई नहीं/उपर्युक्त में से एक से अधिक

79. 1931 में बिहार में समाजवादी दल की स्थापना की थी-
(a) जयप्रकाश नारायण
(b) फूलन प्रसाद वर्मा
(c) उपर्युक्त (a) और (b) दोनों
(d) उपर्युक्त में कोई नहीं
(e) उपर्युक्त में से कोई नहीं/उपर्युक्त में से एक से अधिक

80. भारत छोड़ो आंदोलन के क्रम में पटना सचिवालय गोलीकांड हुआ था-
(a) 11 अगस्त 1942 को (b) 9 अगस्त 1942 को
(c) 12 अगस्त 1942 को (d) 15 अगस्त 1942 को
(e) उपर्युक्त में से कोई नहीं/उपर्युक्त में से एक से अधिक

81. स्वतंत्र भारत का पहला छात्र आंदोलन कहाँ हुआ?
(a) दिल्ली में (b) पटना में
(c) इलाहाबाद में (d) अलीगढ़ में
(e) उपर्युक्त में से कोई नहीं/उपर्युक्त में से एक से अधिक

82. बिहार का सबसे पहला महत्वपूर्ण सूफी संत थे-
(a) शहाबुद्दीन जगजोत (b) सैय्यद इब्राहिम चिश्ती
(c) इमाम ताज फकीह (d) शर्फुद्दीन याहिया मनेरी
(e) उपर्युक्त में से कोई नहीं/उपर्युक्त में से एक से अधिक

83. सामा चकेवा लोकपर्व बिहार में मुख्यतः किस क्षेत्र में मनाया जाता है?
(a) भोजपुर (b) मगध
(c) मिथिला (d) इनमें से कोई नहीं
(e) उपर्युक्त में से कोई नहीं/उपर्युक्त में से एक से अधिक

84. निम्न में से कौन-सा नाम पटना का कभी नही रहा है?
(a) अजीमाबाद (b) कुसुमपुर
(c) पुष्पपुर (d) कनिष्कपुर
(e) उपर्युक्त में से कोई नहीं/उपर्युक्त में से एक से अधिक

85. बिहार में साक्षरता अभियान प्रारंभ हुआ-
(a) 1937 में (b) 1912 में
(c) 1935 में (d) 1921 में
(e) उपर्युक्त में से कोई नहीं/उपर्युक्त में से एक से अधिक

86. संविधान के किस अनुच्छेद के अनुसार बिहार में द्विसदनात्मक विधानमंडल की व्यवस्था की गई है?
(a) 167 (b) 168
(c) 169 (d) 170
(e) उपर्युक्त में से कोई नहीं/उपर्युक्त में से एक से अधिक

87. हरहा नदी घाटी या दून घाटी की लम्बाई है-
(a) 24 किमी॰ (b) 35 किमी॰
(c) 40 किमी॰ (d) 18 किमी॰
(e) उपर्युक्त में से कोई नहीं/उपर्युक्त में से एक से अधिक

88. बिहार राज्य में अनेक जलकुण्ड है सर्वाधिक प्रसिद्ध गर्म जलकुण्ड कहां स्थित है?
(a) मुंगेर (b) राजगीर
(c) गया (d) नवादा
(e) उपर्युक्त में से कोई नहीं/उपर्युक्त में से एक से अधिक

89. बिहार का सबसे अधिक प्रति व्यक्ति सकल जिला घरेलू उत्पाद (प्रति व्यक्ति आय) वाला जिला है-

(a) पटना (b) नालंदा
(c) मुंगेर (d) भागलपुर
(e) उपर्युक्त में से कोई नहीं/उपर्युक्त में से एक से अधिक

90. बिहार में टेलीविजन का सर्वप्रथम प्रसारण किस जिले में प्रारंभ किया गया?

(a) पटना (b) भागलपुर
(c) मुजफ्फरपुर (d) नालंदा
(e) उपर्युक्त में से कोई नहीं/उपर्युक्त में से एक से अधिक

91. बिहार राज्य पथ परिवहन निगम की स्थापना हुई-

(a) 1959 में (b) 1949 में
(c) 1960 में (d) 1975 में

92. माउन्ट एवरेस्ट की चोटी की ऊँचाई है

(a) 8050 मी (b) 8850 मी
(c) 8550 मी (d) 8350 मी
(e) उपर्युक्त में से कोई नहीं/उपर्युक्त में से एक से अधिक

93. निम्नलिखित में से कौन-से जानवर का आगे का दांत उसकी पूरी जिंदगी बढ़ता रहता है?

(a) चूहा (b) गिलहरी
(c) साँप (d) बाघ
(e) उपर्युक्त में से कोई नहीं/उपर्युक्त में से एक से अधिक

94. झूम खेती है:

(a) जैव खेती
(b) काट और दग्ध खेती
(c) कीटनाशकों का सीमित उपयोग
(d) रासायनिक खाद का सीमित उपयोग
(e) उपर्युक्त में से कोई नहीं/उपर्युक्त में से एक से अधिक

95. सिंकोना पेड़ के किस भाग का उपयोग मलेरिया के उपचार के लिए किया जाता है?

(a) जड़ (b) छाल
(c) पत्ते (d) बीज
(e) उपर्युक्त में से कोई नहीं/उपर्युक्त में से एक से अधिक

96. साँप के जहरीले दांतों को कहा जाता है

(a) कसक (b) विषदंत
(c) कृंतक (छेदक) (d) शल्क
(e) उपर्युक्त में से कोई नहीं/उपर्युक्त में से एक से अधिक

97. वर्मीकंपोस्टिंग, एक विधि है जिसमें खाद बनाने में ____ उपयोग होता है:

(a) फीताकृमि (b) जोंक
(c) केंचुए (d) अंकुश कृमि (हुकवर्म)
(e) उपर्युक्त में से कोई नहीं/उपर्युक्त में से एक से अधिक

98. मुदुमलाई वन्यजीव अभयारण्य किस राज्य में स्थित है?

(a) केरल (b) कर्नाटक
(c) तमिलनाडु (d) आंध्र प्रदेश
(e) उपर्युक्त में से कोई नहीं/उपर्युक्त में से एक से

99. निम्नलिखित में से कौन अजैव निम्नीकरणीय है?

(a) चमड़ा (b) लकड़ी
(c) प्लास्टिक (d) घास
(e) उपर्युक्त में से कोई नहीं/उपर्युक्त में से एक से

100. भारत में वह कौन-सा राज्य है, जिसने सर्वप्रथम राज्य के सभी घरों की छतों पर वर्षाजल संचयन की संरचना का निर्माण अनिवार्य कर दिया है?

(a) केरल (b) महाराष्ट्र
(c) पंजाब (d) तमिलनाडु
(e) उपर्युक्त में से कोई नहीं/उपर्युक्त में से एक से

101. 2023 बैडमिंटन एशिया चौंपियनशिप में पुरुषों के युगल वर्ग में स्वर्ण पदक किसने जीता?

(a) सात्विकसाईराज रंकीरेड्डी और चिराग शेट्टी
(b) ओंग यू सिन और टियो यी
(c) दीपू घोष और रमन घोष
(d) उपरोक्त में से कोई नहीं
(e) उपर्युक्त में से कोई नहीं/उपर्युक्त में से एक से अधिक

102. अंतर्राष्ट्रीय मजदूर दिवस कब मनाया जाता है?

(a) 19 मई (b) 24 मई
(c) 3 मई (d) 6 मई
(e) उपर्युक्त में से कोई नहीं/उपर्युक्त में से एक से अधिक

103. राज्यों के बीच एकता को बढ़ावा देने के लिए भारत सरकार द्वारा शुरू की गई पहल का क्या नाम है?

(a) सबका साथ सबका विकास
(b) एक भारत श्रेष्ठ भारत
(c) डिजिटल इंडिया
(d) स्वच्छ भारत अभियान
(e) उपर्युक्त में से कोई नहीं/उपर्युक्त में से एक से अधिक

104. दक्षिण पश्चिमी वायु कमान (SWAC) के एयर ऑफिसर कमांडिंग-इन-चीफ (AOC-in-C) के रूप में एयर मार्शल विक्रम सिंह की जगह किसने ली?

(a) एयर मार्शल नर्मदेश्वर तिवारी
(b) एयर मार्शल विक्रम तिवारी
(c) एयर मार्शल विक्रम सिंह
(d) एयर मार्शल नर्मदेश्वर सिंह
(e) उपर्युक्त में से कोई नहीं/उपर्युक्त में से एक से अधिक

105. 1 मई 2023 को भारतीय नौसेना के कौन से नौसैनिक जहाज सिंगापुर पहुंचे?

(a) आईएनएस विक्रांत और आईएनएस कोलकाता

(b) आईएनएस दिल्ली और आईएनएस सतपुड़ा

(c) आईएनएस शिवालिक और आईएनएस सह्याद्री

(d) आईएनएस विराट और आईएनएस विंध्य

(e) उपर्युक्त में से कोई नहीं/उपर्युक्त में से एक से अधिक

106. खेलो इंडिया यूनिवर्सिटी गेम्स 2022 में किस विश्वविद्यालय ने महिला टेनिस स्पर्धा में स्वर्ण पदक जीता?

(a) उस्मानिया विश्वविद्यालय

(b) सावित्रीबाई फुले पुणे विश्वविद्यालय

(c) जैन विश्वविद्यालय

(d) मद्रास विश्वविद्यालय

(e) उपर्युक्त में से कोई नहीं/उपर्युक्त में से एक से अधिक

107. किस संस्था ने मेडिकल डिलीवरी के लिए ड्रोन का संचालन किया?

(a) दुबई सिलिकॉन ओएसिस

(b) दुबई नागरिक उड्डयन प्राधिकरण

(c) फकीह विश्वविद्यालय अस्पताल

(d) बार्क एयर

(e) उपर्युक्त में से कोई नहीं/उपर्युक्त में से एक से अधिक

108. 1 जून को मध्यम दूरी की बैलिस्टिक मिसाइल अग्नि-1 का परीक्षण कहाँ किया गया था?

(a) अंडमान और निकोबार द्वीप समूह

(b) एपीजे अब्दुल कलाम द्वीप, ओडिशा

(c) श्रीहरिकोटा, आंध्र प्रदेश

(d) थुम्बा इक्वेटोरियल रॉकेट लॉन्चिंग स्टेशन, केरल

(e) उपर्युक्त में से कोई नहीं/उपर्युक्त में से एक से अधिक

109. 2023 में तुर्की के राष्ट्रपति चुनाव में किसे विजेता घोषित किया गया है?

(a) मुस्तफा केमल अतातुर्क (b) रिसेप तईप एर्दोगन

(c) अहमत दावुतोग्लू (d) अब्दुल्लाह गुल

(e) उपर्युक्त में से कोई नहीं/उपर्युक्त में से एक से अधिक

110. यूपीयू का फुल फॉर्म क्या है?

(a) यूनिवर्सल पोस्टल यूनियन

(b) यूनाइटेड पोस्टल यूनियन

(c) यूनिवर्सल प्राथमिक सेवाएं

(d) अल्ट्रा प्रोडक्ट्स अल्टीमेट

(e) उपर्युक्त में से कोई नहीं/उपर्युक्त में से एक से अधिक

111. किस कंपनी ने सेमीकंडक्टर इकाई स्थापित करने के लिए जून 2023 में गुजरात सरकार के साथ एक समझौता ज्ञापन (एमओयू) पर हस्ताक्षर किए?

(a) इंटेल (b) क्वालकॉम

(c) माइक्रोन टेक्नोलॉजी इंक (d) सैमसंग

(e) उपर्युक्त में से कोई नहीं/उपर्युक्त में से एक से अधिक

112. जून 2023 में एशियाई मिश्रित युगल स्क्वैश टूर्नामेंट में स्वर्ण पदक किसने जीता?

(a) दीपिका पल्लीकल और रमित टंडन

(b) हरिंदर पाल संधू और सुनयना कुरुविला

(c) सुनयना कुरुविला और रमित टंडन

(d) दीपिका पल्लीकल और हरिंदर पाल संधू

(e) उपर्युक्त में से कोई नहीं/उपर्युक्त में से एक से अधिक

113. राष्ट्रीय चिकित्सक दिवस प्रत्येक वर्ष 1 जुलाई को किसकी याद में मनाया जाता है?

(a) डॉ. राजेंद्र प्रसाद

(b) डॉ. मनमोहन सिंह

(c) डॉ. ए.पी.जे. अब्दुल कलाम

(d) डॉ. बिधान चंद्र रॉय

(e) उपर्युक्त में से कोई नहीं/उपर्युक्त में से एक से अधिक

114. भारत की पुरुष राष्ट्रीय फुटबॉल टीम हाल ही में फीफा विश्व रैंकिंग में किस स्थान पर पहुंची है?

(a) 101वाँ (b) 100वाँ

(c) 18वाँ (d) 91वाँ

(e) उपर्युक्त में से कोई नहीं/उपर्युक्त में से एक से अधिक

115. एनएसई के अंतरराष्ट्रीय अनुबंधों का कारोबार, जो पहले सिंगापुर में होता था, अब कहां होगा?

(a) सिंगापुर स्टॉक एक्सचेंज

(b) मुंबई स्टॉक एक्सचेंज

(c) गांधीनगर में गिफ्ट सिटी

(d) अंतर्राष्ट्रीय वित्तीय सेवा केंद्र प्राधिकरण (आईएफएससीए)

(e) उपर्युक्त में से कोई नहीं/उपर्युक्त में से एक से अधिक

116. 'नोंगकर्म नृत्य' त्योहार भारत के किस राज्य में मनाया जाता है?

(a) मणिपुर (b) मेघालय

(c) असम (d) मिजोरम

(e) उपर्युक्त में से कोई नहीं/उपर्युक्त में से एक से अधिक

117. निम्नलिखित में से कौन सा ताल वाद्य यन्त्र है?

(a) बाँसुरी (b) कमैचा

(c) शहनाई (d) तबला

(e) उपर्युक्त में से कोई नहीं/उपर्युक्त में से एक से अधिक

118. 'कायाकल्प पुरस्कार' किस मंत्रालय द्वारा प्रदान किया जाता है?

(a) महिला एवं बाल विकास मंत्रालय

(b) स्वास्थ्य एवं परिवार कल्याण मंत्रालय

(c) शिक्षा मंत्रालय

(d) कृषि एवं किसान कल्याण मंत्रालय

(e) उपर्युक्त में से कोई नहीं/उपर्युक्त में से एक से अधिक

119. कौन प्रसिद्ध रूप से भारतीय परमाणु कार्यक्रम के जनक जाने जाते हैं?

(a) वेंकटरमन राधाकृष्णन

(b) सी. वी. रमन

(c) विक्रम साराभाई

(d) होमी जे. भाभा

(e) उपर्युक्त में से कोई नहीं/उपर्युक्त में से एक से अधिक

120. 'देवधर ट्रॉफी' किस खेल से संबंधित है?

(a) टेबल टैनिस

(b) क्रिकेट

(c) टैनिस

(d) फुटबॉल

(e) उपर्युक्त में से कोई नहीं/उपर्युक्त में से एक से अधिक

उत्तर माला

1	(d)	2	(c)	3	(d)	4	(b)	5	(c)	6	(b)	7	(c)	8	(a)
9	(b)	10	(c)	11	(c)	12	(b)	13	(c)	14	(c)	15	(b)	16	(c)
17	(d)	18	(d)	19	(a)	20	(b)	21	(b)	22	(c)	23	(a)	24	(d)
25	(a)	26	(d)	27	(a)	28	(a)	29	(d)	30	(a)	31	(a)	32	(d)
33	(c)	34	(b)	35	(d)	36	(d)	37	(b)	38	(a)	39	(e)	40	(a)
41	(b)	42	(a)	43	(b)	44	(a)	45	(a)	46	(b)	47	(d)	48	(a)
49	(b)	50	(b)	51	(b)	52	(c)	53	(a)	54	(d)	55	(c)	56	(c)
57	(a)	58	(d)	59	(e)	60	(a)	61	(c)	62	(a)	63	(e)	64	(d)
65	(d)	66	(a)	67	(d)	68	(a)	69	(b)	70	(d)	71	(c)	72	(a)
73	(a)	74	(a)	75	(c)	76	(b)	77	(a)	78	(b)	79	(c)	80	(a)
81	(b)	82	(c)	83	(c)	84	(d)	85	(a)	86	(c)	87	(a)	88	(b)
89	(a)	90	(c)	91	(a)	92	(b)	93	(b)	94	(b)	95	(b)	96	(b)
97	(c)	98	(c)	99	(c)	100	(d)	101	(a)	102	(e)	103	(b)	104	(a)
105	(b)	106	(b)	107	(c)	108	(b)	109	(b)	110	(a)	111	(c)	112	(d)
113	(d)	114	(b)	115	(c)	116	(b)	117	(d)	118	(b)	119	(d)	120	(b)

उत्तर सहित व्याख्या

1. (d) मोहनजोदड़ो पाकिस्तान के सिंध प्रांत में स्थित एक पुरातत्व स्थल है। मोहनजोदड़ो का सिन्धी में शाब्दिक अर्थ 'मृतकों का टीला' है। मोहनजोदड़ो सिंधु नदी के तट पर स्थित है तथा इसकी खोज 1922 ई. में राखलदास बनर्जी द्व ारा की गयी थी।
2. (c) बनावली हरियाणा के फतेहाबाद जिले में सिंधु घाटी सभ्यता से संबंधित एक पुरास्थल है। इस स्थल की खोज 'आर. एस. विष्ट' ने की थी। यहाँ से प्री हड़प्पा, हड़प्पा एवं हड़प्पोत्तर काल के प्रमाण प्राप्त हुए है। यहाँ से 'मिट्टी से बने हल' एवं बढ़िया किस्म के 'जौ' प्राप्त हुए है।
3. (d) बराबर गुफा बिहार के गया जिले में स्थित है। इस गुफा का निर्माण चट्टानों को काटकर किया गया है। इनका संबंध मौर्यकाल से है। जबकि भीमबेटका, हुंसगी तथा कुर्नूल गुफा का संबंध पुरापाषाण काल से है।
4. (b) हड़प्पा नामक पुरास्थल सिंधु घाटी सभ्यता का हिस्सा था। सिन्धु घाटी सभ्यता का प्रथम पुरातात्विक प्रमाणका हड़प्पा से मिलने के कारण इस सभ्यता को हड़प्पा सभ्यता के नाम से भी जाना जाता है।
5. (c) सिंधु घाटी या हड़प्पा घाटी सभ्यता को एक कांस्य युगीन सभ्यता थी क्योंकि हड़प्पा के निवासी कांसे की ढलाई बड़े पैमाने पर करते थे और इस काम में प्रवीण थे।
6. (b) राजा जयपाल और मोहम्मद गजनी के बीच पेशावर का युद्ध 1001 ई. में लड़ा गया, जिसमें जयपाल की हार हुई और उसे पकड़ लिया गया। परिणामस्वरूप हार के अपमान के कारण जयपाल ने आत्मदाह कर लिया।
7. (c) मुहम्मद गोरी का असली नाम शहाबुद्दीन उर्फ मुइजुद्दीन मुहम्मद गोरी था। उसने 1175 ई. में मुल्तान के विरूद्ध आक्रमण किया। उसने दो महत्त्वपूर्ण लड़ाइयाँ लड़ी। 1191 ई. में तराइन का प्रथम युद्ध हुआ, जिसमें वह पृथ्वीराज चौहान से पराजित हुआ।
192 ई. में तराइन द्वितीय युद्ध जहाँ पृथ्वीराज चौहान पराजित हुआ और उसके द्वारा मारा गया।
8. (a) महमूद गजनवी, गजनी का शासक था जिसने 998 ई. से 1030 ई. तक शासन किया। महमूद गजनवी ने भारत पर 17 बार आक्रमण किया, उसके आक्रमण का मुख्य कारण भारत की संपत्ति को लूटना था। इसने 1001 ई० में हिन्दुस्तानी राजतंत्र के सीमांत प्रदेशों के राजा जयपाल के विरुद्ध युद्ध किया, जिसमें जयपाल की पराजय हुई।
9. (b) दिल्ली की सुरक्षा प्राचीर में 'बदायूँ दरवाजा' को इब्नबतूता के द्वारा सबसे उत्तम दरवाजा बताया गया। इब्नबतूता अफ्रीका के मोरक्को देश का निवासी था जो भारत घूमने आया था।

10. (c) वांडीवाश के युद्ध के पश्चात भारत में फ्रांसीसियों की राजनीतिक शक्ति समाप्त हो गयी। वांडीवाश का युद्ध वर्ष 1760 में अंग्रेजों और फ्रांसीसियों के मध्य लड़ा गया। इस युद्ध में हार के कारण फ्रांसीसियों को पाण्डिचेरी (वर्तमान पुडुचेरी) अंग्रेजों को सौपना पड़ा। यह युद्ध आयरकूट (अंग्रेजों) एवं काउंट लाली (फ्रांसीसी) के मध्य लड़ा गया।

11. (c) पुर्तगाली नाविक ' वास्को-डी-गामा' भारत में 17 मई, 1498 ई. को केरल के कोझीकोड जिले के कालीकट (कप्पकडानू गांव) तट पहुंचा था।

12. (b) ब्रिटिश ईस्ट इण्डिया कम्पनी की स्थापना 1600 ई. में हुई थी। ईस्ट इण्डिया कम्पनी ने भारत में अपनी पहली फैक्ट्री 1613 ई. में मुगल सम्राट जहाँगीर के शासनकाल में सूरत में स्थापित की।

13. (c) प्लासी का युद्ध 23 जून, 1757 ई. में बंगाल के नवाब सिराजुद्दौला और रॉबर्ट क्लाइव के बीच हुआ था। इस युद्ध में क्लावइ की जीत हुई और मीर जाफर को बंगाल की गद्दी पर बिठाया गया।

14. (c) प्लासी का युद्ध 23 जून, 1757 ई. को बंगाल के नवाब सिराजुद्दौला और अंग्रेज गवर्नर राबर्ट क्लाइव के मध्य हुआ था। इस युद्ध में सिराजुद्दौला पराजित हुआ था। इसका मुख्य कारण है कि सिराजुद्दौला का सेनापति मीरजाफर ने गद्दी के लालच में विश्वासघात किया और अग्रेंजों से मिल गया था।

15. (b) प्लासी का युद्ध 23 जून, 1757 ई. को अंग्रेजों तथा बंगाल के नवाब सिराजुद्दौला के मध्य भागीरथी नदी के किनारे 'प्लासी' नामक स्थान पर लड़ा गया। सिराजुद्दौला की सेना में जहाँ एक ओर मीर मदान व मोहनलाल जैसे देशभक्त थे वहीं दूसरी ओर मीर जाफर जैसे विश्वासघाती भी थे।

16. (c) क्षुद्रग्रह सूर्य की परिक्रमा करने वाले छोटे चट्टानी पदार्थ होते हैं। इनके द्वारा सूर्य की प्रिक्रमा ग्रहो के समान ही की जाती हैं। लेकिन इनका आकार ग्रहों की तुलना में बहुत छोटा है इसलिए इन्हें 'लघु ग्रह' भी कहा जाता हैं।

17. (d) भारत में इलाहाबाद के नैनी के समीप से गुजरने वाले 82°30' पूर्वी देशांतर के स्थानीय समय को भारतीय मानक समय माना जाता हैं। यह ग्रीनविच माध्य समय से 5 घंटे 30 मिनट आगे है।

18. (d) भारत में इलाहाबाद के नैनी के समीप से गुजरने वाले 82°30' पूर्वी देशांतर के स्थानीय समय को भारतीय मानक समय माना जाता हैं। यह ग्रीनविच माध्य समय से 5 घंटे 30 मिनट आगे है।

19. (a) पीसा की मीनार इटली देश में स्थित हैं। इटली में 'लीनिंग टावर ऑफ पीसा को वास्तुशिल्प का अदभुत नमूना माना जाता है।

20. (b)

खनिज-	प्रथम स्थान
सोना-	चीन
चाँदी-	मैक्सिको
ताँबा-	चिली

21. (b) कोरिऑलिस बल एक आभासी बल है जो पृथ्वी के घूर्णन के कारण उत्पन्न होता है। कोरिऑलिस बल के कारण उत्तरी गोलार्द्ध में वायु की गति की दिशा, अपनी दाएँ ओर तथा दक्षिणी गोलार्द्ध में की गति की दिशा, अपनी बाँयी ओर प्रवाहित होती है।

22. (c) सीमा / रेखा-संबंधित देश

डूरण्ड रेखा - पाकिस्तान और अफगानिस्तान
मैकमोहन रेखा - चीन और भारत
रैडक्लिफ रेखा - भारत और पाकिस्तान
हिंडनबर्ग रेखा - पोलैण्ड और जर्मनी

23. (a) पीर पंजाल पर्वत श्रेणी हिमालय की एक पर्वतमाला है। जो भारत के हिमाचल प्रदेश, जम्मू-कश्मीर व पाक अधिकृत कश्मीर (Pok) में विस्तृत है।

24. (d) महानदी का उद्‌गम भारत के छत्तीसगढ राज्य स्थित रायपुर के समीप सिहावा नामक पर्वत श्रेणी से होता है। यह नदी छत्तीसगढ़ एवं उड़ीसा से प्रवाहित होते हुए बंगाल की खाड़ी में अपना डेल्टा बनाती है।

25. (a) भारत के राजस्थान में ज्यादातर मरूस्थलीय मृदा पाई जाती हैं यह कम वर्षा वाले शुष्क क्षेत्रों में मिलती हैं। इस मिट्टी में सामान्यत: ह्यूमस का आभाव होता है।

26. (d) संविधान सभा के तत्वाधान में बने भारतीय संविधान पर अंतिम तौर पर 284 सदस्यों ने हस्ताक्षर किये। संविधान को 26 नवंबर, 1949 को अंगीकृत, अधिनियमित तथा आत्मर्पित किया गया।

27. (a) मूल संविधान में सात मौलिक अधिकार थे, लेकिन 44वें संविधान संशोधन के द्वारा सम्पत्ति को अधिकार के मौलिक अधिकार की सूची से हटाकर इसे संविधान के अनुच्छेद 300 (a) के अन्तर्गत कानूनी अधिकार के रूप में रखा गया है।

28. (a) राज्य शब्द का इस्तेमाल मौलिक अधिकारों से संबंधित विभिन्न प्रावधानों में किया गया है। इसलिए भाग - 3 के अनुच्छेद 12 को इस शब्द के रूप में परिभाषित किया गया है। अनुच्छेद 12 से 35 तक संविधान का भाग 3 संयुक्त राज्य अमेरिका के संविधान (अधिकारों की बिल) से प्रेरित है।

29. (d) धन विधेयक को केवल राष्ट्रपति से पूर्व अनुमोदन के साथ लोकसभा में पेश किया जा सकता है (अनुच्छेद-117) ध्यातव्य हैं कि अनुच्छेद 112 में 'वार्षिक वित्तीय विवरण' या 'बजट' का प्रावधान है।
30. (a) जिस राज्य में केवल एक ही विधानमंडल होता है, उसे विधानसभा के नाम से जाना जाता हैं। प्रत्येक राज्य में विधायी कार्यों के संपादन के लिए विधानसभा का प्रावधान किया गया है।
31. (a) एक ईवीएम अधिकतम 64 उम्मीदवारों के लिए पर्याप्त होती है। बैलेटिंग यूनिट में 16 उम्मीदवारों के लिए प्रावधान है।
32. (d) पंचायती राज प्रणाली की शुरुआत 2 अक्टूबर 1959 ई. को तत्कालीन प्रधानमंत्री पं. जवाहर लाल नेहरू द्वारा राजस्थान के नागौर जिले के बगदरी गाँव से हुई। राजस्थान देश का पहला राज्य है, जहाँ सम्पूर्ण राज्य में पंचायती राज की स्थापना की गयी।
33. (c) सातवां संविधान संशोधन (1956) द्वारा भाषायी आधार पर राज्यों का पुनर्गठन किया गया, जिसमें पहले के चार श्रेणियों में राज्यों के वर्गीकरण को समाप्त करते हुए राज्यों एवं केन्द्रशासित प्रदेशों में उन्हें विभाजित किया गया।
34. (b) आयुध अधिनियम, 1959 देश के भीतर हथियारों के गैर - कानूनी संग्रहण को रोकने के लिये लाया गया था। ध्यातव्य हैं कि वर्ष 1959 के इस अधिनियम में व्याप्त खामियों को दूर करने के लिए सरकार ने दिसम्बर 2019 में आयुध (संशोधन) अधिनियम, 2019 पारित किया हैं।
35. (d) केन्द्र एक सूत्र के आधार पर अल्पसंख्यक बहुल क्षेत्रों की पहचान करता है। भारत में 90 अल्पसंख्यक बहुल जिले, 710 अल्पसंख्यक बहुल ब्लॉक और 66 अल्पसंख्यक बहुल शहर हैं।
36. (d) अप्रत्यक्ष कर वह है जो सरकार द्वारा एक मध्यस्थ से वसूला जाता है और सीधे सरकार को हस्तांतरित नहीं किया जाता है। अप्रत्यक्ष कर के उदाहरण सेवा कर, बिक्री कर आदि है।
37. (b) बैंक दर- वह दर जिस पर बैंक विनियम बिलों या अन्य वाणिज्यिक पत्रों को खरीदने या बदलने के लिए तैयार रहती है, उसे बैंक दर कहा जाता है।
38. (a) नीति आयोग में नीति का पूर्ण रूप 'नेशनल इन्स्टीट्यूशन फॉर ट्रांसफॉर्मिंग इण्डिया' (National Institution for Transforming India) है। यह भारत सरकार द्वारा 1 जनवरी, 2015 को गठित एक संस्थान है जिसे योजना आयोग के स्थान पर बनाया गया है। नीति आयोग के अध्यक्ष प्रधानमंत्री होते है।
39. (e) प्रधानमंत्री रोजगार योजना की शुरूआत 2 अक्टूबर 1993 ई. को भारत सरकार द्वारा शिक्षित बेरोजगारों के स्वनियोजन उपलब्ध कराने के लिए की गयीं। इस योजना के अंतर्गत बेरोजगार युवक/युवतियों को बैंकों से ऋण उपलब्ध कराकर स्वनियोजन का अवसर उपलब्ध कराया जाता है।
40. (a) भारतीय प्रधानमंत्री जवाहरलाल नेहरू के नेतृत्व में 1951 ई. में भारत की पहली पंचवर्षीय योजना प्रस्तुत की गयी थी, जिसकी समय अवधि 1951 ई. से 1956 ई. थी।
41. (b) त्वरण की एसआई इकाई मीटर / सेकंड² (m/s^2) है।
42. (a) एक खगोलीय इकाई पृथ्वी तथा सूर्य के बीच औसत दूरी होती है। एक खगोलीय दूरी (Astronomical Distance) = 1.49 × 1011 मी.
43. (b) जब कोई पिण्ड इस प्रकार गति करता है कि उसके द्वारा चली गयी दूरी समय के वर्ग के अनुक्रमानुपाती है तो

$$S \propto t^2$$

$$S = ct^2$$

$$v = \frac{ds}{dt} = 2ct$$

$$a = \frac{dv}{dt} = 2c = \text{constant}$$

अत: पिण्ड नियत त्वरण से गति करेगा।
44. (a) विद्युत जनित्र (Electric Generator) एक ऐसी युक्ति जो यांत्रिक ऊर्जा को विद्युत ऊर्जा में परिवर्तित करती है। यह माइकल फैराडे के विद्युत चुम्बकीय प्रेरण के सिद्धान्त पर कार्य करता है।
45. (a) जब वस्तु उत्तल दर्पण के सामने अनंत और ध्रुव के बीच अथवा किसी भी स्थिति पर रखी होती है, तो उत्तल दर्पण के पीछे ध्रुव और फोकस के बीच वस्तु का एक छोटा, आभासी और सीधा प्रतिबिम्ब बनता है।
46. (b) कैल्शियम एक रासायनिक तत्त्व है। यह आवर्तसारणी के द्वितीय मुख्य समूह का धातु तत्त्व है। कैल्शियम का परमाणु द्रव्यमान 40.08 (Atomic Mass) होता है। इसका परमाणु क्रमांक 20 होता है।
47. (d) लिटमस थैलोफाइटा समूह के लाइकेन नामक पौधे से प्राप्त होता है। यह जल में घुलनशील होता है तथा जब लिटमस विलयन न अम्लीय होता है और न ही क्षारीय होता है तो इसका रंग बैंगनी होता है।
48. (a) का इलेक्ट्रॉनिक विन्यास = 2, 8, 1
49. (b) सल्फ्यूरिक अम्ल (H_2SO_4) एक प्रबल अम्ल है। यह रंगहीन, गंधहीन, तेल जैसा भारी तरल पदार्थ है।
50. (b) एन्टोमोलॉजी, प्राणि विज्ञान का भाग है जिसके अंतर्गत कीड़े-मकोड़े का अध्ययन किया जाता है।
51. (b) जीवाणु (बैक्टीरिया) के संक्रमण से खाद्य विषाक्तता हो सकती है। जीवाणु वृद्धि के लिए आवश्यक शर्ते आर्द्रता, तापमान, प्रोटीन युक्त पदार्थ निम्न अम्लीय वातावरण ऑक्सीजन की उपस्थिति है। भोजन में जीवाणु 40°F और 140°F के बीच की तापमान सीमा में सबसे तेजी से वृद्धि करता है।

52. (c) 'लाइसोसोम' कोशिका की एक प्रकार की अपशिष्ट निपटान प्रणाली है।

53. (a) विटामिन A का रासायनिक नाम 'रेटिनाल' है। इसकी कमी से 'रतौंधी', त्वचा का शुष्क होना आदि रोग होते है। विटामिन A का स्रोत गाजर, आम, अंडा, पनीर, हरी सब्जी, दूध, मछली का तेल आदि है।

54. (d) पुरुष नसबंदी या वेसेक्टोमी पुरुषों के लिए परिवार नियोजन की शल्यप्रक्रिया द्वारा नसबंदी प्रक्रिया है।

55. (c) पवित्र तुलसी को औषधीय गुणों के कारण 'औषधि की रानी% और 'प्राकृतिक औषधिका जनक' के रूप में वर्णित किया गया है।

56. (c) माना संगठन में कुल कर्मचारियों की संख्या = x
प्रश्नानुसार,
$25000 \times x = 10 \times 30000 + (x - 10) \times 15000$
$25000 \times 15000x = 300000 - 150000$
$10000\,x = 150000$
$x = 15$

57. (a) 4.5, 15, 0.3 या = $\frac{45}{10}, \frac{15}{1}, \frac{3}{10}$ का ल.स.
= अंश का ल.स.प. / हर का म. स. प.
= $\frac{3\times3\times5}{1}$
10, 1, 10 का म.स.प. = 1
= 45

58. (d) प्रश्नानुसार,
∵ 4 मेजों का मूल्य = 10 कुर्सी का मूल्य
∴ 1 मेज का मूल्य = $\frac{10}{4}$ कुर्सी का मूल्य
1 मेज = $\frac{5}{2}$ कुर्सी
∵ 15 कुर्सी + 2 मेज = 4000 $20\times\frac{5}{2}$ ... (i)
15 कुर्सी + कुर्सी = 4000
(1 मेज = $\frac{5}{2}$ कुर्सी)
20 कुर्सी का मूल्य = 4000
1 कुर्सी का मूल्य = 200
कुर्सी के मूल्य को समी. (i) में रखने पर,
15 कुर्सी + 2 मेज = 4000
15 × 200 + 2 मेज = 4000
2 मेज = 4000 – 3000
2 मेज = 1000
1 मेज = 500
∴ 12 कुर्सी का मूल्य + 3 मेज का मू.
= 12 × 200 + 3 × 500
= 2400 +1500
= 3900

59. (e) माना संख्या x है।
प्रश्नानुसार –
$$x\times\frac{25}{100}\times\frac{3}{7}\times\frac{26}{100}=136.5$$
$$\Rightarrow x=\frac{136.5\times100\times100\times7}{25\times3\times26}=4900$$
अत: वह संख्या = 4900

60. (a) रौनक का भार = 86.7 kg
86.7 = 5x, x = 17.34
नया भार = 3x = 3 × 17.34 = 52.02 kg

61. (c) माना अंकित मूल्य x है।
कार का कुल क्रय मूल्य = $x\times\frac{75}{100}+\frac{x}{5}=\frac{19x}{20}$
कार का कुल विक्रय मूल्य = $\frac{1}{2}\times\frac{75x}{100}+\frac{3x}{5}=\frac{39x}{40}$
लाभ = विक्रय मूल्य – क्रय मूल्य
$$120000=\frac{39x}{40}-\frac{19x}{20}$$
$$120000=\frac{x}{40}\Rightarrow x=4800000$$
300 दिनों का किराया = $\frac{1}{2}\times\frac{75\times4800000}{100}=\text{Rs.}1800000$
प्रतिदिन किराया = $\frac{1800000}{300}=\text{Rs.}6000$

62. (a) दर = साधारण ब्याज × 100 / मूलधन × समय
दर = $\frac{500\times100}{2500\times2}$
दर = 10%

63. (e) $92\div8\div2=?$
माना ? – हो तो
$$x=\frac{\frac{92}{8}}{\frac{2}{1}}=\frac{92}{16}x$$
x = 5.75

64. (d) Speed $\propto\frac{1}{\text{Time}}$
प्रश्नानुसार-
चालों का अनुपात = 3 : 4 : 5
अत: समय का अनुपात = $\frac{1}{3}:\frac{1}{4}:\frac{1}{5}$
[जबकि प्रत्येक कार द्वारा तय दूरी समान है।]
$$60\times\frac{1}{3}:60\times\frac{1}{4}:60\times\frac{1}{5}$$
= $\boxed{20:15:12}$

65. (d) माना जूलियट 1 काम को करती है = x दिन में

प्रश्नानुसार गार्गी उसी काम को करेगी $\frac{x}{3}$ दिन में

$\frac{x}{3} = x - 6$

$6 = x - \frac{x}{3}$

x = 9 दिन

66. (a) शब्द = E-1. L-4, 3-3 D-7. R 2. U 5, 4-9

D U R A B L E

शब्द = ↓ ↓ ↓ ↓ ↓ ↓ ↓

7 5 2 9 3 4 1

क्रम = 7 5 2 9 3 41

67. (d) दी गई श्रृंखला इस प्रकार है–

$I \xrightarrow{+2} K \xrightarrow{+2} M \xrightarrow{+2} O \xrightarrow{+2} Q$

$A \xrightarrow{+4} E \xrightarrow{+4} I \xrightarrow{+6} O \xrightarrow{+6} U$

$Z \xrightarrow{+2} B \xrightarrow{+2} D \xrightarrow{+2} F \xrightarrow{+2} H$

अत: ? = MID

68. (a) जिस प्रकार बड़ी समय का बोध कराती है। उसी प्रकार तापमापी तापमान का बोध कराता है ।

69. (b)

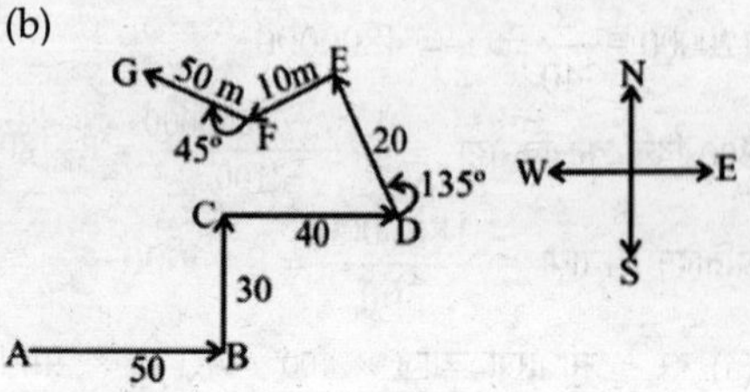

उपर्युक्त आरेख से स्पष्ट है कि कमन I और II दोनों सही नहीं है।

70. (d) रक्त सम्बन्ध आरख बनाने पर–

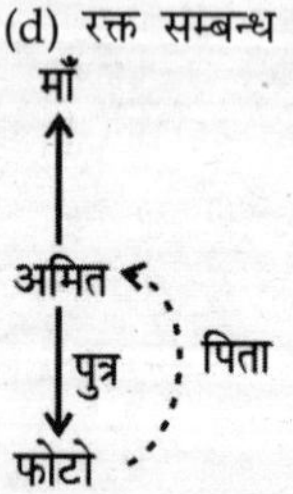

उपर्युक्त रक्त सम्बन्ध आरेख से स्पष्ट है कि अमित फोटो में दिख रहे व्यक्ति का पिता है।

71. (c) अशोक के स्तम्भ लेखों की संख्या सात है, जो छ: भिन्न-भिन्न स्थानों के नाम है–दिल्ली-टोपरा, दिल्ली-मेरठ, लैरिया अरेराज, लौरिया नन्दनगढ़, रामपुरवा तथा प्रयाग। लौरिया अरेराज, लौरिया नन्दनगढ़ तथा रामपुरवा बिहार के चम्पारण जिले में स्थित है।

72. (a) नील किसानों का आंदोलन था ।

73. (a) 4 अप्रैल को पटना सिटी में इसका निर्णय लिया गया।

74. (a) बिहार में राष्ट्रीय कॉलेज और विद्यालय विद्यापीठ से संबंद्ध थे 1926 में ऐसी 1 कॉलेज 15 मिडिल और 10 प्राइमरी स्कूल बिहार में थे।

75. (c) भगत सिंह बिहार 1928 में आए

76. (b) गाँधीजी ने चौकीदारी टैक्स बंदी आंदोलन की अनुमति आरंभिक कदम के रूप में नहीं दी।

77. (a) सन् 1929 ई. में स्वामी सहजानन्द ने बिहार प्रांतीय किसान सभा (बीपीकेएस) की स्थापना की थी जो किसानों पर जमीनदारों द्वारा होने वाले हमलों के खिलाफ किसानों की शिकायतों को इकट्ठा करने के लिए गठित किया था।

78. (b) बिहार में द्वैध शासन का प्रारंभ 29 दिसम्बर 1920 को हुआ था

79. (c) जयप्रकाश नारायण, फूलनप्रसाद वर्मा एवं कुछ अन्य लोगों ने मिलकर जुलाई 1931 में बिहार में समाजवादी पार्टी की स्थापना की।

80. (a) भारत छोड़ो आंदोलन के क्रम में पटना सचिवालय गोलीकांड 11 अगस्त 1942 को हुआ था

81. (b) 1955 में यह छात्र आंदोलन बिहार की राजधानी पटना में हुआ।

82. (c) बिहार का सबसे पहला महत्वपूर्ण सूफी संत इमाम ताज फकीह थे। ये बारहवीं शताब्दी में मनेर में बसे।

83. (c) 'सामा-चकेवा' मिथिलांचल क्षेत्र का पुरातन परंपराओं से जुड़ा एक लोकपर्व है. यह लोकनाट्य बिहार के मिथिलांचल में आज भी बहुत ही धूमधाम से मनाया जाता है. यह त्योहार छठ महापर्व की समाप्ति के दिन से शुरू होता है और कार्तिक पूर्णिमा को इसका समापन होता है.

84. (d) पटना का अन्य नाम पाटलीग्राम एवं पाटलिपुत्र था ।

85. (a) 1937 में बनी अंतरिम साक्षरता दर प्रारंभ किया गया। इसमें तत्कालीन शिक्षा मंत्री सैय्यद महमूद की महत्वपूर्ण भूमिका रही थी।

86. (c) संविधान के अनुच्छेद 169 के अनुसार बिहार में द्वि सदनात्मक विधानमंडल की व्यवस्था की गई है

87. (a) हरहा नदी घाटी या दून घाटी की लम्बाई24 किमी० है। समुद्रतल से ऊँचाई 140 मीटर है।

88. (b) बिहार में सर्वाधिक विख्यात और ऐतिहासिक गर्म जल के झरने व जलकुण्ड राजगीर में है।

89. (a) पटना प्रथम स्थान पर है ।

90. (c) बिहार में टेलीविजन की शुरुआत 14 अगस्त 1978 को मुजफ्फरपुर में हुई।

91. (a) बिहार राज्य पथ परिवहन निगम की स्थापना 1959 में हुई

92. (b) विश्व का सबसे ऊंचा शिखर माउंट एवरेस्ट समुद्र तल से लगभग 8850 मी. ऊँचा है। यह हिमालय की चोटी है। इसे नेपाल में सागरमाथा (स्वर्ग का शीर्ष) नाम से जानते हैं। विश्व का सबसे गहरा भाग प्रशांत महासागर का मेरियाना गर्त है जिसकी गहराई 11034 मीटर है।

93. (b) गिलहरी के सामने का दांत जीवन भर बढ़ते रहते हैं।। दांतों को अधिक लंबा होने से रोकने हेतु उन्हें वस्तुओं को कुतरते रहना पड़ता है।

94. (b) झूम खेती काट और दग्ध खेती है। एक फसल कटने के बाद जमीन को कुछ साल तक आराम करने देते हैं, उसमें खेती नहीं करते इस जगह जो बाँस या जंगल उग जाता है उसे उखाड़ते नहीं, सिर्फ गिराकर जला देते हैं। यह राख जमीन में खाद का काम करती है।

95. (b) सिंकोना पेड़ के छाल का उपयोग मलेरिया के उपचार के लिए किया जाता है। कुनैन एक ऐसी दवा थी जिसने मलेरिया के प्रकोप होने पर विश्व को राहत दी थी। इस दवा के अवयवों को सिनकोना के पेड़ से निकाला गया था, जो आमतौर पर केरल में पाया जाता है।

96. (b) साँप के जहरीले दांतों को विषदंत, यमदूती, मकरी, कराली और कालरात्रि भी कहा जाता है। इनके जहरीले होने के पीछे का कारण नुकीले ऊपरी जबड़े में मौजूद संशोधित दांत होते हैं। साँप के काटने पर वे स्टोरेज जहर को इंजेक्ट करते हैं।

97. (c) वर्मीकम्पोस्ट, एक विधि है जिसमें खाद बनाने में केंचुए उपयोग होते हैं, इसे केंचुआ खाद भी कहा जाता है। यह पोषण पदार्थों से भरपूर एक उत्तम जैव उर्वरक है। यह केंचुआ तथा अन्य कीड़ों के द्वारा वनस्पतियों एवं भोजन के कचरे आदि को विघटित करके बनाई जाती है।

98. (c) मुदुमलाई वन्यजीव अभयारण्य तमिलनाडु के उत्तर-पश्चिमी कोने में कोयंबटूर से लगभग 80 किमी और उधगमंडलम (ऊटी भी) से 64 किमी की दूरी पर स्थित है।

99. (c) जैव निम्नीकरणीय पदार्थ वे होते हैं जो प्राकृतिक रूप से सूक्ष्म जीवों द्वारा विघटित हो जाते हैं। जैसे-पौधे, मानव, उनके अपशिष्ट, कागज, फल, फूल, सब्जियाँ जैसे पदार्थ बायोडिग्रेडेबल हैं।
अजैव निम्नीकरणीय पदार्थ वे हैं जो आसानी से विघटित नहीं होते है। जैसे रबड़, प्लास्टिक, रसायन पेंट आदि अजैव निम्नीकरणीय वस्तुओं की श्रेणी में आते है।

100. (d) वर्षाजल संचयन वर्षा के पानी को प्राकृतिक तालाब या टंकियों में संग्रहण और भंडारण की एक तकनीक है। तमिलनाडु भारत का पहला राज्य है जिसने वर्षाजल संचयन की संरचना के निर्माण को सभी घरों की छतों पर अनिवार्य बना दिया है। यह योजना वर्ष 2001 में लागू की गई।

101. (a) सात्विकसाईराज रंकीरेड्डी और चिराग शेट्टी ने 30 अप्रैल को बैडमिंटन एशिया चौंपियनशिप में स्वर्ण पदक जीतने वाली पहली भारतीय पुरुष युगल जोड़ी बनकर इतिहास रच दिया। उन्होंने खेले गए फाइनल में ओंग यू सिन और टियो यी की आठवीं वरीयता प्राप्त मलेशियाई जोड़ी को 67 मिनट में 16-21, 21-17, 21-19 से हराया।

102. (e) 1 मई विश्व स्तर पर मान्यता प्राप्त अवकाश है। इसे आमतौर पर अंतर्राष्ट्रीय श्रमिक दिवस या मई दिवस के रूप में जाना जाता है, और 80 से अधिक देशों में सार्वजनिक अवकाश के साथ मनाया जाता है। न्यू यॉर्क पहला राज्य था जिसने श्रम दिवस को मान्यता देने वाला बिल पेश किया, जबकि ओरेगन पहला राज्य था जिसने 21 फरवरी, 1887 को इस पर एक कानून पारित किया।

103. (b) सरकार ने निर्णय लिया है कि सभी राज्य अब केवल अपना नहीं, बल्कि अन्य राज्यों का स्थापना दिवस भी मनाएंगे। एक भारत श्रेष्ठ भारत की भावना को बढ़ावा देने के लिए यह परंपरा शुरू की गयी है। सभी राज्यों का स्थापना दिवस अब देश के सभी राजभवनों में मनाया जाएगा।

104. (a) एयर मार्शल नर्मदेश्वर तिवारी ने 1 मई 2023 को गांधीनगर में दक्षिण पश्चिमी वायु कमान (SWAC) के एयर ऑफिसर कमांडिंग-इन-चीफ (AOC-in-C) के रूप में पदभार संभाला। वह एयर मार्शल विक्रम सिंह का स्थान लेंगे, जो 30 अप्रैल 2023 को सेवानिवृत्त हो रहे हैं। उनकी विशिष्ट सेवा के लिए, उन्हें 2008 में 'वायु सेना पदक' और 2022 में 'अति विशिष्ट सेवा पदक' से सम्मानित किया गया था।

105. (b) पूर्वी बेड़े के फ्लैग ऑफिसर कमांडिंग आरएडीएम गुरचरण सिंह की कमान में भारतीय नौसेना के जहाज आईएनएस सतपुड़ा और आईएनएस दिल्ली 1 मई 2023 को सिंगापुर पहुंचे।

106. (b) सावित्रीबाई फुले पुणे विश्वविद्यालय ने खेलो इंडिया यूनिवर्सिटी गेम्स में महिला टेनिस स्पर्धा में स्वर्ण पदक जीता।

107. (c) 31 मई, 2023 को ख़ दुबई ने ड्रोन के माध्यम से दवा वितरण के सफल परीक्षण के साथ स्वास्थ्य सेवा नवाचार में एक महत्वपूर्ण उपलब्धि हासिल की है।

108. (b) मध्यम दूरी की बैलिस्टिक मिसाइल अग्नि-1 का 1 जून को ओडिशा के एपीजे अब्दुल कलाम द्वीप से सामरिक बल कमान द्वारा सफलतापूर्वक परीक्षण किया गया था। अग्नि 1 से 4 मिसाइलों की रेंज 700 किमी से 3,500 किमी है और इन्हें पहले ही तैनात किया जा चुका है।

109. (b) तुर्की में, तुर्की सुप्रीम इलेक्शन काउंसिल ने आधिकारिक तौर पर रेसेप तैयप एर्दोगन को 52.18% वोट के साथ राष्ट्रपति चुनाव का विजेता घोषित किया है।

110. (a) कैबिनेट ने 31 मई को नई दिल्ली में यूनिवर्सल पोस्टल यूनियन, यूपीयू के क्षेत्रीय कार्यालय की स्थापना को मंजूरी दी। इसका उद्देश्य यूपीयू के साथ एक समझौता करना और क्षेत्र में यूपीयू के विकास सहयोग और तकनीकी सहायता गतिविधियों को शुरू करना है।

111. (c) माइक्रोन टेक्नोलॉजी इंक ने अहमदाबाद के पास साणंद में सेमीकंडक्टर इकाई स्थापित करने के लिए गुजरात सरकार के साथ 28 जून 2023 को एक समझौता ज्ञापन (एमओयू) पर

हस्ताक्षर किए।परियोजना का लक्ष्य साणंद जीआईडीसी-II औद्योगिक एस्टेट में 93 एकड़ भूमि पर सेमीकंडक्टर असेंबली, टेस्ट, मार्किंग और पैकेजिंग (एटीएमपी) सुविधा बनाना है।यह सुविधा वेफर्स को बॉल ग्रिड ऐरे (बीजीए) -एकीकृत सर्किट पैकेज, मेमोरी मॉड्यूल और सॉलिड-स्टेट ड्राइव में बदलने पर ध्यान केंद्रित करेगी।

112. (d) दीपिका पल्लीकल और हरिंदर पाल संधू ने 30 जून 2023 को हांगझू में एशियाई मिश्रित युगल स्क्वैश टूर्नामेंट में स्वर्ण पदक जीता।उन्होंने फाइनल मैच के दौरान मलेशिया के इवान यूएन और राचेल अर्नोल्ड को 2-0 से हराया।इस आयोजन में दीपिका की भागीदारी 2022 राष्ट्रमंडल खेलों के बाद उनकी पहली उपस्थिति है।

113. (d) राष्ट्रीय चिकित्सक दिवस पश्चिम बंगाल के दूसरे मुख्यमंत्री डॉ. बिधान चंद्र रॉय की याद में मनाया जाता है, जिनका जन्म 1 जुलाई 1882 को हुआ था और उसी दिन 1962 में उनकी मृत्यु हो गई थी। वह एक चिकित्सक, राजनीतिज्ञ, स्वतंत्रता सेनानी और वकील थे।

114. (b) भारत की पुरुष राष्ट्रीय फुटबॉल टीम ने अपनी फीफा विश्व रैंकिंग में सुधार किया है, जो हाल ही में जारी फीफा विश्व रैंकिंग में 101वें से 100वें स्थान पर पहुंच गई है।टीम ने यह रैंक हासिल करने के लिए लेबनान और न्यूजीलैंड को पीछे छोड़ दिया।भारत अब एशिया और एशियाई फुटबॉल परिसंघ (एएफसी) में 18वीं रैंक वाली टीम है।

115. (c) एसजीएक्स निफ्टी ने 3 जुलाई, 2023 को गांधीनगर में गिफ्ट सिटी में गिफ्ट निफ्टी के रूप में कारोबार शुरू कर दिया है। एनएसई के अंतरराष्ट्रीय अनुबंध, जो पहले सिंगापुर में कारोबार करते थे, अब गुजरात इंटरनेशनल फाइनेंस टेक-सिटी (गिफ्ट सिटी) में कारोबार किया जाएगा।

116. (b) : नोंगकर्म नृत्य उत्सव मेघालय की खासी जनजाति का एक वार्षिक त्योहार है। यह उत्सव पाँच दिनों तक चलता है और आमतौर पर नवंबर में मनाया जाता है।

117. (d) तबला ताल वाद्य यंत्र से संबंधित है। तालवाद्य या आघात वाद्य (Percussion instrument) संगीत में ऐसा वाद्य यंत्र हैं जिस से ध्वनि उस पर हाथ या अन्य किसी उपकरण से प्रहार द्वारा या रगड़कर उत्पन्न हो। इसके उदाहरण तबला, डमरू, झांझ और मृदंग हैं।

118. (b) 'कायाकल्प पुरस्कार' स्वास्थ्य एवं परिवार कल्याण मंत्रालय द्वारा प्रदान किया जाता है।

119. (d) होमी जहाँगीर भाभा को 'भारतीय परमाणु कार्यक्रम के जनक' के रूप में जाना जाता है। वह एक भारतीय भौतिकी विज्ञानी थे, जिन्होंने परमाणु ऊर्जा प्रतिष्ठान, ट्राम्बे और टाटा इंस्टीट्यूट ऑफ फंडामेंटल रिसर्च (1945 ई.) की स्थापना की।

120. (b)

कप / ट्रॉफी	-खेल
देवधर ट्रॉफी	-क्रिकेट
डुरंड कप	-फुटबॉल
डेविस कप	-टेनिस
स्वाएथलिंग कप	-टेबल टेनिस

SET 2

BPSC प्राइमरी प्रैक्टिस सेट

1. **निम्नलिखित में से हड़प्पा काल के किस स्थल में समुद्री व्यापार के साक्ष्य मिलते हैं?**
(a) मोहनजोदड़ो (b) लोथल
(c) अटामीरा (d) धौलावीरा
(e) उपर्युक्त में से कोई नहीं/उपर्युक्त में से एक से अधिक

2. **सिन्धु सभ्यता का प्राचीन बंदरगाह कौन-सा था?**
(a) हड़प्पा (b) लोथल
(c) धौलावीरा (d) सुरकोटदा
(e) उपर्युक्त में से कोई नहीं/उपर्युक्त में से एक से अधिक

3. **निम्नलिखित में से किस पुरातात्विक स्थल में 'बंदरगाह' पाया गया था?**
(a) मोहनजोदड़ो (b) कालीबंगा
(c) लोथल (d) हड़प्पा
(e) उपर्युक्त में से कोई नहीं/उपर्युक्त में से एक से अधिक

4. **भारतीय का नाम जो मोहनजोदड़ो की खोज के साथ जुड़ा था?**
(a) आर. डी. बनर्जी (b) आर. डी. चटर्जी
(c) डब्ल्यू. सी. बनर्जी (d) एस. एन. बनर्जी
(e) उपर्युक्त में से कोई नहीं/उपर्युक्त में से एक से अधिक

5. **अश्वमेध यज्ञ प्राचीन भारतीय राजाओं द्वारा अपनी शाही सम्प्रभुता साबित करने के लिए एक __________ की बलि था।**
(a) घोड़े (b) बकरी
(c) हाथी (d) भैंस
(e) उपर्युक्त में से कोई नहीं/उपर्युक्त में से एक से अधिक

6. **दिल्ली सल्तनत के वंशों को कालानुक्रमिक क्रम में व्यवस्थित करें :**
1. तुगलक वंश 2. गुलाम वंश
3. खिलजी वंश 4. लोदी वंश
(a) 2, 3, 1,4 (b) 1, 2, 3, 4
(c) 4, 1, 2, 3 (d) 2, 1, 3, 4
(e) उपर्युक्त में से कोई नहीं/उपर्युक्त में से एक से अधिक

7. **दिल्ली के हौज खास क्षेत्र में 'चोर मीनार'.......... द्वारा बनवाई गई-**
(a) अलाउद्दीन खिलजी (b) औरंगजेब
(c) फिरोजशाह तुगलक (d) अकबर
(e) उपर्युक्त में से कोई नहीं/उपर्युक्त में से एक से अधिक

8. **बारहवीं शताब्दी के अंतिम दशक के दौरान निर्मित कुव्वत अल-इस्लाम मस्जिद और मीनार _____ गई शहर की प्रथम सामूहिक मस्जिद थी।**
(a) ढाका के सुल्तान (b) दिल्ली के सुल्तान
(c) लाहौर के सुल्तान (d) अफगानिस्तान के सुल्तान
(e) उपर्युक्त में से कोई नहीं/उपर्युक्त में से एक से अधिक

9. **अलाउद्दीन के शाही दरबार को इस महान कवि ने नवाजा :**
(a) फिरदौसी (b) उमर खय्याम
(c) अमीर खुसरो (d) इब्नबतूता
(e) उपर्युक्त में से कोई नहीं/उपर्युक्त में से एक से अधिक

10. **टीपू सुल्तान किस वर्ष मैसूर के शासक बने थे?**
(a) 1792 (b) 1772
(c) 1762 (d) 1782
(e) उपर्युक्त में से कोई नहीं/उपर्युक्त में से एक से अधिक

11. **ईस्ट इंडिया कंपनी की स्थापना किस वर्ष में हुई थी?**
(a) 1600 (b) 1200
(c) 1800 (d) 1500
(e) उपर्युक्त में से कोई नहीं/उपर्युक्त में से एक से अधिक

12. **निम्नलिखित में से किस वायसराय ने ब्रिटिश व्यापारियों के लिए कपास पर कर समाप्त क्र दिया था?**
(a) लॉर्ड रिपन (b) लॉर्ड डफरिन
(c) लॉर्ड कर्जन (d) लॉर्ड लिटन
(e) उपर्युक्त में से कोई नहीं/उपर्युक्त में से एक से अधिक

13. **निम्नलिखित में से किसने अंग्रेजों के विरुद्ध हुए 1857 के क्रांति में हिस्सा नहीं लिया था?**
(a) तात्या टोपे (b) टीपू सुल्तान
(c) रानी लक्ष्मीबाई (d) नाना साहेब
(e) उपर्युक्त में से कोई नहीं/उपर्युक्त में से एक से अधिक

14. **1893 में स्वामी विवेकानंद ने विश्व धर्म संसद में अपना प्रसिद्ध भाषण किस शहर में दिया था?**
(a) शिकागो (b) सैन फ्रांसिस्को
(c) लॉस एंजिल्स (d) वाशिंगटन
(e) उपर्युक्त में से कोई नहीं/उपर्युक्त में से एक से अधिक

15. **निम्नलिखित का मिलान करें :**

सूची - A	सूची - B
i. राजा राममोहन राय	A. आर्य समाज
ii. महादेव गोविन्द रानाडे	B. प्रार्थना समाज
iii. दयानंद सरस्वती	C. ब्रह्म समाज
iv. स्वामी विवेकानंद	D. रामकृष्ण मिशन

	i	ii	iii	iv
(a)	A	C	B	D
(b)	D	B	A	C
(c)	C	B	A	D
(d)	A	D	B	C

(e) उपर्युक्त में से कोई नहीं/उपर्युक्त में से एक से अधिक

16. **फोबोस और डीमोस है-**
(a) मंगल के दो चंद्रमा (b) बृहस्पति के दो चंद्रमा
(c) शुक्र के दो चंद्रमा (d) बुध के दो चंद्रमा
(e) उपर्युक्त में से कोई नहीं/उपर्युक्त में से एक से अधिक

17. **एक पूरे वर्ष में, सूर्य से आने वाली ऊर्जा की कुल मात्रा निम्न में से किसके निकट सर्वाधिक होती है?**
(a) मकर रेखा (c) ध्रूव
(b) कर्क रेखा (d) भूमध्य रेखा
(e) उपर्युक्त में से कोई नहीं/उपर्युक्त में से एक से अधिक

18. **इंग्लिश चैनल ______ को अलग करता है।**
(a) उत्तरी फ्रांस से दक्षिणी स्विट्ज़रलैंड
(b) उत्तरी फ्रांस से दक्षिण इंग्लैंड
(c) उत्तरी फ्रांस से दक्षिण जर्मनी
(d) उत्तरी फ्रांस से दक्षिणी इटली
(e) उपर्युक्त में से कोई नहीं/उपर्युक्त में से एक से अधिक

19. **अफ्रीका महादेश का सबसे ऊँचा पर्वत माउंट किलिमंजारो किस देश में स्थित है?**
(a) कीनिया (b) नामीबिया
(c) तंजानिया (d) नाइजीरिया
(e) उपर्युक्त में से कोई नहीं/उपर्युक्त में से एक से अधिक

20. **जब वायुमंडलीय दाब में तेजी से कमी के कारण मध्य अक्षांश का तूफान तेजी से उग्र होता है तो इसे ______ कहा जाता है।**
(a) बॉम्बोजेनेसिस (b) कैटलिना एडी
(c) जूड (d) भंवर (वॉर्टेक्स)
(e) उपर्युक्त में से कोई नहीं/उपर्युक्त में से एक से अधिक

21. **निम्नलिखित में से कौन सा युग्म गलत है?**
(a) समदाब रेखा - दबाव (b) समवर्षा रेखा - धूप
(c) समताप रेखा - तापमान (d) आइसोहेलाइन - खारापन
(e) उपर्युक्त में से कोई नहीं/उपर्युक्त में से एक से अधिक

22. **भारत और श्रीलंका .... बनाते टापुओं के एक समूह से जुड़े हुए हैं।**
(a) सिसेरी नदी सेतु (b) भूपेन हाजरिका सेतु
(c) शरवती ब्रिज (d) रामसेतु
(e) उपर्युक्त में से कोई नहीं/उपर्युक्त में से एक से अधिक

23. **निम्नलिखित में से कौन-सी पहाड़ी श्रृंखला त्रिकोणीय सतपुड़ा श्रृंखला का पूर्वी बेस बनाती है?**
(a) शिवालिक पहाड़ियाँ (b) बैलाडीला पहाड़ियाँ
(c) मैकाल पहाड़ियाँ (d) बराबर पहाड़ियाँ
(e) उपर्युक्त में से कोई नहीं/उपर्युक्त में से एक से अधिक

24. **कोसी नदी किस राज्य से होकर भारत में प्रवेश करती है?**
(a) बिहार (b) उत्तर प्रदेश
(c) सिक्किम (d) हिमाचल प्रदेश
(e) उपर्युक्त में से कोई नहीं/उपर्युक्त में से एक से अधिक

25. **मिट्टी के संबंध में कंकड़ शब्द का अर्थ है:**
(a) गांठदार कैल्शियम कार्बोनेट की उपस्थिति
(b) मिट्टी में उपस्थित मृत कार्बनिक पदार्थ
(c) नाइट्रोजन, पोटाश, चूना और ह्यूमस की कमी।
(d) पवन गतिविधियों द्वारा जमाव
(e) उपर्युक्त में से कोई नहीं/उपर्युक्त में से एक से अधिक

26. **संविधान सभा का पहला सत्र ______ को आयोजित किया गया था।**
(a) 9 दिसम्बर 1945 (b) 26 नवम्बर 1946
(c) 9 दिसम्बर 1946 (d) 26 जनवरी 1946
(e) उपर्युक्त में से कोई नहीं/उपर्युक्त में से एक से अधिक

27. **भारतीय संविधान में कौन सा प्रावधान नागरिकों को अदालत में जाने की अनुमति देता है यदि वे मानते हैं कि उनके किसी भी मौलिक अधिकार का राज्य द्वारा उल्लंघन किया गया है?**
(a) शोषण के खिलाफ अधिकार
(b) संवैधानिक उपचार का अधिकार
(c) स्वतंत्रता का अधिकार
(d) सांस्कृतिक और शैक्षिक अधिकार
(e) उपर्युक्त में से कोई नहीं/उपर्युक्त में से एक से अधिक

28. निम्नलिखित कथनों पर विचार कीजिए:
भारतीय संविधान के अनुच्छेद 12 में 'राज्य' में सम्मिलित हैं :

(A) भारत के भू-भाग या भारत सरकार के नियंत्रणाधीन स्थानीय प्राधिकरण या अन्य प्राधिकरण।

(B) सरकार और भारत की संसद।

(C) प्रत्येक राज्य की सरकार और विधान मंडल

नीचे दिए गए संकेतों से सही उत्तर का चुनाव कीजिए:

(a) केवल A और B (b) केवल B और C
(c) केवल A और C (d) A, B और C
(e) उपर्युक्त में से कोई नहीं/उपर्युक्त में से एक से अधिक

29. भारतीय संविधान का कौन सा अनुच्छेद कारखानों आदि में बालाकों के नियोजन का प्रतिषेध से संबंधित है?

(a) अनुच्छेद 24 (b) अनुच्छेद 23
(c) अनुच्छेद 17 (d) अनुच्छेद 20
(e) उपर्युक्त में से कोई नहीं/उपर्युक्त में से एक से अधिक

30. निम्नलिखित का मिलान करें :

सूची - A (अनुसूची)	सूची - B (विवरण)
i. प्रथम अनुसूची	A. जनजातीय क्षेत्रों के प्रशासन के लिए प्रावधान
ii. पाँचवीं अनुसूची	B. भारत के राज्य और संघ राज्य क्षेत्र
iii. छठीं अनुसूची	C. दलबदल के आधार पर अयोग्य ठहराने का प्रावधान
iv. दसवीं अनुसूची	D. अनुसूचित क्षेत्रों और जनजातियों के प्रशासन तथा नियंत्रण का प्रावधान

	i	ii	iii	iv
(a)	B	D	A	C
(b)	B	A	D	C
(c)	A	D	B	C
(d)	A	B	C	A

(e) उपर्युक्त में से कोई नहीं/उपर्युक्त में से एक से अधिक

31. संसद, भारत के नागरिकों को .... में सक्षम बनाती है और इस तरह से यह भारतीय लोकतंत्र का सबसे महत्त्वपूर्ण प्रतीक है, और संविधान की एक प्रमुख विशेषता है।

(a) केवल विपक्ष द्वारा गठित करने और सत्ताधारी राजनीतिक दल के अन्य सदस्यों पर प्रभुत्व रखने
(b) विशेष धार्मिक मान्यताओं को लागू करने और एक विशेष धार्मिक विचारधारा का प्रचार करने
(c) निर्णय प्रक्रिया में भाग लेने और सरकार को नियंत्रित करने
(d) सक्रिय आलोचना में रुचि लेने और जनता की इच्छा से स्वतंत्र आंदोलन गठित करने
(e) उपर्युक्त में से कोई नहीं/उपर्युक्त में से एक से अधिक

32. उप-राष्ट्रपति पदेन अध्यक्ष है:

(a) राज्यसभा का (b) लोकसभा का
(c) योजना आयोग का (d) राष्ट्रीय विकास परिषद् का
(e) उपर्युक्त में से कोई नहीं/उपर्युक्त में से एक से अधिक

33. राज्य चुनाव आयुक्त......द्वारा नियुक्त किया जाता है?

(a) भारत के राष्ट्रपति
(b) संसद
(c) भारत के मुख्य चुनाव आयुक्त
(d) राज्य के राज्यपाल
(e) उपर्युक्त में से कोई नहीं/ उपर्युक्त में से एक से अधिक

34. निम्नलिखित में से कौन भारत के वर्तमान मुख्य चुनाव आयुक्त हैं?

(a) वी एस संपत (b) हरिशंकर ब्रह्मा
(c) सैयद नसीम अहमद जैदी (d) सुनील अरोड़ा
(e) उपर्युक्त में से कोई नहीं/उपर्युक्त में से एक से अधिक

35. किस संविधान संशोधन को लघु संविधान कहा जाता है?

(a) 7वाँ संविधान संशोधन अधिनियम, 1956
(b) 24वाँ संविधान संशोधन अधिनियम, 1971
(c) 42वाँ संविधान संशोधन अधिनियम, 1976
(d) 44वाँ संविधान संशोधन अधिनियम, 1978
(e) उपर्युक्त में से कोई नहीं/उपर्युक्त में से एक से अधिक

36. निम्नलिखित में से कौन सा शुद्ध राष्ट्रीय उत्पाद के लिए सही है?

(a) शुद्ध राष्ट्रीय उत्पाद (NNP) = सकल राष्ट्रीय उत्पाद (GNP) + ह्रास।
(b) शुद्ध राष्ट्रीय उत्पाद (NNP) = सकल राष्ट्रीय उत्पाद (GNP) – ह्रास।
(c) शुद्ध राष्ट्रीय उत्पाद (NNP) = ह्रास-सकल राष्ट्रीय उत्पाद (GNP)
(d) शुद्ध राष्ट्रीय उत्पाद (NNP) = ह्रास × सकल राष्ट्रीय उत्पाद (GNP)
(e) उपर्युक्त में से कोई नहीं/उपर्युक्त में से एक से अधिक

37. भारतीय रिजर्व बैंक द्वारा कोविड-19 महामारी से प्रभावित ऋणों के पुनर्गठन के लिए किस समिति का गठन किया गया था?

(a) आत्रेय समिति
(b) जी. वी. रामकृष्ण समिति
(c) नरसिंहम समिति
(d) के. वी. कामथ समिति
(e) उपर्युक्त में से कोई नहीं/उपर्युक्त में से एक से अधिक

38. निम्नलिखित में से कौन सा कथन सही है?

I. 1949 में, योजना आयोग की स्थापना प्रधानमंत्री को अध्यक्ष के रूप में लेकर की गई।

II. जी. डी. पी. एक वर्ष के दौरान देश में उत्पादित सभी अंतिम वस्तुओं और सेवाओं का बाजार मूल्य है।

(a) केवल II (b) I तथा II
(c) ना ही I ना ही II (d) केवल I
(e) उपर्युक्त में से कोई नहीं/उपर्युक्त में से एक से अधिक

39. संघ सरकार ने प्रधानमंत्री सुरक्षा बीमा योजना प्रारंभ की। इस योजना के लिए प्रति वर्ष प्रीमियम की राशि क्या है?

(a) 12 रुपए (b) 330 रुपए
(c) 120 रुपए (d) 320 रुपए
(e) उपर्युक्त में से कोई नहीं/उपर्युक्त में से एक से अधिक

40. न्यूनतम समर्थन मूल्य निम्न से संबंधित है :

(a) खुदाई (b) सीमेंट
(c) मछली पकड़ना (d) कृषि
(e) उपर्युक्त में से कोई नहीं/उपर्युक्त में से एक से अधिक

41. विद्युत विभवांतर का एस. आई. मात्रक ________ हैं।

(a) एम्पियर (b) वोल्ट
(c) कूलॉम (d) ओम
(e) उपर्युक्त में से कोई नहीं/उपर्युक्त में से एक से अधिक

42. चौड़े गेज की दो ट्रैकों के बीच कितना अंतर होता है?

(a) 2.323 मीटर (c) 1.50 मीटर
(b) 2.000 मीटर (d) 1.676 मीटर
(e) उपर्युक्त में से कोई नहीं/उपर्युक्त में से एक से अधिक

43. यदि किसी वाहन का दूरी-समय ग्राफ क्षैतिज अक्ष के समानांतर है, तो वाहन ______ पर आगे बढ़ रहा है।

(a) 100 km/h (b) 10km/h
(c) 20 km/h (d) 0km/h
(e) उपर्युक्त में से कोई नहीं/उपर्युक्त में से एक से अधिक

44. कोई खुली जीप किसी सरल रेखीय पथ पर एक समान वेग से गतिमान है। आगे की सीट पर बैठा कोई व्यक्ति किसी गेंद को ऊर्ध्वाधर ऊपर उछालता है। कुछ समय पश्चात वह गेंद-

(a) उसके हाथ पर गिरती है।
(b) जीप के सामने गिरती है।
(c) जीप की पिछली सीट पर गिरती है।
(d) जीप के बाहर गिरती है।
(e) उपर्युक्त में से कोई नहीं/उपर्युक्त में से एक से अधिक

45. एक लालटेन में, तेल बाती में ________ की विशेषता के कारण चढ़ता है-

(a) श्यानता (b) घनत्व
(c) दाबांतर (d) पृष्ठीय तनाव
(e) उपर्युक्त में से कोई नहीं/उपर्युक्त में से एक से अधिक

46. क्विक लाइम का रासायनिक सूत्र क्या हैं?

(a) CaO (b) NO_2
(c) $CaCO_3$ (d) $CaOCl_2$
(e) उपर्युक्त में से कोई नहीं/उपर्युक्त में से एक से अधिक

47. उदासीन विलयन का pH .... है।

(a) 4 (b) 10
(c) 2 (d) 9
(e) उपर्युक्त में से कोई नहीं/उपर्युक्त में से एक से अधिक

48. निम्नलिखित में से तत्व - परमाणुकता का कौन सा युग्म सही है?

I. नाइट्रोजन - द्विपरमाणुक
II. सल्फर - बहुपरमाणुक

(a) केवल I (b) ना ही I ना ही II
(c) I तथा II दोनों (d) केवल II
(e) उपर्युक्त में से कोई नहीं/उपर्युक्त में से एक से अधिक

49. किसी परमाणु का इलेक्ट्रॉनिक कॉन्फिगयुरेशन क्या होगा, जिसकी परमाणु संख्या 20 हो?

(a) 2, 8, 10 (b) 2,6,8,4
(c) 2, 8, 8, 2 (d) 2, 10, 8
(e) उपर्युक्त में से कोई नहीं/उपर्युक्त में से एक से अधिक

50. कालप्रभावन के वैज्ञानिक अध्ययन को कहते हैं-

(a) हेतुविज्ञान (b) जराविज्ञान
(c) अस्थिविज्ञान (d) विरूपिता- विज्ञान
(e) उपर्युक्त में से कोई नहीं/उपर्युक्त में से एक से अधिक

51. पेड़ की जड़ों में रहने वाले कवक जहाँ वे आश्रय और पोषण साझा करते हैं, ______ संबंध कहलाते है।

(a) सहजीवी (b) परपोषी
(c) स्वपोषी (d) मृतपोषी
(e) उपर्युक्त में से कोई नहीं/उपर्युक्त में से एक से अधिक

52. पायरुवेट का विखंडन ऑक्सीजन का उपयोग करके - .... में होता है।

(a) माइटोकॉन्ड्रिया (b) कोशिकाद्रव्य

(c) राइबोसोम (d) केन्द्रक

(e) उपर्युक्त में से कोई नहीं/उपर्युक्त में से एक से अधिक

53. एक कोशिका एक पतली बाहरी परत से घिरी होती है जिसे कहते है:

(a) कोशिका झिल्ली (b) नाभिक

(c) सिलोलाइड (d) सेल गार्ड

(e) उपर्युक्त में से कोई नहीं/उपर्युक्त में से एक से अधिक

54. निम्नलिखित में से कौन - सा समुद्री जानवर क्रस्टेशिया परिवार से संबंधित नहीं है?

(a) जलसाही (b) झींगा

(c) केकड़ा (d) बारनेकल

(e) उपर्युक्त में से कोई नहीं/उपर्युक्त में से एक से अधिक

55. इनमें से किसे तालाबों में और कुओं में छोड़ने से मच्छरों पर काबू पाने में सहायक होता है?

(a) केकड़ा (b) डॉगफिश

(c) गैम्बुसिया मछली (d) घोंघा

(e) उपर्युक्त में से कोई नहीं/उपर्युक्त में से एक से अधिक

56. 19 संख्याओं का औसत 37 है। यदि हम प्रत्येक संख्या में एक संख्या 'B' को जोड़ देते है, तो औसत 59 हों जाता है। B का मान क्या है?

(a) 24 (b) 28

(c) 21 (d) 25

(e) उपर्युक्त में से कोई नहीं/उपर्युक्त में से एक से अधिक

57. तीन संख्याएँ 3:4:9 के अनुपात में हैं और उनका लघुतम समापवर्तक 1800 है। सबसे बड़ी संख्या ज्ञात करें।

(a) 200 (b) 450

(c) 550 (d) 150

(e) उपर्युक्त में से कोई नहीं/उपर्युक्त में से एक से अधिक

58. 2 साड़ियाँ और 4 कमीजों का कुल मूल्य 1600 है। समान राशि में 1 साड़ी और 6 कमीजें भी उपलब्ध हैं। यदि एक व्यक्ति को 12 कमीजें खरीदनी हों, तो कितनी राशि देनी होगी?

(a) 1200 रुपये

(b) 2400 रुपये

(c) 4800 रुपये

(d) निर्धारित नहीं किया जा सकता

(e) उपर्युक्त में से कोई नहीं/उपर्युक्त में से एक से अधिक

59. यदि X, Y से 40 प्रतिशत अधिक अंक प्राप्त करता है, तो Y के अंक X के अंकों से कितने प्रतिशत कम है?

(a) 27.5 प्रतिशत (b) 26.57 प्रतिशत

(c) 25.5 प्रतिशत (d) 28.57 प्रतिशत

(e) उपर्युक्त में से कोई नहीं/उपर्युक्त में से एक से अधिक

60. रविन्द्र और नुसरत ने मिलकर क्रमशः 8400 रुपए और 6500 रूपए के निवेश से एक साथ व्यवसाय शुरू किया। 6 महीने के बाद रविन्द्र और नुसरत ने अपने निवेश में क्रमशः 10% और 20% की वृद्धि की । यदि एक वर्ष के अंत में व्यापार में कुल लाभ 6388 रुपए था तो रविन्द्र के लाभ का हिस्सा है:

(a) Rs.7056 (b) Rs.3528

(c) Rs.5720 (d) Rs.2860

(e) उपर्युक्त में से कोई नहीं/उपर्युक्त में से एक से अधिक

61. यदि $l : m : n = 1 : 2 : 4$, है, तो $\sqrt{5\ell^2 + m^2 + n^2}$ किसके बराबर है:

(a) 4n (b) 5*l*

(c) 2m (d) 5

(e) उपर्युक्त में से कोई नहीं/उपर्युक्त में से एक से अधिक

62. एक व्यक्ति द्वारा 15 वर्षों में मूलधन पर प्राप्त किया गया साधारण ब्याज मूलधन का 180 प्रतिशत है। ब्याज की वार्षिक दर क्या है?

(a) 12 प्रतिशत (b) 24 प्रतिशत

(c) 18 प्रतिशत (d) 6 प्रतिशत

(e) उपर्युक्त में से कोई नहीं/उपर्युक्त में से एक से अधिक

63. निम्नलिखित प्रश्न में प्रश्नवाचक चिन्ह (?) के स्थान पर क्या आएगा?

(7/9) का (3/14) ÷ [(5/6) × (1/15)] – 10 = 46 –?

(a) 43 (b) 33

(c) 63 (d) 53

(e) उपर्युक्त में से कोई नहीं/उपर्युक्त में से एक से अधिक

64. दो कार एक बिन्दु से एक ही समय पर चलना आरंभ करती है तथा एक दूसरे से समकोण दिशा में दो अलग-अलग सड़कों पर चलती है। उनकी गति क्रमशः 18 किमी./घंटा तथा 72 किमी /घंटा है। 6 सेकंड के पश्चात उनके बीच कितनी दूरी होगी?

(a) $30\sqrt{7}$ मीटर (b) $30\sqrt{17}$ मीटर

(c) $24\sqrt{13}$ मीटर (d) $40\sqrt{11}$ मीटर

(e) उपर्युक्त में से कोई नहीं/उपर्युक्त में से एक से अधिक

65. रिषभ किसी कार्य के 4/5 भाग को 16 दिनों में पूरा कर सकता है। रानी, रिषभ से 2 गुना कार्यकुशल है । रानी अकेले उसी कार्य को कितने दिन में पूरा करेगी?

(a) 14 दिन (b) 12 दिन

(c) 11 दिन (d) 40 दिन

(e) उपर्युक्त में से कोई नहीं/उपर्युक्त में से एक से अधिक

66. एक घड़ी 1 बजे एक बार 2 बजे दो बार 3 बजे तीन बार ओर इसी तरह आगे बजती है। यह 24 घंटों में कुल कितनी बार बजेगी?

(a) 78 (b) 136

(d) 196 (c) 156

(e) उपर्युक्त में से कोई नहीं/उपर्युक्त में से एक से अधिक

67. एक पासे की दो स्थितियाँ दर्शाई गई है। जब 2 सबसे नीचे है, तो सबसे ऊपर कौन सी संख्या होगी

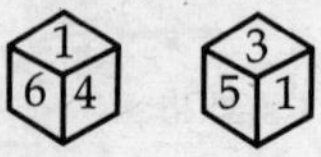

(a) 6 (b) 1

(c) 3 (d) 4

(e) उपर्युक्त में से कोई नहीं/उपर्युक्त में से एक से अधिक

68. नरेश, भारत, विवेक और रवि एक पंक्ति में बैठे है। नरेश और विवेक एक साथ बैठे है। भारत पंक्ति के किसी भी छोर पर नहीं बैठा है और विवेक, भरत के एकदम बाएँ ओर बैठा है। ये सब किस क्रम में बेठे है?

(a) नरेश - विवेक - भरत - रवि

(b) रवि - नरेश - विवेक - भारत

(c) भरत - विवेक - नरेश - रवि

(d) विवेक - नरेश - भारत - रचि

(e) उपर्युक्त में से कोई नहीं/उपर्युक्त में से एक से अधिक

69. यदि '+' का अर्थ है '×', '–' का अर्थ से '÷', '÷' का अर्थ है '–' और '×' का अर्थ है '+', तो ज्ञात करें की कौन-सा सही है?

23	19	55
47	97	11
27	?	31

(a) $121 - 11 + 4 \div 6 \times 9 = 47$

(b) $121 \div 11 \times 4 + 6 - 9 = 36$

(c) $121 + 11 - 4 \times 6 \div 9 = 44$

(d) $121 \times 114 \div 4 \div 6 - 9 = 38$

(e) उपर्युक्त में से कोई नहीं/उपर्युक्त में से एक से अधिक

70. आकार, व्यवस्था आदि के आधार पर दी गयी आकृतियों के विभिन्न समूहों का चयन कीजिए।

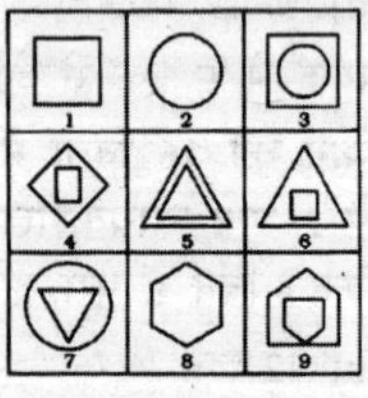

(a) (1, 4, 8) (2, 5, 9) (3, 6, 7)

(b) (1, 2, 8) (3, 6, 7) (4, 5, 9)

(c) (1, 2, 9) (4, 5, 6) (3, 7, 9)

(d) (1, 3, 7) (2, 5, 6) (4, 8, 9)

(e) उपर्युक्त में से कोई नहीं/उपर्युक्त में से एक से अधिक

71. नालन्दा विश्वविद्यालय किसलिए प्रसिद्ध था?

(a) चिकित्सा (b) तर्कशास्त्र

(c) बौद्ध धर्म दर्शन (d) रसायन विज्ञान

(e) उपर्युक्त में से कोई नहीं/उपर्युक्त में से एक से अधिक

72. तीनकठिया प्रथा सम्बन्धित है-

(a) खेड़ा आंदोलन से (b) चंपारण आंदोलन से

(c) बारदोली आंदोलन से (d) सन्यासी विद्रोह से

(e) उपर्युक्त में से कोई नहीं/उपर्युक्त में से एक से अधिक

73. कहाँ 1919 में स्थानीय नगरपालिका के अध्यक्ष खाँ बहादुर महबूब खाँ ने एक भावपूर्ण भाषण पढ़ा ।

(a) बिहारशरीफ (b) पटना

(c) मुजफ्फरपुर (d) छपरा

(e) उपर्युक्त में से कोई नहीं/उपर्युक्त में से एक से अधिक

74. बिहार में रामविनोद सिंह ने कहाँ एक खादी केन्द्र की स्थापना किया था?

(a) पटना (b) दरभंगा

(c) मधुबनी (d) छपरा

(e) उपर्युक्त में से कोई नहीं/उपर्युक्त में से एक से अधिक

75. श्री शचीन बक्शी को बिहार में कहाँ गिरफ्तार किया गया था?

(a) पटना (b) मुजफ्फरपुर

(c) भागलपुर (d) दरभंगा

(e) उपर्युक्त में से कोई नहीं/उपर्युक्त में से एक से अधिक

76. बिहार में नमक सत्याग्रह के क्रम में कितने व्यक्तियों का पहला जत्था चंपारण जिला में श्री विपिन बिहारी वर्मा के अध्यक्षता में चला?

(a) 9 (b) 17

(c) 13 (d) 48

(e) उपर्युक्त में से कोई नहीं/उपर्युक्त में से एक से अधिक

77. किसान सभा का आयोजन 1922 में श्रीकृष्ण सिंह और मुहम्मद जुबैर ने बिहार के किस जिले में किया था?

(a) मुंगेर (b) पूर्णिया

(c) पटना (d) मुजफ्फरपुर

(e) उपर्युक्त में से कोई नहीं/उपर्युक्त में से एक से अधिक

78. बिहार से अलग कर उड़ीसा को नया प्रांत बनाया गया-

(a) 1912 में (b) 1920 में

(c) 1936 में (d) 1937 में

(e) उपर्युक्त में से कोई नहीं/उपर्युक्त में से एक से अधिक

79. बिहार सोशलिष्ट पार्टी की औपचारिक स्थापना 1934 में कहाँ हुई थी?

(a) सदाकत आश्रम, पटना
(b) दरभंगा महाराज के महल
(c) अंजुमन इस्लामिया हॉल, पटना
(d) इनमें से कोई नहीं
(e) उपर्युक्त में से कोई नहीं/उपर्युक्त में से एक से अधिक

80. डॉ० राजेन्द्र प्रसाद को 9 अगस्त 1942 को गिरफ्तार करके भेजा गया-

(a) कैम्प जेल (b) हजारीबाग जेल
(c) भागलपुर जेल (d) बांकीपुर जेल
(e) उपर्युक्त में से कोई नहीं/उपर्युक्त में से एक से अधिक

81. भारत का वह प्रथम राज्य जिसने भूमि सुधार कानून बनाया?

(a) प० बंगाल (b) उड़ीसा
(c) बिहार (d) आंध्र प्रदेश
(e) उपर्युक्त में से कोई नहीं/उपर्युक्त में से एक से अधिक

82. बिहार में सर्वाधिक लोकप्रियता किस सिलसिले या सूफी संप्रदाय को मिली?

(a) फिरदौसी (b) कादिरी
(c) सुहरावर्दी (d) चिश्ती
(e) उपर्युक्त में से कोई नहीं/उपर्युक्त में से एक से अधिक

83. बिहार के किस जिला में 'बिहुला' त्योहार को विशेष धुम-धाम से मनाया जाता है?

(a) पटना (b) नालंदा
(c) दरभंगा (d) भागलपुर
(e) उपर्युक्त में से कोई नहीं/उपर्युक्त में से एक से अधिक

84. पटना में स्थित विश्व प्रसिद्ध खुदा बख्श ओरिएंटल पब्लिक लाइब्रेरी की स्थापना कब हुई थी?

(a) 1781 (b) 1891
(c) 1881 (d) 1902
(e) उपर्युक्त में से कोई नहीं/उपर्युक्त में से एक से अधिक

85. बिहार गैर सरकारी प्रारंभिक विद्यालय (नियंत्रण ग्रहण) अधिनियम पारित हुआ था-

(a) 1956 में (b) 1976 में
(c) 1949 में (d) 1965 में
(e) उपर्युक्त में से कोई नहीं/उपर्युक्त में से एक से अधिक

86. बिहार विधानसभा में अनुसूचित जनजाति वर्गों के लिए कितने सीटें आरक्षित हैं?

(a) 5 (b) 6
(c) 1 (d) 2
(e) उपर्युक्त में से कोई नहीं/उपर्युक्त में से एक से अधिक

87. बिहार के भौतिक स्वरूप के संबंध में निम्न में से कौन-सा कथन सत्य है?

(a) शिवालिक की पहाड़ियाँ प० चंपारण के उतरी सीमा पर 932 किमी० क्षेत्र में फैली हुई हिमालय पहाड़ का भाग हैं।
(b) शिवालिक पर्वतीय श्रेणी को तीन भागों में बाँटा जाता है- (i) सुमेश्वर श्रेणी (ii) रामनगर दून (iii) हरहा नदी घाटी (दून घाटी)।
(c) गंगा का मैदान उत्तर में नेपाल और दक्षिण में 150 मीटर समोच्च रेखा से आवद्ध छोटानागपुर पठार के मध्य विस्तृत है ।
(d) उपरोक्त सभी
(e) उपर्युक्त में से कोई नहीं/उपर्युक्त में से एक से अधिक

88. बिहार के उत्तर पश्चिम में स्थित हरहा नदी की घाटी को कहा जाता है-

(a) रामनगर दून (c) सुमेश्वर श्रेणी
(b) दून घाटी (d) उपरोक्त में से कोई नहीं
(e) उपर्युक्त में से कोई नहीं/उपर्युक्त में से एक से अधिक

89. ककोलत जलप्रपात बिहार के किस जिले में है?

(a) नवादा (b) गया
(c) नालंदा (d) औरंगाबाद
(e) उपर्युक्त में से कोई नहीं/उपर्युक्त में से एक से अधिक

90. 15वाँ वित्त आयोग (वित्त आयोग कोविड के दौर में) की रिपोर्ट में 2021-26 के लिए कुल वितरणीय संसाधन कोष में बिहार का हिस्सा 14वें वित्त आयोग 9.665% से बढ़कर हो गया है-

(a) 10.926% (b) 10.058%
(c) 9.826% (d) 11.089%
(e) उपर्युक्त में से कोई नहीं/उपर्युक्त में से एक से अधिक

91. जब किसी एक कपड़े पर दूध को उड़ेलते हैं मलाई उस पर ही रह जाती है पृथक्करण की यह प्रक्रिया हैं

(a) निस्यंदन (b) चालन
(c) अवसादन (d) निस्तारण
(e) उपर्युक्त में से कोई नहीं/उपर्युक्त में से एक से अधिक

92. पशमीना ऊन किस जानवर से मिलती है?

(a) भेड़ (b) ऊँट
(c) बकरी (d) गाय
(e) उपर्युक्त में से कोई नहीं/उपर्युक्त में से एक से अधिक

93. अधूरे जले जीवाश्मी ईंधन से फैलती है

(a) CO (b) CO_2
(c) SO_2 (d) NO
(e) उपर्युक्त में से कोई नहीं/उपर्युक्त में से एक से अधिक

94. **पौधों में पानी देने के लिए प्रयुक्त तकनीक जिसमें संकीर्ण नलियों से पानी सीधा पौधे के आधार में दिया जाता है, कहलाती है**
(a) नैनो-सिंचाई (b) माइक्रो (लघु)-सिंचाई
(c) फेमटो-सिंचाई (d) ड्रिप-सिंचाई
(e) उपर्युक्त में से कोई नहीं/उपर्युक्त में से एक से अधिक

95. **निम्न पौधों में से कौन सा पौधा कीटों को जाल में फँसता है और खा जाता है?**
(a) कस्कुटा (अमरबेल) पौधा
(b) सूरजमुखी का पौधा
(c) कैक्टस पौधा
(d) घटपर्णी का पौधा
(e) उपर्युक्त में से कोई नहीं/उपर्युक्त में से एक से अधिक

96. **वर्षा के पानी को भविष्य में उपयोग करने के लिए संचित करना ____ कहलाता है**
(a) वर्षा के पानी को इकट्ठा करना
(b) वर्षा के पानी को पंप करना
(c) वर्षा का उत्खनन .
(d) वर्षा के पानी का संचयन
(e) उपर्युक्त में से कोई नहीं/उपर्युक्त में से एक से अधिक

97. **एक छोटे से पेड़ या झाड़ी की शाखा से लटकने वाला घोंसला बनाने वाला पक्षी है।**
(a) सूर्य पक्षी (b) कौवा
(c) बारबेट (d) भारतीय रॉबिन
(e) उपर्युक्त में से कोई नहीं/उपर्युक्त में से एक से अधिक

98. **कीस्टोन प्रजातियाँ है-**
(a) पर्यावरण के साथ संतुलन की स्थिति में समुदाय
(b) प्रजातियाँ जो ऊर्जा और उनके समुदायों की संरचना पर महत्वपूर्ण प्रभाव डालती है।
(c) प्रजातियाँ जो अपने और अन्य प्रजातियों के लिए भौतिक आवास बनाने, संशोधित करने या बनाए रखने के द्वारा अपने समुदाय को प्रभावित करती हैं
(d) प्रजातियाँ जो पहले उन क्षेत्रों में पहुँचती है, जहाँ पहले कोई जीवन नहीं था।
(e) उपर्युक्त में से कोई नहीं/उपर्युक्त में से एक से अधिक

99. **पारिस्थितिकी विज्ञान व्यवहार करता है-**
(a) पक्षियों के विषय में
(b) कोशिका निर्माण के विषय में
(c) जीव समुदाय तथा उनके पर्यावरण के बीच संबंधों के विषय में
(d) ऊतकों के विषय में
(e) उपर्युक्त में से कोई नहीं/उपर्युक्त में से एक से अधिक

100. **नवंबर 2016 से प्रभाव में आए जलवायु परिवर्तन पर पेरिस समझौता किससे संबंधित है?**
(a) ग्रीन हाउस गैसों के उत्सर्जन में कमी
(b) जीवाश्मी ईंधन के उपयोग में कमी
(c) कार्बन डाइऑक्साइड के उत्सर्जन में कमी
(d) यूरेनियम के उत्पादन में कमी
(e) उपर्युक्त में से कोई नहीं/उपर्युक्त में से एक से अधिक

101. **कौन सा संगठन रैपिडएक्स क्षेत्रीय ट्रेन सेवा विकसित कर रहा है?**
(a) राष्ट्रीय राजधानी क्षेत्र परिवहन निगम (एनसीआरटीसी)
(b) मेट्रो रेल सुरक्षा आयुक्त (सीएमआरएस)
(c) दिल्ली-मेरठ रीजनल रैपिड ट्रांजिट सिस्टम (आरआरटीएस)
(d) दिल्ली मेट्रो रेल कॉर्पोरेशन
(e) उपर्युक्त में से कोई नहीं/उपर्युक्त में से एक से अधिक

102. **भारत का पहला स्वदेशी रूप से विकसित 700 मेगावाट परमाणु ऊर्जा रिएक्टर, केएपीपी-3, कहाँ स्थित है?**
(a) रावतभाटा, राजस्थान (b) काकरापार, गुजरात
(c) चुटका, मध्य प्रदेश (d) गोरखपुर, हरियाणा
(e) उपर्युक्त में से कोई नहीं/उपर्युक्त में से एक से अधिक

103. **भाला फेंक में लॉजेन डायमंड लीग 2023 का खिताब किसने जीता?**
(a) नीरज चोपड़ा (b) जूलियन वेबर
(c) जैकब वाडलेच (d) शिवपाल सिंह
(e) उपर्युक्त में से कोई नहीं/उपर्युक्त में से एक से अधिक

104. **हाल ही में महाराष्ट्र में शिवसेना-भाजपा सरकार में उप मुख्यमंत्री के रूप में कौन शामिल हुआ?**
(a) देवेंद्र फड़नवीस
(b) शरद पवार
(c) अजित पवार
(d) एकनाथ शिंदे
(e) उपर्युक्त में से कोई नहीं/उपर्युक्त में से एक से अधिक

105. **उस बांस के खंभे का क्या नाम है जिसके दोनों तरफ गंगा जल के घड़े बंधे होते हैं जिसे श्रद्धालु कांवर यात्रा के दौरान ले जाते हैं?**
(a) कुम्भ (b) कंवर
(c) काशी (d) कवच
(e) उपर्युक्त में से कोई नहीं/उपर्युक्त में से एक से अधिक

106. विश्व दुग्ध दिवस हर साल किस तारीख को मनाया जाता है?

(a) 5 जून (b) 15 मई
(c) 10 जून (d) 25 जुलाई
(e) उपर्युक्त में से कोई नहीं/उपर्युक्त में से एक से अधिक

107. 1 जून 2023 को, निम्न में से यूपीएससी के सदस्य के रूप में पद और गोपनीयता की शपथ किसने ली?

(a) राजेश कुमार आनंद (b) डॉ मनोज सोनी
(c) श्री बिद्युत बिहारी स्वैन (d) इनमें से कोई नहीं
(e) उपर्युक्त में से कोई नहीं/उपर्युक्त में से एक से अधिक

108. 2023 से 2027 तक चार साल के कार्यकाल के लिए विश्व मौसम विज्ञान संगठन (WMO) के नए अध्यक्ष के रूप में किसे चुना गया है?

(a) गॉडविन ओबासी (b) अल्बर्ट मार्टिस
(c) डॉ अब्दुल्ला अल मंडौस (d) डेविड आर्थर डेविस
(e) उपर्युक्त में से कोई नहीं/उपर्युक्त में से एक से अधिक

109. विश्व मौसम विज्ञान संगठन (डब्ल्यूएमओ) की पहली महिला महासचिव किसे नियुक्त किया गया है?

(a) सेलेस्टे साउलो (b) एंजेला मार्केल
(c) क्रिस्टीन लेगार्ड (d) उर्सुला वॉन डेर लेयेन
(e) उपर्युक्त में सें कोई नहीं/उपर्युक्त में से एक से अधिक

110. हॉकी में पुरुष जूनियर एशिया कप 2023 किस देश ने जीता?

(a) पाकिस्तान (b) भारत
(c) कोरिया गणराज्य (d) मलेशिया
(e) उपर्युक्त में से कोई नहीं/उपर्युक्त में से एक से अधिक

111. अमेरिका में सोलर डेकाथलॉन बिल्ड चौलेंज में IIT बॉम्बे की शून्य टीम ने कौन-सा स्थान प्राप्त किया?

(a) पांचवां स्थान (b) आठ स्थान
(c) तीसरा स्थान (d) दूसरा स्थान
(e) उपर्युक्त में से कोई नहीं/उपर्युक्त में से एक से अधिक

112. राजनाथ सिंह की यात्रा के दौरान भारत मालदीव के राष्ट्रीय रक्षा बलों को क्या उपहार देंगे?

(a) एक पनडुब्बी
(b) एक लड़ाकू जेट
(c) तेज गति का एक गश्ती पोत और एक छोटा जलपोत
(d) एक हेलीकाप्टर
(e) उपर्युक्त में से कोई नहीं/उपर्युक्त में से एक से अधिक

113. 1 मई को कौन से राज्य अपना राज्य दिवस मनाते हैं?

(a) गुजरात और महाराष्ट्र (b) तमिलनाडु और केरल
(c) पंजाब और हरियाणा (d) राजस्थान और उत्तर प्रदेश
(e) उपर्युक्त में से कोई नहीं/उपर्युक्त में से एक से अधिक

114. अरेबियन ट्रैवल मार्ट 2023 कहां आयोजित किया जा रहा है?

(a) मुंबई, भारत
(b) रियाद, सऊदी अरब
(c) दुबई, संयुक्त अरब अमीरात
(d) शंघाई , चीन
(e) उपर्युक्त में से कोई नहीं/उपर्युक्त में से एक से अधिक

115. 'एडीसी-150' कंटेनर का निर्माण किसने किया है?

(a) नौसेना विज्ञान और तकनीकी प्रयोगशाला (NSTL), विशाखापत्तनम
(b) एरियल डिलीवरी रिसर्च एंड डेवलपमेंट एस्टैब्लिशमेंट (एडीआरडीई), आगरा
(c) वैमानिकी विकास प्रतिष्ठान (एडीई), बेंगलुरु
(d) टाटा मूलभूत अनुसंधान संस्थान (TIFR) मुम्बई
(e) उपर्युक्त में से कोई नहीं/उपर्युक्त में से एक से अधिक

116. भारत में विजार्ड ऑफ हॉकी के नाम से किसे जाना जाता है?

(a) कुंवर दिग्विजय सिंह (b) बलबीर सिंह सीनियर
(c) रूप सिंह (d) ध्यान चन्द
(e) उपर्युक्त में से कोई नहीं/उपर्युक्त में से एक से अधिक

117. निम्नलिखित में से किस उपलब्धि का श्रेय विक्रम साराभाई को दिया जा सकता है?

(a) क्वांटम सिद्धान्त और ब्रह्मांडीय विकिरण में योगदान
(b) एक भारतीय उपग्रह के निर्माण और प्रक्षेपण के लिए परियोजना शुरू करना
(c) मैग्नेटो रसायन और भौतिक रसायन में योगदान
(d) एक सूत्र की खोज करना जो खगोलीय पिंडों की संरचना और विकास का विश्लेषण करने में मदद करता है
(e) उपर्युक्त में से कोई नहीं/उपर्युक्त में से एक से अधिक

118. निम्नलिखित में से कौन-सा ऑपरेटिंग सिस्टम नहीं है?

(a) यूनिक्स (b) लाइनक्स
(c) विंडोज (d) एज
(e) उपर्युक्त में से कोई नहीं/उपर्युक्त में से एक से अधिक

119. एक भारतीय युद्धकलाएँ क्या है जिसकी उत्पत्ति आधुनिक केरल में हुई थी?

(a) गतका (b) कराटे
(c) कलरीपायट्टु (d) मय थाई
(e) उपर्युक्त में से कोई नहीं/उपर्युक्त में से एक से अधिक

120. विश्व स्वास्थ्य संगठन का मुख्यालय कहाँ पर स्थित है?

(a) जेनेवा (b) मेड्रिड
(c) न्यूयॉर्क (d) जर्मनी
(e) उपर्युक्त में से कोई नहीं/उपर्युक्त में से एक से अधिक

उत्तर माला

1	(b)	2	(b)	3	(c)	4	(a)	5	(a)	6	(a)	7	(a)	8	(b)
9	(c)	10	(d)	11	(a)	12	(d)	13	(b)	14	(a)	15	(c)	16	(a)
17	(d)	18	(b)	19	(c)	20	(a)	21	(b)	22	(d)	23	(c)	24	(a)
25	(a)	26	(c)	27	(b)	28	(d)	29	(e)	30	(a)	31	(c)	32	(a)
33	(a)	34	(e)	35	(c)	36	(b)	37	(d)	38	(a)	39	(a)	40	(d)
41	(b)	42	(d)	43	(d)	44	(a)	45	(d)	46	(a)	47	(e)	48	(c)
49	(c)	50	(b)	51	(a)	52	(a)	53	(a)	54	(a)	55	(c)	56	(e)
57	(b)	58	(b)	59	(d)	60	(b)	61	(b)	62	(a)	63	(d)	64	(b)
65	(e)	66	(c)	67	(b)	68	(a)	69	(a)	70	(b)	71	(c)	72	(b)
73	(c)	74	(c)	75	(c)	76	(c)	77	(a)	78	(c)	79	(c)	80	(d)
81	(c)	82	(a)	83	(d)	84	(b)	85	(b)	86	(d)	87	(d)	88	(b)
89	(a)	90	(b)	91	(a)	92	(c)	93	(a)	94	(d)	95	(d)	96	(d)
97	(a)	98	(c)	99	(c)	100	(a)	101	(a)	102	(b)	103	(a)	104	(c)
105	(b)	106	(e)	107	(c)	108	(c)	109	(a)	110	(b)	111	(d)	112	(c)
113	(a)	114	(c)	115	(e)	116	(d)	117	(b)	118	(d)	119	(c)	120	(a)

उत्तर सहित व्याख्या

1. (b) लोथल, प्राचीन सिंधु घाटी सभ्यता के शहरों में से एक है। यह भारत के गुजरात राज्य में स्थित एक बंदरगाह शहर था। हड़प्पा काल में समुद्री व्यापार के साक्ष्य 'लोथल' में मिलते हैं। यहाँ से मोती, जवाहरात और कीमती गहने पश्चिमी एशिया और अफ्रीका के देशों को भेजे जाते थे। लोथल की खोज 1954 ई. में रंगनाथ राव ने की थी। यह स्थल भोगवा नदी के किनारे स्थित था।
2. (b) लोथल, सिन्धु सभ्यता का प्राचीन व मुख्य बंदरगाह शहर था। यह नगर गुजरात के अहमदाबाद जिले में भोगवा नदी के तट पर स्थित था। इस स्थल की खोज डॉ. एस. आर. राव ने सन् 1954 में की थी। यह पश्चिमी एशिया से व्यापार करने का प्रमुख बंदरगाह था।
3. (c) लोथल गुजरात राज्य के अहमदाबाद जिले में सरागवाला गाँव में स्थित बंदरगाह शहर है। यह 1954 में खोजा गया था और इसकी खुदाई भारतीय पुरातत्व सर्वेक्षण (एएसआई) द्वारा 1955 से 1960 तक की गई थी। एएसआई के अनुसार, लोथल में दुनिया के सबसे पुराने ज्ञात बंदरगाह थे।
4. (a) मोहनजोदड़ो की खोज सन् 1922 में आर. डी. बनर्जी ने की थी। यह स्थल पाकिस्तान के सिंध प्रांत के लरकाना जिले में सिन्धु नदी के दायें तट पर स्थित है। यह क्षेत्रफल की दृष्टि से सबसे बड़े नगरों में से एक था। यहाँ से कांसे की नर्तकी की मूर्ति, सूती कपड़ा, पशुपति शिव की आकृति वाली मुहर तथा बेलनाकार मुहरों के साक्ष्य मिले हैं।
5. (a) अश्वमेध यज्ञ भारतवर्ष के एक प्रख्यात प्राचीनकालीन यज्ञ का नाम है। इस यज्ञ का आयोजन प्राचीन भारतीय राजाओं द्वारा अपनी शाही संप्रभुता साबित करने के लिए एक अनुष्ठान के रूप में घोड़े की बलि देना था। इस यज्ञ का उल्लेख वैदिककालीन ग्रंथों तथा ऋग्वेद एवं ब्राह्मण ग्रन्थों में भी मिलता है। पुष्यमित्र शुंग तथा समुद्रगुप्त ने भी इसका आयोजन करवाया था।
6. (a) दिल्ली सल्तनत के वंशों का आरोही क्रम निम्न है– गुलाम वंश (1206 - 1290 ई) - खिलजी वंश (1290–1320 ई) – तुगलक वंश (1320– 1414 ई) – सैयद वंश (1414 - 1451 ई.) – लोदी वंश (1451 –1526 ई)
7. (a) चोर मीनार या 'टॉवर ऑफ थीव्स 13वीं शताब्दी की मीनार है। यह दिल्ली के हौज खास क्षेत्र में स्थित है। अलाउद्दीन खिलजी ने इसका निर्माण करवाया था। चोरी करने वालों को सजा देने के लिए इस मीनार का इस्तेमाल किया जाता था।
8. (b): बारहवीं शताब्दी के अंतिम दशक में दिल्ली के सुल्तान कुतुबुद्दीन ऐबक (1206-1210 ई.) ने 'कुव्वत – उल –

इस्लाम' मस्जिद का निर्माण करवाया था। पृथ्वीराज चौहान की पराजय के पश्चात ऐबक ने इस मस्जिद का निर्माण करवाया था। यह भारत में निर्मित पहली तुर्क मस्जिद है। इस मस्जिद की सर्वोत्कृष्ट विशेषता उसका मकसूरा एवं इसके साथ जुड़ा किबला जिवान है।

9. (c) हिन्दी खड़ी बोली के जनक तथा प्रसिद्ध शायर, गायक एवं साहित्यकार अमीर खुसरो (1253ई. - 1325ई.) अलाउद्दीन खिलजी के शाही दरबार के महान कवि थे। इन्होंने अलाउद्दीन सहित 7 सुल्तानों का शासनकाल देखा था।

10. (d) हैदर अली और अंग्रेजों के मध्य 1781 ई. में हुए पोर्टनोवा के युद्ध में हैदर अली की मृत्यु हो जाने के पश्चात मैसूर के शासक टीपू सुल्तान वर्ष 1782 में शासक बनें। चतुर्थ आंग्ल-मैसूर युद्ध (1799 ई.) मैसूर शासक टीपू सुल्तान और अंग्रेज सेनानायक वेलजली के मध्य हुआ, जिसमें टीपू सुल्तान की मृत्यु हो गयी। इस युद्ध के पश्चात वेलेजली ने कहा कि "अब पूरब का साम्राज्य हमारे कदमों में है।"

11. (a) ईस्ट इंडिया कंपनी की स्थापना 1600 ई. में हुई थी। ब्रिटेन की महारानी एलिजाबेथ प्रथम द्वारा 31 दिसम्बर, 1600 ई. को एक आज्ञा पत्र द्वारा पूर्वी देशों के साथ व्यापार करने के लिए 15 सालों तक की छूट दी गई। ईस्ट इण्डिया कंपनी भारत में व्यापार करने आई और कालान्तर में कम्पनी ने भारत के लगभग सभी क्षेत्रों पर अपना सैनिक तथा प्रशासनिक अधिपत्य स्थापित कर लिया।

12. (d) लार्ड लिटन (1876 - 1880 ई.) के कार्यकाल में कुछ महत्वपूर्ण कार्य -

वर्नाक्यूलर प्रेस एक्ट, 1878 ई.

आर्म्स एक्ट, 1878 ई.

भयंकर अकाल की उपेक्षा की और दरबार का आयोजन किया। जिसमें महारानी विक्टोरिया को "भारत की साम्राज्ञी" घोषित किया गया।

ब्रिटिश व्यापारियों के लिए आयतित कपास पर कर समाप्त कर दिया।

सिविल सेवा परीक्षा देने के लिए अधिकतम आयु 21 से घटाकर 19 कर दी गई थी।

13. (b) 1857 की क्रांति की शुरूआत 10 मई, 1857 ई0 को मेरठ से हुई। इस क्रांति में कई भारतीय क्रान्तिकारी शामिल हुए। नाना साहेब और तात्या टोपे ने कानपुर से 5 जून, 1857 ई. को इस क्रांति में भागीदारी की। रानी लक्ष्मीबाई झाँसी से इस विद्रोह में सम्मलित हुई जबकि लियाकत अली इलाहाबाद से सम्मलित हुए। टीपू सुल्तान चतुर्थ आंग्ल-मैसूर युद्ध (1799 ई.) में पराजित हुए और इनकी मृत्यु हो गयी थी।

14. (a) स्वामी विवेकानंद ने 11 सितम्बर, 1893 ई. को अमेरिका के शिकागो में आयोजित विश्व धर्म सम्मेलन में भाग लिया था। यहाँ उन्होने सभी धर्मों के एकता के विषय में कहा था। वर्ष 1896 में इन्होंने न्यूयार्क में 'वेदांत सोसाइटी' की स्थापना भारतीय धर्म एवं दर्शन के प्रचार के लिए की। वर्ष 1897 ई. में स्वामी विवेकानंद ने 'रामकृष्ण मिशन' की स्थापना की।

15. (c) सही सुमेलन इस प्रकार है-

सूची - A	सूची - B
राजा राममोहन राय	ब्रह्म समाज (1828 ई.)
महादेव गोविन्द रानाडे	प्रार्थना समाज (1867 ई.)
दयानन्द सरस्वती	आर्य समाज (1875 ई.)
स्वामी विवेकानन्द	रामकृष्ण मिशन (1897 ई.)

16. (a): फोबोस और डीमोस मंगल ग्रह के दो चंद्रमा है, जिन्हें 1877 में खोजा गया था। फोबोस का व्यास केवल 22 किलोमीटर है तो डीमोस का व्यास 12 किलो मीटर हैं। बुध एवं शुक्र के कोई उपग्रह नहीं है।

17. (d) भूमध्य रेखा या विषुवत रेखा पर वर्ष भर सूर्य की किरणें सीधी पड़ती हैं। यहाँ सूर्य से आने वाली ऊर्जा की कुल मात्रा सर्वाधिक होती है। भूमध्य रेखा पर दिन-रात हमेशा बराबर होते हैं। भूमध्य रेखा में सर्वाधिक वर्षा एवं आर्द्रता पायी जाती है। यहाँ पाए जाने वाले वन सदाबहार वन कहलाते हैं। विषुवत रेखा के 23½° उत्तर में कर्क रेखा एवं 23½° दक्षिण में मकर रेखा स्थित है।

18. (b) इंग्लिश चौनल अटलांटिक महासागर का एक हिस्सा है, जो उत्तरी फ्रांस से ग्रेट ब्रिटेन के द्वीप को विभाजित करता है।

ख मिहिर सेन अंग्रेजी चौनल तैर कर पार करने वाले पहले भारतीय तैराक थे। इन्हें पद्म श्री व पद्म भूषण से सम्मानित किया गया था।

19. (c) माउंट किलिमंजारो अफ्रीका महाद्वीप का सबसे ऊँचा पर्वत तथा विश्व का सबसे ऊँचा एकल पर्वत है। इसकी ऊँचाई 5895 मीटर है। यह पर्वत अफ्रीका महाद्वीप के तंजानिया देश में स्थित है। यह एक स्ट्रैटोज्वालामुखी है। यह पर्वत विषुवत रेखा के समीप स्थित है। अफ्रीका महाद्वीप के प्रमुख पर्वत एटलस पर्वत माला, ड्रैकेंसबर्ग, कैमरून पर्वत आदि हैं।

20. (a) जब वायुमंडलीय दाब में तेजी से कमी के कारण मध्य अक्षांश का तूफान तेजी से उग्र होता है तो उसे बॉम्बोजेनेसिस कहा जाता है।

21. (b) ऐसी रेखा जहाँ पर होने वाली वर्षा समान होती है, समवर्षा रेखा कहलाती है।

आइसोहेलाइन - समुद्र में समान लवणता के बिन्दुओं को इंगित करने के लिए मानचित्र पर खींची गई रेखा है।

22. (d) एडम ब्रिज जिसे रामसेतु के नाम से भी जाना जाता है। यह भारत को श्रीलंका से जोड़ता है। यह श्रीलंका के

उत्तरी-पश्चिमी तट से भारत और म्यांमार द्वीप से तमिलनाडु के दक्षिण - पूर्वी तट पर पंबन द्वीप के बीच चूना पत्थर के शैलों की एक श्रृंखला है।

23. (c) मैकाल पहाड़ी श्रृंखला त्रिकोणीय सतपुड़ा श्रृंखला का पूर्वी बेस बनाती है। यह छत्तीसगढ़ के कवर्धा जिले में सतपुड़ा पर्वतमाला के पूर्वी भाग और मध्य प्रदेश के अनूपपुर जिले में स्थित है। इसकी सबसे ऊँची चोटी अमरकंटक है। सतपुड़ा पर्वत माला सात पर्वतो की श्रृंखला है। इसकी सबसे ऊँची चोटी धूपगढ़ हैं।

शिवालिक - नेपाल

बैलाडिला ख्र छत्तीसगढ़

24. (a) कोसी एक सीमा पार नदी है जिसका उद्‌गम तिब्बत हिमालय से होता है। तत्पश्चात् यह नेपाल से प्रवाहित होकर भारत के बिहार राज्य में प्रवेश करती है तथा अत्यधिक अवसादयुक्त होने के कारण अनिश्चित समयावधि में अपना मार्ग बदलती रहती हैं जिससे बिहार राज्य में बाढ़ की स्थिति उत्पन्न होती है। परिणामत: इसे 'बिहार का शोक' कहा जाता है। सूर्य कोसी, अरुण एव तैमूर इसकी मुख्य सहायक नदियाँ हैं। बिहार के कटिहार जिले के समीप यह गंगा नदी में मिल जाती है।

25. (a): मिट्टी के संबंध में कंकड़ शब्द का अर्थ गांठदार कैल्शियम कार्बोनेट की उपस्थिति से है। कैल्शियम के कारण मिट्टी के निचले क्षितिज पर कंकड है, जो मिट्टी के माध्यम से पानी को प्रतिबंधित करते हैं। मिट्टी के घुलनशील लवणों की पर्याप्त मात्रा पायी जाती है।

26. (c) संविधान सभा का पहला सत्र 9 दिसंबर 1946 को नई दिल्ली के कॉन्स्टिट्यूशन हॉल, जिसे अब संसद भवन के केन्द्रीय कक्ष के नाम से जाना जाता है, में आयोजित किया गया था।

संविधान सभा के सबसे बुजुर्ग सदस्य डॉ. सच्चिदानंद सिन्हा को सभा का अस्थायी अध्यक्ष चुना गया। मुस्लिम लीग ने बैठक का बहिष्कार किया और पाकिस्तान के लिए अलग संविधान सभा की मांग की।

27. (b) भारतीय संविधान का अनुच्छेद- 32 संवैधानिक संरक्षण अर्थात् (नागरिकों को अदालत जाने की अनुमति प्रदान करता है) यदि किसी भी नागरिक के मौलिक अधिकारों का हनन किया जाता है तो वह नागरिक न्यायालय में जा सकता है। अनुच्छेद-32 में चार खण्ड है। खण्ड (1) प्रथम मूल अधि कारों को प्रवर्तित कराने के लिए उच्चतम न्यायालय में आवेदन करने का अधिकार प्रदान करता है। मूल अधिकारो को प्रवर्तित कराने हेतु उच्चतम न्यायालय को अनुच्छेद-32 (2) के तहत पाँच प्रकार की रिट जारी करने की शक्ति है-

1. बंदी प्रत्यक्षीकरण
2. परमादेश
3. प्रतिषेध
4. उत्प्रेषण
5. अधिकार पृच्छा

28. (d) भारतीय संविधान के अनुच्छेद 12 में दी गई परिभाषा के अनुसार शब्द 'राज्य' का अर्थ संघ हैं एवं राज्य सरकारें, संसद एवं राज्य विधायिकाएँ सभी स्थानीय या अन्य प्राधि करण को भारत के क्षेत्र में या भारत के नियंत्रण में दर्शाता है। अत: सभी कथन सही हैं और सही विकल्प (d) है।

29. (e) भारतीय संविधान का अनुच्छेद 24 कारखानों आदि में 14 वर्ष से कम उम्र के बच्चों के नियोजन का प्रतिषेध करता हैं। अनुच्छेद-21 प्राण एवम् दैहिक स्वतंत्रता का अधिकार, अनुच्छेद- 17 अस्पृश्यता का अंत, अनुच्छेद-20 अपराधों के लिए दोष सिद्धि के संबंध में संरक्षण।

30. (a) सही सुमेलन इस प्रकार है-

अनुसूची विवरण

प्रथम अनुसूची - भारत के राज्य और संघ राज्य क्षेत्र

पाँचवी अनुसूची - अनुसूचित क्षेत्रों और अनुसूचित जनजातियों के प्रशासन तथा नियन्त्रण का प्रावधान

छठी अनुसूची - जनजातीय क्षेत्रों के प्रशासन के लिए प्रावधान

दसवीं अनुसूची - दलबदल के आधार पर अयोग्य ठहराने का प्रावधान

31. (c) संसद भारत के नागरिको को निर्णय प्रक्रिया में भाग लेने और सरकार को नियंत्रित करने में सक्षम बनाती है। इस प्रकार संसद भारतीय लोकतंत्र का सबसे महत्त्वपूर्ण अंग है तथा संविधान की प्रमुख विशेषता है। भारतीय संविधान के अनुच्छेद-79 में संसद का उल्लेख है। संसद के अंतर्गत राष्ट्रपति (अनुच्छेद 52), राज्यसभा (अनुच्छेद 80) और लोकसभा (अनुच्छेद 81) आते है। जहाँ राज्यसभा एक उच्च सदन या द्वितीय सदन है वही लोकसभा, निम्न सदन या लोकप्रिय सदन है।

32. (a) भारत का उपराष्ट्रपति राज्यसभा का पदेन सभापति होता है। वर्तमान समय में जगदीप धनखड़ राज्यसभा के सभापति है। राज्यसभा एक स्थायी सदन है। राज्यसभा की अधिकतम सदस्य संख्या 250 है, जिसमें 12 सदस्यों को राष्ट्रपति द्वारा मनोनीत किया जाता है।

33. (d) राज्य निर्वाचन आयोग को राज्य में स्थानीय निकायों के लिए स्वतंत्र और निष्पक्ष चुनाव आयोजित कराने का कार्य सौंपा गया है। भारतीय संविधान के अनुच्छेद 243 (k) (1) के मुताबिक, पंचायती राज संस्थाओं के चुनावों के लिये निर्वाचन नामावली तैयार करने और चुनाव आयोजित करने हेतु अधीक्षण, निर्देशन एवं नियंत्रण संबंधी शक्तियाँ राज्य निर्वाचन आयोग में निहित होंगी। इसमें राज्यपाल द्वारा नियुक्त राज्य चुनाव आयुक्त भी शामिल है।

34. (e) वर्ष 2013 में वी. एस. संपत भारत के मुख्य चुनाव आयुक्त थे। 15 मई 2022 को राजीव कुमार को 25वें मुख्य चुनाव आयुक्त के रूप में नियुक्त किया।

35. (c) बयालीसवाँ संविधान संशोधन वर्ष 1976 में किया गया। यह संविधान संशोधन सबसे व्यापक तथा विवादास्पद संशोधन है। आंतरिक आपात के दौरान किए गए इस संशोधन में लगभग सम्पूर्ण संविधान का पुनरीक्षण किया गया। इस कारण इसे लघु संविधान की संज्ञा दी जाती है। इस संशोधन में कुल 59 प्रावधान थे।

36. (b) सकल राष्ट्रीय उत्पाद (GNP) अर्थात् एक निश्चित समय अवधि के दौरान किसी देश के सामान्य नागरिकों द्वारा देश की घरेलू सीमा के अन्दर या बिहार उत्पादन के कारकों द्वारा उत्पादित सभी अंतिम वस्तुओं और सेवाओं का कुल बाजार मूल्य) में से मूल्यह्रास को घटाने पर शुद्ध राष्ट्रीय उत्पाद (Net National Product) (NNP) प्राप्त होता है।

37. (d) भारतीय रिजर्व बैंक ने अगस्त 2020 में कोविड - 19 महामारी से प्रभावित ऋणों के पुनर्गठन के लिए श्री के.बी. कामथ की अध्यक्षता में एक विशेषज्ञ समिति का गठन किया था जो 'कोविड 19 महामारी से संबंधित तनाव के लिए समाधान ढ़ांचा के तहत समाधान योजनाओं में आवश्यक वित्तिय मापदंडो के लिए अनुशंसा कर सकें।

नरसिंहम समिति 1991 में बैकिंग संरचना में सुधार के लिए गठित की गई थी।

38. (a) 15 मार्च 1950 को योजना आयोग की स्थापना प्रध ानमंत्री को अध्यक्ष के रूप में लेकर की गई थी। भारत का योजना आयोग, भारत सरकार की एक संस्था थी जिसका प्रमुख कार्य पंचवर्षीय योजनाएं बनाना था। 1 जनवरी वर्ष 2015 में इस संस्था के स्थान पर एक नयी संख्या की स्थापना की नीति आयोग (राष्ट्रीय भारत परिवर्तन संस्थान) गयी। जी. डी. पी. एक वर्ष के दौरान देश में उत्पादित सभी अंतिम वस्तुओं और सेवाओं का बाजार मूल्य है।

39. (a) भारत सरकार द्वारा प्रवर्तित प्रधानमंत्री सुरक्षा बीमा योजना को प्रधानमंत्री नरेन्द्र मोदी द्वारा 9 मई 2015 को कोलकाता से शुभारंभ किया गया था। इस योजना का मुख्य उद्देश्य सभी भारतीय नागरिकों को आकस्मिक बीमा कवर प्रदान करना है। 2 लाख रुपये तक के दुर्घटना बीमा का लाभ ले सकता है।

40. (d) न्यूनतम समर्थन मूल्य (MSP) का संबंध कृषि से है। भारत सरकार द्वारा स्थापित संस्था कृषि एव लागत मूल्य आयोग के तहत न्यूनतम समर्थन मूल्य की घोषणा वर्ष में दो बार (रबी और खरीफ) में जाती है। कुल 23 फसलों के लिए न्यूतम समर्थन मूल्य जारी किए जाते है। कृषि मूल्य आयोग की स्थापना 1965 ई. में की गयी थी।

41. (b) विद्युत विभवान्तर का SI मात्रक वोल्ट (Volt) हैं। यदि किसी विद्युत धारावाही चालक के दो बिन्दुओं के बीच 1 कूलॉम आवेश को एक बिन्दु से दूसरे बिन्दु तक ले जाने में 1 जूल कार्य किया जाता है, तो उन दो बिन्दुओं के बीच विभवांतर 1 वोल्ट होता है।

42. (d) रेलवे के चौड़े गेज के दो ट्रैकों के बीच 1.676 मीटर का अन्तर होता है।

रेल लाइन	पटरियों की चौड़ाई
1. बड़ी लाइन	1.676 मी.
2. मीटर गेज	1.00 मी.
3. नैरो गेज	0.610 मी.

43. (d) समय के साथ किसी वस्तु की स्थिति में परिवर्तन को दूरी- समय ग्रॉफ पर दर्शाया जा सकता है। जब कोई वस्तु समय के बराबर अंतराल में समान दूरी तय करती है, तो यह समान गति के साथ चलती है। इससे पता चलता है कि वस्तु द्वारा तय की गई दूरी समय के समानुपाती है। इस प्रकार गति के लिए, यदि किसी वाहन का दूरी - समय ग्रॉफ क्षैतिज अक्ष के समांतर है तो इसका अर्थ है कि वस्तु स्थिर है अर्थात वस्तु 0 km/hr की गति से गति कर रही है। लेकिन यदि रेखा एक सीधी रेखा है जो समय अक्ष के साथ 45° कोण पर है तो वस्तु में कोई त्वरण नहीं है और इसलिए यह 'स्थिर वेग' के साथ गति कर रही है।

44. (a) जब कोई व्यक्ति किसी खुली जीप में किसी सरल रेखीय पथ पर एक समान वेग से गति करते हुए किसी गेंद को ऊर्ध्वाधर ऊपर उछालेगा तो वह गेद वापस उसके हाथो में ही गिरेगी क्योंकि चलती जीप का वेग गेद पर पहले से आरोपित होता है। इसलिए दोनों एक निश्चित समयान्तराल मे समान क्षैतिज दूरी तय करेगें और परवलयिक पथ का अनुसरण करने के बाद ठीक उसी के हाथ में गिरेगी।

45. (d) लालटेन में तेल के बाती में ऊपर चढ़ने का कारण तेल का पृष्ठ तनाव है। पृष्ठ तनाव के कारण केशिकत्व क्रिया होती है जिसके फलस्वरूप द्रव पतली से पतली नली में प्रवेश कर ऊपर चढ़ जाता है।

46. (a): क्विक लाइम का रासायनिक सूत्र (CaO) होता है। कैल्सियम ऑक्साइड एक रासायनिक यौगिक है। इसका रासायनिक सूत्र (CaO) होता है। यह जल के साथ तीव्र गति से प्रतिक्रिया कर कैल्शियम हाइड्रॉक्साइड $Ca(OH)_2$ में परिणत हो जाता है जिसे 'बूझा चूना ' (Slaked lime) भी कहते हैं। यह सफेद रंग का दाहक (caustic), क्षारीय (alkaline) क्रिस्टलीय ठोस पदार्थ हैं।

47. (e) किसी विलयन में हाइड्रोजन आयनों के सान्द्रव के व्युत्क्रम के लघुगणक को उस विलयन का pH कहते है। उदासीन विलयन का pH का मान '7' होता है। यदि किसी विलयन का pH मान '7' से कम है तो वह विलयन अम्लीय होता है और pH का मान '7' से अधिक होने पर विलयन क्षारीय होता है।

48. (c) नाइट्रोजन का युग्म द्विपरमाणुक (N_2) तथा सल्फर का बहुपरमाणुक (S8) होता है।

49. (c) आवर्त सारणी में परमाणु क्रमांक 20 वाले तत्व का नाम कैल्शियम हैं जिसका इलेक्ट्रॉनिक विन्यास निम्न है-

50. (b) वृद्धावस्था और कालप्रभावन के वैज्ञानिक अध्ययन को जराविज्ञान कहा जाता है।

51. (a) कुछ जीव पेड़ों की जड़ों में रहते हैं तथा आश्रय और पोषण साझा करते हैं। ऐसे संबंध को सहजीवी संबंध कहते हैं। कुछ कवक पेड़ों की जड़ों में रहते हैं। पेड़ कवक को पोषक तत्व प्रदान करता है और बदले में, मिट्टी से पानी और पोषक तत्व लेने के लिए उनसे मदद प्राप्त करता हैं।

52. (a) पायरुवेट का विखंडन ऑक्सीजन की उपस्थित में माइटोकॉण्ड्रिया में होता है। इसके विखंडन से कार्बनडाई ऑक्साइड, जल तथा ऊर्जा प्राप्त होती है। यह अभिक्रिया वायवीय श्वसन के अंतर्गत होती है।

53. (a) कोशिका एक पतली बाहरी परत से घिरी होती है, जिसे कोशिका झिल्ली कहा जाता है। इसे प्लाज्मा झिल्ली के रूप में भी जाना जाता है। कोशिका झिल्ली लिपिड और प्रोटीन की बनी होती है। यह कोशिका के अन्दर और बाहर के अणुओं को नियंत्रित करती है। प्लाज्मा झिल्ली में उपस्थित तरल पदार्थ को प्रोटोप्लाज्म कहा जाता है। पादप कोशिका में कोशिका भित्ति पायी जाती है।

54. (a) क्रस्टेशिया, जीवजगत् में संधिपाद जीवों (फाइलम: आथ्रोपोडा) का एक मुख्य भाग है। जिसमें बड़े केकड़े (Crabs), झींगे (Prawns), श्रृंप (Shrimp), के- फिश (Cray fish), लॉब्स्टर (Lobster), बारनेकल (Barnacle) आदि आते है। जबकि जलसाही (Sea urchins) जंतु जगत के संघ एकाइनोडर्मेटा से संबंधित है।

55. (c) तालाबों और कुओं में गैम्बुशिया एफिनिस मछली के द्वारा मच्छरों पर काबू पाया जा सकता है। ये मछली, मच्छरों के लार्वा को खाती है। जिससे मच्छरों की संख्या नियंत्रित होती है।

56. (e) प्रश्नानुसार,

$19 \times 37 + 19B = 19 \times 59$

$703 + 19B = 1121$

$19B = 1121 - 703$

$19B = 418$

$B = \frac{418}{19} = \boxed{22}$

57. (b) माना तीन संख्याएँ क्रमशः 3x, 4x और 9x है।

प्रश्नानुसार,

3x, 4x और 9x का ल०स० = 36x

36x = 1800, x = 50

सबसे बड़ी संख्या = 9x

$= 9 \times 50 = 450$

58. (b) माना एक साड़ी का मूल्य x रुपये है तथा एक कमीज का मूल्य y रुपये हैं

प्रश्नानुसार,

$2x + 4y = 1600$ ... (i)

$x + 6y = 1600$ ... (ii)

समी.(i) – समी. (ii) × 2

$$\begin{array}{l} 2x + 4y = 1600 \\ 2x + 12y = 3200 \\ - \quad - \quad - \\ \hline -8y = -1600 \end{array}$$

y = 200 रुपये

∴ 12 कमीज का मूल्य = 12y = 12 × 200 = Rs.2400

59. (d) माना Y का अंक 100 है।

प्रश्नानुसार

X का अंक = 100 + 40 = 140

Y के अंकों में कमी = 140 – 100 = 40

प्रतिशत कमी = कमी / X का अंक × 100%

$= \frac{40}{140} \times 100\%$

$= \frac{200}{7}$

$= \boxed{28.57\%}$

60. (b) रविन्द्र की पूँजी x समय : नुसरत की पूँजी × समय = रविन्द्र का लाभ : नुसरत का लाभ

$$P_R : P_N = 8400 \times 6 + 8400 \times 6 \frac{110}{100} : 6500 \times 6 + 6500 \times 6 \times \frac{120}{100}$$

$$P_R : P_N = 8400 \times 6\left[1 + \frac{11}{10}\right] : 6500 \times 6\left[1 + \frac{12}{10}\right]$$

$$= 8400 \times 6 \times \frac{21}{10} : 6500 \times 6 \times \frac{22}{10}$$

$84 \times 21 : 65 \times 22$

$42 \times 21 : 65 \times 11$

$= 882 : 715$

प्रश्नानुसार,

(882 + 715) unit = 6388

1597 unit = 6388

1 unit = Rs. 4

रविन्द्र के लाभ का हिस्सा = 882 unit

= 882 × 4 = Rs.3528

61. (b) l : m : n = 1 : 2 : 4 (माना)

माना $l = k$

m = 2k

n = 4k

तब, $\sqrt{5\ell^2 + m^2 + n^2} = \sqrt{5(k)^2 + (2k)^2 + (4k)^2}$

$= \sqrt{5k^2 + 4k^2 + 16k^2} = \sqrt{25k^2}$

$= 5k = 5 \times k = 5l$

$= 5k = 5 \times k = 5l$

62. (a) माना मूलधन P है

प्रश्नानुसार साधारण ब्याज = $P \times \frac{180}{100}$

सूत्र:- साधारण ब्याज = $\frac{PRT}{100}$

$\frac{P\times180}{100}=\frac{P\times R\times15}{100}$

R = $\frac{180}{15}$ = $\boxed{12\%}$

63. (d) $\left(\frac{7}{9}\times\frac{3}{14}\right)\div\left[\frac{5}{6}\times\frac{1}{15}\right]-10=46-x$

$\frac{1}{6}\div\frac{1}{18}-10=46-x$

$\frac{1}{6}\times\frac{18}{1}-10=46-x$

3 – 10 – 46 – x

– 7= 46 – x

x = 46 + 7

x = 53

64. (b) प्रश्नानुसार,

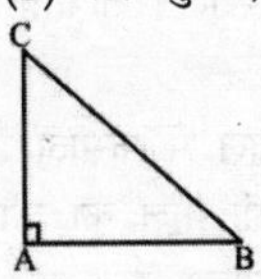

चाल = 18 km/h

$18\times\frac{5}{18}$ = m/sec

चाल = 72 m/h

= 5 m/sec

= $72\times\frac{5}{18}=20$ m/m/sec

दूरी = चाल × समय

AB = 20 × 6 = 120m

AC = 5 × 6 = 30m

AABC से,

$BC^2 = AB^2 + AC^2$ (पाइथागोरस प्रमेय से)

$BC^2 = (120)^2 + (30)^2$

= 14400 + 900

$BC^2 + 15300$

BC = $\sqrt{15300}$

= $\sqrt{2\times2\times3\times3\times5\times5\times17}$

= 2 × 3 × $5\sqrt{17}$

= $\boxed{30\sqrt{17}m}$

65. (e) रिषभ किसी कार्य का $\frac{4}{5}$ भाग करता है = 16 दिन

रिषभ उसी कार्य का पूरा भाग (1 काम) करेगा = $16\times\frac{5}{4}$

= 20 दिन

प्रश्नानुसार,

रानी दो गुना (2 काम) को करती हैं। = 20 दिन

"1" (1 काम) को करेगी $\frac{20}{2}$ = दिन

$\boxed{10}$ दिन

66. (c): चूंकि घड़ी 1 बजे 1 बार बजती है इसी प्रकार 12 बजे में 12 बार बजेगी।

$s_n=\frac{n}{2}[2a+(n-1)d]$

$=\frac{12}{2}[2\times1+(12-1)1]$

= 6 [2+11]

= 6 × 13 = 78

घड़ी 12 घन्टे में 78 बार बजेगी।

24 घन्टे में बजेगी – 78 × 2 = 156 बार

67. (b) पास की विपरीत फलके-

$1 \xrightarrow{\text{विपरीत फलक}} 2$

$4 \xrightarrow{\text{विपरीत फलक}} 5$

$6 \xrightarrow{\text{विपरीत फलक}} 3$

अत: स्पष्ट है कि जब '2' सबसे नीचे है तो सबसे ऊपर '1' होगा।

68. (a) प्रश्ननानुसार,

बैठने का क्रम निम्नवत है-

नरेश – विवेक – भरत – रवि

69. (a) चिन्ह का परिवर्तन निम्नवत है-

+ → ×, – → ÷, → –, × → +

विकल्प (a) से,

121 – 11 – 4 ÷ 6 × 9 = 47

चिन्ह परिवर्तित करने पर

121 ÷ 11 × 4 – 6 + 9 = 47

11 × 4 – 6 + 9 = 47

53 – 6 = 47

47 = 47

अत: विकल्प (a) सही है

70. (b) आकृति (1, 2, 8) → एकल ज्यामितीय आकृति

आकृति (3, 6, 7) → दो भिन्न ज्यामितीय आकृति

आकृति (4, 5, 9) → दो समान ज्यामितीय आकृति

अत: प्रयनित समूह = (1, 2, 8) (3, 6, 7) (4, 5, 9)

71. (c)नालन्दा विश्वविद्यालय की स्थापना कुमारगुप्त [514–454 ई.] के द्वारा की गई थी। इस विश्वविद्यालय में अध्ययन के लिए भारत के अतिरिक्त जावा, चीन, तिब्बत, लंका एवं कोरिया जैसे देशों से छात्र आते थे।

72. (b): अंग्रेज बागान मालिकों ने किसानों से एक अनुबंध 19वीं सदी के शुरूआत में ही करा लिया था जिसके अन्तर्गत

किसानों को अपनी जमीन के प्रति बीघे पर तीन कट्ठे नील की खेती करना अनिवार्य था । इसे 'तीन कठिया प्रथा' कहते हैं।

73. (c) 1919 में स्थानीय नगरपालिका के अध्यक्ष खाँ बहादुर महबूब खाँ ने मुजफ्फरपुर में एक भावपूर्ण भाषण पढ़ा ।

74. (c) श्री रामविनोद सिंह ने मधुबनी में एक खादी उत्पादन केंद्र की स्थापना आचार्य कृपलानी की सहायता से की थी।

75. (c) श्री शचीन बक्शी 16 जनवरी 1927 को भागलपुर से गिरफ्तार किया गया

76. (c) श्री राजेन्द्र प्रसाद ने इस जत्थे की विदाई दी थी। बेतिया पहुँचने पर उस समय 3400 स्वयं सेवक बन चुके थे ।

77. (a) 1922 में, मुंगेर में मोहम्मद जुबैर और श्रीकृष्ण सिंह द्व ारा किसान सभा का आयोजन किया गया था। मुंगेर बिहार में एक जिला है।

78. (c): 1935 के भारत शासन अधिनियम द्वारा उड़ीसा को बिहार से पृथक कर नया प्रांत 1936 में बनाया गया ।

79. (c): 1931 में गंगाशरण सिंह, रामवृक्ष बेनीपुरी और रामानंद मिश्रा आदि नेबिहार सोशलिष्ट पार्टी नामक एक संगठन स्थापित किया था ।

80. (d) जिलाधिकारी डब्लू. जी. आर्चर ने डा० राजेन्द्र प्रसाद को बांकीपुर जेल गिरफ्तार करके भेजा था ।

81. (c): बिहार भारत का पहला राज्य है जहाँ 1950 में भूमि सुधार कानून बनाया गया।

82. (a)बिहार में सर्वाधिक लोकप्रिय सिलसिलों में फिरदौसी सर्वप्रमुख सिलसिला था।

83. (d) बिहुला त्योहार मुख्य रूप से बिहार के भागलपुर जिले में प्रमुख है। इसे विषहरी पूजा भी कहा जाता है ।

84. (b)पटना में स्थित विश्व प्रसिद्ध खुदा बख्श ओरिएंटल पब्लिक लाइब्रेरी की स्थापना 1891को हुई थी

85. (b)बिहार गैर सरकारी प्रारंभिक विद्यालय (नियंत्रण ग्रहण) अधिनियम1976 में पारित हुआ था-

86. (d) 243 सीटों में से 38 अनुसूचित जाति और 2 अनुसूचित जनजाति आरक्षित सीटें हैं।

87. (d) दक्षिण श्रेणी रामनगर दून की लम्बाई लगभग 32 किमी०, चौड़ाई 6-8 किमी० और ऊँचाई 24 मीटर है।

88. (b)बिहार के उत्तर पश्चिम में स्थित हरहा नदी की घाटी को दून घाटी कहा जाता है

89. (a) ककोलत जलप्रपात नवादा जिले में एक सुरम्य जलप्रपात है, जो लोकप्रिय दृश्यों के कारण पर्यटकों को लुभान्वित करता है द्य

90. (b): इनमें 0.393% की वृद्धि हुई है।

91. (a): जब किसी एक कपड़े पर दूध को उड़ेलते हैं, मलाई उस पर ही रह जाती है। पृथक्करण की यह प्रक्रिया निस्यंदन कहलाती है। वह प्रक्रिया जिसमें ठोस कणों को किसी द्रव या गैसीय पदार्थ में से फिल्टर पेपर की सहायता से पृथक् किया जाता है उसे निस्पंदन कहा जाता है।

92. (c): पशमीना ऊन पहाड़ी बकरियों की एक खास नस्ल से, जो लगभग 5000 मी0 की ऊँचाई पर रह सकती है। यहाँ सर्दियों में तापमान 0° सेंटीग्रेड से भी बहुत कम (-40°) डिग्री सेंटीग्रेड तक चला जाता है।

93. (a): कार्बन मोनोऑक्साइड (CO) यह एक रंगहीन गंध हीन गैस है। जो पेट्रोल, डीजल और लकड़ी सहित कार्बन आधारित ईंधन के अधूरे जलने से पैदा होती है। यह सिगरेट जैसे प्राकृतिक और सिंथेटिक उत्पादों के दहन से भी उत्पन्न होता है।

94. (d): पौधों में पानी देने के लिए प्रयुक्त तकनीक जिसमें संकीर्ण नलियों से पानी सीधा पौधे के आधार में दिया जाता है, ड्रिपख़सिंचाई कहलाती है। यह सिंचाई की वह विधि जिसमें सिंचाई के जल को पौधे के जड़ क्षेत्र में बूंदख़बूंद करके पहुँचाया जाता है। इस विधि का विकास इजराइल में किया गया था। अब यह विधि सभी देशों में लोकप्रिय होती जा रही है।

95. (d): घटपर्णी का पौधा कीटों को जाल में फंसाता है और खा जाता है। यह द्विदली वर्ग, नेपेंथेसी कुल का कीटभक्षी पौधा है, जो श्रीलंका, असम तथा मेघालय राज्य की खासी पहाड़ियों का देशज है। मुख्यतया ये पौधे शाक (herb) होते हैं और दलदली या अधिक नम जगहों में उगते हैं। पौधे तंतुओं के सहारे ऊपर चढ़ते हैं। ये तंतु पत्तियों की मध्यशिरा की विशेष वृद्धि के फलस्वरुप बनते है।

96. (d): वर्षा के पानी को भविष्य में उपयोग करने के लिए संचित करना, वर्षा के पानी का संचयन कहलाता है। वर्षा जल संचयन एक तकनीक है जिसका उपयोग भविष्य में इस्तेमाल करने के उद्देश्य (जैसे कृषि आदि) के लिए अलग-अलग संसाधनों के विभिन्न माध्यमों के इस्तेमाल के द्वारा बारिश के पानी को बचा कर रखना और इकट्ठा करने की एक प्रक्रिया है। बारिश के पानी को प्राकृतिक जलाशय तथा कृत्रिम टैंको में एकत्रित किया जा सकता है।

97. (a): एक छोटे से पेड़ या झाड़ी की शाखा से लटकने वाला घोंसला बनाने वाला पक्षी सूर्य पक्षी (Sunbird) है। सूर्यपक्षी को ही परपल तथा शक्करख़खोरा के नाम से जाना जाता है। इनके घोंसले में बाल, बारीक घास पतली टहनियाँ, सूक्षे पत्ते, रूई, पेड़ की छाल के टकड़े और कपड़ों के चीथड़े होते हैं। यहाँ तक कि मकड़ी के जाले भी होते है।

98. (c) कीस्टोन प्रजातियाँ वे प्रजातियाँ होती है जो पारिस्थितिकीय समुदाय की संरचना बनाए रखने में महत्वपूर्ण भूमिका निभाती है और समुदाय पर उनका प्रभाव, उनकी सापेक्षिक प्रचुरता या कुल जैव भार के परिमाण की तुलना में कही

अधिक व्यापक होता है। अर्थात वे प्रजातियाँ जो अपने और अन्य प्रजातियों के लिए भौतिक आवास बनाने, संशोधित करने या बनाए रखने के द्वारा अपने समुदाय को प्रभावित करती है।

99. (c) विज्ञान की वह शाखा जिसमें जीव समुदायों का उसके वातावरण के साथ पारस्परिक संबंधों का अध्ययन करते है पारिस्थितिकी विज्ञान (Ecology) कहलाती है। पारिस्थितिकी शब्द का प्रथम प्रयोग सन् 1866 ई. में जर्मन वैज्ञानिक अर्नेस्ट हैकल ने किया था। 'पारिस्थितिकी तन्त्र' शब्द का सर्वप्रथम प्रयोग 1935 ई. में जर्मनी के ए. जी. टान्सले ने किया।

100. (a) वर्ष 2016 में हुए जलवायु परिवर्तन पर पेरिस समझौता, ग्रीन हाउस गैसो के उत्सर्जन में कमी से सम्बन्धित है। इस समझौते का उद्देश्य वैश्विक ग्रीन हाउस गैस के उत्सर्जन को कम करना है।

वर्तमान में पेरिस समझौते में 193 देश शामिल है।

101. (a) RAPIDX, भारत की पहली क्षेत्रीय ट्रेन सेवा, जुलाई में 17 किलोमीटर प्राथमिकता वाले खंड पर परिचालन शुरू करेगी। मार्ग पर पांच स्टेशन साहिबाबाद, गाजियाबाद, गुलधर, दुहाई और दुहाई डिपो हैं। दिल्ली-मेरठ रीजनल रैपिड ट्रांजिट सिस्टम (आरआरटीएस) में यह खंड शामिल है।

102. (b) गुजरात में काकरापार परमाणु ऊर्जा परियोजना (KAPP) में भारत के पहले स्वदेशी रूप से विकसित 700 मेगावाट के परमाणु ऊर्जा रिएक्टर ने वाणिज्यिक संचालन शुरू कर दिया है। KAPP-3 नामक रिएक्टर ने 30 जून, 2023 को सुबह 10:00 बजे व्यावसायिक दर्जा हासिल किया।

103. (a) उपर्युक्त में से कोई नहीं/ उपर्युक्त में से एक से अधिक स्टार भारतीय भाला फेंक खिलाड़ी नीरज चोपड़ा ने 1 जुलाई, 2023 को स्विट्जरलैंड के लॉजेन डायमंड लीग 2023 में जीत हासिल की। नीरज ने 87.66 मीटर के प्रभावशाली थ्रो के साथ खिताब अपने नाम किया।

104. (c) राष्ट्रवादी कांग्रेस पार्टी (एनसीपी) नेता अजीत पवार महाराष्ट्र में शिवसेना-भाजपा सरकार में शामिल हो गए और 2 जुलाई 2023 को उपमुख्यमंत्री बने। राज्य में अब दो उप-मुख्यमंत्री होंगे, दूसरे भाजपा नेता देवेन्द्र फड़णवीस होंगे।

105. (b) वार्षिक कांवर यात्रा 4 जुलाई 2023 को देश के विभिन्न हिस्सों में शुरू हो गई है। यात्रा उत्तर प्रदेश के कई जिलों से होकर गुजरेगी और भक्त गंगा नदी से पवित्र जल एकत्र करेंगे। यात्रा के दौरान भक्त नारे लगाते हैं और भजन-कीर्तन करते हैं। कुछ प्रतिभागी पैदल यात्रा तय करते हैं, जबकि अन्य निजी वाहनों का उपयोग करते हैं या गैर सरकारी संगठनों से सहायता प्राप्त करते हैं।

106. (e) विश्व दुग्ध दिवस, हर साल 1 जून को मनाया जाता है, दुनिया भर में दूध की खपत और लाभों को बढ़ावा देने के लिए संयुक्त राष्ट्र (यूएन) के खाद्य और कृषि संगठन (एफएओ) द्वारा वर्ष 2001 में यह पहली बार मनाया गया था।

107. (c) श्री बिद्युत बिहारी स्वैन, आईएएस ने 1 जून को यूपीएससी के सदस्य के रूप में पद और गोपनीयता की शपथ ली। संघ लोक सेवा आयोग के अध्यक्ष डॉ.

मनोज सोनी ने उन्हें पद एवं गोपनीयता की शपथ दिलाई। श्री बिद्युत बिहारी स्वैन 1988 में गुजरात कैडर में भारतीय प्रशासनिक सेवा में शामिल हुए। 1989 और 2018 के बीच, श्री स्वैन ने गुजरात सरकार में विभिन्न पदों पर कार्य किया।

108. (c) संयुक्त अरब अमीरात (UAE) के मौसम विज्ञानी डॉ. अब्दुल्ला अल मंडौस को 2023 से 2027 तक चार साल के कार्यकाल के लिए विश्व मौसम विज्ञान संगठन (WMO) का नया अध्यक्ष चुना गया है। WMO संयुक्त राष्ट्र प्रणाली के भीतर एक आधिकारिक निकाय है जो मौसम, जलवायु, जल विज्ञान और संबंधित पर्यावरणीय क्षेत्रों पर ध्यान केंद्रित करता है। डॉ. अब्दुल्ला अल मंडौस संयुक्त अरब अमीरात के आधि कारिक उम्मीदवार के रूप में उभरे और डब्ल्यूएमओ के 193 सदस्य राज्यों और क्षेत्रों के प्रतिनिधियों के बीच 95 वोट जीते।

109. (a) अर्जेंटीना की सेलेस्टे साउलो को विश्व मौसम विज्ञान संगठन (WMO) की पहली महिला महासचिव नियुक्त किया गया है। साउलो ने जिनेवा में संयुक्त राष्ट्र जलवायु और मौसम एजेंसी की कांग्रेस में भारी जीत हासिल की। साउलो ने 2014 से अर्जेंटीना की राष्ट्रीय मौसम विज्ञान सेवा के निदेशक के रूप में कार्य किया है।

110. (b) भारतीय हॉकी टीम ने 1 जून को सलालाह, ओमान में पुरुषों के जूनियर एशिया कप 2023 के फाइनल में पाकिस्तान को 2-1 से हराकर खिताब अपने नाम किया। भारत के लिए अंगद बीर सिंह और अरिजीत हुंदल सिंह ने गोल किए, जबकि पाकिस्तान बशारत अली के माध्यम से एक गोल करने में सफल रहा। यह पुरुषों के जूनियर एशिया कप में भारत का चौथा खिताब था, इससे पहले 2004, 2008 और 2015 में इसे जीता था।

111. (d) IIT बॉम्बे की SHUNYA (सस्टेनेबल हाउसिंग फॉर अर्बनाइजिंग नेशन बाय इट्स यंग एस्पिरेंट्स) टीम ने संयुक्त राज्य अमेरिका में सोलर डेकाथलॉन बिल्ड चौलेंज में दूसरा स्थान हासिल किया। टीम ने मुंबई के गर्म और आर्द्र जलवायु में वायु गुणवत्ता की चुनौतियों का समाधान करने के लिए एक अभिनव शून्य-ऊर्जा घर तैयार किया था।

112. (c) भारत के रक्षा मंत्री राजनाथ सिंह 1 मई 2023 से शुरू होने वाली 3 दिवसीय यात्रा के लिए मालदीव जाएंगे।

यात्रा के दौरान, भारत देश की रक्षा क्षमताओं को बढ़ाने और क्षेत्र में सुरक्षा को बढ़ावा देने के लिए मालदीव राष्ट्रीय रक्षा बलों को एंक तेज गति का एक गश्ती पोत और एक छोटा जलपोत उपहार में सौंपेंगे।

113. (a) 1 मई को महाराष्ट्र दिवस, गुजरात स्थापना दिवस के रूप में भी मनाया जाता है। यह दिन उत्साह के साथ मनाया जाता है क्योंकि 63 साल पहले आज ही के दिन दोनों राज्यों की नींव रखी गई थी। भाषाई आधार पर बॉम्बे के तत्कालीन राज्य के विभाजन के बाद 1960 में इस दिन दोनों राज्यों का गठन किया गया था।

114. (c) भारत सरकार का पर्यटन मंत्रालय 1 से 4 मई तक दुबई, संयुक्त अरब अमीरात में आयोजित होने वाले अरेबियन ट्रैवल मार्ट (एटीएम) 2023 में भाग ले रहा है।अरेबियन ट्रैवल मार्ट 2023 दुबई में भारत के 65 से अधिक राज्य पर्यटन विभागों/केंद्र शासित प्रदेशों, टूर ऑपरेटरों, ट्रैवल एजेंटों, होटल चेन और एयरलाइंस के प्रतिनिधि भाग ले रहे हैं।

115. (e) रक्षा अनुसंधान और विकास संगठन (DRDO) और भारतीय नौसेना ने 27 अप्रैल, 2023 को गोवा के तट से IL-38SD विमान से 'ADC-150' की पहली परीक्षण उड़ान सफलतापूर्वक भरी। 'एडीसी-150' 150 किलो पेलोड क्षमता वाला एक स्वदेशी रूप से डिजाइन और विकसित एयर ड्रॉपेबल कंटेनर है।

116. (d) ध्यानचंद को हॉकी का जादूगर (विजार्ड ऑफ हॉकी) कहा जाता है। ये हॉकी के इतिहास में सबसे महान खिलाड़ियों में से एक माने जाते है। उनके असाधारण प्रदर्शन के कारण भारत ने ओलंपिक में 3 स्वर्ण पदक जीते हैं। उनका जन्मदिन 29 अगस्त होता है, इस दिन को राष्ट्रीय खेल दिवस के रूप में मनाया जाता है।

117. (b): भारतीय उपग्रह के निर्माण और प्रक्षेपण की उपलब्धि का श्रेय विक्रम साराभाई को दिया जाता है। विक्रम साराभाई को भारतीय अंतरिक्ष कार्यक्रम का जनक माना जाता है। उन्होंने अहमदाबाद में भौतिक अनुसंधान प्रयोगशाला (1947) की स्थापना में महत्त्वपूर्ण भूमिका निभाई थी। इनके द्वारा वर्ष 1962 में भारतीय राष्ट्रीय अंतरिक्ष अनुसंधान समिति की स्थापना की गई जिसे भारतीय अंतरिक्ष अनुसंधान संगठन का नाम दिया।

118. (d) ऑपरेटिंग सिस्टम - यह प्रोगामों का एक समूह होता है। जो कम्प्यूटर सिस्टम तथा उसके संसाधनो के कार्यों को नियंत्रित करता है तथा हॉर्डवेयर, सॉफ्टवेयर तथा उपयोगकर्ता के मध्य समन्वय स्थापित करता है।

ऑपरेटिंग सिस्टम के उदाहरण - MS DOS, MS Windows, Unix, Linux, Xenix, Google, Chrome OS, Android OS,- यह हाईस्पीड वायरलेस डाटा सर्विस है।

119. (c) दुनिया का प्राचीनतम सर्वाधिक वैज्ञानिक युद्ध कला के रुप में मानी जानें वाली कलरिपयट्टू का विकास केरल में हुआ था। केरल के गौरव के रूप में प्रसंशित यह युद्ध कला दुनिया भर में विख्यात हैं। इसमें तलवार, कटार, भाला, मुग्दर और धनुष बाण जैसे हथियारों का इस्तेमाल करना सिखाया जाता है।

गतका - भारत (सिक्खों की पारंपरिक युद्ध कला)

कराटे - मूलतः जापान में शुरूआत।

मय थाई - मूलतः थाई लैण्ड का मार्शल आर्ट।

120. (a) विश्व स्वास्थ्य संगठन की स्थापना 7 अप्रैल, 1948 को की गई थी। इसका मुख्यालय स्विट्जरलैण्ड के जेनेवा में स्थित है। 7 अप्रैल को प्रत्येक वर्ष विश्व स्वास्थ्य दिवस के रूप में मनाया जाता है। वर्तमान में WHO के डॉयरेक्टर डॉ. टेड्रोस अधनोम घेब्रेयसस।

◆◆◆

SET 3

BPSC प्राइमरी प्रैक्टिस सेट

1. **निम्नलिखित में से कहाँ पहली बार सिंधु घाटी सभ्यता की खोज की गई थी?**
(a) अमरी (b) कोटदीजी
(c) हड़प्पा (d) मोहनजोदड़ो
(e) उपर्युक्त में से कोई नहीं/ उपर्युक्त में से एक से अधिक

2. **हड़प्पा स्थल ______ नदी के तट पर स्थित है।**
(a) सरस्वती (b) सिन्धु
(c) ब्यास (d) रावी
(e) उपर्युक्त में से कोई नहीं/ उपर्युक्त में से एक से अधिक

3. **किस वेद में श्वेताश्वतरोपनिषद सन्निहित है?**
(a) अथर्ववेद (b) ऋग्वेद
(c) सामवेद (d) यजुर्वेद
(e) उपर्युक्त में से कोई नहीं/ उपर्युक्त में से एक से अधिक

4. **कौन से राज्य को 'बौद्ध धर्म का उद्‌गम स्थल' कहते है?**
(a) सिक्किम (b) बिहार
(c) यू. पी. (d) एम. पी.
(e) उपर्युक्त में से कोई नहीं/ उपर्युक्त में से एक से अधिक

5. **शंकराचार्य ने निम्नलिखित में से किस सिद्धान्त का प्रचार किया?**
(a) द्वैत (b) अद्वैत
(c) विशिष्टाद्वैत (d) लिंगायतवाद
(e) उपर्युक्त में से कोई नहीं/ उपर्युक्त में से एक से अधिक

6. **खिलजी वंश के ठीक बाद दिल्ली पर किस वंश का शासन था?**
(a) तुगलक वंश (b) राजपूत वंश
(c) सैयद वंश (d) लोदी वंश
(e) उपर्युक्त में से कोई नहीं/ उपर्युक्त मेंसे एक से अधिक

7. **भारतीय उपमहाद्वीप की पहली महिला मुस्लिम शासक कौन थी?**
(a) चांद बीबी (b) जेब-उन-निसा
(c) जहाँआरा (d) रजिया सुल्तान
(e) उपर्युक्त में से कोई नहीं/ उपर्युक्त में से एक से अधिक

8. **भारत में प्रसिद्ध गोल गुम्बद कहाँ स्थित है?**
(a) चित्तौड़गढ़ (b) औरंगाबाद
(c) अजमेर (d) बीजापुर
(e) उपर्युक्त में से कोई नहीं/ उपर्युक्त में से एक से अधिक

9. **निजाम - उल - मुल्क आसफ जाह ______ राज्य के संस्थापक थे।**
(a) अवध (b) दिल्ली
(c) हैदराबाद (d) बंगाल
(e) उपर्युक्त में से कोई नहीं/ उपर्युक्त में से एक से अधिक

10. **पहला आंग्ल मैसूर युद्ध (1767- 1769) किसके बीच लड़ा गया?**
(a) हैदर अली और अंग्रेजो के बीच
(b) टीपू सुल्तान और मराठों के बीच
(c) हैदर अली और पुर्तगालियों के बीच
(d) टीपू सुल्तान और फ्रांसीसियों के बीच
(e) उपर्युक्त में से कोई नहीं/ उपर्युक्त में से एक से अधिक

11. **पंद्रहवीं शताब्दी के दौरान सभी विदेशी कंपनियाँ एक जैसी चीजों को खरीदने में रुचि रखती थीं, जैसे कि भारत में तैयार किया जाने वाला उत्कृष्ट गुणवत्ता वाला ______ जिसका यूरोप में बड़ा बाजार था, इसके अलावा काली मिर्च, लौंग, इलायची और दालचीनी की भी बहुत मांग थी।**
(a) ऊन (b) सन (फ्लैक्स)
(c) जूट (d) कपास और रेशम
(e) उपर्युक्त में से कोई नहीं/ उपर्युक्त में से एक से अधिक

12. **1857 में स्वतंत्रता संग्राम के दौरान, ब्रिटिश सरकार ने दृढ़कृत दिल्ली शहर को जब्त कर लिया। सितम्बर 1857 में उन्होंने शहर के एक दरवाजे को जला दिया और दिल्ली में प्रवेश किया। वह कौन सा दरवाजा था?**
(a) लाहौरी दरवाजा (b) कश्मीरी दरवाजा
(c) तुर्कमान दरवाजा (d) दिल्ली दरवाजा
(e) उपर्युक्त में से कोई नहीं/ उपर्युक्त में से एक से अधिक

13. **नील विद्रोह, एक कृषक आंदोलन, बंगाल, भारत में कब शुरू हुआ?**
(a) 1889 (b) 1861
(c) 1857 (d) 1865
(e) उपर्युक्त में से कोई नहीं/ उपर्युक्त में से एक से अधिक

14. चितरंजन दास सुभाष चंद्र बोस के ________ थे।

(a) आध्यात्मिक गुरू

(b) ज्येष्ठ भाई

(c) राजनीतिक उपदेशक / गुरु

(d) घनिष्ट मित्र

(e) उपर्युक्त में से कोई नहीं/ उपर्युक्त में से एक से अधिक

15. पिट्स का भारत अधिनियम किस वर्ष में पारित किया था?

(a) 1819 (b) 1784

(c) 1857 (d) 1901

(e) उपर्युक्त में से कोई नहीं/ उपर्युक्त में से एक से अधिक

16. सौर मंडल का सबसे गर्म ग्रह कौन-सा है?

(a) मंगल (b) शुक्र

(c) बुध (d) बृहस्पति

(e) उपर्युक्त में से कोई नहीं/ उपर्युक्त में से एक से अधिक

17. उष्ण कटिबंध निम्नलिखित में से किन अक्षांशों के बीच में होता है?

(a) 23½° m. और 23½° n.

(b) 23½°m. और 66½° m.

(c) 23½° n. और 66½° n.

(d) 66½°n. और 66½° n.

(e) उपर्युक्त में से कोई नहीं/ उपर्युक्त में से एक से अधिक

18. कौन-सी डेल्टा विश्व की सबसे बड़ी डेल्टा है, यह बांग्लादेश और भारत के दक्षिण एशिया क्षेत्र में है?

(a) गोदावरी डेल्टा (b) फ्लाई डेल्टा

(c) गंगा डेल्टा (d) सिंधु नदी डेल्टा

(e) उपर्युक्त में से कोई नहीं/ उपर्युक्त में से एक से अधिक

19. ________ काक्स बाजार में दुनिया का सबसे लंबा प्राकृतिक समुद्री तट है।

(a) दक्षिण अफ्रीका (b) कनाडा

(c) बांग्लादेश (d) आयरलैंड

(e) उपर्युक्त में से कोई नहीं/ उपर्युक्त में से एक से अधिक

20. उष्णकटिबंधीय प्रशांत महासागर में समुद्र की सतह का तापमान लंबी अवधि के लिए सामान्य स्तर से ऊपर बने रहने पर बनने वाले नियमित जलवायु पैटर्न का नाम बताएं?

(a) ला नीना (b) एल नीनो

(c) एल एटमॉस्फेरा (d) एल ओसिलासिओनेस

(e) उपर्युक्त में से कोई नहीं/ उपर्युक्त में से एक से अधिक

21. विश्व का सबसे लम्बा रेलवे प्लेटफार्म कहाँ है?

(a) कोलकाता (b) कानपुर

(c) हुबली (d) चेन्नई

(e) उपर्युक्त में से कोई नहीं/ उपर्युक्त में से एक से अधिक

22. निम्नलिखित में से कौन सा कथन सही है?

I. भारत सात देशों के साथ अपनी भूमि सीमा साझा करता है।

II. पाक जलसंधि तथा मन्नार की खाड़ी द्वारा गठित समुद्र के एक संकीर्ण चैनल द्वारा श्रीलंका को भारत से अलग किया गया है।

(a) केवल II (b) ना ही I ना ही II

(c) केवल I (d) I तथा II दोनों

(e) उपर्युक्त में से कोई नहीं/ उपर्युक्त में से एक से अधिक

23. पूर्वी घाट का सर्वोच्च शिखर .... है।

(a) डोडाबेट्टा (b) कंचनजंगा

(c) महेन्द्रगिरि (d) अनाईमुड़ी

(e) उपर्युक्त में से कोई नहीं/ उपर्युक्त में से एक से अधिक

24. अलकनन्दा नदी भारत में भागीरथी नदी में कहाँ मिलती है?

(a) चम्पावत (b) प्रयागराज

(c) देहरादून (d) देवप्रयाग

(e) उपर्युक्त में से कोई नहीं/ उपर्युक्त में से एक से अधिक

25. निम्नलिखित में से कौन-सा कथन सही है?

I. मक्का की खेती के लिए मध्यम तापमान, वर्षा और भरपूर धूप की आवश्यकता होती है।

II. रोपण कृषि वाणिज्यिक कृषि का एक प्रकार है।

(a) केवल I (b) I तथा II दोनों

(c) केवल II (d) ना ही I ना ही II

(e) उपर्युक्त में से कोई नहीं/ उपर्युक्त में से एक से अधिक

26. संविधान के सिद्धांतों को निर्धारित करने वाला 'उद्देश्य संकल्प' जवाहर लाल नेहरू द्वारा ____ को प्रस्तुत किया गया था।

(a) 13 नवम्बर, 1946 (b) 13 दिसम्बर, 1946

(c) 26 नवम्बर, 1946 (d) 26 दिसम्बर, 1946

(e) उपर्युक्त में से कोई नहीं/ उपर्युक्त में से एक से अधिक

27. निम्नलिखित में से कौन भारतीय संविधान में स्वतंत्रता के अधिकार का एक प्रकार नहीं है?

(a) सशस्त्र सभा की स्वतंत्रता

(b) भाषण की स्वतंत्रता

(c) अभिव्यक्ति की स्वतंत्रता

(d) संघ की स्वतंत्रता

(e) उपर्युक्त में से कोई नहीं/ उपर्युक्त में से एक से अधिक

28. भारतीय संविधान का कौन-सा अनुच्छेद निर्वाचनों के अधीक्षण, निदेशन और नियंत्रण का निर्वाचन आयोग में निहित होना से संबंधित है?

(a) 320 (b) 322

(c) 326 (d) 318

(e) उपर्युक्त में से कोई नहीं/ उपर्युक्त में से एक से अधिक

29. भारतीय संविधान के अनुसार, सरकार के तीन अंग होते हैं; विधायिका, ______ और न्यायपालिका हैं।

(a) प्रशासकीय (b) निदेशकीय

(c) कार्यपालिका (d) प्रबंधकीय

(e) उपर्युक्त में से कोई नहीं/ उपर्युक्त में से एक से अधिक

30. दिल्ली में किस प्रकार का विधानमंडल है?

(a) एकसदनीय

(b) द्विसदनीय

(c) दोनों एकसदनीय और द्विसदनीय

(d) न तो एकसदनीय न ही द्विसदनी

(e) उपर्युक्त में से कोई नहीं/ उपर्युक्त में से एक से अधिक

31. किसी निर्वाचन आयुक्त या मुख्य निर्वाचन आयुक्त का कार्यकाल, कार्यालय में .... वर्ष अथवा 65 वर्ष की आयु पूरी करने तक में से जो भी पहले हो, होता है।

(a) दो (b) तीन

(c) पांच (d) छह

(e) उपर्युक्त में से कोई नहीं/ उपर्युक्त में से एक से अधिक

32. ग्राम सभा के सचिव का चुनाव / नियुक्ति किसके द्वारा होती है?

(a) ग्राम सभा के सदस्यों द्वारा

(b) ग्राम वार्ड के सदस्यों द्वारा

(c) ग्राम पंचायत के सदस्यों द्वारा

(d) सरकार द्वारा नियुक्ति

(e) उपर्युक्त में से कोई नहीं/ उपर्युक्त में से एक से अधिक

33. निम्नलिखित युग्मों में से कौन से एक का मिलान सही नहीं हैं?

संविधान संशोधन	विषय / अनुसूची
(1) पहला संशोधन	9 वीं अनुसूची
(2) 73 वाँ संशोधन	11 वीं अनुसूची
(3) 74 वाँ संशोधन	12 वीं अनुसूची
(4) 42 वाँ संशोधन	10 वीं अनुसूची

(e) उपर्युक्त में से कोई नहीं/ उपर्युक्त में से एक से अधिक

34. संविधान सभा द्वारा राष्ट्रीय ध्वज को किस तारीख को अपनाया गया था?

(a) 26 जून 1947 (b) 22 जून 1947

(c) 26 जुलाई 1947 (d) 22 जुलाई 1947

(e) उपर्युक्त में से कोई नहीं/ उपर्युक्त में से एक से अधिक

35. भारतीय संविधान की किस अनुसूची में, संघ प्रदेशों के नाम सूचीबद्ध हैं?

(a) पहली अनुसूची (b) तीसरी अनुसूची

(c) सातवीं अनुसूची (d) पाँचवी अनुसूची

(e) उपर्युक्त में से कोई नहीं/ उपर्युक्त में से एक से अधिक

36. निम्नलिखित में से कौन भारत की राजकोषीय नीति के संबंध में पूंजीगत प्राप्ति नहीं है?

(a) ऋण वसूली (b) उधार

(c) लाइसेंस और परमिट (d) विनिवेश

(e) उपर्युक्त में से कोई नहीं/ उपर्युक्त में से एक से अधिक

37. निम्नलिखित में से कौन सा प्रत्यक्ष कर का उदाहरण है?

(a) सीमा शुल्क (b) निगम कर

(c) वस्तु एवं सेवा कर (d) उत्पाद कर

(e) उपर्युक्त में से कोई नहीं/ उपर्युक्त में से एक से अधिक

38. पूर्णतया प्रतिस्पर्धात्मक बाजार की विशेषताओं के संदर्भ में निम्नलिखित में से कौन-सा कथन सही है?

I. बाजार में बड़ी संख्या में क्रेता एवं विक्रेता होते हैं।

II. फर्मों का बाजार में स्वतंत्र प्रवेश एवं बहिर्गमन होता है।

(a) केवल I (b) I तथा II दोनों

(c) ना ही I ना ही II (d) केवल II

(e) उपर्युक्त में से कोई नहीं/ उपर्युक्त में से एक से अधिक

39. केन्द्रीय वाणिज्य और उद्योग मंत्रालय द्वारा देश के निर्यातकों और आयातकों के लिए लॉन्च किए गए ऐप का नाम क्या है?

(a) व्यापार विकास (b) व्यापार मित्र

(c) आयात मित्र (d) निर्यात मित्र

(e) उपर्युक्त में से कोई नहीं/ उपर्युक्त में से एक से अधिक

40. उपभोक्ता संरक्षण अधिनियम, 1986 के अन्तर्गत उपभोक्ता को निम्नलिखित में से कौन से अधिकार दिए गए हैं?

A. सूचित (या जानकार) होने का अधिकार

B. चयन का अधिकार

C. प्रतिनिधित्व करने का अधिकार

D. निवारण का अधिकार

(a) A, D (b) A, B, D

(c) A, B, C, D (d) A, C, D

(e) उपर्युक्त में से कोई नहीं/ उपर्युक्त में से एक से अधिक

41. वॉट सेकेंड किसका मात्रक है?

(a) ऊर्जा (b) बल

(c) संवेग (d) शक्ति

(e) उपर्युक्त में से कोई नहीं/ उपर्युक्त में से एक से अधिक

42. वायुमण्डलीय दबाव किसके द्वारा मापा जाता है?

(a) सीस्मोमीटर (b) ऐमीटर

(c) गैल्वेनोमीटर (d) बैरोमीटर

(e) उपर्युक्त में से कोई नहीं/ उपर्युक्त में से एक से अधिक

43. कोई पिंड दो क्रमागत समान दूरियों को v_1 और v_2 चालों द्वारा तय करता है। इस पिंड की औसत चाल कितनी है?

(a) $\frac{v_1+v_2}{2}$ (b) $\frac{v_1v_2}{2(v_1+v_2)}$

(c) $\frac{v_1v_2}{v_1+v_2}$ (d) $\frac{2v_1v_2}{v_1+v_2}$

(e) उपर्युक्त में से कोई नहीं/ उपर्युक्त में से एक से अधिक

44. एक लोहे का जहाज पानी में तैरता है पर एक लोहे की गेंद पानी में डूब जाती है यह उदाहरण है-

(a) न्यूटन के दूसरे नियम का

(b) पास्कल के नियम का

(c) आर्कमिडीज के नियम का

(d) डॉल्टन के नियम का

(e) उपर्युक्त में से कोई नहीं/ उपर्युक्त में से एक से अधिक

45. किरण का __________ परावर्तित किरण से सामान्य सतह तक मापा जाने वाला कोण है।

(a) अपवर्तन कोण (b) परावर्तन कोण

(c) विसरण कोण (d) घटना का कोण

(e) उपर्युक्त में से कोई नहीं/ उपर्युक्त में से एक से अधिक

46. निम्नलिखित में से कौन सा एक क्षार है?

(a) NaOH (c) H_2SO_4

(b) HCl (d) HNO_3

(e) उपर्युक्त में से कोई नहीं/ उपर्युक्त में से एक से अधिक

47. रासायनिक रूप में शुष्क बर्फ है-

(a) शुद्ध आसुत जल से बनी बर्फ

(b) ठोस कार्बन डाइऑक्साइड

(c) ठोस सल्फर डाइऑक्साइड

(d) अधो- शून्य तापमान पर रखी बर्फ

(e) उपर्युक्त में से कोई नहीं/ उपर्युक्त में से एक से अधिक

48. ब्लीचिंग पाउडर का इस्तेमाल पीने वाले पानी के __________ के रूप में किया जाता है।-

(a) कीटाणुनाशक (b) एंटीबायोटिक

(c) एंटीसेप्टिक (d) स्कंदक

(e) उपर्युक्त में से कोई नहीं/ उपर्युक्त में से एक से अधिक

49. आम तौर पर सोडियम बाइकार्बोनेट को यह कहा जाता है-

(a) वॉशिंग सोडा (b) बेकिंग सोडा

(c) ब्लीचिंग सोडा (d) सोडा ऐश

(e) उपर्युक्त में से कोई नहीं/ उपर्युक्त में से एक से अधिक

50. निम्नलिखित में से 'कोशिका की आत्महत्या की थैली' के रूप में किसे जाना जाता है?

(a) माइटोकॉण्ड्रिया (b) गॉल्जीकॉय

(c) लाइसोसोम (d) राइबोसोम

(e) उपर्युक्त में से कोई नहीं/ उपर्युक्त में से एक से अधिक

51. निम्नलिखित में से कौन गर्म खून वाला जानवर है?

(a) कछुआ (b) गिरगिट

(c) छिपकली (d) चमगादड़

(e) उपर्युक्त में से कोई नहीं/ उपर्युक्त में से एक से अधिक

52. समुद्री एनीमोंस निम्न का उदाहरण है।

(a) सीलेंट्रेटा (b) पोरीफेरा

(c) प्लेटीहेल्मेन्थीज (d) एनेलिडा

(e) उपर्युक्त में से कोई नहीं/ उपर्युक्त में से एक से अधिक

53. निम्नलिखित में से कौन सा कथन सही है?

I. पक्षी समतापी प्राणी होते है।

II. स्तनपायी असमतापी होते हैं।

(a) I तथा II दोनों (b) केवल II

(c) केवल I (d) ना ही I ना ही II

(e) उपर्युक्त में से कोई नहीं/ उपर्युक्त में से एक से अधिक

54. निम्न में से कौन अंडे देता है और बच्चे को सीधे नहीं जनता?

(a) एकिडना (b) कंगारू

(c) साही (d) हेल मछली

(e) उपर्युक्त में से कोई नहीं/ उपर्युक्त में से एक से अधिक

55. निम्नलिखित में से कौन से विटामिन हमारी त्वचा को स्वस्थ बनाए रखने में सहायता करते हैं?

(a) विटामिन-ए (b) विटामिन-सी

(c) विटामिन बी 12 (d) विटामिन-ई

(e) उपर्युक्त में से कोई नहीं/ उपर्युक्त में से एक से अधिक

56. दी गई संख्याओं का औसत ज्ञात करें।

80, 84, 88, 92, 96, 100

(a) 88 (b) 92

(c) 96 (d) 94

(e) उपर्युक्त में से कोई नहीं/ उपर्युक्त में से एक से अधिक

57. दो संख्याओं का गुणनफल 3645 है। यदि इन संख्याओं का महत्तम समापवर्तक 27 है, तो बड़ी संख्या है:

(a) 135 (b) 115
(c) 145 (d) 125
(e) उपर्युक्त में से कोई नहीं/ उपर्युक्त में से एक से अधिक

58. प्रथम 30 प्राकृत संख्याओं का योगफल है-

(a) 600 (b) 450
(c) 465 (d) 545
(e) उपर्युक्त में से कोई नहीं/ उपर्युक्त में से एक से अधिक

59. यदि (m + n) का 15 प्रतिशत (m – n) के 65 प्रतिशत के बराबर है, तो m, n का कितना प्रतिशत है?

(a) 140 प्रतिशत (b) 160 प्रतिशत
(c) 150 प्रतिशत (d) 60 प्रतिशत
(e) उपर्युक्त में से कोई नहीं/ उपर्युक्त में से एक से अधिक

60. एक व्यापारी एक कमीज को 40 प्रतिशत के लाभ पर बेचता है। यदि उसने वह कमीज 20 प्रतिशत कम मूल्य पर खरीदी होती तथा 100 रुपये कम में बेचीं होती, तो उसे 40 प्रतिशत का लाभ होता । कमीज का क्रय मूल्य क्या है?

(a) 357.14 रुपये (b) 366.66 रुपये
(c) 420.36 रुपये (d) 350 रुपये
(e) उपर्युक्त में से कोई नहीं/ उपर्युक्त में से एक से अधिक

61. 61. यदि A : B : C = 2 : 3 : 6, है, तो (A/B) : (B/C) : (C/A) का मान क्या होगा?

(a) 2:3:7 (b) 4:3:18
(c) 3:3:7 (d) 2:3:8
(e) उपर्युक्त में से कोई नहीं/ उपर्युक्त में से एक से अधिक

62. कुछ मूलधन की राशि पर अर्जित साधारण ब्याज प्रति वर्ष 10% की दर से पांच वर्ष में 600 रुपए है। मूलधन ज्ञात करें।

(a) 6000 रुपये (b) 2400 रुपये
(c) 1800 रुपये (d) 1200 रुपये
(e) उपर्युक्त में से कोई नहीं/ उपर्युक्त में से एक से अधिक

63. निम्नलिखित प्रश्न में प्रश्नवाचक चिन्ह (?) के स्थान पर क्या आएगा?

14(3/5) + 17(5/6) + 7(1/3) = ?/6 + 20

(a) 118.6 (b) 141
(c) 171 (d) 161
(e) उपर्युक्त में से कोई नहीं/ उपर्युक्त में से एक से अधिक

64. एक आदमी A से B तक जाता है और फिर B से A तक जाता है। A से B तक उसकी गति 8 km/h थी और B से A तक उसकी गति 20 km/h थी। आदमी द्वारा पूरी यात्रा को तय करने में लिया गया कुल समय (63/8) घंटा है। तो A से B की दूरी ज्ञात करे।

(a) 36 km (b) 90km
(c) 40 km (d) 78- 5 km
(e) उपर्युक्त में से कोई नहीं/ उपर्युक्त में से एक से अधिक

65. A, B और C एक कार्य को क्रमशः 32, 16 और 40 दिनों में पूरा कर सकते हैं। एक साथ कार्य करते हुए, वे उसी कार्य को ______ दिनों में पूरा करेंगे।

(a) 160/13 (b) 190/13
(c) 160/19 (d) 190/19
(e) उपर्युक्त में से कोई नहीं/ उपर्युक्त में से एक से अधिक

66. पाँच मित्र A, B, C, D तथा E में, A की उम्र B से अधिक है, C की उम्र B से कम है, D की उम्र C से अधिक किन्तु B से कम है, और E की उम्र सबसे कम है। किसकी उम्र मध्य में है?

(a) A (b) B
(c) C (d) D
(e) उपर्युक्त में से कोई नहीं/ उपर्युक्त में से एक से अधिक

67. निम्नलिखित शब्दों को व्यवस्थित करके एक अर्थपूर्ण वाक्य बनाइए।

Taj Mahal	at	A	quick	look
5	1	3	2	4

(a) 1, 2, 3, 4, 5 (b) 4, 3, 2,1, 5
(c) 5, 1, 2, 3, 4 (d) 3, 2, 4, 1, 5
(e) उपर्युक्त में से कोई नहीं/ उपर्युक्त में से एक से अधिक

68. 266, 339, 528,?

(a) 630 (b) 730
(c) 830 (d) 930
(e) उपर्युक्त में से कोई नहीं/ उपर्युक्त में से एक से अधिक

69. एक लड़के का चेहरा उत्तरी-पूर्व दिशा में है। वह 135-बड़ी की दिशा में घूम जाता है। उसके बाद फिर 225 बड़ी की विपरीत दिशा में घूम जाता है। अब उसका चेहरा किस दिशा में है?

(a) दक्षिण-पश्चिम (b) उत्तर-पश्चिम
(c) दक्षिण-पूर्व (d) उत्तर-पूर्व
(e) उपर्युक्त में से कोई नहीं/ उपर्युक्त में से एक से अधिक

70. निम्नलिखित प्रश्न में आकृति A और B के बीच एक निश्चित संबंध है। विकल्प में से वह आकृति ज्ञात करें जो आकृति के C साथ समान संबंध रखती है।

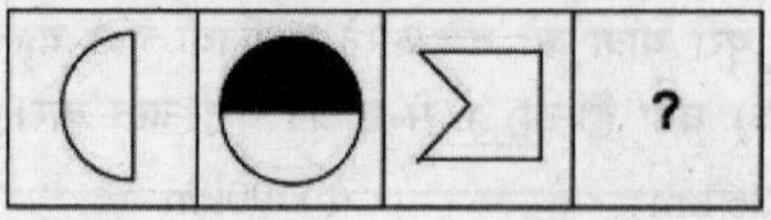

(A) (B) (C) (D)

(a)  (b) 

(c)  (d) 

(e) उपर्युक्त में से कोई नहीं/ उपर्युक्त में से एक से अधिक

71. बिहार से प्राप्त होनेवाले अशोक के स्तम्भलेख कौन नहीं है?

(a) लौरिया अरेराज (b) लौरिया नन्दनगढ़

(c) रुम्मिनदेई (d) रामपुरवा

(e) उपर्युक्त में से कोई नहीं/ उपर्युक्त में से एक से अधिक

72. चंपारण आंदोलन का नेतृत्व किसने किया था-

(a) महात्मा गांधी (b) राजेन्द्र प्रसाद

(c) राजकुमार शुक्ल (d) ब्रजकिशोर प्रसाद

(e) उपर्युक्त में से कोई नहीं/ उपर्युक्त में से एक से अधिक

73. बिहार में खिलाफत नेताओं के आमंत्रण पर कौन से नेता आए और पटना में 24 और 25 अप्रैल 1920 को पटना में सभा किया?

(a) एनी बेसेंट (b) मौलाना अली

(c) शौकत अली (d) उपरोक्त में से कोई नहीं

(e) उपर्युक्त में से कोई नहीं/ उपर्युक्त में से एक से अधिक

74. भारतीय राष्ट्रीय कांग्रेस का 37वाँ अधिवेशन 1922 में कहाँ हुआ?

(a) बांकीपुर (पटना) (b) भागलपुर

(c) गया (d) रामगढ़

(e) उपर्युक्त में से कोई नहीं/ उपर्युक्त में से एक से अधिक

75. बिहारी स्टूडेंट्स कान्फरेंस का 21वाँ अधिवेशन कहाँ सम्पन्न हुआ था?

(a) मोतिहारी (b) पटना

(c) दरभंगा (d) छपरा

(e) उपर्युक्त में से कोई नहीं/ उपर्युक्त में से एक से अधिक

76. निम्न में से किस पर तिरहुत षडयंत्र केस का मुकदमा चला-

(a) योगेन्द्र शुक्ल (b) बंकिमचंद्र मित्र

(c) योगेन्द्र सिन्हा (d) शचीन सान्याल

(e) उपर्युक्त में से कोई नहीं/ उपर्युक्त में से एक से अधिक

77. श्री नारायण प्रसाद सिंह और बवन सिंह नमक सत्याग्रह से संबंधित कहाँ के नेता थे?

(a) पटना (b) भागलपुर

(c) चंपारण (d) सासाराम

(e) उपर्युक्त में से कोई नहीं/ उपर्युक्त में से एक से अधिक

78. बिहार में पटना के बिहटा में किसान सभा की स्थापना स्वामी सहजानंद सरस्वती ने कब की?

(a) 4 मार्च 1929 (b) 4 मार्च 1928

(c) 4 मार्च 1930 (d) 4 मार्च 1927

79. 1935 के अधिनियम के अनुसार बिहार विधानसभा के चुनाव हुए-

(a) 22-27 जनवरी 1935 को

(b) 22-27 जनवरी 1936 को

(c) 22-27 जनवरी 1937 को

(d) 22-27 जनवरी 1938 को

(e) उपर्युक्त में से कोई नहीं/ उपर्युक्त में से एक से अधिक

80. बिहार सोशलिष्ट पार्टी के प्रथम अध्यक्ष थे-

(a) नरेन्द्र देव (b) राजेन्द्र प्रसाद

(c) जय प्रकाश नारायण (d) रामवृक्ष बेनीपुर

(e) उपर्युक्त में से कोई नहीं/ उपर्युक्त में से एक से अधिक

81. भारत छोड़ो आंदोलन के दौरान किसने सरकारी नीति के विरोध में महाधिवक्ता (एडवोकेट जेनरल) के पद से त्यागपत्र दे दिया था?

(a) रामदयालू सिंह (b) बलदेव सहाय

(c) मथुरा सिंह (d) राजकुमार शुक्ल

(e) उपर्युक्त में से कोई नहीं/ उपर्युक्त में से एक से अधिक

82. बिहार के किस नदी बांध के लिए पहली बार श्रमदान का प्रयोग हुआ तथा भारत सेवक समाज का गठन किया गया?

(a) सोन बांध (b) कोसी बांध

(c) गंडक बांध (d) दुर्गावती बांध

(e) उपर्युक्त में से कोई नहीं/ उपर्युक्त में से एक से अधिक

83. बिहार में महत्वपूर्ण संत मखदुम शर्फुद्दीन मनेरी किस सिलसिले से सम्बन्धित थे?

(a) कादिरी (b) सुहारावर्दी

(c) फिरदौसी (d) चिश्ती

(e) उपर्युक्त में से कोई नहीं/ उपर्युक्त में से एक से अधिक

84. बिहार में 'कोजागरा व्रत' मुख्यतः मनाया जाता है-

(a) मगध क्षेत्र में (b) भोजपुर क्षेत्रों में

(c) मिथिलांचल में (d) मगध और भोजपुर में

(e) उपर्युक्त में से कोई नहीं/ उपर्युक्त में से एक से अधिक

85. निम्न पर्यटन स्थलों में कौन स्थल पटना शहर में स्थित नहीं है?
(a) अक्षयवट वृक्ष (b) संग्रहालय
(c) कुम्हरार (d) शहीद स्मारक
(e) उपर्युक्त में से कोई नहीं/ उपर्युक्त में से एक से अधिक

86. बिहार में समान स्कूल प्रणाली आयोग का गठन हुआ-
(a) अगस्त 2005 में (b) अगस्त 2006 में
(c) नवम्बर 2006 में (d) अप्रैल 2007 में
(e) उपर्युक्त में से कोई नहीं/ उपर्युक्त में से एक से अधिक

87. पटना उच्च न्यायालय की स्थापना हुई-
(a) 3 फरवरी 1916 को (b) 9 फरवरी 1917 को
(c) 19 फरवरी 1917 को (d) 22 फरवरी 1917 को
(e) उपर्युक्त में से कोई नहीं/ उपर्युक्त में से एक से अधिक

88. सुमेश्वर श्रेणी की सर्वोच्च चोटी की ऊँचाई है-
(a) लगभग 874 मीटर (b) लगभग 129 मीटर
(c) लगभग 974 मीटर (d) लगभग 675 मीटर
(e) उपर्युक्त में से कोई नहीं/ उपर्युक्त में से एक से अधिक

89. बिहार राज्य का कौन सा शहर झारखण्ड राज्य का राजधानी बना है?
(a) बक्सर (b) धनबाद
(c) राँची (d) हजारीबाग
(e) उपर्युक्त में से कोई नहीं/ उपर्युक्त में से एक से अधिक

90. हनुमान नगर जलाशय किस नदी पर है?
(a) गंडक (b) कोसी
(c) बागमती (d) कमला
(e) उपर्युक्त में से कोई नहीं/ उपर्युक्त में से एक से अधिक

91. पौधे का वह भाग जो दांत दर्द के उपचार के लिए उपयोग किया जा सकता है?
(a) सौंफ (b) लौंग
(c) मेथी (d) अफीम के बीज
(e) उपर्युक्त में से कोई नहीं/ उपर्गुक्त में से एक रो अधिक

92. निम्नलिखित में से कौन अन्य से भिन्न है? नदी, पहाड़, झील, तालाब, झरना।
(a) नदी (b) पर्वत
(c) झील (d) झरना
(e) उपर्युक्त में से कोई नहीं/ उपर्युक्त में से एक से अधिक

93. ठोस अपशिष्ट पदार्थों के निस्तारण की निम्नलिखित विधियों में से किस विधि से वायु में प्रदूषण फैलता है:
(a) भूमि की भराई (b) कम्पोस्ट
(c) कृमियों से खाद बनाना (d) भस्म करना
(e) उपर्युक्त में से कोई नहीं/ उपर्युक्त में से एक से अधिक

94. वह स्थान जो कि दीर्घ काल से बाढ़ से प्रभावित होता है. स्थानीय लोगों में ______ का कारण होगा।
(a) पुनर्वास (b) स्थानांतरण
(c) देश प्रत्यावर्तन (d) पुनः स्थापन
(e) उपर्युक्त में से कोई नहीं/ उपर्युक्त में से एक से अधिक

95. टैपिओका का दूसरा नाम है
(a) मूली (b) कप्पा
(c) अदरक (d) शकरकन्दी
(e) उपर्युक्त में से कोई नहीं/ उपर्युक्त में से एक से अधिक

96. किस प्रकार के पक्षी की चोंच मीट को काटने और खाने के काम आती है?
(a) तिकोने आकार की चोंच
(b) सीधी और पतली चोंच
(c) हुक जैसी चोंच
(d) लम्बी, पतली सुई जैसी चोंच
(e) उपर्युक्त में से कोई नहीं/ उपर्युक्त में से एक से अधिक

97. निम्नलिखित राज्यों में से किसके बगीचों में तेजपत्ता, छोटी इलायची, बड़ी इलायची और काली मिर्च उगते है?
(a) पश्चिम बंगाल (b) गुजरात
(c) केरल (d) मध्य प्रदेश
(e) उपर्युक्त में से कोई नहीं/ उपर्युक्त में से एक से अधिक

98. पर्यावरण की हानिकारक परिस्थितियों को घटाने के लिए पर्यावरण मंत्रालय ने हाल ही में निम्न में से कौन सा अभियान शुरू किया है?
(a) हरित दिवाली, स्वस्थ दिवाली
(b) स्वस्थ दिवाली, सब की दिवाली
(c) इस दिवाली, हरित दिवाली
(d) स्वस्थ दिवाली, मीठी दिवाली
(e) उपर्युक्त में से कोई नहीं/ उपर्युक्त में से एक से अधिक

99. वायुमण्डल के प्रदूषण के कारण अम्ल वृष्टि किसके द्वारा की जाती है:
(a) कार्बन डाइऑक्साइड
(b) मीथेन गैस
(c) ओजोन और कार्बन डाइऑक्साइड
(d) नाइट्रस ऑक्साइड और सल्फर डाइऑक्साइड
(e) उपर्युक्त में से कोई नहीं/ उपर्युक्त में से एक से अधिक

100. निम्नलिखित में से कौन ओजोन छिद्र को बनने में सहायक हैं?
(a) बेंजोपाइरीन (b) हाइड्रोकार्बन
(c) क्लोरो फ्लोरो कार्बन (d) अल्ट्रावॉयलेट रेडिएशन
(e) उपर्युक्त में से कोई नहीं/ उपर्युक्त में से एक से अधिक

101. 2024 में एससीओ परिषद के राष्ट्राध्यक्षों की अगली बैठक की मेजबानी कौन सा देश करेगा?
(a) चीन (b) रूस
(c) भारत (d) कजाकिस्तान
(e) उपर्युक्त में से कोई नहीं/ उपर्युक्त में से एक से अधिक

102. SAFF चौंपियनशिप 2023 किस टीम ने जीती?
(a) कुवैत (b) भारत
(c) लेबनान (d) पाकिस्तान
(e) उपर्युक्त में से कोई नहीं/ उपर्युक्त में से एक से अधिक

103. "रिंग ऑफ फायर" किसके लिए जाना जाता है?
(a) उच्च वर्षा स्तर
(b) लगातार भूकंप और ज्वालामुखीय गतिविधि
(c) समृद्ध जैव विविधता
(d) ऐतिहासिक सांस्कृतिक स्थल
(e) उपर्युक्त में से कोई नहीं/ उपर्युक्त में से एक से अधिक

104. मसौदा अधिसूचना में किस श्रेणी के ट्रकों को शामिल किया गया है?
(a) एन1 और एन2 (b) एन2 और एन3
(c) एन3 और एन4 (d) एन4 और एन5
(e) उपर्युक्त में से कोई नहीं/ उपर्युक्त में से एक से अधिक

105. भारत के बाहर पहला आईआईटी परिसर कहाँ स्थापित किया जाएगा?
(a) जांजीबार, तंजानिया
(b) नैरोबी, केन्या
(c) केप टाउन, दक्षिण अफ्रीका
(d) दुबई, संयुक्त अरब अमीरात
(e) उपर्युक्त में से कोई नहीं/ उपर्युक्त में से एक से अधिक

106. 2 जून 2023 को ओडिशा के बालासोर जिले में कौन सी ट्रेनें दुर्घटना में शामिल थीं?
(a) हावड़ा-चेन्नई एक्सप्रेस और मुंबई-दिल्ली राजधानी
(b) दिल्ली-कोलकाता दुरंतो एक्सप्रेस और चेन्नई-बैंगलोर शताब्दी
(c) गुवाहाटी-मुंबई गरीब रथ और कोलकाता-पटना जन शताब्दी
(d) शालीमार-चेन्नई कोरोमंडल एक्सप्रेस और बेंगलुरु-हावड़ा सुपरफास्ट एक्सप्रेस
(e) उपर्युक्त में से कोई नहीं/ उपर्युक्त में से एक से अधिक

107. विश्व पर्यावरण दिवस हर साल किस तारीख को मनाया जाता है?
(a) 1 जून (b) 15 मई
(c) 5 जून (d) 20 जुलाई
(e) उपर्युक्त में से कोई नहीं/ उपर्युक्त में से एक से अधिक

108. किस देश ने 2025 विश्व संरक्षण कांग्रेस (WCC) की मेजबानी के लिए बोली जीती है?
(a) संयुक्त राष्ट्र (b) संयुक्त राज्य अमेरिका
(c) यूनाइटेड किंगडम (d) संयुक्त अरब अमीरात
(e) उपर्युक्त में से कोई नहीं/ उपर्युक्त में से एक से अधिक

109. एशियाई अंडर-20 एथलेटिक्स चौम्पियनशिप का आयोजन कहाँ किया गया था?
(a) दक्षिण कोरिया (b) भारत
(c) इंग्लैंड (d) नेपाल
(e) उपर्युक्त में से कोई नहीं/ उपर्युक्त में से एक से अधिक

110. भारत के पहले अंतर्राष्ट्रीय क्रूज शिप का नाम क्या है?
(a) एमवी एम्प्रेस (b) एमवी गंगा विलास
(c) एम.वी. कवारत्ती (d) लक्षद्वीप क्रूज
(e) उपर्युक्त में से कोई नहीं/ उपर्युक्त में से एक से अधिक

111. विश्व अस्थमा दिवस कब मनाया जाता है?
(a) 12 मई (b) 20 मई
(c) 1 मई (d) 2 मई
(e) उपर्युक्त में से कोई नहीं/ उपर्युक्त में से एक से अधिक

112. 2023 में पैराग्वे में राष्ट्रपति चुनाव किसने जीता?
(a) एफ्रेन एलेग्रे (b) सैंटियागो पेना
(c) जस्टिन ट्रूडो। (d) रिचर्ड वैगनर
(e) उपर्युक्त में से कोई नहीं/ उपर्युक्त में से एक से अधिक

113. अंडमान और निकोबार कमांड के 17वें कमांडर-इन-चीफ के रूप में किसने पदभार संभाला है?
(a) एयर मार्शल सजु बालकृष्णन
(b) जनरल बिपिन रावत
(c) एडमिरल करमबीर सिंह
(d) एयर चीफ मार्शल आर.के.एस. भदौरिया
(e) उपर्युक्त में से कोई नहीं/ उपर्युक्त में से एक से अधिक

114. अंतर्राष्ट्रीय परिधान और वस्त्र मेला (IATF) अपने 15वें संस्करण के लिए कहाँ आयोजित किया जा रहा है?
(a) इंग्लैंड (b) बांग्लादेश
(c) श्रीलंका (d) दुबई
(e) उपर्युक्त में से कोई नहीं/ उपर्युक्त में से एक से अधिक

115. विश्व बैंक के अगले अध्यक्ष के रूप में किसे नियुक्त किया गया है?
(a) डेविड मलपास (b) अजय बंगा
(c) जो बिडेन (d) क्रिस्टालिना जॉर्जीवा
(e) उपर्युक्त में से कोई नहीं/ उपर्युक्त में से एक से अधिक

116. भारत में ड्री उत्सव की शुरुआत कहाँ से हुई थी?

(a) नागालैंड (b) अरुणाचल प्रदेश

(c) असम (d) मणिपुर

(e) उपर्युक्त में से कोई नहीं/ उपर्युक्त में से एक से अधिक

117. 'कालिदास सम्मान' _______ के क्षेत्र में प्रदान किया जाता है-

(a) शास्त्रीय संगीत (b) शास्त्रीय नृत्य

(c) थियेटर और दृश्य कला (d) रंग कर्म

(e) उपर्युक्त में से कोई नहीं/ उपर्युक्त में से एक से अधिक

118. भारतीय ओलम्पिक संघ का मुख्यालय कहाँ स्थित है?

(a) मुंबई (b) गुजरात

(c) चेन्नई (d) नई दिल्ली

(e) उपर्युक्त में से कोई नहीं/ उपर्युक्त में से एक से

119. निम्नलिखित में से कौन से सॉफ्टवेयर "सिस्टम सॉफ्टवेयर" की श्रेणी से संबंधित हैं?

(a) एम एस वर्ड (b) मीडिया प्लेयर

(c) ऑपरेटिंग सिस्टम (d) गेमिंग सॉफ्टवेयर

(e) उपर्युक्त में से कोई नहीं/ उपर्युक्त में से एक से अधिक

120. हिन्दुस्तान ऐरोनोटिकल लिमिटेड (एच. ए. एल.) द्वारा निम्नलिखित में से कौन सा हैलीकॉप्टर बनाया गया?

(a) वेल UH - 1Y विनोम

(b) लाइट यूटिलिटी हैलीकॉप्टर

(c) बोइंग CH-47 चिनूक

(d) साइकोस्कों UH - 60 ब्लैक हॉक

(e) उपर्युक्त में से कोई नहीं/ उपर्युक्त में से एक से अधिक

उत्तर माला

1.	(c)	2.	(d)	3.	(d)	4.	(b)	5.	(b)	6.	(a)	7.	(d)	8.	(d)
9.	(c)	10.	(a)	11.	(d)	12.	(b)	13.	(e)	14.	(c)	15.	(b)	16.	(b)
17.	(a)	18.	(c)	19.	(c)	20.	(b)	21.	(c)	22.	(d)	23.	(c)	24.	(d)
25.	(b)	26.	(b)	27.	(a)	28.	(e)	29.	(c)	30.	(a)	31.	(d)	32.	(d)
33.	(d)	34.	(d)	35.	(a)	36.	(c)	37.	(b)	38.	(b)	39.	(d)	40.	(b)
41.	(a)	42.	(d)	43.	(d)	44.	(c)	45.	(b)	46.	(a)	47.	(b)	48.	(a)
49.	(b)	50.	(c)	51.	(d)	52.	(a)	53.	(c)	54.	(a)	55.	(d)	56.	(e)
57.	(a)	58.	(c)	59.	(b)	60.	(a)	61.	(b)	62.	(d)	63.	(a)	64.	(e)
65.	(c)	66.	(d)	67.	(d)	68.	(a)	69.	(b)	70.	(c)	71.	(c)	72.	(a)
73.	(c)	74.	(c)	75.	(a)	76.	(a)	77.	(e)	78.	(b)	79.	(c)	80.	(a)
81.	(b)	82.	(b)	83.	(c)	84.	(c)	85.	(c)	86.	(b)	87.	(a)	88.	(a)
89.	(c)	90.	(b)	91.	(b)	92.	(b)	93.	(d)	94.	(b)	95.	(b)	96.	(c)
97.	(c)	98.	(a)	99.	(d)	100.	(c)	101.	(d)	102.	(b)	103.	(b)	104.	(b)
105.	(a)	106.	(d)	107.	(c)	108.	(d)	109.	(a)	110.	(a)	111.	(D)	112.	(b)
113.	(a)	114.	(d)	115.	(b)	116.	(b)	117.	(d)	118.	(d)	119.	(c)	120.	(b)

उत्तर सहित व्याख्या

1. (c) सिंधु घाटी सभ्यता का विस्तार पूर्व में हरियाणा, राजस्थान तथा गुजरात से आरंभ होकर पश्चिम के मकरान तट तक है। वर्ष 1921 में दयाराम साहनी एवं 1922 में राखालदास बनर्जी द्वारा क्रमशः हड़प्पा (पंजाब) एवं मोहनजोदड़ो सिंध, पाकिस्तान की खोज की गई। इस सभ्यता के प्रमुख स्थल रंगपुर (गुजरात), चन्हूदड़ो, सुरकोटदा, मांडा, रोपड़, कालीबंगा, बनावली आदि है।

2. (d) हड़प्पा पाकिस्तान के माण्टगोमरी जिले में रावी नदी के बाएं तट पर स्थित है। इस स्थल की खोज 1921 ई. में दयाराम साहनी वत्स ने की थी। इस स्थल से 12 कक्षों वाला अन्नागार, अनाज कूटने के 18 वृत्ताकार चबूतरे तथा श्रमिक आवास के साक्ष्य मिले है।

3. (d) वेताश्वतरोपनिषद, यजुर्वेद में सन्निहित एक प्राचीन संस्कृत पाठ है। इसे 108 उपनिषदों के मुक्तिका सिद्धान्त में 14वें नंबर के रूप में सूचीबद्ध किया गया है। इस उपनिषद में छः अध्यायों में 113 मंत्र या छंद है।

4. (b) बिहार, बौद्ध धर्म के पर्यटन स्थल, ऐतिहासिक धरोहर, आध्यात्म और संस्कृति का केन्द्र रहा है। बिहार में प्रथम बौद्ध संगीति (राजगृह), द्वितीय बौद्ध संगीति (वैशाली) तथा तृतीय बौद्ध संगीति (पाटलिपुत्र) का आयोजन हुआ था इसलिए बिहार को 'बौद्ध धर्म का उद्‌गम स्थल' कहते है।

5. (b) आदि शंकराचार्य भारत के एक महान दार्शनिक एवं धर्मप्रवर्तक थे जिन्होंने संसार में चार पीठों की स्थापना की। इन्होंने ही अद्वैत सिद्धान्त का प्रचार प्रसार किया। इन्होंने ही आत्मा और परमात्मा की एकरूपता का सन्देश दिया, जिसके अनुसार परमात्मा एक ही समय में सगुण और निर्गुण दोनों ही स्वरूपों में रहता है। अद्वैतवाद भारत के सनातन दर्शन वेदांत के सबसे प्रभावशाली मतों में से एक है।

6. (a) 1206 से 1526 ई. तक भारत पर शासन करने वाले पाँच वंश के सुल्तानों के शासनकाल को दिल्ली सल्तनत कहा जाता है। ये पाँच वंश थे–

वंश	शासनकाल
गुलाम वंश	1206 ई. - 1290 ई.
खिलजी वंश	1290 ई. - 1320 ई.
तुगलक वंश	1320 ई. - 1414 ई.
सैयद वंश	1414 ई. - 1451 ई.
लोदी वंश	1451 ई. - 1526 ई.

7. (d) रजिया सुल्तान भारत की पहली और आखिरी मुस्लिम महिला शासिका थी और उसने 1236 ई. से 1240 ई. के मध्य दिल्ली पर शासन किया था। रजिया सुल्तान गुलाम वंश के शासक इल्तुतमिश की पुत्री थी।

8. (d) बीजापुर का गोल गुम्बद (गुम्बज) मुहम्मद आदिलशाह का मकबरा है। इस मकबरे का निर्माण 1656 में वास्तुकार दाबुल के याकूत द्वारा किया गया था।

9. (c) निजाम-उल मुल्क आसफजाह ने हैदराबाद राज्य (1724 ई.) तथा आसफजाही वंश की स्थापना की। वह मुगल सम्राट के अधीन दक्कन का वायसराय था। मुगल बादशाह मुहम्मदशाह ने चिनकिलिच खाँ (निजामुलमुल्क) को दक्कन के छः सूत्रों की सूबेदारी सौंपी थी जिसकी मुख्यालय औरंगाबाद था।

10. (a) प्रथम आंग्ल मैसूर युद्ध (1767-1769 ई.) हैदर अली और अंग्रेजों के बीच हुआ था। इस युद्ध का मुख्य कारण हैदर अली का फ्रांसिसियों के साथ मैत्री संबंध था। इस युद्ध में मराठे और निजाम सर्वप्रथम अंग्रेजों की तरफ से त्रिगुट का निर्माण करते है जिसे हैदर अली अंग कर देता और निजाम को अपनी तरफ मिला लेता है। युद्ध का समापन 1769 ई. में मद्रास की संधि के तहत हुआ। इस संधि की शर्तें हैदर अली के पक्ष में थी।

11. (d) पंद्रहवीं शताब्दी के दौरान सभी यूरोपीय कंपनियाँ एक जैसी वस्तु खरीदने में रुचि ज्यादा रखते थे, क्योंकि वे वस्तुएं भारत में सस्ती और अच्छी गुणवत्ता वाली होती थी। इन वस्तुओं को ले जाकर यूरोपीय कंपनियाँ अधिक मुनाफा कमाती थी तथा यहाँ से प्राप्त कच्चे माल को एक नया उत्पाद बनाकर भारत जैसे बड़े बाजार में बेचती थी, जिससे उनको अधिक लाभ प्राप्त होता था। यह वस्तुएँ थी- कपास, रेशम, काली मिर्च, लौंग, इलायची, दालचीनी आदि।

12. (b) कश्मीरी दरवाजा दिल्ली में स्थित है। इसका मुख उत्तर दिशा (कश्मीर) की तरफ होने के कारण इसे कश्मीरी दरवाजा कहा गया। इसका निर्माण रॉबर्ट स्मिथ द्वारा वर्ष 1835 में किया गया था। अंग्रेजों द्वारा इसे 1857 ई0 में जला दिया गया था।

13. (e) अपने मुनाफे को बढ़ाने के लिए यूरोपीय बागान मालिकों ने किसानों को खाद्य फसलों के बजाय नील की खेती करने के लिये बाध्य किया, परिणामस्वरूप वर्ष 1859 में बंगाल के किसानों द्वारा नील बागान के मालिकों के विरूद्ध एक विद्रोह किया जिसे नील विद्रोह के नाम से जाना जाता हैं।

14. (c) सुभाष चंद्र बोस का जन्म 23 जनवरी, 1897 ई. को ओडिशा के कटक शहर में हुआ था। ये एक उग्र राष्ट्रवादी थे। बोस विवेकानंद की शिक्षाओं से अत्यधिक प्रभावित थे और उन्हें अपना आध्यात्मिक गुरू मानते थे जबकि चितरंजन दास उनके राजनीतिक गुरू थे। बोस ने वर्ष 1938 (हरिपुरा) तथा वर्ष 1939 (त्रिपुरी) के भारतीय राष्ट्रीय कांग्रेस के अधिवेशन की अध्यक्षता की थी।

15. (b) पिट्स इंडिया एक्ट सन् 1784 में पारित किया गया था। इसका नाम ब्रिटिश प्रधानमंत्री विलियम पिट के नाम पर रखा गया था। यह कंपनी के वाणिज्यिक और राजनीतिक कार्यों के बीच अंतर करता था।

16. (b) सौर मण्डल का सबसे गर्म ग्रह शुक्र ग्रह हैं। शुक्र ग्रह को साझ का तारा एवं भोर का तारा के रूप में जाना जाता है। शुक्र ग्रह सूर्य के क्रम में दूसरा ग्रह है। बुध एवं शुक्र ग्रह के कोई भी उपग्रह नहीं है। शुक्र ग्रह को पृथ्वी की बहन भी कहा जाता है। शुक्र ग्रह सूर्य की परिक्रमा पूर्व से पश्चिम की ओर करता है।

17. (a) भूमध्य रेखा के उत्तर में 23½° अक्षांश को कर्क रेखा और दक्षिण में 23½° अक्षांश को मकर रेखा कहते है। इन आयन वृत्तों के मध्य स्थित क्षेत्र को उष्ण कटिबंध कहते है। इस क्षेत्र में सूर्य वर्ष में दो बार शीर्ष पर चमकता है तथा इस भाग का मौसम सदैव गर्म रहता है।

18. (c) डेल्टा नदी के मुहाने पर बनने वाली नदी के निक्षेपण की विशेषता (Depositional feature) हैं। ये वेटलैंडस हैं, जिसमें नदियाँ अपना जल एवं तलछट किसी अन्य जल निकाय जैसे कि महासागर, झील या दूसरी नदी से प्रवाहित करता है।

गंगा - ब्रह्मपुत्र डेल्टा जो अधिकांशतः बांग्लादेश और पश्चिम बंगाल तक फैला है, विश्व का सबसे बड़ा डेल्टा है।

सुंदरबन, गंगा डेल्टा में स्थित एक विश्व धरोहर स्थल, इसमें विश्व का सबसे बड़ा मैंग्रोव क्षेत्र भी शामिल है।

19. (c) बांग्लादेश में काक्स बाजार में दुनिया का सबसे लंबा प्राकृतिक समुद्र तट है। बांग्लादेश तट पर 75 मील पर विश्व के सबसे लंबे प्राकृतिक रेत, समुद्र तट काक्स बाजार ने अपने तीन प्रमुख समुद्र तटों: लबोनी, हमचारी और इनानी पर बड़े पैमाने पर विकास किया है। शांत सूर्यास्त और सफेद रेत के कारण काक्स बाजार बांग्लादेश में एक प्रमुख अंतर्राष्ट्रीय पर्यटन स्थल बन गया है।

20. (b) उष्णकटिबंधीय प्रशांत महासागर के भूमध्य रेखीय विषुवतीय क्षेत्र में समुद्र तापमान और वायुमण्डलीय परिस्थितियों में आए बदलाव के लिए उत्तरदायी समुद्री घटना को एल नीनो कहते है। इसके कारण समुद्री तापमान में 4-5 डिग्री सेल्सियस तापमान की वृद्धि हो सकती है इसके कारण भारत में सूखे की स्थिति उत्पन्न हो जाती हैं, क्योंकि तापमान अधिक होने से दाब निम्न होता है, जिससे दक्षिण एशियाई क्षेत्र में उसकी तुलना में उच्च दाब पाया जाता है। मौसमी हवाएँ हमेशा उच्च दाब से निम्न दाब की ओर चलती है।

21. (c) कर्नाटक का हुबली रेलवे प्लेटफॉर्म दुनिया का सबसे लंबा रेल प्लेटफॉर्म है. इसकी लंबाई 1507 मीटर है.

22. (d) भारत की स्थलीय सीमाएँ सात देशों से स्पर्श करती है। जो हैं - बांग्लादेश, चीन, पाकिस्तान, नेपाल, म्यांमार भूटान एवं अफगानिस्तान। इसमें भारत, बाग्लादेश के साथ सबसे

लम्बी सीमा रेखा 4096.7 किमी साझा करता है तथा सबसे कम सीमा रेखा अफगानिस्तान 106 किमी. साझा करता है। भारत एवं श्रीलंका पाक जलसंधि द्वारा आपस में जुड़े हुए हैं। मन्नार की खाड़ी हिन्द महासागर में भारत के दक्षिण पूर्व सिरे और श्रीलंका के पश्चिमी तट के मध्य स्थित है। यह भारत के रामेश्वर द्वीप से लेकर श्रीलंका के मन्नार द्वीप तक चूना पत्थर से बने द्वीपों की रामसेतु नामक एक श्रृंखला है। अतः कथन I और कथन II सत्य हैं।

23. (c) उपरोक्त विकल्पों में से पूर्वी घाट की सबसे ऊँची चोटी महेन्द्रगिरि (ओडिशा) है जिसकी ऊँचाई 1500 मीटर हैं जबकि पूर्वी घाट की सर्वोच्च चोटी विशाखापट्टनम् (1680 मी.) है।

24. (d) देवप्रयाग भारत के उत्तराखंड राज्य में टिहरी गढ़वाल जिले का एक कस्बा और नगर पंचायत हैं। यह अलकनंदा नदी के पंच प्रयाग में से अन्तिम हैं। यही पर अलकनंदा भागीरथी नदी से मिलती है और उसके बाद दोनों नदियां गंगा नदी या गंगा के रूप में बहती है।

25. (b) दिए गये कथन में, मक्का की खेती के लिए मध्यम तापमान, वर्षा और भरपूर धूप की आवश्यकता होती है। रोपण कृषि वाणिज्यिक कृषि का एक प्रकार है।

26. (b) संविधान सभा की कार्यवाही 13 दिसंबर, 1946 को जवाहर लाल नेहरु द्वारा पेश किए गये उद्देश्य प्रस्ताव के साथ प्रारम्भ हुई। 22 जनवरी, 1947 ई. को उद्देश्य प्रस्ताव की स्वीकृति के बाद संविधान सभा ने संविधान निर्माण हेतु अनेक समितियाँ नियुक्ति की। इनमें प्रमुख थीं- वार्ता समिति, संघ संविधान समिति, प्रांतीय संविधान समिति, संघ शक्ति समिति, प्रारूप समिति।

27. (a) भारतीय संविधान के अनुच्छेद - 19 में नागरिकों के लिए 6 स्वतंत्रताओं का वर्णन किया गया है, जो कि निम्न हैं-

1. विचार और अभिव्यक्ति की स्वतंत्रता
2. अस्त्र शस्त्र रहित और शांतिपूर्ण सम्मेलन की स्वतंत्रता
3. समुदाय और संघ निर्माण की स्वतंत्रता
4. भ्रमण की स्वतंत्रता
5. निवास की स्वतंत्रता
6. व्यवसाय की स्वतंत्रता

28. (e) अनुच्छेद- 324 में चुनाव का अधीक्षण, निर्देशन और नियंत्रण चुनाव आयोग में निहित होना शामिल है। संविधान के भाग - 15 के अनुच्छेद 324 से 329 में निर्वाचन से संबंधित उपबन्ध किया गया है। भारत निर्वाचन आयोग की स्थापना 25 जनवरी, 1950 को हुई थी। वह एक स्थायी संवैधानिक निकाय है।

29. (c) भारतीय संविधान के अनुसार सरकार के तीन अंग होते हैं, विधायिका, कार्यपालिका और न्यायपालिका। विधायिका का कार्य विधि का निर्माण करना है, कार्यपालिका का कार्य विधियों का क्रियान्वयन करना है तथा न्यायपालिका का कार्य विधियों का सही तरह से पालन और कानून की सर्वोच्चता सुनिश्चित करना है। न्यायपालिका व्यक्ति के अधिकारों की रक्षा करता है तथा पालन न करने वाले व्यक्ति को दण्ड देता है।

30. (a) दिल्ली में एकसदनीय (विधानसभा) विधानमण्डल है। दिल्ली विधानसभा की सदस्य संख्या 70 है। भारत के केवल दो केन्द्रशासित प्रदेशों दिल्ली और पुदुचेरी में विधानमण्डल है।

31. (d) भारतीय संविधान के भाग XV में अनुच्छेद 324 से 329 तक में हमारे देश के निर्वाचन से संबंधित उपबंधों का उल्लेख हैं भारत का निर्वाचन आयोग एक तीन सदस्यीय निकाय है जिसमें एक मुख्य चुनाव आयुक्त और दो चुनाव आयुक्त होते है। राष्ट्रपति मुख्य चुनाव आयुक्त और अन्य चुनाव आयुक्तों की नियुक्ति करता है। जिनका कार्यकाल 6 वर्ष या 65 वर्ष की उम्र (जो भी पहले हो) तक होता है।

32. (d) प्रत्येक ग्राम पंचायत का एक सचिव होता है जो ग्राम सभा का भी सचिव होता है। सचिव का चुनाव नहीं होता, उसकी सरकार द्वारा नियुक्ति की जाती है। सचिव का काम है ग्राम सभा एवं ग्राम पंचायत की बैठक बुलाना और जो भी चर्चा एवं निर्णय हुए हो, उनका रिकार्ड रखना।

33. (d) निम्नलिखित दिये गये युग्मों का सही मिलान इस प्रकार होगा:

संविधान संशोधन	विषय/ अनुसूची
1. पहला संशोधन	9 वीं अनुसूची
2. 73 वाँ संशोधन	11 वीं अनुसूची
3. 74 वाँ संशोधन	12 वीं अनुसूची
4. 52 वाँ संशोधन	10 वीं अनुसूची

34. (d) संविधान सभा द्वारा 22 जुलाई 1947 को राष्ट्रीय ध्वज के प्रस्ताव को अपनाया गया, इस प्रस्ताव मे कहा गया कि भारत का राष्ट्रीय ध्वज गहरे केसरिया, समान अनुपात में सफेद और गहरे हरे रंग का तिरंगा होगा सफेद पट्टी में गहरे नील रंग का चक्र है, जो अशोक की सारनाथ स्थित राजधानी के सिंह पर उपस्थित है भारतीय राष्ट्र तिरंगे का डिजाइन पिंगली वेंकैया ने किया।

35. (a) भारतीय संविधान की पहली अनुसूची में राज्यों व संघ प्रदेशों के नाम तथा उनके विस्तार क्षेत्र का उल्लेख है। इसके अंतर्गत भारत के 28 राज्यों तथा 8 केन्द्रशासित प्रदेशों का उल्लेख किया गया है।

36. (c) पूंजीगत प्राप्तियां - सरकार की वे प्राप्तियाँ जो या तो देनदारियों का सृजन करती है या वित्तीय परिसंपतियों को कम करती है। बाजार उधार, ऋण वसूली, विनिवेश आदि पूंजीगत प्राप्तियां है। राजस्व प्राप्तियां - यह सरकार पर न तो कोई देनदारी

उत्पन्न करती है और न ही सरकार की परिसंपत्तियों में कमी करती है। कर, सरकारी उपक्रमों का लाभ, अनुदान, लाइसेंस और परमिट आदि इसके उदाहरण है।

37. (b) कारपोरेशन टैक्स डायरेक्ट टैक्स का उदाहरण है। कारपोरेशन टैक्स जिसे कंपनी टैक्स भी कहा जाता है, निगमों या समान कानूनी संस्थाओं की आय या पूंजी पर लगाया जाने वाला प्रत्यक्ष कर है।

38. (b) पूर्णतया प्रतिस्पर्धात्मक बाजार की विशेषता के संदर्भ में बाजार में बड़ी संख्या में क्रेता एवं विक्रेता होते हैं। इन फर्मों का बाजार में स्वतंत्र प्रवेश एवं बहिगर्मन होता है।

39. (d) निर्यात मित्र देश में निर्यातकों और आयातकों की सहायता के लिए वाणिज्य और उद्योग मंत्रालय द्वारा शुरू किया गया मोबाइल एप्लिकेशन है। यह एप्लिकेशन फेडरेशन ऑफ इंडियन एक्सपोर्ट ऑर्गनाइजेशन (FIEO) द्वारा विकसित किया गया था। यह अंतर्राष्ट्रीय व्यापार करने के लिए विस्तृत जानकारी प्रदान करता है।

40. (b) उपभोक्ता संरक्षण अधिनियम, 1986 उपभोक्ता के हितों की सुरक्षा करता है एवं उनका प्रवर्तन करता है। यह अधिनियम उपभोक्ताओं को छः प्रकार के मूलभूत अधिकार प्रदान करता है-

1. सुरक्षा का अधिकार
2. सूचना प्राप्त करने का अधिकार
3. वस्तु या सेवा के चुनाव या चयन का अधिकार
4. क्षतिपूर्ति का अधिकार
5. शिकायत के निदान का अधिकार
6. उपभोक्ता शिक्षा का अधिकार।

41. (a) वॉट-सेकंड ऊर्जा या कार्य का मात्रक है। वाट सेकंड एक वाट की शक्ति के बराबर ऊर्जा है जो एक सेकंड के लिए स्थिर हो। यह एक जूल के बराबर होता है।

42. (d) वायुमण्डलीय दबाव बैरोमीटर से मापा जाता है। अमीटर विद्युत धारा को एम्पियर में मापने हेतु प्रयुक्त यंत्र है। सिस्मोमीटर भूकम्पीय तरंगों की तीव्रता मापने वाला यंत्र तथा गैल्वेनोमीटर किसी विद्युत परिपथ में धारा की उपस्थिति का पता लगाने वाला यंत्र है।

43. (d) माना औसत चाल v m/s है।

दो क्रमागत समान दूरियाँ x_1 और x_2 है। जहाँ $x_1 = x_2 = x$

$$v - \frac{x_1 + x_2}{x_1 / v_1 + x_1 / v_2}$$

$$v = \frac{2x}{\frac{x}{v_1} + \frac{x}{v_2}} \text{ or } v = \frac{2x}{\frac{x(v_1 + v_2)}{v_1 v_2}}$$

$$v = \frac{2v_1.v_2}{v_1 + v_2}$$

44. (c) एक लोहे का जहाज पानी पर तैरता है तथा एक लोहे की गेंद पानी में डूब जाती है यह आर्कमिडीज के नियम का एक उदाहरण है। इस नियम के अनुसार जब कोई वस्तु किसी द्रव में पूर्ण या आंशिक रूप से डुबोई जाती है, तो उसके भार में कमी का आभास होता है। भार में यह आभासी कमी वस्तु द्वारा हटाए गए द्रव के भार के बराबर होती है। अतः लोहे का जहाज इस प्रकार बना होता है कि इसके द्वारा विस्थापित जल का कुल भार जहाज के भार की अपेक्षा अधिक होता है।

45. (b) किरण का परावर्तन कोण, परावर्तित किरण से सामान्य सतह तक मापा जाने वाला कोण है।

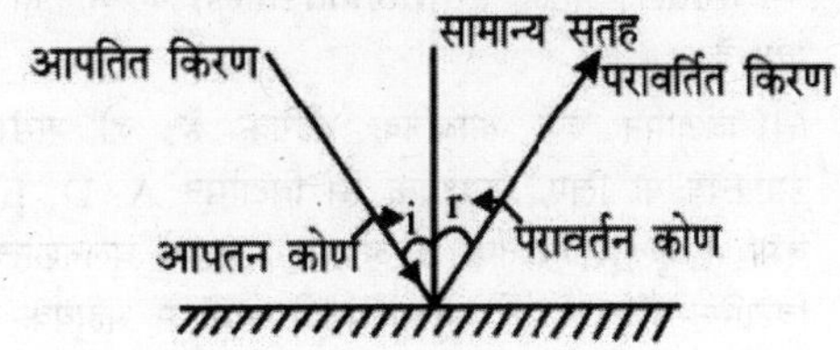

46. (a) NaOH एक क्षार (भस्म) है। क्षार वे पदार्थ होते है जो जल में घुलकर हाइड्रॉक्साइड आयन (OH^-) देते हैं। उदाहरण- KOH, NH_4OH आदि।

47. (b) शुष्क बर्फ, ठोस कार्बन डाइऑक्साइड को कहते है। यह सामान्यतया बर्फ की तरह ठोस से द्रव में परिवर्तित नहीं होती हैं बल्कि वायुमंडलीय दाब और – 78.7 डिग्री सेन्टीग्रेट तापमान पर ठोस से सीधे गैस में परिवर्तित हो जाती है। इसका उपयोग खाद्य परिरक्षण (सुरक्षा) के लिए किया जाता है।

48. (a) ब्लीचिंग पाउडर का इस्तेमाल पीने वाले पानी में कीटाणुनाशक के रूप में किया जाता है। घरेलू उपयोग में आने वाले ब्लीचिंग पाउडर में 5% क्लोरीन होता है।

49. (b) सोडियम बाइकार्बोनेट ($NaHCO_3$) को मीठा सोडा या खाने वाला सोडा या बेकिंग सोडा भी कहा जाता है। इसका प्रयोग पेट की अम्लीयता को दूर करने में तथा अग्निशामक यंत्रों गें किया जाता है।

50. (c) लाइसोसोम को "कोशिका की आत्महत्या की थैली" के रूप में जाना जाता है। इसमें ऐसे एंजाइम होते हैं। जो जीवद्रव्य को घुला देने या नष्ट करने की क्षमता रखते हैं।

51. (d) समतापी अर्थात् गर्म रक्त वाले प्राणी अपने शरीर का तापमान विभिन्न शारीरिक क्रियाओं द्वारा एक जैसा बनाए रखते हैं। बाहर का तापमान बदलने पर भी वह अपने शरीर का तापमान शारीरिक क्रियाओं द्वारा निश्चिता सहन सीमा तक बनाए रखने में सक्षम होते हैं। कछुआ, गिरगिट तथा छिपकली असमतापी तथा चमगादड़ समतापी प्राणी है।

52. (a) समुद्री एनीमोंस सीलेंट्रेटा संघ (Coelenterata) का उदाहरण है। यह जंतु जगत का वह संघ है जिनमें उन जन्तुओं को रखा गया है जिनका शारीरिक गठन कोशिकीय या ऊतकीय प्रकार का होता है। इस प्रसृष्टि (संघ) के सभी जीव जलप्राणी हैं।

53. (c) समतापी वे जीव होते हैं, जो आसपास के तापमान के सापेक्ष, निरंतर शरीर के तापमान को बनाए रखते हैं। पक्षी और स्तनधारी समतापी होते हैं तथा मनुष्य भी समतापी प्राणी होते हैं। असमतापी वे जीव होते हैं। जिनके शरीर का ताप वाह्य वातावरण के अनुसार बदलता रहता है। जैसे - सरीसृप, मीन।

54. (a) एकडिना अंडे देने वाली स्तनधारी है। यह स्तनधारियों के तरह अपने बच्चों को दूध पिलाती है तथा पक्षियों की तरह अण्डे देती है इसी कारण इसे पक्षी और स्तनधारियों के बीच की संयोजी कड़ी माना जाता है। इसे स्तनधारियों के गण (order) मोनोट्रेम्स (Monotremes) के अन्तर्गत रखा गया है।

55. (d) विटामिन एक कार्बनिक यौगिक है, जो शरीर में उपापचय के लिए आवश्यक है। विटामिन A, D, E, K वसा में घुलनशील तथा B और C जल में घुलनशील है। विटामिन-ई त्वचा को स्वस्थ बनाये रखने में सहायक होता है। विटामिन-ई का स्रोत पत्ती वाली सब्जियाँ, दूध, मक्खन, अंकुरित अनाज आदि है।

56. (e) अभीष्ट औसत = $\frac{80+84+88+92+96+100}{6}$

$= \frac{540}{6} = 90$

57. (a) दो संख्याओं का गुणनफल = ल.स. × म.स.

3645 = ल.स. × 27

ल.स. = $\frac{3645}{27} = 135$

अत: बड़ी संख्या = 135

58. (c) प्रथम द प्राकृत संख्याओं का योगफल = $\frac{n(n+1)}{2}$

प्रथम 30 प्राकृत संख्याओं का योगफल

$\frac{30(30+1)}{2} = 15 \times 31 = 465$

59. (b) : प्रश्नानुसार

$\frac{(m+n)\times 15}{100} = \frac{(m-n)\times 65}{100}$

$(m + n) \times 3 = (m - n) \times 13$

$(m + n) \times 3 = 13m - 13n$

$13m + 3n = 13m - 3n$

$13n + 3n = 13m - 3m$

$10m = 16n$

$m = \frac{16}{10}n = \frac{8}{5}n$

m, n का प्रतिशत = $\frac{m}{n} \times 100\%$

$= \frac{8n}{5\times n} \times 100\%$

$= \boxed{160\%}$

60. (a) माना वस्तु का क्रयमूल्य = 100 रुपये

40% लाभ पर वि.मू. = 100 + 40 = 140 रुपये

20% कम पर क्रय मूल्य = 100 - 20 = 80 रुपये

80 रुपये पर 40% लाभ पर वि.मू. = $80 \times \frac{100+40}{100}$

$= \frac{80+140}{100} = 112$ रुपये

विक्रय मूल्यों में अन्तर = 140 - 112 = 28

∵ जब अन्तर 28 रुपये है तो क्रय मूल्य = 100 रुपये

∴ जब अन्तर 1 रुपये है तो क्रय मूल्य = $\frac{100}{28}$ रुपये

∴ जब अन्तर 100 रुपये है तो क्रय मूल्य = $\frac{100}{28} \times 100$

$= \boxed{Rs.357.14}$

61. (b) A : B : C = 2 : 3 : 6 मान A = 2x

B = 3x

C = 6x

$\frac{A}{B} : \frac{B}{C} : \frac{C}{A}$

$\Rightarrow \frac{2x}{3x} : \frac{3x}{6x} : \frac{6x}{2x}$

$\Rightarrow \frac{2}{3} : \frac{1}{2} : \frac{3}{1}$

$\Rightarrow \frac{4}{6} : \frac{3}{6} : \frac{18}{6}$

$\Rightarrow \boxed{4:3:18}$

62. (d) माना मूलधन P है

साधारण ब्याज = $\frac{P\times R\times T}{100}$

$600 = \frac{P\times 10\times 5}{100}$

P = 1200 रुपयं

63. (a)

$14\left(\frac{3}{5}\right)+17\left(\frac{5}{6}\right)+7\left(\frac{1}{3}\right)=\left(\frac{?}{6}\right)+20$

$(14+17+7)\left(\frac{3}{5}+\frac{5}{6}+\frac{1}{3}\right)=\frac{?}{6}+20$

$38\left(\frac{18+25+10}{30}\right)=\frac{?}{6}+20$

$38\left(\frac{53}{30}\right)=\frac{?}{6}+20$

$$\frac{(1140+53)}{30}=\frac{?}{6}+20$$

$$\frac{1140}{30}-20=\frac{?}{6}$$

$$\frac{593}{30}=\frac{?}{6}$$

$$?=\frac{593}{5}$$

$$\boxed{?=118.6}$$

64. (e) माना A से B तक की दूरी = x km

प्रश्नानुसार,

$$\frac{x}{8}+\frac{x}{20}=\frac{63}{8}$$

$$\frac{5x+2x}{40}=\frac{63}{8}$$

$$7x=\frac{63\times40}{8}$$

$$x=\frac{63\times40}{8\times7}$$

= 45 km

65. (c) (A + B + C) तीनों का 1 दिन का काम

$$\frac{1}{32}+\frac{1}{16}+\frac{1}{40}$$

$$=\frac{5+10+4}{160}=\frac{19}{160}$$

$\frac{160}{19}$ दिन

A, B और C द्वारा एक साथ उसी कार्य को पूरा करने में लगा समय

66. (d) पांच मित्र A, B, C, D तथा E की उम्र घटते हुए क्रम में-

A > B > D > C > E

अत: D की उम्र मध्य में है।

नीचे एक प्रश्न दिया गया है जिसके बाद दो कथन I और II दिए गए है। निर्णय कीजिए कि कौन सा/से कथन प्रश्न का उत्तर देने के लिए पर्याप्त है / है ।

67. (d) दिए गए शब्दों को व्यवस्थित करने पर अर्थपूर्ण वाक्य निम्नवत होगा-

A	quick	look	at	Taj Mahal
(3)	(2)	(2)	(1)	(5)

वाक्य- ताजमहल पर एक नगर।

68. (a) दी गई संख्या श्रृंखला इस प्रकार है-

266, 339, 528, ?

$\Rightarrow 2 \times 66 = 18$

3 × 3-9 = 18

5 × 28 = 18

विकल्प (a) से -

6 × 3 + 0 =18

अत: ? = 630

69. (c) जिस प्रकार अर्द्धगोल के शेष (आगे) भाग को जोड़कर पूर्ण आकृति (गोला) बनाया गया है तत्पश्चात् निर्मित आकृ. ति को वामावर्त घुमाकर जोड़े गये भाग को रंगीन बनाया गया है। उसी प्रकार तीसरी आकृति से विकल्प (c) आकृति प्राप्त किया जायेगा।

70. (b)

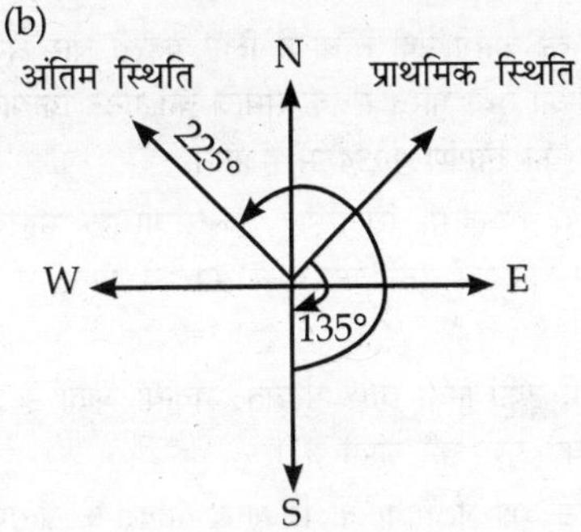

उपर्युक्त चित्र से स्पष्ट है कि लड़के का चेहरा अब उत्तर-पश्चिम दिशा में है?

71. (c) अशोक के रुम्मिनदेई स्तम्भलेख नेपाल की तराई में स्थित है। लौरिया अरेराज, लौरिया नन्दनगढ़ तथा रामपुरवा बिहार के चंपारण जिले में स्थित है।

72. (a) महात्मा गांधी के नेतृत्व में बिहार के चम्पारण जिले में सन् 1917 को एक आंदोलन हुआ, इसे चम्पारण सत्याग्रह के नाम से जाना जाता है। गांधीजी के नेतृत्व में भारत में किया गया यह पहला सत्याग्रह था।

73. (c) बिहार में खिलाफत आंदोलन के नेताओं के आग्रह पर मौलाना शौकत अली पटना आये तथा 24-25 अप्रैल को पटना में खिलाफत आन्दोलन की सफलता के लिए सभा का आयोजन किया जिसमें असहयोग का कार्यक्रम प्रस्तुत किया गया।

74. (c) गया अधिवेशन की अध्यक्षता चितरंजन दास ने किया। राजेन्द्र प्रसाद स्वागतकारिणी के सचिव थे। अधिवेशन के लिया गया के दक्षिण में तेनूई गाँव को चुना गया था।

75. (a) बिहारी स्टूडेंट्स कान्फरेंस का 21वाँ अधिवेशन मोतिहारी में सम्पन्न हुआ था

76. (a) श्री योगेन्द्र शुक्ल को दस वर्ष की कड़ी सजा हुई। इनपर मौलानियाकांड (चंपारण जिला, 6 अक्टूबर 1929) के संबंध में भी मुकदमा चलने वाला था।

77. (e) श्री नारायण प्रसाद सिंह और बवन सिंह नमक सत्याग्रह से संबंधित सारण के नेता थे

78. (b) बिहार में पटना के बिहटा में किसान सभा की स्थापना स्वामी सहजानंद सरस्वती ने 4 मार्च 1928 को की ।

79. (c) 1935 के अधिनियम के अनुसार बिहार विधानसभा के चुनाव 22-27 जनवरी 1937 को हुए विधान सभा के चुनाव में कुल मतदाताएँ 2412229 थी ।

80. (a) बिहार सोशलिष्ट पार्टी के प्रथम अध्यक्ष नरेन्द्र देव थे । जय प्रकाश नारायण सचिव थे ।

81. (b) बलदेव सहाय ने महाधिवक्ता के पद से त्यागपत्र 1942 में दिया था ।

82. (b) बिहार के कोसी नदी बाँध के लिए पहली बार श्रमदान का प्रयोग हुआ तथा भारत सेवक समाज का गठन कियागया। कोसी बांध का निर्माण 1954 में हुआ ।

83. (c) बिहार में फिरदौसी सिलसिले का सर्वाधिक महत्वपूर्ण संत मखदुम शर्फुद्दीन मनेरी का जन्म मनेर में 1290 में हुआ था।

84. (c) बिहार में श्कोजागरा व्रतश मुख्यत: मनाया जाता है इसमें माँ लक्ष्मी की पूजा की जाती है ।

85. (c) अक्षयवट वृक्ष बोधगया के विष्णुपद मंदिर के प्रांगण में स्थित है। यहाँ तीर्थयात्री पिण्डदान अर्पित करते हैं।

86. (b) समान विद्यालय प्रणाली आयोग बिहार के सदस्य : समान विद्यालय प्रणाली आयोग बिहार : यहाँ राज्य सरकार के संकल्प के अनुसार आठ अगस्त, 2006 को सूबे में समान स्कूल प्रणाली को शुरू करने और शिक्षा के वैश्वीकरण के लिए, भारत के पूर्व विदेश सचिव मुचकुंद दूबे की अध्यक्षता में तीन सदस्यीय आयोग का गठन किया गया था।

87. (a) पटना उच्च न्यायालय भारत के बिहार प्रान्त का उच्च न्यायालय है। यह 3 फरवरी 1916 को पटना में स्थापित किया गया था ।

88. (a) सुमेश्वर श्रेणी की सर्वोच्च चोटी की ऊँचाई 874 मीटर है सुमेश्वर श्रेणी की औसत ऊँचाई समुद्रतल से 450 मीटर है।

89. (c) राँची शहर झारखण्ड राज्य का राजधानी बना है

90. (b) कोसी नदी के आर पार हनुमान नगर जलाशय एवं बाँध बनाया गया है। इसमें 3.1 लाख हेक्टेयर मीटर जल एकत्र किया जा सकता है।

91. लौंग पौधे का वह भाग जो दांत दर्द के उपचार के लिए उपयोग किया जाता है। क्योंकि लौंग में एनाल्जेसिक कॉम्पोनेंट होते हैं जो दांत के आस-पास की सूजन को कम करके दर्द में आराम दे देते हैं।

92. (b) नदी, पहाड़, झील, तालाब व झरना में से सबसे भिन्न पर्वत है। क्योंकि नदी, झील, तालाब व झरना में सब जल के स्त्रोत है जबकि पहाड़ में किसी भी प्रकार का जल संचयन नहीं होता है।

93. (d) उपर्युक्त विकल्पों में भस्म करनाइनसिनरेशन, ठोस अपशिष्ट पदार्थों के निस्तारण की ऐसी विधि है जिसमें ठोस अपशिष्ट को एक भट्ठी में जलाकर शताप निस्तारण विधिश से निस्तारित किया जाता है। इस दौरान कार्बन डाई ऑक्साइड, सल्फरडाई ऑक्साइड, नाइट्रोजन के ऑक्साइड आदि वायु प्रदूषक गैसें उत्पन्न होती हैं।

94. (b) वह स्थान जो दीर्घ काल से बाढ़ से प्रभावित होता है, स्थानीय लोगों में स्थानान्तरण का कारण बनेगा क्योंकि बार-बार बाढ़ आने से उस स्थान पर उनका रहना कठिन हो सकता है। बाढ़ खत्म होने के पश्चात भी प्रभावित इलाके में तरह-तरह की बीमारियाँ फैलती हैं।

95. (b) उबले हुए टैपिओका के साथ नारियल की बनी करी भोजन के रूप में केरल में बहुत लोकप्रिय है। टैपिओका को केरल में कप्पा के नाम से जानते हैं। टैपिओका एक तरह का स्टार्च है जो कसावा नामक पेड़ की जड़ से तैयार किया जाता है। इसे कई जगह टैपिओका ग्लोबुल्स भी कहते हैं। यह साबूदाना की तरह होता है।

96. (c) यह मांस को फाड़ने और तोड़ने में मदद करती है। शिकारी पक्षियों की चोंच ऐसी होती है। बाज के पास इस प्रकार की चोंच होती है।

97. (c) केरल कई प्रकार के मसालों जैसे काली मिर्च, वेनिला, तेजपत्ता, इलायची, लौंग, दालचीनी, जायफल, अदरक और हल्दी आदि के लिए प्रसिद्ध है।

98. (a) पर्यावरण की हानिकारक परिस्थितियों को घटाने के लिए पर्यावरण मंत्रालय ने 2017-18 में श्हरित दिवाली, स्वस्थ दिवालीश नामक कार्यक्रम की शुरूआत की थी। इस अभियान का विलय ग्रीन गुड डीड अभियान में कर दिया गया है।

दिवाली पर जलाए गए पटाखों के हानिकारक प्रभाव के साथ दीपों के त्यौहार के महत्त्व को ध्यान में रखते हुए यह अभियान शुरू किया गया है।

99. (d) अम्ल वृष्टि / अम्ल वर्षा - वायुमण्डल में सल्फर डाई ऑक्साइड तथा नाइट्रस ऑक्साइड क्लोरीन, फ्लोरीन आदि गैस वर्षा जल में मिलकर सल्फ्यूरिक अम्ल तथा नाइट्रिक अम्ल का निर्माण कर वर्षा जल को अम्लीय बना देती है जो वर्षा के रूप में पृथ्वी पर गिरता है और अम्ल वर्षा कहलाता है।

यह जल पृथ्वी पर इमारतो (संगमरमर), जानवर तथा पौधो को हानि पहुचाता है।

सन् 1872 में अम्ल वर्षा शब्द का पहली बार प्रयोग राबर्ट एंगस स्मिथ ने किया था।

100. (c) ओजोन परत प्राकृतिक रूप से निर्मित ओजोन गैस की पट्टी है। यह पृथ्वी से 15-50 किमी. ऊपर समताप मंडल में पायी जाती है। यह परत सूर्य से निकलने वाली पराबैंगनी किरणों को सोखकर पृथ्वी पर नहीं पहुँचने देती है। ओजोन परत के ह्रास के लिए सबसे अधिक जिम्मेदार गैस क्लोरो फ्लोरो कार्बन (CFC) है। ओजोन परत के क्षय को ही श्ओजोन छिद्रश कहते हैं।

101. (d) एससीओ परिषद के राष्ट्राध्यक्षों के 23वें शिखर सम्मेलन की अध्यक्षता प्रधान मंत्री मोदी ने वस्तुत: 4 जुलाई 2023 को की। एससीओ में वर्तमान में आठ सदस्य देश शामिल हैं: चीन, भारत, कजाकिस्तान, किर्गिस्तान, रूस, पाकिस्तान, ताजिकिस्तान और उज्बेकिस्तान।

102. (b) भारत ने 4 जुलाई 2023 को बेंगलुरु के श्री कांतीरावा स्टेडियम में कुवैत के खिलाफ पेनल्टी शूटआउट में जीत हासिल कर SAFF चौंपियनशिप का खिताब जीता। भारत ने फाइनल में पेनल्टी शूट-आउट में कुवैत को 5-4 से हराकर नौवीं बार SAFF चौंपियनशिप ट्रॉफी जीती।

103. (b) पेरू ने उबिनास ज्वालामुखी के आसपास के क्षेत्रों में साठ दिनों के लिए आपातकाल की स्थिति घोषित कर दी है। पेरू के भूभौतिकी संस्थान की रिपोर्ट के अनुसार, ज्वालामुखी सप्ताह के आरंभ से ही राख और गैस उत्सर्जित कर रहा है।

104. (b) सड़क परिवहन और राजमार्ग मंत्री नितिन गडकरी ने 6 जुलाई 2023 को बताया कि ट्रकों के केबिन में एयर कंडीशनिंग सिस्टम की स्थापना को अनिवार्य करने के लिए मसौदा अधिसूचना को सरकार द्वारा मंजूरी दे दी गई है।

105. (a) जांजीबार, तंजानिया

106. (d) 2 जून की शाम ओडिशा के बालासोर में हुए दर्दनाक ट्रेन हादसे में 233 लोगों की जान चली गई और 900 से ज्यादा लोग घायल हो गए, इस घटना के बाद, रेलवे अधि कारियों ने विभिन्न स्टेशनों पर कई ट्रेनों को नियंत्रित किया है, कुछ को रद्द कर दिया गया है। घटना 2 जून की शाम 7 बजे की है जब शालीमार-चेन्नई कोरोमंडल एक्सप्रेस बहनागा स्टेशन पर एक मालगाड़ी से टकराकर पलट गई. मिनटों बाद, बेंगलुरु-हावड़ा सुपरफास्ट ट्रेन भी उसी स्थान पर पटरी से उतर गई।

107. (c) विश्व पर्यावरण दिवस हर साल 5 जून को हमारे ग्रह की रक्षा के लिए जागरूकता बढ़ाने और कार्रवाई को प्रोत्साहित करने के लिए मनाया जाता है। विश्व पर्यावरण दिवस मनाने की शुरुआत 1972 में हुई थी। संयुक्त राष्ट्र ने पहला पर्यावरण दिवस 5 जून 1972 को मनाया था, तब से यह दिन हर साल मनाया जाता है।

108. (d) संयुक्त अरब अमीरात (UAE) ने 2025 विश्व संरक्षण कांग्रेस (WCC) की मेजबानी के लिए प्रकृति के संरक्षण के लिए अंतर्राष्ट्रीय संघ (IUCN) की बोली जीत ली है। 2025 में WCC अबू धाबी में 10-21 अक्टूबर तक आयोजित किया जाएगा। यह आयोजन दुनिया भर के संरक्षणवादियों के लिए एक साथ आने और हमारे ग्रह के सामने सबसे अधिक दबाव वाली पर्यावरणीय चुनौतियों पर चर्चा करने का अवसर होगा।

109. (a) भारत ने 4 जून को दक्षिण कोरिया के येचोन में पहले दिन दो स्वर्ण सहित तीन पदक जीतकर 2023 एशियाई अंडर-20 एथलेटिक्स चौंपियनशिप अभियान की शुरुआत की। यह 7 जून 2023 को समाप्त होगा। रेजोआना मल्लिक हीना महिलाओं की 400 मीटर दौड़ और भारतप्रीत सिंह ने पुरुषों की चक्का फेंक में स्वर्ण पदक जीतकर अपने अभियान की शुरुआत की।

110. (a) केंद्रीय बंदरगाह, नौवहन और जलमार्ग मंत्री, सर्बानंद सोनोवाल ने 5 जून को भारत के पहले अंतरराष्ट्रीय क्रूज जहाज ख्र एमवी एम्प्रेस को चेन्नई से श्रीलंका के लिए चेन्नई में हरी झंडी दिखाकर रवाना किया। इसके साथ ही चेन्नई से इंटरनेशनल क्रूज टूरिज्म टर्मिनल शुरू हो गया है। इस टर्मिनल को करीब 17 करोड़ 21 लाख रुपए की लागत से बनाया गया है।

111. (d) विश्व अस्थमा दिवस एक वार्षिक कार्यक्रम है जो मई के पहले मंगलवार को होता है। 2023 में, विश्व अस्थमा दिवस 2 मई को मनाया जाता है। इसका उद्देश्य जागरूकता बढ़ाना और विश्व स्तर पर अस्थमा के बेहतर प्रबंधन और देखभाल को प्रोत्साहित करना है। स्वास्थ्य सेवा प्रदाताओं, रोगी समूहों और सार्वजनिक स्वास्थ्य एजेंसियों के साथ साझेदारी में ग्लोबल इनिशिएटिव फॉर अस्थमा (GINA) द्वारा इस दिन का समन्वय किया जाता है।

112. (b) सैंटियागो पेना, एक अर्थशास्त्री और पैराग्वे की सत्तारूढ़ रूढ़िवादी कोलोराडो पार्टी के सदस्य ने देश का राष्ट्रपति चुनाव जीत लिया है। पेना को 42% से अधिक वोट प्राप्त हुए, जबकि उनके मुख्य प्रतिद्वंद्वी, केंद्र-वाम कंसर्टासियोन नैशनल गठबंधन के एफ्रिन एलेग्रे को लगभग 28% प्राप्त हुए।

एक ही राउंड की वोटिंग से चुनाव का फैसला हुआ।

113. (a) एयर मार्शल साजू बा कृष्णन ने अंडमान और निकोबार कमांड (सीआईएनसीएएन) के 17वें कमांडर-इन-चीफ के रूप में कार्यभार संभाला एयर मार्शल साजू बालकृष्णन, एवीएसएम, वीएम ने 01 मई 2023 को अंडमान और निकोबार कमाड (सीआईएनसीएएन) के 17वें कमांडर-इन-चीफ के रूप में पदभार संभाला ।

114. (d) इस साल का आयोजन 2023-2024 स्प्रिंग समर कलेक्शन और ऑटम विंटर हाइलाइट्स को प्रदर्शित करेगा। 22 देशों के 200 से अधिक प्रदर्शकों के साथ, IATF का उद्देश्य प्रत्येक प्रदर्शक के साथ संयुक्त अरब अमीरात के फैशन परिदृश्य में एक प्रमुख प्रभाव बनना है।

115. (b) विश्व बैंक ने पुष्टि की कि भारतीय मूल के अजय बंगा विश्व बैंक के अगले अध्यक्ष होंगे। विश्व बैंक के 25 सदस्यीय कार्यकारी बोर्ड ने उन्हें अध्यक्ष के रूप में पांच साल के कार्यकाल के लिए चुना है ।

अजय बंगा 2 जून को विश्व बैंक के अध्यक्ष का पदभार ग्रहण करेंगे।

116. (b) "ड्री महोत्सव" अरुणाचल प्रदेश में मनाया जाने वाला एक प्रसिद्ध फसल पैदावर का उत्सव हैं। यह महोत्सव मूल रूप से फसल कटाई का त्योहार हैं। जिसे अपातानी जनजाति द्वारा मनाया जाता है।

117. (d) कालिदास सम्मान मध्य प्रदेश सरकार द्वारा प्रदान किया जाता है। इसकी शुरूआत वर्ष 1980 में की गई। यह सम्मान शास्त्रीय नृत्य, दृश्य कलाओं, रंग कर्म और शास्त्रीय संगीत के क्षेत्र में प्रदान किए जाते हैं।

118. (d) भारतीय ओलंपिक संघ भारत की राष्ट्रीय ओलंपिक समिति (NOC) है। संघ का कार्य ओलंपिक खेलों, एशियाई खेलों व अन्य अन्तर्राष्ट्रीय बहु-खेल प्रतियोगिताओं में भारत का प्रतिनिधित्व करने वाले एथलीटों का चयन करना है तथा इसका मुख्यालय नई दिल्ली में स्थित है। वर्तमान में एनओसी के अध्यक्ष नरिदं बना है।

119. (c) सिस्टम सॉफ्टवेयर कम्प्यूटर हॉर्डवेयर को इस प्रकार नियंत्रित करता है कि अनुप्रयोग सॉफ्टवेयर अच्छी तरह से चल सके। उदाहरण- ऑपरेटिंग सिस्टम, डिवाइस ड्राइवर, विंडोज सिस्टम इत्यादि।

120. (b) लाइट यूटिलिटी हैलिकॉप्टर का निर्माण हिन्दुस्तान एरोनॉटिकल लिमिटेड (HAL) द्वारा किया गया है। यह एकल टर्बो शॉफ्ट इंजन द्वारा चालित है। इसे टोही एवं निगरानी मिशनों में तैनात किया जा सकता है।

SET 4 BPSC प्राइमरी प्रैक्टिस सेट

1. **सिन्धु घाटी सभ्यता का बंदरगाह शहर कौन-सा है?**
(a) हड़प्पा (b) आलमगीरपुर
(c) बनवाली (d) लोथाल
(e) उपर्युक्त में से कोई नहीं/ उपर्युक्त में से एक से अधिक

2. **रामायण ______ द्वारा लिखित एक महाकाव्य है।**
(a) व्यास (b) विश्वामित्र
(c) वाल्मीकि (d) वशिष्ठ
(e) उपर्युक्त में से कोई नहीं/ उपर्युक्त में से एक से अधिक

3. **भारत के सर्वाधिक प्रभावशाली दार्शनिकों में से एक शंकर का जन्म ________ में हुआ था।**
(a) केरल (b) राजस्थान
(c) तमिलनाडु (d) कर्नाटक
(e) उपर्युक्त में से कोई नहीं/ उपर्युक्त में से एक से अधिक

4. **बुद्ध ने _______ में ज्ञान प्राप्त किया।**
(a) कुशी नगर (b) बोध गया
(c) सारनाथ (d) पावापुर
(e) उपर्युक्त में से कोई नहीं/ उपर्युक्त में से एक से अधिक

5. **निम्नलिखित में से कौन सा महायान बौद्ध दर्शन तथा हीनयान बौद्ध दर्शन के बीच सर्वाधिक बुनियादी अंतर है?**
(a) जातिविहीन समाज (b) स्तूप पूजन
(c) देव एवं देवियों की पूजा (d) अहिंसा पर बल
(e) उपर्युक्त में से कोई नहीं/ उपर्युक्त में से एक से अधिक

6. **दिल्ली के उस सुल्तान का नाम बताइए जिसने अपनी राजधानी दिल्ली से देवगिरी स्थानांतरित की?**
(a) मुहम्मद बिन तुगलक (b) कुतुबुद्दीन ऐबक
(c) अलाउद्दीन खिलजी (d) इब्राहिम लोदी
(e) उपर्युक्त में से कोई नहीं/ उपर्युक्त में से एक से अधिक

7. **अजमेर में किस सूफी संत की दरगाह है?**
(a) सलीम चिश्ती (b) मोइनुद्दीन चिश्ती
(c) बाबा फरीद (d) हजरत निजामुद्दीन
(e) उपर्युक्त में से कोई नहीं/ उपर्युक्त में से एक से अधिक

8. **औरंगजेब की मृत्यु किस वर्ष में हुई थी?**
(a) 1709 (b) 1705
(c) 1710 (d) 1712
(e) उपर्युक्त में से कोई नहीं/ उपर्युक्त में से एक से अधिक

9. **किस वर्ष में बाबर ने भारत में मुगल साम्राज्य की स्थापना की थी?**
(a) 1526 (b) 1512
(c) 1504 (d) 1517
(e) उपर्युक्त में से कोई नहीं/ उपर्युक्त में से एक से अधिक

10. **किसे प्रसिद्द रूप से मैसूर का बाघ कहा जाता है?**
(a) शेख मोहम्मद अब्दुल्ला (b) बाजीराव
(c) टीपू सुल्तान (d) आसफ जाह
(e) उपर्युक्त में से कोई नहीं/ उपर्युक्त में से एक से अधिक

11. **निम्नलिखित में से किस वर्ग ने 1857 के सिपाही विद्रोह में भाग नहीं लिया था?**
(a) खेतिहर मजदूर (b) साहूकार
(c) किसान (d) जमींदार
(e) उपर्युक्त में से कोई नहीं/ उपर्युक्त में से एक से अधिक

12. **किस वर्ष महात्मा गाँधी द्वारा असहयोग आंदोलन को बंद कर दिया गया था?**
(a) 1919 (b) 1921
(c) 1920 (d) 1922
(e) उपर्युक्त में से कोई नहीं/ उपर्युक्त में से एक से अधिक

13. **भारतीय राष्ट्रीय कांग्रेस का प्रथम अधिवेशन कहाँ आयोजित किया गया था?**
(a) असम (b) लखनऊ
(c) दिल्ली (d) बॉम्बे
(e) उपर्युक्त में से कोई नहीं/ उपर्युक्त में से एक से अधिक

14. **सुभाष चंद्र बोस निम्नलिखित में से किस सत्र में भारतीय राष्ट्रीय कांग्रेस के अध्यक्ष के रूप में चुने गए थे?**
(a) त्रिपुरी सत्र (b) रामगढ़ सत्र
(c) बेलगाम सत्र (d) कराची सत्र
(e) उपर्युक्त में से कोई नहीं/ उपर्युक्त में से एक से अधिक

15. **खुदाई खिदमतगार संगठन के संस्थापक कौन थे?**

(a) जवाहरलाल नेहरु (b) चक्रवर्ती राजगोपालाचारी
(c) खान अब्दुल गफ्फार खान (d) सरदार वल्लभभाई पटेल
(e) उपर्युक्त में से कोई नहीं/ उपर्युक्त में से एक से अधिक

16. **सौरमंडल का सबसे बड़ा ग्रह कौन-सा है?**

(a) बृहस्पति (b) यूरेनस
(c) शुक्र (d) नेप्चून
(e) उपर्युक्त में से कोई नहीं/ उपर्युक्त में से एक से अधिक

17. **निम्नलिखित में से किसे भारत के मानक देशान्तर के रूप में जाना जाता है?**

(a) 80° पूर्व (c) 85° पूर्व
(b) 82½° पूर्व (d) 87½° पूर्व
(e) उपर्युक्त में से कोई नहीं/ उपर्युक्त में से एक से अधिक

18. **भारत में एकमात्र सक्रिय ज्वालामुखी द्वीप कौन सा है?**

(a) लक्षद्वीव द्वीप (b) अमेंडीवी द्वीप
(c) मिनिकॉय द्वीप (d) बैरन द्वीप
(e) उपर्युक्त में से कोई नहीं/ उपर्युक्त में से एक से अधिक

19. **दुनिया की छत किसे कहा जाता है?**

(a) पामीर (b) कंचनजंघा पर्वत
(c) हिमालय पर्वत - माला (d) माउंट एवरेस्ट
(e) उपर्युक्त में से कोई नहीं/ उपर्युक्त में से एक से अधिक

20. **निम्नलिखित में से कौन सा देश कैरेबियन देशों के समूह में सम्मिलित नहीं है?**

(a) क्यूबा (b) बरमुडा
(c) जॉर्डन (d) एंग्विला
(e) उपर्युक्त में से कोई नहीं/ उपर्युक्त में से एक से अधिक

21. **निम्नलिखित में से कौन सा देश कैरेबियन देशों के समूह में सम्मिलित नहीं है?**

(a) क्यूबा (b) बरमुडा
(c) जॉर्डन (d) एंग्विला
(e) उपर्युक्त में से कोई नहीं/ उपर्युक्त में से एक से अधिक

22. **कृषि भूमि और शहरी क्षेत्रों में वैयक्तिक घरों की क्षेत्रीय विभाजन रेखाओं को सीमांकित करके भू सम्पत्ति का स्वामित्व दर्शाने के लिए बनाये नक्शे (मानचित्र) क्या कहलाते हैं?**

(a) स्थलाकृतिक मानचित्र
(b) एटलस मानचित्र
(c) भूविज्ञान विषयक मानचित्र
(d) भूकर मानचित्र
(e) उपर्युक्त में से कोई नहीं/ उपर्युक्त में से एक से अधिक

23. **छोटे अण्डमान को उत्तर अण्डमान से क्या अलग करता हैं?**

(a) अमेंडीवी द्वीप समूह (b) डंकन जलसन्धि
(c) कोको चौनल (d) मलिक द्वीप
(e) उपर्युक्त में से कोई नहीं/ उपर्युक्त में से एक से अधिक

24. **गोवा राज्य में ________ जिले हैं।**

(a) 6 (b) 3
(c) 4 (d) 5
(e) उपर्युक्त में से कोई नहीं/ उपर्युक्त में से एक से अधिक

25. **महानदी बेसिन का विस्तार किस राज्य में नहीं है?**

(a) ओड़िशा (b) झारखंड
(c) उत्तर प्रदेश (d) छतीसगढ़
(e) उपर्युक्त में से कोई नहीं/ उपर्युक्त में से एक से अधिक

26. **निम्नलिखित में से किसने भारतीय संविधान सभा की पहली बैठक की अध्यक्षता की थी?**

(a) जवाहरलाल नेहरू (b) सच्चिदानन्द सिन्हा
(c) डॉ. राजेन्द्र प्रसाद (d) डॉ. बी. आर. अम्बेडकर
(e) उपर्युक्त में से कोई नहीं/ उपर्युक्त में से एक से अधिक

27. **भारत के संविधान में ______;मूल अधिकार और ________मूल कर्तव्य है।**

(a) 7, 11 (b) 6, 11
(c) 5, 11 (d) 6, 9
(e) उपर्युक्त में से कोई नहीं/ उपर्युक्त में से एक से अधिक

28. **भारतीय संविधान के अनुच्छेद - (19) के अंतर्गत निम्नलिखित में से कौन सा स्वतन्त्रता के अधिकार के रूप में गारन्टीकृत नहीं हैं?**

(a) भारत के सम्पूर्ण क्षेत्र में स्वतन्त्रता से संचलन का अधिकार।
(b) वाक् तथा अभिव्यक्ति का अधिकार।
(c) बलात् श्रम से मुक्ति।
(d) भारत क्षेत्र के किसी भी भाग में आवास तथा बसने की स्वतन्त्रता।
(e) उपर्युक्त में से कोई नहीं/ उपर्युक्त में से एक से अधिक

29. **भारतीय संविधान में कौन-सा अनुच्छेद कानून के समक्ष समानता को निर्दिष्ट करता है?**

(a) अनुच्छेद 36 (b) अनुच्छेद 14
(c) अनुच्छेद 19 (d) अनुच्छेद 23
(e) उपर्युक्त में से कोई नहीं/ उपर्युक्त में से एक से अधिक

30. **निम्नलिखित में से किस राज्य में विधान सभा सीटें सबसे अधिक हैं?**

(a) हरियाणा (b) आंध्र प्रदेश
(c) अरुणाचल प्रदेश (d) छत्तीसगढ़
(e) उपर्युक्त में से कोई नहीं/ उपर्युक्त में से एक से अधिक

31. संसद के दो क्रमिक सत्रों में समय अन्तराल किससे अधिक नहीं होना चाहिए?

(a) 4 महीने
(b) 6 महीने
(c) एक वर्ष
(d) जो भी राष्ट्रपति द्वारा निर्धारित किया जाए
(e) उपर्युक्त में से कोई नहीं/ उपर्युक्त में से एक से अधिक

32. राज्य सभा का सदस्य बनने के लिए न्यूनतम आयु कितनी होनी चाहिए?

(a) 21 वर्ष (b) 25 वर्ष
(c) 30 वर्ष (d) 35 वर्ष
(e) उपर्युक्त में से कोई नहीं/ उपर्युक्त में से एक से अधिक

33. भारतीय संविधान का अनुच्छेद 2 _____ से संबंधित है।

(a) नए राज्यों का गठन और मौजूदा राज्यों के क्षेत्रों, सीमाओं या नामों का परिवर्तन
(b) नए राज्यों का प्रवेश या स्थापना
(c) भारतीय राज्य की संवैधानिक मशीनरी की विफलता
(d) ऐसा कानून जो जम्मू-कश्मीर को विशेष स्वायत्त दर्जा देता है
(e) उपर्युक्त में से कोई नहीं/ उपर्युक्त में से एक से अधिक

34. सामाजिक न्याय सन्तुलन है:

(a) व्यक्तिगत अधिकार एवं सामाजिक नियंत्रण के मध्य
(b) समाज एवं व्यक्तिगत के मध्य
(c) मूल अधिकार एवं न्याय प्रणाली के मध्य
(d) व्यक्तिगत एवं परिवार के मध्य
(e) उपर्युक्त में से कोई नहीं/ उपर्युक्त में से एक से अधिक

35. पंचायत की अवधि क्या होती है:

(a) परिणामों की घोषणा की तारीख से पाँच वर्ष के लिए
(b) चुनाव की अधिसूचना की तारीख से पाँच वर्ष के लिए
(c) अपनी पहली बैठक के लिए नियुक्त की गयी तारीख से पाँच वर्ष के लिए
(d) अंतिम पंचायत के विघटन की तारीख से पाँच वर्ष के लिए
(e) उपर्युक्त में से कोई नहीं/ उपर्युक्त में से एक से अधिक

36. निम्नलिखित में से कौन सा कथन सही है?

I. किसी उपभोक्ता द्वारा चुनी गई वस्तु की मात्रा और उस वस्तु की कीमत के बीच के संबंध को माँग वक्र कहा जाता है।

II. यदि किसी वस्तु के लिए किसी उपभोक्ता की माँग उसी दिशा में है जिस दिशा में उपभोक्ता की आय है तो उस वस्तु के लिए उपभोक्ता की माँग की उसकी कीमत के साथ धनात्मक संबंध होता है।

(a) ना ही I ना ही II (b) केवल I
(c) केवल II (d) I तथा II दोनों
(e) उपर्युक्त में से कोई नहीं/ उपर्युक्त में से एक से अधिक

37. निम्नलिखित में से कौन भारतीय राष्ट्रीय भुगतान निगम का उत्पाद नहीं है?

(a) रुपे
(b) एकीकृत भुगतान इंटरफेस
(c) विदेशी मुद्रा भंडार
(d) भारत इंटरफेस फॉर मनी
(e) उपर्युक्त में से कोई नहीं/ उपर्युक्त में से एक से अधिक

38. चेक का कैनसिलेशन __________ के पूरे हस्ताक्षर से किया जा सकता है

(a) प्राप्तकर्ता (b) आहर्ता
(c) अदाकर्ता (d) धारक
(e) उपर्युक्त में से कोई नहीं/ उपर्युक्त में से एक से अधिक

39. मानव विकास सूचकांक का घटक कौन-सा नहीं है:

(a) जीवन प्रत्याशा
(b) शिशु मृत्यु दर
(c) वास्तविक प्रति व्यक्ति आय
(d) प्रौढ़ साक्षरता दर
(e) उपर्युक्त में से कोई नहीं/ उपर्युक्त में से एक से अधिक

40. देश में नवीं पंचवर्षीय योजना निम्नलिखित में से किस वर्ष में आरंभ की गई?

(a) 1995 (b) 1996
(c) 1997 (d) 1998
(e) उपर्युक्त में से कोई नहीं/ उपर्युक्त में से एक से अधिक

41. 36 किमी प्रति घंटा बराबर है :

(a) 1 मीटर प्रति सेकेण्ड (b) 20 मीटर प्रति सेकेण्ड
(c) 10 मीटर प्रति सेकेण्ड (d) 5 मीटर प्रति सेकेण्ड
(e) उपर्युक्त में से कोई नहीं/ उपर्युक्त में से एक से अधिक

42. पानी के अन्दर की वस्तुओं जैसे पनडुब्बी की उपस्थिति का पता लगाने के लिए प्रयुक्त होने वाला उपकरण कहलाता है-

(a) रडार (b) सोलर
(c) पोलर (d) सोनार
(e) उपर्युक्त में से कोई नहीं/ उपर्युक्त में से एक से अधिक

43. 10 किग्रा. द्रव्यमान की एक वस्तु 2 मीटर/सेकेण्ड के एकसमान वेग से गतिशील है। वस्तु की गतिज ऊर्जा कितनी होगी?

(a) 20 J (b) 40 J
(c) 10 J (d) 30 J
(e) उपर्युक्त में से कोई नहीं/ उपर्युक्त में से एक से अधिक

44. पलायन वेग की दर क्या होती है?

(a) 10 किमी / से. (b) 11.2 किमी / से.
(c) 12 किमी / से. (d) 13 किमी / से.
(e) उपर्युक्त में से कोई नहीं/ उपर्युक्त में से एक से अधिक

45. निम्नलिखित में से किसका प्रयोग कारों की हेडलाइट्स में किया जाता है?

(a) उत्तल दर्पण (b) समतल दर्पण
(c) दोतरफा दर्पण (d) अवतल दर्पण
(e) उपर्युक्त में से कोई नहीं/ उपर्युक्त में से एक से अधिक

46. HCl + NaOH अभिक्रिया ______ + H_2O देती है।

(a) NaCl (b) ClOH
(c) NaOH (d) HCI
(e) उपर्युक्त में से कोई नहीं/ उपर्युक्त में से एक से अधिक

47. 28g हीलियम में मोलों की संख्या क्या है?

(a) 8 (b) 9
(c) 7 (d) 13
(e) उपर्युक्त में से कोई नहीं/ उपर्युक्त में से एक से अधिक

48. निम्नलिखित में से कौन-सा अम्ल काँच को घुला सकता है?

(a) नाइट्रिक अम्ल (b) धुएँदार सल्फ्यूरिक अम्ल
(c) हाइड्रोक्लोरिक अम्ल (d) हाइड्रोफ्ल्यूरिक अम्ल
(e) उपर्युक्त में से कोई नहीं/ उपर्युक्त में से एक से अधिक

49. कांसा एक मिश्र धातु है-

(a) कॉपर और जिंक का (b) कॉपर, जिंक और टिन का
(c) कॉपर और टिन का (d) जिंक और टिन का
(e)उपर्युक्त में से कोई नहीं/ उपर्युक्त में से एक से अधिक

50. कोशिका का केंद्रक एक जेली जैसे पदार्थ से घिरा होता है। इस पदार्थ को निम्नलिखित किस नाम से जाना जाता है?

(a) कोशिका झिल्ली (b) स्टोमेटा
(c) साइटोप्लाज्म (d) डेल्टॉइड
(e) उपर्युक्त में से कोई नहीं/ उपर्युक्त में से एक से अधिक

51. बिना धुली सब्जियाँ जैसे बंदगोभी को खाने के परिणामस्वरूप एक कृमि के संक्रमण के द्वारा मस्तिष्क प्रभावित हो सकता है और दौरा पड़ सकता है। इस कृमि का नाम क्या है?

(a) केंचुआ (b) फीता कृमि
(c) अंकुश कृमि (d) पिन कृमि
(e) उपर्युक्त में से कोई नहीं/ उपर्युक्त में से एक से अधिक

52. किस विटामिन को एस्कॉर्बिक अम्ल के नाम से भी जाना जाता है?

(a) विटामिन D (b) विटामिन K
(c) विटामिन C (d) विटामिन B12
(e) उपर्युक्त में से कोई नहीं/ उपर्युक्त में से एक से अधिक

53. फ्रुक्टोज जो प्राकृतिक शर्करा है, ______ मौजूद है।

(a) फल (b) सादा दही
(c) दूध (d) मसाले
(e) उपर्युक्त में से कोई नहीं/ उपर्युक्त में से एक से अधिक

54. कौन सा भोजन तुरंत ऊर्जा देता है?

(a) भोजन जिसमें कार्बोहाइड्रेट अधिक हो
(b) भोजन जिसमें वसा अधिक हो
(c) भोजन जिसमें विटामिन अधिक हो
(d) भोजन जिसमें प्रोटीन अधिक हो
(e) उपर्युक्त में से कोई नहीं/ उपर्युक्त में से एक से अधिक

55. कौन सा भोजन तुरंत ऊर्जा देता है?

(a) भोजन जिसमें कार्बोहाइड्रेट अधिक हो
(b) भोजन जिसमें वसा अधिक हो
(c) भोजन जिसमें विटामिन अधिक हो
(d) भोजन जिसमें प्रोटीन अधिक हो
(e) उपर्युक्त में से कोई नहीं/ उपर्युक्त में से एक से अधिक

56. 10 संख्याओं का औसत 74 है। यदि एक संख्या को हटाया जाता है, तो औसत 71 हो जाता है। कौन सी संख्या को हटाया गया था?

(a) 101 (b) 96
(c) 117 (d) 123
(e) उपर्युक्त में से कोई नहीं/ उपर्युक्त में से एक से अधिक

57. 0.42, 0.14 और 0.35 का H. C. F. है ।

(a) 0.07 (b) 1.4
(c) 0.14 (d) 0.7
(e) उपर्युक्त में से कोई नहीं/ उपर्युक्त में से एक से अधिक

58. $9^2 + 10^2 + 11^2 + \ldots\ldots + 20^2 = ?$

(a) $\frac{9(10)(19)}{6}$
(b) $(9 + 10 + 11 + \_\_\_\_ + 20)^2$
(c) $(70 \times 41) - (12 \times 17)$
(d) $(7 \times 41) - (6 \times 17)$
(e) उपर्युक्त में से कोई नहीं/ उपर्युक्त में से एक से अधिक

59. निम्नलिखित प्रश्न में प्रश्नवाचक चिन्ह (?) के स्थान पर लगभग कितना मान आएगा?

280.02 का 45.01% + 24.99 का 16.03% =?

(a) 121 (b) 138
(c) 149 (d) 130
(e) उपर्युक्त में से कोई नहीं/ उपर्युक्त में से एक से अधिक

60. एक दुकानदार 25 रुपए प्रति kg की दर से 36 kg चावल, 45 रुपए प्रति kg के अन्य किस्म के 40 kg चावल के साथ मिश्रित करता हैं और मिश्रण को 40 रुपए प्रति ह पर बेचता है। उसका लाभ प्रतिशत ______ है।

(a) 12.6% (b) 12.8%
(c) 12.4% (d) 12%
(e) उपर्युक्त में से कोई नहीं/ उपर्युक्त में से एक से अधिक

61. एक अयस्क में तीन धातु लोहा, निकल और कोबाल्ट 2:3:4 के अनुपात में हैं। यदि लोहे की लागत प्रति kg 80 रुपए है और निकल की लागत प्रति kg 200 रुपए है और अयस्क की लागत प्रति kg 150 रुपए है तो कोबाल्ट का प्रति kg लागत क्या है?

(a) 145.5 रुपये (b) 147.5 रुपये
(c) 149.5 रुपये (d) 148 रुपये
(e) उपर्युक्त में से कोई नहीं/ उपर्युक्त में से एक से अधिक

62. 2460 रुपये की राशि दो वर्ष के लिए साधारण ब्याज, समान अवधि के लिए 2290 रुपये के साधारण ब्याज से 68 रुपये अधिक हैं। ब्याज दर ज्ञात करें।

(a) 18% (b) 25%
(c) 30% (d) 15%
(e) उपर्युक्त में से कोई नहीं/ उपर्युक्त में से एक से अधिक

63. $1.75 \times 1.75 - 3.5 \times 0.75 + 0.75 \times 0.75$ का मान क्या है?

(a) 2 (b) 1
(c) 0.625 (d) 0.75
(e) उपर्युक्त में से कोई नहीं/ उपर्युक्त में से एक से अधिक

64. एक आदमी कार 120 km/hr की गति से पहले 160 km. 56 km/hr की गति से अगले 70 km. 180 km/hr की गति से अगले 240 km चलाता है। कुल यात्रा के दौरान उसकी औसत गति ज्ञात करें।

(a) 120 km/hr (b) 60km/hr
(c) 150 km/hr (d) 90km/hr
(e) उपर्युक्त में से कोई नहीं/ उपर्युक्त में से एक से अधिक

65. पांच पुरुष आधा कार्य 20 दिनों में कर सकते हैं। एक कार्य को चार दिनों में करने के लिए कितने पुरुषों की आवश्यकता होगी?

(a) 50 (b) 100
(c) 25 (d) 20
(e) उपर्युक्त में से कोई नहीं/ उपर्युक्त में से एक से अधिक

66. श्रीमान व श्रीमती सूद के दो बच्चे हैं संजय व मोना । मोना अमित से विवाहित है जो कि श्रीमान गोयल का पुत्र है जो कि राधा से विवाहित हैं। रिद्धी व सिद्धी अमित व मोना की पुत्रियाँ है। रिद्धी का श्रीमती साथ क्या संबंध है?

(a) नातिन (मातृक) (b) भतीजी
(c) पाती (पैतृक) (d) बुआ मौसी
(e) उपर्युक्त में से कोई नहीं/ उपर्युक्त में से एक से अधिक

67. 6:15 बजे घण्टे की सूई और मिनट की सुई के बीच में बना कोण है

(a) 97° (b) 90.5°
(c) 97.5° (d) 90°
(e) उपर्युक्त में से कोई नहीं/ उपर्युक्त में से एक से अधिक

68. उस घन का चयन करें, जिसे दी गई शीट (अनफोल्ड बॉक्स) की रेखाओं पर मोड़कर बनाया जा सकता है।

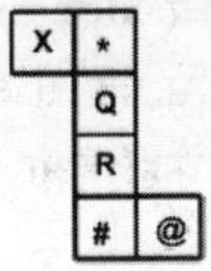

(a) 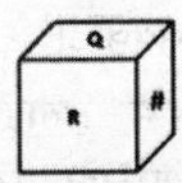

(b) 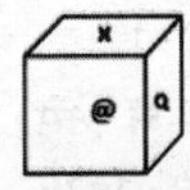

(c) 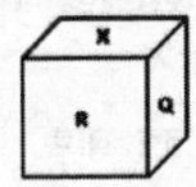

(d) 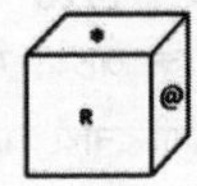

(e) उपर्युक्त में से कोई नहीं/ उपर्युक्त में से एक से अधिक

69. छः महिलायें A, B, C, D, E और F एक गोल मेज के चारों ओर केन्द्र की ओर देखते हुए, एक दूसरे से समान दूरी पर बैठी है। F, A और B के बीच में हैं, E, C तथा D के बीच में है, और D, A के निकटतम बाएँ ओर है। B के ठीक सामने कौन है?

(a) D (b) C
(c) E (d) E
(e) उपर्युक्त में से कोई नहीं/ उपर्युक्त में से एक से अधिक

70. निम्नलिखित में से कौन सा सही हे देश ':' चित्र के स्थान पर ही गणितीय ऑपरेटर का चयन करें।

144 : 6 : 8 : 3

(a) ÷, =, × (b) ×, =, ÷
(c) ÷, ×, = (d) ×, ÷, =
(e) उपर्युक्त में से कोई नहीं/ उपर्युक्त में से एक से अधिक

71. गुप्तकाल की एक सुंदर कार्तिकेय की मूर्ति किस जिले में प्राप्त हुई थी?

(a) पटना (b) सारण
(c) भागलपुर (d) शाहाबाद
(e) उपर्युक्त में से कोई नहीं/ उपर्युक्त में से एक से अधिक

72. **महात्मा गांधी चंपारण किसके बुलावे पर गए थे?**
(a) राजेन्द्र प्रसाद (b) मजहरूल हक
(c) राजकुमार शुक्ल (d) सच्चिदानंद सिन्हा
(e) उपर्युक्त में से कोई नहीं/ उपर्युक्त में से एक से अधिक

73. **भागलपुर में आयोजित बिहार प्रांतीय सम्मेलन के 12वें अधिवेशन की अध्यक्षता किसने की?**
(a) श्री राजेन्द्र प्रसाद (c) बाबू धरवीधर
(b) श्री कृष्ण सिंह (d) मो० जुब्बैर
(e) उपर्युक्त में से कोई नहीं/ उपर्युक्त में से एक से अधिक

74. **बिहार में स्वराज्य पार्टी के प्रथम अध्यक्ष बने-**
(a) राजेन्द्र प्रसाद (c) ब्रजकिशोर प्रसाद
(b) श्री नारायण प्रसाद (d) धरनीधर प्रसाद
(e) उपर्युक्त में से कोई नहीं/ उपर्युक्त में से एक से अधिक

75. **अखिल भारतीय चर्खा संघ का जन्म कहाँ हुआ था?**
(a) भागलपुर (b) पटना
(c) दिल्ली (d) विजयवाड़ा

76. **बिहार के उस क्रांतिकारी का नाम बताइए जिसने सितम्बर 1928 के हिन्दुस्तान सोशलिष्ट रिपब्लिकन आर्मी के बैठक में हिस्सा लिया था?**
(a) फणीन्द्रनाथ घोष (b) अजय घोष
(c) ज्योतिन्द्र नाथ (d) भगत सिंह
(e) उपर्युक्त में से कोई नहीं/ उपर्युक्त में से एक से अधिक

77. **1930 ई. के नमक सत्याग्रह में भाग लेने के लिए किसे 6 महीने की जेल की सजा सुनाई गई थी?**
(a) अंजना चौधरी (b) रमा देवी पांडे
(c) जानकी देवी बजाज (d) रतन शास्त्री
(e) उपर्युक्त में से कोई नहीं/ उपर्युक्त में से एक से अधिक

78. **सविनय अवज्ञा आंदोलन के दौरान बिहार में तारापुर गोलीकोड की घटना कब घटी?**
(a) 15 फरवरी 1939 (c) 15 फरवरी 1931
(b) 15 फरवरी 1933 (d) 15 फरवरी 1932
(e) उपर्युक्त में से कोई नहीं/ उपर्युक्त में से एक से अधिक

79. **1922-23 में मुंगेर में किसान सभा का आयोजन किसने किया था?**
(a) स्वामी सहजानंद सरस्वती (b) श्री कृष्ण सिंह
(c) मोहम्मद जुबैर (d) के एन सिंह
(e) उपर्युक्त में से कोई नहीं/ उपर्युक्त में से एक से अधिक

80. **1937 में बिहार में पहला भारतीय मंत्रालय किसके नेतृत्व में अस्तित्व में आया?**
(a) श्री कृष्ण सिंह (b) मोहम्मद युनुस
(c) जी. एस. लाल (d) वहाब अली
(e) उपर्युक्त में से कोई नहीं/ उपर्युक्त में से एक से अधिक

81. **कांग्रेस सोशलिष्ट पार्टी की पहली बैठक पटना में हुई, वर्ष-**
(a) 1921 में (b) 1934 में
(c) 1935 में (d) 1939 में
(e) उपर्युक्त में से कोई नहीं/ उपर्युक्त में से एक से अधिक

82. **भारत छोड़ो आंदोलन के क्रम में पटना सचिवालय गोलीकांड में शहीद होने वालों में निम्न में से कौन शामिल नहीं थे?**
(a) उमाकांत प्रसाद सिन्हा (b) राजेन्द्र सिंह
(c) रामानंद सिंह (d) सीता राम केशरी
(e) उपर्युक्त में से कोई नहीं/ उपर्युक्त में से एक से अधिक

83. **स्वतंत्रता के उपरांत बिहार में उग्र छात्र आंदोलन की शुरूआत कब हुई?**
(a) 1951 में (b) 1955 में
(c) 1961 में (d) 1974 में
(e) उपर्युक्त में से कोई नहीं/ उपर्युक्त में से एक से अधिक

84. **बिहार के प्रसिद्ध संत मखदुम शर्फुद्दीन मनेरी की मृत्यु हुई-**
(a) बिहार शरीफ में (b) मनेर में
(c) पटना में (d) आरा में
(e) उपर्युक्त में से कोई नहीं/ उपर्युक्त में से एक से अधिक

85. **बिहार में ठुमरी का मुख्य केन्द्र है-**
(a) गया (b) पटना
(c) दरभंगा (d) नालंदा
(e) उपर्युक्त में से कोई नहीं/ उपर्युक्त में से एक से अधिक

86. **अशोक के सिंह स्तंभ स्थित हैं-**
(a) राजगीर में (b) पटना में
(c) वैशाली में (d) गया में
(e) उपर्युक्त में से कोई नहीं/ उपर्युक्त में से एक से अधिक

87. **केन्द्र एवं राज्य सरकार द्वारा वित्त पोषित प्राथमिक शिक्षा के प्रोत्साहन के लिए शुरू की गई। मध्याह्न भोजन योजना का उद्देश्य है-**
(a) बच्चो में पोषण (b) शैक्षिक प्रगति
(c) सामाजिक समता (d) स्वास्थ्य एवं स्वच्छता
(e) उपर्युक्त में से कोई नहीं/ उपर्युक्त में से एक से अधिक

88. **बिहार लोक सेवा आयोग की स्थापना हुई थी?**
(a) 1 अप्रैल 1949 (b) 1 अप्रैल 1950
(c) 1 अप्रैल 1952 (d) 1 जून 1950
(e) उपर्युक्त में से कोई नहीं/ उपर्युक्त में से एक से अधिक

89. बिहार में कौन-सा क्षेत्र समुद्रतल से सर्वाधिक ऊँचाई पर है?

(a) कटिहार (b) बाल्मिकी नगर

(c) मथुरापुर (d) बगहा

(e) उपर्युक्त में से कोई नहीं/ उपर्युक्त में से एक से अधिक

90. बिहार में 'दियारा भूमि' के बारे में कौन-सा वाक्य सत्य है?

(a) जलोढ़ मैदान (b) शिवालिक की पहाड़ियां

(c) ऊबड़-खाबड़ मैदान (d) बाढ़ क्षेत्र की विशेष आकृति

(e) उपर्युक्त में से कोई नहीं/ उपर्युक्त में से एक से अधिक

91. मिर्ची हमारे देश के प्रत्येक भाग में उपयोग होने वाला एक महत्वपूर्ण मसाला है। इस मसाले को व्यापारी हमारे देश में कहां से लाए थे?

(a) चीन (b) दक्षिणी अफ्रीका

(c) दक्षिणी अमेरिका (d) अफगानिस्तान

(e) उपर्युक्त में से कोई नहीं/ उपर्युक्त में से एक से अधिक

92. उस पक्षी का नाम जिसकी आँखें मानवों की तरह सामने की तरफ होती है

(a) चील (b) बाज

(c) गिद्ध (d) उल्लू

(e) उपर्युक्त में से कोई नहीं/ उपर्युक्त में से एक से अधिक

93. निम्नलिखित में से किसे हमारे देश में आने वाले व्यापारी दक्षिण अमेरिका से हमारे देश में लाए थे?

(a) बन्दगोभी (b) टमाटर

(c) मटर मटर (d) भिन्डी

(e) उपर्युक्त में से कोई नहीं/ उपर्युक्त में से एक से अधिक

94. झारखण्ड की मुख्य फसल है-

(a) गेहूँ (b) मूंगफली

(c) मक्का (d) चावल

(e) उपर्युक्त में से कोई नहीं/ उपर्युक्त में से एक से अधिक

95. वह जन्तु कौन-सा है, जो अपने कानों को अलगख्र अलग दिशाओं में बहुत अधिक घुमा लेता है जो बाहर की ध्वनि को इकट्ठा करने में उसकी सहायता करता है।

(a) लंगूर (b) स्लॉथ

(c) कुत्ता (d) बाघ

(e) उपर्युक्त में से कोई नहीं/ उपर्युक्त में से एक से अधिक

96. तीन खाद्य पदार्थों का ऐसा समूह कौन सा है जिसके प्रत्येक समूह में लौह प्रचुर मात्रा में होता है?

(a) पालक, गुड़, आंवला (b) पालक, आंवला, टमाटर

(c) गुड़, बंदगोभी, आंवला (d) पालक, प्याज, टमाटर

(e) उपर्युक्त में से कोई नहीं/ उपर्युक्त में से एक से अधिक

97. भारत में त्यौहारों का एक समूह जो पूर्णिमा के दिन मनाया जाता है।

(a) दिवाली, होली, महाशिवरात्रि

(b) दिवाली, होली, रक्षाबंधन

(c) होली, रक्षाबंधन गुरुनानाक जन्मदिन

(d) होली, गुरुनानक जन्मदिन, मकर संक्राति

(e) उपर्युक्त में से कोई नहीं/ उपर्युक्त में से एक से अधिक

98. निम्नलिखित में से कौन से गैस की वैश्विक तापवृद्धि (ग्लोबल वार्मिंग) की सामर्थ्य अधिक है?

(a) कार्बन डाइऑक्साइड (CO_2)

(b) नाइट्रस ऑक्साइड (N_2O)

(c) मिथेन (CH_4)

(d) सल्फर हेक्साफ्लुओराइड (SF_6)

(e) उपर्युक्त में से कोई नहीं/ उपर्युक्त में से एक से अधिक

99. निम्नलिखित में से कौन-सी ऑटोमोबाईल गैस एक वायु प्रदूषक नहीं मानी जाती?

(a) कार्बन डाइऑक्साइड (b) कार्बन मोनोऑक्साइड

(c) सल्फर डाइऑक्साइड (d) नाइट्रोजन डाइऑक्साइड

(e) उपर्युक्त में से कोई नहीं/ उपर्युक्त में से एक से अधिक

100. 'बाजीराव' नाम का बंदी सफेद बाघ, निम्नलिखित में से किस राष्ट्रीय उद्यान से संबंधित था जिसकी मृत्यु हो गई?

(a) रणथंभौर राष्ट्रीय उद्यान (b) पन्ना राष्ट्रीय उद्यान

(c) कॉर्बेट राष्ट्रीय उद्यान (d) संजय गांधी राष्ट्रीय उद्यान

(e) उपर्युक्त में से कोई नहीं/ उपर्युक्त में से एक से अधिक

101. भारत द्वारा अपना हीट इंडेक्स लॉन्च करने का क्या उद्देश्य है?

(a) पर्यावरण पर गर्मी के प्रभाव को मापने के लिए

(b) विशिष्ट स्थानों के लिए प्रभाव आधारित हीटवेव अलर्ट उत्पन्न करना

(c) प्राकृतिक आपदाओं की भविष्यवाणी करने के लिए

(d) वायु प्रदूषण के स्तर को मापने के लिए

(e) उपर्युक्त में से कोई नहीं/ उपर्युक्त में से एक से अधिक

102. संयुक्त राष्ट्र ने 2023 को ________ का अंतर्राष्ट्रीय वर्ष घोषित किया है।

(a) युवा विकास (b) बाजरा

(c) शराब (d) वन

(e) उपर्युक्त में से कोई नहीं/ उपर्युक्त में से एक से अधिक

103. संयुक्त राष्ट्र ने 2023 को ________ का अंतर्राष्ट्रीय वर्ष घोषित किया है।

(a) युवा विकास (b) बाजरा

(c) शराब (d) वन

(e) उपर्युक्त में से कोई नहीं/ उपर्युक्त में से एक से अधिक

104. एनटीपीसी द्वारा पहली विदेशी क्षमता वृद्धि का क्या नाम है?

(a) मैत्री सुपर थर्मल पावर प्लांट
(b) रामपाल सुपर थर्मल पावर प्लांट
(c) मोंगला सुपर थर्मल पावर प्लांट
(d) बीआईएफपीसीएल सुपर थर्मल पावर प्लांट
(e) उपर्युक्त में से कोई नहीं/ उपर्युक्त में से एक से अधिक

105. शंघाई कॉरपोरेशन ऑर्गनाइजेशन (SCO) के विदेश मंत्रियों की बैठक कहां आयोजित की गई?

(a) मणिपुर (b) नई दिल्ली
(c) गोवा (d) गुजरात
(e) उप्रर्युक्त में से कोई नहीं/ उपर्युक्त में से एक से अधिक

106. वर्तमान अमेरिकी रक्षा सचिव कौन हैं?

(a) फ्रैंक केंडल (b) गिरिधर अरमाने
(c) लॉर्ड स्टेनली (d) लॉयड ऑस्टिन
(e) उपर्युक्त में से कोई नहीं/ उपर्युक्त में से एक से अधिक

107. भारत के किस जिले में पहला कार्बन-तटस्थ गांव विकसित किया जा रहा है?

(a) बिलासपुर, छत्तीसगढ़ (b) ठाणे, महाराष्ट्र
(c) मुजफ्फरनगर, उत्तर प्रदेश (d) इंदौर, मध्य प्रदेश
(e) उपर्युक्त में से कोई नहीं/ उपर्युक्त में से एक से अधिक

108. 5 जून 2023 को वित्तीय समावेशन डैशबोर्ड - ANTARDRIHSTI का शुभारंभ किसने किया?

(a) भारत के प्रधान मंत्री
(b) भारत के वित्त मंत्री
(c) भारतीय रिजर्व बैंक के गवर्नर
(d) भारत के रक्षा मंत्रालय
(e) उपर्युक्त में से कोई नहीं/ उपर्युक्त में से एक से अधिक

109. भारत के किस राज्य में एशिया की सबसे बड़ी क्लस्टर विकास योजना शुरू की गई है?

(a) केरल (b) गोवा
(c) पंजाब (d) महाराष्ट्र
(e) उपर्युक्त में से कोई नहीं/ उपर्युक्त में से एक से अधिक

110. विश्व खाद्य सुरक्षा दिवस हर साल किस तारीख को मनाया जाता है?

(a) 1 जून (b) 15 जून
(c) 7 जून (d) 20 जून
(e) उपर्युक्त में से कोई नहीं/ उपर्युक्त में से एक से अधिक

111. किस राज्य ने 100% खुले में शौच मुक्त (ओडीएफ) प्लस का दर्जा हासिल कर लिया है?

(a) असम (b) सिक्किम
(c) मणिपुर (d) मेघालय
(e) उपर्युक्त में से कोई नहीं/ उपर्युक्त में से एक से अधिक

112. 1971 के मुक्ति संग्राम के दौरान बांग्लादेश के स्वतंत्रता सेनानियों को सहायता प्रदान करने वाले पहले भारतीय सैन्य अधिकारी कौन थे?

(a) राजेंद्र सिंह (b) परिमल कुमार घोष
(c) मनोज कुमार सिन्हा (d) राकेश शर्मा
(e) उपर्युक्त में से कोई नहीं/ उपर्युक्त में से एक से अधिक

113. जुलाई 2023 में लॉन्च किए गए एनसीसी इंटीग्रेटेड सॉफ्टवेयर का उद्देश्य क्या है?

(a) एनसीसी कैडेटों को डेबिट कार्ड की सुविधा प्रदान करना
(b) नामांकन से लेकर पूर्व छात्रों के पंजीकरण तक की पूरी प्रक्रिया को डिजिटल बनाना
(c) रक्षा मंत्रालय के कर्मियों का एक अखिल भारतीय डेटाबेस स्थापित करना
(d) एनसीसी कैडेटों के बीच शारीरिक फिटनेस को बढ़ावा देना
(e) उपर्युक्त में से कोई नहीं/ उपर्युक्त में से एक से अधिक

114. यूनाइटेड किंगडम के राष्ट्रीय सुरक्षा सलाहकार कौन हैं?

(a) टिम बैरो (b) अजीत डोभाल
(c) जेक सुलिवन (d) मॉरीन ओ'ब्रायन
(e) उपर्युक्त में से कोई नहीं/ उपर्युक्त में से एक से अधिक

115. फ्रांस में बैस्टिल दिवस प्रत्येक वर्ष किस तारीख को मनाया जाता है?

(a) 4 जुलाई (b) 15 जुलाई
(c) 15 अगस्त (d) 1 सितंबर
(e) उपर्युक्त में से कोई नहीं/ उपर्युक्त में से एक से अधिक

116. कोलकाता शहर को निम्नलिखित में से किस रूप में भी जाना जाता है?

(a) आनंद का शहर (b) रोशनी का शहर
(c) अजूबों का शहर (d) जल प्रपातों का शहर
(e) उपर्युक्त में से कोई नहीं/ उपर्युक्त में से एक से अधिक

117. भारत का "चावल भंडार" किस राज्य को कहते है?

(a) हरियाणा (b) केरल
(c) पश्चिम बंगाल (d) आंध्र प्रदेश
(e) उपर्युक्त में से कोई नहीं/ उपर्युक्त में से एक से अधिक

118. निम्नलिखित में से कौन बृहत संहिता के लेखक है?

(a) वराहमिहिर (b) कल्हण
(c) अश्वघोष (d) पाणिनी
(e) उपर्युक्त में से कोई नहीं/ उपर्युक्त में से एक से अधिक

119. प्रथम भारतीय युवा ओलंपिक खेलों का आयोजन _______ में हुआ था।

(a) अर्जेंटीना (b) ब्राजील

(c) न्यूजीलैंड (d) सिंगापुर

(e) उपर्युक्त में से कोई नहीं/ उपर्युक्त में से एक से अधिक

120. भारतीय अन्तरिक्ष रॉकेट प्रक्षेपण केन्द्र _______ में है-

(a) हासन (b) पोर्ट ब्लेयर

(c) विशाखापट्टनम (d) श्रीहरिकोटा

(e) उपर्युक्त में से कोई नहीं/ उपर्युक्त में से एक से अधिक

◆◆◆

उत्तर माला

1.	(d)	2.	(c)	3.	(a)	4.	(b)	5.	(c)	6.	(a)	7.	(b)	8.	(e)
9.	(a)	10.	(c)	11.	(e)	12.	(d)	13.	(d)	14.	(a)	15.	(c)	16.	(a)
17.	(b)	18.	(d)	19.	(a)	20.	(c)	21.	(c)	22.	(d)	23.	(b)	24.	(e)
25.	(c)	26.	(b)	27.	(b)	28.	(c)	29.	(b)	30.	(b)	31.	(b)	32.	(c)
33.	(c)	34.	(c)	35.	(c)	36.	(b)	37.	(c)	38.	(c)	39.	(b)	40.	(c)
41.	(c)	42.	(d)	43.	(a)	44.	(b)	45.	(d)	46.	(a)	47.	(c)	48.	(d)
49.	(c)	50.	(c)	51.	(b)	52.	(c)	53.	(a)	54.	(a)	55.	(a)	56.	(a)
57.	(a)	58.	(c)	59.	(d)	60.	(a)	61.	(b)	62.	(e)	63.	(b)	64.	(a)
65.	(a)	66.	(a)	67.	(c)	68.	(c)	69.	(c)	70.	(a)	71.	(d)	72.	(c)
73.	(a)	74.	(b)	75.	(b)	76.	(a)	77.	(b)	78.	(d)	79.	(e)	80.	(b)
81.	(b)	82.	(d)	83.	(b)	84.	(a)	85.	(a)	86.	(c)	87.	(e)	88.	(a)
89.	(b)	90.	(d)	91.	(c)	92.	(d)	93.	(b)	94.	(d)	95.	(d)	96.	(a)
97.	(c)	98.	(d)	99.	(a)	100.	(d)	101.	(b)	102.	(b)	103.	(b)	104.	(a)
105.	(c)	106.	(d)	107.	(b)	108.	(c)	109.	(d)	110.	(c)	111.	(b)	112.	(b)
113.	(b)	114.	(a)	115.	(e)	116.	(a)	117.	(d)	118.	(a)	119.	(d)	120.	(d)

उत्तर सहित व्याख्या

1. (d) सिन्धु घाटी सभ्यता का बंदरगाह शहर लोथल है। लोथल साबरमती नदी और उसकी सहायक भोगवा नदी के बीच स्थित है। इस बदरगाह शहर की खोज पुरातत्वविद एस. आर. राव की अगुवाई वाली टीम ने की थी।
2. (c) रामायण और महाभारत भारत के प्राचीन महाकाव्य है। इनकी रचना ई. पू. चौथी शताब्दी में हुयी। रामायण की रचना महर्षि वाल्मीकि ने की थी। इसमें 24000 श्लोक है इसलिए इसे 'चतुर्विंशति साहस्री संहिता' भी कहते है। महाभारत का संकलन महर्षि वेदव्यास द्वारा किया गया। इसमें एक लाख श्लोक होने के कारण इसे 'शतसाहस्त्री संहिता' भी कहा जाता है। यह विश्व का सबसे बड़ा महाकाव्य है।
3. (a) भारत के सर्वाधिक प्रभावशाली दार्शनिक आदि शंड्कराचार्य का जन्म 8वीं शताब्दी में केरल में हुआ था। वे 'अद्वैत वेदांत' सिद्धांत के प्रतिपादक थे। उन्हें भगवान शिव का अवतार माना जाता है।
4. (b) बुद्ध को छः वर्ष की कठिन तपस्या के परिणाम स्वरूप निरंजना (आधुनिक फल्गु नदी) के तट पर स्थित 'बोधगया' में ज्ञान की प्राप्ति हुई। 'बोधगया' बिहार में स्थित एक तीर्थ स्थल है। गौतम बुद्ध का जन्म 563 ई. पू. में और 'महापरिनिर्वाण' 483 ई. पू. में हुआ था।
5. (c) कनिष्क के समय चतुर्थ बौद्ध संगीति के बाद बौद्ध धर्म स्पष्टतः दो सम्प्रदायों में विभक्त हो गया।
(1) हीनयान (2) महायान।
हीनयान सम्प्रदाय के लोगों का मत था कि, प्रत्येक व्यक्ति को अपने प्रयत्नों से ही मोक्ष प्राप्ति का प्रयास करना चाहिए। हीनयान सम्प्रदाय के लोग मूर्ति पूजा एवं देवी-देवताओं की पूजा पर विश्वास नहीं करते थे जबकि महायान सम्प्रदाय के लोग बुद्ध को देवता के रूप में स्वीकार करते हुए इनकी पूजा करने लगे।
6. (a) दिल्ली के सुल्तान मोहम्मद-बिन-तुगलक (1325-1351 ई0) ने 1327 ई. में दिल्ली से अपनी राजधानी देवगिरि स्थानांतरित किया तथा देवगिरि का नाम बदलकर 'दौलताबाद' रखा। मोहम्मद- बिन तुगलक का मूल नाम जौना खाँ था तथा उसने उलूग खाँ की उपाधि धारण की थी।
7. (b) अजमेर में सूफी संत रवाजा मोइनुद्दीन चिश्ती की दरगाह है। यह भारत में चिश्ती सम्प्रदाय के संस्थापक थे। इन्होंने ईश्वर के साथ एकात्मकता पर जोर दिया। चिश्ती सम्प्रदाय भारत में सबसे लोकप्रिय इस्लामिक सम्प्रदाय है।
8. (e) औरंगजेब 6वां और व्यापक रूप से अंतिम प्रभावशाली मुगल सम्राट माना जाता था। 88 वर्ष की आयु में 1707 ई. को अहमदनगर में उसकी मृत्यु हुई थी। उसकी इच्छा के

अनुसार, उसे उसके "आध्यात्मिक गुरू" फकीर बुरहानुद्दीन की दरगाह के पास दफनाया गया। उसकी कब्र औरंगाबाद जिले के 'खुल्दाबाद' गांव में है।

9. (a) बाबर ने 1526 ई. में पानीपत के प्रथम युद्ध में दिल्ली के सुल्तान इब्राहिम लोदी को पराजित कर भारत में मुगल वंश की स्थापना की।

10. (c) नवंबर, 1750 ई. में जन्में टीपू सुल्तान, हैदर अली के पुत्र और एक महान योद्धा थे, जिन्हें 'मैसूर के बाघ' के रुप में भी जाना जाता है।

11. (e) 1857 का सिपाही विद्रोह उत्तरी और मध्य भारत में ब्रिटिश शासन के विरुद्ध उभरे सैन्य असंतोष व जन - विद्रोह का परिणाम था। इस विद्रोह का मुख्य कारण सामाजिक, आर्थिक, राजनीतिक, धार्मिक आदि कारणों का सम्मिलित परिणाम था। भारतीय जमींदार, साहूकार विद्रोह में तटस्थ रहकर ईस्ट इण्डिया कम्पनी का सहयोग किया।

12. (d) गाँधीजी ने असहयोग आन्दोलन 1 अगस्त, 1920 को आरम्भ किया। इस आन्दोलन में मुस्लिम नेताओं ने भी उनका साथ दिया। असहयोग आन्दोलन चलाने के लिए "तिलक स्वराज फण्ड" की स्थापना की गयी तथा छः माह में ही इसमें 1 करोड़ एकत्रित हो गए। 4 फरवरी, 1922 ई. में हुए चौरी-चौरा काण्ड के पश्चात गाँधी जी ने 12 फरवरी, 1922 को बारदोली में कांग्रेस समिति की बैठक बुलाकर इस आन्दोलन को स्थगित कर दिया।

13. (d) भारतीय राष्ट्रीय काँग्रेस की स्थापना और उसका प्रथम अधिवेशन 72 प्रतिनिधियों की उपस्थिति के साथ 28 दिसम्बर, 1885 ई. को बम्बई (मुंबई) के गोकुल दास तेजपाल संस्कृत महाविद्यालय में हुई थी। इसके संस्थापक महा सचिव (जनरल सेक्रेटरी) ए. ओ. ह्यूम थे।

14. (a) कांग्रेस का त्रिपुरी (जबलपुर, म. प्र.) अधिवेशन 1939 ई. में सम्पन्न हुआ। कांग्रेस के त्रिपुरी अधिवेशन में नेताजी सुभाष चंद्र बोस को अध्यक्ष चुना गया था। उन्होंने महात्मा गाँधी के प्रतिनिधि पट्टाभि सीतारमैया को 203 वोटों से हराकर दूसरी बार कांग्रेस का अध्यक्ष पद हासिल किया। पहली बार सुभाष चंद्र बोस कांग्रेस के हरिपुरा अधिवेशन (1938 ई.) में अध्यक्ष बने थे। 1939 ई. में इन्होंने फारवर्ड ब्लॉक नामक संस्था का सृजन किया था।

15. (c) खान अब्दुल गफ्फार खान ने वर्ष 1929 में खुदाई खिदमतगार (सर्वेंट ऑफ गॉड) आंदोलन की शुरूआत की। यह आंदोलन गांधीजी के अहिंसात्मक आंदोलन से प्रेरित था। वर्ष 1929 में अब्दुल गफ्फार खान की गिरफ्तारी के बाद यह आन्दोलन ऑल इंडिया मुस्लिम लीग से समर्थन प्राप्त करने में विफल रहा, जिसके बाद यह आंदोलन औपचारिक रूप से भारतीय राष्ट्रीय कांग्रेस में शामिल हो गया था।

16. (a) बृहस्पति सौरमण्डल का सबसे बड़ा ग्रह है। यह सूर्य से दूरी के अनुसार पाँचवा ग्रह है। यह सूर्य की परिक्रमा 11.9 वर्ष में करता है और अपनी धुरी पर एक चक्कर 9 घंटे 55 मिनट में पूरा कर लेता है। बृहस्पति ग्रह का घनत्व 1.31 ग्राम प्रति घन सेमी तथा गुरुत्वाकर्षण पृथ्वी के गुरुत्वाकर्षण का पाँच गुना अधिक है। इसका उपग्रह गैनिमीड सौरमंडल का सबसे बड़ा उपग्रह है।

17. (b) भारत का मानक समय इलाहाबाद के नैनी से गुजरने वाली 82½° पूर्वी देशान्तर रेखा को माना गया हैं, जो ग्रीनविच समय से 5½ घण्टा आगे है। 82½° पूर्वी देशान्तर 5 राज्यों (उ.प्र., म.प्र., छत्तीसगढ़, ओडिशा, आंध्र प्रदेश) से होकर गुजरती है।

18. (d) बैरन द्वीप भारत का एकमात्र सक्रिय ज्वालामुखी है जो अंडमान और निकोबार द्वीप में स्थित है। 150 वर्षों तक निष्क्रिय रहने के बाद, 2005 में बैरन द्वीप ज्वालामुखी फट गया था और तब से यह अनियमित गतिविधि दिखा रहा है।

19. (a) विश्व की छत पामीर के पठार को कहा जाता है क्योंकि इसकी औसत ऊँचाई 4500 मी. से अधिक हैं तथा यह विश्व का सबसे ऊँचा पठार है। तिब्बत इसी पठार पर स्थित है।

20. (c) कैरेबियन देशों का समूह उत्तरी अमेरिका स्थित द्वीप समूह है। ये कैरेबियन सागर और उत्तरी अटलांटिक महासागर के आस - पास स्थित क्षेत्र हैं। दिये गए विकल्पों में से जॉर्डन इन द्वीप समूहो का हिस्सा नहीं है। यह दक्षिण पश्चिम एशिया में स्थित सीरिया एवं सऊदी अरब का पड़ोसी देश है।

21. (c) कैरेबियन देशों का समूह उत्तरी अमेरिका स्थित द्वीप समूह है। ये कैरेबियन सागर और उत्तरी अटलांटिक महासागर के आस - पास स्थित क्षेत्र हैं। दिये गए विकल्पों में से जॉर्डन इन द्वीप समूहो का हिस्सा नहीं है। यह दक्षिण पश्चिम एशिया में स्थित सीरिया एवं सऊदी अरब का पड़ोसी देश है।

22. (d) भूकर मानचित्र पृथ्वी की सतह या इसके एक भाग के पैमाने के माध्यम से नपटी सतह पर खींचा गया चित्र है। कृषि भूमि और शहरी क्षेत्रों में वैयक्तिक घरों की क्षेत्रीय विभाजन रेखाओं को सीमांकित करके भू-सम्पत्ति का स्वामित्व दर्शाने के लिए भूकर मानचित्र का प्रयोग किया जाता है

23. (b) डंकन जलसंधि (Duncan Passage) भारत के अण्डमान व निकोबार द्वीपसमूह में रटलैण्ड द्वीप को छोटे अण्डमान द्वीप से अलग करने वाली जलसंधि हैं और यह पश्चिम में बंगाल की खाड़ी को पूर्व में अंडमान सागर से जोड़ती हैं।

24. (e) गोवा राज्य में कुल 2 जिले - उत्तरी गोवा जिसका मुख्यालय पणजी है तथा दक्षिणी गोवा जिसका मुख्यालय मडगाँव है। पणजी, गोवा की राजधानी है। गोवा 30 मई, 1987 को 25 वें राज्य के रूप में अस्तित्व में आया।

25. (c) महानदी प्रणाली ओडिशा राज्य की सबसे बड़ी नदी और प्रायद्वीपीय भारत की तीसरी सबसे बड़ी (गोदावरी, कृष्णा के बाद) नदी हैं। इस नदी का जलग्रहण क्षेत्र छत्तीसगढ़,

मध्य प्रदेश, ओडिशा, झारखण्ड और महाराष्ट्र तक विस्तारित है। इसका बेसिन उत्तर में मध्य भारत की पहाड़ियों, दक्षिण और पूर्व में पूर्वी घाट तथा पश्चिम में मैकाल पर्वतमाला से घिरा है। यह छत्तीसगढ़ के रायपुर जिले में सिहावा के निकट निकलती हैं।

26. (b) भारतीय संविधान के निर्माण हेतु संविधान सभा की प्रथम बैठक 9 दिसम्बर 1946 ई. को नई दिल्ली में हुई। सभा के वरिष्ठतम् सदस्य डॉ. सच्चिदानंद सिन्हा को सभा का अस्थायी अध्यक्ष और एच. सी. मुखर्जी को उपाध्यक्ष चुना गया। 11 दिसम्बर 1946 को डॉ. राजेन्द्र प्रसाद को सभा का स्थायी अध्यक्ष तथा वी. एन. राव को संवैधानिक सलाहकार नियुक्त किया गया।

27. (b) भारतीय संविधान के भाग- III में वर्तमान में छः मौलिक अधिकार है। मूल संविधान में सात मौलिक अधिकार थे, जिसमें सम्पति के, मौलिक अधिकार को 44 वें संविधान संशोधन 1978 द्वारा हटाकर एक विधिक अधिकार के रूप में वर्णित कर दिया गया है। भारतीय संविधान के भाग - IV (d) में वर्तमान में 11 मौलिक कर्तव्य है। इसके पूर्व संविधान में 10 मौलिक कर्तव्य जोडे गए थे। 11 वाँ मौलिक कर्तव्य 86 वाँ संविधान संशोधन 2002 में जोड़ा गया।

28. (c) भारतीय संविधान का अनुच्छेद-19 छः प्रकार के स्वतंत्रता की गारंटी देता है-
    1. विचार एवं अभिव्यक्ति की स्वतंत्रता
    2. शांतिपूर्ण हथियार रहित सम्मेलन या सभा करने की स्वतंत्रता
    3. संगठन बनाने की स्वतंत्रता
    4. भारत के राज्यक्षेत्र में विचरण की स्वतंत्रता
    5. भारत के किसी भाग में निवास करने की स्वतंत्रता
    6. कोई वृत्ति, आजीविका तथा व्यापार अथवा कारोबार करने की स्वतंत्रता

29. (b) अनुच्छेद 14 के तहत राज्य, भारत के राज्यक्षेत्र में किसी व्यक्ति को विधि के समक्ष समता से या विधियों के समान संरक्षण से वंचित नहीं करेगा। 'विधि के समक्ष समता' का विचार ब्रिटिश मूल से उद्घृत है. जबकि 'विधियों के समान संरक्षण' को अमेरिकी संविधान से लिया गया हैं।

30. (b)

विधान सभा-	सीट
आंध्र प्रदेश-	175
हरियाणा-	90
अरुणाचल प्रदेश-	60
छत्तीसगढ़-	90

31. (b) संसद के दो क्रमिक सत्रों में समयान्तराल 6 महीने से अधिक नहीं होना चाहिए। 1 वर्ष में संसद के दो सत्र अनिवार्य है। सामान्यत एक वर्ष में संसद के तीन सत्र होते है।

32. (c) राज्य सभा भारतीय संसद का उच्च सदन है। इसमें 245 सदस्य होते हैं जिनमें 12 सदस्य भारत के राष्ट्रपति के द्वारा मनोनीत होते है। अन्य सदस्यों का चुनाव होता है। राज्य सभा के सदस्य 6 साल के लिए चुने जाते हैं। राज्यसभा के एक तिहाई सदस्य प्रत्येक दो वर्ष में सेवानिवृत हो जाते हैं।

33. (b) भारतीय संविधान के अनुच्छेद 2 में कहा गया है कि संसद नए राज्यों की स्थापना कर सकती है या नए राज्यों को कानून के आधार पर भारत में स्थापित कर सकती है।

34. (a) सामाजिक न्याय व्यक्तिगत अधिकारों और सामाजिक नियंत्रण के बीच संतुलन है।

35. (c) 73वें संवैधानिक संशोधन द्वारा संविधान में "पंचायतों" शीर्षक से भाग-IX जोड़ा गया। पंचायतों का कार्यकाल उसके प्रथम बैठक से पाँच वर्ष निर्धारित हैं लेकिन कार्यकाल से पहले भी इसे भंग किया जा सकता है। नए चुनाव उस कार्यकाल की अवधि की समाप्ति या पंचायत भंग होने की तिथि से 6 महीने के भीतर ही करा लिया जाना चाहिए।

36. (b) दिये गये विकल्प में कथन I सही है।
किसी उपभोक्ता द्वारा चुनी गई वस्तु की मात्रा और वस्तु की कीमत के बीच संबंध को माँग वक्र कहा जाता हैं। यदि किसी वस्तु के लिए किसी उपभोक्ता की माँग उसी दिशा में है जिस दिशा में उपभोक्ता की आय है तो उस वस्तु के लिए उपभोक्ता की माँग की उसकी कीमत के साथ सम्बन्ध विपरीत या ऋणात्मक होता है। इसे माँग का नियम कहते है। अत: केवल कथन - I सही है।

37. (c) उत्पाद आधार सक्षम भुगतान प्रणाली, भारत बिल भुगतान प्रणाली, भीम, रूपे, एकीकृत भुगतान इंटरफेस, राष्ट्रीय वित्त स्विच, चेक ट्रंकेशन सिस्टम आदि शामिल है।
विदेशी मुद्रा भंडार का आशय केंद्रीय बैंक द्वारा विदेशी मुद्रा में आरक्षित संपत्ति से होता हैं, जिसमें बॉण्ड, ट्रेजरी बिल और अन्य सरकारी प्रतिभूतियाँ शामिल होती है।

38. (c) चेक का कैंसिलेशन अदाकर्ता के पूरे हस्ताक्षर से किया जा सकता है। कैंसिल चेक एक तरह का नार्मल चेक होता है इसमें अदाकर्ता द्वारा दो तिरछी लाइन बनाकर उसके ऊपर कैपिटल लेटर में CANCELLED शब्द लिख दिया जाता है। चेक के ऊपर बड़े अक्षरों में CANCELLED इसलिए लिखा जाता है क्योंकि कोई भी यूजर इसका गलत इस्तेमाल न कर पाए।

39. (b) मानव विकास सूचकांक यूएनडीपी द्वारा 1990 से जारी किया जा रहा है। मानव विकास सूचकांक में तीन घटक जीवन प्रत्यांशा, शिक्षा और प्रति व्यक्ति आय शामिल है।

40. (c) नौवीं पंचवर्षीय योजना वर्ष 1997 में आरंभ की गई थी। इस योजना में सर्वोच्च प्राथमिकता न्यायपूर्ण वितरण एवं समानता के साथ विकास को दी गयी। इस योजना में सकल घरेलू उत्पाद की वार्षिक वृद्धि दर का लक्ष्य 6.5% रखा गया, जबकि उपलब्धि मात्र 5.4% वार्षिक की रही।

41. (c) दूरी = 36 किमी.

1 किमी. = 1000 मीटर

कुल दूरी = 36 × 1000 = 36000 मीटर

समय = 1 घंटा = 60 मिनट

1 मिनट = 60 सेकेण्ड

कुल समय = 60 × 60 = 3600 सेकेण्ड

$=\frac{36000m}{360s}$ = 10 मी/सेकेण्ड

42. (d) सोनार (SONAR – Sound Navigation and Ranging) एक ऐसी युक्ति है, जिसमें जल में स्थित पिण्डों की दूरी दिशा तथा स्थिति का पता लगाने के लिए पराश्रव्य तरंगों का उपयोग किया जाता है। इसका प्रयोग समुद्र के अन्दर पनडुब्बी की उपस्थिति तथा उसकी गहराई का पता लगाने में भी किया जाता है।

43. (a) द्रव्यमान (m) = 10 kg.
वेग (v) = 2 m/sec.

$$k=\frac{1}{2}mv^2$$

$$k=\frac{1}{2}\times10\times4$$

$$k=\frac{1}{2}\times10\times4^2$$

= 20 जूल or kg m/sec.

44. (b) पलायन वेग वह न्यूनतम वेग है, जिससे किसी वस्तु को पृथ्वी की सतह से ऊपर की ओर फेंके जाने पर वह पृथ्वी के गुरुत्वीय क्षेत्र को पार कर जाती है तथा पृथ्वी पर वापस कभी नहीं आती है। पृथ्वी तल से पलायन वेग का मान निम्नांकित सूत्र द्वारा ज्ञात किया जाता है-

पलायन वेग = $\boxed{V_E=\sqrt{2gR_e}}$

जहाँ g = गुरुत्वीय त्वरण

R_e = पृथ्वी की त्रिज्या है। पृथ्वी तल पर पलायन वेग की दर 11.2 किमी./से. होती है।

45. (d) गाड़ियो की हेडलाइट्स में अवतल दर्पण का उपयोग किया जाता हैं। यह दर्पण इस पर पड़ने वाली किरणों को लम्बवत व समानांतर परावर्तित कर देता है जिसे परावर्तित किरणों का पुंज एक फोकस बनाता हुआ, चालक को दूर तक स्पष्ट देखने में मदद करता है।

46. (a) $HCl + NaOH \rightarrow NaCl + H_2O$
(अम्ल) (क्षार) (लवण) (जल)

एक रासायनिक अभिक्रिया जिसमें अम्ल और क्षार मात्रात्मक रूप से अभिक्रिया करके लवण और जल उत्पाद के रूप में बनाते है. उदासीनीकरण अभिक्रिया कहलाती है।

47. (c) 28g हीलियम में मोलों की संख्या 7 है। हीलियम गैस का परमाणु द्रव्यमान 4हतंउ/उवस होता है। दिया गया हीलियम का भार = 28g इसलिए हीलियम में मोलो की संख्या $=\frac{28}{7}=7$

48. (d) हाइड्रोफ्ल्यूरिक अम्ल (HF) काँच को घुला सकता है। शीशे एवं अन्य धातुओं के प्रति उच्च क्रियाशीलता के कारण इसं अम्ल को प्लास्टिक के कंटेनर में रखा जाता है।

49. (c) कांसा एक मिश्र धातु है जिसमें कॉपर (Cu) 88% तथा टिन (Sn) 12% होता है। इसका उपयोग सिक्का बनाने में, घंटी एवं बर्तन बनाने में किया जाता है।

50. (c) कोशिका केन्द्रक एक जेली जैसे पदार्थ से घिरा होता है। जिसे कोशिकाद्रव्य (Cytoplasm) कहते है। कोशिकाद्रव्य केन्द्रक एवं कोशिका भित्ति के बीच होता है।

51. (b) बिना धुली सब्जियाँ जैसे बंदगोभी को खाने के परिण ामस्वरूप एक कृमि के संक्रमण के द्वारा मस्तिष्क प्रभावित हो सकता है और दौरा पड़ सकता है। इस कृमि का नाम फीताकृमि है। फीताकृमि एक परजीवी होता है, जो हमारी आंतों में पाया जाता है। यह साफ सफाई के अभाव में हमारे शरीर में चला जाता है। सामान्यत: ये सीधे किसी प्रकार की कोई हानि नहीं पहुँचाता है परन्तु अपनी संख्या में वृद्धि करके यह बीमार बनाता है। इसके बचाव के लिए खाना खाने से पहले हाथ धो लेना चाहिए कच्ची सब्जी व मांस नहीं खाना चाहिए।

52. (c)

विटामिन	रासायनिक नाम
विटामिन A	रेटिनॉल
विटामिन B1	थायमिन
विटामिन C	एस्कॉर्बिक एसिड
विटामिन D	कैल्सिफेरॉल
विटामिन B12	सायनोकोबालमिन

53. (a) फ्रुक्टोज एक प्राकृतिक शुगर है जो फलों, फल के जूस, खास सब्जियों और शहद में मौजूद होता हैं।

54. (a) कार्बोहाइड्रेट युक्त भोज्य पदार्थ तुरंत ऊर्जा प्रदान करते है। कार्बन, हाइड्रोजन और ऑक्सीजन के 1:2:1 के अनुपात से मिलकर बने कार्बनिक पदार्थ कार्बोहाइड्रेट कहलाते है। शरीर की ऊर्जा की आवश्यकता की 50-79% मात्रा की पूर्ति इन्हीं पदार्थों से होती है। 1 ग्राम ग्लूकोज के पूर्ण ऑक्सीकरण से 4.2 ावबंस ऊर्जा प्राप्त होती है।

55. (a) कार्बोहाइड्रेट युक्त भोज्य पदार्थ तुरंत ऊर्जा प्रदान करते है। कार्बन, हाइड्रोजन और ऑक्सीजन के 1:2:1 के अनुपात से मिलकर बने कार्बनिक पदार्थ कार्बोहाइड्रेट कहलाते है। शरीर की ऊर्जा की आवश्यकता की 50-79% मात्रा की पूर्ति इन्हीं पदार्थों से होती है। 1 ग्राम ग्लूकोज के पूर्ण ऑक्सीकरण से 4.2 kcal ऊर्जा प्राप्त होती है।

56. (a) ∵ 10 संख्याओं का औसत = 74

कुल योग = 74×10 = 740

∵ एक संख्या हटाने पर शेष 9 संख्याओं का औसत = 71

9 संख्याओं का कुल योग = 9 × 71 = 639

हटायी गयी संख्या= 740 – 639 = $\boxed{101}$

57. (a) 0.42, 0.14, 0.35

$\frac{42}{100}, \frac{14}{100}, \frac{35}{100}$

भिन्नों का म. स. = अशों का HCF /हरों का LCM

$= \frac{7}{100} = 0.07$

58. (c) $[1^2 + 2^2 + ...+ n^2] = \frac{n(n+1)(2n+1)}{6}$

$= 9^2 + 10^2 + 11^2 + ... + ... 20^2$

$= (1^2 + 2^2 + 3^2 + ... 20^2) - (1^2 + 2^2 + ... + ... 8^2)$

$= \left[\frac{n(n+1)(2n+1)}{6}\right] - \left[\frac{n(n+1)(2n+1)}{6}\right]$

$= \left[\frac{20(20+1)(2\times20+1)}{6}\right] - \left[\frac{8(8+1)(2\times8+1)}{6}\right]$

$= \left(\frac{20\times21\times41}{6}\right) - \left(\frac{8\times9\times17}{6}\right)$

(70 × 41) – (12 × 17)

59. (d) 280.02 का 45.01% + 24.99 का 16.03%

$= 280.02 \times \frac{45.01}{100} + 24.99 \times \frac{16.03}{100}$

= 126.037002 + 4.005897

= 130. 042899

= 130 (लगभग)

60. (a) चावल का क्रय मूल्य = (25 × 36 + 45 × 40)

= 900 + 1800 = रुपए 2700

चावल का विक्रय मूल्य = 40 × (36 + 40) = रुपए 3040

लाभ = 3040 – 2700 = रुपए 340

लाभ प्रतिशत = $\frac{340}{2700} \times 100$

= 12.59%

= 12.60%

61. (b) माना कोबाल्ट की प्रति kg लागत x है

प्रश्नानुसार,

2 × 80 + 3 × 200 + x × 4 = 9 × 150

760 + 4x = 1350

4x = 590

$x = \frac{590}{4}$ = Rs.147.50

62. (e) $SI = \frac{PRT}{100}$

माना = $R_1 = R_2 = R$

$SI = SI_1 \sim SI_2$

$= \frac{P_1R_1T_1}{100} \sim \frac{P_2R_2T_2}{100}$

$68 = \frac{2460 \times R \times 2}{100} \sim \frac{2290 \times R \times 2}{100}$

6800 = 340R

$R = \frac{6800}{340}\%$

R = 20%

63. (b) 1.75 × 1.75 – 3.5 × 0.75 + 0.75 × 0.75

$= (1.75)^2 - 2 \times 1.75 \times 0.75 + (0.75)^2$

= (1.75 – 0.75)2 [□ $a^2 - 2ab + b^2 = (a - b)$]

$= (1)^2 = \boxed{1}$

64. (a) औसत गति = कुल दूरी / कुल समय

$= \frac{160+70+240}{\frac{160}{120}+\frac{70}{56}+\frac{240}{180}}$

$= \frac{470}{\frac{4}{3}+\frac{5}{4}+\frac{4}{3}}$

$= \frac{470}{\frac{16+15+16}{12}}$

$= \frac{470\times12}{47}$

= 120 km/h

65. (a) 20 दिन में $\frac{1}{2}$ काम करते हैं = 5 पुरुष

∴ 1 दिन में पूरा काम (1) करेगें = 5 × 20 × 2 पुरुष

∴ 4 दिन में पूरा काम (1) करेगें = $\frac{5\times20\times2}{4}$

= 50 पुरुष

66. (a): अशनानुसार, रक्त संबंध आरेख बनाने पर

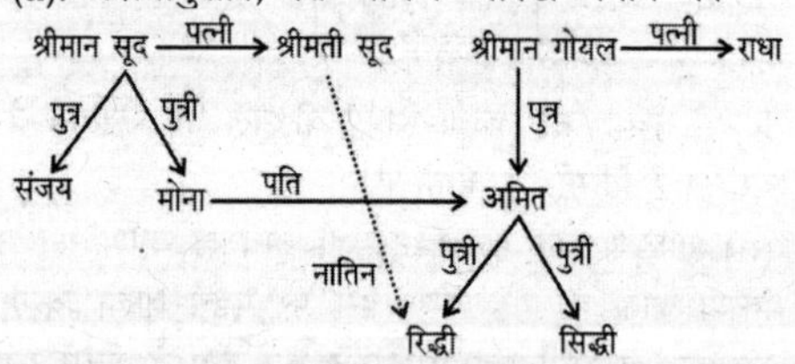

उपरोक्त आरेख से स्पष्ट है कि "रिद्धी" श्रीमती सूद की 'नातिन' है।

67. (c): $M= \frac{2}{11}[30H \pm \theta]$ जहाँ H = घण्टा M = मिनट

$15\frac{2}{11}[30\times6\pm\theta]$

15 × 11 = 2[180 ± θ]

165 = 360 ± 2θ

360 - 165 = ± 2θ

$\theta = \frac{195}{2} = 97.5°$

68. (c)

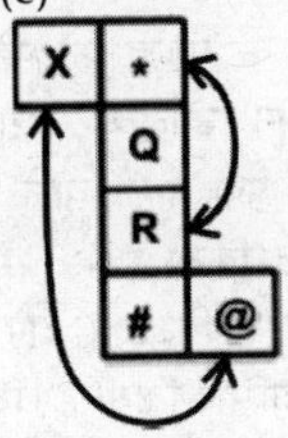

विपरीत फलक

X → @

* → R

Q → #

विपरीत फलक एक साथ दिखाई नहीं देते हैं।

अत: विकल्प (b) में दिया गया घन बनाया जा सकता है।

69. (c) महिलाओं के बैठने का क्रम निम्नवत है-

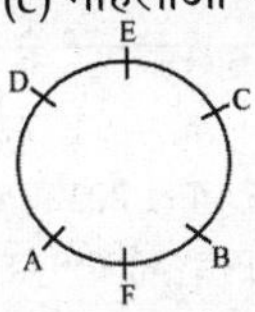

अत: स्पष्ट है कि B के सामने D बैठा है।

70. (a) 144 # 6 # 8 # 3

\# चिन्ह के स्थान को क्रमश ÷, = और × से परिवर्तित करने पर 144 ÷ 6 = 8 × 3

24 = 24

71. (d) गुप्तकाल में पाटलिपुत्र मूर्तिकला का प्रमुख केन्द्र था। गुप्तकाल की एक सुंदर कार्तिकेय की मूर्ति शाहाबाद जिले में प्राप्त हुई थी।

72. (c) महात्मा गाँधी ने अप्रैल 1917 में गणेशशंकर विद्यार्थी के कहने पर राजकुमार शुक्ल के निमंत्रण पर बिहार के चम्पारण के नील कृषकों की स्थिति का जायजा लेने वहाँ पहुँचे

73. (a)बिहार प्रातीय सम्मेलन के 12वें अधिवेशन की अध्यक्षता राजेन्द्र प्रसाद ने की तथा असहयोग पर बल दिया।

74. (b) बिहार में स्वराज्य पार्टी के प्रथम अध्यक्ष ब्रजकिशोर प्रसाद बने। प्रो० अब्दुल बारी सचिव तथा कृष्णबल्लभ सहाय सहायक सचिव बने ।

75. (b)पटना में 22 सितंबर 1925 को अखिल भारत चरखा संघ की स्थापना हुई।

76. (a)बिहार के क्रांतिकारी फणींद्रनाथ घोष ने सितंबर 1928 में हिंदुस्तान सोशलिस्ट रिपब्लिकन आर्मी की बैठक में भाग लिया।

77. (b) 1930 के नमक सत्याग्रह में भाग लेने के कारण रमा देवी पांडे को 6 महीने की जेल की सजा सुनाई गई थी।

78. (d) अगले वर्ष 15 फरवरी 1933 को प्रांत भर में तारापुर दिवस मनाया गया था।

79. (e) 1922 में, मुंगेर में मोहम्मद जुबैर और श्रीकृष्ण सिंह द्वारा किसान सभा का आयोजन किया गया था।

80. (b) मोहम्मद यूनुस अप्रैल-जुलाई 1937 के दौरान बिहार के पहले प्रधान मंत्री (प्रधान मंत्री, जिसे अब मुख्यमंत्री कहा जाता है) के रूप में सेवा की।उन्हें 1937 में मुस्लिम स्वतंत्र पार्टी के प्रतीक के रूप में चुना गया था, जो बिहार में दूसरी सबसे बड़ी पार्टी के रूप में उभरी थी और बाद में इसका मुस्लिम लीग में विलय हो गया।

81. (b)कांग्रेस सोशलिष्ट पार्टी की पहली बैठक वर्ष 1934 में पटना में हुई,

82. (d) पटना सचिवालय में शहीद होने वाले स्वतंत्रता सेनानी थे – (1) उमाकांत प्रसाद सिन्हा (2) रामानंद सिंह (3) सतीश प्रसाद झा, (4) जगपति कुमार (5) देवी पद चौधरी (6) रामगोविन्द सिंह (7) राजेन्द्र सिंह। ये सारे विद्यार्थी सचिवालय भवन पर झंडा फहराने का प्रयास कर रहे थे।

83. (b)स्वतंत्रता के उपरांत बिहार में उग्र छात्र आंदोलन की शुरूआत 1955 में हुई

84. (a) बिहार के प्रसिद्ध संत मखदुम शर्फुद्दीन मनेरी की मृत्यु बिहार शरीफ में हुई-

85. (a)बिहार में ठुमरी का मुख्य केन्द्र गया है

86. (c) वैशाली में महात्मा बुद्ध द्वारा कई बार प्रवचन देने के कारण ही अशोक ने वैशाली में सिंह स्तंभ का निर्माण करवाया था।

87. (e) मध्याह्न भोजन स्कीम छात्रों के ज्ञानात्मक, भावात्मक और सामाजिक विकास में मदद करती है। सुनियोजित मध्याह्न भोजन को बच्चों में विभिन्न अच्छी आदते डालने के अवसर के रूप में उपयोग में लाया जा सकता है। यह स्कीम महिलाओं को रोजगार के उपयोगी स्रोत भी प्रदान करती है।

88. (a) बिहार लोक सेवा आयोग की स्थापना 1अप्रैल 1949 को हुई थी । बिहार लोक सेवा आयोग के प्रथम अध्यक्ष श्री राजेन्द्रधारी सिन्हा थे ।

89. (b) बाल्मिकी नगर समुद्रतल से सर्वाधिक ऊँचाई पर है । बाल्मिकी नगर में यह ऊँचाई 100 मीटर है ।

90. (d)दियारा भूमि बाढ़ क्षेत्र की विशेष आकृति होती है।

91. (c) मिर्च मूल रूप से दक्षिण अमेरिका में पाई जाती हैं। लोग कम से कम 6,000 वर्षों से इनकी खेती और व्यापार कर रहे हैं। पुर्तगालियों द्वारा गोवा के अपने व्यापारिक उपनिवेश के माध्यम से मिर्च को दक्षिण अमेरिका से भारत लाया गया था।

92. (d) उल्लू एक ऐसा पक्षी है जिसकी आँखें मानवों की तरह सामने की तरफ होती है। उल्लू एक निशाचर पक्षी है, जिसका अर्थ है कि वह दिन में सोता है और रात में जागता है। उल्लू मांसाहारी होते हैं।

93. (b) टमाटर को हमारे देश में लाने वाले व्यापारी दक्षिण अमेरिका से हमारे देश में लाये थे।

94. (d) झारखण्ड की मुख्य फसल धान (चावल) है। यहाँ गेहूँ और मक्का भी पैदा होती है।

95. (d) बाघ एक ऐसा जन्तु है, जो अपने कानों को अलग अलग दिशाओं में बहुत अधिक घुमा लेता है और बाघ के कान बाहर की ध्वनि के इकट्ठा करने में उसकी सहायता करता है।

96. (a) आँवला, पालक एवं गुड़ में लौह तत्व प्रचुर मात्रा में पाया जाता है।

97. (c) भारत में चंद्रमा से जुड़े कई पर्व हैं। अगर हम हिंदू धर्म की बात करें तो चंद्रमा के अनुसार बहुत सारे त्योहार मनाए जाते हैं। पूर्णिमा पर: होली, बुद्ध पूर्णिमा, गुरु पूर्णिमा, रक्षाबंधन, गुरु नानक जयंती आदि।

98. (d) सल्फर हेक्साफ्लुओराइड (SF6) गैस की वैश्विक तापवृद्धि सामर्थ्य अन्य ग्लोबल वार्मिंग गैसों से ज्यादा है। अन्य ग्लोब वार्मिंग गैसों के तहत जलवाष्प, नाइट्रस ऑक्साइड (N_2O), कार्बन डाइऑक्साइड (CO_2) तथा मिथेन (CH_4) आती है।

99. (a) कार्बन डाइऑक्साइड गैस वायुप्रदूषक गैस नहीं मानी जाती है। यह एक ग्रीन हाउस गैस हैं जो ग्लोबल वार्मिंग के लिए जिम्मेदार सर्वप्रमुख गैस है। ऑटोमोबाइल से निकलने वाले प्रदूषण कारी तत्वों में कार्बन मोनोऑक्साइड (CO), नाइट्रोजन ऑक्साइड, हाइड्रोकार्बन, सल्फर डाइऑक्साइड, वाष्पशील उत्सर्जित पदार्थ तथा धूलकण रूपी तत्व शामिल है।

100. (d) संजय गांधी नेशनल पार्क, बोरीवली (महाराष्ट्र) के अंतिम जीवित बाघ 'बाजीराव' की 18 वर्ष की आयु में मृत्यु हो गई। यह बाघ विगत चार वर्षों से बाएं कंधे में क्रोनिक एंकीलोसिस और सेनाइल अर्थराइटिस रोग से पीड़ित था।

101. (b) भारत अपनी आबादी पर गर्मी के प्रभाव की मात्रा निर्धारित करने और विशिष्ट स्थानों के लिए प्रभाव-आधारित हीटवेव अलर्ट उत्पन्न करने के लिए अगले साल अपना हीट इंडेक्स लॉन्च करेगा।

भारत मौसम विज्ञान विभाग (IMD) ने पिछले सप्ताह एक प्रायोगिक ताप सूचकांक जारी करना शुरू किया, जिसमें हवा के तापमान और सापेक्ष आर्द्रता को ध्यान में रखते हुए यह निर्धारित किया गया कि यह वास्तव में कितना गर्म है।

102. (b) गृह मंत्रालय (एमएचए) ने केंद्रीय सशस्त्र पुलिस बलों (सीएपीएफ) और राष्ट्रीय आपदा प्रतिक्रिया बल (एनडीआरएफ) के कर्मियों के भोजन में 30% बाजरा शामिल करने का फैसला किया है।भारत सरकार के कहने पर संयुक्त राष्ट्र ने 2023 को बाजरा के महत्व को पहचानते हुए और लोगों को पौष्टिक भोजन उपलब्ध कराने के साथ-साथ घरेलू और वैश्विक मांग पैदा करने वाले बाजरा के अंतर्राष्ट्रीय वर्ष के रूप में घोषित किया है।

103. (b) गृह मंत्रालय (एमएचए) ने केंद्रीय सशस्त्र पुलिस बलों (सीएपीएफ) और राष्ट्रीय आपदा प्रतिक्रिया बल (एनडीआरएफ) के कर्मियों के भोजन में 30% बाजरा शामिल करने का फैसला किया है।भारत सरकार के कहने पर संयुक्त राष्ट्र ने 2023 को बाजरा के महत्व को पहचानते हुए और लोगों को पौष्टिक भोजन उपलब्ध कराने के साथ-साथ घरेलू और वैश्विक मांग पैदा करने वाले बाजरा के अंतर्राष्ट्रीय वर्ष के रूप में घोषित किया है।

104. (a) नेशनल थर्मल पावर कॉरपोरेशन लिमिटेड (NTPC) ने अपना पहला विदेशी क्षमता विस्तार हासिल किया है, जिसकी शुरुआत बांग्लादेश से हुई है। समूह ने हाल ही में बांग्लादेश के रामपाल, मोंगला, बागेरहाट में स्थित 1320 मेगावाट (2 × 660) मैत्री सुपर थर्मल पावर प्लांट (MSTPP) की 660 मेगावाट यूनिट-1 को जोड़ा है।

नए विस्तार के साथ, नेशनल थर्मल पावर कॉरपोरेशन की स्थापित क्षमता 72304 मेगावाट तक पहुंच गई है।

105. (c) भारत की अध्यक्षता में 2023 का सम्मेलन शंघाई सहयोग संगठन (एससीओ) के आठ सदस्य देशों के विदेश मंत्रियों की गोवा में चार और पांच मई को बैठक हुई।

106. (d) रक्षा मंत्री श्री राजनाथ सिंह ने 5 जून, 2023 को नई दिल्ली में अमेरिकी रक्षा सचिव श्री लॉयड ऑस्टिन के साथ द्विपक्षीय बैठक की। अमेरिकी रक्षा मंत्री 4 जून, 2023 को दो दिवसीय दौरे पर नई दिल्ली पहुंचे।

107. (b) ठाणे जिले के भिवंडी तालुका में भारत का पहला कार्बन न्यूट्रल गांव विकसित किया जा रहा है। 121 आदिवासी गांवों को आदर्श गांव के रूप में विकसित किया जा रहा है।

108. (c) भारतीय रिजर्व बैंक के गवर्नर शक्तिकांत दास ने 5 जून को एक वित्तीय समावेशन डैशबोर्ड - ANTARDRIHSTI लॉन्च किया। जैसा कि नाम से पता चलता है, डैशबोर्ड संबंधित मापदंडों को कैप्चर करके वित्तीय समावेशन की प्रगति का आकलन और निगरानी करने के लिए आवश्यक अंतर्दृष्टि प्रदान करेगा।

109. (d) जून 2023 को, महाराष्ट्र के मुख्यमंत्री एकनाथ शिंदे ने ठाणे में एशिया की सबसे बड़ी, महत्वाकांक्षी और ऐतिहासिक क्लस्टर विकास योजना शुरू की है। पुनर्विकसित टाउनशिप योजना में अच्छी तरह से सुसज्जित स्वास्थ्य, शैक्षिक, खेल, मनोरंजन, पार्किंग, मंडी और नागरिक सुविधाएं शामिल हैं। ब्क्ब्ब इस परियोजना को क्रियान्वित करेगा। परियोजना के तहत टाउनशिप की तर्ज पर एकीकृत पुनर्विकास परियोजना की जाएगी।

110. (c) विश्व खाद्य सुरक्षा दिवस (डब्ल्यूएफएसडी), हर साल 7 जून को मनाया जाता है, 2023 में इसका पांचवां संस्करण मनाया गया। खाद्य जनित जोखिमों, मानव स्वास्थ्य, आर्थिक समृद्धि, कृषि और सतत विकास को रोकने, पता लगाने और प्रबंधित करने में मदद करने के लिए मनाया जाता है। इस वर्ष विश्व खाद्य सुरक्षा दिवस की थीम "Food Standards Save Lives" है।

111. (b) केंद्रीय जल शक्ति मंत्री गजेंद्र सिंह शेखावत ने 6 जुलाई 2023 को कहा कि अगले पांच वर्षों के भीतर पूरे देश को खुले में शौच मुक्त (ओडीएफ) घोषित कर दिया जाएगा। हर गांव में व्यापक स्वच्छता सुविधाएं उपलब्ध कराने पर ध्यान केंद्रित किया गया है।

112. (b) सीमा सुरक्षा बल (बीएसएफ) के एक प्रसिद्ध कमांडर परिमल कुमार घोष का 84 वर्ष की आयु में 7 जुलाई 2023 को नई दिल्ली में निधन हो गया। घोष कथित तौर पर 1971 के मुक्ति युद्ध के दौरान बांग्लादेश के स्वतंत्रता सेनानियों की सहायता करने वाले पहले भारतीय सैन्य अधिकारी थे। घोष ने बीएसएफ की 92वीं बटालियन में कमांडर के रूप में कार्य किया और जब बांग्लादेश में स्वतंत्रता आंदोलन शुरू हुआ तो वह त्रिपुरा में तैनात थे।

113. (b) रक्षा मंत्री राजनाथ सिंह ने 7 जुलाई, 2023 को नई दिल्ली में एक एनसीसी इंटीग्रेटेड सॉफ्टवेयर लॉन्च किया। यह सॉफ्टवेयर एनसीसी कैडेटों के लिए एंट्री-टू-एग्जिट मॉडल पर डिजाइन किया गया एक सिंगल-विंडो इंटरैक्टिव प्लेटफॉर्म है। सॉफ्टवेयर का लक्ष्य कैडेट नामांकन से लेकर पूर्व छात्र पंजीकरण तक की पूरी प्रक्रिया को डिजिटल बनाना है। यह प्रमाणपत्रों को निर्बाध रूप से जारी करने और रोजगार उद्देश्यों के लिए एनसीसी कैडेटों का एक अखिल भारतीय डेटाबेस बनाने में सक्षम बनाएगा।

114. (a) यूनाइटेड किंगडम के राष्ट्रीय सुरक्षा सलाहकार टिम बैरो ने 7 जुलाई 2023 को नई दिल्ली में राष्ट्रीय सुरक्षा सलाहकार अजीत डोभाल से मुलाकात की। उन्होंने आपसी हित के क्षेत्रीय और वैश्विक मुद्दों पर चर्चा की। दोनों देशों ने अपनी रणनीतिक साझेदारी की पुष्टि की और सुरक्षा संबंधों को बढ़ाने के लिए प्रतिबद्धता जताई।

115. (b) भारतीय नौसेना की मार्चिंग टुकड़ी 14 जुलाई 2023 को बैस्टिल डे परेड के लिए फ्रांस पहुंची। इस टुकड़ी में कमांडर व्रत बघेल के नेतृत्व में चार अधिकारी और 64 नाविक शामिल हैं।

116. (a) कोलकाता शहर भारत के पश्चिम बंगाल राज्य की राजधानी है, जो हुगली नदी के बायें तट पर स्थित है। अपनी उत्तम अवस्थिति के कारण इसे 'पूर्वी भारत का प्रवेश द्वार' भी कहा जाता है। इसको अन्य उपनामों से भी पुकारा जाता है, जैसे- सिटी ऑफ जॉय (आनन्द का शहर), महलों का शहर, इत्यादि।

117. (d) भारत का चावल भंडार, 'आंध्र प्रदेश' को कहा जाता है। आंध्र प्रदेश, भाषायी आधार पर गठित प्रथम राज्य है। इसका गठन 1953 ई. में किया गया था।

118. (a)

लेखक	पुस्तक
वराहमिहिर	बृहतसंहिता
कल्हण	राजतरंगिणी
पाणिनी	अष्टाध्यायी

119. (d) प्रथम भारतीय युवा ओलंपिक खेलो का आयोजन सिंगापुर में हुआ था। युवा ओलंपिक खेलों की अवधारणा 1998 में ऑस्ट्रियाई औद्योगिक प्रबंधक जोहान रोसेनजोफ से हुई थी।

120. (d) भारतीय अन्तरिक्ष रॉकेट प्रक्षेपण केन्द्र आंध्र प्रदेश के श्रीहरिकोटा द्वीप पर स्थित है। इसे अब सतीश धवन अन्तरिक्ष केन्द्र के नाम से जाना जाता है। भारतीय अंतरिक्ष अनुसंधान संगठन (ISRO) के अन्य प्रमुख केन्द्र निम्न है -
विक्रम साराभाई केन्द्र (VSSC) - तिरुवनन्तपुरम् (केरल)
भारतीय अंतरिक्ष अनुसंधान संगठन (ISRO) - बेंगलुरू
अंतरिक्ष उपयोग केन्द्र (SAC) - अहमदाबाद

SET 5

BPSC प्राइमरी प्रैक्टिस सेट

1. **निम्नलिखित में से पहला स्थान कौन-सा था जहाँ सिन्धु घाटी सभ्यता की खोज हुई थी?**
(a) अमरी (b) कोटदीजी
(c) हड़प्पा (d) मोहनजोदड़ो
(e) उपर्युक्त में से कोई नहीं/ उपर्युक्त में से एक से अधिक

2. **कौन-सा बृहत हड़प्पाई स्थल हरियाणा में स्थित है?**
(a) धौलावीरा (b) राखीगढ़ी
(c) कालीबंगन (d) आलमगीरपुर
(e) उपर्युक्त में से कोई नहीं/ उपर्युक्त में से एक से अधिक

3. **भागवत गीता में कितने छंद हैं?**
(a) 700 (b) 670
(c) 650 (d) 600
(e) उपर्युक्त में से कोई नहीं/ उपर्युक्त में से एक से अधिक

4. **अणुव्रत का सिद्धांत किससे संबंधित है?**
(a) महायान बौद्ध धर्म (b) हीनयान बौद्ध धर्म
(c) जैन धर्म (d) लोकायत सम्प्रदाय
(e) उपर्युक्त में से कोई नहीं/ उपर्युक्त में से एक से अधिक

5. **निम्नलिखित में से कौन गौतम बुद्ध के समकालीन थे?**
(a) नागार्जुन (b) कनिष्क
(c) कौटिल्य (d) महावीर
(e) उपर्युक्त में से कोई नहीं/ उपर्युक्त में से एक से अधिक

6. **भारत के मूल निवासी थे-**
(a) सिक्ख (b) मुगल
(c) द्रविड़ (d) ईसाई
(e) उपर्युक्त में से कोई नहीं/ उपर्युक्त में से एक से अधिक

7. **जहांगीर की राजसी उपाधि किस मुगल सम्राट द्वारा अपनाई गई थी?**
(a) नूर - उद - दीन मोहम्मद सलीम
(b) शहाब-उद-दीन मोहम्मद खुर्रम
(c) जलाल उद्दीन मोहम्मद
(d) मुहिउद्दीन मोहम्मद
(e) उपर्युक्त में से कोई नहीं/ उपर्युक्त में से एक से अधिक

8. **राणा अमर सिंह-I और जहांगीर के बीच शांति संधि वर्ष __________ में हस्ताक्षरित की गई थी।**
(a) 1605 (c) 1610
(b) 1620 (d) 1615
(e) उपर्युक्त में से कोई नहीं/ उपर्युक्त में से एक से अधिक

9. **पहले मुगल शासक कौन थे?**
(a) शाहजहाँ (c) बाबर
(b) हुमायूँ (d) अकबर
(e) उपर्युँक्त में से कोई नहीं/ उपर्युक्त में से एक से अधिक

10. **मुगल साम्राज्य में उस सेनापति का क्या नाम था जिसने अपने शुरूआती दिनों में अकबर का मार्गदर्शन और देखभाल किया था जब अकबर 14 साल की उम्र में सिंहासन पर बैठा था?**
(a) टोडरमल (b) मानसिंह
(c) बैरम खां (d) अधम खान
(e) उपर्युक्त में से कोई नहीं/ उपर्युक्त में से एक से अधिक

11. **दिल्ली के नजदीक, किस ऐतिहासिक साइट पर, 8 जून, 1857 को भारतीय सिपाहियों को हार मिली थी?**
(a) बदली की सराय (b) इलाहाबाद
(c) आलमबाग (d) खास बाजार
(e) उपर्युक्त में से कोई नहीं/ उपर्युक्त में से एक से अधिक

12. **भारतीय राष्ट्रीय कांग्रेस की अध्यक्ष बनने वाली प्रथम भारतीय महिला कौन थी?**
(a) सुचेता कृपलानी (b) सरोजिनी नायडू
(c) एनी बेसेंट (d) अरुणा आसफ अली
(e) उपर्युक्त में से कोई नहीं/ उपर्युक्त में से एक से अधिक

13. **वर्ष 1930 में भारत की स्वतंत्रता संग्राम के दौरान, चटगाँव शस्त्रागार पर आक्रमण करने वाले नेता कौन थे?**
(a) सूर्य सेन (b) रासबिहारी बोस
(c) अंबिका चक्रवर्ती (d) बिनॉय बसु
(e) उपर्युक्त में से कोई नहीं/ उपर्युक्त में से एक से अधिक

14. जलियाँवाला बाग हत्याकांड वाले दिन लोग ब्रिटिश सरकार के किस कार्य का विरोध करने के लिए बाग में एकत्रित हुए थे?

(a) पंजाब में मार्शल लॉ (b) साइमन कमीशन
(c) इल्बर्ट बिल (d) रॉलैट एक्ट
(e) उपर्युक्त में से कोई नहीं/ उपर्युक्त में से एक से अधिक

15. स्वतंत्रता के पश्चात् भारत के पहले गवर्नर जनरल कौन थे?

(a) जवाहरलाल नेहरू (b) राजेन्द्र प्रसाद
(c) क्लीमेंट एटली (d) लॉर्ड माउंटबेटन
(e) उपर्युक्त में से कोई नहीं/ उपर्युक्त में से एक से अधिक

16. भारत के किस क्षेत्र में वनस्पति को हैलोफाइट्स के रूप में वर्गीकृत किया जाएगा?

(a) थार का मरुस्थल (b) मध्य हिमालय
(c) सुंदरवन (d) गंगा का मैदान
(e) उपर्युक्त में से कोई नहीं/ उपर्युक्त में से एक से अधिक

17. भारत की सबसे बड़ी निर्जल गोदी यहाँ स्थित है

(a) कोचिन (b) मार्मागोवा
(c) कोलकाता (d) मुम्बई
(e) उपर्युक्त में से कोई नहीं/ उपर्युक्त में से एक से अधिक

18. विश्व में सूती वस्त्रों का सबसे बड़ा निर्यातक है :

(a) जापान (b) संयुक्त राज्य अमेरिका
(c) चीन (d) भारत
(e) उपर्युक्त में से कोई नहीं/ उपर्युक्त में से एक से अधिक

19. पैठण (जायकवाड़ी) जलविद्युत परियोजना इनमें से किस नदी पर स्थित है?

(a) कोयना (b) गोदावरी
(c) भीमा (d) यमुना
(e) उपर्युक्त में से कोई नहीं/ उपर्युक्त में से एक से अधिक

20. पैठण (जायकवाड़ी) जलविद्युत परियोजना इनमें से किस नवी पर स्थित है?

(a) कोयना (b) गोदावरी
(c) भीमा (d) यमुना
(e) उपर्युक्त में से कोई नहीं/ उपर्युक्त में से एक से अधिक

21. निम्नलिखित नदियों के युग्म में से किसे सर्वप्रथम जोड़ा गया था?

(a) सोन - महानदी (c) गोदावरी-कृष्णा
(b) दामोदर-हुगली (d) नर्मदा-ताप्ती
(e) उपर्युक्त में से कोई नहीं/ उपर्युक्त में से एक से अधिक

22. निम्नलिखित में से कौन सी भारत की सबसे बड़ी ताजे पानी की झील है?

(a) लाडोगा (b) मलावी
(c) रेनडियर (d) वुलर
(e) उपर्युक्त में से कोई नहीं/ उपर्युक्त में से एक से अधिक

23. पूर्वी घाटों की उच्चतम चोटी है :

(a) अनाईमुडी (b) महेन्द्रगिरी
(c) शैवरॉय पहाड़ियाँ (d) जावड़ी पहाड़ियाँ
(e) उपर्युक्त में से कोई नहीं/ उपर्युक्त में से एक से अधिक

24. भारत और चीन के बीच निर्धारित सीमा रेखा को किस नाम से जाना जाता है?

(a) मैकमोहन लाइन (b) एवरेस्ट लाइन
(c) नेहरू चाउ एन्ली लाइन (d) गाँधी - चाउ लाइन
(e) उपर्युक्त में से कोई नहीं/ उपर्युक्त में से एक से अधिक

25. भारत में प्रवाल भित्ति (Coral reefs) कहाँ मिलती है?

(a) ओडिशा के तट पर (b) वॉल्टेर
(c) रामेश्वरम (d) त्रिवेन्द्रम
(e) उपर्युक्त में से कोई नहीं/ उपर्युक्त में से एक से अधिक

26. राज्य सरकार द्वारा नीति निर्देशक सिद्धान्त के प्रवर्तन की स्थिति में भारत के नागरिक इसके विरुद्ध कहाँ अपील कर सकते हैं?

(a) उच्च न्यायालय (b) सर्वोच्च न्यायालय
(c) जिला - न्यायालय (d) लोक अदालत
(e) उपर्युक्त में से कोई नहीं/ उपर्युक्त में से एक से अधिक

27. भारतीय राष्ट्रीय ध्वज के 'चक्र' में कितने स्पोक हैं?

(a) 36 स्पोक (b) 22 स्पोक
(c) 20 स्पोक (d) 30 स्पोक
(e) उपर्युक्त में से कोई नहीं/ उपर्युक्त में से एक से अधिक

28. पंचायत का कार्यकाल होता है:

(a) परिणाम घोषित होने की तिथि से पाँच वर्ष
(b) चुनाव की घोषणा की तिथि से पाँच वर्ष
(c) प्रथम बैठक के लिए निर्धारित तिथि से पाँच वर्ष
(d) पिछली पंचायत के विघटन की तिथि से पाँच वर्ष
(e) उपर्युक्त में से कोई नहीं/ उपर्युक्त में से एक से अधिक

29. निम्नलिखित में से किसने 'लोकपाल' के पद के निर्माण की संस्तुति की है?

(a) अन्तर - राज्य परिषद्
(b) राष्ट्रीय पुलिस आयोग
(c) राज्य पुनर्गठन आयोग
(d) प्रशासनिक सुधार आयोग
(e) उपर्युक्त में से कोई नहीं/ उपर्युक्त में से एक से अधिक

30. कौन राज्यसभा का अध्यक्ष भी है?

(a) राष्ट्रपति (b) उपराष्ट्रपति
(c) लोकसभा का स्पीकर (d) संसदीय मामलों का मंत्री
(e) उपर्युक्त में से कोई नहीं/ उपर्युक्त में से एक से अधिक

31. भारत के उपराष्ट्रपति के निर्वाचन के लिये निर्वाचक मंडल में निम्नलिखित सदस्य होते हैं:

(a) संसद की दोनों सभाओं के सदस्य
(b) संसद की दोनों सभाओं के निर्वाचित सदस्य
(c) संसद की दोनों सभाओं और राज्य विधानसभाओं के निर्वाचित सदस्य
(d) संसद की दोनों सभाओं और राज्य विधानसभाओं के सदस्य
(e) उपर्युक्त में से कोई नहीं/ उपर्युक्त में से एक से अधिक

32. भारतीय संविधान के किस अनुच्छेद में वित्तीय आपात का वर्णन किया गया है?

(a) 360 (b) 350
(c) 340 (d) 330
(e) उपर्युक्त में से कोई नहीं/ उपर्युक्त में से एक से अधिक

33. भारत के संविधान के अनुच्छेद 21A के अनुसार, राज्य को निम्न आयु वर्ग के सभी बच्चों को मुफ्त और अनिवार्य शिक्षा प्रदान करनी चाहिए:

(a) 6 से 14 वर्ष (b) 7 से 15 वर्ष
(c) 5 से 10 वर्ष (d) 4 से 11 वर्ष
(e) उपर्युक्त में से कोई नहीं/ उपर्युक्त में से एक से अधिक

34. एक उच्च न्यायालय से एक निचली अदालत, न्यायाधिकरण या सार्वजनिक प्राधिकरण को अपने कर्तव्य के भीतर आने वाले अधिनियम को निष्पादित करने के आदेश को ________ कहा जाता है।

(a) परमादेश रिट (b) प्रतिषेध रिट
(c) बन्दी प्रत्यक्षीकरण रिट (d) उत्प्रेषण रिट
(e) उपर्युक्त में से कोई नहीं/ उपर्युक्त में से एक से अधिक

35. भारतीय संविधान है-

(a) कठोर
(b) स्थिति के अनुरूप परिवर्तनशील
(c) आंशिक रूप से कठोर आंशिक रूप से परिवर्तनशील
(d) न तो कठोर और न ही परिवर्तनशील
(e) उपर्युक्त में से कोई नहीं/ उपर्युक्त में से एक से अधिक

36. भारत की राजकोषीय नीति के संबंध में सरकारी प्राप्तियों की पहचान करें:

I. राजस्व प्राप्तियां
II. पूंजी प्राप्तियां

(a) केवल II (b) न तो I और न ही II
(c) I और II दोनों (d) केवल I
(e) उपर्युक्त में से कोई नहीं/ उपर्युक्त में से एक से अधिक

37. माल और सेवा कर (GST) भारत में कब प्रारंभ किया गया?

(a) अगस्त, 2017 (b) जनवरी, 2017
(c) फरवरी, 2017 (d) अप्रैल, 2017
(e) उपर्युक्त में से कोई नहीं/ उपर्युक्त में से एक से अधिक

38. वैट का पूरा नाम क्या है?

(a) वेरिएबल एडिशनल टैक्स
(b) वैरायटी एडेड टैक्स
(c) वैल्यू एडेड टैक्स
(d) उपर्युक्त में से कोई नहीं/ उपर्युक्त में से एक से अधिक
(e) उपर्युक्त में से कोई नहीं/ उपर्युक्त में से एक से अधिक

39. चेकों का नकारा जाना एक अपराध है। इसके लिए वर्तमान समय में क्या दंड दिया जाता है?

(a) तीन वर्ष का कारावास (b) छह माह का कारावास
(c) एक वर्ष का कारावास (d) दो वर्ष का कारावास
(e) उपर्युक्त में से कोई नहीं/ उपर्युक्त में से एक से अधिक

40. निम्नलिखित में से कौन-सा बैंक सार्वजनिक क्षेत्र का बैंक है?

(a) एच.डी.एफ.सी. बैंक (b) आई.सी.आई.सी.आई बैंक
(c) आई.डी.बी.आई. बैंक (d) फेडरेल बैंक
(e) उपर्युक्त में से कोई नहीं/ उपर्युक्त में से एक से अधिक

41. $\frac{1}{2}mv^2$ के लिए आयामी सूत्र है:

(a) $[M^2LT]$ (b) $[ML^2T]$
(c) $[MLT^2]$ (d) $[ML^2T^{-2}]$
(e) उपर्युक्त में से कोई नहीं/ उपर्युक्त में से एक से अधिक

42. ________ एक संयंत्र है जो किसी वस्तु की दूरी और दिशा का पता लगा सकता है?

(a) लेसर (b) सोनार
(c) सोलर (d) राडार
(e) उपर्युक्त में से कोई नहीं/ उपर्युक्त में से एक से अधिक

43. निम्नलिखित में से कौन सा कथन सही नहीं है?

(a) किसी वस्तु का द्रव्यमान उसके जड़त्व की माप है।
(b) बल का एस. आई. मात्रक $kg\,m/s^2$ है।
(c) क्रिया तथा प्रतिक्रिया बल सदैव एक ही वस्तु पर कार्य करते है।
(d) किसी विलग निकाय में कुल संवेग संरक्षित रहता है।
(e) उपर्युक्त में से कोई नहीं/ उपर्युक्त में से एक से अधिक

44. एक ग्राम के भार में कितने डाइन हैं-

(a) 900 (b) 375
(c) 981 (d) 250
(e) उपर्युक्त में से कोई नहीं/ उपर्युक्त में से एक से अधिक

45. यदि चंद्रमा पर किसी वस्तु का भार 60 N है, तो पृथ्वी की सतह पर उस वस्तु का भार कितना होगा?

(a) 30 N (b) 15 N

(c) 300 N (d) 10 N

(e) उपर्युक्त में से कोई नहीं/ उपर्युक्त में से एक से अधिक

46. साधारण नमक का रासायनिक सूत्र है-

(a) MnO_2 (c) KCl

(b) $NaCl_2$ (d) NaCl

(e) उपर्युक्त में से कोई नहीं/ उपर्युक्त में से एक से अधिक

47. जर्मन सिल्वर किसकी मिश्रधातु है?

(a) ताँबा, सिल्वर और जिंक (b) ताँबा, निकेल और जिंक

(c) ताँबा, टिन और जिंक (d) ताँबा, निकेल और जिंक

(e) उपर्युक्त में से कोई नहीं/ उपर्युक्त में से एक से अधिक

48. पानी का क्लोरीनीकरण पानी को शुद्ध करने की विधि है।

(a) गलत (b) सिर्फ एक

(c) अन्य की तुलना में सस्ता (d) अन्य की तुलना में महँगा

(e) उपर्युक्त में से कोई नहीं/ उपर्युक्त में से एक से अधिक

49. उस गैस का चयन करें जिसे अग्निशामक यंत्रों में संग्रहित किया जाता है?

(a) द्रव प्रावस्था में कार्बन डाईऑक्साइड (CO_2)

(b) ठोस प्रावस्था में कार्बन डाईऑक्साइड (CO_2)

(c) शुष्क प्रावस्था में कार्बन डाईऑक्साइड (CO_2)

(d) कार्बन मोनोक्साइड

(e) उपर्युक्त में से कोई नहीं/ उपर्युक्त में से एक से अधिक

50. ऑक्सैलिक अम्ल __________ में मौजूद होता है।

(a) पालक (b) मिल्क ऑफ मैग्नीशिया

(c) नींबू पानी (d) आंवला

(e) उपर्युक्त में से कोई नहीं/ उपर्युक्त में से एक से अधिक

51. 'कोषावस्था (क्रिसलिस)' शब्द का अर्थ है:

(a) एक तितली का प्यूपा

(b) सरीसृपों द्वारा केंचुली का उतारना

(c) एक जिलेटिनस मास में रखे मेंढक के अंडे

(d) कीटों का अंडों से नरम कृमि जैसे आकार में निकलना

(e) उपर्युक्त में से कोई नहीं/ उपर्युक्त में से एक से अधिक

52. रतौंधी की बीमारी निम्नलिखित में से किस विटामिन की कमी के कारण होती है?

(a) B (b) E

(c) K (d) A

(e) उपर्युक्त में से कोई नहीं/ उपर्युक्त में से एक से अधिक

53. एक आवश्यक खनिज आयोडीन सामान्यत __________ में पाया जाता है।

(a) असंसाधित मांस (b) अंडे की सफेदी

(c) समुद्री खाद्य (d) सादा पका हुआ अनाज

(e) उपर्युक्त में से कोई नहीं/ उपर्युक्त में से एक से अधिक

54. एन्जाइम क्या है?

(a) स्टेरॉयड (b) कार्बोहाइड्रेट

(c) प्रोटीन (d) लीपिड्स

(e) उपर्युक्त में से कोई नहीं/ उपर्युक्त में से एक से अधिक

55. निम्नलिखित में से किसका प्रयोग कर्कट रोग के उपचार में किया जाता है?

(a) एल्युमिनियम -27 (b) कोबाल्ट-60

(c) सीसा -60 (d) आयरन-56

(e) उपर्युक्त में से कोई नहीं/ उपर्युक्त में से एक से अधिक

56. प्रथम 15 विषम प्राकृतिक संख्याओं का औसत ज्ञात कीजिए।

(a) 14 (b) 15

(c) 15.5 (d) 14.5

(e) उपर्युक्त में से कोई नहीं/ उपर्युक्त में से एक से अधिक

57. यदि 63, 105 तथा 21 का लघुत्तम समापवर्त्य तथा महत्तम समापवर्तक क्रमशः L तथा M है, तो L + M का मान क्या है?

(a) 342 (b) 335

(c) 357 (d) 315

(e) उपर्युक्त में से कोई नहीं/ उपर्युक्त में से एक से अधिक

58. जब 71287 में 172 से भाग दिया जाए तो क्या शेषफल होगा?

(a) 170 (b) 171

(c) 172 (d) 169

(e) उपर्युक्त में से कोई नहीं/ उपर्युक्त में से एक से अधिक

59. एक परीक्षा में, 45% छात्र भौतिकी में और 40% रसायन विज्ञान में अनुत्तीर्ण हुए। यदि 35% विद्यार्थी दोनों में अनुत्तीर्ण हुए, तो कितने प्रतिशत विद्यार्थी दोनों में उत्तीर्ण हुए?

(a) 60% (b) 70%

(c) 50% (d) 40%

(e) उपर्युक्त में से कोई नहीं/ उपर्युक्त में से एक से अधिक

60. जब एक सेकेंड हैंड कार 180000 रुपए में बेची जाती है तो मालिक को 25% की हानि होती है। 25% का लाभ प्राप्त करने के लिए इसे किस मूल्य पर बेचा जाना चाहिए?

(a) 300000 (b) 250000

(c) 270000 (d) 200000

(e) उपर्युक्त में से कोई नहीं/ उपर्युक्त में से एक से अधिक

61. तीन धावकों की गति का अनुपात 1:2:3 है। समान दूरी तय करने में तीन धावकों द्वारा लिये गये समय का क्रमशः अनुपात क्या है?

(a) 3:2:6 (b) 6:3:2
(c) 6:3:1 (d) 6:3:4
(e) उपर्युक्त में से कोई नहीं/ उपर्युक्त में से एक से अधिक

62. एक व्यक्ति किसी निश्चित राशि को 10 प्रतिशत की वार्षिक दर से साधारण ब्याज पर उधार देता है तथा 6 वर्षो में प्राप्त किया गया ब्याज उधार दी गई राशि से 880 रुपये कम है। उधार दी गई राशि क्या है?

(a) 2100 (b) 1760
(c) 2400 (d) 2000
(e) उपर्युक्त में से कोई नहीं/ उपर्युक्त में से एक से अधिक

63. $45 + 20 \times 3 \div (4 \times 5) + 88$ का मान क्या है?

(a) 116 (b) 146
(c) 126 (d) 136
(e) उपर्युक्त में से कोई नहीं/ उपर्युक्त में से एक से अधिक

64. पुलकित G से H की ओर चलना आरंभ करता है। रमेश उसी समय H से G की ओर चलना आरंभ करता है। पुलकित तथा रमेश की गति क्रमशः 30 किमी./घंटा तथा 18 किमी./घंटा है। एक-दूसरे से मिलने के बाद, G तक पहुँचने के लिए रमेश द्वारा लिया गया समय 75 घंटे है। रमेश से मिलने के बाद H तक पहुँचने के लिए पुलकित द्वारा लिया गया समय क्या है?

(a) 27 घंटे (b) 30 घंटे
(c) 21 घंटे (d) 24 घंटे
(e) उपर्युक्त में से कोई नहीं/ उपर्युक्त में से एक से अधिक

65. दीपक अकेले एक कार्य को 30 घंटे में कर सकता है। दीपक तथा राहुल मिलकर उसी कार्य को 20 घंटे में कर सकते है। राहुल तथा वरून मिलकर उसी कार्य को 15 घंटे में कर सकते है। वरून अकेले उसी कार्य को कितने घंटे में कर सकता है?

(a) 17 घंटे (b) 20 घंटे
(c) 25 घंटे (d) 22 घंटे
(e) उपर्युक्त में से कोई नहीं/ उपर्युक्त में से एक से अधिक

66. दिए गए विकल्पों में से तीन एक निश्चित तरीके से समान है। हालांकि, एक विकल्प अन्य तीन की तरह नहीं है। उस विकल्प का चयन करें जो अन्य से अलग

(a) 256 (b) 400
(c) 324 (d) 312
(e) उपर्युक्त में से कोई नहीं/ उपर्युक्त में से एक से अधिक

67. A, B, C और D एक वर्गाकार मेज के चारों ओर एक- दूसरे की ओर देखते हुए बैठे हैं। C के एकदम दाएँ कौन बैठे है?

I. B न ही A के बाएँ है न ही C के एकदम दाएँ है।

II. D, A के विपरीत बैठा है और B के एकदम दाएँ बैठा है।

(a) अकेला I पर्याप्त है जबकि अकेला II पर्याप्त नहीं है
(b) अकेला II पर्याप्त है जबकि अकेला I पर्याप्त नहीं है
(c) या तो I या II पर्याप्त है
(d) न तो I न ही II पर्याप्त है।
(e) I और II दोनों पार्याप्त हैं

68. एक सार्थक शब्द के अक्षरों को अव्यवस्थित किया गया है और उन्हें क्रमांकित किया गया है। आपको शब्द का निर्माण करना है और उस विकल्प में चयन करना हे जो शब्द बनाने के लिए संख्याओं द्वारा इंगित अक्षरों का सही क्रम देता है।

I-2, 5-3, N-6, 0-1, U-5, E-8, T-7, Q-4

(a) 45837216 (b) 45837162
(c) 47358216 (d) 45836127
(e) उपर्युक्त में से कोई नहीं/ उपर्युक्त में से एक से अधिक

69. निम्नांकित श्रृंखला में कुछ अक्षर लुप्त हैं जो उसी क्रम में एक विकल्प के रूप में नीचे दिए गए हैं। सही विकल्प को चुनः

aac_a_cbab_b_accab_ba_cb

(a) beacba (b) acbaba
(c) cbcacb (d) cabcab
(e) उपर्युक्त में से कोई नहीं/ उपर्युक्त में से एक से अधिक

70. उस विकल्प का चयन करें जो तीसरे पद से उसी प्रकार से संबंधित है जिस प्रकार से दूसरा पद पहले पद से संबंधित है।

BD : DG : NPP

(a) PQ (b) PS
(c) PT (d) PR
(e) उपर्युक्त में से कोई नहीं/ उपर्युक्त में से एक से अधिक

71. बोधगया के महाबोधि मन्दिर का निर्माण किस काल में हुआ था?

(a) मौर्यकाल (b) शुंग काल
(c) गुप्तकाल (d) कण्व काल
(e) उपर्युक्त में से कोई नहीं/ उपर्युक्त में से एक से अधिक

72. बिहार में तुर्क सत्ता की स्थापना कब हुई?

(a) 1292 में (b) 1298 में
(c) 1194 में (d) 1195 में
(e) उपर्युक्त में से कोई नहीं/ उपर्युक्त में से एक से अधिक

73. महात्मा गांधी का पहली बार बिहार में आगमन हुआ?

(a) 1921 (b) 1909

(c) 1915 (d) 1917

(e) उपर्युक्त में से कोई नहीं/ उपर्युक्त में से एक से अधिक

74. श्री गोरखा प्रसाद कहाँ के असहयोग आंदोलनकारी थे?

(a) पटना (b) रोहतास

(c) गया (d) मोतिहारी

(e) उपर्युक्त में से कोई नहीं/ उपर्युक्त में से एक से अधिक

75. बिहार कौमी सेवक दल की स्थापना हुई-

(a) 27 नवम्बर 1921 को (b) 27 नवम्बर 1922 को

(d) 27 नवम्बर 1923 को (c) 27 नवम्बर 1920 को

(e) उपर्युक्त में से कोई नहीं/ उपर्युक्त में से एक से अधिक

76. बिहार का कौन-सा स्थान गांधीजी के शब्दों में 'तीर्थस्थान' था?

(a) मधुबनी (b) जीरादेई

(c) चंपारण (d) केसरिया

(e) उपर्युक्त में से कोई नहीं/ उपर्युक्त में से एक से अधिक

77. बिहार के किस क्रांतिकारी नेता ने 14 अप्रैल 1929 को प्रथम नौजवान दिवस मनाने का ऐलान किया?

(a) फणीन्द्र नाथ घोष (b) मणीन्द्र नारायण

(c) प्रो० ज्ञान साहा (d) ज्योतिन्द्र नाथ

(e) उपर्युक्त में से कोई नहीं/ उपर्युक्त में से एक से अधिक

78. बिहार के मुजफ्फरपुर में कब नमक सत्याग्रह शुरू हुआ?

(a) 15 अप्रैल 1930 (b) 5 अप्रैल 1930

(c) 9 अप्रैल 1930 (d) 7 अप्रैल 1930

(e) उपर्युक्त में से कोई नहीं/ उपर्युक्त में से एक से अधिक

79. बिहार में 'मैजिक लालटेन' का लेक्चर किस आंदोलन से सम्बन्धित है?

(a) 1857 के विद्रोह (c) असहयोग आंदोलन

(b) स्वदेशी आंदोलन (d) सविनय अवज्ञा आंदोलन

(e) उपर्युक्त में से कोई नहीं/ उपर्युक्त में से एक से अधिक

80. बिहार प्रांतीय प्रोविसियंल किसान सभा के प्रथम अध्यक्ष थे-

(a) स्वामी सहजानंद (c) शाह मुहम्मद जुब्बेर

(b) राजेन्द्र प्रसाद (d) बाबू श्रीकृष्ण सिंह

(e) उपर्युक्त में से कोई नहीं/ उपर्युक्त में से एक से अधिक

81. बिहार के पहले भारतीय प्रधानमंत्री (मुख्य मंत्री) हैं-

(a) श्रीकृष्ण सिंह (b) मुहम्मद युनूस

(c) राजेन्द्र प्रसाद (d) उपर्युक्त में से कोई नहीं

(e) उपर्युक्त में से कोई नहीं/ उपर्युक्त में से एक से अधिक

82. निम्न में से कौन बिहार सोशलिष्ट पार्टी के संस्थापकों में से एक थे?

(a) रंजीत सिंह (b) जीतन दास

(c) राम बुहारिया देवी (d) फूलन प्रसाद वर्मा

(e) उपर्युक्त में से कोई नहीं/ उपर्युक्त में से एक से अधिक

83. भारत छोड़ो आंदोलन के दौरान सरकार ने निम्न में से कौन-सी अखबार का प्रकाशन प्रारंभ किया?

(a) बिहार न्यूज (b) पटना न्यूज

(c) इंडिया न्यूज (d) इण्डिया नेशन

(e) उपर्युक्त में से कोई नहीं/ उपर्युक्त में से एक से अधिक

84. बिहार में किस वर्ष सरकार विरोधी प्रदर्शन में पुलिस की गोली से 35 छात्रों की मृत्यु हो गई थी?

(a) 1955 (b) 1975

(c) 1961 (d) 1967

(e) उपर्युक्त में से कोई नहीं/ उपर्युक्त में से एक से अधिक

85. बिहार के जहानाबाद में जेल लूट की घटना कब घटी थी?

(a) 13 नवम्बर 2005 (b) 13 सितम्बर 2005

(c) 13 दिसम्बर 2005 (d) 13 जनवरी 2006

(e) उपर्युक्त में से कोई नहीं/ उपर्युक्त में से एक से अधिक

86. दरियापंथी संप्रदाय के संस्थापक दरिया साहेब का जन्म हुआ था-

(a) मनेर में (b) बक्सर जिला में

(c) बिहारशरीफ में (d) पटना में

(e) उपर्युक्त में से कोई नहीं/ उपर्युक्त में से एक से अधिक

87. मैथिली भाषा को भारतीय संविधान की 8वीं अनुसूची में किस वर्ष सम्मिलित किया गया?

(a) 2001 ई० (b) 2002 ई०

(c) 2003 ई० (d) 2004 ई०

(e) उपर्युक्त में से कोई नहीं/ उपर्युक्त में से एक से अधिक

88. पटना कलम के प्रथम महत्वपूर्ण चित्रकार थे-

(a) सेवक राम (b) मेवा लाल

(d) मंसूर (c) शिवदयाल लाल

(e) उपर्युक्त में से कोई नहीं/ उपर्युक्त में से एक से अधिक

89. वैशाली में स्थित निम्न पर्यटन स्थल में से कौन नहीं है?

(a) राजा विशाल का गढ़ (b) राज्यभिषेक पुष्करणी

(c) कमल तालाब (d) नाथनगर

(e) उपर्युक्त में से कोई नहीं/ उपर्युक्त में से एक से अधिक

90. बिहार में एक अन्तर्राष्ट्रीय विश्वविद्यालय हैं-

(a) नालंदा में (b) पटना में

(c) भागलपुर में (d) गया में

(e) उपर्युक्त में से कोई नहीं/ उपर्युक्त में से एक से अधिक

91. कौन-सा वन्य जीव संरक्षण क्षेत्र 'हंगुल मृग' संरक्षण के लिए प्रसिद्ध है?

(a) सरिस्का (b) दाचीगाम

(c) जिमकार्बेट (d) रानी खेत

92. सम्पूर्ण विश्व में शुरू होने वाली ओजोन परत का संरक्षण एक महत्वपूर्ण-संबंधित पहल है। ओजोन परत का संरक्षण किस कारण प्रारंभ हुआ, इसका चुनाव कीजिए।

(a) रामसर सम्मेलन

(b) मांट्रियल प्रोटोकॉल

(c) क्योटो प्रोटोकॉल

(d) डरबन समिटडरबन सम्मेलन

93. निम्न में से किन स्थानों पर आप नावों का उपयोग यातायात के साधन के रूप में देख सकते हैं?

(a) लद्दाख एवं कारगिल (b) कश्मीर एवं केरल

(c) सिक्किम एवं दार्जिलिंग (d) दिल्ली एवं मिजोरम

94. निम्न में से कौन सा एक कीटभक्षी पौधा नहीं है:

(a) डायोनिया (b) नेपेन्थ्स

(c) एजिरेटम (d) सनड्यू

95. निम्न में से कौन सी ग्रीन हाऊस गैस नहीं है?

(a) मीथेन (b) कार्बनडाइ ऑक्साइड

(c) सल्फर डाइऑक्साइड (d) कार्बन मोनोऑक्साइड

96. निम्न में से कौन-से पौधे का उपयोग डिब्बे बनाने एवं मकान बनाने में होता है

(a) गन्ना (b) बाँस

(c) मक्का (d) घास

97. निम्न में से कौन-सी भोजन संबंधी आदत 'कार्बन पदचिन्ह' को कम करने में मदद करेगी?

(a) मांस एवं मछली खाना

(b) संरक्षित खाद्य पदार्थ जैसे डिब्बाबंद बीन्स का सेवन करना

(c) दूध व दूध से बने पदार्थ का सेवन

(d) स्थानीय रूप से उगाए हुए खाद्य पदार्थों का सेवन

98. संजय गांधी राष्ट्रीय उद्यान कहाँ स्थित है?

(a) मुम्बई (b) चेन्नई

(c) पुणे (d) लखनऊ

(e) उपर्युक्त में से कोई नहीं/ उपर्युक्त में से एक से अधिक

99. शेषाचलम् जैवमंडल आरक्षित क्षेत्र (बायोस्फीयर रिजर्व) का कुल क्षेत्रफल कितना है?

(a) 3000.6 वर्ग किमी. (b) 765.6 वर्ग किमी.

(c) 4755.9 वर्ग किमी. (d) 5520.2 वर्ग किमी.

(e) उपर्युक्त में से कोई नहीं/ उपर्युक्त में से एक से अधिक

100. निम्नलिखित में से किस व्यक्ति को 'भारत का बर्डमैन भी कहा जाता है?

(a) आशुतोष मुखर्जी (b) डॉ. सलीम अली

(c) सी. एफ. एंड्रयूज (d) डॉ. श्रीकृष्ण सिंह

(e) उपर्युक्त में से कोई नहीं/ उपर्युक्त में से एक से अधिक

101. विश्व जनसंख्या दिवस कब मनाया जाता है?

(a) 13 जुलाई (b) 10 जुलाई

(c) 11 जून (d) 10 जून

(e) उपर्युक्त में से कोई नहीं/ उपर्युक्त में से एक से अधिक

102. लघु उपग्रह प्रक्षेपण यान (एसएसएलवी) के लिए इसरो की क्या योजना है?

(a) अंतरराष्ट्रीय अंतरिक्ष एजेंसियों के साथ सहयोग करें

(b) कम मांग के कारण एसएसएलवी को बंद करना

(c) एसएसएलवी को निजी क्षेत्र में स्थानांतरित करना

(d) भारी उपग्रह प्रक्षेपण के लिए एसएसएलवी का एक बड़ा संस्करण विकसित करना

(e) उपर्युक्त में से कोई नहीं/ उपर्युक्त में से एक से अधिक

103. 2023 के प्रतिष्ठित लोकमान्य तिलक पुरस्कार के प्राप्तकर्ता के रूप में किसे चुना गया है?

(a) राजनाथ सिंह (b) डॉ. दीपक तिलक

(c) अमित साहा (d) नरेंद्र मोदी

(e) उपर्युक्त में से कोई नहीं/ उपर्युक्त में से एक से अधिक

104. यूथ वर्ल्ड चौंपियनशिप में रिकर्व वर्ग में स्वर्ण जीतने वाले पहले पुरुष तीरंदाज कौन बने?

(a) पार्थ सालुंखे (b) गीत इंजुन

(c) प्रवीण जाधव (d) अतनु दास

(e) उपर्युक्त में से कोई नहीं/ उपर्युक्त में से एक से अधिक

105. भारत के पहले स्वदेश निर्मित गाइडेड मिसाइल विध्वंसक के रूप में जाने जाने वाले किस जहाज ने जापान-भारत समुद्री अभ्यास (JIMEX 23) के सातवें संस्करण में भाग लिया?

(a) आईएनएस दिल्ली (b) आईएनएस कामोर्टा

(c) आईएनएस शक्ति (d) आईएनएस विक्रांत

(e) उपर्युक्त में से कोई नहीं/ उपर्युक्त में से एक से अधिक

106. जर्मनी के वर्तमान रक्षा मंत्री कौन हैं?

(a) लॉयड ऑस्टिन (b) श्री ग्रेग मोरियार्टी

(c) बोरिस पिस्टोरियस (d) जेम्स फोरेस्टल

(e) उपर्युक्त में से कोई नहीं/ उपर्युक्त में से एक से अधिक

107. 7 जून 2023 को भारत श्रीलंका रक्षा संगोष्ठी सह प्रदर्शनी कहाँ आयोजित की गई थी?

(a) मुंबई (b) कोलंबो
(c) नई दिल्ली (d) रत्नापुरा
(e) उपर्युक्त में से कोई नहीं/ उपर्युक्त में से एक से अधिक

108. जून 2023 को, पीटरमैरिट्सबर्ग रेलवे स्टेशन पर घटना की 130वीं वर्षगांठ मनाने के लिए कौन सा भारतीय नौसेना का युद्धपोत डरबन का दौरा कर रहा है?

(a) आईएनएस त्रिशूल (b) आईएनएस विक्रमादित्य
(c) आईएनएस विराट (d) आईएनएस राजपूत
(e) उपर्युक्त में से कोई नहीं/ उपर्युक्त में से एक से अधिक

109. मिशन ऑन एडवांस्ड एंड हाई-इम्पैक्ट रिसर्च (MAHIR) का उद्देश्य क्या है?

(a) बिजली क्षेत्र के लिए उन्नत प्रौद्योगिकियों का आयात करना
(b) बिजली क्षेत्र में उभरती प्रौद्योगिकियों को विकसित और तैनात करने के लिए
(c) बिजली क्षेत्र में अंतरराष्ट्रीय सहयोग को बढ़ावा देने के लिए
(d) दुनिया भर में बिजली निर्माण इकाइयों की स्थापना के लिए
(e) उपर्युक्त में से कोई नहीं/ उपर्युक्त में से एक से अधिक

110. बिम्सटेक का मुख्यालय कहाँ है?

(a) भारत (b) भूटान
(c) बांग्लादेश (d) थाईलैंड
(e) उपर्युक्त में से कोई नहीं/ उपर्युक्त में से एक से अधिक

111. 'मशीन कैन सी 2023' शिखर सम्मेलन क्या है?

(a) संयुक्त अरब अमीरात में एआई पर एक अंतरराष्ट्रीय सम्मेलन
(b) रोबोटिक्स में प्रगति पर चर्चा के लिए एक शिखर सम्मेलन
(c) डिजिटल मार्केटिंग रणनीतियों के लिए एक कार्यशाला
(d) जी 20 बैठक का एक हिस्सा
(e) उपर्युक्त में से कोई नहीं/ उपर्युक्त में से एक से अधिक

112. बैस्टिल डे परेड कब होती है?

(a) 14 जुलाई (b) 14 जून
(c) 14 अगस्त (d) 5 जुलाई
(e) उपर्यूक्त में से कोई नहीं/ उपर्यूक्त में से एक से अधिक

113. प्रदोहा में सीजन-ओपनिंग डायमंड लीग का जेवलिन लेग किसने जीता?

(a) नीरज चोपड़ा
(b) अनुराग सिंह ठाकुर
(c) चेक गणराज्य के वाडलेजच
(d) ग्रेनाडा के पीटर्स
(e) उपर्युक्त में से कोई नहीं/ उपर्युक्त में से एक से अधिक

114. आईएनएस मगर का निर्माण किसने किया था?

(a) हिंदुस्तान शिपयार्ड लिमिटेड
(b) कोचीन शिपयार्ड
(c) गार्डन रीच शिपबिल्डर्स एंड इंजीनियर्स लिमिटेड
(d) उपर्युक्त में से कोई नहीं
(e) उपर्युक्त में से कोई नहीं/ उपर्युक्त में से एक से अधिक

115. सिलहट के भोलागंज में किन देशों के बीच बॉर्डर हाट का उद्‌घाटन किया गया?

(a) भारत और बांग्लादेश (b) इंग्लैंड और भारत
(c) बांग्लादेश और जापान (d) इनमें से कोई नहीं
(e) उपर्युक्त में से कोई नहीं/ उपर्युक्त में से एक से अधिक

116. निम्नलिखित में से कौन-सा कथन असत्य है?

(a) इंटरनेट नेटवर्कों का एक नेटवर्क है।
(b) इंटरनेट एक लोकल कम्प्यूटर नेटवर्क है।
(c) इंटरनेट पर सभी कम्प्यूटर सूचना साझा करने और उसकी पुनः प्राप्ति (रिट्रीवल) के लिए परस्पर जुड़े हुए होते हैं।
(d) इंटरनेट का उपयोग करके हम विश्व में कहीं पर भी ई- मेल, फोटो, वीडियो और मैसेज भेज सकते हैं।
(e) उपर्युक्त में से कोई नहीं/ उपर्युक्त में से एक से अधिक

117. निम्नलिखित में से कौन ओलंपिक में दो पदक जीतने वाली पहली भारतीय महिला बनी?

(a) पी. टी. उषा (b) दीपिका कुमारी
(c) एम.सी. मैरी कॉम (d) पी. वी. सिंधु
(e) उपर्युक्त में से कोई नहीं/ उपर्युक्त में से एक से अधिक

118. भारत में नाभिकीय शक्ति पनडुब्बी की कौन-सी श्रेणी बनाई गई है?

(a) अरिहंत श्रेणी (b) अकुला II श्रेणी
(c) सिंधुघोष श्रेणी (d) शिशुमार श्रेणी
(e) उपर्युक्त में से कोई नहीं/ उपर्युक्त में से एक से अधिक

119. भरतनाट्यम नृत्य का उद्‌भव हुआ है:

(a) कर्नाटक में (b) तमिलनाडु में
(c) केरल में (d) आंध्र प्रदेश में
(e) उपर्युक्त में से कोई नहीं/ उपर्युक्त में से एक से अधिक

120. प्रत्येक वर्ष 'मानव अधिकार दिवस' किस दिन मनाया जाता है?

(a) 28 दिसंबर (b) 12 दिसंबर
(c) 8 दिसंबर (d) 25 दिसंबर
(e) उपर्युक्त में से कोई नहीं/ उपर्युक्त में से एक से अधिक

उत्तर माला

1.	(c)	2.	(b)	3.	(a)	4.	(c)	5.	(d)	6.	(c)	7.	(a)	8.	(d)
9.	(c)	10.	(c)	11.	(a)	12.	(b)	13.	(a)	14.	(d)	15.	(d)	16.	(c)
17.	(b)	18.	(c)	19.	(b)	20.	(b)	21.	(c)	22.	(d)	23.	(b)	24.	(a)
25.	(c)	26.	(e)	27.	(e)	28.	(c)	29.	(d)	30.	(b)	31.	(a)	32.	(a)
33.	(a)	34.	(a)	35.	(c)	36.	(c)	37.	(e)	38.	(c)	39.	(d)	40.	(c)
41.	(d)	42.	(d)	43.	(c)	44.	(c)	45.	(e)	46.	(d)	47.	(b)	48.	(c)
49.	(a)	50.	(a)	51.	(a)	52.	(d)	53.	(c)	54.	(c)	55.	(b)	56.	(b)
57.	(e)	58.	(b)	59.	(c)	60.	(a)	61.	(b)	62.	(e)	63.	(d)	64.	(a)
65.	(b)	66.	(d)	67.	(b)	68.	(a)	69.	(c)	70.	(b)	71.	(c)	72.	(e)
73.	(d)	74.	(d)	75.	(a)	76.	(b)	77.	(c)	78.	(d)	79.	(d)	80.	(a)
81.	(b)	82.	(d)	83.	(b)	84.	(d)	85.	(a)	86.	(b)	87.	(c)	88.	(a)
89.	(d)	90.	(a)	91.	(b)	92.	(b)	93.	(b)	94.	(c)	95.	(c)	96.	(b)
97.	(d)	98.	(a)	99.	(c)	100.	(b)	101.	(e)	102.	(c)	103.	(d)	104.	(a)
105.	(a)	106.	(c)	107.	(b)	108.	(a)	109.	(b)	110.	(c)	111.	(a)	112.	(a)
113.	(a)	114.	(c)	115.	(a)	116.	(b)	117.	(d)	118.	(a)	119.	(b)	120.	(e)

उत्तर सहित व्याख्या

1. (c) सिन्धु घाटी सभ्यता (2500–1750 ई. पू.) विश्व की प्राचीन नदी घाटी सभ्यताओं में से एक प्रमुख सभ्यता थी। यह हड़प्पा सभ्यता और सैंधव सभ्यता के नाम से प्रचलित थी। इसका विकास सिंधु नदी के किनारे हुआ। मोहनजोदड़ो, कालीबंगा, लोथल, धौलावीरा, राखीगढ़ी और हड़प्पा इसके प्रमुख केन्द्र हैं।
2. (b) राखीगढ़ी हरियाणा के हिसार जिले में अवस्थित है। इसका उत्खनन 1997-1999 ई0 के मध्य अमरेन्द्र नाथ द्वारा किया गया। राखीगढ़ी में हड़प्पा युग के प्रमाण मिले है। यहाँ खुदाई के दौरान सात स्तूप, दुर्ग प्राचीर, अन्नागार, ऊँचे चबूतरे पर बनायी गई अग्नि वेदिका प्राप्त हुई।
3. (a) कुरुक्षेत्र की युद्ध भूमि में श्रीकृष्ण ने अर्जुन को जो उपदेश दिया था, उसका संकलन श्रीमद्‌भगवद्‌गीता के नाम से प्रसिद्ध है। यह महाभारत के भीष्म पर्व का अंग है। गीता में 18 अध्याय और 700 श्लोक हैं।
4. (c) अणुव्रत सिद्धान्त का प्रतिपादन जैन धर्म में किया गया है। जैन धर्म की पाँच प्रमुख शिक्षाएँ, सत्य, अहिंसा, अस्तेय, अपरिग्रह एवं ब्रह्मचर्य को अणुव्रत कहा जाता है। इनमें से चार सिद्धान्तों का प्रतिपादन पार्श्वनाथ द्वारा जबकि अंतिम अर्थात् ब्रह्मचर्य के सिद्धान्त का प्रतिपादन महावीर द्वारा किया गया था।
5. (d) महावीर, गौतमबुद्ध के समकालीन थे। महावीर जैन धर्म के 24वें तीर्थंकर थे जिन्होंने छठीं शताब्दी ई. पू. के जैन आंदोलन का प्रवर्तन किया। नागार्जुन, कनिष्क के दरबार की महान विभूति थे तथा उनकी तुलना 'मार्टिन लूथर' से की जाती है। इन्हें 'भारत का आइंस्टीन' भी कहा जाता है। कौ. टिल्य या विष्णुगुप्त चन्द्रगुप्त मौर्य के प्रधानमंत्री थे जिन्होंने अर्थशास्त्र की रचना की।
6. (c) द्रविड़, भारत के मूल निवासी थे। इनका संबंध मुख्यत: दक्षिण भारत से है। इस मूल के लोग तमिल, तेलुगु, कन्नड़ और मलयालम भाषाएँ बोलते है।
7. (a) जहाँगीर (सलीम) अकबर के ज्येष्ठ पुत्र थे। इसका जन्म 30 अगस्त, 1569 ई. को फतेहपुर सीकरी में शेख सलीम चिश्ती की कुटिया में हुआ। वर्ष 1605 में सलीम, नूरुद्दीन मुहम्मद जहाँगीर बादशाह गाजी की उपाधि धारण कर मुगल गद्दी पर सत्तासीन हुआ। जहाँगीर को 'न्याय की जंजीर' के कारण स्मरण किया जाता है।
8. (d) 5 फरवरी, 1615 को जहाँगीर और अमर सिंह के बीच मुगल- मेवाड सन्धि पर हस्ताक्षर किए गए। अमर सिंह का शासन काल 1597 से 1620 ई० तक था। संधि का प्रस्ताव मेवाड़ की ओर से हरिदास झाला और शुभकरण ने प्रस्तुत किया।

9. (c) बाबर भारत आने वाला पहला मुगल सम्राट था। इसका पूरा नाम जहीरूद्दीन मुहम्मद बाबर था। इसने 21 अप्रैल, 1526 ई. में पानीपत के प्रथम युद्ध में इब्राहिम लोदी को पराजित किया तथा मुगल वंश की स्थापना की थी। खानवा का युद्ध 1527 ई. में बाबर और राणा सांगा के मध्य हुआ, जिसमें बाबर विजयी रहा और गाजी की उपाधि धारण की थी।

10. (c) बैरम खान एक सैन्य कमाण्डर था। उसने मुगल सम्राट हुमायूँ के पुत्र अकबर को संरक्षण (1556-1560 ई.) प्रदान किया था। अकबर 14 वर्ष की उम्र में गददी पर बैठा था। बैरम खाँ ने अकबर के साम्राज्य विस्तार में सहायता की थी।

11. (a) दिल्ली के नजदीक, बदली की सराय नामक ऐतिहासिक स्थान है जहाँ पर 8 जून, 1857 ई. को भारतीय सिपाहियों को हार मिली थी।

12. (b) भारतीय राष्ट्रीय कांग्रेस की अध्यक्ष बनने वाली प्रथम भारतीय महिला सरोजनी नायडू थी। यह भारतीय राष्ट्रीय कांग्रेस का 40वाँ अधिवेशन था, जो 26-28 दिसम्बर, 1925 ई. में कानपुर में हुआ था। इस अधिवेशन में हिन्दी को राष्ट्रभाषा के रूप में इस्तेमाल किया गया।

13. (a) सूर्यसेन ने अन्य क्रांतिकारियों के साथ मिलकर भारतीय सेना की वर्दी पहनकर पुलिस शस्त्रागार पर 18 अप्रैल, 1930 ई. में हमला कर दिया। यही घटना चटगाँव आर्मरी रेड के नाम से मशहूर हुई। 16 फरवरी, 1933 ई. में सूर्यसेन को गिरफ्तार कर लिया गया तथा 12 जनवरी, 1934 ई. को फाँसी दे दी गयी। सूर्यसेन को 'मास्टर दा' के नाम से भी जाना जाता था।

14. (d) 13 अप्रैल, 1919 ई. को भारत के पंजाब प्रान्त के अमृतसर के जलियाँवाला बाग में लोग रोलेट एक्ट तथा डॉ. सत्यपाल एवं सैफुद्दीन किचलू की गिरफ्तारी का विरोध करने के लिए एकत्रित हुए थे, तभी जनरल डायर नामक एक अंग्रेज अधिकारी ने अकारण उस सभा पर गोलियाँ चलवा दी।

15. (d) स्वतंत्रता के पश्चात भारत के पहले गवर्नर जनरल लार्ड माउंटबेटन थे जबकि स्वतंत्र भारत के प्रथम तथा अंतिम भारतीय गवर्नर जनरल सी. राजगोपालाचारी हुए। भारत के प्रथम प्रधानमंत्री जवाहर लाल नेहरु तथा डॉ. राजेन्द्र प्रसाद प्रथम राष्ट्रपति हुए जबकि भारत की स्वतंत्रता के समय इंग्लैण्ड के प्रधानमंत्री क्लीमेन्ट एटली थे

16. (c) भारत के गंगा के मैदान (सुन्दरवन क्षेत्र) को हैलोफाइट्स के रूप में वर्गीकृत किया जायेगा। सुन्दरवन भारत और बांग्लादेश में स्थित विश्व का सबसे बड़ा नदी डेल्टा है। सुंदरवन रॉयल बंगाल टाइगर के लिए विश्व प्रसिद्ध है।

17. (b) भारत की सबसे बड़ी निर्जल गोदी 'मार्मागोवा' के पास स्थित है।

18. (c) वर्तमान में विश्व में सूती वस्त्रों का सबसे बड़ा निर्यातक चीन है। सूती वस्त्र उद्योग भारत का सबसे प्राचीन एवं बड़ा उद्योग है। सूती वस्त्र निर्माण उद्योग का सर्वाधिक केन्द्रीकरण महाराष्ट्र तथा गुजरात राज्यों में हुआ हैं।

19. (b) जापान की सहायता से पूर्ण की गई पैठण (जायकवाड़ी) जल विद्युत परियोजना महाराष्ट्र में औरंगाबाद जिले के पैठण तालुका के जायकवाड़ी गाँव में 'गोदावरी नदी' पर स्थित है। बांध द्वारा निर्मित जलाशय का नाम 'नाथ सागर जलाशय' है।

20. (b) जापान की सहायता से पूर्ण की गई पैठण (जायकवा. ड़ी) जल विद्युत परियोजना महाराष्ट्र में औरंगाबाद जिले के पैठण तालुका के जायकवाड़ी गाँव में 'गोदावरी नदी' पर स्थित है। बांध द्वारा निर्मित जलाशय का नाम 'नाथ सागर जलाशय' है।

21. (c) 16 सितम्बर, 2015 को गोदावरी तथा कृष्णा नदी को सर्वप्रथम जोड़ा गया। इस परियोजना को 'इब्राहिम पट्टनम' नामक स्थान पर अंतिम रूप दिया गया।

22. (d) वुलर झील भारत की सबसे बड़ी ताजे पानी की झील है। इस झील के पानी का मुख्य स्रोत झझेलम नदी है। यह झील भारत के जम्मू कश्मीर केन्द्र शासित प्रदेश में स्थित है।

23. (b) पूर्वी घाट का विस्तार ओडिशा के उत्तर-पूर्वी भाग से इस घाट की सर्वोच्च चोटी नीलगिरि की पहाड़ियों तक है। महेंद्रगिरि भारत के पूर्वी घाटों में सबसे ऊँची चोटी है।

24. (a) मैकमोहन रेखा भारत और चीन के मध्य सीमा का निर्धारण करती है जबकि रेडक्लिफ रेखा भारत और पाकिस्तान के बीच सीमा का निर्धारण करता है।

25. (c) प्रवाल भित्तियाँ या मूँगे की चट्टाने (Coral reefs) प्रवाल जीवों द्वारा छोड़े गए कैल्शियम कार्बोनेट से बनती है। प्रवाल कठोर संरचना वाले सिलेन्ट्रेटा संघ के जीव है। इन प्रवालों के भीतर जूजैंथिली नामक रंगीन शैवाल पाये जाते है। ये प्रायः उष्णकटिबंधीय या उपोष्ण कटिबंधीय समुद्रों में मिलते हैं।

26. (e) राज्य सरकार द्वारा नीति निदेशक सिद्धान्त के प्रवर्तन की स्थिति में भारत के नागरिकों द्वारा इसके विरुद्ध किसी भी न्यायालय में अपील नहीं की जा सकती हैं क्योंकि भारतीय संविधान के अनुच्छेद- 37 में इस बात का स्पष्ट उल्लेख है कि नीति के निदेशक तत्वों को न्यायालय द्वारा प्रवर्तित नहीं कराया जा सकता है। राज्य के नीति निदेशक सिद्धान्त का वर्णन संविधान के भाग-4 में अनुच्छेद 36 से 51 तक किया गया है। इसकी प्रेरणा आयरलैण्ड के संविधान से ली गई है।

27. (e) भारतीय राष्ट्रीय ध्वज के चक्र में 24 स्पोक (तीलियां) हैं। भारतीय राष्ट्रीय ध्वज (तिरंगा) पिंगली वेंकैया द्वारा डिज़ाइन किया गया था। राष्ट्रीय ध्वज को 22 जुलाई, 1947 ई. को अपनाया गया था।

28. (c) भारतीय संविधान के अनुच्छेद 243Ä में पंचायतों के कार्यकाल का प्रावधान है। इसके तहत सभी स्तर की पंचायतों का कार्यकाल उसके प्रथम अधिवेशन की तिथि से पाँच वर्ष निर्धारित किया गया है। यदि उसका विघटन कार्यकाल के बीच में हो जाता है। तो उसका चुनाव 6 माह के भीतर अनिवार्य है। ध्यातव्य है कि पुनर्गठित पंचायत का कार्यकाल 5 वर्ष तक न होकर सिर्फ शेष बची अवधि तक ही होता है।

29. (d) वर्ष 1966 में प्रथम प्रशासनिक सुधार आयोग ने सरकारी अधिकारियों के खिलाफ शिकायत को जानने के लिए केन्द्र तथा राज्य स्तर पर स्वतंत्र प्राधिकारियों कि स्थापना की सिफारिश की।

30. (b) भारतीय संविधान के अनुच्छेद 64 के तहत भारत का उपराष्ट्रपति राज्यसभा का पदेन सभापति होता है। भारत के उपराष्ट्रपति वेंकेया नायडू है। राज्यसभा को उच्च सदन कहते है।

31. (a) भारत के उपराष्ट्रपति का पद अमेरिकी उपराष्ट्रपति की तर्ज पर तैयार किया गया है। भारतीय संविधान के अनुच्छेद 63 में उपराष्ट्रपति के पद का उल्लेख है।

32. (a) भारतीय संविधान के अनुच्छेद- 360 में वित्तीय आपात का उल्लेख है। इसके अनुसार यदि देश की वित्तीय शाख के संकट का खतरा हो तो राष्ट्रपति वित्तीय आपात लगा सकता है। राष्ट्रपति वित्तीय आपात की घोषणा को किसी भी वक्त वापस ले सकता है।

33. (a) संविधान के अनुच्छेद 21 'क' के अनुसार राज्य 6 – 14 वर्ष की आयु के सभी बच्चों के लिए निःशुल्क और अनिवार्य शिक्षा का उपबंध करेगा। इस अधिकार को 86वें संविधान संशोधन अधिनियम, 2002 के द्वारा भारतीय संविधान में जोड़ा गया था। इस अधिकार को 1 अप्रैल, 2010 से प्रभावी रूप से लागू कर दिया गया।

34. (a) एक उच्च न्यायालय से एक निचली अदालत न्यायाधिकरण या सार्वजनिक प्राधिकरण को अपने कर्तव्य के भीतर आने वाले अधिनियम को निष्पादित करने के आदेश को परमादेश कहा जाता हैं।

35. (c) भारतीय संविधान अनम्यता तथा नम्यता का मिश्रण है अर्थात यह आंशिक रूप से कठोर तथा आंशिक रूप से परिवर्तनशील है। भारतीय संविधान में समाज के सामाजिक आर्थिक एवं राजनैतिक बदलावों के अधीन स्वयं को ढाल लेने की क्षमता है। इसमें होने वाले संवैधानिक संशोधन इसकी नम्यता का सबसे अच्छा उदाहरण है जो निरन्तर जारी है और इसलिए इसे 'जीवित आलेख' भी कहते है।

36. (c) राजकोषीय नीति सरकार के राजस्व को बढ़ाने तथा व्यय में वृद्धि करने से संबंधित है। सरकार की प्राप्तियां विभिन्न स्त्रोतों को दर्शाती है जिनसे सरकार राजस्व वसूलती है। ये प्राप्तियां दो प्रकार की होती है – राजस्व प्राप्तियां और पूंजीगत प्राप्तियां।

37. (e) माल एवं सेवा कर एक अप्रत्यक्ष कर हैं। इसमें केवल मूल्य संवर्द्धन पर ही कर लगाया जाता है तथा कर का बोझ अंतिम उपभोक्ता द्वारा वहन किया जाता है। इसे 101 वें संविधान संशोधन अधिनियम, 2016 द्वारा लाया गया। भारत में इसे 1 जुलाई, 2017 से लागू किया गया। GST में चार टैक्स स्लैब दर (5%, 12%, 18% और 28%) है।

38. (c) वैट (VAT) का पूर्ण स्वरूप - Value Added Tax (मूल्यवर्धित कर) है। यह एक प्रकार का अप्रत्यक्ष कर है, जो राज्य सरकार द्वारा लगाया जाता है। वर्तमान में यह जीएसटी के अंतर्गत है।

39. (d) चेक बाउंस अर्थात अस्वीकृत चेक एक ऐसी स्थिति है जिसमें बैंक भुगतानकर्ता को चेक की राशि का भुगतान करने से इनकार कर देता है। यह एक दण्डनीय अपराध है जिसमें दो वर्ष का कारावास या मौद्रिक जुर्माना दोनों दण्ड दिया जा सकता है।

40. (c) भारतीय औद्योगिक विकास बैंक (IDBI) की स्थापना 1 जुलाई, 1964 को संसद के एक अधिनियम के तहत हुई थी। इसका मुख्यालय मुम्बई में है। वर्तमान में यह निजी क्षेत्र के अंतर्गत है। सार्वजनिक क्षेत्र के बैंकों की संख्या 12 है।

41. (d) किसी पिण्ड या वस्तु में उसकी गति के कारण जो ऊर्जा निहित होती है उसे गतिज ऊर्जा कहते हैं। गतिज ऊर्जा को K द्वारा व्यक्त किया जाता है।

$$K = \frac{1}{2}mv^2$$

द्रव्यमान का विमीय सूत्र = M

गति का विमीय सूत्र = LT – 1

∵ गतिज ऊर्जा का विमीय सूत्र = $[M(LT^1)^2]$

= $[ML^2T^{-2}]$

42. (d) रेडियो संसूचन एवं सर्वेक्षण (Radio Detection and Ranging) को संक्षिप्त रूप से 'राडार' कहते है। इसमें रेडियो तरंगों की सहायता से वायुयानों की स्थिति एवं दूरी का पता लगाया जाता है। राडार का आविष्कार रॉबर्ट वाटसन ने किया था।

43. (c) दियें गयें विकल्प में कथन (c) असत्य है। शेष विकल्प सत्य हैं क्रिया-प्रतिक्रिया नियम के अनुसार क्रिया तथा प्रतिक्रिया बल सदैव दो अलग-अलग वस्तुओं पर एक साथ कार्य करते हैं।

44. (c) एक ग्राम भार 981 डाइन के बराबर होता है। डाइन C.G.S पद्धति में बल का मात्रक है, जबकि बल का SI मात्रक न्यूटन है।

45. (e) यदि चन्द्रमा पर किसी वस्तु का भार 60 न्यूटन है तो पृथ्वी की सतह पर उस वस्तु का भार 360 न्यूटन होगा, क्योंकि चन्द्रमा पर गुरूत्वाकर्षण के कारण त्वरण का मान, पृथ्वी के गुरूत्वाकर्षण के कारण त्वरण का 1/6 होता है।

चन्द्रमा पर भार- $w = mg$

$60N = mg$

पृथ्वी पर भार - g के स्थान पर g/6 रखने पर $w = m \times g/6$

$6(60N) = mg$

$mg = 360N.$

46. (d) साधारण नमक को सोडियम क्लोराइड कहा जाता हैं जिसका रासायनिक सूत्र छंब्स है। यह मुख्यत: समुद्री जल के वाष्पीकरण से प्राप्त किया जाता है। समुद्री जल में घुलनशील लवणों का लगभग 75% भाग सोडियम क्लोराइड ही होता है। यह हमारे भोजन का आवश्यक भाग है क्योंकि यह शरीर की बहुत सी उपापचयी क्रियाओं का नियंत्रण करता है।

47. (b) जर्मन सिल्वर ताँबा (50%), जस्ता (35%), एवं निकेल (15%) की मिश्रधातु है। इसका उपयोग बर्तन बनाने में होता है।

48. (c) क्लोरीनीकरण कई पानी को शुद्ध करने की विधियों में से एक विधि है जिसका उपयोग पानी को कीटाणुरहित करने के लिए किया जाता है। यह पानी को शुद्ध करने की अन्य विधियों की तुलना में सस्ती विधि है। यह एक रासायनिक कीटाणुशोधन विधि है।

49. (a) अग्निशमन यंत्रों में कार्बन डाई ऑक्साइड गैस होती है। यह एक आग बुझाने का सक्रिय अग्नि सुरक्षा उपकरण होता हैं। जिसे आपात कालीन स्थिति में आग लगने पर उसे नियंत्रित करने के लिए प्रयोग किया जाता हैं। अग्नि शामक यंत्रों में कार्बन डाई ऑक्साइड गैस को द्रव प्रावस्था (उच्च दाब पर) में संग्रहीत किया जाता है।

50. (a) पालक, गोभी, ब्रोकली, टमाटर आदि में ऑक्सैलिक एसिड पाया जाता हैं। यह एक क्रिस्टलीय ठोस होता है, जो पानी में रंगहीन घोल बनाता है। इस एसिड का प्रयोग सफाई और जंग को हटाने में होता है।

51. (a) तितली के जीवन चक्र में तीसरा चरण प्यूपा या क्रिस. लिस (कोषावस्था) होता है। तितली के जीवन चक्र के दूसरे चरण में जब एक एक लार्वा (कैटरपिलर) पूरी तरह से विकसित हो जाता है। तो वह अपने आप को क्रिसलिस (प्यूपा) में बदल लेता है। यह तितली के जीवन चक्र का तीसरा चरण होता है।

52. (d) विटामिन की खोज सन् 1912 ई. में 'फंक' के द्वारा की गई। विटामिन । का रासायनिक नाम रेटिनॉल है, जिसकी कमी से मनुष्य में रतौंधी नामक रोग हो जाता है।

53. (c) एक आवश्यक खनिज आयोडीन सामान्यत: समुद्री खाद्य में पाया जाता हैं। आयोडीन शरीर द्वारा अपेक्षित एक आवश्यक पोषक तत्व है। शरीर में आयोडीन की कमी से क्रेटिनिज्म, हाइपोथायराइड और गोइटर जैसी कई अलग. -अलग बीमारियां हो सकती हैं। आयोडीन की खोज सबसे पहले फ्रांसीसी रसायनज्ञ बर्नार्ड कोर्टिस ने की थी।

54. (c) एंजाइम, एक प्रकार का प्रोटीन है जो जीवित कोशिकाओं के भीतर उत्प्रेरक के रूप में कार्य करते हैं। वे एक-दूसरे से जुड़े रहते हैं तथा अमीनो अम्ल की एक या अधिक लंबी श्रृंखला के बने होते हैं। ये जैव रासायनिक प्रतिक्रियाओं को गति देते हैं।

55. (b) कोबाल्ट 60 सबसे अधिक इस्तेमाल में आने वाला रेडियोएक्टिव आइसोटोप्स हैं। कोबाल्ट - 60 कई कामों में प्रयोग में आता हैं, जिनमें कैंसर (कर्कट) का उपचार से लेकर इंडस्ट्रियल रेडियोग्रॉफी तक इसका प्रयोग किया जाता है।

56. (b) प्रथम n विषम प्राकृतिक संख्याओं का औसत = n

अत: 15 विषम प्राकृतिक संख्याओं का औसत = 15

57. (b) $63 = 3 \times 3 \times 7$

$105 = 3 \times 5 \times 7$

$\underline{21 = 3 \times 1 \times 7}$

ल.स. $\underline{(L) = 3 \times 3 \times 5 \times 7} = 315$

म.स. $(M) = 3 \times 7 = 21$

$L. + M = 315 + 21$

$L + M = 336$

58. (b) $7^{1287} = (7^3)^{429}$

$= (343)^{429}$

$= \dfrac{(344-1)^{429}}{172}$

शेषफल $= (-1)^{429} = -1$

अभीष्ट शेषफल= $172 - 1 = 171$

59. (c) केवल भौतिक में अनुत्तीर्ण हुए छात्रों का प्रतिशत = $45 = 35 = 10\% = 45 - 35 = 10\%$

केवल रसायन में अनुत्तीर्ण हुए छात्रों का प्रतिशत = $40 - 35 = 5\%$

कुल अनुत्तीर्ण हुए छात्रों का प्रतिशत = $35 + 10 + 5 = 50\%$

उत्तीर्ण हुए छात्रों का प्रतिशत = $(100 \quad 50) - 50\%$

60. (a) माना कार का क्रय मूल्य x है ।

तथा कार का विक्रय मूल्य = 180000

कार का क्रय मूल्य = $\dfrac{75x}{100} = 18000$

$\dfrac{3x}{4} = 18000$

x = Rs 240000

25% लाभ पर विक्रय मूल्य = $240000 \times \dfrac{125}{100}$ = Rs 300000

61. (b) तीन धावकों की गति में अनुपात = 1 : 2 : 3

माना

Ist धावक की गति = 1x

IInd धावक की गति = 2x

IIIrd तक धावक की गति = 3x

माना दूरी y है।

सूत्र :-

समय = दूरी / चाल

समयों में अनुपात= $\frac{y}{1x}:\frac{y}{2x}:\frac{y}{3x}$

$=\frac{1}{1}:\frac{1}{2}:\frac{1}{3}$

6 : 3 : 2

62. (a) माना उधार दी गयी राशि x है

प्रश्नानुसार साधारण ब्याज = x – 880

सूत्र साधारण ब्याज = $\frac{PRT}{100}$

$x - 880 = \frac{6x}{10}$

$10x - 8800 = 6x$

$10x - 6x = 8800$

$4x = 8800$

$\boxed{x = Rs.2200}$

63. (d) प्रश्न सें,

$45 + 20 \times 3 \div (4 \times 5) + 88$

$= 45 + \frac{20\times3}{4\times5} + 88$

$= 45 + 3 + 88$

$= \boxed{136}$

64. (a)

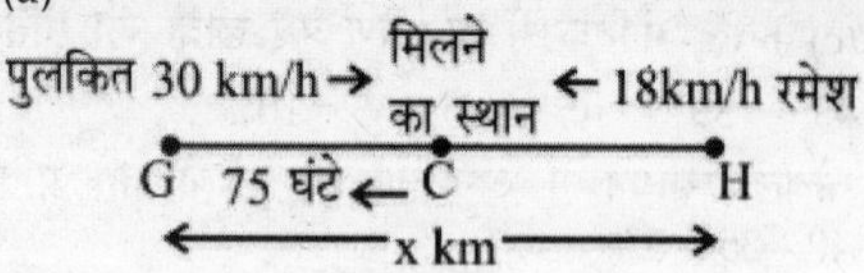

रमेश द्वारा 75 घंटे में चली गयी दूरी = चाल × समय

(CG) = 75 × 18 = 1350 km

इस दूरी को पुलकित द्वारा चलने में लगा समय

$= \frac{1350}{30}$ घंटे

दोनों के मिलने में लगा समय = $\frac{\text{total distance}}{30+18} = \frac{x}{48}$

प्रश्नानुसार–

$\frac{1350}{30} = \frac{x}{48}$

$x - \frac{1350\times48}{30} - 2160$ किमी

दूरी CH = 2160 – 1350 = 810 km

पुलकित द्वारा यह दूरी तय करने में लगा समय

$= \frac{810}{30} = \boxed{27 \text{ hours}}$

65. (b) दीपक का 1 घंटे का कार्य $\frac{1}{30}$ भाग ... (i)

दीपक + राहुल का 1 घंटे का कार्य = $\frac{1}{20}$ भाग ... (ii)

राहुल + वरुन का 1 घंटे का कार्य = $\frac{1}{15}$ भाग ... (iii)

समी (3) - समी (2)

वरुन दीपक का 1 घंटे का कार्य = $\frac{1}{15}-\frac{1}{20}=\frac{1}{60}$

समी (ii) में दीपक का कार्य = 1/30 भाग रखने पर

वरुन - $\frac{1}{30}=\frac{1}{60}$

वरुन का 1 घंटे को कार्य = $\frac{1}{30}+\frac{1}{60}=\frac{3}{60}=\frac{1}{20}$ भाग

अत: वरुन पूरे कार्य को करेगा = $\boxed{20}$ घंटे

66. (d) : दिये गये विकल्प से –

(a) 256 = 16 x 16 (पूर्ण वर्ग संख्या)

(b) 400 = 20 x 20 (पूर्ण वर्ग संख्या)

(c) 324 = 18 x 18 (पूर्ण वर्ग संख्या)

(d) 312 = 8 x 13 x 3 (पूर्ण वर्ग संख्या नहीं है)

अत: विकल्प (d) अन्य से अलग है।

67. (b): कथन I से-

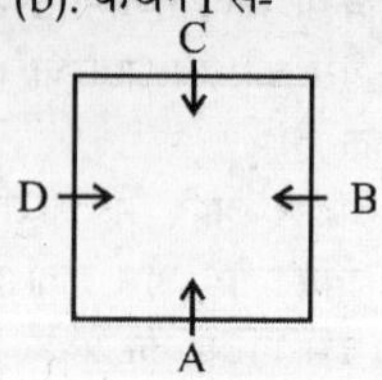

स्पष्ट है कि C के एकदम दाएँ D बैठा है।

कथन II से

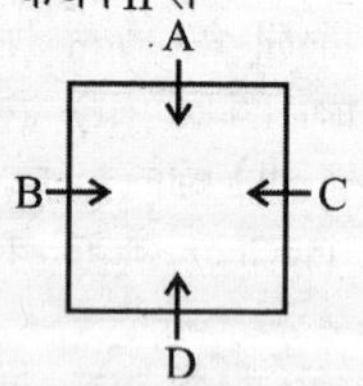

उपर्युक्त आकृति से स्पष्ट है कि C के एकदम दाएँ A बैठा है। अत: या तो कथन I या तो II पर्याप्त है।

68. (a) सार्थक शब्द के अक्षरों का अव्यवस्थित क्रम – 1-2, 5-3, N-6, 0-1, U-5. E-3. T-7, Q-4

सार्थक शब्द के अक्षरों का व्यवस्थित क्रम

QUESTION 45837216

सार्थक शब्द बनाने के लिए संख्याओं का सही क्रम 45837216 है।

69. (c) दिया गया क्रम इस प्रकार होगा -
aac c a b cbab c b, / a accab c ba b cb

अत: सही क्रम के लिए अक्षर 'cbcach' होगा।

70. (b):

जिस प्रकार, उसी प्रकार,

B	D	N	P
+2 ↓	+3 ↓	+2 ↓	+3 ↓
D	G	P	S

अत: ? = PS

71. (c) बोधगया के महाबोधि मन्दिर का निर्माण गुप्तकाल में हुआ था। महाबोधि मंदिर को यूनेस्को की विश्व विरासत सूची में शामिल किया गया है।
72. (d) बिहार में तुर्क सत्ता की स्थापना 1198 ई. में हुई। 1198 ई. में बख्तियार खिलजी ने मगध के क्षेत्र में प्रथम आक्रमण किया एवं उसे लूटा।
73. (d) 10 अप्रैल 1917 को राजकुमार शुक्ल के साथ गांधीजी पटना पहुँचे ।
74. (d) श्री गोरखा प्रसाद मोतिहारी के असहयोग आंदोलनकारी थे
75. (a) इसकी स्थापना बिहार प्रांतीय कांग्रेस कमिटी ने की। इसका सबसे शांति बनाए रखना था ।
76. (b) जीरादेई [सीवान] राजेन्द्र प्रसाद का जन्म स्थान था, इसलिए इसे गांधी जी ने इसे तीर्थ स्थान कहा।
77. (c) प्रो० ज्ञान साहा क्रांतिकारी विचारधाराओं से प्रभावित थे। उसने भगत सिंह एवं बटुकेश्वर दत्त के चित्रों सहित एक ईश्तिहार लिखी, जिसकी बिक्री पटना में खूब हुई।
78. (d) बिहार के मुजफ्फरपुर में 7 अप्रैल 1930 को नमक सत्याग्रह शुरू हुआ
79. (d) मैजिक लालटेन का लेक्चर मुजफ्फरपुर जिला में आयो. जित किया गया था ।
80. (a) बिहार प्रातीय प्रोविंसियल किसान सभा के प्रथम अध्यक्ष स्वामी सहजानंद थे । श्री कृष्ण सिंह इसके सचिव थे ।
81. (b) उस समय प्रांतीय सरकार के प्रधान के लिए प्रधानमंत्री का ही पदनाम प्रयुक्त होता था । मुहम्मद युनूस मुस्लिमों के इंडिपेन्डेट पार्टी चुनाव में दूसरी सबसे बड़ी पार्टी के सदस्य थे।
82. (d) जयप्रकाश नारायण, फूलनप्रसाद वर्मा एवं कुछ अन्य लोगों ने मिलकर जुलाई 1931 में बिहार में समाजवादी पार्टी की स्थापना की।
83. (b)भारत छोड़ो आंदोलन के दौरान सरकार ने पटना न्यूज अखबार का प्रकाशन प्रारंभ किया
84. (d) सरकारी तौर पर मृतक छात्रों की संख्या 9 बताई गई है। यह घटना पटना के गाँधी मैदान के समीप घटी थी?
85. (a)बिहार के जहानाबाद में जेल लूट की घटना 13 नवम्बर 2005 को घटी थी
86. (b) इनका जन्म डुमरांव के निकट घरखंडा गाँव (बक्सर) में हुआ था।
87. (c) मैथिली भाषा को भारतीय संविधान की 8वीं अनुसूची में 2003 ई० में सम्मिलित किया गया
88. (a) सेवक राम का काल 1770 से 1830 था।
89. (d) वैशाली में स्थित नाथनगर पर्यटन स्थल नहीं है
90. (a) नालंदा में एक अन्तर्राष्ट्रीय विश्वविद्यालय "यूनिवर्सिटी ऑफ नालंदा" है।
91. (b) दाचीगाम वन्यखजीव संरक्षण क्षेत्र "हंगुल मृग" के संरक्षण के लिए प्रसिद्ध है। दाचीगाम राष्ट्रीय उद्यान जम्मू और कश्मीर में स्थित है।
92. (b) सम्पूर्ण विश्व में शुरू होने वाली ओजोन परत का संरक्षण एक महत्वपूर्ण पर्यावरण – संबंधित पहल है। ओजोन परत का संरक्षण मांट्रियल प्रोटोकॉल के कारण प्रारंभ हुआ मांट्रियल प्रोटोकॉल या मांट्रियल सम्मेलन ओजोन परतों को बचाने के लिए पहला अंतर्राष्ट्रीय समझौता था।
93. (b) कश्मीर व केरल नामक स्थानों पर आप नावों का उपयोग यातायात के साधन के रूप में देख सकते हैं।
94. (c) एजिरेटम
95. (c) सल्फर डाइआक्साइड
96. (b) बाँस पौधे का उपयोग डिब्बे बनाने एवं मकान बनाने में होता है। इसके अलावा बाँस के जूस से दवाईयाँ भी बनायी जाती है।
97. (d) स्थानीय रूप से उगाए हुए खाद्य पदार्थों का सेवन भोजन संबंधी आदत 'कार्बन पदचिन्ह' को कम करने में मदद करेगी।
98. (a) संजय गांधी राष्ट्रीय उद्यान मुम्बई में बोरीवली उपनगर के पास स्थित है। इसे बोरीवली नेशनल पार्क के नाम से भी जाना जाता है। इस उद्यान में शीशम, कदम्ब, टीक इत्यादि के वृक्ष है। इसकी स्थापना वर्ष 1969 में की गई थी। तेंदुआ, चीतल, साम्भर (हिरण), भारतीय खरगोश, पाइथन, साही, इण्डियन फ्लाइंग फॉक्स इत्यादि यहां के मुख्य आकर्षण है।
99. (c) भारत सरकार ने 20 सितंबर, 2010 को शेषाचलम् हिल रेंज को शेषाचलम् बायोस्फीयर रिजर्व घोषित किया। यह आंध्र प्रदेश के चित्तूर और कडप्पा जिले में अवस्थित है। इस बायोस्फीयर रिजर्व का क्षेत्रफल 4755.997 वर्ग किलोमीटर है।
100. (b) सलीम अली, जो अब तक के सबसे महान पक्षीविदों और प्रकृतिवादियों में से एक है, उन्हें 'बर्डमैन ऑफ इंडिया' भी कहा जाता है। उनका जन्म 12 नवंबर, 1896 को मुम्बई में हुआ था। इनके जन्म दिवस 12 नवंबर को राष्ट्रीय पक्षी दिवस के रूप में मनाया जाता है। इन्हें वर्ष 1958 में पद्मभूषण तथा वर्ष 1976 में पद्मविभूषण से सम्मानित किया गया।

101. (e) विश्व जनसंख्या दिवस प्रतिवर्ष 11 जुलाई को मनाया जाता है। इसकी स्थापना 1989 में संयुक्त राष्ट्र विकास कार्यक्रम की गवर्निंग काउंसिल द्वारा की गई थी। यह 11 जुलाई 1987 को पांच अरब दिवस से प्रेरित था, जब दुनिया की आबादी पांच अरब लोगों तक पहुंच गई थी।

102. (c) भारतीय अंतरिक्ष अनुसंधान संगठन (इसरो) अपने लघु उपग्रह प्रक्षेपण यान (एसएसएलवी) को निजी क्षेत्र में स्थानांतरित करने की योजना बना रहा है। यह निर्णय छोटे उपग्रहों की बढ़ती मांग के जवाब में लिया गया है।

103. (d) लोकमान्य तिलक पुरस्कार उन व्यक्तियों को दिया जाने वाला एक प्रतिष्ठित सम्मान है जिन्होंने साहित्य, कला, विज्ञान, सामाजिक कार्य, पत्रकारिता और सार्वजनिक सेवा में उत्कृष्ट योगदान दिया है। इसका नाम प्रमुख भारतीय राष्ट्रवादी बाल गंगाधर तिलक के नाम पर रखा गया है।

104. (a) पार्थ सालुंखे यूथ वर्ल्ड तीरंदाजी चौंपियनशिप में रिकर्व वर्ग में स्वर्ण जीतने वाले पहले पुरुष तीरंदाज बन गए। उन्होंने 09 जुलाई 2023 को लिमरिक, आयरलैंड में अंडर-21 पुरुष रिकर्व व्यक्तिगत फाइनल में कोरियाई, सोंग इंजुन को 7-3 से हराया।

105. (a) जापान-भारत समुद्री अभ्यास (JIMEX 23) का सातवां संस्करण 05-10 जुलाई 2023 तक विशाखापत्तनम में आयो. जित किया गया था। JIMEX की स्थापना 2012 में हुई थी और यह संस्करण इसकी 11वीं वर्षगांठ का प्रतीक है।

106. (c) जर्मन संघीय रक्षा मंत्री बोरिस पिस्टोरियस 5 जून को भारत की चार दिवसीय यात्रा पर आए। वह इंडोनेशिया से भारत आए थे। रक्षा मंत्री राजनाथ सिंह के साथ अपनी बैठक के अलावा, श्री बोरिस पिस्टोरियस नई दिल्ली में इनोवेशन फॉर डिफेंस एक्सीलेंस (आईडीईएक्स) द्वारा आयोजित एक कार्यक्रम के दौरान कुछ रक्षा स्टार्ट-अप से भी मुलाकात करेंगे।

107. (b) भारत की रक्षा निर्माण क्षमताओं की पहचान करने के लिए एक कार्यक्रम के तहत श्रीलंका में भारतीय उच्चायोग एक सेमिनार और प्रदर्शनी का आयोजन किया गया। भारत श्रीलंका रक्षा संगोष्ठी सह प्रदर्शनी 7 जून को कोलंबो में ताज समुद्र में आयोजित की गई थी। इस आयोजन का उद्देश्य एक स्थिर और शांतिपूर्ण हिंद महासागर क्षेत्र को बढ़ावा देना है, जो इस क्षेत्र में सभी के लिए सुरक्षा और विकास की भारत की दृष्टि के अनुरूप है।

108. (a) रंगभेद के खिलाफ संघर्ष की शुरुआत के 130 साल पूरे होने के अवसर पर भारतीय नौसेना डरबन के पास रेलवे स्टेशन पीटरमैरिट्सबर्ग में एक स्मारक कार्यक्रम में भाग ले रही है। भारतीय नौसेना का एक अग्रिम पंक्ति का युद्धपोत आईएनएस त्रिशूल 6 से 9 जून 2023 तक पीटरमेरिट्जबर्ग रेलवे स्टेशन पर 7 जून 1893 की घटना की 130वीं वर्षगांठ मनाने के साथ-साथ भारत और दक्षिण अफ्रीका के बीच राजनयिक संबंधों की बहाली के 30 साल पूरे होने पर डरबन का दौरा कर रहा है।

109. (b) सरकार बिजली क्षेत्र में उभरती प्रौद्योगिकियों की शीघ्रता से पहचान करने और उन्हें देश के भीतर और बाहर तैनाती के लिए स्वदेशी रूप से विकसित करने के लिए मिशन ऑन एडवांस्ड एंड हाई-इम्पैक्ट रिसर्च, MAHIR लॉन्च कर रही है। मिशन का उद्देश्य बिजली क्षेत्र में नवीनतम और उभरती प्रौद्योगिकियों के स्वदेशी अनुसंधान, विकास और प्रदर्शन को सुविधाजनक बनाना है।

110. (c) बिम्सटेक (BIMSTEC), जिसका पूरा रूप बंगाल की खाड़ी बहु-क्षेत्रीय तकनीकी और आर्थिक सहयोग पहल है, बंगाल की खाड़ी से तटवर्ती या समीपी देशों का एक अन्तरराष्ट्रीय आर्थिक सहयोग संगठन है। यह क्षेत्रीय संगठन 1997 में बैंकाक घोषणा के तहत स्थापित किया गया था। बिम्सटेक का मुख्यालय ढाका, बांग्लादेश में स्थित है। इसमें सात सदस्य देश शामिल हैं। बांग्लादेश, भूटान, भारत, नेपाल, श्रीलंका, म्यांमार और थाईलैंड।

111. (a) यूएई सरकार ने 'मशीन कैन सी 2023' शिखर सम्मेलन शुरू किया। यह पूरे क्षेत्र में आर्टिफिशियल इंटेलिजेंस (एआई) में अग्रणी अंतरराष्ट्रीय सम्मेलनों में से एक है, जो आर्टिफिशियल इंटेलिजेंस, डिजिटल इकोनॉमी और रिमोट वर्क एप्लीकेशन ऑफिस और 'मशीन कैन सी' कंपनी के बीच साझेदारी में दुबई में भविष्य के संग्रहालय में हो रहा है।

112. (a) बैस्टिल डे परेड एक सैन्य परेड है जो हर साल 14 जुलाई को पेरिस, फ्रांस में होती है। परेड फ्रांसीसी राष्ट्रीय

113. (a) ओलंपिक चौम्पियन जेवलिन थ्रोअर नीरज चोपड़ा ने दोहा में डायमंड लीग के सीजन-ओपनिंग लेग में 88.67 मीटर के थ्रो के साथ जीत हासिल की

114. (c) भारतीय नौसेना जहाज मगर, भारतीय नौसेना का एक लैंडिंग शिप टैंक उभयचर हमला जहाज राष्ट्र के लिए 36 साल की असाधारण सेवा के बाद डिकमीशन किया गया था। सेवामुक्ति समारोह 6 मई को दक्षिणी नौसेना कमान, कोच्चि में आयोजित किया गया था। जहाज का निर्माण गार्डन रीच शिपबिल्डर्स एंड इंजीनियर्स लिमिटेड, कोलकाता द्वारा स्वदेशी रूप से किया गया था।

115. (a) सिलहट के कंपनीगंज उपजिला के तहत भोलागंज में 6 मई को भारत और बांग्लादेश के बीच एक नए बॉर्डर हाट का उद्घाटन किया गया। सिलहट संभाग में यह चौथा बॉर्डर हाट है, जिसमें से तीन वर्तमान में कार्य कर रहे हैं। सिलहट संभाग में तीन और बॉर्डर हाट खोलने की योजना है।

116. (b) Internet का पूरा नाम इंटरनेशनल नेटवर्किंग है यह दुनिया भर में फैले हुए अनेक छोटे बड़े कम्प्यूटर नेटवर्कों के विभिन्न संचार माध्यमों द्वारा एक-दूसरे से जुड़कर एक विश्वव्यापी जाल बनाता है।

117. (d) पीवी सिंधु ओलंम्पिक मे दो पदक जीतने वाली पहली भारतीय महिला खिलाड़ी बनी।

118. (a) भारतीय नौसैनिक पोत 'अरिहंत' परमाणु शक्ति चालित भारत की प्रथम पनडुब्बी है। यह अरिहंत श्रेणी की पनडुब्बी है जिसका निर्माण उन्नत प्रौद्योगिकी पोत (ATV) परियोजना के तहत विशाखापतनम में किया गया है।

119. (b) भरतनाट्यम् को सबसे प्राचीन नृत्य माना जाता है। इस नृत्य को तमिलनाडु में देवदासियों द्वारा विकसित व प्रसारित किया गया था।

120. (e) प्रत्येक वर्ष मानवाधिकार दिवस 10 दिसम्बर को मनाया जाता है। 10 दिसम्बर, 1948 ई. को संयुक्त राष्ट्र महासभा ने मानवाधिकारों की घोषणा को अपनाया था।

◆◆◆

SET 6 BPSC प्राइमरी प्रैक्टिस सेट

1. **निम्नलिखित सिंधु सभ्यता स्थलों में से महान स्नानागार _______ में पाया गया है।**
(a) हड़प्पा (b) मोहनजोदड़ो
(c) कालीबंगा (d) धौलावीरा
(e) उपर्युक्त में से कोई नहीं/ उपर्युक्त में से एक से अधिक

2. **हड़प्पा वासी किस प्रकार की प्राचीन लिपि का उपयोग करते थे?**
(a) चित्रलिपि (b) रेखीय
(c) सांकेतिक (d) प्रतीकात्मक
(e) उपर्युक्त में से कोई नहीं/ उपर्युक्त में से एक से अधिक

3. **भागवद् गीता भारत के किस पौराणिक ग्रंथ से संबंधित है?**
(a) रामायण (b) महाभारत
(c) बद्रायण (d) ब्रह्मपुराण
(e) उपर्युक्त में से कोई नहीं/ उपर्युक्त में से एक से अधिक

4. **बुद्ध का जन्म स्थान है-**
(a) कुशीनगर (b) सारनाथ
(c) बोधगया (d) लुंबिनी
(e) उपर्युक्त में से कोई नहीं/ उपर्युक्त में से एक से अधिक

5. **विशिष्टाद्वैत नामक दर्शनशास्त्र की स्थापना _______ ने की थी।**
(a) माधवाचार्य (b) रामानुजाचार्य
(c) शंकराचार्य (d) विदुलाचार्य
(e) उपर्युक्त में से कोई नहीं/ उपर्युक्त में से एक से अधिक

6. **निम्नलिखित में से कौन सा कारक मुगल काल के दौरान कृषि के विस्तार के लिए जिम्मेदार नहीं था?**
(a) किसानों की गतिशीलता (b) भूमि की बहुतायत
(c) वर्षा आधारित कृषि (d) उपलब्ध श्रम
(e) उपर्युक्त में से कोई नहीं/ उपर्युक्त में से एक से अधिक

7. **दारा शिकोह किसका भाई था?**
(a) हुमायूँ (b) अकबर
(c) शाहजहाँ (d) औरंगजेब
(e) उपर्युक्त में से कोई नहीं/ उपर्युक्त में से एक से अधिक

8. **निम्नलिखित में से कौन अकबर के दरबार का नवरत्न नहीं था?**
(a) तानसेन (b) टोडरमल
(c) बीरबल (d) राजा मानसिंह
(e) उपर्युक्त में से कोई नहीं/ उपर्युक्त में से एक से अधिक

9. **मनसबदारी प्रथा किसके द्वारा लागू की गई थी?**
(a) अकबर (b) शाहजहाँ
(c) जहाँगीर (d) बाबर
(e) उपर्युक्त में से कोई नहीं/ उपर्युक्त में से एक से अधिक

10. **1887 में भारतीय राष्ट्रीय कांग्रेस के अध्यक्ष कौन थे?**
(a) गोपाल कृष्ण गोखले (b) दादाभाई नौरोजी
(c) बदरुद्दीन तैयबजी (d) सुरेन्द्रनाथ बनर्जी
(e) उपर्युक्त में से कोई नहीं/ उपर्युक्त में से एक से अधिक

11. **सविनय अवज्ञा आंदोलन किस वर्ष शुरु किया गया था?**
(a) 1927 (b) 1932
(c) 1930 (d) 1925
(e) उपर्युक्त में से कोई नहीं/ उपर्युक्त में से एक से अधिक

12. **भारत में ब्रिटिश शासन के दौरान ब्रिटिश संसद सदस्य बनने वाले पहले भारतीय कौन थे?**
(a) आचार्य जे. बी. कृपलानी (b) गोपाल कृष्ण गोखले
(c) दादाभाई नौरोजी (d) सी. राजगोपालचारी
(e) उपर्युक्त में से कोई नहीं/ उपर्युक्त में से एक से अधिक

13. **निम्नलिखित स्वतंत्रता सेनानियों में से कौन 'भारत के ग्रैंड ओल्ड मैन' के रूप में जाना जाता है?**
(a) बदरूद्दीन तैयबजी (b) चितरंजन दास
(c) दादाभाई नौरोजी (d) मोतीलाल नेहरू
(e) उपर्युक्त में से कोई नहीं/ उपर्युक्त में से एक से अधिक

14. **वह पहला भारतीय कौन था जिस का ब्रिटिश संसद में चयन किया गया था:**
(a) दादाभाई नौरोजी (b) जी. के. गोखले
(c) विपिन चन्द्र पाल (d) लाला लाजपत राय
(e) उपर्युक्त में से कोई नहीं/ उपर्युक्त में से एक से अधिक

15. **भारत के स्वतंत्रता आंदोलन के किस नेता को 'ग्रैंड ओल्ड मैन ऑफ इंडिया' कहा जाता था?**
(a) लाला लाजपत राय
(b) बाल गंगाधर तिलक

(c) दादाभाई नौरोजी
(d) मौलानाअबुल कलाम आजाद
(e) उपर्युक्त में से कोई नहीं/ उपर्युक्त में से एक से अधिक

16. निम्नलिखित में से किसे भोर का तारा कहा जाता है?
(a) बृहस्पति (b) मंगल
(c) बुध (d) शुक्र
(e) उपर्युक्त में से कोई नहीं/ उपर्युक्त में से एक से अधिक

17. अगर एक डिग्री के अंतराल पर अक्षांश रेखाओं को खींचा / चिह्नित किया जाए, तो उत्तरी गोलार्ध में उनकी कुल कितनी संख्या होगी?
(a) 89 (b) 90
(c) 91 (d) 180
(e) उपर्युक्त में से कोई नहीं/ उपर्युक्त में से एक से अधिक

18. निम्नलिखित में से कौन-सा विश्व का सबसे बड़ा कोरल रीफ तंत्र है?
(a) न्यू कैलेडोनिया रीफ (b) ग्रेट बैरियर रीफ
(c) फ्लोरिडा रीफ (d) रेड सी कोरल रीफ
(e) उपर्युक्त में से कोई नहीं/ उपर्युक्त में से एक से अधिक

19. निम्नलिखित में से कौन-सी सारामाती पर्वत की मूल पर्वतमाला है?
(a) हिन्दु कुश पर्वतमाला (b) काराकोरम पर्वतमाला
(c) पूर्वांचल पर्वतमाला (d) हिमालय पर्वतमाला
(e) उपर्युक्त में से कोई नहीं/ उपर्युक्त में से एक से अधिक

20. पृथ्वी के वायुमंडल की परतों के संबंध में कौन-सा कथन असत्य है?
(a) अधिकांश मौसम संबंधी परिघटनाएँ क्षोभमंडल में होती है
(b) जेट स्ट्रीम समताप मंडल में पवन तंत्र है
(c) ओजोन परत मध्यमंडल में स्थित हैं
(d) क्षोभमंडल की गहराई विषुवत वृत्त पर ध्रुवों की अपेक्षा अधिक है
(e) उपर्युक्त में से कोई नहीं/ उपर्युक्त में से एक से अधिक

21. विश्व की सबसे ऊँची मुड़ी हुई मीनार (टावर) 'द इन्फिनिटी टावर' ____________ मे स्थित है-
(a) मनीला (b) हांगकांग
(c) क्वालालम्पुर (d) दुबई
(e) उपर्युक्त में से कोई नहीं/ उपर्युक्त में से एक से अधिक

22. किस क्षेत्र की मृदा का निर्माण ज्वालामुखी शैल असिताश्म के अपक्षय द्वारा होता है?
(a) थार का मरुस्थल (b) पश्चिमी घाट
(c) दक्कन का पठार (d) हिमालय क्षेत्र
(e) उपर्युक्त में से कोई नहीं/ उपर्युक्त में से एक से अधिक

23. मेघालय की राजधानी कौन-सी है?
(a) शिलांग (b) अइजोल
(c) इम्फाल (d) अगरतला
(e) उपर्युक्त में से कोई नहीं/ उपर्युक्त में से एक से अधिक

24. कौन - सा दर्रा कुल्लू घाटी को हिमाचल प्रदेश, भारत की लाहौल और और स्पीति घाटियों से जोड़ता है?
(a) लिपुलेख दर्रा (b) रोहतांग दर्रा
(c) बनिहाल दर्रा (d) तामरस्सेरी दर्रा
(e) उपर्युक्त में से कोई नहीं/ उपर्युक्त में से एक से अधिक

25. भागीरथी नदी की प्रमुख सहायक नदी कौन-सी है?
(a) भीलांगना (b) बिशनगंगा
(c) धौलीगंगा (d) पिंडार
(e) उपर्युक्त में से कोई नहीं/ उपर्युक्त में से एक से अधिक

26. निम्नलिखित में से कौन संविधान सभा की संघ शक्ति समिति का प्रमुख था?
(a) के. एम. मुंशी (b) जी. वी. मावलंकर
(c) सरदार वल्लभ भाई पटेल (d) बी. पट्टाभि सीतारमैया
(e) उपर्युक्त में से कोई नहीं/ उपर्युक्त में से एक से अधिक

27. सम्पत्ति का अधिकार एक-
(a) मौलिक अधिकार है (b) निर्देशक सिद्धांत है
(c) कानूनी अधिकार हैं (d) सामाजिक अधिकार है
(e) उपर्युक्त में से कोई नहीं/ उपर्युक्त में से एक से अधिक

28. भारतीय संविधान का कौन-सा अनुच्छेद राष्ट्रपति पर महाभियोग की प्रक्रिया से संबंधित है?
(a) अनुच्छेद 71 (b) अनुच्छेद 51
(c) अनुच्छेद 55 (d) अनुच्छेद 61
(e) उपर्युक्त में से कोई नहीं/ उपर्युक्त में से एक से अधिक

29. भारत के उप-राष्ट्रपति के संबंध में निम्नलिखित में से कौन-सा/से कथन सही है/है?
A. उसे संसद का सदस्य होना चाहिये।
B. उसे एकल हस्तान्तरणीय मतों का उपयोग करके आनुपातिक प्रतिनिधित्व द्वारा चुना जाता है।
C. वह लाभ का कोई अन्य पद धारण नहीं कर सकता हो।
(a) केवल। (b) केवल। और C
(c) केवल B और C (d) केवल। और B
(e) उपर्युक्त में से कोई नहीं/ उपर्युक्त में से एक से अधिक

30. निम्न में से किसे भारत के राष्ट्रपति के रूप में निर्विरोध चुना गया?
(a) डॉ. एस. राधाकृष्णन (b) डॉ. जाकिर हुसैन
(c) नीलम संजीव रेड्डी (d) वी.वी. गिरी
(e) उपर्युक्त में से कोई नहीं/ उपर्युक्त में से एक से अधिक

31. संसद की प्रत्येक बैठक के पहले घंटे को कहा जाता है-
(a) बिल प्रस्तुति का घंटा (b) शून्य घंटा
(c) प्रश्नोत्तर घंटा (d) विरोधी घंटा
(e) उपर्युक्त में से कोई नहीं/ उपर्युक्त में से एक से अधिक

32. किस राज्य में सबसे अधिक विधान सभा निर्वाचन क्षेत्र हैं?
(a) छत्तीसगढ़ (b) आंध्र प्रदेश
(c) अरुणाचल प्रदेश (d) हरियाणा
(e) उपर्युक्त में से कोई नहीं/ उपर्युक्त में से एक से अधिक

33. सरकारिया आयोग के सिफारिशों के आधार पर 1990 में गठित एक संवैधानिक निकाय है?
(a) अन्तर्राज्यीय परिषद
(b) राष्ट्रीय मानवाधिकार आयोग
(c) विकास परिषद
(d) क्षेत्रीय परिषद
(e) उपर्युक्त में से कोई नहीं/ उपर्युक्त में से एक से अधिक

34. निम्न में से किसे 'अधीनस्थ अथवा प्रत्यायुक्त विधान, कहा जाता है?'
(a) राज्यसभा द्वारा धन विधेयकों पर विचार करना
(b) नौकरशाही द्वारा नियम और विनिमय बनाया जाना
(c) विधान परिषदों द्वारा विधेयकों का पास किया जाना
(d) पंचायतों और नगर निगमों द्वारा स्थानीय नियम बनायाजाना
(e) उपर्युक्त में से कोई नहीं/ उपर्युक्त में से एक से अधिक

35. निम्नलिखित में से कौन सा परिवर्तन भारत के संविधान के दूसरे संशोधन द्वारा किया गया था?
(a) समवर्ती सूची में संशोधन
(b) अनुसूची 9 का परिचय
(c) संसदीय निर्वाचन क्षेत्र के लिए ऊपरी जनसंख्या सीमा को हटाया गया
(d) संपत्ति अधिकार पर प्रतिबंध
(e) उपर्युक्त में से कोई नहीं/ उपर्युक्त में से एक से अधिक

36. निम्नलिखित में से कौन-सी वस्तु की माँग लगभग पूर्णतः बेलोचदार है?
(a) कारें (b) आधारभूत खाद्यान्न
(c) बाहर भोजन करना (d) सोना
(e) उपर्युक्त में से कोई नहीं/ उपर्युक्त में से एक से अधिक

37. भारत में जनसंख्या का औसत घनत्व ________. व्यक्ति प्रति वर्ग किमी. है।
(a) 392 (b) 362
(c) 382 (d) 372
(e) उपर्युक्त में से कोई नहीं/ उपर्युक्त में से एक से अधिक

38. भारत में वित्तीय नीति बनाने के लिए मुख्यतः कौन सी एजेंसी जिम्मेदार हैं?
(a) नीति आयोग (b) आरबीआई
(c) वित्त मंत्रालय (d) संसद
(e) उपर्युक्त में से कोई नहीं/ उपर्युक्त में से एक से अधिक

39. भारत में अनुमोदित शेयर बाजारों की संख्या है-
(a) 19 (b) 20
(c) 23 (d) 24
(e) उपर्युक्त में से कोई नहीं/ उपर्युक्त में से एक से अधिक

40. निम्नलिखित में से कौन-सा घाटे की वित्त व्यवस्था का एक लक्षण है?
(a) सरकार आय की दरें बढ़ाती है।
(b) सरकार विश्व बैंक जैसी बाहरी एजेंसियों से धन उधार लेती है।
(c) सरकार भारतीय रिजर्व बैंक से धन उधार लेती है।
(d) सरकार आय की दरें घटाती है।
(e) उपर्युक्त में से कोई नहीं/ उपर्युक्त में से एक से अधिक

41. एक चलती हुई रेलगाड़ी में एक यात्री ऊपर की ओर एक सिक्का उछालता है, जो उसके पीछे गिरता है। इसका तात्पर्य यह है कि रेलगाड़ी की गति ________ है।
(a) त्वरित (b) एकसमान
(c) मंदित (d) वृतीय पटरियों केअनुदिश
(e) उपर्युक्त में से कोई नहीं/ उपर्युक्त में से एक से अधिक

42. पृथ्वी के चारों ओर चंद्रमा की गति के लिए केन्द्रापसारक बल क्या प्रदान करता है?
(a) पृथ्वी पर निर्जीव वस्तुओं के परमाणुओं द्वारा लगाया गया बल
(b) पृथ्वी के आकर्षण का बल
(c) कक्षाओं का बल
(d) चंद्रमा का केन्द्रापसारक बल
(e) उपर्युक्त में से कोई नहीं/ उपर्युक्त में से एक से अधिक

43. प्रकाश वर्ष________;की एक मापन इकाई है।
(a) प्रकाश की तीव्रता (b) तापमान
(c) भार (d) गति
(e) उपर्युक्त में से कोई नहीं/ उपर्युक्त में से एक से अधिक

44. नीचे कुछ यंत्र और वे जिन वैज्ञानिक नियमों पर आधारित हैं, उन्हें दिए गए हैं। कौन-सा जोड़ा सही नहीं है?
(a) वायुयानः बरनौली का नियम
(b) कार के ब्रेक : आर्किमिडीज का नियम
(c) एम.आर.आई. : क्वांटम मैकेनिक्स
(d) ट्रांसफॉर्मर : विद्युत चुम्बकीय प्रेरण
(e) उपर्युक्त में से कोई नहीं/ उपर्युक्त में से एक से अधिक

45. बहुरूपदर्शक द्वारा बनाए गए रंगों के प्रतिरूप जब प्रकाश स्रोत के सामने रखे जाते हैं, तो निम्नलिखित में से किस परिघटना से यह बनते हैं?

(a) प्रकाश का अपवर्तन (b) प्रकाश का विवर्तन
(c) प्रकाश का विक्षेपण (d) प्रकाश का परावर्तन
(e) उपर्युक्त में से कोई नहीं/ उपर्युक्त में से एक से अधिक

46. एक क्षार के साथ अम्ल की अभिक्रिया को किस रूप में जाना जाता है:

(a) अपघटन (b) संयोजन
(c) रेडाक्स अभिक्रिया (d) उदासीनीकरण
(e) उपर्युक्त में से कोई नहीं/ उपर्युक्त में से एक से अधिक

47. निम्नलिखित में से कार्बनिक अम्ल कौन सा है?

(a) हाइड्रोक्लोरिक अम्ल (b) नाइट्रिक अम्ल
(c) ऐसीटिक अम्ल (d) सल्फ्यूरिक अम्ल
(e) उपर्युक्त में से कोई नहीं/ उपर्युक्त में से एक से अधिक

48. जब मीठे सोडे को गर्म किया जाता है तो कौन-सी गैस निकलती है?

(a) कार्बन डाई ऑक्साइड (b) सोडियम ऑक्साइड
(c) नाइट्रोजन (d) ऑक्सीजन
(e) उपर्युक्त में से कोई नहीं/ उपर्युक्त में से एक से अधिक

49. प्राकृतिक स्त्रोत - अम्ल का कौन सा युग्म सही है?

I. इमली - ऑक्सैलिक अम्ल

II. दही - लैक्टिक अम्ल

(a) ना ही I ना ही II (b) केवल II
(c) I तथा II दोनों (d) केवल I
(e) उपर्युक्त में से कोई नहीं/ उपर्युक्त में से एक से अधिक

50. प्रोकैरियोटिक जीवों में, परमाणु क्षेत्र एक झिल्ली से घिरा नहीं है। इस अपरिभाषित परमाणु क्षेत्र के रूप में जाना जाता है

(a) न्यूक्लिक अम्ल (b) न्यूक्लियॉइड
(c) न्यूक्लियस (d) न्यूक्लियोजोम
(e) उपर्युक्त में से कोई नहीं/ उपर्युक्त में से एक से अधिक

51. मानव तंत्रिका तंत्र के संदर्भ में, न्यूरॉन के किस भाग से जानकारी प्राप्त होती है?

(a) अक्षतंतु (b) माइटोकॉन्ड्रिया
(c) डेन्ड्राइट (d) तंत्रिका समाप्त होने के
(e) उपर्युक्त में से कोई नहीं/ उपर्युक्त में से एक से अधिक

52. किस विटामिन को हार्मोन माना जाता है?

(a) A (b) B
(c) C (d) K
(e) उपर्युक्त में से कोई नहीं/ उपर्युक्त में से एक से अधिक

53. चार विकल्पों में से कौन-सा एक किण्वित भोजन नहीं है जिसमें स्वाभाविक रूप से प्रोबायोटिक्स होते है?

(a) केफिर (b) दही
(c) आचार (d) सेब का सिरका
(e) उपर्युक्त में से कोई नहीं/ उपर्युक्त में से एक से अधिक

54. निम्नलिखित में से कौन-सा रोग मच्छर के काटने से नहीं होता है।

(a) हेपेटाइटिस वायरस (b) डेंगू
(c) हाथीपॉव (d) मलेरिया
(e) उपर्युक्त में से कोई नहीं/ उपर्युक्त में से एक से अधिक

55. नीम का पौधा किस रोग के लिए बहुत उपयोगी है?

(a) कुष्ठरोग
(b) दौरा
(c) उल्टी
(d) उपशामक और गले में खराश
(e) उपर्युक्त में से कोई नहीं/ उपर्युक्त में से एक से अधिक

56. पाँच लोगों के परिवार की औसत ऊँचाई 160 cm यदि परिवार के 4 सदस्यों की ऊँचाई 155 cm, 160 cm, 161 cm और 150 cm है, तो पाँचवे सदस्य की ऊँचाई ज्ञात करें।

(a) 170 cm (b) 174 cm
(c) 164 cm (d) 162 cm
(e) उपर्युक्त में से कोई नहीं/ उपर्युक्त में से एक से अधिक

57. तीन संख्याएँ 2:5:7 के अनुपात में हैं और उनका महत्तम समापवर्तक 14 है। संख्याएँ हैं।

(a) 7, 35, 49 (b) 2, 10, 70
(c) 28, 70, 98 (d) 5, 25, 125
(e) उपर्युक्त में से कोई नहीं/ उपर्युक्त में से एक से अधिक

58. 1 से 20 तक की सभी प्राकृत संख्याओं का योगफल ज्ञात कीजिए।

(a) 210 (b) 200
(c) 110 (d) 250
(e) उपर्युक्त में से कोई नहीं/ उपर्युक्त में से एक से अधिक

59. यदि एक संख्या में 62.5% की कमी की जाती है और वह 300 बन जाती है। मूल संख्या ज्ञात करें।

(a) 700 (b) 500
(c) 600 (d) 400
(e) उपर्युक्त में से कोई नहीं/ उपर्युक्त में से एक से अधिक

60. **500 रुपये में एक वस्तु को बेचने पर प्राप्त लाभ 400 रुपये में उसी वस्तु को बेचने पर हुई हानि के बराबर है। यदि विक्रय मूल्य 350 रुपये हो, तो हानि प्रतिशत क्या होगा?**

(a) 16.66 प्रतिशत (b) 18 प्रतिशत
(c) 22.22 प्रतिशत (d) 20 प्रतिशत
(e) उपर्युक्त में से कोई नहीं/ उपर्युक्त में से एक से अधिक

61. **एक कक्षा में कुल छात्रों की संख्या 65 है। यदि कक्षा में लड़कियों की कुल संख्या 35 है, तो कुल लड़कों की संख्या का कुल लड़कियों की संख्या से अनुपात है-**

(a) 6 : 7 (b) 7:13
(c) 13 : 7 (d) 7:6
(e) उपर्युक्त में से कोई नहीं/ उपर्युक्त में से एक से अधिक

62. **2 वर्षों के लिए प्रतिवर्ष 10% की दर से 24000 रुपये पर चक्रवृद्धि ब्याज ज्ञात करें, जो वार्षिक रूप चक्रवृद्धि होता है।**

(a) 4040 रुपये (b) 7040 रुपये
(c) 6040 रुपये (d) 5040 रुपये
(e) उपर्युक्त में से कोई नहीं/ उपर्युक्त में से एक से अधिक

63. **यदि। = 1 - 10 + 3 - 12 + 5 - 14 + 7 + ... 60 पदों तक हैं, तो। का मान क्या है?**

(a) – 360 (b) – 310
(c) – 240 (d) – 290
(e) उपर्युक्त में से कोई नहीं/ उपर्युक्त में से एक से अधिक

64. **एक व्यक्ति ने 7 घंटे में 45 km की दूरी तय की। उसने आंशिक रूप से 5 km/hr की गति से पैदल यात्रा की और आंशिक रूप से साइकिल पर 12 km/hr की गति से यात्रा की। पैदल तय की गई दूरी क्या है?**

(a) लगभग 28 km (b) लगभग 32 km
(c) लगभग 30km (d) लगभग 25 km
(e) उपर्युक्त में से कोई नहीं/ उपर्युक्त में से एक से अधिक

65. **A और B एक कार्य को 36 दिनों में, B और C 45 दिनों में और C और। 60 दिनों में कर सकते हैं। B अकेले उस कार्य को पूरा करने में कितना समय लेगा?**

(a) 140 दिन (b) 120 दिन
(c) 160 दिन (d) 130 दिन
(e) उपर्युक्त में से कोई नहीं/ उपर्युक्त में से एक से अधिक

66. **एक बिन्दु P अन्य बिन्दु O से 80 मीटर पूर्व की ओर स्थित है। एक तीसरा बिन्दु Q भी O से 60 मीटर उत्तर की ओर स्थित है। एक बिन्दु R, रेखा PQ को 3 : 2 के PR और QR की लम्बाई में अनुपात में बाँटता है। रेखा कितना अन्तर है?**

(a) 10 मीटर (b) 20 मीटर
(c) 30 मीटर (d) 40 मीटर
(e) उपर्युक्त में से कोई नहीं/ उपर्युक्त में से एक से अधिक

67. **एक व्यक्ति की तरफ संकेत करते हुए एक लड़की ने कहा, वह मेरे चाचा के पिता की पुत्री का पुत्र है। लड़की का उस व्यक्ति से क्या संबंध है?**

(a) चाचा (b) बहनोई
(c) फुफेरा मौसेरा भाई (d) भाई
(e) उपर्युक्त में से कोई नहीं/ उपर्युक्त में से एक से अधिक

68. **एक दिन में घड़ी की सुइयाँ कितनी बार एक सरल रेखा में होती है?**

(a) 22 (b) 44
(c) 48 (d) 24
(e) उपर्युक्त में से कोई नहीं/ उपर्युक्त में से एक से अधिक

69. **एक ही पासे की तीन स्थितियाँ नीचे दर्शाई गई हैं, 6 बिन्दुओं वाले फलक के सामने स्थित बिन्दुओं की संख्या ज्ञात करें।**

(i) (ii) (iii)

(a) 3 (b) 1
(c) 5 (d) 2
(e) उपर्युक्त में से कोई नहीं/ उपर्युक्त में से एक से अधिक

70. **यदि '+' का अर्थ '–', '×' का अर्थ है '÷', '÷' का अर्थ है '+', और '–' का अर्थ है '×', तो निम्नलिखित में से कौन सा अभिव्यक्ति 333 × 9 – 4 + 18 ÷ 90 का मान होगा?**

(a) 168 (b) 200
(c) 192 (d) 200
(e) उपर्युक्त में से कोई नहीं/ उपर्युक्त में से एक से अधिक

71. **बिहार का कौन-सा राज्य उत्तरवैदिक काल का एक महत्वपूर्ण राज्य था?**

(a) मगध (b) अंग
(c) बंग (d) विदेह
(e) उपर्युक्त में से कोई नहीं/ उपर्युक्त में से एक से अधिक

72. **प्रसिद्ध चीनी यात्री फाहियान ने किसके शासन काल में भारत की यात्रा की?**

(a) चंद्रगुप्त I (b) चंद्रगुप्त II
(c) रामगुप्त (d) श्रीगुप्त
(e) उपर्युक्त में से कोई नहीं/ उपर्युक्त में से एक से अधिक

73. **तीनकठिया प्रथा सर्वाधिक प्रचलित थी-**

(a) चंपारण में (b) छपरा में
(c) मुजफ्फरपुर में (d) सारण में
(e) उपर्युक्त में से कोई नहीं/ उपर्युक्त में से एक से अधिक

74. किस आंदोलन के समय पटना लॉ कॉलेज के छात्र सैय्यद मोहम्मद शेर और बी० एन० कॉलेज के छात्र अब्दुल बारी तथा मो० शाकी ने अपने-अपने कॉलेज को छोड़ दिया?

(a) स्वदेशी आंदोलन (b) असहयोग आंदोलन
(c) सविनय अवज्ञा आंदोलन (d) भारत छोड़ो आंदोलन
(e) उपर्युक्त में से कोई नहीं/ उपर्युक्त में से एक से अधिक

75. मधुबनी में एक खादी उत्पादन केन्द्र की स्थापना की थी-

(a) मोहम्मद जुब्बैर ने (b) गजाधर प्रसाद ने
(c) राजेन्द्र प्रसाद ने (d) श्री रामविनोद सिंह ने
(e) उपर्युक्त में से कोई नहीं/ उपर्युक्त में से एक से अधिक

76. पटना युवक संघ की स्थापना कब हुई थी?

(a) 1927 (b) 1928
(c) 1926 (d) 1929
(e) उपर्युक्त में से कोई नहीं/ उपर्युक्त में से एक से अधिक

77. पटना में नमक कानून भंग करने के लिए कहाँ चुना गया?

(a) बांकीपुर (b) पटना कॉलेज घाट
(c) नखास पिंड (d) दीघा
(e) उपर्युक्त में से कोई नहीं/ उपर्युक्त में से एक से अधिक

78. ष्सविनय अवज्ञा आंदोलन के दौरान डॉ० राजेन्द्र प्रसाद को 5 जुलाई 1930 को कहाँ से गिरफ्तार किया गया?

(a) पटना (b) मुंगेर
(c) छपरा (d) गया
(e) उपर्युक्त में से कोई नहीं/ उपर्युक्त में से एक से अधिक

79. बिहार के किस जिला में नहर शुल्क के विरोध में आंदोलन हुए?

(a) शाहाबाद (b) पटना
(c) भागलपुर (d) सारण
(e) उपर्युक्त में से कोई नहीं/ उपर्युक्त में से एक से अधिक

80. पहला भारतीय मंत्रीमंडल बिहार में संगठित हुआ।

(a) 1 अप्रैल 1938 को (b) 1 अप्रैल 1939 को
(c) 1 अप्रैल 1936 को (d) 1 अप्रैल 1938 को
(e) उपर्युक्त में से कोई नहीं/ उपर्युक्त में से एक से अधिक

81. 1929 में बिहार- उड़ीसा विधान परिषद् में स्वराज्य पार्टी के नेता थे-

(a) श्री कृष्ण सिंह (b) शीलभद्र याजी
(c) चितरंजन दास (d) यदुनंदन शर्मा
(e) उपर्युक्त में से कोई नहीं/ उपर्युक्त में से एक से अधिक

82. 13 अगस्त 1942 को कहाँ झंडा फहराने के क्रम में 13 वर्षीय बालक ध्रुव कुमार की मृत्यु पुलिस की गोली से हुई थी?

(a) मुंगेर (b) कटिहार
(c) मुजफ्फरपुर (d) हाजीपुर
(e) उपर्युक्त में से कोई नहीं/ उपर्युक्त में से एक से अधिक

83. बिहार में 1967 में जिगड़ का टुकड़ा कहा गया-

(a) छात्रों को (b) उद्योग को
(c) जय प्रकाश नारायण को (d) किसानों को
(e) उपर्युक्त में से कोई नहीं/ उपर्युक्त में से एक से अधिक

84. सिक्ख गुरूओं में सर्वप्रथम बिहार का भ्रमण किया-

(a) गुरू अर्जुन देव (b) गुरू नानक देव
(c) गुरू तेग बहादुर (d) गुरू गोविंद सिंह
(e) उपर्युक्त में से कोई नहीं/ उपर्युक्त में से एक से अधिक

85. पटना कलम सम्बन्धित है-

(a) पत्रकारिता से (b) चित्रकला से
(c) संगीत से (d) लेखनकला से

86. हिन्दुओं का पवित्र तीर्थस्थल विष्णुपद मंदिर स्थित है-

(a) गया में (b) वैशाली में
(c) मोतिहारी में (d) पटना में
(e) उपर्युक्त में से कोई नहीं/ उपर्युक्त में से एक से अधिक

87. बिहार में अन्तर्राष्ट्रीय विश्वविद्यालय "यूनिवर्सिटी ऑफ नालंदा" का प्रथम विजिटर किसे बनाया गया?

(a) नवीन चंद्र रामगुलाम
(b) अर्मत्य सेन
(c) नीतीश कुमार
(d) ए० पी० जे० अब्दुल कलाम
(e) उपर्युक्त में से कोई नहीं/ उपर्युक्त में से एक से अधिक

88. बिहार में पंचायती राजव्यवस्था ________है।

(a) त्रिस्तरीय (b) पांचस्तरीय
(c) एक स्तरीय (d) दो स्तरीय
(e) उपर्युक्त में से कोई नहीं/ उपर्युक्त में से एक से अधिक

89. बिहार राज्य का क्षेत्रफल है-

(a) 94,216 वर्ग किलोमीटर (b) 91,163 वर्ग किलोमीटर
(c) 93,186 वर्ग किलोमीटर (d) 94,316 वर्ग किलोमीटर
(e) उपर्युक्त में से कोई नहीं/ उपर्युक्त में से एक से अधिक

90. छपरा शहर किस नदी के तट पर बसा है?

(a) सोन (b) फल्गु
(c) घाघरा (d) कोसी
(e) उपर्युक्त में से कोई नहीं/ उपर्युक्त में से एक से अधिक

91. निम्न में से कौन सी भोजन संबंधी आदत कार्बन पदचिन्ह को कम करने में मदद करेगी?

(a) मांस एवं मछली खाना
(b) संरक्षित खाद्य पदार्थ जैसे डिब्बाबंद बीन्स का सेवन करना
(c) दूध व दूध से बने। पदार्थ का सेवन
(d) स्थानीय रूप से उगाए हुए खाद्य पदार्थो का सेवन
(e) उपर्युक्त में से कोई नहीं/ उपर्युक्त में से एक से अधिक

92. निम्न में से किन पक्षियों कि चोंच में छानने कि प्रणाली होती है

(a) फ्लेमिंगोहंसावर
(b) रोबिनयूरोपीय छोटी चिड़िया
(c) मेकाओलंबी पूंछ का तोता
(d) गौरैया
(e) उपर्युक्त में से कोई नहीं/ उपर्युक्त में से एक से अधिक

93. उस जोड़े की पहचान कीजिए जो कीड़ों के लार्वा के उदाहरण है:

(a) इल्ली एवं भंग (b) सुंडी एवं मक्खियाँ
(c) झंग एवं मक्खियाँ (d) सुंडी एवं इल्ली
(e) उपर्युक्त में से कोई नहीं/ उपर्युक्त में से एक से अधिक

94. अपनी गर्दन को झटके से आगे पीछे कर सकने वाला पक्षी है

(a) कबूतर (कपोत) (b) तोता
(c) उल्लू (d) मैना
(e) उपर्युक्त में से कोई नहीं/ उपर्युक्त में से एक से अधिक

95. अपनी गर्दन को पीछे तक घुमा सकने वाला पक्षी है

(a) कबूतर (b) तोता
(c) उल्लू (d) मैना
(e) उपर्युक्त में से कोई नहीं/ उपर्युक्त में से एक से अधिक

96. "जिम कार्बेट नेशनल पार्क" किस राज्य में स्थित है?

(a) राजस्थान (b) उत्तर प्रदेश
(c) गुजरात (d) उत्तराखण्ड
(e) उपर्युक्त में से कोई नहीं/ उपर्युक्त में से एक से अधिक

97. उसे चुनिए जो अन्य से भिन्न है

घड़ियाल, कौआ, बतख, मछली, कछुआ

(a) कछुआ (b) मछली
(c) कौआ (d) घड़ियाल
(e) उपर्युक्त में से कोई नहीं/ उपर्युक्त में से एक से अधिक

98. कौन - सा एक भारत में जीवमंडल अभयारण्य नहीं है?

(a) सुंदरबन (b) नंदा देवी
(c) ग्रेट निकोबार (d) गिर
(e) उपर्युक्त में से कोई नहीं/ उपर्युक्त में से एक से अधिक

99. गुजरात में कच्छ का रण किस जंगली जीव के लिए प्रसिद्ध है?

(a) एशियाई शेर (b) जंगली गधा
(c) काला हिरण (d) पेलिकन
(e) उपर्युक्त में से कोई नहीं/ उपर्युक्त में से एक से अधिक

100. बांदीपुर राष्ट्रीय उद्यान कहाँ है?

(a) आंध्र प्रदेश (b) कर्नाटक
(c) असम (d) ओडिशा
(e) उपर्युक्त में से कोई नहीं/ उपर्युक्त में से एक से अधिक

101. विश्व एथलेटिक्स दिवस कब मनाया जाता है?

(a) 29 मई (b) 20 मई
(c) 1 मई (d) 7 मई
(e) उपर्युक्त में से कोई नहीं/ उपर्युक्त में से एक से अधिक

102. कोरिया के जिंजू में एशियाई भारोत्तोलन चौंपियनशिप में किस भारतीय भारोत्तोलक ने रजत पदक जीता?

(a) साक्षी मलिक (b) जेरेमी लालरिनुंगा
(c) सुशील कुमार (d) योगेश्वर दत्त
(e) उपर्युक्त में से कोई नहीं/ उपर्युक्त में से एक से अधिक

103. प्रधानमंत्री राष्ट्रीय शिक्षुता मेला (पीएमएनएएम) क्या है?

(a) स्थानीय युवाओं को कौशल प्रशिक्षण के अवसर प्रदान करने के लिए एमएसडीई द्वारा आयोजित एक कार्यक्रम
(b) विभिन्न क्षेत्रों में नौकरी के अवसर खोजने के लिए व्यक्तियों के लिए एक मंच
(c) शिक्षुता प्रशिक्षण में नवीनतम प्रगति को प्रदर्शित करने वाली एक प्रदर्शनी
(d) शिक्षुता नीतियों पर चर्चा करने के लिए उद्योग विशेषज्ञों के लिए एक सम्मेलन
(e) उपर्युक्त में से कोई नहीं/ उपर्युक्त में से एक से अधिक

104. एलआईजीओ-इंडिया क्या है?

(a) अंतरिक्ष में गुरुत्वाकर्षण तरंगों का पता लगाने के लिए एक परियोजना
(b) स्पेस टेलीस्कोप के निर्माण की परियोजना
(c) ब्लैक होल का अध्ययन करने के लिए एक उपग्रह लॉन्च करने की परियोजना
(d) समुद्र की गहराई मापने की परियोजना
(e) उपर्युक्त में से कोई नहीं/ उपर्युक्त में से एक से अधिक

105. भारतीय रेलवे ने अप्रैल 2023 में कितने मीट्रिक टन मासिक माल ढुलाई का रिकॉर्ड बनाया?

(a) 100.35 मीट्रिक टन (b) 58.35 मीट्रिक टन
(c) 8.35 मीट्रिक टन (d) 126.46 मीट्रिक टन
(e) उपर्युक्त में से कोई नहीं/ उपर्युक्त में से एक से अधिक

106. खरीफ फसलों के लिए न्यूनतम समर्थन मूल्य (एमएसपी) बढ़ाने का क्या उद्देश्य है?

(a) किसानों को लाभकारी मूल्य प्रदान करने के लिए
(b) किसानों के लिए उत्पादन की लागत को कम करने के लिए
(c) फसल विविधीकरण को प्रोत्साहित करने के लिए
(d) समग्र खाद्यान्न उत्पादन को कम करने के लिए
(e) उपर्युक्त में से कोई नहीं/ उपर्युक्त में से एक से अधिक

107. भारत में मेट्रो मैन कौन है?

(a) दर्शन जरदोश (b) अश्विनी वैष्णव

(c) रावसाहेब पाटिल (d) ई श्रीधरन

(e) उपर्युक्त में से कोई नहीं/ उपर्युक्त में से एक से अधिक

108. रुपे प्रीपेड फॉरेक्स कार्ड का उपयोग किस लिए किया जा सकता है?

(a) भारत के भीतर ऑनलाइन लेनदेन

(b) भारत में एटीएम से नकद निकासी

(c) विदेश में प्वाइंट ऑफ सेल (पीओएस)

(d) उपरोक्त सभी

(e) उपर्युक्त में से कोई नहीं/ उपर्युक्त में से एक से अधिक

109. 7 जून 2023 को, कौन सा भारतीय नौसैनिक जहाज ओमान की खाड़ी में शुरू हुए, भारत, फ्रांस और संयुक्त अरब अमीरात समुद्री साझेदारी अभ्यास में भाग ले रहा है?

(a) आईएनएस मकर (b) आईएनएस तरकश

(c) आईएनएस चेन्नई (d) आईएनएस विक्रांत

(e) उपर्युक्त में से कोई नहीं/ उपर्युक्त में से एक से अधिक

110. किस संगठन ने 7 जून 2023 को अग्नि प्राइम मिसाइल का सफल परीक्षण किया?

(a) भारतीय अंतरिक्ष अनुसंधान संगठन (इसरो)

(b) भारतीय सेना

(c) रक्षा अनुसंधान और विकास संगठन (डीआरडीओ)

(d) भारतीय वायु सेना (आईएएफ)

(e) उपर्युक्त में से कोई नहीं/ उपर्युक्त में से एक से अधिक

111. जून 2023 में, हार्वर्ड विश्वविद्यालय में वित्त के उपाध्यक्ष और मुख्य वित्तीय अधिकारी के रूप में किसे नियुक्त किया गया है?

(a) आनंद कुमार (b) रितु कालरा

(c) अनिल कुमार लाहोटी (d) संदीप जैन

(e) उपर्युक्त में से कोई नहीं/ उपर्युक्त में से एक से अधिक

112. ओपनएआई के सीईओ कौन हैं?

(a) विकी चेउंग (b) जॉन शुलमैन

(c) ग्रेग ब्रॉकमैन (d) सैम ऑल्टमैन

(e) उपर्युक्त में से कोई नहीं/ उपर्युक्त में से एक से अधिक

113. निम्नलिखित में से कौन सा कथन सत्य है?

(a) बांग्लादेश एशिया में भारत का सबसे बड़ा व्यापार भागीदार है।

(b) भारत दक्षिण एशिया में बांग्लादेश का सबसे बड़ा व्यापार भागीदार है।

(c) भारत और बांग्लादेश द्विपक्षीय व्यापार में संलग्न नहीं हैं।

(d) भारत और बांग्लादेश केवल अमेरिकी डॉलर में व्यापार करते हैं।

(e) उपर्युक्त में से कोई नहीं/ उपर्युक्त में से एक से अधिक

114. नाटो का पूर्ण रूप क्या है?

(a) उत्तर अमेरिकी संधि संगठन

(b) उत्तरी अटलांटिक संधि संगठन

(c) उत्तर अफ्रीकी संधि संगठन

(d) उत्तर एशियाई संधि संगठन

(e) उपर्युक्त में से कोई नहीं/ उपर्युक्त में से एक से अधिक

115. रेत और धूल भरी आंधियों से निपटने का अंतर्राष्ट्रीय दिवस कब मनाया जाता है?

(a) 12 जून (b) 12 जुलाई

(c) 12 अगस्त (d) 12 सितंबर

(e) उपर्युक्त में से कोई नहीं/ उपर्युक्त में से एक से अधिक

116. त्रिपुरा राज्य को निम्नलिखित में से किस लोक नृत्य से जोड़ा जा सकता है?

(a) डोल चोलम (b) याक चाम

(c) होजगिरि (d) रंगमा

(e) उपर्युक्त में से कोई नहीं/ उपर्युक्त में से एक से अधिक

117. क्रिकेट के खेल में इनमें से किस शब्द का इस्तेमाल किया जाता है।

(a) लेग - बाई (b) स्मैस

(c) ड्यूस (d) लॉव

(e) उपर्युक्त में से कोई नहीं/ उपर्युक्त में से एक से अधिक

118. निम्नलिखित में से कौन भारत में इंटीग्रेटेड गाइडेड मिसाइल विकास कार्यक्रम का वास्तुकार था?

(a) होमी जे. भाभा (b) विक्रम साराभाई

(c) हरगोविंद खुराना

(d) ए. पी. जे. अब्दुल कलाम

(e) उपर्युक्त में से कोई नहीं/ उपर्युक्त में से एक से अधिक

119. 'गोची' त्यौहार भारत के किस राज्य में मनाया जाता है?

(a) उत्तर प्रदेश (b) राजस्थान

(c) हिमाचल प्रदेश (d) पंजाब

(e) उपर्युक्त में से कोई नहीं/ उपर्युक्त में से एक से अधिक

120. भारत के मल्टीटॉस्क सुपर सोनिक लड़ाकू विमान का नाम तेजस किसके द्वारा रखा गया था?

(a) एयर मार्शल जसबीर बाली

(b) नरेन्द्र मोदी

(c) अब्दुल कलाम

(d) अटल बिहारी वाजपेयी

(e) उपर्युक्त में से कोई नहीं/ उपर्युक्त में से एक से अधिक

उत्तर माला

1.	(b)	2.	(a)	3.	(b)	4.	(d)	5.	(b)	6.	(c)	7.	(d)	8.	(e)
9.	(a)	10.	(c)	11.	(c)	12.	(c)	13.	(c)	14.	(a)	15.	(c)	16.	(d)
17.	(a)	18.	(b)	19.	(c)	20.	(c)	21.	(d)	22.	(c)	23.	(a)	24.	(b)
25.	(a)	26.	(e)	27.	(c)	28.	(d)	29.	(c)	30.	(c)	31.	(c)	32.	(e)
33.	(a)	34.	(d)	35.	(c)	36.	(b)	37.	(c)	38.	(c)	39.	(c)	40.	(c)
41.	(a)	42.	(b)	43.	(e)	44.	(b)	45.	(d)	46.	(d)	47.	(d)	48.	(a)
49.	(b)	50.	(b)	51.	(c)	52.	(e)	53.	(d)	54.	(a)	55.	(a)	56.	(b)
57.	(c)	58.	(a)	59.	(e)	60.	(c)	61.	(a)	62.	(d)	63.	(e)	64.	(a)
65.	(e)	66.	(b)	67.	(c)	68.	(b)	69.	(a)	70.	(e)	71.	(d)	72.	(b)
73.	(a)	74.	(b)	75.	(d)	76.	(a)	77.	(c)	78.	(c)	79.	(a)	80.	(e)
81.	(a)	82.	(b)	83.	(a)	84.	(b)	85.	(b)	86.	(a)	87.	(d)	88.	(a)
89.	(b)	90.	(c)	91.	(d)	92.	(a)	93.	(d)	94.	(d)	95.	(c)	96.	(d)
97.	(c)	98.	(d)	99.	(b)	100.	(b)	101.	(d)	102.	(b)	103.	(a)	104.	(a)
105.	(d)	106.	(a)	107.	(d)	108.	(d)	109.	(b)	110.	(c)	111.	(b)	112.	(d)
113.	(b)	114.	(b)	115.	(b)	116.	(c)	117.	(a)	118.	(d)	119.	(c)	120.	(d)

उत्तर सहित व्याख्या

1. (b) सिंधु घाटी सभ्यता विश्व की प्राचीन नदी घाटी सभ्यताओं में से एक थी। इसे 'हड़प्पा सभ्यता' के नाम से भी जाना जाता है। मोहनजोदड़ो, कालीबंगन, लोथल, धौलावीरा, राखीगढ़ी और हड़प्पा इसके प्रमुख स्थल है। मोहनजोदड़ो से प्राप्त विशाल स्नानागार का जलाशय दुर्ग के टीले में स्थित है सबसे महत्वपूर्ण सार्वजनिक स्थलों में से एक है। यह 11.88 मी. लम्बा, 7.01 मी. चौड़ा और 2.43 मी. गहरा है।

2. (a) हड़प्पावासी भावचित्रात्मक लिपि का प्रयोग करते थे। हड़प्पा सभ्यता की खोज दयाराम साहनी ने 1921 ई. में की थी।

3. (b) भगवद्गीता का सम्बन्ध पौराणिक महाकाव्य महाभारत से है। भगवद्गीता मूलत: महाभारत के भीष्म पर्व का अंश है। जिसकी रचना महर्षि वेदव्यास ने की थी। गीता में कुल 18 अध्याय तथा 700 श्लोक है जिसमें मुख्य रूप से ज्ञान, भक्ति एवं कर्मयोग मार्गों की विस्तृत व्याख्या की गई है।

4. (d) गौतम बुद्ध का जन्म कपिलवस्तु के निकट लुम्बिनी में 563 ईसा पूर्व में शाक्य कुल के राजा शुद्धोधन के घर हुआ था। छ: वर्षों की कठोर साधना के पश्चात बोधगया (बिहार) में पीपल (वट) वृक्ष के नीचे उन्हें ज्ञान प्राप्त हुआ और वे गौतम से बुद्ध बन गये। उन्होंने सारनाथ में प्रथम उपदेश दिया और कुशीनगर (कुशीनारा) में इन्हें महापरिनिर्वाण की प्राप्ति हुई।

5. (b)

मत	आचार्य	सम्प्रदाय
1. विशिष्टाद्वैत	रामानुज	श्री (वैष्णव)
2. द्वैतवाद	माधवाचार्य	ब्रह्म
3. द्वैताद्वैत	निम्बार्क	सनक
4. शुद्धाद्वैत	वल्लभाचार्य	रूद्र

6. (c) मुगल काल में जमीन की बहुतायत, मजदूरों की मौजूदगी और किसानों की गतिशीलता की वजह से कृषि का लगातार विस्तार हुआ। चूँकि खेती का प्राथमिक उद्देश्य लोगों का पेट भरना था इसलिए रोजमर्रा के खाने की जरूरते जैसे- चावल, गेहूँ, ज्वार इत्यादि फसलें सबसे ज्यादा उगाई जाती थी।

7. (d) दारा शिकोह, मुमताज महल और सम्राट शाहजहाँ का ज्येष्ठ पुत्र तथा औरंगजेब का बड़ा भाई था। दारा शिकोह का जन्म 20 मार्च, 1615 ई0 को अजमेर में हुआ था।

8. (e) अकबर का जन्म 1542 ई० में हुमायूँ के प्रवास काल के दौरान, अमरकोट में हुआ था। अकबर का राज्याभिषेक 1556 ई० में हुआ। अकबर के नवरत्नों में राजा भारमल शामिल नहीं थे। अकबर के प्रमुख नवरत्न –
1. बीरबल 2. अबुल फजल 3. तानसेन 4. अब्दुर्रहीम खान-ए- खाना 5. मानसिंह 6. राजा टोडरमल 7. फैजी 8. फकीर अजियोद्दीन 9. मुल्ला दो प्याजा।

9. (a) अकबर ने सर्वप्रथम मनसबदारी प्रथा का आरम्भ अपने शासनकाल के 11वें वर्ष में किया, इस प्रथा को अकबर ने मध्य एशिया के मंगोलों से ग्रहण किया था। इस प्रथा के अन्तर्गत सैनिकों को जात (ओहदा) या रैंक और सवार (घुड़सवार सेना की संख्या) नामक पद का निर्धारण किया गया।

10. (c) वर्ष 1887 में भारतीय राष्ट्रीय कांग्रेस के अध्यक्ष बदरूद्दीन तैय्यबाजी थे। भारतीय राष्ट्रीय कांग्रेस स्वतंत्र भारत का प्रमुख राजनीतिक दल है और इसकी स्थापना स्वतंत्रता से पूर्व वर्ष 1885 में हुई थी। भारतीय राष्ट्रीय कांग्रेस के अध्यक्ष, दल के चुने हुए प्रमुख होते है जो आम जनता के साथ दल के रिश्ते को प्रबंधित करने के लिए जिम्मेदार होते हैं।

11. (c) महात्मा गाँधी द्वारा लार्ड इरविन के समक्ष 11 सूत्री मांगों की पूर्ती के लिए लिखे गए पत्र पर कोई जवाब न देने पर 4 फरवरी 1930 ई. को साबरमती में सविनय अवज्ञा आन्दोलन करने की घोषणा की। गांधीजी ने उस आन्दोलन के दौरान अहिंसात्मक ढंग से सरकार के प्रति असहयोग का रवैया अपनाया।

12. (c) जुलाई, 1892 में दादाभाई नौरोजी लिबरल पार्टी की ओर से ब्रिटिश संसद के लिए चुने जाने वाले पहले भारतीय थे। वह शहाउस ऑफ कामन्सश के सदस्य बनने वाले पहले भारतीय थे। दादाभाई नौरोजी को 'ग्रैंड ओल्ड मैन ऑफ इंडिया' के नाम से जाना जाता था। इन्होंने लंदन में, शलंदन इंडियन सोसाइटीश और शईस्ट इंडिया एसोसिएशनश की स्थापना की थी।

13. (c) दादाभाई नौरोजी को भारत के 'ग्रैंड ओल्डमैन' के रूप में भी जाना जाता है। दादाभाई नौरोजी ब्रिटिश संसद के लिए चुने जाने वाले पहले भारतीय थे। उन्होंने भारतीय राष्ट्रीय कांग्रेस की तीन बार (1886, 1893 और 1906) अध्यक्षता की थी। इनके द्वारा लिखी पुस्तक "पॉवर्टी एंड अन- ब्रिटिश रूल इन इंडिया" थी। इन्होंने ड्रेन थ्योरी का सिद्धांत भी दिया था।

14. (a) दादाभाई नौरोजी वर्ष 1892 में हुए ब्रिटेन के आम चुनावों में फिन्सबरी सेंट्रल से लिबरल पार्टी के लिए चुने गए। यह पहले भारतीय थे जिनका ब्रिटिश संसद में चयन किया गया। दादाभाई नौरोजी तीन बार भारतीय राष्ट्रीय कांग्रेस के अध्यक्ष चुने गए। इनको ग्रैंड ओल्डमैन ऑफ इण्डिया के नाम से भी जाना जाता है।

15. (c) भारतीय स्वतन्त्रता आन्दोलन को प्रेरित करने वाले और अग्रेजो द्वारा भारतीयों के आर्थिक शोषण के बारे में सर्वप्रथम जानकारी प्रदान करने वाले भारत के वयोवृद्ध नेता दादाभाई नौरोजी थे। इन्हें ग्रैंड ओल्डमैन ऑफ इण्डिया भी कहा जाता है। इन्होंने धन - निष्कासन का सिद्धांत "The theory of drain' का वर्णन अपनी पुस्तक "The Povertyınd Un-British Rule in India" में किया है।

16. (d) शुक्र (venus) सूर्य से दूरी के क्रम में दूसरा ग्रह है। इस ग्रह का नामकरण प्रेम और सौंदर्य की रोमन देवी वीनस के नाम पर हुआ है। चन्द्रमा के बाद यह रात्रि के समय आकाश में सबसे चमकीला प्राकृतिक ग्रह है। इसे भोर का तारा या शाम का तारा के रूप में संदर्भित किया जाता है।

17. (a) भूपृष्ठ पर किसी स्थान का अक्षांश उस स्थान की वह कोणीय दूरी है, जो विषुवत वृत्त के उत्तर या दक्षिण याम्योत्तर पर पृथ्वी के केन्द्र से मापी जाती है। एक ही अक्षांश पर स्थित स्थानों को मिलाने वाली रेखा समांतर / अक्षांश रेखा कहलाती है। यदि अक्षांश समांतरों को 1° के अन्तराल पर खींचतें हैं तो उत्तरी एवं दक्षिणी दोनो गोलार्द्धो में 89 अक्षांश समान्तर होगें। इस प्रकार विषुवत वृत्त को लेकर अक्षांश समांतरों की कुल संख्या 179 होगी।

18. (b) ग्रेट बैरियर रीफ - यह विश्व का सबसे व्यापक और समृद्ध प्रवाल भित्ति पारिस्थितिकी तंत्र है, जो कि 2900 से अधिक भित्तियों और 900 से अधिक द्वीपों से मिलकर बना है। यह आस्ट्रेलिया के क्वीसलैंड के उत्तर-पूर्वी तट में 1400 मील तक फैला हुआ है।

19. (c) सारामाती (सरामती) भारत के नागालैण्ड राज्य का सबसे ऊँचा पर्वत हैं। यह भारत की म्यांमार के साथ अंतर्राष्ट्रीय सीमा पर अवस्थित है। इसकी मूल पर्वतमाला पूर्वाचल पर्वतमाला है।

यही पर थानामीर गाँव स्थित है। जो नागालैण्ड में सेब के लिए प्रसिद्ध है।

20. (c) ओजोन परत मध्यमंडल में स्थित नहीं है बल्कि यह समतापमण्डल के निचले भाग में पृथ्वी की सतह के ऊपर लगभग 10 किमी से 50 किमी की दूरी तक स्थित है। ओजोन परत की खोज वर्ष 1913 में फ्रांस के भौतिकविदों, फैबरी चार्ल्स और हेनरी बुसोन ने की थी।

21. (d) इन्फिनिटी टॉवर, दुनिया का सबसे ऊँचा मुड़ा टॉवर, दुब. ई (संयुक्त अरब अमीरात) में स्थित है। इसका उद्घाटन 10 जून, 2013 को हुआ था। जिसका निर्माण केयन (cayan) रियल एस्टेट निवेश और डेवलपमेंट द्वारा किया गया थां।

22. (c) दक्कन का पठार भारत का विशालतम पठार है। इसे विशाल प्रायद्वीपीय पठार के नाम से भी जाना जाता है। इस क्षेत्र की मृदा का निर्माण आग्नेय चट्टानों से हुआ है। जो मुख्य रूप से ज्वालामुखीय चट्टान है। इस पठार की मुख्य मृदा, काली मृदा है।

23. (a)

राज्य	-राजधानी
मेघालय	-शिलांग
मणिपुर	-इम्फाल
मिजोरम	-आइजोल
त्रिपुरा	-अगरतला

24. (b) रोहतांग दर्रा हिमाचल प्रदेश के लाहौल और स्पीति घाटियों के साथ कुल्लू घाटी के बीच की कड़ी को जोड़ता है। यह

हिमालय के पूर्वी पीर पंजाल पर्वतश्रेणी पर एक ऊँचा पहाड़ी दर्रा है। यह चिनाब और व्यांस बेसिन के बीच के जलक्षेत्र पर स्थित है।

लिपुलेख दर्रा - चीन-नेपाल-भारत सीमा

बनिहाल दर्रा - जम्मू-कश्मीर

तामरस्सेरी दर्रा - केरल (थामारासेरी)

25. (a) भागीरथी भारतीय राज्य उत्तराखण्ड में एक अशांत हिमालयी नदी है, और गंगा की दो प्रमुख धाराओं में से एक है, जो उत्तरी भारत की प्रमुख नदी और हिंदू धर्म की पवित्र नदी है। भागीरथी और अलकनदां टिहरी गढ़वाल के देवप्रयाग में मिलती हैं। और उसके बाद गंगा के रूप में जानी जाती है। इसकी प्रमुख सहायक नदी - भिलांगना, जाडंगना, सियागंगा आदि है।

26. (e) संविधान सभा के संघ समिति के प्रमुख जवाहर लाल नेहरू थे। संविधान सभा की कार्यवाही जवाहर लाल नेहरू द्वारा 13 दिसम्बर, 1946 ई, को प्रस्तुत उद्देश्य प्रस्ताव के साथ प्रारम्भ हुई थी उद्देश्य प्रस्ताव को 22 जनवरी, 1947 ई. को स्वीकृति मिल गयी। उन्होंने इस प्रस्ताव में कहा था कि भारत एक पूर्णतया स्वतंत्र एवं सम्पूर्ण प्रभुतासम्पन्न गणराज्य होगा। भारतीय गणराज्य प्रांतो एवं देशी रियासतों का संघ होगा और उसके राज्यों में समस्त शक्ति का मूलक्षेत्र जनता होगी।

27. (c) सम्पत्ति का अधिकार एक कानूनी अधिकार है। प्रारम्भ में यह संविधान में मूल अधिकार के रूप में वर्णित था, परन्तु 44वें संविधान संशोधन अधिनियम 1978 द्वारा इसे मूल अधिकारों से हटाकर, कानूनी अधिकार बना दिया गया।

28. (d) अनुच्छेद 61 राष्ट्रपति पर महाभियोग चलाने की प्रक्रिया का वर्णन है। जब संविधान के उल्लंघन के प्रावधानों के लिए राष्ट्रपति पर महाभियोग लगाया जाता है। संसद के किसी भी सदन द्वारा महाभियोग प्रस्ताव लाया जा सकता है। राष्ट्रपति पर महाभियोग चलाने का प्रस्ताव मूल सदन के सदस्यों की कुल संख्या के दो-तिहाई बहुमत से पारित होना चाहिए।

29. (c) भारतीय संविधान अनुच्छेद- 63 के अनुसार भारत का एक उपराष्ट्रपति होगा। उपराष्ट्रपति राज्यसभा का पदेन सभापति होता है। उपराष्ट्रपति का चुनाव निर्वाचक मण्डल द्वारा आनुपातिक प्रतिनिधित्व प्रणाली के माध्यम से एकल संक्रमणीय मत के माध्यम से किया जाता है। उपराष्ट्रपति लाभ का पद धारण नहीं करेगा। उपराष्ट्रपति को संसद के किसी भी सदन का सदस्य होना आवश्यक नहीं है। अत: कथन ठ और ब सत्य हैं।

30. (c) भारत के पूर्व राष्ट्रपति नीलम संजीव रेड्डी एकमात्र ऐसे राष्ट्रपति है जो निर्विरोध चुने गए थे। रेड्डी भारत के छठें राष्ट्रपति थे। इन्होंने वर्ष 1977 से 1982 तक कार्य किया था।

31. (c) संसद के दोनों सदन की कार्यवाही का पहला घंटा (11 से 12 बजे तक) प्रश्नकाल (प्रश्नोत्तर काल) कहलाता है। इस दौरान संसद सदस्य सरकार की पॉलिसी और अलग. -अलग बिलों पर प्रश्न पूछते है। प्रश्नकाल के ठीक बाद (12 से 1 बजे) का समय शून्यकाल कहलाता है। इस दौरान अविलम्बनीय महत्व के मामलों को उठाया जाता है तथा सांसद उस पर त्वरित कार्यवाही चाहते है।

32. (e) भारत में विधानसभा की सर्वाधिक सीटों वाला राज्य उत्तर प्रदेश (403) है।

33. (a) भारतीय संविधान का अनुच्छेद 263 राज्यों के मध्य तथा केंद्र तथा राज्यों के मध्य समन्वय के लिए अंतर्राज्यीय परिषद के गठन की व्यवस्था करता है। इस प्रकार राष्ट्रपति यदि किसी समय महसूस करे कि ऐसी परिषद का गठन सार्वजनिक हित में है तो वह ऐसी परिषद का गठन करता है।

34. (d) अधीनस्थ अथवा प्रत्यायुक्त विधान वह विधान है जिसे अधिनियमित करने के लिए संसद द्वारा कार्यपालिका को अधिकार प्रदान किया गया है। अत: पंचायतों और नगर निगमों द्वारा स्थानीय नियम बनाया जाना भी इसके अंतर्गत आता है।

35. (c) भारतीय संविधान का दूसरा संविधान संशोधन 1952 में हुआ। इस संविधान संशोधन में 1951 की जनगणना के आधार पर संसदीय निर्वाचन क्षेत्र के लिए ऊपरी जनसंख्या सीमा को हटाना जाना था।

36. (b) जब किसी वस्तु की कीमत में परिवर्तन के फलस्वरूप उसकी माँग में कोई परिवर्तन नहीं होता है तब ऐसी वस्तु की माँग को सापेक्षत: बेलोचदार माँग कहा जाता है। अत: आधारभूत खाद्यान्न की माँग लगभग पूर्णत: बेलोचदार हैं।

37. (c) जनगणना 2011 के अनुसार भारत का औसत जनसंख्या घनत्व 382 व्यक्ति प्रति वर्ग किमी. है। प्रतिवर्ग किलोमीटर क्षेत्र में निवास करने वाले लोगों की संख्या के औसत को जनसंख्या घनत्व कहते हैं।

38. (c) भारत में वित्तीय नीति बनाने की जिम्मेदारी केन्द्रीय वित्त मंत्रालय की है। देश के सामाजिक एवं आर्थिक विकास में वित्त मंत्रालय का प्रमुख योगदान रहता है। यह देश के संसाधन को संचालित करता है। देश के सार्वजनिक खर्चे आदि को नियंत्रित करता है। सार्वजनिक नीति बनाने में यह औद्योगिक, बैकिंग, कराधान क्षेत्र में महत्वपूर्ण भूमिका निभाता है।

39. (c) शेयर बाजार एक ऐसा बाजार है जहाँ कंपनियों के शेयर खरीदें बेचे जा सकते हैं। भारत का सबसे पुराना शेयर बाजार बॉम्बे स्टॉक एक्सचेंज है। वर्तमान में बॉम्बे स्टाक एक्सचेंज व नेशनल स्टॉक एक्सचेंज के अलावा देशभर में लगभग 23 क्षेत्रीय स्टॉक एक्सचेंज / शेयर बाजार है।

40. (c) डॉ0 वी. के. आर.वी. राव ने घाटे की वित्त व्यवस्था को परिभाषित करते हुए कहा है कि "परिस्थितियाँ ऐसी बना दी जाती है जब सार्वजनिक राजस्व और सार्वजनिक व्यय के

बीच अंतर आ जाता है और इसे घाटे की वित्त व्यवस्था या बजटीय घाटा कहते है। घाटे की वित्त व्यवस्था को संभालने के लिए अतिरिक्त पैसे की आपूर्ति की जरूरत होती है। घाटे की वित्त व्यवस्था के समय सरकार भारतीय रिजर्व बैंक से धन उधार लेती है। घाटे की वित्त व्यवस्था को दूर करने के लिए निम्न उपाय है-

भारतीय रिजर्व बैंक से संचित नगद का उपयोग करना।

संस्थाओं, आम जनता व कॉरपोरेट घरानों को सरकारी प्रतिभूतियों की बिक्री।

41. (a) जब रेलगाड़ी में कुछ तेजी होगी तो रेलगाड़ी आगे बढ़ेगी और सिक्का यात्री के पीछे आ जाएगा। तो रेलगाड़ी की गति त्वरित होती है।

42. (b) गुरुत्वाकर्षण के कारण चंद्रमा पृथ्वी की परिक्रमा करता रहता है। चंद्रमा की गति लगातार एक दिशा में बदल रही है। इसलिए, पृथ्वी का आकर्षण बल पृथ्वी के चारों ओर चंद्रमा की गति के लिए केन्द्रापसारक बल प्रदान करता है।

43. (e) प्रकाश वर्ष दूरी का मात्रक है, जिसका प्रयोग तारों, ग्रहों तथा सूर्य की दूरी मापने में किया जाता है। एक प्रकाश वर्ष वह दूरी है जो प्रकाश निर्वात में एक वर्ष में तय करता है।

1 प्रकाश वर्ष = 9.46×10^{15} मीटर

44. (b) सही सुमेलित है-

अत: कार के ब्रेक आर्किमिडीज के नियम से सम्बन्धित नहीं है। आर्किमिडीज का सिद्धान्त किसी द्रव या जल के अन्दर डूबी अथवा तैरती वस्तुओं पर लागू होता है।

45. (d) बहुरूपदर्शक में उपयोग किया जाने वाला मूल सिद्धांत प्रकाश के परावर्तन सिद्धांत से संबंधित है। बहुरूपदर्शक एक ऑप्टिकल खिलौना है, जिसमें विशेष कोणों पर दो या दो से अधिक दर्पण होते हैं तथा प्रकाश इनसे टकराकर परावर्तित होकर विभिन्न आकर्षक प्रतिरूपों का निर्माण करता है। इसका मुख्य प्रयोग मनोरंजन हेतु खिलौना बनाने में होता है।

46. (d) एक क्षार के साथ अम्ल की अभिक्रिया को एक उदासीनीकरण अभिक्रिया के रूप में जाना जाता है। यह अभिक्रिया लवण और जल को उत्पन्न करती है।

47. (d) कार्बनिक अम्ल उदाहरण - ऐसीटिक अम्ल, लैक्टिक अम्ल, ऑक्सैलिक अम्ल, यूरिक अम्ल, मैलिक अम्ल, फॉ. र्मिक अम्ल।

48. (a) जब मीठे सोडे (बेकिंग सोडा) को गर्म किया जाता है। तो कार्बन डाई ऑक्साइड गैस निकलती है और सोडियम कार्बोनेट भी बनता है। रासायनिक अभिक्रिया इस प्रकार है।

$2NaHCO_3 \rightarrow Na_2CO_3 + H_2O + CO_2$

49. (b) इमली में टार्टरिक अम्ल पाया जाता है जबकि दही में लैक्टिक अम्ल पाया जाता है। अत: केवल युग्म (II) सही है।

50. (b) प्रोकैरियोटिक जीवों में, केन्द्रक क्षेत्र एक झिल्ली से घिरा नहीं है।इस अपरिभाषित परमाणु क्षेत्र को न्यूक्लियॉइड के रूप में जाना जाता है।

51. (c) डेंड्राइट एक न्यूरॉन (तंत्रिका कोशिका) के अनुमान हैं जो अन्य न्यूरॉन्स से संकेत (सूचना) प्राप्त करते हैं। एक न्यूरॉन से दूसरे में सूचना का हस्तांतरण रासायनिक संकेतों और विद्युत आवेगों, अर्थात् विद्युत रासायनिक संकेतों के माध्यम से प्राप्त किया जाता है।

52. (e) विटामिन D को विटामिन के साथ हार्मोन्स भी माना जाता है इसका स्त्राव शरीर की कोशिकाओं द्वारा त्वचा पर प्रकाश की पराबैगनी किरणों के पड़ने पर होता है। विटामिन D में कैल्शियम और फॉस्फेट प्रचुर मात्रा में पाया जाता है जो हड्डियो को मजबूती प्रदान करता है।

53. (d) प्रोबायोटिक एक प्रकार के खाद्य पदार्थ होते है, जिसमें जीवित जीवाणु या सूक्ष्मजीव शामिल होते है। विश्व स्वास्थ्य संगठन के अनुसार प्रोबायोटिक वे जीवित सूक्ष्मजीव होते है। जिसका सेवन करने पर मानव शरीर में जरूरी तत्व सुनिश्चित होते है।

54. (a) डेंगू ज्वर यह एक मच्छर जनित वायरल रोग है। यह एडीज इजिप्टी मच्छर के कारण होता है। फाइलेरिया - यह एक परजीवी के कारण होने वाली बीमारी है। जो लिम्फ नोड्स और लिम्फ वाहिकाओं को प्रभावित करती है। यह रोग धागे के समान दिखने वाले फाइलेरिओडी (Filarioidea) नामक निमोटोड के कारण फैलती है। मलेरिया - यह एक प्लाज्मोडियम परजीवी के कारण होता है। यह संक्रमित मच्छरों के काटने से फैलता है।

55. (a) अजादिरचका इंडिका को नीम के पेड़ के वैज्ञानिक नाम रूप में जाना है। नीम के पत्ते में जीवाणुरोधी, विषाणुरोधी, परजीवीरोधी, कैन्सररोधी (आदि) जैसे विभिन्न गुण होते है। इसका उपयोग फार्मास्यूटिकल उद्योग में किया जाता है।

56. (b) : माना पाँचवे सदस्य की ऊंचाई = h cm

प्रश्नानुसार,

औसत =

कुल सदस्यों के ऊचाईयों का योग / कुल सदस्यों की संख्या

$$160 = \frac{155+160+161+150+h}{5}$$

$800 = 626 + h$

$h = 800 - 626 = 174$ cm

57. (c) संख्या = 2 : 5 : 7

माना संख्या = 2x 5x. 7x

म.स. = x = 14

अत: संख्या = 2x14, 5×14, 7×14

= 28, 70, 98

58. (a) (1+2+3+ .... +n)

सूत्र योगफल = $\frac{n(n+1)}{2}$

$\because 1 + 2 + 3 + \ldots\ldots + 20$

n = 20

$= \frac{20(20+1)}{2} = \frac{20+21}{2} = \boxed{210}$

59. (a) माना मूल संख्या x है।

प्रश्नानुसार –

$x \times \frac{(100-62.5)}{100} = 300$

$x = \frac{30000}{37.5} = \frac{300000}{375}$

x = 800

60. (c) माना वस्तु का क्रय मूल्य x है।

प्रश्नानुसार,

500 रुपये में बेचने पर लाभ = 400 रुपये में बेचने पर हानि

500 – x = x – 400 [लाभ = विक्रय मूल्य – क्रय मूल्य]

[हानि = क्रय मूल्य – विक्रय मूल्य]

2x = 900

x = 450 या क्रय मूल्य = 450

दिया है विक्रय मूल्य = 350

हानि = क्रय मूल्य – विक्रय मूल्य = 450 – 350 = 100

हानि% = हानि/ क्रय मूल्य × 100

$= \frac{100}{450} \times 100$

$= \frac{200}{9} = 22.22\%$

61. (a) अभीष्ट अनुपात = $\frac{(65-35)}{35} = \frac{30}{35} = \frac{6}{7} = 6:7$

62. (d) मूलधन (P) = Rs 24000

दर (R) = 10%

समय (n) = 2 वर्ष

चक्रवृद्धि ब्याज = $P\left\{\left(1+\frac{r}{100}\right)^n - 1\right\}$

$= 24000\left\{\left(1+\frac{10}{100}\right)^2 - 1\right\}$

$= 24000\left\{\frac{121}{100} - 1\right\}$

$= 24000 \times \frac{21}{100}$

= Rs.5040

63. (d) दिया है-

A = 1 – 10 + 3 – 12 + 5 – 14 + 7 + ... 60 पदों तक

A – (1 – 10) + (3 – 12) + (5 – 14) + 7 + ... 60 पदों तक

⇒ A = – 9 – 9 – 9 – 30 बार

⇒ A = – 9 × 30

⇒ $\boxed{A = -270}$

64. (a) माना पैदल तय की गयी दूरी = x km

साइकिल द्वारा तय की गयी दूरी = (45 – x) km

प्रश्नानुसार,

$\frac{x}{5} + \frac{(45-x)}{12} = 7$

$\frac{12x + 5(45-x)}{60} = 7$

12x + 225 – 5x = 7 × 60

7x = 195

x = 27.857 km

x = 28 km (लगभग)

65. (c)

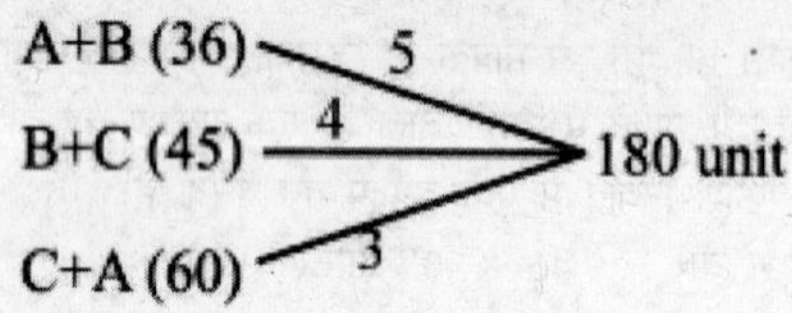

2(A + B + C) = 12 unit

A + B + C = 6 unit

B की कार्यक्षमता = (A + B + C) – (C + I)

6 unit – 3 unit = 3 unit

B द्वारा अकेले कार्य को पूरा करने में लगा समय = $\frac{180 \text{ unit}}{3 \text{ unit}}$

= 60 दिन

66. (b)

प्रश्नानुसार,

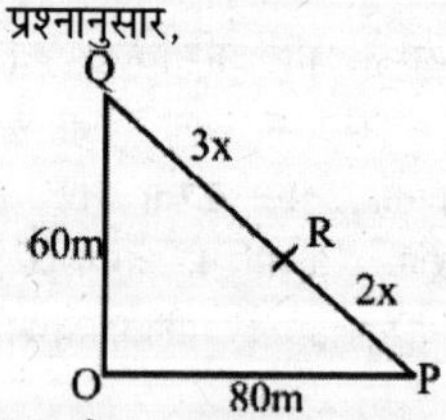

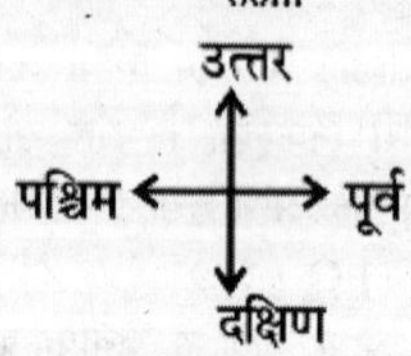

Δ OPQ में

पाइथागोरस प्रमेय सं

$PQ = \sqrt{(OQ)^2 + (OP)^2}$

$$5x = \sqrt{(60)^2 + (80)^2}$$
$$= \sqrt{3600 + 6400}$$
$$= \sqrt{10000}$$
$$5x = 100 \text{ m}$$
$$x = \frac{100}{5} = 20 \text{ m}$$

अत: रेखा PR. और QR की लम्बाई में अन्तर = 3x-2x

x = 20 m

67. (c) : प्रश्नानुसार रात सम्बन्ध आरेख बनाने पर

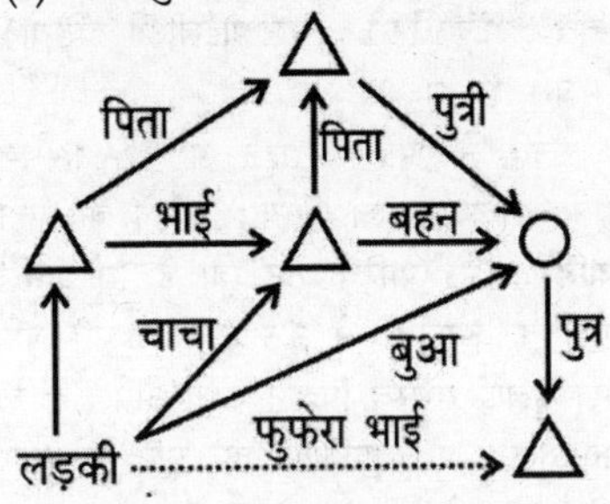

उपरोक्त आरेख से स्पष्ट है कि यह व्यक्ति लड़की का फुफेरा भाई

68. (b) : एक दिन में घड़ी की सुइयां 44 बार सरल रेखा (0) या 1504) में होती है।

69. (a) पासा (1) और (11) से

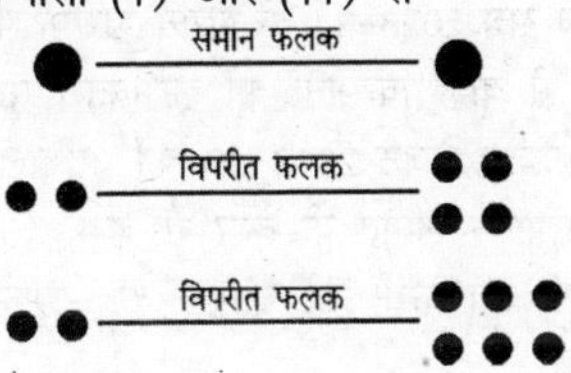

अत: स्पष्ट है कि 6 बिन्दुओं के विपरीत फलक पर 3 बिन्दु होगे।

70. (b) प्रश्नानुसार,

333 × 9 - 4 – 18 ÷ 90

चिन्हों को प्रश्नानुसार परिवर्तित करने पर,

333 ÷ 9 × 4 – 18 + 90

- 37 × 4 - 18 + 90

= 148 - 18 + 90

= 130 + 90

= 220

71. (d) यजुर्वेद में सबसे पहले विदेह राज्य का उल्लेख मिलता है। यहाँ के राजवंश की शुरुआत इक्ष्वाकु के पुत्र निमि विदेह से मानी जाती है।

72. (b) फाह्यान ने चंद्रगुप्त विक्रमादित्य [चंद्रगुप्त द्वितीय] के शासनकाल के दौरान भारत का दौरा किया। वे वर्ष 399 ई. में भारत आये और वर्ष 414 ई. में अपने देश चीन लौट गए।

73. (a) तिनकठिया प्रथा एक ऐसी प्रणाली थी जिसके तहत चंपारण के मूल किसान थे।

74. (b) अंग्रेजों की दमन नीति के विरोध 6 अप्रैल, 1919 को पटना सिटी के किला मैदान में राजेंद्र प्रसाद, मजहरुल हक आदि के नेतृत्व में एक विशाल सभा हुई, जिसमें पटना के अधिकांश छात्र उपस्थित थे. पटना लॉ कॉलेज के छात्र सैयद मोहम्मद शेर और बी एन कॉलेज के छात्र अब्दुल बारी ने अक्टूबर 1920 में कॉलेज छोड़ दिया और घूम-घूमकर जनता को जागृत करने लगा.

75. (d) श्री रामविनोद सिंह ने इसकी स्थापना आचार्य कृपलानी की सहायता से की थी।

76. (a) पटना युवक संघ की स्थापना 1927 में हुई।

77. (c) 23 अप्रैल 1930 को स्वयं सेवकों का जत्था नखास पिंड पहुँचा और नमक बनाया। पटना में नमक सत्याग्रह सफल रहा।

78. (c) उन्हें छ: महीने की सजा हुई। राजेन्द्र प्रसाद 14 दिसम्बर 1930 को कारावास की अवधि को पूरा कर हजारीबाग जेल से रिहा हुए।

79. (a) शाहाबाद जिला कॉंग्रेस ने श्नहर के वसूली की जाँच शीर्षक की अधिसूचना जारी की।

80. (e) बिहार राज्य में ही पहला भारतीय मंत्रीमंडल1 अप्रैल 1937 को संगठित हुआ था।

81. (a) 6 सितम्बर 1929 को बिहार- उड़ीसा विधान परिषद् में स्वराज्य पार्टी के तत्कालीन नेता श्री कृष्ण सिंह ने सदन में गोलमूरी टिन प्लेट कंपनी की हड़ताल से उत्पन्न स्थिति पर स्थगन प्रस्ताव प्रस्तुत किया

82. (b) 3 अगस्त, 1942 को कटिहार थाने पर झंडा फहराने के क्रम में 13 वर्षीय बालक ध्रुव कुमार की मृत्यु पुलिस की गोली से हुई थी।

83. (a) महामाया प्रसाद ने छात्रों को जिगड़ का टुकड़ा कहा था।

84. (b) वर्ष 1506 में गुरु नानक ने पूर्व की प्रथम उदासी यात्रा के दौरान बिहार में कदम रखे।

85. (b) पटना कलम के चित्रों में जनसाधारण के जीवन विशेष. कर दैनिक जीवन के दृश्यों का चित्रण हुआ हैं

86. (a) विष्णुपद मंदिर स्थित गया में है विष्णुपद मंदिर का निर्माण इंदौर की महारानी आहिल्याबाई ने करवाया था।

87. (d) बिहार में अन्तर्राष्ट्रीय विश्वविद्यालय "यूनिवर्सिटी ऑफ नालंदा" का प्रथम विजिटर ए० पी० जे० अब्दुल कलाम को बनाया गया

88. (a) बिहार में पंचायती राजव्यवस्था त्रिस्तरीय है बिहार पंचायत समिति एवं जिला परिषद् अधिनियम 2 अक्टूबर 1963 से लागू हुआ।

89. (b) बिहार का क्षेत्रफल हेक्टेयर में है – 94.16 लाख हेक्टेयर।

90. (c) बिहार का छपरा शहर घाघरा नदी के तट पर बसा हुआ है। गया फल्गु के तट पर भागलपुर, पटना, गंगा नदी के तट पर जबकि गंडक नदी के तट पर मुजफ्फरपुर, हाजीपुर, सोनपुर बसे हुए हैं।

91. (d) स्थानीय रूप से उगाए हुए खाद्य पदार्थों का सेवन भोजन संबंधी आदत कार्बन पदचिन्ह को कम करने में मदद करेगी।

92. (a) हंसावर पक्षियों की चोंच में छानने की प्रणाली होती है। हंसावर के चोंच में एक निस्पादन प्रणाली भी होती है जो वे पानी में रेत से भी भोजन को छानने में मदद करता है।

93. (d) सुंडी एवं इल्ली कीड़ों के लार्वा के उदाहरण हैं यह अंडे के बाद कई प्रकार के कीड़ों के लिए पहला जीवन चरण है।

94. (d) अपनी गर्दन को झटके से आगेख्रपीछे कर सकने वाला पक्षी मैना है।

95. (c) उल्लू तो अपनी गर्दन पीछे तक घुमा सकता है।

96. (d) जिम कार्बेट नेशनल पार्क उत्तराखण्ड राज्य में स्थित है। यह भारत का सबसे पुराना राष्ट्रीय पार्क है यहाँ पर एशियाई हाथी, भालू, बाघ, हिरन, चीतल, साँभर, घड़ियाल, नीलगाय, घुरल और चीता आदि वन्य प्राणी अधिक संख्या में मिलते हैं।

97. उसे चुनिए जो अन्य से भिन्न है

97. (c) कौए को छोड़कर विकल्प में दिए गए सभी जानवर एक जलीय जानवर हैं।

98. (d) प्रश्नगत दिए गए विकल्पों में गिर, जीवमण्डल अभ्यारण्य नहीं है। यह एक राष्ट्रीय उद्यान है जो कि गुजरात राज्य में अवस्थित है एवं एशियाई शेरों के लिए जाना जाता है।

99. (b) गुजरात में कच्छ का रण जंगली गधा (घुड़खर) के लिए प्रसिद्ध है। यहाँ जंगली गधा (घुड़खर) अभ्यारण्य में पाया जाता है जो गुजरात के कच्छ के रण में स्थित है। यह भारत के सबसे बड़े अभ्यारण्य में से एक है।

100. (b) बांदीपुर राष्ट्रीय उद्यान कर्नाटक राज्य में स्थित है। आंध्र प्रदेश में नागार्जुन राष्ट्रीय उद्यान, असम में मानस तथा काजीरंगा वन्यजीव अभ्यारण्य स्थित है। ओडिशा में नन्दन कानन. अभ्यारण्य स्थित हैं जो सफेद शेर के लिए विख्यात है।

101. (d) विश्व एथलेटिक्स दिवस 2023 7 मई को मनाया गया। इस दिन का उद्देश्य बीमारियों को रोकने और अच्छे स्वास्थ्य को बनाए रखने के साधन के रूप में खेल और व्यायाम को बढ़ावा देना है। इंटरनेशनल एमेच्योर एथलेटिक फेडरेशन (आईएएएफ) ने शारीरिक और मानसिक कल्याण के लिए खेलों के महत्व को बढ़ावा देने के लिए 1996 में विश्व एथलेटिक्स दिवस बनाया।

102. (b) एशियाई भारोत्तोलन चौंपियनशिप में, भारत के भारोत्तोलक जेरेमी लालरिनुंगा ने 7 मई 2023 को जिंजू, कोरिया में रजत पदक जीता। स्नैच स्पर्धा में 20 वर्षीय ने 67 किग्रा वर्ग में 141 किग्रा भार उठाकर पदक जीता। जे. रेमी अपने पहले दो क्लीन एंड जर्क प्रयासों में 165 किग्रा भार उठाने में असफल रहा। इसके बाद उन्होंने अपना वजन बढ़ाकर 168 किग्रा कर लिया, जो उनके व्यक्तिगत सर्वश्रेष्ठ से 2 किग्रा अधिक था।

103. (a) कौशल विकास और उद्यमिता मंत्रालय भारत भर के 200 से अधिक जिलों में प्रधानमंत्री राष्ट्रीय शिक्षुता मेला (पीएमएनएएम) का आयोजन कर रहा है। शिक्षुता मेला का उद्देश्य स्थानीय युवाओं को प्रासंगिक शिक्षुता प्रशिक्षण अवसर प्रदान करना और उनकी आजीविका के अवसरों को मजबूत करना है। शिक्षुता मेला उन व्यक्तियों के लिए खुला है, जिन्होंने कक्षा 5 से कक्षा 12 उत्तीर्ण की है, जिनके पास कौशल प्रशिक्षण प्रमाणपत्र, आईटीआई प्रमाणपत्र, डिप्लोमा प्रमाणपत्र हैं, या स्नातक हैं।

104. (a) केंद्रीय मंत्रिमंडल ने हाल ही में महाराष्ट्र के हिंगोली जिले में 2,600 करोड़ रुपये की परियोजना लेजर इंटरफेरोमीटर ग्रेविटेशनल-वेव ऑब्जर्वेटरी (एलआईजीओ-इंडिया) के निर्माण को मंजूरी दी है।

105. (d) भारतीय रेलवे ने अप्रैल 2023 में 126.46 मीट्रिक टन मासिक माल लदान दर्ज किया। अप्रैल के महीने में वृद्धिशील लोडिंग 4.25 मीट्रिक टन रही है, जो कि 2022 में प्राप्त अप्रैल के आंकड़ों से 3.5 प्रतिशत की वृद्धि है। अप्रैल में माल ढुलाई राजस्व पिछले साल अप्रैल में लगभग 13 हजार की तुलना में 7 प्रतिशत की वृद्धि के साथ 13 हजार 893 करोड़ रुपये है।

106. (a) माननीय प्रधानमंत्री श्री नरेन्द्र मोदी की अध्यक्षता में आर्थिक मामलों की मंत्रिमंडलीय समिति (सीसीईए) ने विपणन सत्र 2023-24 के दौरान सभी स्वीकृत खरीफ फसलों के लिए न्यूनतम समर्थन मूल्य (एमएसपी) में बढ़ोतरी को मंजूरी दे दी है। विपणन सत्र 2023-24 के दौरान खरीफ फसलों के दौरान एमएसपी में वृद्धि किसानों को लाभकारी मूल्य प्रदान करने के लिए केंद्रीय बजट 2018-19 की अखिल भारतीय भारित औसत उत्पादन लागत के कम से कम 1.5 गुना के स्तर पर एमएसपी तय करने की घोषणा के अनुरूप है।

107. (d)

108. (d) विदेश यात्रा करने वाले भारतीयों के लिए भुगतान विकल्पों का विस्तार करने के लिए, रिजर्व बैंक ने भारत में बैंकों द्वारा एटीएम, पीओएस मशीनों और विदेशों में ऑनला. इन व्यापारियों के उपयोग के लिए रूपे प्रीपेड विदेशी मुद्रा कार्ड जारी करने की अनुमति देने का निर्णय लिया है।

109. (b) भारत, फ्रांस और संयुक्त अरब अमीरात समुद्री साझेदारी अभ्यास का पहला संस्करण 7 जून को ओमान की खाड़ी में शुरू हुआ। आईएनएस तरकश और फ्रांसीसी जहाज सरकॉफ, दोनों अभिन्न हेलीकॉप्टरों के साथ, फ्रांसीसी राफेल विमान और संयुक्त अरब अमीरात नौसेना के समुद्री गश्ती विमान अभ्यास में भाग ले रहे हैं।

110. (c) नई पीढ़ी की बैलिस्टिक मिसाइल अग्नि प्राइम का रक्षा अनुसंधान और विकास संगठन (DRDO) द्वारा सफलतापूर्वक परीक्षण किया गया। मिसाइल का परीक्षण 7 जून को ओडिशा के तट से दूर डॉ. एपीजे अब्दुल कलाम द्वीप से किया गया था।

111. (b) जून 2023 में, भारतीय-अमेरिकी निवेश बैंकिंग और

वित्तीय प्रबंधन विशेषज्ञ रितु कालरा को हार्वर्ड विश्वविद्यालय में वित्त का उपाध्यक्ष और मुख्य वित्तीय अधिकारी नियुक्त किया गया है। कालरा वर्तमान में वित्त और ट्रेजरी के सहायक उपाध्यक्ष के साथ-साथ विश्वविद्यालय के भीतर एक विशेष परियोजना सलाहकार के रूप में कार्यरत हैं।

112. (d) सैम ऑल्टमैन एक अमेरिकी उद्यमी, निवेशक और प्रोग्रामर हैं। वह लूपट के सह-संस्थापक थे और ओपनएआई के वर्तमान सीईओ हैं। ओपनएआई के सीईओ सैम ऑल्टमैन ने 8 जून 2023 को नई दिल्ली में प्रधान मंत्री नरेंद्र मोदी से मुलाकात की, जिसमें वैश्विक विनियमन की आवश्यकता सहित एआई के विभिन्न पहलुओं पर चर्चा की गई।

113. (b) भारत और बांग्लादेश ने भारतीय रुपये में द्विपक्षीय व्यापार शुरू किया है। लॉन्च कार्यक्रम 11 जुलाई, 2023 को ढाका में बांग्लादेश बैंक और भारतीय उच्चायोग द्वारा आयोजित किया गया था।

114. (b) उत्तरी अटलांटिक संधि संगठन (नाटो) शिखर सम्मेलन 11 से 12 जुलाई 2023 तक विनियस, लिथुआनिया में हो रहा है। शिखर सम्मेलन को महत्वपूर्ण माना जाता है क्योंकि यह यूक्रेन में युद्ध की दिशा और पश्चिमी गठबंधन के भविष्य को आकार दे सकता है।

115. (b) बढ़ती वैश्विक समस्या के बारे में सार्वजनिक जागरूकता बढ़ाने के प्रयास में संयुक्त राष्ट्र महासभा ने 12 जुलाई को रेत और धूल के तूफान से निपटने के अंतर्राष्ट्रीय दिवस के रूप में नामित किया।

116. (c) 'होजगिरी' त्रिपुरा का एक प्रसिद्ध लोक नृत्य हैं जो झूम खेती के लिये एक स्थान के चयन से पहले, धन की स्थानीय देवी की प्रार्थना के लिए किया जाता है। इस नृत्य में नर्तक अपने सिर पर एक बोतल व मिट्टी का सामान लेकर देवी की आराधना करते है। त्रिपुरा के कुछ अन्य लोकनृत्य निम्नलिखित हैं- बिजू नृत्य, गरिया नृत्य है हॉक नृत्य, संगराई नृत्य आदि।

117. (a) किक्रेट में इस्तेमाल की जाने वाली शब्दावलियाँ लेग. बाई, स्विंग, एल. बी. डब्ल्यू., हिट विकेट, डेडबॉल, रन आउट, फालोऑन तथा चाइनामैन इत्यादि है जबकि स्मैश तथा ड्यूस शब्द का प्रयोग लान टेनिस एवं लॉव शब्द वालीबॉल खेल से सम्बन्धित है।

118. (d) एकीकृत निर्देशित मिसाइल विकास कार्यक्रम (IGMDP) मिसाइलों की एक विस्तृत श्रृंखला के अनुसंधान और विकास के लिये भारतीय रक्षा मंत्रालय का एक कार्यक्रम था। यह परियोजना 1982-83 में डॉ. एपीजे अब्दुल कलाम के नेतृत्व में शुरु हुआ था।

119. (c) गोची त्यौहार भारत के हिमाचल प्रदेश में फरवरी माह में मनाया जाता हैं। जिन घरों में पिछले वर्ष पुत्र का जन्म हुआ होता है उन्ही घरों में यह त्यौहार मनाया जाता हैं। यह एक प्रकार से पुत्र जन्म का त्यौहार हैं।

120. (d) भारत के मल्टीटास्क सुपरसोनिक फाइटर प्लेन का नाम अटल बिहारी वाजपेई ने श्तेजसश रखा था। यह लाइट कॉम्बैट एयरक्रॉफ्ट प्रोग्राम का एक हिस्सा था। तेजस एक एकल सीट, एकल जेट इंजन, हल्का, उच्च गति वाला सुपरसोनिक लड़ाकू विमान है।

SET 7 BPSC प्राइमरी प्रैक्टिस सेट

1. **कौन-से बौद्ध स्थल में पत्थर से तराशे शिल्प नहीं हैं?**
(a) अजंता (b) कार्ले
(c) नासिक (d) नागार्जुनकोण्डा
(e) उपर्युक्त में से कोई नहीं/ उपर्युक्त में से एक से अधिक

2. **सिंधु घाटी के बाद एक प्रमुख सभ्यता, महाजपद किस काल / युग में स्थापित हुआ था?**
(a) मध्यपाषाण युग (b) नवपाषाण युग
(c) ताम्रपाषण युग (d) लौह युग
(e) उपर्युक्त में से कोई नहीं/ उपर्युक्त में से एक से अधिक

3. **मोहम्मद पैगम्बर का जन्म कहाँ हुआ था?**
(a) मक्का (b) मदीना
(c) बगदाद (d) दौलताबाद
(e) उपर्युक्त में से कोई नहीं/ उपर्युक्त में से एक से अधिक

4. **बिंबिसार और अजातशत्रु संरक्षक थे:**
(a) शैव धर्म (b) वैष्णव धर्म
(c) जैन धर्म (d) बौद्ध धर्म
(e) उपर्युक्त में से कोई नहीं/ उपर्युक्त में से एक से अधिक

5. **मौर्य राजवंश का प्रथम शासक कौन था?**
(a) बिन्दुसार (b) चन्द्रगुप्त
(c) बृहद्रथ (d) अशोक
(e) उपर्युक्त में से कोई नहीं/ उपर्युक्त में से एक से अधिक

6. **मुगल दरबार में सुलेखकों को प्रदान की जाने वाली स्वर्ण कलम उपाधि को क्या कहा जाता है?**
(a) अंबरिन कलम (b) जारिन कलम
(c) रोशन कलम (d) कामतारिन कलम
(e) उपर्युक्त में से कोई नहीं/ उपर्युक्त में से एक से अधिक

7. **किस राजपूत वंश ने अकबर के आगे आत्मसमर्पण नहीं किया था:**
(a) परमार (b) प्रतिहार
(c) राठौर (d) सिसोदिया
(e) उपर्युक्त में से कोई नहीं/ उपर्युक्त में से एक से अधिक

8. **पानीपत की प्रथम लड़ाई किनके बीच हुई थी?**
(a) अकबर और हेमू (b) अब्दाली और मराठे
(c) हुमायूँ और शेरशाह सूरी (d) बाबर और इब्राहिम लोदी
(e) उपर्युक्त में से कोई नहीं/ उपर्युक्त में से एक से अधिक

9. **दिल्ली में स्थित विश्व प्रसिद्ध लाल किले का निर्माण किस मुगल शासक ने करवाया था?**
(a) अकबर (b) औरंगजेब
(c) जहाँगीर (d) शाहजहाँ
(e) उपर्युक्त में से कोई नहीं/ उपर्युक्त में से एक से अधिक

10. **स्वदेशी आंदोलन औपचारिक रूप से कहाँ से शुरू हुआ था?**
(a) दिल्ली (b) कलकत्ता
(c) पंजाब (d) महाराष्ट्र
(e) उपर्युक्त में से कोई नहीं/ उपर्युक्त में से एक से अधिक

11. **सन् 1918 में महात्मा गाँधी का अनुसरण करते हुए 'खेड़ा सत्याग्रह' का प्रारंभ किसने किया था?**
(a) कारखानों के कर्मचारी (b) कारखानों के मालिक
(c) जमींदार (d) किसान
(e) उपर्युक्त में से कोई नहीं/ उपर्युक्त में से एक से अधिक

12. **'डिप्रेस्ड क्लास एसोसिएशन' की स्थापना किसने की?**
(a) ज्योतिराव फुले (b) पेरियार
(c) महात्मा गाँधी (d) बी. आर अंबेडकर
(e) उपर्युक्त में से कोई नहीं/ उपर्युक्त में से एक से अधिक

13. **निम्नलिखित में से कौन पोर्टब्लेयर, अंडमान की सेलुलर जेल का एक प्रसिद्ध निवासी था?**
(a) लोकमान्य तिलक (b) महात्मा गाँधी
(c) दामोदर सावरकर (d) सुभाष चंद्र बोस
(e) उपर्युक्त में से कोई नहीं/ उपर्युक्त में से एक से अधिक

14. **भारत के पहले गवर्नर जनरल कौन थे?**
(a) वॉरन हेस्टिंग्स (b) लार्ड कॉर्नवालिस
(c) लार्ड मिंटो (d) जॉन शोर
(e) उपर्युक्त में से कोई नहीं/ उपर्युक्त में से एक से अधिक

15. **निम्नलिखित में से किस गवर्नर जनरल ने टीपू सुल्तान के विरूद्ध तीन समझौते किए?**
(a) वारेन हेस्टिंग्स (b) लॉर्ड कार्नवालिस
(c) लॉर्ड वेलेजली (d) लॉर्ड विलियम बेंटिक
(e) उपर्युक्त में से कोई नहीं/ उपर्युक्त में से एक से अधिक

16. तारामंडल में कितने ऐसे चमकीले तारे हैं, जिसे 'उर्स मेजर' या 'ग्रेट बीयर' के नाम से जाना जाता है?

(a) 7 (b) 8
(c) 9 (d) 10
(e) उपर्युक्त में से कोई नहीं/ उपर्युक्त में से एक से अधिक

17. देशान्तर कोणीय दूरी को मापता है जिस को पृथ्वी की सतह पर बिन्दु की डिग्रियों में व्यक्त किया जाता है:

(a) आदि-रेखांश के पूर्व अथवा पश्चिम
(b) भूमध्यरेखा के। उत्तर अथवा दक्षिण
(c) आदि-रेखांश के केवल पूर्व
(d) आदि - रेखांश के केवल पश्चिम
(e) उपर्युक्त में से कोई नहीं/ उपर्युक्त में से एक से अधिक

18. हिंद महासागर का सबसे गहरा बिन्दु निम्नलिखित में से किस स्थान पर स्थित है?

(a) डॉड्रेक्ट डीप (b) जावा ट्रेन्च
(c) मकरान ट्रेन्च (d) डायनामेंटिया ट्रेन्च
(e) उपर्युक्त में से कोई नहीं/ उपर्युक्त में से एक से अधिक

19. निम्नलिखित में से कौन-सा कथन सही है?

I. एक स्थलीय भाग जो तीन ओर से समुद्र से घिरा हो उसे हम प्रायद्वीप कहते हैं।

II. पूर्वी घाट का सर्वोच्च शिखर अनाईमुडी है

(a) I तथा II दोनों (b) ना ही I ना ही II
(c) केवल (d) केवल II
(e) उपर्युक्त में से कोई नहीं/ उपर्युक्त में से एक से अधिक

20. विश्व में चौथा सबसे बड़ा देश कौन सा है?

(a) सऊदी अरब (b) सं.रा. अमेरिका
(c) रूस (d) चीन
(e) उपर्युक्त में से कोई नहीं/ उपर्युक्त में से एक से अधिक

21. हिमालय, एंडीज और आलप्स के पर्वतीय क्षेत्र में इनमें से किस प्रकार की जलवायु का अनुभव होता है?

(a) ध्रुवीय जलवायु
(b) उच्च भूमि जलवायु
(c) उष्ण कटिबंधीय जलवायु
(d) आर्द्र सूक्ष्म - उष्ण जलवायु
(e) उपर्युक्त में से कोई नहीं/ उपर्युक्त में से एक से अधिक

22. जारवा जनजाति निवास करती है:

(a) छत्तीसगढ़ (b) अंडमान द्वीप समूह
(c) झारखंड (d) लक्षद्वीप
(e) उपर्युक्त में से कोई नहीं/ उपर्युक्त में से एक से अधिक

23. शिखर - देश का कौन सा युग्म सही नहीं है?

I. माउंट एवरेस्ट - भारत

II. मकालु - नेपाल

(a) I तथा II दोनों (b) ना ही I ना ही II
(c) केवल II (d) केवल I
(e) उपर्युक्त में से कोई नहीं/ उपर्युक्त में से एक से अधिक

24. किस नदी को लाल नदी भी कहा जाता है?

(a) नर्मदा (b) तापी
(c) कृष्णा (d) गंगा
(e) उपर्युक्त में से कोई नहीं/ उपर्युक्त में से एक से अधिक

25. ओंकारेश्वर योजना निम्न में से किस नदी से संबंधित है?

(a) चम्बल (b) नर्मदा
(c) ताप्ती (d) भीमा
(e) उपर्युक्त में से कोई नहीं/ उपर्युक्त में से एक से अधिक

26. भारतीय संविधान की प्रस्तावना के बारे में निम्नलिखित में से कौन-सा कथन सत्य नहीं है?

(a) संविधान (42-वाँ) संशोधन अधिनियम, 1976 के द्वारा प्रस्तावना में निम्नलिखित को जोड़ा गया: समाजवादी, धर्मनिरपेक्ष, अखंडता (इंटैग्रिटी)।
(b) संविधान की प्रस्तावना संविधान के उद्देश्यों को निर्धारित करती है जो संविधान के आधारभूत ढाँचे का निर्माण करते हैं।
(c) संविधान के अनुच्छेद 368 के प्रावधानों के अंतर्गत प्रस्तावना में संशोधन किया जा सकता है।
(d) प्रस्तावना घोषित करती है कि संविधान के अंगीकरण की तिथि 26 जनवरी, 1950 है।
(e) उपर्युक्त में से कोई नहीं/ उपर्युक्त में से एक से अधिक

27. भारत में सूचना का अधिकार________. का एक भाग है।

(a) मौलिक अधिकार (b) कानूनी अधिकार
(c) सांस्कृतिक अधिकार (d) न मौलिक अधिकार न कानूनी अधिकार
(e) उपर्युक्त में से कोई नहीं/ उपर्युक्त में से एक से अधिक

28. भारतीय संविधान का कौन सा अनुच्छेद नागरिकों के लिए एक समान सिविल संहिता से संबंधित है?

(a) अनुच्छेद 48 (b) अनुच्छेद 49
(c) अनुच्छेद 45 (d) अनुच्छेद 42
(e) उपर्युक्त में से कोई नहीं/ उपर्युक्त में से एक से अधिक

29. भारत के संविधान में __________. अनुसूचियाँ है।

(a) 10 (b) 9
(c) 12 (d) 8
(e) उपर्युक्त में से कोई नहीं/ उपर्युक्त में से एक से अधिक

30. भारत के उप-राष्ट्रपति के पद के लिए निर्वाचन, 2022 (16वाँ उप-राष्ट्रपति का निर्वाचन) के संदर्भ में निम्न कथनों पर विचार कीजिए।

(1) इस निर्वाचन के लिए निर्वाचन अधिकारी, राज्य सभी के महासचिव थे।

(2) कुल 780 मतदाता वोट देने के पात्र थे।

(3) भारत के मुख्य निर्वाचन आयुक्त श्री राजीव कुमार और निर्वाचन आयुक्त श्री अनूप चन्द्र पांडे ने श्री जगदीश धनखड़ के निर्वाचन प्रमाणपत्र पर हस्ताक्षर किए।

उपर्युक्त कथन / कथनों में से कौन से सही हैं?

(a) केवल (1) और (2) (b) केवल (1), (2) और (3)
(c) केवल (1) और (3) (d) केवल (2) और (3)
(e) उपर्युक्त में से कोई नहीं/ उपर्युक्त में से एक से अधिक

31. भारत के किस राज्य में द्विसदनीय विधानमंडल नहीं है?

(a) बिहार (b) कर्नाटक
(c) जम्मू-कश्मीर (d) मध्य प्रदेश
(e) उपर्युक्त में से कोई नहीं/ उपर्युक्त में से एक से अधिक

32. 7 वें केन्द्रीय वेतन आयोग का अध्यक्ष कौन है?

(a) अशोक कुमार माथुर
(b) जी. के. चड्ढा जी.के.
(c) मोन्टेक सिंह आहलूवालिया
(d) अजीत प्रकाश शाह
(e) उपर्युक्त में से कोई नहीं/ उपर्युक्त में से एक से अधिक

33. निम्नलिखित में से किसका संबंध पंचायती राज से है?

(a) शाह कमीशन (b) नानावटी कमीशन
(c) बलवंत राय समिति (d) लिबरहान कमीशन
(e) उपर्युक्त में से कोई नहीं/ उपर्युक्त में से एक से अधिक

34. इंदिरा गांधी द्वारा लगाए गए आपातकाल के दौरान 42 वें अधिनियम द्वारा पेश किए गए अनुच्छेद 4 और 55 को निम्नलिखित में से किस मामले में फैसला को खत्म कर दिया था?

(a) मेनका गांधी बनाम भारत संघ
(b) एस. आर बोम्मई बनाम भारत गणराज्य
(c) शायरा बानों बनाम भारत संघ और अन्य
(d) मिनर्वा मिल्स बनाम भारत संघ
(e) उपर्युक्त में से कोई नहीं/ उपर्युक्त में से एक से अधिक

35. निम्नलिखित में से कौन सा कथन सही है?

I. भारत सरकार अधिनियम 1935, भारत के संविधान का सबसे बड़ा स्त्रोत है।

II. भारतीय संविधान में न्यायिक समीक्षा की अवधारणा कनाडा के संविधान से ली गई है।

(a) केवल II (b) ना ही I ना ही II
(c) I तथा II दोनों (d) केवल I
(e) उपर्युक्त में से कोई नहीं/ उपर्युक्त में से एक से अधिक

36. राजकोषीय नीति किससे संबंधित है-

(a) अर्थव्यवस्था में मुद्रा की आपूर्ति
(b) बैंकिंग प्रणाली का विनियमन
(c) आर्थिक विकास के लिए आयोजन
(d) सरकार की आय और खर्च
(e) उपर्युक्त में से कोई नहीं/ उपर्युक्त में से एक से अधिक

37. निम्नलिखित में से कौन अप्रत्यक्ष कर का एक उदाहरण है?

(a) संपदा शुल्क (b) संपत्ति शुल्क
(c) उत्पादन कर (d) उपहार कर
(e) उपर्युक्त में से कोई नहीं/ उपर्युक्त में से एक से अधिक

38. ब्याज दर जिस पर रिजर्व बैंक चलनिधि समायोजन सुविधा (एल. ए. एफ.) के तहत बैंकों से पात्र सरकारी प्रतिभूतियों के संपार्श्विक के विरुद्ध ओवरनाइट आधार पर, चलनिधि को अवशोषित करता है, उसे कहते हैं।

(a) सीमांत स्थायी सुविधा (b) बैंक दर
(c) रेपो दर (d) रिवर्स रेपो दर
(e) उपर्युक्त में से कोई नहीं/ उपर्युक्त में से एक से अधिक

39. कौन-सी एजेंसी विश्व विकास रिपोर्ट प्रकाशित करती है?

(a) विश्व व्यापार संगठन (b) यूएनडीपी
(c) विश्व बैंक (d) संयुक्त राष्ट्र संघ
(e) उपर्युक्त में से कोई नहीं/ उपर्युक्त में से एक से अधिक

40. भारतीय अर्थव्यवस्था में कौन सा क्षेत्र बचत में सबसे अधिक योगदान देता है?

(a) घरेलू (b) कॉरपोरेट
(c) राज्य सरकार (d) केन्द्र सरकार
(e) उपर्युक्त में से कोई नहीं/ उपर्युक्त में से एक से अधिक

41. उत्तल लेंस में, जब वस्तु अनंत पर होती है, तो प्रतिबिम्ब ________ पर बनता है।

(a) F2 (b) 2F2 के अतिरिक्त
(c) अनंत पर (d) F2 और 2F2 के बीच
(e) उपर्युक्त में से कोई नहीं/ उपर्युक्त में से एक से अधिक

42. किरचॉफ का प्रथम नियम किस पर आधारित है?

(a) द्रव्यमान संरक्षण (b) वोल्टेज संरक्षण
(c) आवेश संरक्षण (d) ऊर्जा संरक्षण
(e) उपर्युक्त में से कोई नहीं/ उपर्युक्त में से एक से अधिक

43. तृतीय श्रेणी के उत्तोलकों के संदर्भ में नीचे दिए गए कथनों पर विचार कीजिए-

(1) इन उत्तोलकों में आयास आलम्ब और भार के मध्य में होता है।

(2) इस श्रेणी के उत्तोलकों का यांत्रिक लाभ एक से अधिक होता है।

(3) चिमटी तथा मानव - भुजा का हथेली पर भार थामें रखना तृतीय श्रेणी के उत्तोलक का उदाहरण है।

इनमें से सही कथन है/हैं-

(a) केवल (1) (b) (1) और (2)
(c) (2) और (3) (d) केवल (2)
(e) उपर्युक्त में से कोई नहीं/ उपर्युक्त में से एक से अधिक

44. यदि पृथ्वी और सूर्य में दोगुनी दूरी होती है जितनी अब है, तो पृथ्वी पर सूर्य द्वारा लगाया गया गुरुत्वाकर्षण बल होगा-

(a) जितना अब है उससे दोगुना बड़ा
(b) जितना अब है, उससे चार गुना
(c) जितना अब है, उससे आधा
(d) जितना अब है, उससे एक-चौथाई
(e) उपर्युक्त में से कोई नहीं/ उपर्युक्त में से एक से अधिक

45. वाष्पीकरण की दर निम्नलिखित में से किस पर निर्भर नहीं करती?

(a) तरल के तापमान पर
(b) तरल के पृष्ठ क्षेत्रफल पर
(c) तरल के कुल द्रव्यमान पर
(d) वायु दाब पर
(e) उपर्युक्त में से कोई नहीं/ उपर्युक्त में से एक से अधिक

46. निम्नलिखित में से किस तत्व की परमाणु संख्या 12 है?

(a) सल्फर (b) क्लोरीन
(c) मैग्रीशियम (d) सोडियम
(e) उपर्युक्त में से कोई नहीं/ उपर्युक्त में से एक से अधिक

47. पदार्थ की वह अवस्था जिसका आयतन तो निश्चित होता है परन्तु आकार निश्चित नहीं होता है, वह कौनसी है?

(a) गैस (b) ठोस
(c) द्रव (d) प्लाज्मा
(e) उपर्युक्त में से कोई नहीं/ उपर्युक्त में से एक से अधिक

48. निम्नलिखित में से कौन सा एक तत्व का सबसे विशिष्ट गुण है?

(a) घनत्व (b) क्वथनांक
(c) द्रव्यमान संख्या (d) परमाणु संख्या
(e) उपर्युक्त में से कोई नहीं/ उपर्युक्त में से एक से अधिक

49. अतिजलयोजन से _____________. हो सकता है।

(a) अच्छा स्वास्थ्य (b) बाल झड़ना
(c) जल मादकता (d) स्वस्थ मस्तिष्क
(e) उपर्युक्त में से कोई नहीं/ उपर्युक्त में से एक से अधिक

50. निम्नलिखित में से कौन सा पौधों के लिए एक सूक्ष्म पोषक तत्व है?

(a) सल्फर (b) मैंगनीज
(c) मैगनीशियम (d) फास्फोरस
(e) उपर्युक्त में से कोई नहीं/ उपर्युक्त में से एक से अधिक

51. कौन सी रक्त वाहिका ऑक्सीजन युक्त रक्त वहन करती है?

(a) फुफ्फुसीय धमनी (b) यकृती शिरा
(c) ऊर्ध्व महाशिरा (d) पल्मोनरी शिरा
(e) उपर्युक्त में से कोई नहीं/ उपर्युक्त में से एक से अधिक

52. निम्नलिखित में से कौन-सा कोशिका निकाय कोशिका में प्रोटीन के संश्लेषण के लिए उत्तरदायी है?

(a) गॉल्जी संरचना (b) राइबोसोम
(c) लाइसोसोम (d) केन्द्रक
(e) उपर्युक्त में से कोई नहीं/ उपर्युक्त में से एक से अधिक

53. सनसाइन विटामिन किसे कहते हैं?

(a) विटामिन A (b) विटामिन B
(c) विटामिन C (d) विटामिन D
(e) उपर्युक्त में से कोई नहीं/ उपर्युक्त में से एक से अधिक

54. भोजनीय रेशे हमारे दैनिक भोजन में अत्यधिक वांछित हैं, क्योंकि :

(a) अतिरिक्त प्रोटीन उपलब्ध कराने के लिए
(b) अग्नाशय द्वारा स्रावित इंसुलिन को संतुलित करने के लिए
(c) हमारे शरीर को अपचित भोजन से छुटकारा दिलाने में सहायता करने के लिए
(d) थकान कम करने के लिए
(e) उपर्युक्त में से कोई नहीं/ उपर्युक्त में से एक से अधिक

55. टीकाकरण क्या है?

(a) सरल निष्क्रिय प्रतिरक्षा
(b) कृत्रिम निष्क्रिय प्रतिरक्षा
(c) कृत्रिम सक्रिय उपार्जित प्रतिरक्षा
(d) प्राकृतिक उपार्जित प्रतिरक्षा
(e) उपर्युक्त में से कोई नहीं/ उपर्युक्त में से एक से अधिक

56. 9 के प्रथम 9 गुणांकों का औसत क्या है?

(a) 40 (b) 46

(c) 45 (d) 35

(e) उपर्युक्त में से कोई नहीं/ उपर्युक्त में से एक से अधिक

57. एक दुकानदार के पास 1755 लीटर, 3783 लीटर, 1599 लीटर की मात्रा के तीन अलग-अलग प्रकार के दूध हैं। बिना मिलावट के सभी को संग्रह करने के लिए आवश्यक समान आकार के बर्तनों की न्यूनतम संख्या ज्ञात करें।

(a) 172 (b) 173

(c) 182 (d) 181

(e) उपर्युक्त में से कोई नहीं/ उपर्युक्त में से एक से अधिक

58. 2 से 42 तक के प्राकृतिक सम संख्याओं का योग पता कीजिए।

(a) 462 (b) 426

(c) 642 (d) 624

(e) उपर्युक्त में से कोई नहीं/ उपर्युक्त में से एक से अधिक

59. राम की आय में क्रमश: 30% और 20% की वृद्धि होती है। उसकी आय में प्रभावी प्रतिशत परिवर्तन ज्ञात करें।

(a) 50% (b) 66%

(c) 46% (d) 56%

(e) उपर्युक्त में से कोई नहीं/ उपर्युक्त में से एक से अधिक

60. राम को अपनी साइकिल 7744 रुपये में बेचने पर 12 प्रतिशत की हानि हुई। यदि वह इसे 9000 रुपये में बेचता है, तो लाभ प्रतिशत क्या होगा?

(a) 6.66 प्रतिशत (b) 2.27 प्रतिशत

(c) 3.33 प्रतिशत (d) 2.5 प्रतिशत

(e) उपर्युक्त में से कोई नहीं/ उपर्युक्त में से एक से अधिक

61. यदि $3X \times X + 3Y \times Y = 10XY$, तो X से Y का अनुपात क्या है?

(a) 2:3 या 3:2 (b) 1:4 या 4:1

(c) 3:4 या 4:3 (d) 1:3 या 3:1

(e) उपर्युक्त में से कोई नहीं/ उपर्युक्त में से एक से अधिक

62. 2 वर्ष के लिए 8% प्रति वर्ष की दर से 25000 रुपए पर चक्रवृद्धि ब्याज ज्ञात करें, जहाँ ब्याज वार्षिक चक्रवृद्धि होता है।

(a) 4160 रुपए (b) 4000 रुपए

(c) 4200 रुपए (d) 4260 रुपए

(e) उपर्युक्त में से कोई नहीं/ उपर्युक्त में से एक से अधिक

63. यदि $(5x + 2y)(10x + 3y) = 5 : 9$ है, तो $(2x^2 + 3y^2)$ $(4x^2 + 9y^2) = ?$

(a) 31 : 87 (b) 16:47

(c) 1:3 (d) 10:27

(e) उपर्युक्त में से कोई नहीं/ उपर्युक्त में से एक से अधिक

64. एक व्यक्ति 27 kmph की गति से A से B तक जाता है और 36 kmph की गति से। पर वापस आता है। पूरी यात्रा के लिए उसकी औसत गति ज्ञात करें?

(a) 27.86 kmph (b) 30 kmph

(c) 30.86 kmph (d) 32 kmph

(e) उपर्युक्त में से कोई नहीं/ उपर्युक्त में से एक से अधिक

65. A और B मिलकर एक कार्य को 40 दिनों में कर सकते हैं। A, 24 दिनों तक कार्य करने के बाद, B शेष कार्य को अकेले 54 दिनों में पूरा करता है। B अकेले पूरे कामको कितने दिनोंमें पूरा करेगा?

(a) 45 दिन (b) 55 दिन

(c) 65 दिन (d) 70 दिन

(e) उपर्युक्त में से कोई नहीं/ उपर्युक्त में से एक से अधिक

66. दिए गए विकल्पों में से तीन एक निश्चित तरीके से समान है। हालांकि, एक विकल्प अन्य तीन की तरह नहीं है। उस विकल्प का चयन करें जो अन्य से अलग

(a) FU (b) OL

(c) KR (d) DW

(e) उपर्युक्त में से कोई नहीं/ उपर्युक्त में से एक से अधिक

67. एक सार्थक शब्द के अक्षरों को अव्यवस्थित किया गया है और उन्हें क्रमांकित किया गया है। आपको शब्द का निर्माण करना है और उस विकल्प का चयन करना हे जो शब्द बनाने के लिए संख्याओं द्वारा इंगित अक्षरों का सही क्रम देता है।

A – 6, T – 2, N – 1, B – 9, L – 4, T – 5, A – 7

(a) 9472615 (b) 9274615

(c) 9476125 (d) 9572614

(e) उपर्युक्त में से कोई नहीं/ उपर्युक्त में से एक से अधिक

68. दी गई श्रेणी का अगला पद ज्ञात कीजिए।

Y, R, L, G__?

(a) B (b) C

(c) D (d)

(e) उपर्युक्त में से कोई नहीं/ उपर्युक्त में से एक से अधिक

69. उस विकल्प का चयन करें जो तीसरे पद से उसी प्रकार से संबंधित है जिस प्रकार से दूसरा पद पहले पद से संबंधित है।

PAPER : SDSHU :: MOTHER : ?

(a) PRXKHU (b) PQVHUK

(c) PUVQKH (d) PRQUKW

(e) उपर्युक्त में से कोई नहीं/ उपर्युक्त में से एक से अधिक

70. एक साइकिल सवार 40 किमी. की ओर चला और फिर पूर्व की ओर 50 किमी. चला। उसके बाद दायीं ओर मुड़कर 30 किमी चला और फिर दायीं ओर मुड़कर 50 किमी. चला। जब वह अपने प्रारम्भिक स्थान से कितनी दूर और किस दिशा में है?

(a) 50 किमी. (b) 40 किमी. दक्षिण
(c) 25 किमी. पूर्व (d) 10 किमी.
(e) उपर्युक्त में से कोई नहीं/ उपर्युक्त में से एक से अधिक

71. कौन-सा महाजनपद वर्तमान बिहार के क्षेत्र में स्थित नहीं था?

(a) अंग (b) वज्जि
(c) वत्स (d) मगध
(e) उपर्युक्त में से कोई नहीं/ उपर्युक्त में से एक से अधिक

72. नालंदा विश्वविद्यालय को किसने ध्वस्त किया था?

(a) महमूद गजनी (b) मोहम्मद गौरी
(c) बाबर (d) बख्तियार खिलजी
(e) उपर्युक्त में से कोई नहीं/ उपर्युक्त में से एक से अधिक

73. चंपारण आंदोलन के समय बिहार का उपराज्यपाल था-

(a) एफ. जी. स्लाई (b) एडवर्ड अलबर्ट गेट
(c) विलियम टेलर (d) गार्डन रीच वॉन
(e) उपर्युक्त में से कोई नहीं/ उपर्युक्त में से एक से अधिक

74. असहयोग आंदोलन के दौरान कहाँ से नवम्बर के मध्य में नशाबंदी आंदोलन की शुरूआत हुई?

(a) डुमरांव (b) आरा
(c) दानापुर (d) फतुहाँ
(e) उपर्युक्त में से कोई नहीं/ उपर्युक्त में से एक से अधिक

75. बिहार में सविनय अवज्ञा जांच समिति कब आई थी?

(a) 25 अगस्त 1922 (b) 25 अगस्त 1921
(c) 25 अगस्त 1923 (d) 25 अगस्त 1929
(e) उपर्युक्त में से कोई नहीं/ उपर्युक्त में से एक से अधिक

76. अखिल भारतीय चर्खा संघ की बिहार शाखा का मुख्यालय कहाँ स्थित नहीं रहा है?

(a) पटना (b) मुजफ्फरपुर
(c) मधुबनी (d) भागलपुर
(e) उपर्युक्त में से कोई नहीं/ उपर्युक्त में से एक से अधिक

77. पटना युवक संघ के प्रथम अध्यक्ष थे-

(a) कृष्ण बल्लभ सहाय (b) योगेन्द्र शुक्ल
(c) मणिन्द्र नारायण राय (d) प्रो० ज्ञान साहा
(e) उपर्युक्त में से कोई नहीं/ उपर्युक्त में से एक से अधिक

78. नमक कानून भंग करने के क्रम में अंबिका कांत सिंह, श्री रामवृक्ष बेनीपुरी, श्री जशुलाल गुप्त को कहाँ गिरफ्तार किया गया था?

(a) सासाराम (b) पटना
(c) बिहारशरीफ (d) छपरा
(e) उपर्युक्त में से कोई नहीं/ उपर्युक्त में से एक से अधिक

79. नवम्बर 1935 में हाजीपुर में आयोजित तृतीय बिहार प्रांतीय किसान सम्मेलन किसकी अध्यक्षता में आयोजित हुई?

(a) स्वामी सहजानंद (b) राजेन्द्र प्रसाद
(c) पुरूषोतम दास टंडन (d) श्री कृष्ण सिंह
(e) उपर्युक्त में से कोई नहीं/ उपर्युक्त में से एक से अधिक

80. बिहार के कांग्रेसी मंत्रीमंडल ने अपना त्यागपत्र राजबंदियों के मामले को लेकर कब दिया था?

(a) 15 फरवरी 1938 (b) 15 फरवरी 1939
(c) 25 फरवरी 1939 (d) 28 फरवरी 1939
(e) उपर्युक्त में से कोई नहीं/ उपर्युक्त में से एक से अधिक

81. बिहार में व्यक्तिगत सत्याग्रह कब शुरू हुआ?

(a) 28 नवम्बर 1940 (b) 20 सितम्बर 1940
(c) 28 सितम्बर 1940 (d) 28 दिसम्बर 1940
(e) उपर्युक्त में से कोई नहीं/ उपर्युक्त में से एक से अधिक

82. आजाद दस्ता की पहली सभा कहाँ हुई?

(a) मसौढ़ी (पटना) (b) अमरपुर (बांका)
(c) समैली (पूर्णिया) (d) मैरवा (सिवान)
(e) उपर्युक्त में से कोई नहीं/ उपर्युक्त में से एक से अधिक

83. पटना स्थित शहीद स्मारक का औपचारिक अनावरन कब हुआ?

(a) 1947 (b) 1952
(c) 1954 (d) 1955
(e) उपर्युक्त में से कोई नहीं/ उपर्युक्त में से एक से अधिक

84. बिहार में इसाई धर्म का प्रचार सर्वप्रथम किया-

(a) प्रोटेस्टेन्ट पादरियों ने (b) रोमन कैथोलिक पादरियों ने
(c) मेथाडिस्टों ने (d) पुरोहित पादरियों ने
(e) उपर्युक्त में से कोई नहीं/ उपर्युक्त में से एक से अधिक

85. ब्रह्मसमाज के संस्थापक राजा राम मोहन राय ने फारसी शिक्षा ग्रहण की थी-

(a) भागलपुर में (b) पटना में
(c) मिथिला में (d) दिल्ली में
(e) उपर्युक्त में से कोई नहीं/ उपर्युक्त में से एक से अधिक

86. पटना कलम चित्रकला शैली सम्बन्धित है-

(a) परवर्ती मुगल काल से (b) सल्तनत काल से
(c) स्वतंत्रता संघर्ष काल से (d) पाल काल से
(e) उपर्युक्त में से कोई नहीं/ उपर्युक्त में से एक से अधिक

87. **गया शहर किस नदी के किनारे स्थित है?**
(a) सोन नदी (b) फल्गू नदी
(c) गण्डक नदी (d) कोसी नदी
(e) उपर्युक्त में से कोई नहीं/ उपर्युक्त में से एक से अधिक

88. **बिहार में एक प्रबंधन संस्थान की स्थापना की गई है जिसका नाम है-**
(a) आर्यभट्ट प्रबंधन संस्थान (b) चंद्रगुप्त प्रबंधन संस्थान
(c) चाणक्य प्रबंधन संस्थान (d) विक्रमशीला प्रबंधन संस्थान
(e) उपर्युक्त में से कोई नहीं/ उपर्युक्त में से एक से अधिक

89. **बिहार में वर्ष 2021 में पंचायत चुनाव करवाने का निर्णय किसके द्वारा लिया गया?**
(a) केंद्र सरकार (b) चुनाव आयोग
(c) राज्य सरकार (d) उच्च न्यायालय
(e) उपर्युक्त में से कोई नहीं/ उपर्युक्त में से एक से अधिक

90. **पटना नगर निगम में वार्डो की कुल संख्या है-**
(a) 57 (b) 75
(c) 69 (d) 80
(e) उपर्युक्त में से कोई नहीं/ उपर्युक्त में से एक से अधिक

91. **निम्नलिखित में से कौन-सा सामाजिक कीट नहीं है?**
(a) चीटियाँ (b) दीमक
(c) भृंग (d) मधुमक्खी
(e) उपर्युक्त में से कोई नहीं/ उपर्युक्त में से एक से अधिक

92. **भारत के निम्नलिखित राज्यों में से ब्रह्मपुत्र नदी कहाँ से होकर बहती है?**
(a) असम और मिजोरम
(b) मेघालय
(c) अरूणाचल प्रदेश और असम
(d) त्रिपुरा और मणिपुर
(e) उपर्युक्त में से कोई नहीं/ उपर्युक्त में से एक से अधिक

93. **हमें पके हुए भोजन को खुला या बिना फ्रिज में रखे लंबी अवधि के लिए नहीं छोड़ना चाहिए। निम्नलिखित में से कौन-सा कारक पके हुए भोजन को बेकार करने के लिए जिम्मेदार है?**
(a) कीट (b) विषाणु
(c) फफूंद (d) जीवाणु
(e) उपर्युक्त में से कोई नहीं/ उपर्युक्त में से एक से अधिक

94. **साबुत मूंग या चना को रात भर पानी में भिगो कर फिर एक या दो दिन छोड़ देते हैं। सबसे पहले जो भाग अंकुरित होता है, वह है**
(a) तना (b) पत्ती
(c) जड़ (d) 467
(e) उपर्युक्त में से कोई नहीं/ उपर्युक्त में से एक से अधिक

95. **बेरी-बेरी नामक रोगविषमता निम्न में से किस विटामिन की कमी से होती है-**
(a) विटामिन - B2 (b) विटामिन - B6
(c) विटामिन - B1 (d) विटामिन - B12
(e) उपर्युक्त में से कोई नहीं/ उपर्युक्त में से एक से अधिक

96. **पटसन का रेशा पटसन के पौधे के किस भाग से प्राप्त होता है-**
(a) बीज (b) पत्ती
(c) फूल (d) तना
(e) उपर्युक्त में से कोई नहीं/ उपर्युक्त में से एक से अधिक

97. **पर्यावरण अध्ययन को उस शाखा के रूप में परिभाषित किया गया है जो निम्न से संबंधित है:**
(a) नई सामग्रियों का डिजाइन, अध्ययन और खोज।
(b) मानविकी, सामाजिक, जैविक और भौतिक विज्ञान का अध्ययन।
(c) सूचना और भौतिक विज्ञान को शामिल करें।
(d) प्राकृतिक दुनिया और इसकी अखंडता पर मनुष्यों के प्रभाव के बारे में दृष्टिकोण।
(e) उपर्युक्त में से कोई नहीं/ उपर्युक्त में से एक से अधिक

98. **भारतीय प्राणी सर्वेक्षण (ZSI) के बारे में निम्नलिखित में से कौन सा कथन सत्य है?**
(a) इसकी स्थापना 1890 में रॉयल बॉटनिकल गार्डन, कलकत्ता में की गई थी।
(b) यह एशिया का पहला मगरमच्छ संरक्षण प्रजनन केंद्र है।
(c) इसकी स्थापना 1916 में भारत में जीव-जंतुओं का संगठित सर्वेक्षण करने के लिए की गई थी।
(d) इसकी स्थापना 1982 में वन्यजीव प्रबंधन में अनुसंधान के लिए की गई थी।
(e) उपर्युक्त में से कोई नहीं/ उपर्युक्त में से एक से अधिक

99. **वायुमंडल की किस परत में यूवी (अल्ट्रा-वायलेट) प्रकाश के अवशोषण के लिए जिम्मेदार ओजोन होता है?**
(a) स्ट्रैटोस्फियर (b) क्षोभ मंडल
(c) मीसोस्फीयर (d) इनमें से कोई नहीं
(e) उपर्युक्त में से कोई नहीं/ उपर्युक्त में से एक से अधिक

100. **आदर्श रूप से भारत के पास वन भूमि का अनुमानित प्रतिशत होना चाहिए:**
(a) 50% (b) 15%
(c) 33% (d) 44%
(e) उपर्युक्त में से कोई नहीं/ उपर्युक्त में से एक से अधिक

101. मर्चेंट नेवी वीक समारोह का उद्देश्य क्या है?

(a) नौवहन उद्योग के सभी पहलुओं में उसकी भूमिका पर प्रकाश डालना।

(b) केवल नौवहन महानिदेशालय द्वारा किए गए विकास पर ध्यान केंद्रित करना।

(c) भारत में मत्स्य उद्योग को बढ़ावा देना।

(d) इनमे से कोई भी नहीं।

(e) उपर्युक्त में से कोई नहीं/ उपर्युक्त में से एक से अधिक

102. 1 अप्रैल, 2023 को वंदे भारत एक्सप्रेस ट्रेन से कौन से शहर जुड़े?

(a) मुंबई और दिल्ली (b) भोपाल और कोलकाता

(c) चेन्नई और हैदराबाद (d) भोपाल और नई दिल्ली

(e) उपर्युक्त में से कोई नहीं/ उपर्युक्त में से एक से अधिक

103. उत्कल दिवस (ओडिशा दिवस) कब मनाया जाता है?

(a) जनवरी 26 (b) मार्च 22

(c) अप्रैल 1 (d) अगस्त 15

(e) उपर्युक्त में से कोई नहीं/ उपर्युक्त में से एक से अधिक

104. भोपाल, भारत में आयोजित तीनों सेनाओं के संयुक्त कमांडरों के सम्मेलन का विषय क्या है?

(a) 'मजबूत रक्षा के लिए एक साथ'

(b) 'राष्ट्रीय सुरक्षा को आगे बढ़ाना'

(c) 'तैयार, पुनरुत्थान, प्रासंगिक'

(d) 'भविष्य के लिए तैयार रक्षा बल का निर्माण'

(e) उपर्युक्त में से कोई नहीं/ उपर्युक्त में से एक से अधिक

105. अप्रैल-जून 2023 तिमाही के लिए राष्ट्रीय बचत प्रमाणपत्र की ब्याज दर ________ हो गई है।

(a) 6.8% (b) 7%

(c) 7.7% (d) 8%

(e) उपर्युक्त में से कोई नहीं/ उपर्युक्त में से एक से अधिक

106. किस एयरलाइन ने भारत की पहली महिला हज उड़ान का सफलतापूर्वक संचालन किया?

(a) एयर इंडिया एक्सप्रेस (b) इंडिगो

(c) स्पाइसजेट (d) गोएयर

(e) उपर्युक्त में से कोई नहीं/ उपर्युक्त में से एक से अधिक

107. इंटरनेशनल शूटिंग स्पोर्ट फेडरेशन जूनियर वर्ल्ड कप 2023 कहाँ आयोजित किया गया था?

(a) संयुक्त राज्य अमेरिका (b) भारत

(c) जर्मनी (d) रूस

(e) उपर्युक्त में से कोई नहीं/ उपर्युक्त में से एक से अधिक

108. जून 2023 में अरब सागर में सक्रिय अति गंभीर चक्रवाती तूफान का क्या नाम है?

(a) चक्रवात बिपरजॉय (b) चक्रवात फोनी

(c) चक्रवात अम्फान (d) चक्रवात निसारगा

(e) उपर्युक्त में से कोई नहीं/ उपर्युक्त में से एक से अधिक

109. मुरली श्रीशंकर ने पेरिस डायमंड लीग में किस स्पर्धा में उल्लेखनीय तीसरा स्थान हासिल किया?

(a) शॉट पुट (b) ऊंची कूद

(c) लंबी कूद (d) डिस्कस थ्रो

(e) उपर्युक्त में से कोई नहीं/ उपर्युक्त में से एक से अधिक

110. 2023 में अपना पहला महिला जूनियर हॉकी एशिया कप किसने जीता?

(a) दक्षिण कोरिया (b) भारत

(c) जापान (d) चीन

(e) उपर्युक्त में से कोई नहीं/ उपर्युक्त में से एक से अधिक

111. राजस्थान में 8 मई को वायु सेना का ________ एक लड़ाकू विमान हनुमानगढ़ जिले के एक गांव में दुर्घटनाग्रस्त हो गया।

(a) मिग-21 (b) एफ-16

(c) एसयू-30 एमकेआई (d) मिराज 2000

(e) उपर्युक्त में से कोई नहीं/ उपर्युक्त में से एक से अधिक

112. चंडीगढ़ में भारतीय वायु सेना विरासत केंद्र का उद्घाटन किसने किया?

(a) प्रधान मंत्री नरेंद्र मोदी

(b) रक्षा मंत्री राजनाथ सिंह

(c) पूर्व राष्ट्रपति राम नाथ कोविंद

(d) गृह मंत्री अमित शाह

(e) उपर्युक्त में से कोई नहीं/ उपर्युक्त में से एक से अधिक

113. पीएमजेजेबीवाई, पीएमएसबीवाई और एपीवाई का शुभारंभ किसने किया?

(a) भारत के राष्ट्रपति

(b) भारत के प्रधान मंत्री

(c) पश्चिम बंगाल के मुख्यमंत्री

(d) पश्चिम बंगाल के राज्यपाल

(e) उपर्युक्त में से कोई नहीं/ उपर्युक्त में से एक से अधिक

114. AIME-2023 में किन भारतीय नौसैनिक जहाजों ने भाग लिया?

(a) आईएनएस कोलकाता और आईएनएस विराट

(b) आईएनएस दिल्ली और आईएनएस सतपुड़ा

(c) आईएनएस विक्रांत और आईएनएस जलाश्व

(d) आईएनएस चेन्नई और आईएनएस तरकश

(e) उपर्युक्त में से कोई नहीं/ उपर्युक्त में से एक से अधिक

115. सशस्त्र बलों, केंद्रीय सशस्त्र पुलिस बलों और राज्य/ केंद्र शासित प्रदेश के कर्मियों को वीरता पुरस्कार किसने प्रदान किए?

(a) भारत के प्रधान मंत्री
(b) भारत के रक्षा मंत्री
(c) भारत के राष्ट्रपति
(d) सेनाध्यक्ष
(e) उपर्युक्त में से कोई नहीं/ उपर्युक्त में से एक से अधिक

116. वॉलीबॉल की प्रत्येक टीम में खिलाड़ियों की संख्या ________. होती है।

(a) 7
(b) 5
(c) 9
(d) 8
(e) उपर्युक्त में से कोई नहीं/ उपर्युक्त में से एक से अधिक

117. निम्नलिखित में से कौन सा कम्प्यूटर का "ब्रेन" कहलाता है?

(a) एरिथमेटिक एंड लॉजिक यूनिट
(b) सेन्ट्रल प्रोसेसिंग यूनिट
(c) मेन प्रोसेसिंग यूनिट
(d) कीबोर्ड, माउस एवं मॉनिटर
(e) उपर्युक्त में से कोई नहीं/ उपर्युक्त में से एक से अधिक

118. बोहाग बिहू लोक नृत्य बिहू और एक भव्य बुफे का प्रदर्शन करके मनाया जाने वाला ________. नया साल है।

(a) असमिया
(b) मणिपुरी
(c) ओडिया
(d) बंगाली
(e) उपर्युक्त में से कोई नहीं/ उपर्युक्त में से एक से अधिक

119. निम्नलिखित में से किस देश ने भारतीय त्योहार दिवाली पर स्मारक टिकट जारी किया?

(a) ब्रिटेन
(b) कनाडा
(c) रूस
(d) सं. राज्य अमेरिका
(e) उपर्युक्त में से कोई नहीं/ उपर्युक्त में से एक से अधिक

120. ओडिशा में पुरी के स्टोन कटर मुख्यत: ________ काम करते है।

(a) संगमरमर
(b) सोपस्टोन
(c) ग्रेनाइट
(d) क्वार्ट्ज
(e) उपर्युक्त में से कोई नहीं/ उपर्युक्त में से एक से अधिक

उत्तर माला

1.	(d)	2.	(d)	3.	(a)	4.	(d)	5.	(b)	6.	(b)	7.	(d)	8.	(d)
9.	(d)	10.	(b)	11.	(d)	12.	(d)	13.	(c)	14.	(a)	15.	(b)	16.	(a)
17.	(a)	18.	(b)	19.	(c)	20.	(b)	21.	(b)	22.	(b)	23.	(d)	24.	(e)
25.	(b)	26.	(d)	27.	(a)	28.	(e)	29.	(c)	30.	(c)	31.	(d)	32.	(a)
33.	(c)	34.	(d)	35.	(d)	36.	(a)	37.	(c)	38.	(d)	39.	(c)	40.	(a)
41.	(a)	42.	(c)	43.	(e)	44.	(d)	45.	(c)	46.	(c)	47.	(c)	48.	(d)
49.	(c)	50.	(b)	51.	(a)	52.	(b)	53.	(d)	54.	(c)	55.	(c)	56.	(c)
57.	(e)	58.	(a)	59.	(d)	60.	(b)	61.	(d)	62.	(a)	63.	(a)	64.	(c)
65.	(e)	66.	(c)	67.	(a)	68.	(b)	69.	(e)	70.	(d)	71.	(c)	72.	(d)
73.	(b)	74.	(a)	75.	(a)	76.	(d)	77.	(a)	78.	(b)	79.	(a)	80.	(a)
81.	(a)	82.	(c)	83.	(e)	84.	(b)	85.	(b)	86.	(a)	87.	(b)	88.	(b)
89.	(c)	90.	(b)	91.	(c)	92.	(c)	93.	(d)	94.	(c)	95.	(c)	96.	(d)
97.	(d)	98.	(c)	99.	(a)	100.	(c)	101.	(a)	102.	(d)	103.	(c)	104.	(c)
105.	(c)	106.	(a)	107.	(c)	108.	(a)	109.	(c)	110.	(b)	111.	(A)	112.	(b)
113.	(B)	114.	(B)	115.	(c)	116.	(e)	117.	(b)	118.	(a)	119.	(b)	120.	(b)

उत्तर सहित व्याख्या

1. (d) पत्थरों को काटकर बनाई गई स्थापत्य कला वाले प्रमुख बौद्ध स्थल हैं- अजंता, कार्ले, नासिक, कन्हेरी इत्यादि जबकि नागार्जुनकोण्डा पत्थर से तराशे शिल्पों के तहत नहीं आता, यह एक स्तूप है जिसमें बौद्ध स्मारक के साथ प्राचीनतम ईट मंदिर भी है।

2. (d) सिंधु घाटी सभ्यता के बाद महाजनपद, लौह युग में स्थापित हुए थे। महाजनपद शब्द का तात्पर्य बड़े जनपदों से है जो वैदिक युग के दौरान भारतीय उपमहाद्वीप में मौजूद इकाइयाँ थी। छठी शताब्दी ईसा पूर्व में पूर्वी उत्तर प्रदेश व बिहार के कुछ प्रादेशिक जिलों ने लौह उत्पादन केंद्रो तक पहुँच प्राप्त की और उनका उपयोग लोहे के हथियार और उपकरण बनाने में किया।

3. (a) इस्लाम धर्म के संस्थापक हजरत मुहम्मद थे। इनका जन्म 570 ई. में मक्का में हुआ था। हजरत मुहम्मद को 610 ई. में मक्का के पास हीरा नामक गुफा में ज्ञान प्राप्त हुआ था। पैगम्बर हजरत मुहम्मद की मक्का से मदीना की यात्रा इस्लाम जगत में हिजरी संवत् कहलाती है। कुरान इस्लाम धर्म का पवित्र ग्रंथ है।

4. (d) बिंबिसार और अजातशत्रु बौद्ध धर्म के संरक्षक थे। विनयपिटक के अनुसार बुद्ध से मिलने के पश्चात बिम्बिसार ने बौद्ध धर्म ग्रहण कर लिया तथा बुद्ध और उनके अनुयायियों के लिए वेलुवन नामक उद्यान प्रदान किया। अजातशत्रु बिम्बिसार का पुत्र था तथा उसके ही शासनकाल में प्रथम बौद्ध संगीति (राजगृह या गिरिब्रज में 483 ई. पू.) का आयोजन हुआ। उसने अपने शासनकाल में बुद्ध के अवशेषों पर राजगृह में स्तूप का निर्माण करवाया।

5. (b) मौर्य साम्राज्य की स्थापना चंद्रगुप्त मौर्य ने 322 ई.पू. के आसपास की थी। यह सिंधु और गंगा दोनों के मैदानों को नियंत्रित करता था एवं इसका साम्राज्य पूर्वी और पश्चिमी महासागरों तक फैला हुआ था। इसकी राजधानी पाटलिपुत्र थी। इस काल के तीन प्रसिद्ध शासक चंद्रगुप्त, बिंदुसार और अशोक थे।

6. (b) अकबर के दरबार के सबसे अच्छे सुलेखकों में मुहम्मद हुसैन एक थे। उन्हें अपने अक्षरों के पूरी तरह से आनुपातिक चक्रता की मान्यता में जारिन कलम (Golden Pen) की उपाधि से सम्मानित किया गया था। मुगल बादशाह जहाँगीर द्वारा अब्द-अल- रहीम को अम्बरिन कलम (एम्बर पेन) की उपाधि से सम्मानित किया गया था।

7. (d) सन् 556 ई. में जिस गुहिल वंश की स्थापना हुई, बाद में वही गहलौत वंश बना और इसके बाद यह सिसोदिया राजवंश के नाम से जाना गया। मेवाड़ से संबंधित यह वंश अपनी समृद्धि, परम्परा, अद्‌भुत शौर्य एवं अनूठी कलात्मक

अनुदानों के कारण संसार में प्रसिद्ध है। स्वाधीन एवं भारतीय संस्कृति की अभिरक्षा के लिए यह एक मात्र राजपूत वंश था जिसने उस समय के शक्तिशाली मुगल शासक अकबर के सामने भी आत्मसमर्पण नहीं किया।

8. (d) मुगल वंश का संस्थापक बाबर था। पानीपत का प्रथम युद्ध 21 अप्रैल, 1526 ई. को इब्राहिम लोदी एवं बाबर के बीच हुआ जिसमें बाबर विजयी हुआ। इस विजय के साथ बाबर ने भारत में मुगल वंश की नींव रखी। बाबर ने अपनी आत्मकथा श्बाबरनामाश की रचना की, जिसका अनुवाद फारसी भाषा में अब्दुर्रहीम खान - ए - खाना ने किया। बाबर की मृत्यु के बाद इसका उत्तराधिकारी हुमायूँ हुआ।

9. (d) दिल्ली में स्थित विश्व प्रसिद्ध लाल किले का निर्माण पाँचवें मुगल शासक शाहजहाँ ने 1638-1648 ई. के मध्य करवाया था। इन्होंने अपनी बेगम मुमताज महल की याद में ताजमहल का निर्माण आगरा में उसकी कब्र के ऊपर करवाया। शाहजहाँ के शासनकाल को मुगलकालीन 'स्थापत्य कला का स्वर्णयुग' कहा जाता है।

10. (b) 7 अगस्त, 1905 को कलकत्ता के टाउनहॉल में एक विशाल बैठक आयोजित की गई जिसमें स्वदेशी आंदोलन की औपचारिक घोषणा की गई।लर्ड कर्जन के बंगाल प्रांत को विभाजित करने के फैसले का विरोध करने के लिए यह आन्दोलन शुरू किया गया था।

11. (d) वर्ष 1918 के भीषण दुर्भिक्ष के कारण गुजरात के खेड़ा जिले में पूरी फसल बर्बाद हो गयी। सरकार ने फिर भी किसानों से मालगुजारी वसूल करने की प्रक्रिया जारी रखी। खेड़ा जिले के युवा अधिवक्ता वल्लभभाई पटेल, इंदुलाल याग्निक तथा कई अन्य युवाओं ने गाँधीजी के साथ खेड़ा के गाँवों का दौरा प्रारम्भ किया। इन्होंने किसानों को लगान न अदा करने की शपथ दिलायी। यह आंदोलन सफल रहा।

12. (d) 'डिप्रेस्ड क्लास एसोसिएशन' की स्थापना डा. बी. आर अंबेडकर ने 1930 ई. में नागपुर में की थी।

13. (c) दामोदर सावरकर को क्रांतिकारी गतिविधियों के कारण ब्रिटिश सरकार द्वारा गिरफ्तार कर लिया गया। इन्हें 1911 ई. में अंडमान एवं निकोबार द्वीप में स्थित सेलुलर जेल में कैद कर दिया गया। उनकी राजनैतिक पार्टी अखिल भारतीय हिन्दु महासभा थी। हिन्दुत्व की विचारधारा से प्रेरित सावरकर जी की मृत्यु वर्ष 1966 में मुंबई में हुई।

14. (a) वारेन हेस्टिंग्स (1772 - 1785 ई.) बंगाल का अंतिम गवर्नर था। इसे भारत का प्रथम गवर्नर जनरल बनाया गया। इसने बंगाल में लार्ड क्लाइव द्वारा शुरू की गयी द्वैधशासन प्रणाली को समाप्त किया था। इसके शासनकाल में कलकत्ता में एक सुप्रीम कोर्ट की स्थापना की गयी। भारत में न्यायिक सेवा का जन्मदाता वारेन हेस्टिंग्स को माना जाता हैं

15. (b) लार्ड कार्नवालिस और टीपू सुल्तान के बीच 1792 ई. में श्रीरंगपट्टम् की संधि हुई। सन्धि के अनुसार- टीपू सुल्तान को अपने राज्य का आधा हिस्सा अंग्रेजों तथा उनके सहयोगियों को देना पड़ा।

16. (a) तारामंडल में ऐसे 7 चमकीले तारे हैं जिसे 'उर्स मेजर' या श्ग्रेट बीयरश या 'सप्तार्षिमंडल' के नाम से जाना जाता है।

17. (a) देश के मध्य भाग से गुजरने वाली रेखा देशान्तर रेखा है यह एक भौगोलिक निर्देशांक है जो किसी बिन्दु की पूर्व-पश्चिम की स्थिति को व्यक्त करता है यह कोणीय माप डिग्रियो में व्यक्त किया जाता है और 2 (लैम्डा) द्वारा निरूपित किया जाता है।

18. (b) हिन्द महासागर का सबसे गहरा बिन्दु सुंडा गर्त है, जिसे जावा गर्त के रूप में भी जाना जाता है। यह जावा के पास हिन्द महासागर में स्थित है।

19. (c) एक स्थलीय भाग जो तीन ओर से समुद्र से घिरा हो उसे हम प्रायद्वीप कहते है।

पूर्वी घाट का सर्वोच्च शिखर अनाईमुडी नहीं है बल्कि यह दक्षिण भारत की सर्वोच्च चोटी है। अतः दिये गये प्रश्न में विकल्प (c) केवल I सही है।

20. (b) संयुक्त राज्य अमेरिका (USA) दुनिया का चौथा सबसे बड़ा देश है। संयुक्त राज्य अमेरिका द्वारा कवर क्षेत्र 9,525,067 वर्ग किलोमीटर है। इसकी राजधानी वाशिंगटन डी.सी. है। USA के राष्ट्रपति श्जो बाइडनश एवं उपराष्ट्रपति भारतीय मूल की कमला हैरिस है।

21. (b) हाइलैंड क्षेत्र की जलवायु में उच्च सूर्यातप, निम्नतापान्तर, निम्न वायुदाब, तापमान की बड़ी दैनिक रेंज और अधिक मात्रा में वर्षा सामान्य हैं। पर्वतीय क्षेत्रों में ऊँचाई और सूर्यातप, तापमान और वर्षा को नियंत्रित करने में महत्त्वपूर्ण भूमिका निभाते है। इस प्रकार की जलवायु आल्पस, हिमालय, तिब्बती पठार और एंडीज में पाई जाती है।

22. (b) जारवा जनजाति अंडमान एवं निकोबार द्वीप समूह की आदिवासी जनजाति है। जारवा जनजाति का संबंध नीग्रिटो समुदाय से हैं। यह जनजाति मध्य अंडमान के पश्चिमी भाग और दक्षिणी अंडमान में रहती है। अण्डमान एवं निकोबार में पायी जाने वाली अन्यं जनजातियाँ अण्डमानी, सेंटलीज, औंजे, शोम्पेन आदि है

23. (d) माउंट एवरेस्ट नेपाल तथा तिब्बत दोनो देशों में फैला है, लेकिन इसका शीर्ष (8,848.86 मी.) नेपाल में स्थित है। नेपाल में इसे स्थानीय लोग सागरमाथा (अर्थात स्वर्ग का शीर्ष) नाम से जानते है। तिब्बत में इसे स्थानीय लोग चोमोलंगमा अर्थात पर्वतों की रानी के नाम से जानते है। अर्थात दिये गये प्रश्नानुसार (i) सही नहीं है।

24. (e) ब्रह्मपुत्र नदी को भारत में लाल नदी के नाम से जाना जाता है। ब्रह्मपुत्र नदी प्रत्येक वर्ष जून में 3 दिनों के लिए लाल हो जाती है और इस घटना के बाद असम में देवी शक्ति के लिए एक भव्य अंबुबाची मेला उत्सव मनाया जाता है। ब्रह्मपुत्र हिमालय की नदी प्रणाली की प्रमुख नदियों में से एक है। यह तिब्बत में मानसरोवर झील के पास चेमायुंडुंग ग्लेशियर से निकलती है।

25. (b) ओंकारेश्वर बाँध (योजना) मध्य प्रदेश के खण्डवा जिले में नर्मदा नदी पर स्थित एक गुरुत्वीय बाँध है। इस बाँध का निर्माण (2003-2007 ई0) सिंचाई एवं विद्युत उत्पादन के उद्देश्य से किया गया है।

26. (d) भारतीय संविधान की प्रस्तावना पंडित नेहरू द्वारा बनाए और पेश किए गए एवं संविधान सभा द्वारा अपनाए गए 'उद्देश्य प्रस्ताव' पर आधारित है। यह घोषित करती है संविधान के अंगीकरण की तिथि 26 नवंबर, 1949 है। प्रश्नगत अन्य कथन सत्य है।

27. (a) संविधान के अनुच्छेद-19 (1) (a) के तहत सूचना का अधिकार मौलिक अधिकार का एक भाग है। अनुच्छेद 19 (1) (a) के अनुसार प्रत्येक नागरिक को बोलने तथा अभिव्यक्ति का अधिकार है। सूचना का अधिकार 12 अक्टूबर, 2005 को लागू हुआ।

28. (e) भारतीय संविधान के अनुच्छेद -44 के तहत राज्य, भारत के समस्त राज्य क्षेत्र में नागरिकों के लिए एक समान नागरिक संहिता प्राप्त करने का प्रयास करेगा।

29. (c) भारतीय संविधान के मूल संविधान में 8 अनुसूचियाँ थी। लेकिन वर्तमान में 12 अनुसूचियाँ हैं।

30. (c) भारत के संविधान के अनुच्छेद 66 के अनुसार, उपराष्ट्रपति का चुनाव निर्वाचन मंडलों के सदस्यों (राज्यसभा के निर्वाचित सदस्य, राज्यसभा के मनोनीत सदस्य, लोकसभा के निर्वाचित सदस्य) द्वारा किया जाता है। उपराष्ट्रपति चुनाव के लिए चुनाव आयोग एक निर्वाचन अधिकारी नियुक्त करता है, यह निर्वाचन अधिकारी किसी एक सदन का सेक्रेटरी जनरल (महासचिव) होता है।

31. (d) भारतीय संविधान का अनुच्छेद- 169 संसद को किसी राज्य में विधानपरिषद को स्थापित या समाप्त करने का अधिकार प्रदान करता है। वर्तमान (2022) में छ: राज्यों - बिहार, उत्तरप्रदेश, महाराष्ट्र, आंध्र प्रदेश, तेलंगाना तथा कर्नाटक में विधानपरिषद का अस्तित्व है।

32. (a) सर्वोच्च न्यायालय के पूर्व न्यायाधीश अशोक कुमार माथुर को 4 फरवरी, 2014 को 7वें केंद्रीय वेतन आयोग अध्यक्ष नियुक्त किया गया। भारत के पहले केन्द्रीय वेलीन आयोग की स्थापना जनवरी 1946 में श्रीनिवास वरदाचारी की अध्यक्षता में की गई थी।

33. (c) बलवंत राय मेहता समिति भारत में पंचायती राजव्यवस्था से संबंधित है। जनवरी, 1957 में बलवंत राय मेहता समिति का गठन भारत में पंचायती राज व्यवस्था को मजबूती प्रदान करने हेतु बलवन्त राय मेहता की अध्यक्षता में किया गया था। इस समिति ने नवम्बर 1957 में अपनी रिपोर्ट प्रस्तुत की तथा समिति की सिफारिशों को जनवरी, 1958 में स्वीकार किया गया।

34. (d) इंदिरा गांधी द्वारा लगाए गए आपातकाल के दौरान 42वें अधिनियम द्वारा पेश किए गए अनुच्छेद - 4 और अनुच्छेद - 55 को मिनर्वा मिल्स बनाम भारत संघ के मामले में फैसला को खत्म कर दिया गया था।

35. (d) भारत सरकार अधिनियम 1935, भारत के संविधान का सबसे बड़ा स्रोत है। संविधान निर्माण में प्रमुख योगदान 1935 का भारत शासन अधिनियम है। भारतीय संविधान के अनुच्छेद में लगभग 250 ऐसे अनुच्छेद हैं, जो 1935 के अधिनियम से या तो लगभग समान या कुछ परिवर्तन करके लिए गए हैं। इसीलिए 1935 के भारत शासन अधिनियम को संविधान का सबसे बड़ा एकाकी स्रोत कहां जाता है। अत: कथन (i) सही है। जबकि न्यायिक समीक्षा का प्रावधान अमेरिका से लिया गया है।

36. (a) सरकार, राजकोषीय नीति द्वारा आय व्यय व ऋण के द्वारा सामाजिक उद्देश्यों की पूर्ति करती है। किसी भी देश की राजकोषीय नीति का मुख्य उद्देश्य आर्थिक विकास के लिए आवश्यक एवं पर्याप्त मात्रा में धन की व्यवस्था करना है। अर्थव्यवस्था में मुद्रा की आपूर्ति भी राजकोषीय नीति से संबंधित है।

37. (c) उत्पादन कर अप्रत्यक्ष कर का उदाहरण है। यह कर मुख्य रूप से भारत में विनिर्माण की जाने वाली उन वस्तुओं पर लगाया जाता है जो घरेलू खपत के लिए होती है। वर्तमान में यह वस्तु एवं सेवा कर के अंतर्गत है।

38. (d) ब्याज दर जिस पर रिजर्व बैंक चलनिधि समायोजन सुविधा (एल. ए. एफ.) के तहत बैंकों से पात्र सरकारी प्रतिभूतियों के संपार्श्विक के विरूद्ध ओवरनाइट आधार पर चलनिधि को अवशोषित करता है, उसे रिवर्स रेपो रेट कहते है। रिवर्स रेपो दर वह ब्याज दर है जिस पर भारतीय रिजर्व बैंक, कॉमर्शियल बैंकों के सरप्लस (अधिशेष) मुद्रा को अपने पास जमा करता है।

39. (c) 'वर्ल्ड डेवलपमेंट रिपोर्ट' विश्व बैंक द्वारा प्रकाशित की जाती है। यह रिपोर्ट वर्ष 1978 में पहली बार प्रकाशित की गई थी।

40. (a) भारतीय अर्थव्यवस्था में घरेलू क्षेत्र का योगदान बचत में सर्वाधिक रहता है। घरेलू बचत में गिरावट भारतीय अर्थव्यवस्था पर नकारात्मक प्रभाव डालती है। इससे भारत में विदेशी निवेश आदि में कमी आ जाती है।

41. (a) यदि कोई वस्तु अनंत पर है, तो उत्तल लेंस के कारण बनने वाली छवि की स्थिति केंद्र बिंदु (F2) पर होती है।
42. (c) किरचॉफ का पहला नियम आवेश संरक्षण का नियम हैकिरचॉफ का पहला नियमः इस नियम को जंक्शन नियम या धारा नियम (KCL) के रूप में भी जाना जाता है। इसके अनुसार एक जंक्शन पर मिलने वाली धाराओं का बीजगणितीय योग शून्य अर्थात् $i = 0$ होता है।
43. (e) तृतीय श्रेणी के उत्तोलक में आलम्ब (F) एवं भार (W)
44. (d) न्यूटन के गुरुत्वाकर्षण के नियम के अनुसार, किन्हीं दो पिंडों के बीच कार्य करने वाला आकर्षण बल पिंडों के द्रव्यमानों के गुणनफल के अनुक्रमानुपाती तथा उनके बीच की दूरी के वर्ग के व्युत्क्रमानुपाती होता है। अतः पृथ्वी और सूर्य के मध्य दोगुनी दूरी होने पर पृथ्वी द्वारा सूर्य पर लगाया गया गुरुत्वाकर्षण बल वर्तमान बल का एक-चौथाई होगा। हल इसके उदाहरण है। अतः स्पष्ट है कि कथन -A और कथन - C सत्य हैं।
45. (c) वाष्पीकरण की दर को प्रभावित करने वाले कारक तरल का तापमान, तरल का पृष्ठ क्षेत्रफल, वायु की गति (वायुदाब), तथा आर्द्रता है। तरल के कुल द्रव्यमान का वाष्पीकरण की दर पर कोई प्रभाव नहीं पड़ता क्योंकि वाष्पीकरण की क्रिया तरल की सतह पर होती है। तापमान, वायु की गति तथा पृष्ठ क्षेत्रफल अधिक होने पर वाष्पीकरण की दर बढ़ जाती है।
46. (c) मैग्नीशियम एक रासायनिक तत्व है, जिसका प्रतीक डह है। इसकी परमाणु संख्या 12 है और इसका परमाणु द्रव्यमान 24.305u है।
47. (c) पदार्थ की वह अवस्था जिसका कोई निश्चित आकार नहीं होता है लेकिन एक नियत या निश्चित आयतन होता है, द्रव कहलाती है।
48. (d) परमाणु संख्या एक तत्व का सबसे विशिष्ट गुण है।
49. (c) अति जलयोजन से जल मादकता हो सकता हैं।
50. (b) मैंगनीज पादपों के लिए अनिवार्य पर्णहरित के संश्लेषण के लिए एक सूक्ष्म पोषक तत्व होता है।
51. (a) पल्मोनरी शिरा-यह फेफड़ों से हृदय तक ऑक्सीजन युक्त रक्त पहुंचाती है।
52. (b) राइबोसोम, राइबोन्यूक्लिक एसिड अम्ल व प्रोटीन की बनी होती है। यह प्रोटीन संश्लेषण के लिए उपयुक्त स्थान प्रदान करती है। यह कोशिका में प्रोटीन का उत्पादन स्थल है इसलिए इसे श्प्रोटीन की फैक्ट्रीश भी कहा जाता है।
53. (d) विटामिन 'D' को सनसाइन विटामिन (Sunshine Vitamin) भी कहते है क्योंकि यह सूर्य के प्रकाश की प्रतिक्रिया में शरीर द्वारा उत्पन्न किया जाता है।
54. (c) आहारीय रेशा, आहार में उपस्थित रेशेयुक्त तत्व हैं। ये हमारे शरीर को आपचित भोजन से छुटकारा दिलाने में सहायक तथा मूल रूप से पाचन क्रिया सुचारु बनाने का कार्य करते है। रेशे युक्त आहार मुख्य रूप से मक्का, केला, सेब, मूली, प्याज आदि है।
55. (c) बच्चों को टीका लगवाने की प्रक्रिया को वैक्सीनेशन या टीकाकरण कहते हैं। रोग प्रतिरक्षण के लिए बच्चों के शरीर में टीके लगाये जाते हैं, जिससे बच्चों के शरीर में रोगों से लड़ने की शक्ति बढ़ सके। टीकाकरण एक कृत्रिम सक्रिय उपार्जित प्रतिरक्षा (चिकित्सा) प्रणाली है।
56. (c) 9 के प्रथम 9 गुणांक
9, 18, 27, 36, 45, 54, 63, 72, 81

औसत $= \frac{a+\ell}{2}$ $a \rightarrow$ प्रथम पद

$\frac{9+81}{2}$ $l \rightarrow$ अंतिम पद

$\frac{90}{2} = 45$

57. (d)

अतः बर्तनों की कुल संख्या$= \frac{1755}{39} + \frac{3783}{39} + \frac{1599}{39}$

$= 45 + 97 + 41 = 183$

58. (a) 2 से 42 तक की सम संख्या - 2, 4, 6, 8, ... 42

$T_n = a + (n-1)d$ से,
$42 = 2 + 2n - 2$
$n = 21$

2 से 42 तक की सम संख्या का योग -

$S_n = \frac{n}{2}[2a + (n-1)d]$ से,

$S_{21} = \frac{21}{2}[4 + (21-1) \times 2]$

$S_{21} = \frac{21}{2}[4 + 40]$

$S_{21} = \frac{21}{2} \times 44 = 462$

59. (d) X = +30%

Y = + 20%

प्रतिशत परिवर्तन$= X + Y + \frac{XY}{100}$

$- 30\ |20|\ \frac{30 \times 20}{100}$

$= 50 + 6 = 56\%$

60. (b): प्रश्नानुसार,

$$C.P = S.P \times \frac{100}{100 - Loss\%}$$

$$= 7744 \times \frac{100}{100-12}$$

$$= 7744 \times \frac{100}{88} = 8800$$

पुन: दिया है S. P = Rs 9000

लाभ = 9000 – 8800 = Rs 200

$$\text{लाभ प्रतिशत} = \frac{200}{8800} \times 100\% = 2.27\%$$

61. (d) $3x \times x + 3y \times y = 10xy$

$= 3x^2 + 3y^2 - 10xy = 0$

$3x^2 - 9xy - xy + 3y^2 = 0$

$3x(x - 3y) - y(x - 3y) = 0$

$(x - 3y)(3x - y) = 0$

$x - 3y = 0$ तथा $3x - y = 0$

$\frac{x}{y} = \frac{3}{1}$ तथा $\frac{x}{y} = \frac{1}{3}$

अत: अभीष्ट अनुपात = (1 : 3) या (3 : 1)

62. (a) समय t = 2 वर्ष, दर (1) = 8%,

मूलधन (P) = Rs.25000

$$\text{चक्रवृद्धि ब्याज (CI)} = P\left[\left(1+\frac{r}{100}\right)^n - 1\right]$$

$$= 25000\left[\left(1+\frac{8}{100}\right)^2 - 1\right]$$

$$25000 \times \left[\frac{27^2 - 25^2}{25 \times 25}\right]$$

$$\frac{25000 \times 52 \times 2}{25 \times 25} = Rs.4160$$

63. (a) $\frac{5x+2y}{10x+3y} = \frac{5}{9}$

$45x + 18y = 50x + 15y$

$5x = 3y$

$\frac{x}{y} = \frac{3}{5}$

अत:

$(2x^2 + 3y^2) : (4x^2 + 9y^2)$

$= (18 + 75) : (36 + 225) = 93 : 261 = 31 : 87$

64. (c) $S_1 = 27$ kmph

$S_2 = 36$ kmph

$$\text{औसत चाल (S)} = \frac{2S_1S_2}{S_1 + S_2}$$

$$= \frac{2 \times 27 \times 36}{27+36} = \frac{2 \times 27 \times 36}{63}$$

$$= \frac{216}{7} = 30.86 \text{ kmph}$$

65. (d) : प्रश्नानुसार,

$(A + B)40 = A \times 24 + B \times 54$

$40A + 40B = 24A + 54B$

$16A = 14B$

$\frac{A}{B} = \frac{14}{16} = \frac{7}{8}$

कुल काम = 15 × 40 = 600

B द्वारा अकेले पूरे काम को करने में लिया गया समय

$B = \frac{600}{8} = 75$ दिन

66. (c): विकल्प से

(a) F —विपरीत→ U (समान)

(b) O —विपरीत→ L (समान)

(c) K —+7→ R (असमान)

(d) D —विपरीत→ W (समान)

K का विपरीत P होता है। अत: विकल्प (c) अन्य से भिन्न है।

67. (a): दिये गये अव्यवस्थित शब्दों को व्यवस्थित करने पर

(9) B. (4) L (7) 4 (2) T. (6) 4. (1) N (5) T

BLATANT :- (जबरदस्त)

68. (b): दी गई श्रेणी निम्नवत है-

Y R L G C

(–7, –6, –5, –4)

69. (a): जिस प्रकार,उसी प्रकार,

P A P E R → (+3 +3 +3 +3 +3) → S D S H U

M O T H E R → (+3 +3 +3 +3 +3 +3) → P R W K H U

70. (d): साइकिल सवार का पथ क्रम निम्न प्रकार है-

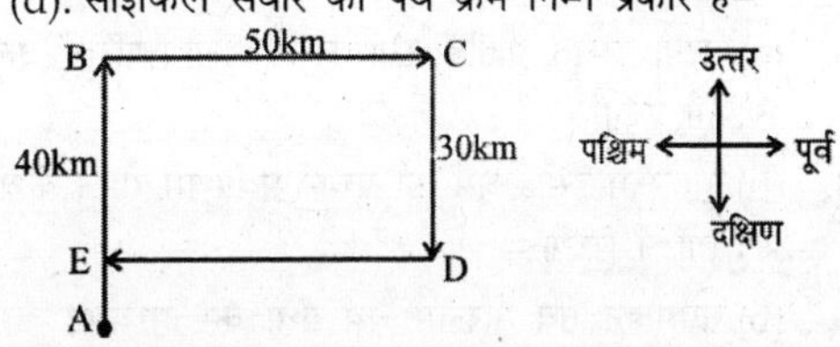

BE = CD = 30 km

∴ साइकिल सवार के प्रारम्भिक स्थान (A) तथा अन्तिम स्थान (E) के बीच की दूरी (AE) = AB - BE

= 40-30

= 10 km

अत: साइकिल सवार अपने प्रारम्भिक स्थान से 10 km. उत्तर दिशा में है।

71. (c) वत्स महाजनपद वर्तमान बिहार के क्षेत्र में स्थित नहीं था। वत्स आधुनिक।दे. प्रदेश में प्रयाग के पास तथा काशी महाजनपद के दक्षिण-पश्चिम में स्थित था।

72. (d) बिहार में मुस्लिम प्रभुत्व की स्थापना का श्रेय इख्तयारुद्दीन बिन बख्तियार खिलजी को है। 1198 ई. के लगभग उसने नालन्दा एवं विक्रमशिला को लूट कर विध्वंस मचा दिया था।

73. (b) चम्पारण आंदोलन के समय बिहार का उपराज्यपाल एडवर्ड अलबर्ट गेट था।

74. (a) असहयोग आंदोलन के दौरान डुमरांव से नवम्बर के मध्य में नशाबंदी आंदोलन की शुरूआत हुई।

75. (a) सविनय अवज्ञा जांच समिति 25 अगस्त 1922 को पटना पहुँची।

76. (d) पहले पटना फिर मुजफ्फरपुर और अंत में मधुबनी में स्थित था। मधुबनी में चर्खा संघ का अपना भवन बनवाया गया।

77. (a) पटना युवक संघ के प्रथम अध्यक्ष कृष्ण बल्लभ सहाय थे

78. (b) नमक कानून भंग करने के क्रम में अंबिका कांत सिंह, श्री रामवृक्ष बेनीपुरी, श्री जशुलाल गुप्त को पटना से गिरफ्तार किया गया था। अंबिमाकांत सिंह सत्रलाइट के मैनेजर भी थे।

79. (a) नवम्बर 1935 में हाजीपुर में आयोजित तृतीय बिहार प्रांतीय किसान सम्मेलन स्वामी सहजानंद अध्यक्षता में आयोजित हुई। इस सम्मेलन में जमींदारी प्रथा हटाने का प्रस्ताव स्वीकृत हुआ था।

80. (a) राजबंदियों के रिहाई के आदेश के उपरांत बिहार मंत्रिमंडल ने अपना त्याग पत्र वापस ले लिया।

81. (a) बिहार में व्यक्तिगत सत्याग्रह 28 नवम्बर 1940 को शुरू हुआ।

82. (c) आजाद दस्ता की पहली सभा समैली (पूर्णिया) हुई यहाँ वासुदेव नारायन सिंह को नागरिक विभाग तथा नरसिंह नारायन को सैनिक विभाग का प्रभारी बनाया गया।

83. (e) पटना स्थित शहीद स्मारक का औपचारिक अनावरन 1956में हुआ

84. (b) बिहार में इसाई धर्म का प्रचार सर्वप्रथम रोमन कैथोलिक पादरियों ने किया

85. (b) राममोहन राय मुस्लिम धर्म ग्रंथों का अध्ययन करने भी पटना आए थे।

86. (a) पटना कलम चित्रकला शैली परवर्ती मुगल काल से सम्बन्धित है पटना कलम का चित्र अधिकतर कागज एवं कहीं-कहीं हाथीदांत पर बनाया गया है।

87. (b) गया शहर फल्गू नदी के किनारे स्थित है फल्गु नदी में स्नान कर तीर्थयात्री मोक्ष प्राप्त करते हैं।

88. (b) इसकी स्थापना I.I.M. के तर्ज पर की गई है।

89. (c) पंचायतों के चुनाव कराने का निर्णय राज्य सरकार द्वारा लिया जाता है।

90. (b) पटना नगर निगम में वार्डों की कुल संख्या 75 है

91. (c) यहाँ एक भृंग (वर्मपंखी) के अलावा अन्य सभी सामाजिक प्राणी हैं। अंत: सही विकल्प भृंग (वर्मपंखी) है।

92. (c) इस प्रकार, ब्रह्मपुत्र नदी अरुणाचल प्रदेश और असम में बहती है। इस नदी की लंबाई 1900 किमी है। यह मणिपुर, नागालैंड, मिजोरम और असम राज्य से होकर बहती है।

93. (d) हमें पके हुये भोजन को खुला या बिना फ्रिज में रखे लम्बी अवधि के लिए नहीं छोड़ना चाहिए अन्यथा जीवाणु के कारण भोजन बेकार हो जाता है।

94. (c) साबुत मूंग या चना को रात भर पानी मेंभिगों कर फिर एक या दो दिन छोड़ देते हैं। सबसे पहले जो भाग अंकुरित होता हैद्य वह जड़ है।

95. (c) बिटामिन – B1 की कमी से बेरी-बेरी नामक रोगविषमता होती है। विटामिन B का रासायनिक नाम थायमिन है।

96. (d) पटसन का रेशा पटसन के पौधे के तना से प्राप्त होता है। पटसन या पाट को मेस्टोम भी कहते हैं,

97. (d) प्राकृतिक दुनिया और इसकी अखंडता पर मनुष्यों के प्रभाव के बारे में दृष्टिकोण।

पर्यावरण अध्ययन उन मुद्दों से निपटता है जो जीवित जीव के जीवन को प्रभावित करते हैं। यह प्राकृतिक दुनिया और उस पर मानव प्रभाव से संबंधित विभिन्न कारक हो सकते हैं।

98. (c) इसकी स्थापना 1916 में भारत में जीव-जंतुओं का एक संगठित सर्वेक्षण करने के लिए की गई थी।

भारतीय प्राणी सर्वेक्षण की स्थापना 1 जुलाई, 1916 को हुई थी। इसकी स्थापना भारत में जीवों के अनुसंधान और सर्वेक्षण को बढ़ावा देने के लिए की गई थी। ZSI के पास आज तक लाखों नमूने हैं। ZSI द्वारा नमूनों का संग्रह एशिया में सबसे बड़ा संग्रह माना जाता है।

99. (a) ओजोन मौजूद समताप मंडल में यूवी प्रकाश को अवशोषित करता है। यह वायुमंडल का सबसे महत्वपूर्ण पहलू है जो पृथ्वी पर जीवन को संभव बनाता है।

100. (c) भारत में वर्तमान में लगभग 12% वन भूमि है। आदर्श वन भूमि क्षेत्र 33% है, जबकि पहाड़ियों और पहाड़ों में यह

लगभग 45% है। इसका मतलब है कि पहाड़ों और पहाड़ियों में अनुमानित वन भूमि दो-तिहाई होनी चाहिए। इस प्रकार, भारत को वन आवरण बढ़ाने के लिए वन भूमि को बढ़ाने की आवश्यकता है।

101. (a) महाराष्ट्र के राज्यपाल रमेश बाईस ने 31 मार्च 2023 को मुंबई में मर्चेंट नेवी सप्ताह का उद्घाटन किया।शिपिंग के महानिदेशक ने राष्ट्रीय समुद्री दिवस के महत्व को जोर दिया और शिपिंग के महानिदेशालय और अन्य संगठनों ने समुद्री क्षेत्र में की गई विकास की उपलब्धियों को उजागर किया।

102. (d) 1 अप्रैल, 2023 को प्रधानमंत्री नरेंद्र मोदी ने भोपाल के रानी कमलापति रेलवे स्टेशन पर भोपाल और नई दिल्ली के बीच वंदे भारत एक्सप्रेस ट्रेन का उद्घाटन किया। यह ट्रेन मध्य प्रदेश के रानी कमलापति रेलवे स्टेशन से दिल्ली के हजरत निजामुद्दीन रेलवे स्टेशन तक चलेगी। यह देश की ग्यारहवीं वंदे भारत ट्रेन होगी और इसमें आधुनिक यात्री सुविधाएं हैं।

103. (c) उत्कल दिवस हर साल 1 अप्रैल को ओडिशा राज्य में मनाया जाता है ताकि 1 अप्रैल, 1936 को ओडिशा के गठन को याद किया जा सके।

104. (c) भारतीय प्रधानमंत्री नरेंद्र मोदी ने 1 अप्रैल, 2023 को भोपाल में तीन सेनाओं के संयुक्त कमांडर्स सम्मेलन में भाग लिया।तीनों फोर्सेस के संयुक्त कमांडर्स सम्मेलन का आयोजन रक्षा मंत्री राजनाथ सिंह की उपस्थिति में राजधानी भोपाल में किया जा रहा है।

105. (c) सरकार ने अप्रैल-जून 2023 तिमाही के लिए अधिकतम पोस्ट ऑफिस बचत योजनाओं पर ब्याज दरों को बढ़ाया है। राष्ट्रीय बचत प्रमाण पत्र (एनएससी) ब्याज दर 7.7% हो गई है।

106. (a) भारत की पहली महिला हज उड़ान ने 8 जून को सऊदी अरब में कोझिकोड से जेद्दाह के लिए सफलतापूर्वक उड़ान भरी। यह उल्लेखनीय उपलब्धि अंतर्राष्ट्रीय बजट एयरलाइन एयर इंडिया एक्सप्रेस (AIXL) की सभी महिला चालक दल द्वारा संभव हुई। फ्लाइट IX 3025 कुल 145 महिला तीर्थयात्रियों को लेकर जा रही थी जो अपनी हज यात्रा पर जा रही थीं।

107. (c) भारत सुहल, जर्मनी में छह स्वर्ण, छह रजत और तीन कांस्य पदक सहित 15 पदकों के साथ अंतर्राष्ट्रीय निशानेबाजी खेल महासंघ जूनियर विश्व कप में शीर्ष पर रहा। विश्व चौम्पियनशिप पदक विजेता सिमरनप्रीत कौर बराड़ और धनुष श्रीकांत सहित कुल 39 भारतीय निशानेबाजों ने ISSF जूनियर विश्व कप 2023 में भाग लिया। कुल मिलाकर 46 विभिन्न देशों के 511 जूनियर निशानेबाजों ने चौंपियनशिप में भाग लिया जो 1 जून से शुरू हुआ और 9 जून को समाप्त हुआ।

108. (a) 9 जून 2023 को, पूर्व-मध्य अरब सागर के ऊपर अति गंभीर चक्रवाती तूफान बिपरजोय पिछले छह घंटों के दौरान दो किलोमीटर प्रति घंटे की गति के साथ लगभग।दे. की ओर बढ़ गया है। चक्रवात बिपारजॉय गोवा के लगभग 840 किमी पश्चिम-दक्षिण पश्चिम में, मुंबई से 870 किमी पश्चिम-दक्षिण पश्चिम और पोरबंदर से 870 किमी दक्षिण-दक्षिण पश्चिम में एक ही क्षेत्र में केंद्रित है। यह अगले 36 घंटों के दौरान धीरे-धीरे तेज होगा और अगले दो दिनों के दौरान लगभग।

109. (c) भारतीय लंबी छलांग लगाने वाले मुरली श्रीशंकर ने पेरिस डायमंड लीग में उल्लेखनीय तीसरा स्थान हासिल किया। उन्होंने 11 जून 2023 को आयोजित प्रतिष्ठित कार्यक्रम में अपना पहला पोडियम फिनिश हासिल करते हुए 8. 09 मीटर की छलांग लगाई। श्रीशंकर की सर्वश्रेष्ठ छलांग उनके तीसरे प्रयास में आई।

110. (b) भारत ने 11 जून 2023 को जापान के काकामीगहारा में चार बार की चौंपियन दक्षिण कोरिया को 2-1 से हराकर महिला जूनियर हॉकी एशिया कप में अपनी पहली जीत दर्ज की।

111. (a) 8 मई 2023 को, राजस्थान में, हनुमानगढ़ जिले के एक गाँव में वायु सेना के मिग-21 लड़ाकू विमान के उनके घर पर दुर्घटनाग्रस्त होने से तीन महिलाओं की मौत हो गई और तीन अन्य घायल हो गए। इस प्रक्रिया में पायलट को मामूली चोट आई। पायलट को सूरतगढ़ बेस से करीब 25 किलोमीटर।

112. (b) रक्षा मंत्री राजनाथ सिंह ने 8 मई को चंडीगढ़ में अपनी तरह के पहले भारतीय वायु सेना (IAF) हेरिटेज सेंटर का उद्घाटन किया। हेरिटेज सेंटर ने भारतीय वायु सेना में संचालन के विभिन्न पहलुओं पर प्रकाश डालने वाली कलाकृतियों, सिमुलेटरों और इंटरैक्टिव बोर्डों का प्रदर्शन किया। हेरिटेज सेंटर का उद्देश्य चंडीगढ़ के युवाओं को भारतीय वायु सेना में करियर बनाने के लिए प्रेरित करना है।

113. (b) प्रधानमंत्री जीवन ज्योति बीमा योजना (पीएमजेजेबीवाई), प्रधानमंत्री सुरक्षा बीमा योजना (पीएमएसबीवाई) और अटल पेंशन योजना (एपीवाई) 9 मई 2023 को अपनी 8वीं वर्षगांठ मनाई। प्रधान मंत्री श्री नरेंद्र मोदी ने 9 मई, 2015 को कोलकाता, पश्चिम बंगाल से पीएमजेजेबीवाई, पीएमएसबीवाई और एपीवाई का शुभारंभ किया।

114. (b) पहला आसियान-भारत समुद्री अभ्यास (AIME-2023) 8 मई, 2023 को दक्षिण चीन सागर में सफलतापूर्वक संपन्न हुआ। स्वदेशी रूप से डिजाइन और निर्मित जहाज विध्वंसक आईएनएस दिल्ली और स्टील्थ फ्रिगेट आईएनएस सतपुड़ा, समुद्री गश्ती विमान पी आई और एकीकृत हेलीकॉप्टर - ने ब्रूनेई, इंडोनेशिया, मलेशिया, फिलीपींस, सिंगापुर, थाईलैंड और वियतनाम से आसियान नौसैनिक जहाजों के साथ अभ्यास किया।

115. (c) भारत के राष्ट्रपति श्रीमती द्रौपदी मुर्मू ने, जो सशस्त्र बलों की सर्वोच्च कमांडर हैं, 9 मई, 2023 को नई दिल्ली

में रक्षा अलंकरण समारोह (चरण-1) के दौरान सशस्त्र बलों, केंद्रीय सशस्त्र पुलिस बलों और राज्य/केंद्र शासित प्रदेश के पुलिस कर्मियों को पांच मरणोपरांत सहित आठ कीर्ति चक्र और पांच मरणोपरांत सहित 29 शौर्य चक्र प्रदान किए।

116. (e) वॉलीबॉल की प्रत्येक टीम में खिलाड़ियों की संख्या 6 होती हैं।

117. (b) CPU का पूर्ण रूप सेन्ट्रल प्रोसेसिंग यूनिट हैं। इसे प्रोसेसर भी कहते हैं। यह कम्प्यूटर के समस्त कार्यों को नियंत्रित करता है तथा इनपुट को आउटपुट में रूपान्तरित करता है। इसे ही कम्प्यूटर का ब्रेन कहा जाता है।

118. (a) बोहाग बिहू या रोंगाली बिहू पूर्वोत्तर भारतीय राज्य असम और पूर्वोत्तर भारत के अन्य हिस्सों में मनाया जाने वाला पारंपरिक त्योहार है। यह त्योहार असम के स्वदेशी जातीय समूह और असमिया नव वर्ष की शुरूआत का प्रतीक है। प्रत्येक वर्ष यह अप्रैल के दूसरे सप्ताह में मनाया जाता है।

119. (b) भारत के साथ कनाडा ने संयुक्त रूप से दिवाली के अवसर पर डाक टिकट का एक सेट जारी किया। भारत सरकार ने 30 अगस्त 2017 को इसकी घोषणा की ये टिकट 21 सितम्बर 2017 को जारी किए गए। कनाडा में भारतीय प्रवासियों की बड़ी उपस्थिति के कारण दोनों देशों के लिए सांस्कृतिक विषय के रूप में दीवाली त्योहार का चयन किया गया।

120. (b) ओडिशा के पुरी में पत्थर काटने वाले मुख्य रूप से सोपस्टोन का काम करते हैं। मंदिर निर्माण में कठोर पत्थरों का प्रयोग किया जाता है। मंगलपुर में पारंपरिक पत्थर के कारीगर अर्ध- कठोर ग्रे पत्थर से पत्थर के बर्तन बनाते हैं।

SET 8

BPSC प्राइमरी प्रैक्टिस सेट

1. भारतीय दर्शन के ________ स्कूल हैं जिन्हें 'षड्दर्शन' के नाम से जाना जाता है।
(a) छह (b) आठ
(c) चार (d) पाँच
(e) उपर्युक्त में से कोई नहीं/ उपर्युक्त में से एक से अधिक

2. कौन - सा वेद मुख्यतः लयबद्ध प्रारूप या छंद से मिलकर संगीतात्मक रचना के रूप में बनाया गया है?
(a) यजुर्वेद (b) सामवेद
(c) अथर्ववेद (d) ऋग्वेद
(e) उपर्युक्त में से कोई नहीं/ उपर्युक्त में से एक से अधिक

3. महावीर निम्नलिखित में किस महाजनपद से आते थे?
(a) मगध (b) उज्जैन
(c) वज्जि (d) कोसल
(e) उपर्युक्त में से कोई नहीं/ उपर्युक्त में से एक से अधिक

4. निम्नलिखित विकल्पों में से कौन राजा अशोक का पुत्र नहीं है?
(a) कुणाल (b) तिवाला
(c) महिंद्रा (d) कैवल्य
(e) उपर्युक्त में से कोई नहीं/ उपर्युक्त में से एक से अधिक

5. चंद्रगुप्त मौर्य ________ था।
(a) अशोक का परदादा (b) अशोक का भाई
(c) अशोक का पिता (d) अशोक का दादा
(e) उपर्युक्त में से कोई नहीं/ उपर्युक्त में से एक से अधिक

6. मुगल काल में चित्रकारी किसके शासनकाल में अपने शिखर पर थी?
(a) जहाँगीर (b) शाहजहाँ
(c) औरंगजेब (d) अकबर
(e) उपर्युक्त में से कोई नहीं/ उपर्युक्त में से एक से अधिक

7. अकबर द्वारा स्थापित धर्म का नाम क्या था?
(a) बिन - इलाही (b) दीन - विलाही
(c) दीन - बिलाही (d) दीन-ए-इलाही
(e) उपर्युक्त में से कोई नहीं/ उपर्युक्त में से एक से अधिक

8. आगरा में स्थित ताजमहल सफेद संगमरमर से निर्मित एक मकबरा है जिसका निर्माण मुगल सम्राट शाहजहाँ द्वारा अपनी ____________ पत्नी मुमताज महल की याद में करवाया गया था?
(a) पहली (b) दूसरी
(c) तीसरी (d) चौथी
(e) उपर्युक्त में से कोई नहीं/ उपर्युक्त में से एक से अधिक

9. दिल्ली में जामा मस्जिद किसके द्वारा बनवायी गई थी?
(a) फिरोजशाह तुगलक (b) शाहजहाँ
(c) औरंगजेब (d) शेरशाह सूरी
(e) उपर्युक्त में से कोई नहीं/ उपर्युक्त में से एक से अधिक

10. उस ब्रिटिश प्रधानमंत्री का नाम बताइए जिसने वर्ष 1932 में भारत के स्वतंत्रता आंदोलन के दौरान सांप्रदायिक पंचाट की घोषणा की थी?
(a) डेविड लॉयड जॉर्ज (b) एंड्रयू बोनर लॉ
(c) हरबर्ट हेनरी एसक्विथ (d) जेम्स रैम्जे मैक्डोनाल्ड
(e) उपर्युक्त में से कोई नहीं/ उपर्युक्त में से एक से अधिक

11. गाँधीजी द्वारा दांडी यात्रा प्रारम्भ की गई-
(a) 30 मार्च, 1930 को (b) 5 मई, 1930 को
(c) 21 मार्च, 1930 को (d) 26 जनवरी, 1930 को
(e) उपर्युक्त में से कोई नहीं/ उपर्युक्त में से एक से अधिक

12. निम्नलिखित में किसे महात्मा गाँधी ने "ढहते हुए बैंक पर आहरित उत्तर दिनांकित चेक" कहा है?
(a) द्वितीय गोलमेज सम्मेलन
(b) भारत सरकार अधिनियम, 1935
(c) क्रिप्स मिशन
(d) भारतीय स्वतंत्रता अधिनियम, 1947
(e) उपर्युक्त में से कोई नहीं/ उपर्युक्त में से एक से अधिक

13. मोतीलाल नेहरू और चितरंजन दास निम्न में से किसके संस्थापक सदस्य है?
(a) स्वराज पार्टी (b) फॉरवर्ड ब्लॉक
(c) कांग्रेस पार्टी (d) जनता पार्टी
(e) उपर्युक्त में से कोई नहीं/ उपर्युक्त में से एक से अधिक

14. फतवा-ए-आलमगिरी, मुस्लिम कानूनों का एक संग्रह, निम्नलिखित में से किस राजा के शासनकाल में लिखा गया था?

(a) नादिर शाह (b) फिरोज शाह तुगलक
(c) औरंगजेब (d) टीपू सुल्तान
(e) उपर्युक्त में से कोई नहीं/ उपर्युक्त में से एक से अधिक

15. किस ब्रिटिश गवर्नर जनरल ने भारत में रेलवे की शुरूआत की थी?

(a) हेनरी हार्डिंग (b) लॉर्ड डलहौजी
(c) लॉर्ड विलियम बैंटिक (d) चार्ल्स मेटकाफ
(e) उपर्युक्त में से कोई नहीं/ उपर्युक्त में से एक से अधिक

16. भारत में पोस्टल इंडेक्स (पिन कोड) की शुरूआत हुई थी-

(a) 1970 में (b) 1989 में
(c) 1972 में (d) 1975 में
(e) उपर्युक्त में से कोई नहीं/ उपर्युक्त में से एक से अधिक

17. ओखा पोर्ट यहाँ स्थित है-

(a) गोवा (b) कर्नाटक
(c) बड़ौदा (d) तंजौर
(e) उपर्युक्त में से कोई नहीं/ उपर्युक्त में से एक से अधिक

18. निम्नलिखित में से किस शहर को 'सिल्क सिटी' के नाम से भी जाना जाता है?

(a) आसनसोल (b) कानपुर
(c) भागलपुर (d) रांची
(e) उपर्युक्त में से कोई नहीं/ उपर्युक्त में से एक से अधिक

19. सरदार सरोवर बांध ________. में बनाया गया है।

(a) राजस्थान (b) मध्य प्रदेश
(c) गुजरात (d) महाराष्ट्र
(e) उपर्युक्त में से कोई नहीं/ उपर्युक्त में से एक से अधिक

20. किस देश ने दुनिया के पहले तैरते परमाणु ऊर्जा संयंत्र का अनावरण किया है?

(a) यूनाइटेड किंगडम (b) जर्मनी
(c) रूस (d) संयुक्त राज्य अमेरिका
(e) उपर्युक्त में से कोई नहीं/ उपर्युक्त में से एक से अधिक

21. दक्कन का पठार किस राज्य में नहीं स्थित है?

(a) तमिलनाडु (b) ओडिशा
(c) आंध्र प्रदेश (d) महाराष्ट्र
(e) उपर्युक्त में से कोई नहीं/ उपर्युक्त में से एक से अधिक

22. मिजोरम की राजधानी कहाँ है?

(a) इंफाल (b) आइजोल
(c) दिसपुर (d) अगरतला
(e) उपर्युक्त में से कोई नहीं/ उपर्युक्त में से एक से अधिक

23. भारतीय तट के आसपास महाद्वीपीय जलसीमा निम्नलिखित में से किससे पूरी तरह से अलग है?

(a) हुगली तट (b) कोरोमंडल तट
(c) कोंकण तट (d) दक्षिण गुजरात तट
(e) उपर्युक्त में से कोई नहीं/ उपर्युक्त में से एक से अधिक

24. मैंग्रोव, जो तटीय जल में उगते हैं, उन्हें ________ के रूप में वर्गीकृत किया गया है-

(a) हीलियोफाइट (b) हैलोफाइट
(c) जीरोफाइट (d) एपीफाइट
(e) उपर्युक्त में से कोई नहीं/ उपर्युक्त में से एक से अधिक

25. दक्षिण अमेरिका के पूर्वी तट पर कुछ घटनाओं से भारतीय मॉनसून प्रभावित हो सकता है। उस घटना को क्या कहते हैं जो भारत में मॉनसून प्रबलता को बढ़ा सकती है?

(a) व्यापारिक कंपन (b) हंबोल्ट धारा
(c) एल नीनो (d) ला नीना
(e) उपर्युक्त में से कोई नहीं/ उपर्युक्त में से एक से अधिक

26. संविधान की ड्राफ्टिंग समिति के आगे प्रस्तावना किस ने प्रस्तावित की थी?

(a) जवाहर लाल नेहरू (b) बी. आर. अंबेडकर
(c) बी. एन. राव (d) महात्मा गाँधी
(e) उपर्युक्त में से कोई नहीं/ उपर्युक्त में से एक से अधिक

27. भारतीय संविधान कब लागू हुआ?

(a) 15-8-1947 (b) 30-1-1948
(c) 26-11-1949 (d) 26-1-1950
(e) उपर्युक्त में से कोई नहीं/ उपर्युक्त में से एक से अधिक

28. निम्न में से क्या व्यक्ति स्वातंत्रय का संरक्षण करता है?

(a) अधिकार पृच्छा (क्वो - वारंटो)
(b) परमादेश (मेंडामस)
(c) बंदी प्रत्यक्षीकरण (हैबीयस कॉरपस)
(d) सर्टीओररी
(e) उपर्युक्त में से कोई नहीं/ उपर्युक्त में से एक से अधिक

29. भारतीय संविधान की दसवीं अनुसूची ______से संबंधित है।

(a) राज्य सभा में स्थानों का आवंटन
(b) शपथ या प्रतिज्ञान के प्ररूप
(c) दल परिवर्तन के आधार पर निरहता के बारे में उपबंध
(d) भाषाएँ
(e) उपर्युक्त में से कोई नहीं/ उपर्युक्त में से एक से अधिक

30. निम्नलिखित में से भारत के किस राष्ट्रपति की मृत्यु कार्यकाल में हुई?

(a) एफ. अली अहमद (b) बी.डी. जत्ती
(c) एन. संजीव रेड्डी (d) जाकिर हुसैन
(e) उपर्युक्त में से कोई नहीं/ उपर्युक्त में से एक से अधिक

31. सरदार पटेल राष्ट्रीय एकता पुरस्कार भारत सरकार द्वारा किस वर्ष में स्थापित किया गया था?

(a) 2001 (b) 2019
(c) 2017 (d) 2013
(e) उपर्युक्त में से कोई नहीं/ उपर्युक्त में से एक से अधिक

32. 11वें मौलिक कर्तव्य को किस संविधान संशोधन अधिनियम द्वारा जोड़ा गया था?

(a) 98वां संविधान संशोधन अधिनियम, 2012
(b) 42वां संविधान संशोधन अधिनियम, 1976
(c) 86वां संविधान संशोधन अधिनियम, 2002
(d) 84वां संविधान संशोधन अधिनियम, 2001
(e) उपर्युक्त में से कोई नहीं/ उपर्युक्त में से एक से अधिक

33. निम्नलिखित में से कौन-सा निकाय केन्द्र और राज्यों के बीच राजस्व के बँटवारे का सूत्र निर्धारित करने के लिए उत्तरदायी है?

(a) भारतीय रिजर्व बैंक (b) वित्त आयोग
(c) नीति आयोग (d) संसद
(e) उपर्युक्त में से कोई नहीं/ उपर्युक्त में से एक से अधिक

34. निम्नलिखित सूची में से कौन सभा का सदस्य न होते हुए भी पीठासन अधिकारी के रूप में कार्य करता हैं?

(a) लोक सभा का अध्यक्ष (b) भारत का उप-राष्ट्रपति
(c) विधान सभा का अध्यक्ष (d) विधान परिषद् का सभापति
(e) उपर्युक्त में से कोई नहीं/ उपर्युक्त में से एक से अधिक

35. भारत के संविधान के निम्नलिखित में से कौन सा अनुच्छेद राज्यों में विधान परिषदों के निर्माण से संबंधित है?

(a) अनुच्छेद 233 (b) अनुच्छेद 121
(c) अनुच्छेद 169 (d) अनुच्छेद 223
(e) उपर्युक्त में से कोई नहीं/ उपर्युक्त में से एक से अधिक

36. राजकोषीय उत्तरदायित्व एवं बजट प्रबंधन अधिनियम, 2003 का उद्देश्य क्या है?

(a) सरकार पर राजकोषीय अनुशासन थोपने के लिए
(b) केंद्र और राज्यों के बीच संसाधनों का वितरण करना
(c) केन्द्रीय सार्वजनिक क्षेत्र के उद्यमों की परिसंपत्तियों का परिसमापन करना
(d) ऋण चुकौती एकत्र करने के लिए
(e) उपर्युक्त में से कोई नहीं/ उपर्युक्त में से एक से अधिक

37. राजकोषीय नीति किस से संबंधित है :

(a) अर्थव्यवस्था में मुद्रा की आपूर्ति
(b) बैकिंग प्रणाली का विनियमन
(c) आर्थिक विकास के लिए आयोजन
(d) सरकार की आय और खर्च
(e) उपर्युक्त में से कोई नहीं/ उपर्युक्त में से एक से अधिक

38. निम्नलिखित में से कौन सा कथन सही है?

I. अनधिमान वक्र बाएं से दाएं नीचे की ओर ढलवा होते हैं।

II. उच्च अनधिमान वक्र उपयोगिता के उच्च स्तर को प्रदान करता है।

(a) केवल II (b) I तथा II दोनों
(c) ना ही I ना ही II (d) केवल I
(e) उपर्युक्त में से कोई नहीं/ उपर्युक्त में से एक से अधिक

39. निम्नलिखित में से कौन सा कथन सत्य है?

I. सुरक्षा लेन-देन कर एक प्रकार का प्रत्यक्ष कर है।

II. मूल्य वर्धित कर एक प्रकार का अप्रत्यक्ष कर है।

(a) दोनों I और II (b) केवल II
(c) न तो I न ही II (d). केवल I
(e) उपर्युक्त में से कोई नहीं/ उपर्युक्त में से एक से अधिक

40. निम्नलिखित में से कौन सा कथन सही है?

I. राजस्व प्राप्तियाँ वे प्राप्तियाँ हैं जिनका दावा सरकार से नहीं किया जा सकता।

II. राजस्व व्यय केन्द्र सरकार का भौतिक या वित्तीय परिसंपत्तियों के सृजन के अतिरिक्त अन्य उद्देश्यों के लिए किया गया व्यय है।

(a) केवल II (b) केवल I
(c) ना ही I ना ही II (d) I तथा II दोनों
(e) उपर्युक्त में से कोई नहीं/ उपर्युक्त में से एक से अधिक

41. निम्नलिखित में से कौन-सी रसोई सामग्री का उपयोग पानी के हिमांक को कम करने के लिए किया जा सकता है?

(a) नमक (b) बेकिंग पाउडर
(c) सिरका (d) मीठा सोडा
(e) उपर्युक्त में से कोई नहीं/ उपर्युक्त में से एक से अधिक

42. किस उद्देश्य के लिए अवरक्त प्रकाश या ऊष्मा का उपयोग किया जाता है?

(a) फर्श सुखाना (b) कपड़े धोना
(c) कपड़े रंगना (d) भोजन पकाना
(e) उपर्युक्त में से कोई नहीं/ उपर्युक्त में से एक से अधिक

43. समय t = 0 पर किसी स्कूटर का वेग 21 ms^{-1} है। इसकी गति 50 cms^2 की दर से कम हो रही है। 4s के अंत में यह स्कूटर कितनी दूरी तय कर लेता है?
(a) 70 m (b) 84m
(c) 100m (d) 104m
(e) उपर्युक्त में से कोई नहीं/ उपर्युक्त में से एक से अधिक

44. संवेग का सूत्र क्या है?
(a) द्रव्यमान वेग (b) द्रव्यमान गुरुत्व × ऊँचाई
(c) 2 × (द्रव्यमान × वेग^2) (d) द्रव्यमान × वेग^2
(e) उपर्युक्त में से कोई नहीं/ उपर्युक्त में से एक से अधिक

45. निम्नलिखित में से कौन सा युग्म सही है?
I. निकट- दृष्टि दोष : दूर दृष्टिता
II. दीर्घ - दृष्टि दोष : निकट दृष्टिता
(a) केवल II (b) ना ही I ना ही II
(c) केवल I (d) I तथा II दोनों
(e) उपर्युक्त में से कोई नहीं/ उपर्युक्त में से एक से अधिक

46. निम्नलिखित में से कौन-सा अवक्षेपण का रूप नहीं है?
(a) वृष्टि (वर्षा) (b) करकापात (ओला)
(c) ओले के साथ वर्षा (d) निरपेक्ष आर्द्रता
(e) उपर्युक्त में से कोई नहीं/ उपर्युक्त में से एक से अधिक

47. रेडियोधर्मी पदार्थ क्या उत्सर्जित करते हैं?
(a) रेडियो तरंगे (b) इन्फ्रारेड तरंगें
(c) अल्ट्रावायलेट तरंगें (d) α और β किरणें γ
(e) उपर्युक्त में से कोई नहीं/ उपर्युक्त में से एक से अधिक

48. निम्नलिखित में से कौन-सा लवण जल में स्थायी कठोरता के लिए उत्तरदायी है?
(a) अमोनियम क्लोराइड (b) सोडियम आयोडाइड
(c) कैल्शियम सल्फेट (d) कार्बन डाईऑक्साइड
(e) उपर्युक्त में से कोई नहीं/ उपर्युक्त में से एक से अधिक

49. निम्नलिखित में से कौन बायोगैस का मुख्य घटक है?
(a) मीथेन (b) ईथेन
(c) प्रोपेन (d) ब्यूटन
(e) उपर्युक्त में से कोई नहीं/ उपर्युक्त में से एक से अधिक

50. तत्काल ऊर्जा के लिए खिलाड़ी निम्नलिखित में से क्या लेते हैं?
(a) सुक्रोज (b) विटामिन C
(c) साधारण नमक (d) दूध
(e) उपर्युक्त में से कोई नहीं/ उपर्युक्त में से एक से अधिक

51. जैव प्रौद्योगिकी में शामिल नहीं है-
(a) जेनेटिक इंजीनियरिंग (b) टेस्ट ट्यूब बेबी
(c) क्लोनिंग (d) उपर्युक्त सभी शामिल हैं
(e) उपर्युक्त में से कोई नहीं/ उपर्युक्त में से एक से अधिक

52. आयोडीन से कीटाणुरहित पानी की सिफारिश ________________ हेतु नहीं की जाती है:
(a) गर्भवती महिला
(b) वचा की समस्या से ग्रस्त लोग
(c) 10 वर्ष से कम आयु के बच्चे
(d) वृद्ध लोग
(e) उपर्युक्त में से कोई नहीं/ उपर्युक्त में से एक से अधिक

53. मनुष्य के शरीर में छोटी आंत्र की लम्बाई होती है-
(a) 10 m (b) 2m
(c) 7-5m (d) 1m
(e) उपर्युक्त में से कोई नहीं/ उपर्युक्त में से एक से अधिक

54. रेगिस्तानी पौधे में प्रकाश संश्लेषण ______ में होता है।
(a) शाखाओं (b) जड़
(c) पत्ते (d) तना
(e) उपर्युक्त में से कोई नहीं/ उपर्युक्त में से एक से अधिक

56. निम्नलिखित में से किसे गोल्डन फाइबर के रूप में भी जाना जाता है?
(a) मक्का (b) बाजरा
(c) कॉटन (d) जूट
(e) उपर्युक्त में से कोई नहीं/ उपर्युक्त में से एक से अधिक

56. 38 संख्याओं का औसत 92 है। यदि प्रत्येक संख्या को 5 से विभाजित किया जाए, तो नया औसत क्या होगा?
(a) 17.8 (b) 18.3
(c) 19.6 (d) 18.4
(e) उपर्युक्त में से कोई नहीं/ उपर्युक्त में से एक से अधिक

57. दो संख्याओं का महत्तम समापवर्तक 13 है। निम्नलिखित में से कौन उनका लघुत्तम समापवर्तक कभी नहीं हो सकता है?
(a) 52 (b) 65
(c) 64 (d) 78
(e) उपर्युक्त में से कोई नहीं/ उपर्युक्त में से एक से अधिक

58. प्रथम 49 प्राकृत संख्याओं का योगफल क्या है?
(a) 1225 (b) 1325
(c) 1125 (d) 1250
(e) उपर्युक्त में से कोई नहीं/ उपर्युक्त में से एक से अधिक

59. P की आय का 75 प्रतिशत, Q की आय के 37.5 प्रतिशत के बराबर है। यदि P की आय 24000 रुपये है, तो Q की आय क्या है?
(a) 12000 रुपये (b) 24000 रुपये
(c) 28000 रुपये (d) 48000 रुपये
(e) उपर्युक्त में से कोई नहीं/ उपर्युक्त में से एक से अधिक

60. एक व्यक्ति ने 45 रुपये पेंसिल की दर से 40 पेंसिल खरीदी। वह 20 पेंसिल 20 प्रतिशत की हानि पर बेचता है। यदि सभी पेंसिल पर मिलाकर 40 प्रतिशत का लाभ कमाया गया है, तो शेष 20 पेंसिल पर लाभ प्रतिशत क्या होगा?

(a) 135% (b) 90%
(c) 120% (d) 200%
(e) उपर्युक्त में से कोई नहीं/ उपर्युक्त में से एक से अधिक

61. A, B और C का वेतन 7:3:5 के अनुपात में है। यदि उनके वेतन में 15%, 20% और 25% की वृद्धि की अनुमति दी जाती है, तो उनके वेतन का नया अनुपात क्या होगा?

(a) 125 : 112 : 121 (b) 16172 125
(c) 120 : 111 : 123 (d) 122 111 : 124
(e) उपर्युक्त में से कोई नहीं/ उपर्युक्त में से एक से अधिक

62. 6 महीने की अवधि के लिए प्रतिवर्ष 8.4% की दर पर 98,000 रुपए पर साधारण ब्याज ज्ञात करें?

(a) 4116 रुपए (b) 4216 रुपए
(c) 4236 रुपए (d) 4126 रुपए
(e) उपर्युक्त में से कोई नहीं/ उपर्युक्त में से एक से अधिक

63. $\left(\frac{2}{3}\div\frac{3}{2}\text{of}\frac{2}{3}\right)\frac{9}{15}\div\left(\frac{5}{4}+\frac{5}{2}\times\frac{4}{5}\text{of}\frac{2}{5}\right)$ **का** $\left(\frac{3}{4}\times\frac{3}{4}\div\frac{4}{3}\text{of}\frac{3}{4}\right)$ **का का मान है-**

(a) $\frac{20}{9}$ (b) $\frac{40}{9}$
(c) $\frac{4}{25}$ (d) $\frac{18}{125}$
(e) उपर्युक्त में से कोई नहीं/ उपर्युक्त में से एक से अधिक

64. एक जॉगर 18 km/hr की गति से दौड़ रहा है। वह 600 मीटर लंबे पथ को कितने समय में पूरा करेगा?

(a) 3 मिनट (b) 1 मिनट
(c) 2 मिनट (d) 1.5 मिनट
(e) उपर्युक्त में से कोई नहीं/ उपर्युक्त में से एक से अधिक

65. 30 पुरुष या 50 महिलाएँ किसी कार्य को 72 दिनों में कर सकते हैं। 15 पुरुषों और 25 महिलाओं को इसे करने में कितना समय लगेगा?

(a) 84 दिन (b) 72 दिन
(c) 60 दिन (d) 48 दिन
(e) उपर्युक्त में से कोई नहीं/ उपर्युक्त में से एक से अधिक

66. यदि मनोज कहता है, "कमल की माँ मेरी नानी की एकमात्र संतान है।" तो मनोज कमल से किस तरह संबंधित है?

(a) पिता (b) चाचा
(c) भाई (d) बेटा
(e) उपर्युक्त में से कोई नहीं/ उपर्युक्त में से एक से अधिक

67. एक दिन में घड़ी की सुइयाँ कितनी बार समकोण में होती हैं?

(a) 22 (b) 42
(c) 24 (d) 45
(e) उपर्युक्त में से कोई नहीं/ उपर्युक्त में से एक से अधिक

68. एक ही पासे की चार अलग-अलग स्थितियाँ दर्शाती गयी है। उस संख्या का चयन करें जो संख्या वाले फलक के विपरीत फलक हो?

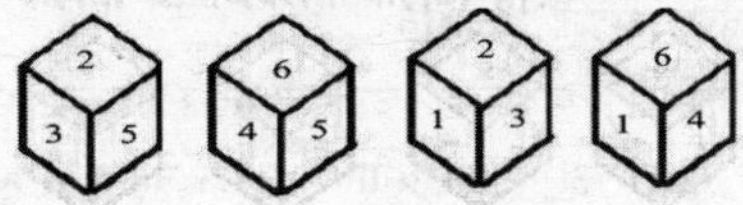

(a) 6 (b) 1
(c) 5 (d) 4
(e) उपर्युक्त में से कोई नहीं/ उपर्युक्त में से एक से अधिक

69. एक दिन में घड़ी की सुइयाँ कितनी बार एक सरल रेखा में होती हैं?

(a) 22 (b) 44
(c) 48 (d) 24
(e) उपर्युक्त में से कोई नहीं/ उपर्युक्त में से एक से अधिक

70. यदि S = 6, T = 3, U = 8, V = 96, V ÷ U × T + S =?

(a) 18 (b) 12
(c) 64 (d) 42
(e) उपर्युक्त में से कोई नहीं/ उपर्युक्त में से एक से अधिक

71. राजगीर में दुर्ग तथा स्तूप की स्थापना किस मगध के शासक ने की थी?

(a) बिम्बिसार (b) अजातशत्रु
(c) उदयिन (d) शिशुनाग
(e) उपर्युक्त में से कोई नहीं/ उपर्युक्त में से एक से अधिक

72. बिहार के सबसे पहले सूफी संत कौन थे?

(a) इमाम ताज फकीह (b) सालार मसूद गाजी
(c) दरिया साहेब (d) शर्फुद्दीन याह्या मनेरी
(e) उपर्युक्त में से कोई नहीं/ उपर्युक्त में से एक से अधिक

73. चंपारण आंदोलन की समाप्ति के उपरांत गांधीजी ने किसे अपने मोतिहारी के कार्यालय का कार्य भार सौंपकर वापस लौट गए?

(a) रामनवमी प्रसाद (b) ब्रजकिशोर प्रसाद
(c) श्यामनन्दन सहाय (d) जनकधारी प्रसाद
(e) उपर्युक्त में से कोई नहीं/ उपर्युक्त में से एक से अधिक

74. 'फिरंगियाँ' संगीत के रचयिता हैं-

(a) मनोरंजन प्रसाद सिन्हा (b) देवधन प्रसाद
(c) विंदेश्वरी प्रसाद वर्मा (d) महेश्वर प्रसाद
(e) उपर्युक्त में से कोई नहीं/ उपर्युक्त में से एक से अधिक

75. बिहार में किस आंदोलन के समय 'मुठिया प्रथा' चालू की गई थी?

(a) 1857 का विद्रोह
(b) बंग-भंग आंदोलन
(c) असहयोग आंदोलन
(d) सविनय अवज्ञा आंदोलन
(e) उपर्युक्त में से कोई नहीं/ उपर्युक्त में से एक से अधिक

76. बिहार में खादी की काफी प्रगति किनके नेतृत्व में हुआ?

(a) मजहरूल हक (b) जगत नारायण लाल
(c) राजेन्द्र प्रसाद (d) ब्रजकिशोर प्रसाद
(e) उपर्युक्त में से कोई नहीं/ उपर्युक्त में से एक से अधिक

77. जगत नारायण लाल किस पत्रिका के संपादक थे?

(a) देश (b) अमृत बाजार पत्रिका
(c) युवक (d) महावीर
(e) उपर्युक्त में से कोई नहीं/ उपर्युक्त में से एक से अधिक

78. बिहार के चंपारण में नमक सत्याग्रह के दौरान 17 अप्रैल 1930 को किसे गिरफ्तार कर एक वर्ष सादी कैद की सजा दी गई।

(a) श्री हरवंश सहाय (b) श्री जय नारायन प्रसाद
(c) रामदयालू प्रसाद साहु (d) (a) और (b) दोनों को
(e) उपर्युक्त में से कोई नहीं/ उपर्युक्त में से एक से अधिक

79. बिहार प्रांतीय बोर्ड की स्थापना कब हुई-

(a) 16 नवम्बर 1932 (b) 6 सितम्बर 1932
(c) 6 नवम्बर 1932 (d) 6 नवम्बर 1930
(e) उपर्युक्त में से कोई नहीं/ उपर्युक्त में से एक से अधिक

80. निम्न में से कौन किसान नेता नहीं थे?

(a) स्वामी सहजानंद (b) श्री यदुनंदन शर्मा
(c) सूर्यनाथ चौबे (d) श्री गंगाशरण सिंह
(e) उपर्युक्त में से कोई नहीं/ उपर्युक्त में से एक से अधिक

81. बिहार प्रांत में पिछड़ा वर्ग संघ (डीप्रेस्ड क्लासेज लीग) नामक संगठन कब स्थापित की गई?

(a) 1935 (b) 1938
(c) 1919 (d) 1937
(e) उपर्युक्त में से कोई नहीं/ उपर्युक्त में से एक से अधिक

82. बिहार के किस स्थान के युवकों ने ब्रिटिश शासन का मुकाबला करने के लिए 'ध्रूव दल' की स्थापना की थी?

(a) कटिहार (b) डेहरी
(c) बिहार शरीफ (d) मुजफ्फरपुर
(e) उपर्युक्त में से कोई नहीं/ उपर्युक्त में से एक से अधिक

83. भारत छोड़ो आंदोलन के आंदोलन के दौरान कहाँ श्री कुलानंद वैदिक और श्री कर्पूरी के नेतृत्व में संचार व्यवस्था ठप्प कर दी गई?

(a) सिंघवारा (b) मोहनियाँ
(c) कुढ़नी (d) जिउघाटा
(e) उपर्युक्त में से कोई नहीं/ उपर्युक्त में से एक से अधिक

84. देश में पहली बार राजनीतिक जाँच आयोग का गठन किस राज्य में हुआ?

(a) उत्तर प्रदेश (b) बिहार
(c) पश्चिम बंगाल (d) राजस्थान
(e) उपर्युक्त में से कोई नहीं/ उपर्युक्त में से एक से अधिक

85. आधुनिक काल में इसाई धर्म के प्रचार हेतु पटना में पदस्थापित किया गया-

(a) विलि सैमूयल्स को (b) टेलर जोंस को
(c) बुकानन को (d) अस्टेशियस हार्टमैन को
(e) उपर्युक्त में से कोई नहीं/ उपर्युक्त में से एक से अधिक

86. ऊर्दू के प्रसिद्ध कवि मिर्जा अब्दुल कादिर बेदिल कहाँ के रहनेवाले थे?

(a) उत्तर प्रदेश (b) बिहार
(c) पं० बंगाल (d) मध्य प्रदेश
(e) उपर्युक्त में से कोई नहीं/ उपर्युक्त में से एक से अधिक

87. बिहार का सर्वाधिक महत्वपूर्ण त्योहार है-

(a) छठ (b) सरहुल
(c) जीतिया (d) तीज
(e) उपर्युक्त में से कोई नहीं/ उपर्युक्त में से एक से अधिक

88. हरिहर क्षेत्र का मेला या सोनपुर का मेला आयोजित किया जाता है-

(a) सोन- गंगा के संगम पर
(b) निरंजना नदी के पास
(c) गंगा - गंडक के संगम पर
(d) कोशी - घाघरा के संगम पर
(e) उपर्युक्त में से कोई नहीं/ उपर्युक्त में से एक से अधिक

89. निम्न में से कौन-सा स्थल राजगीर में स्थित नहीं है?

(a) विश्व शांति स्तूप
(b) मलिक बया का मकबरा
(c) मनियार मठ
(d) वेणुवन
(e) उपर्युक्त में से कोई नहीं/ उपर्युक्त में से एक से अधिक

90. 2011 के जनगणना के अनुसार बिहार राज्य के सबसे कम साक्षर जिले (आरोही या बढ़ते क्रम में) हैं-

(a) किशनगंज-सहरसा- अररिया - सीवान

(b) किशनगंज- बांका - कटिहार- पूर्णिया

(c) पूर्णिया- सीतामढ़ी-कटिहार-मधेपुरा

(d) किशनगंज- बेगूसराय-कटिहार- अररिया

(e) उपर्युक्त में से कोई नहीं/ उपर्युक्त में से एक से अधिक

91. निम्न में से कौन-सा जड़ नहीं है?

(a) मूली (b) शकरकंदी

(c) टेपियोका (d) आलू

(e) उपर्युक्त में से कोई नहीं/ उपर्युक्त में से एक से अधिक

92. निम्नलिखित में कौन-सा परजीवी पौधा है

(a) पीपल (b) अमर बेल

(c) अंगूर (d) मनी प्लांट

(e) उपर्युक्त में से कोई नहीं/ उपर्युक्त में से एक से अधिक

93. निम्न में से किन पौधों के बीज पशुओं द्वारा विस्थापित होते हैं?

(a) सहजन (b) मैपल

(c) आक (d) आम

(e) उपर्युक्त में से कोई नहीं/ उपर्युक्त में से एक से अधिक

94. निम्नलिखित में से किसको बीजपत्र कहते हैं

(a) बीजावरण (b) भ्रूण

(c) बीज पत्ती (d) बीजांडद्वार

(e) उपर्युक्त में से कोई नहीं/ उपर्युक्त में से एक से अधिक

95. निम्न में से किन पौधों की जड़ों में नाइट्रोजन जोड़ने वाले बैक्टीरिया की ग्रन्थियाँ नहीं होती हैं

(a) स्वीट पी (मीठी मटर) (b) बगीचे वाली मटरगार्डन पी

(c) तुलसी (d) गूंगफली

(e) उपर्युक्त में से कोई नहीं/ उपर्युक्त में से एक से अधिक

96. पत्ती में शिराओं एवं छोटी शिराओं की व्यवस्था का नाम है

(a) पटल (b) शिराविन्यास

(c) मध्य शिरा (d) वृंत या पर्णवृंत

(e) उपर्युक्त में से कोई नहीं/ उपर्युक्त में से एक से अधिक

97. दुनिया के किन दो देशों में लगभग 57% बड़े बांध हैं?

(a) भारत और चीन (b) भारत और ब्राजील

(c) चीन और ब्राजील (d) भारत और जापान

(e) उपर्युक्त में से कोई नहीं/ उपर्युक्त में से एक से अधिक

98. आवश्यक अधात्विक खनिज हैं:

(a) ग्रेनाइट, संगमरमर, चूना पत्थर

(b) सोना, चाँदी, प्लैटिनम

(c) लोहा, एल्यूमीनियम, जस्ता, तांबा

(d) कोयला, मिट्टी, सीमेंट, सिलिका

(e) उपर्युक्त में से कोई नहीं/ उपर्युक्त में से एक से अधिक

99. एकीकृत फसल प्रबंधन को एक प्रक्रिया के रूप में परिभाषित किया गया है:

(a) फसल उगाने के लिए पारंपरिक तरीकों का उपयोग करें।

(b) अकार्बनिक उर्वरकों और कीटनाशकों के विकल्पों का उपयोग करना।

(c) A और B दोनों.

(d) इनमे से कोई भी नहीं

(e) उपर्युक्त में से कोई नहीं/ उपर्युक्त में से एक से अधिक

100. कौन सी तीन खाद्य पौधों की प्रजातियाँ दुनिया की खाद्य ऊर्जा खपत की लगभग 60% आपूर्ति करती हैं?

(a) गेहूं, जौ, जई (b) गेहूँ, चावल, मक्का

(c) गेहूं, जौ, मक्का (d) इनमें से कोई नहीं

(e) उपर्युक्त में से कोई नहीं/ उपर्युक्त में से एक से अधिक

101. 1 अप्रैल 2023 को किसे नौसेना उप प्रमुख नियुक्त किया गया है?

(a) वाइस एडमिरल करमबीर सिंह

(b) वाइस एडमिरल पीएन मुरुगेसन

(c) वाइस एडमिरल संजय जसजीत सिंह

(d) वाइस एडमिरल राज पाल सिंह

(e) उपर्युक्त में से कोई नहीं/ उपर्युक्त में से एक से अधिक

102. वित्त वर्ष 2022-23 में भारतीय रेलवे के NTKM (नेट टन किलोमीटर) की विकास दर क्या है?

(a) 10% (b) 7%

(c) 14% (d) 6.7%

(e) उपर्युक्त में से कोई नहीं/ उपर्युक्त में से एक से अधिक

103. महिला एवं बाल विकास मंत्रालय की दूसरी G20 EMPOWER बैठक का विषय क्या है?

(a) महिला अधिकारिता: समानता और अर्थव्यवस्था के लिए जीत-जीत

(b) Sector निजी क्षेत्र में महिला नेतृत्व और अधिकारिता में तेजी लाना

(c) महिलाओं को सशक्त बनाकर आर्थिक समृद्धि प्राप्त करना: 25 × 25 ब्रिसबेन लक्ष्यों की ओर

(d) महिला अधिकारिता एक आर्थिक अनिवार्यता है

(e) उपर्युक्त में से कोई नहीं/ उपर्युक्त में से एक से अधिक

104. मैड्रिड स्पेन मास्टर्स 2023 के फाइनल में पीवी सिंधु को किस खिलाड़ी ने हराया?

(a) कैरोलिना मारिन (b) ताई जू यिंग

(c) नोजोमी ओकुहारा (d) ग्रेगोरिया तुनजुंग

(e) उपर्युक्त में से कोई नहीं/ उपर्युक्त में से एक से अधिक

105. पुनः प्रयोज्य लॉन्च वाहन स्वायत्त लैंडिंग मिशन परीक्षण कहाँ आयोजित किया गया था?

(a) श्रीहरिकोटा के सतीश धवन अंतरिक्ष केंद्र में।

(b) तिरुवनंतपुरम में विक्रम साराभाई अंतरिक्ष केंद्र में।

(c) चित्रदुर्ग में वैमानिकी परीक्षण रेंज में।

(d) बेंगलुरु में भारतीय वायु सेना के अड्डे पर।

(e) उपर्युक्त में से कोई नहीं/ उपर्युक्त में से एक से अधिक

106. फ्रेंच ओपन 2023 में पुरुष एकल स्पर्धा का चौंपियन कौन बना?

(a) राफेल नडाल (b) नोवाक जोकोविच

(c) कैस्पर रुड (d) कार्लोस अल्कराज

(e) उपर्युक्त में से कोई नहीं/ उपर्युक्त में से एक से अधिक

107. विश्व बाल श्रम निषेध दिवस 2023 की थीम क्या है?

(a) सबके लिए शिक्षा, बाल श्रम का अंत!

(b) बच्चों की सुरक्षा, भविष्य की सुरक्षा!

(c) सभी के लिए सामाजिक न्याय, बाल श्रम का अंत!

(d) बाल शोषण के खिलाफ एकजुट होना!

(e) उपर्युक्त में से कोई नहीं/ उपर्युक्त में से एक से अधिक

108. भारत-मालदीव संयुक्त सैन्य अभ्यास "एक्स एकुवेरिन" का 12वां संस्करण कहाँ हो रहा है?

(a) भारत (b) मालदीव

(c) ऑस्ट्रेलिया (d) रूस

(e) उपर्युक्त में से कोई नहीं/ उपर्युक्त में से एक से अधिक

109. 2023 में यूपीएससी के अध्यक्ष कौन हैं?

(a) लेफ्टिनेंट जनरल राज शुक्ला

(b) प्रीती सूदन

(c) डॉ. मनोज सोनी

(d) सुमन शर्मा

(e) उपर्युक्त में से कोई नहीं/ उपर्युक्त में से एक से अधिक

110. भारत की G20 अध्यक्षता के तहत तीसरी फ्रेमवर्क वर्किंग ग्रुप की बैठक कहाँ आयोजित की जा रही है?

(a) मुंबई (b) केरल

(c) कोलकाता (d) नई दिल्ली

(e) उपर्युक्त में से कोई नहीं/ उपर्युक्त में से एक से अधिक

111. भारत में चीतों को कहाँ से लाया गया था?

(a) नेपाल (b) नामीबिया

(c) केन्या (d) ऑस्ट्रेलिया

(e) उपर्युक्त में से कोई नहीं/ उपर्युक्त में से एक से अधिक

112. एशियाई भारोत्तोलन चौंपियनशिप 2023 कहाँ आयोजित हुई थी?

(a) नई दिल्ली, भारत (b) बीजिंग, चीन

(c) जिंजू, दक्षिण कोरिया (d) टोक्यो, जापान

(e) उपर्युक्त में से कोई नहीं/ उपर्युक्त में से एक से अधिक

113. राष्ट्रीय प्रौद्योगिकी दिवस कब मनाया जाता है?

(a) 9 मई (b) 25 मई

(c) 1 मई (d) 11 मई

(e) उपर्युक्त में से कोई नहीं/ उपर्युक्त में से एक से अधिक

114. अंतर्राष्ट्रीय संग्रहालय एक्सपो-2023 का उद्घाटन कौन करेगा?

(a) भारत के राष्ट्रपति (b) भारत के प्रधान मंत्री

(c) दिल्ली के मुख्यमंत्री (d) संस्कृति मंत्रालय

(e) उपर्युक्त में से कोई नहीं/ उपर्युक्त में से एक से अधिक

115. इंडो-थाई कॉर्पेट का 35वां संस्करण कहां आयोजित किया गया है?

(a) अंडमान सागर (b) प्रशांत महासागर

(c) अरब सागर (d) हिंद महासागर

(e) उपर्युक्त में से कोई नहीं/ उपर्युक्त में से एक से अधिक

116. मैग्नस कार्लसन का संबंध किस खेल से है?

(a) शतरंज (b) वॉलीबॉल

(c) क्रिकेट (d) बैडमिंटन

(e) उपर्युक्त में से कोई नहीं/ उपर्युक्त में से एक से अधिक

117. निम्नलिखित में से किसका प्रयोग एक आउटपुट डिवाइस के रूप में नहीं किया जा सकता है?

(a) एल सी डी स्क्रीन (b) प्लॉटर

(c) माइक (d) स्पीकर

(e) उपर्युक्त में से कोई नहीं/ उपर्युक्त में से एक से अधिक

118. ब्रिटेन की महारानी एलिजाबेथ द्वितीय ने श्री अनीस कपूर को नाइटहुट (सर की उपाधि से सम्मानित किया है, जो एक विश्व प्रसिद्ध ----हैं

(a) नर्तक (b) लेखक

(c) चित्रकार (d) मूर्तिकार

(e) उपर्युक्त में से कोई नहीं/ उपर्युक्त में से एक से अधिक

119. सिंधु दर्शन त्यौहार ___________ में मनाया जाता है।

(a) धर्मशाला (b) कुल्लू

(c) मनाली (d) लद्दाख

(e) उपर्युक्त में से कोई नहीं/ उपर्युक्त में से एक से अधिक

120. सोनल मानसिंह नृत्य के किस रूप के लिए प्रसिद्ध है-

(a) भरतनाट्यम (b) मणिपुरी

(c) कुचिपुड़ि (d) कथक

(e) उपर्युक्त में से कोई नहीं/ उपर्युक्त में से एक से अधिक

उत्तर माला

1.	(a)	2.	(b)	3.	(e)	4.	(d)	5.	(d)	6.	(a)	7.	(d)	8.	(b)
9.	(b)	10.	(d)	11.	(e)	12.	(c)	13.	(a)	14.	(c)	15.	(b)	16.	(c)
17.	(e)	18.	(c)	19.	(c)	20.	(c)	21.	(b)	22.	(b)	23.	(a)	24.	(b)
25.	(c)	26.	(a)	27.	(d)	28.	(c)	29.	(c)	30.	(d)	31.	(b)	32.	(c)
33.	(b)	34.	(b)	35.	(c)	36.	(a)	37.	(d)	38.	(b)	39.	(a)	40.	(d)
41.	(a)	42.	(d)	43.	(e)	44.	(a)	45.	(b)	46.	(d)	47.	(d)	48.	(c)
49.	(a)	50.	(a)	51.	(d)	52.	(a)	53.	(c)	54.	(d)	55.	(d)	56.	(d)
57.	(e)	58.	(a)	59.	(d)	60.	(e)	61.	(b)	62.	(a)	63.	(b)	64.	(c)
65.	(b)	66.	(c)	67.	(e)	68.	(a)	69.	(b)	70.	(d)	71.	(b)	72.	(c)
73.	(d)	74.	(a)	75.	(c)	76.	(c)	77.	(d)	78.	(c)	79.	(c)	80.	(d)
81.	(a)	82.	(a)	83.	(a)	84.	(b)	85.	(d)	86.	(b)	87.	(a)	88.	(c)
89.	(b)	90.	(c)	91.	(d)	92.	(b)	93.	(d)	94.	(c)	95.	(c)	96.	(b)
97.	(a)	98.	(d)	99.	(c)	100.	(b)	101.	(c)	102.	(a)	103.	(a)	104.	(d)
105.	(c)	106.	(b)	107.	(c)	108.	(a)	109.	(c)	110.	(b)	111.	(b)	112.	(c)
113.	(d)	114.	(b)	115.	(a)	116.	(a)	117.	(c)	118.	(d)	119.	(d)	120.	(a)

उत्तर सहित व्याख्या

1. (a) छः रूढ़िवादी स्कूलों को षड्दर्शन कहा जाता है। इनमें न्याय, सांख्य, योग, वैशेषिक, पूर्वमीमांसा और उत्तर मीमांसा (वेदांत दर्शन) शामिल है। इन विचारधाराओं में से अधिकांश कर्म और पुनर्जन्म के सिद्धांत में विश्वास करते हैं। मोक्ष को जन्म और मृत्यु के चक्र से मुक्त माना जाता है और यह मानव जीवन का अंतिम लक्ष्य है।

2. (b) साम का अर्थ है संगीत या गान। सामवेद को भारतीय संगीत का मूल कहा जाता है। इसमें यज्ञों के अवसर पर गाये जाने वाले मंत्रों का संग्रह है। सामवेद में कुल 1875 ऋचायें है। इसके पाठकर्ता को उद्‌गाता कहा जाता है।

3. (e) महावीर स्वामी जैन धर्म के 24वें एवं अंतिम तीर्थकर थे। इनका जन्म 540 ईसा पूर्व में कुण्डग्राम (वैशाली) में हुआ था, जो वज्जि महाजनपद के अंतर्गत आता था।

4. (d) सम्राट अशोक ने अपने पुत्र महेन्द्र और पुत्री संघमित्रा को बौद्ध मिशनरी के कर्तव्यों को पूरा करने के लिए सीलोन (श्रीलंका) भेजा था।

5. (d) चंद्रगुप्त मौर्य की गणना भारत के महान शासकों में होती है। वह भारत का प्रथम ऐतिहासिक सम्राट था जिसने मौर्य वंश की स्थापना की। चन्द्रगुप्त का उत्तराधिकारी बिन्दुसार हुआ तथा बिन्दुसार का उत्तराधिकारी अशोक महान था। इस संबंध से चन्द्रगुप्त मौर्य, अशोक महान का दादा हुआ।

6. (a) जहाँगीर का शासनकाल 1605 से 1627 ई0 तक था। इसके शासनकाल को मुगल 'चित्रकला का स्वर्णयुग' कहा जाता है। इसके शासनकाल में सर्वश्रेष्ठ चित्रकार उस्ताद मंसूर तथा अबुल हसन थे। जहाँगीर ने इन्हें क्रमशः 'नादिर - अल - अस' तथा 'नादिर- उज - जमा' की उपाधि प्रदान की थी।

7. (d) दीन-ए-इलाही एक नया धर्म था जिसे तौहीद - ए - इलाही के रूप में भी जाना जाता था। दीन-ए-इलाही धर्म को सन् 1582 में बादशाह अकबर द्वारा स्थापित किया गया था। इसमें सभी धर्मों के सिद्धान्तों को शामिल किया गया। इसका प्रधान पुरोहित अबुल फजल था। हिन्दू राजाओं में इसे सिर्फ बीरबल ने स्वीकार किया।

8. (b) आगरा में स्थित ताजमहल सफेद संगमरमर से निर्मित एक मकबरा है जिसका निर्माण मुगल सम्राट शाहजहाँ द्वारा अपनी द्वितीय पत्नी मुमताज महल की याद में करवाया गया था। शाहजहाँ की प्रथम पत्नी का नाम 'कन्धारी बेगम' था।

9. (b) दिल्ली में जामा मस्जिद का निर्माण सन् 1656 में सम्राट शाहजहाँ ने सादुल्ला खाँ की निगरानी में करवाया था। जामा मस्जिद दिल्ली के लाल किले के बाहर ऊँचे चबूतरे पर स्थित है। इसे मस्जिद-ए-जहाँनुमा भी कहा जाता है। इस मस्जिद में तीन प्रवेश द्वार है, पूर्वी द्वार बादशाह के नमाज पढ़ने के लिए था तथा उत्तरी और दक्षिणी द्वार प्रजा के लिए था।

10. (d) ब्रिटिश प्रधानमंत्री 'रैम्जे मैकडोनाल्ड' ने 16 अगस्त, 1932 ई. को विभिन्न संप्रदायों के प्रतिनिधित्व के विषय पर एक पंचाट जारी किया, जिसे सांप्रदायिक (कम्युनल) पंचार, कहा गया। इसके तहत प्रत्येक अल्पसंख्यक समुदाय के लिये विधानमंडलों में कुछ सीटें सुरक्षित रखी गई, जिनके सदस्यों का चुनाव पृथक् निर्वाचक मण्डलों द्वारा किया जाना था।
11. (e) नमक सत्याग्रह के नाम से इतिहास में चर्चित दांडी यात्रा की शुरूआत 12 मार्च, 1930 ई0 को गांधीजी के नेतृत्व में हुई थी। यह यात्रा अहमदाबाद के साबरमती आश्रम से प्रारंभ होकर 6 अप्रैल, 1930 ई0 को दांडी में समाप्त हुई।
12. (c) वर्ष 1942 में क्रिप्स मिशन भारत आया जिसमें कहा गया कि द्वितीय विश्व युद्ध के बाद एक ऐसे भारतीय संघ के निर्माण का प्रयत्न किया जाए जिसे पूर्ण उपनिवेश का दर्जा प्राप्त हो तथा युद्ध के बाद एक संविधान निर्मात्री सभा के गठन की बात की गई। जिसे कांग्रेस और मुस्लिम लीग ने अस्वीकार कर दिया।
13. (a) मोतीलाल नेहरू और चितरंजन दास स्वराज पार्टी के संस्थापक सदस्य थे। स्वराज पार्टी वह राजनीतिक दल था जिसका उदय स्वतंत्रता संग्राम के मध्य हुआ। यह दल भारतीयों की राजनीतिक स्वतंत्रता प्राप्ति के लिए कार्य कर रहा था। स्वराज का अर्थ है "अपना राज्य"।
14. (c) फतवा - ए - आलमगिरी शरीयत कानूनों की ऐतिहासिक कृति है, जो मुगल बादशाह औरंगजेब के शासनकाल में विधिवेत्राओं के एक दल द्वारा तैयार की गई थी।
15. (b) लॉर्ड डलहौजी (1848 - 56 ई.) ने भारत में 1853 ई. में प्रथम रेलवे लाइन की शुरूआत मुम्बई से थाणे के मध्य की थी। दूसरी रेलवे लाइन कलकत्ता से रानीगंज के मध्य चलाई गयी। लॉर्ड डलहौजी को भारतीय रेलवे के पिता के रूप में जाना जाता है। लॉर्ड डलहौजी द्वारा विद्युत तार सेवा, शिक्षा संबंधी सुधार, सैन्य सुधार तथा व्यपगत सिद्धांत आदि कार्य किए गए।
16. (c) भारत में डाक सूचकांक संख्या कोड या पिन कोड एक ऐसी प्रणाली है जिसके माध्यम से एक विशेष स्थान को एक विशिष्ट सांख्यिक पहचान दी जाती है। भारत में पिन कोड 6 अंकों की संख्या होती है इसका प्रयोग भारतीय डाक द्वारा किया जाता है। पिन कोड प्रणाली को 15 अगस्त, 1972 को आरम्भ किया गया था।
17. (e) ओखा बन्दरगाह द्वारका जिले में (गुजरात) स्थित है।
18. (c) भागलपुर को भारत के रेशम / सिल्क सिटी के नाम से जाना जाता है। भागलपुर बिहार में गंगा नदी के तट पर स्थित है। रेशम की लोकप्रिय किस्म टसर सिल्क के लिए भागलपुर प्रसिद्ध है।
19. (c) सरदार सरोवर बांध गुजरात में नवगाम के पास नर्मदा नदी पर बना एक गुरूत्वीय बांध है इस बांध से चार राज्य लाभान्वित होते हैं गुजरात, मध्यप्रदेश, महाराष्ट्र और राजस्थान। नर्मदा नदी अमर कंटक की पहाड़ी से निकलकर विन्ध्य एवं सतपुड़ा पर्वत के मध्य बहती हुई खम्भात की खाड़ी में गिरती है। यह नदी जबलपुर में धुआँधार जलप्रपात का निर्माण करती है। ओरसंग नर्मदा नदी की प्रमुख सहायक नदी है।
20. (c) रूस की सरकार ने दुनिया का पहला तैरता हुआ परमाणु ऊर्जा संयंत्र का अनावरण किया। यह संयंत्र आर्कटिक महासागर में स्थित मुर्मस्क बंदरगाह से चुकोटका तक तैरता रहता है। यह दूर दराज के क्षेत्रों में ऊर्जा प्रदान करने की एक बड़ी योजना का भाग है।
21. (b) दक्कन का पठार जिसे 'विशाल प्रायद्वीपीय पठार' के नाम से भी जाना जाता है, भारत का विशालतम पठार है। दक्षिण भारत का मुख्य भू-भाग इसी पठार पर स्थित है। यह पठार आकृति में त्रिभुजाकार है। इसकी उत्तरी सीमा सतपुड़ा और विन्ध्यांचल पर्वत श्रृंखला द्वारा तथा पूर्व और पश्चिम की सीमा क्रमशः पूर्वीघाट एवं पश्चिमी घाट द्वारा निर्धारित होती है। इस पठार के अन्तर्गत तमिलनाडु, महाराष्ट्र तथा आन्ध्र प्रदेश के आन्तरिक प्रदेश सम्मिलित है।
22. (b)

राज्य	राजधानी
मणिपुर	इंफाल
मिजोरम	आइजोल
असम	दिसपुर
त्रिपुरा	अगरतला

23. (a) हुगली तट की जलसीमा, भारत के महाद्वीपीय तट से अलग है जबकि कोरोमण्डल तट, कोंकण तट तथा दक्षिणी गुजरात तट महाद्वीपीय जलसीमा से जुड़े हैं।
24. (b) मैंग्रोव, जो तटीय जल में उगते हैं, उन्हें हैलोफाइट या लवणोद्भिद् के रूप में वर्गीकृत किया गया है। ये एक विशेष प्रकार के मरुद्भिद पौधे हैं, जो ऐसे स्थानों पर उगते हैं जहाँ पर जल अथवा मिट्टी में लवणों जैसे - $NaCl$, $MgCl_2$ तथा $MgSO_4$ की अधिक सान्द्रता होती है। इस प्रकार की भूमि कार्यिकी की दृष्टि से शुष्क (होती है।
25. (c) अल-नीनो पेरू तट के पश्चिम में 180 किमी0 की दूरी से उत्तर पश्चिम दिशा में चलने वाली एक गर्म जलधारा है, जो प्रशान्त महासागर से होकर हिन्द महासागर में प्रविष्ट कर भारतीय ग्रीष्मकालीन मानसून को कमजोर करती है।
26. (a) संविधान की प्रस्तावना पंडित जवाहर लाल नेहरू द्वारा प्रारूप समिति और संविधान सभा द्वारा स्वीकृत उद्देश्य प्रस्ताव पर आधारित हैं पहली बार उद्देश्य प्रस्ताव 13 दिसम्बर 1946 को प्रस्तुत किया गया 22 जनवरी 1947 को संविधान सभा द्वारा अपनाया गया।
27. (d) भारतीय संविधान को आंशिक रूप से 26 नवम्बर, 1949 को लागू किया गया। इसे पूर्ण रूप से 26 जनवरी, 1950 को लागू किया गया। भारतीय संविधान को बनाने में 2 वर्ष, 11 माह तथा 18 दिन का समय लगा। मूल संविधान में 395 अनुच्छेद, 22 भाग तथा 8 अनुसूचियाँ थी।

28. (c) बंदी प्रत्यक्षीकरण - इसके द्वारा न्यायालय किसी गिरफ्तार व्यक्ति को न्यायालय के सामने प्रस्तुत करने का आदेश देता है। यदि गिरफ्तारी का तरीका या कारण गैर कानूनी है तो न्यायालय गिरफ्तार व्यक्ति को छोड़ने का आदेश दे सकता है।

29. (c) भारतीय संविधान की दसवी अनुसूची का संबंध दल - बदल परिवर्तन के आधार पर निरर्हता के बारे में उपबंध है। इसके 52 वें संविधान संशोधन अधिनिय 1985 द्वारा जोड़ा गया था। दल-बदल के आधार पर निरर्हता संबंधी प्रश्नों का विनिश्चय सदन के अध्यक्ष या सभापति द्वारा किया जाता है।

30. (d) भारतीय संविधान के अनुच्छेद 52 में प्रावधान है कि भारत का एक राष्ट्रपति होगा। डॉ० जाकिर हुसैन भारत के तीसरे राष्ट्रपति थे जिनका कार्यकाल मई 1967 ई0 से मई 1969 ई0 तक रहा। इनकी मृत्यु राष्ट्रपति कार्यकाल के दौरान हुई। ये देश के प्रथम मुस्लिम राष्ट्रपति भी थे।

31. (b) भारत सरकार ने सरदार बल्लभभाई पटेल के नाम पर भारत की एकता और अखंडता के क्षेत्र में योगदान के लिए सर्वोच्च नागरिक पुरस्कार शुरू किया है। गृह मंत्रालय द्वारा सरदार पटेल राष्ट्रीय एकता पुरस्कार शुरू करने की एक अधिसूचना दिनांक 20 सितम्बर, 2019 को जारी की गई थी।

32. (c) 86वाँ संविधान संशोधन 2002 के तहत भारतीय संविधान के भाग-4क के अंतर्गत अनुच्छेत - 51क में 11वाँ मौलिक कर्तव्य जोड़ा गया। इसमें 6-14 वर्ष के आयु के बच्चों के माता-पिता और प्रतिपाल्य के संरक्षक, उन्हें शिक्षा का अवसर प्रदान करें।

33. (b) भारतीय संविधान के अनुच्छेद 280 के तहत राष्ट्रपति केन्द्रीय वित्त आयोग का गठन करता है। प्रथम वित्त आयोग की स्थापना सन् 1951 में की गयी थी।

34. (b) उपराष्ट्रपति का पद देश का दूसरा सर्वोच्च पद होता है। उपराष्ट्रपति राज्यसभा का सदस्य नहीं होता अत: इसे मतदान करने का अधिकार नहीं है किन्तु सभापति के रूप में निर्णायक मत देने का अधिकार है। अत: यह राज्यसभा का सदस्य न होते हुए भी इसके पीठासीन अधिकारी के रूप में कार्य करता है।

35. (c) भारतीय संविधान के अनुच्छेद- 169 के तहत संसद को किसी राज्य में विधान परिषद को स्थापित करने या समाप्त करने का अधिकार है। विधान परिषद को समाप्त तो किया जा सकता है, लेकिन विघटित नहीं किया जा सकता है। विधान परिषद, राज्य विधान मण्डल का दूसरा और उच्च सदन है। यह एक स्थायी सदन है। वर्तमान में भारत के कुल छ: राज्यों में द्विसदनीय विधान मण्डल है- उत्तर प्रदेश, बिहार, आन्ध्र प्रदेश, तेलंगाना, महाराष्ट्र, कर्नाटक।

36. (a) राजकोषीय उत्तरदायित्व एवं बजट प्रबंधन अधिनियम, 2003 (FRBM) में भारत सरकार द्वारा राजकोषीय अनुशासन सुनिश्चित करने के लिए तथा राजकोषीय घाटे को कम करने और राजस्व घाटे को समाप्त करने सहित लक्ष्य निर्धारित किया गया था।

37. (d) राजकोषीय नीति से तात्पर्य सरकार के आय और व्यय से है। इस नीति के माध्यम से सरकार वस्तुओं और सेवाओं की मांग, रोजगार, और आर्थिक विकास सहित वृहत आर्थिक नीतियों के माध्यम से अर्थव्यवस्था का संचालन करती है। मौद्रिक नीति का संचालन देश के केंद्रीय बैंक (आरबीआई) द्वारा किया जाता है। इसमें अर्थव्यवस्था में मुद्रा की आपूर्ति, बैंकिंग प्रणाली का विनियमन आदि क्रियाएं शामिल हैं।

38. (b) अनधिमान वक्र दो वस्तुओं के ऐसे संयोगों का ग्राफीय निरूपण है जो उपभोक्ता को समान संतुष्टि प्रदान करता है। यह वक्र बाएं से दाएं नीचे की ओर गिरता है। उच्च अनधिमान वक्र उपयोगिता के उच्च स्तर को प्रदान करता है। इस प्रकार दोनों कथन सही है।

39. (a) सुरक्षा लेन-देन कर (एसटीटी) एक ऐसा कर है जो देश भर में सूचीबद्ध स्टॉक एक्सचेंजों पर किए गए सुरक्षा लेनदेन पर लगाया जाता है। यह एक तरह का प्रत्यक्ष कर होता है।

40. (d) राजस्व प्राप्तियाँ वे है, जो कोई देनदारी नहीं पैदा करती है और सरकार के खिलाफ दावा नहीं करती है अत: इन्हें गैर- प्रतिदेय कहा जाता है। इन गैर-प्रतिदेय राजस्व प्राप्तियों को कर राजस्व और गैर-कर राजस्व दो श्रेणियों में विभाजित किया जाता है। राजस्व व्यय केन्द्र सरकार का भौतिक या वित्तीय परिसंपतियों के सृजन के अतिरिक्त अन्य उद्देश्यों के लिए किया गया व्यय है।

41. (a) वह ताप जिस पर किसी पदार्थ के द्रव एवं ठोस अवस्थाओं का वाष्प दाब समान हो जाता है, वह उस पदार्थ (द्रव) का हिमांक (Freezing Point) कहलाता है। पानी के हिमांक को कम करने के लिए दिए गए रसोई सामग्री के रूप में नमक का प्रयोग किया जाता है। नमक पानी के हिमांक बिन्दु को भी कम कर देता है।

42. (d) भोजन पकाने के लिए अवरक्त प्रकाश या ऊष्मा का उपयोग किया जाता है। अवरक्त विकिरण की खोज विलियम हर्शेल ने की थी। इसकी तरंग दैर्ध्य परिसर 7.8×10^{-7}m से 1×10^{-3} m तक हैं। ये किरणें ऊष्मीय विकिरण है तथा जिस वस्तु पर पड़ती हैं। उसका ताप बढ़ा देती है। इसका प्रयोग कोहरे में फोटोग्राफी करने एवं रोगियों की सेंकाई करने में किया जाता है।

43. (e) दिया है,

$$u = 21\ m/s,\ a = -50\ cm/s^2 = -\frac{1}{2}\ m/s^2;\ t = 4\ sec$$

$$S = ut + \frac{1}{2}at^2$$

$$S = 21 \times 4 \times \frac{1}{2} \times \frac{1}{2} \times 4^2$$

$$S = 84 - 4$$

$$S = 80m$$

44. (a) संवेग का सूत्र द्रव्यमान × वेग हैं तथा इसका SI मात्रक $Kg\text{-}ms^{-1}$ है। संवेग के संदर्भ में न्यूटन का गति विषयक द्वितीय नियम बताता है कि किसी वस्तु पर लागू कुल बाहरी बल उस वस्तु के संवेग में परिवर्तन की दर के बराबर होता है।

45. (b) निकट दृष्टि दोष वाला व्यक्ति पास की वस्तुओं को स्पष्ट देख सकता है लेकिन दूर की वस्तुओं को स्पष्ट नहीं देख सकता है। दीर्घ दृष्टि दोष वाला व्यक्ति दूर की वस्तुओं को स्पष्ट रूप से देख सकता है पन्तु वह निकट रखी वस्तुओं को नहीं देख पाता है। निकट दृष्टि दोष वाले व्यक्ति अवतल लेंस का प्रयोग तथा दूर दृष्टि दोष वाले उत्तल लेंस का प्रयोग दृष्टि दोष निवारण के लिए करते है। अत: दिये गये प्रश्न में विकल्प (b) ना ही I ना ही II सही है।

46. (d) निरपेक्ष आर्द्रता अवक्षेपण का रूप नहीं है। निरपेक्ष आर्द्रता हवा के इकाई आयतन में जल वाष्प की मात्रा है, जिस पर तापमान का कोई प्रभाव नहीं पड़ता है। इसका मात्रक ग्राम / मी. 3 होता है।

47. (d) रेडियोएक्टिव पदार्थ के परमाणुओं से अल्फा, बीटा तथा गामा किरणों का उत्सर्जन होता है। इन कणों के उत्सर्जन के कारण रेडियोएक्टिव पदार्थ का परमाणु भार एवं परमाणु क्रमांक बदल जाता है तथा उनकी प्रकृति बदल जाती है और नए तत्व का रूप ले लेते हैं।

48. (c) जब जल में कैल्शियम तथा मैग्नीशियम के सल्फेट अथवा क्लोराइड लवण घुले होते हैं, तो इसे जल की स्थाई कठोरता कहते हैं। यह कठोरता उबालने से दूर नहीं होती। स्थायी कठोरता को दूर करने हेतु जल में सोडियम कार्बोनेट (Na_2CO_3) मिलाकर गर्म करते हैं। जल की स्थायी कठोरता दूर करने के लिए मुख्य विधि परम्यूटिट विधि होती है।

49. (a) बायो- गैस में मुख्य रूप से मीथेन होती है। यह मीथेन हाइड्रोजन और कार्बनडाई ऑक्साइड का मिश्रण है। यह कृषि अपशिष्ट, खाद्य अपशिष्ट, पशुगोबर, खाद और सीवेज द्वारा उत्पादित होती है। बायो-गैस के मुख्य घटक निम्न है -
मीथेन (CH_4) 50 - 70%
कार्बनडाइ ऑक्साइड (CO_2) 25 - 45%
नाइट्रोजन (N_2) 10 - 20%
हाइड्रोजन 0 – 1%

50. (a) तत्काल ऊर्जा के लिए खिलाड़ी सुक्रोज लेते है। सुक्रोज में ग्लूकोज तथा फ्रक्टोज दोनों शर्कराएँ होती हैं। ग्लूकोज हमारे शरीर को तत्काल ऊर्जा देता है क्योंकि इसे पाचन प्रक्रिया से नहीं गुजरना पड़ता और यह रक्त में घुल जाता है।

51. (d) जैव प्रौद्योगिकी वह विषय है जो अभियांत्रिकी और तकनीकी द्वारा जीवों के जीवन तन्त्र से सम्बन्धित अध्ययन और समस्या के समाधान के लिए उपयोग होता है। आजकल जैव प्रौद्योगिकी के विस्तार में क्लोनिंग, टेस्ट ट्यूब बेबी, जेनेटिक इंजीनियरिंग तथा विविध विज्ञान को भी शामिल किया गया है।

52. (a) गर्भवती महिलाओं और थॉयराइड ग्रंथि से संबंधित समस्या वाले व्यक्तियों आदि को आयोडीन से कीटाणुरहित किए गए पानी को पीने की सिफारिश नहीं की जाती है।

53. (c) मनुष्य के शरीर में छोटी आँत की लम्बाई लगभग 7.5 मी. होती हैं तथा इसकी चौड़ाई 2.5 सेमी. होती है। यह पचे भोजन का अवशोषण करती है तथा भोजन के पाचन में सहायता करती है। आहारनाल में इसी भाग में पाचन की क्रिया पूर्ण होती है।

54. (d) रेगिस्तानी पौधों में प्रकाश संश्लेषण की क्रिया तनों के माध्यम से होती है। रेगिस्तानी क्षेत्रों के पौधों अपनी पत्तियों को तनों में परिवर्तित कर लेते है, जिससे वाष्पोत्सर्जन कम होता है। यहाँ के पौधें मांसल होते हैं।

55. (d) जूट पौधों से उत्पादित एक प्राकृतिक फाइबर है, जिसे इसके चमकीले सुनहरे रंग के कारण 'गोल्डन फाइबर' भी कहा जाता हैं। जूट विभिन्न कपड़ा अनुप्रयोगों के लिए सबसे लंबे और सबसे अधिक उपयोग किए जाने वाले प्राकृतिक फाइबर में से एक है। जूट का सर्वाधिक उत्पादक राज्य पश्चिम बंगाल है।

56. (d) 38 संख्याओं का औसत = 92
संख्याओं का योग = 92 × 38
= 3496
प्रश्नानुसार,
नया औसत = $\frac{3496}{5\times38} = 18.4$

57. (c) माना संख्याएं क्रमश: 13x तथा 13y है।
∵ दोनों संख्याओं का ल.स. = 13xy
(a) 52 = 13xy
xy = 4
अत: (x, y) = (4, 1) सह अभाज्य संख्या है।
(b) 65 = 13 xy
xy = 5
अत: (x, y) = (5, 1) एक सह अभाज्य संख्या है।
(d) 78 = 13xy
xy = 6
अत: (x, y) = (2, 3) एक सह अभाज्य संख्या है।
(c) 62 = 13xy
$xy \neq \frac{62}{13}$
अत: 62 दोनों संख्याओं का ल.स. नही हो सकता है ।

58. (a) n = 49
1 + 2 + 3 + -------- + 49
प्रथम n प्राकृतिक संख्याओं का योग
$= \frac{n(n+1)}{2} = \frac{49\times50}{2} = 1225$

59. (d) माना Q की आय x है

प्रश्नानुसार

$$P \text{ की आय} \times \frac{75}{100} = Q \text{ की आय} \times \frac{37.5}{100}$$

$$\frac{24000\times75}{37.5} = x$$

$$\frac{24000\times750}{375} = x$$

x = 24000 × 2

$\boxed{x = Rs.48000}$

60. (b) 40 पेंसिल का क्रय मूल्य = 40 × 45 = Rs 1800

$$40\% \text{ लाभ पर विक्रय मूल्य} = C.P. \times \frac{100+\text{Proft}}{100}$$

$$= 1800 \times \frac{100+40}{100}$$

= 18 × 140 = Rs 2520

20 पेंसिल का क्रय मूल्य (C.P) = 20 × 45 = 900

$$20\% \text{ हानि पर विक्रय मूल्य} = \text{क्रय मूल्य} \times \frac{100-\text{Loss}}{100}$$

$$= 900\times\frac{100-20}{100}$$

= 9 × 80 = Rs 720

20 पेंसिल का विक्रय मूल्य = 2520 – 720 = Rs 1800

बची हुई 20 पेंसिल का क्रय मूल्य = Rs 900

$$\text{लाभ\%} = \text{लाभ / क्रय मूल्य} \times 100\% = \frac{900}{900}\times100\%$$

= 100%

61. (b): माना A, B और C का वेतन क्रमश: 7x, 3x और 5x है। A, B और C के वेतन में क्रमश 15%, 20% और 25% की वृद्धि करने पर वेतनों का अनुपात

$$= 7x \times \frac{115}{100} : 3x\times\frac{120}{100} : 5x\times\frac{125}{100}$$

= 7 × 115 : 3 × 120:5 × 125

or = $\boxed{161:72:125}$

62. (a) साधारण ब्याज $= \dfrac{98000\times8.4\times6}{100\times12}$

= 98 × 7× 6

= Rs. 4116

63. (b) $\left(\frac{2}{3}\div\frac{3}{2}\text{of}\frac{2}{3}\right)\frac{9}{15}\div\left(\frac{5}{4}+\frac{5}{2}\times\frac{4}{5}\text{of}\frac{2}{5}\right)$ का $\left(\frac{3}{4}\times\frac{3}{4}\div\frac{4}{3}\text{of}\frac{3}{4}\right)$

$$= \frac{2}{3}\times\frac{9}{15}\div\left(\frac{5}{4}\div\frac{5}{2}\times\frac{8}{25}\right) \text{ का } \left(\frac{3}{4}\times\frac{3}{4}\div1\right)$$

$$= \frac{2}{5}\div\left(\frac{4}{25}\right) \text{ का } \frac{9}{16} = \frac{2}{5}\div\frac{9}{100} = \frac{40}{9}$$

64. (c) चाल = 18 किमी / घण्टा

$= 18\times\frac{5}{18}$ मी./से.

= 5 मी./से.

दूरी = 600 मीटर

समय = दूरी / चाल $= \frac{600}{5} = 120$ से.

= 2 मिनट, 1 मिनट = 60 सेकेण्ड

65. (b) 30M = 50W

3M = 5W

$IM = \frac{5}{3}W$

प्रश्नानुसार,

$M_1D_1 = M_2D_2$

$50W \times 72 = (15M + 25W) \times D_2$

$50W \times 72 = (15 \times \frac{5}{3} + 25W) \times D_2$

$50\,W \times 72 = 50W \times D_2$

D_2 = 72 दिन

66. (c): प्रश्नानुसार रक्त सम्बन्ध आरेख बनाने पर-

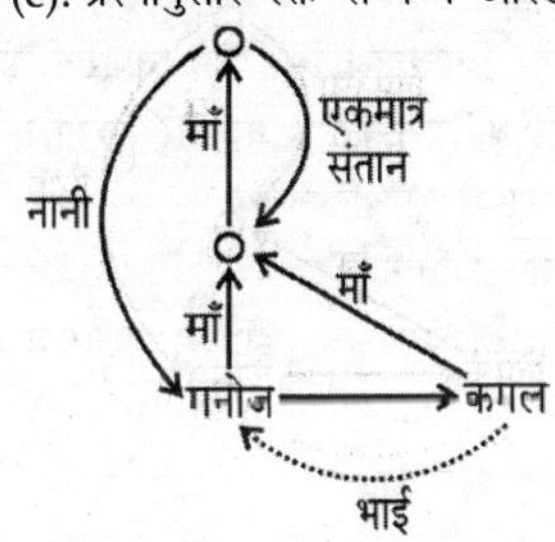

उपरोक्त आरेख से स्पष्ट है कि मनोज कमल का भाई

67. (b): एक दिन में घड़ी की सुइयाँ 44 बार समकोण (90) बनाती है।

68. (a): पहले और दूसरे पासे की कॉमन सतह से दक्षिणावर्त घुमाने पर –

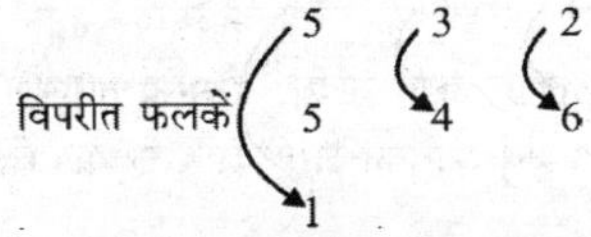

स्पष्ट कि 2 के विपरीत सतह पर 6 होगा।

69. (b): एक दिन में घड़ी की सुइयों 44 बार सरल रेखा (0° या 180° में होती है।

70. (d) : दिये गये समीकरण में
V ÷ U x T + S = ?
अक्षरों का मान रखने पर,
96 ÷ 8 × 3 – 6 = ?
12 × 3 + 6 =?
42 = ?

71. (b) मगध की राजधानी राजगृह का निर्माण महागोविन्द नामक वास्तुकार ने किया जो बिम्बिसार के दरबार में रहता था। राजगीर [राजगृह] में दुर्ग तथा स्तूप का स्थापना मगध के शासक अजातशत्रु ने की थी।

72. (c) बिहार के सबसे पहले संत इमाम ताज फकीह थे। मध्यकालीन बिहार में सांस्कृतिक प्रगति का क्रम बना रहा और एक समन्वित परम्परा विकसित हुई जिसमें सूफी संतों की देन महत्वपूर्ण रही।

73. (d) चंपारण आंदोलन की समाप्ति के बाद गांधी जी जनक धरी प्रसाद लौटे और अपने मोतिहारी कार्यकाल के कर्तव्यों सौंप दिया।

74. (a) 'फिरंगियाँ' संगीत के रचयिता मनोरंजन प्रसाद सिन्हा हैं

75. (c) कांग्रेस के लिए धन जुटाने हेतु इस प्रथा की शुरूआत की गई। इसके अनुसार प्रत्येक गृहस्थ प्रतिदिन एक मुट्ठी अनाज कांग्रेस को देता था।

76. (c) बिहार में खादी आंदोलन की प्रगति डॉ. राजेन्द्र प्रसाद के नेतृत्व में हुआ।

77. (d) महावीर पटना का राष्ट्रीय सप्ताहिक था, जिसमें राजद्रोहात्मक लेख लिखने के कारण जगत नारायण लाल को गिरफ्तार किया गया था

78. (c) श्री सीताशरण और विश्वनाथ सिंह की चंपारण के थे।

79. (c) बिहार प्रांतीय बोर्ड की स्थापना 6 नवम्बर 1932 को हुई। यह अस्पृश्यता निवारण से सम्बन्धित था

80. (d) श्री गंगाशरण सिंह क्रांतिकारी थे।

81. (a) बिहार प्रांत में पिछड़ा वर्ग संघ (डीप्रेस्ड क्लासेज लीग) नामक संगठन 1935 को स्थापित की गई। 1937 के चुनाव में यह कांग्रेस के साथ थी।

82. (a) बिहार के कटिहार में युवकों ने ब्रिटिश शासन का मुकाबला करने के लिए श्ध्रुव दलश की स्थापना की थी।

83. (a) सिंघवारा दरभंगा जिला में स्थित हैं

84. (b) महामाया सरकार ने 1 अक्टूबर 1967 को देश में प्रथम बार सर्वोच्च न्यायालय के सेवानिवृत्त न्यायाधीश टी० एल० वेंटरामन अय्यर की अध्यक्षता में एक आयोग का गठन किया। इस आयोग ने राज्य के छ: बड़े नेता के०बी० सहाय, महेश प्रसाद सिन्हा, राम लखन सिंह यादव, राघवेन्द्र नारायण सिंह, सत्येंद्र नारायन सिंह एवं अंबिका शरण सिंह पर भ्रष्टाचार का आरोप पाया।

85. (d) आधुनिक काल में इसाई धर्म के प्रचार हेतु पटना में अस्टेशियस हार्टमैन को पदस्थापित किया गया

86. (b) शेख गुलाम अली रासिख बिहार के महत्वपूर्ण उर्दू कवि थे।

87. (a) बिहार का छठ क्षेत्रीय त्योहार है। इस अवसर पर सूर्यदेव की पूजा होती है।

88. (c) यह भारत का सबसे बड़ा पशुमेला है यह सारण जिले के सोनपुर में आयोजित किया जाता है।

89. (b) राजगीर में स्थित अन्य दर्शनीय स्थल है-जीविकाभ्रमण, सोनभंडार गुफाएँ तथा गर्मपानी के कुण्ड, पिप्पल नामक पत्थर का महल या पहरा देने का भवन (मचान) एवं सप्तपर्णी गुफा।

90. (c) पूर्णिया – 51.08%, सीतामढ़ी – 52.05%, कटिहार- 52.24%, मधेपुरा – 51.08%।

91. (d) मूली, शकरकंदी, गाजर शलजम एवं टेपियोका आदि जड़ है, जबकि आलू एक तना है।

92. (b) अमर बेल एक परजीवी पौधा है, यह एक प्रकार की लता है जो बबूल, कीकर, बेर पर एक पीले जाल के रूप में लिपटी रहती है।

93. (d) 'आम' पौधे के बीज पशुओं द्वारा विस्थापित होते है। आम एक प्रकार का रसीला फल होता है।

94. (c) बीजपत्र को बीजपत्ती कहा जाता है। बीज के अकुंरण होने पर यही बीजपत्र विकसित होकर पौधे के पहले पत्तों का रूप धारण कर सकते हैं।

95. (c) तुलसी के पौधों की जड़ों में नाइट्रोजन जोडने वाले बैक्टीरिया की गन्थियाँ नही होती है।

96. (b) पत्ती में शिराओं एवं छोटी शिराओं की व्यवस्था के शिराविास के रूप में जाना जाता है। आमतौर पर पौधों में जालीदार शिराविन्यास (द्विबीजपत्री पौधों में) तथा समानांतर शिराविन्यास (एक बीजपत्री पौधों में) पाया जाता है।

97. (a) बांध बाढ़ के लिए भंडारण स्थान के रूप में कार्य करते हैं। यह लाखों लोगों पर बाढ़ के प्रभाव को कम करता है। यह भी सुझाव दिया गया है कि लगभग 40% सिंचित भूमि बांधों पर निर्भर करती है।

98. (d) गैर-धात्विक खनिजों में धातु या ईंधन उनके स्रोत के रूप में नहीं होते हैं।

99. (c) पारंपरिक फसल उगाने के तरीकों के उपयोग से फसलों के पूरी तरह खराब होने की संभावना कम हो जाती है। शोध और अध्ययनों से यह भी पता चला है कि अकार्बनिक उर्वरकों और कीटनाशकों के विकल्पों का उपयोग करने से फसल की विफलता की संभावना भी कम हो सकती है। इसे एकीकृत फसल प्रबंधन के रूप में परिभाषित किया गया है।

100. (b) तीन आवश्यक खाद्य प्रजातियाँ जो दुनिया की खाद्य ऊर्जा खपत का लगभग 60% हिस्सा बनाती हैं, वे हैं गेहूं, चावल और मक्का। भारत में इन तीन खाद्य प्रजातियों के बड़े उत्पादक उत्तर प्रदेश, पश्चिम बंगाल और मध्य प्रदेश हैं।

101. (c) वाइस एडमिरल संजय जसजीत सिंह ने 1 अप्रैल 2023 को वाइस चीफ ऑफ नेवल स्टाफ का पदभार ग्रहण किया। उन्होंने राष्ट्रीय रक्षा अकादमी, पुणे से स्नातक की उपाधि प्राप्त की और 1986 में भारतीय नौसेना की कार्यकारी शाखा में नियुक्त हुए।

102. (a) भारतीय रेलवे ने वित्त वर्ष 2022-23 में माल ढुलाई कारोबार में रिकॉर्ड प्रदर्शन हासिल किया। प्रारंभिक माल लदान 1512 मीट्रिक टन तक पहुंच गया, जो पिछले वर्ष की तुलना में 94 मीट्रिक टन अधिक है, जिसमें 7% की वृद्धि दर है।

103. महिला अधिकारिता: मानता और अर्थव्यवस्था के लिए जीत-जीत दूसरी G20 एम्पॉवर बैठक 4 -6 अप्रैल, 2023 को तिरुवनंतपुरम, केरल में आयोजित की जाएगी।

104. (d) भारतीय बैडमिंटन खिलाड़ी पी.वी. सिंधु 2 अप्रैल 2023 को मैड्रिड स्पेन मास्टर्स के महिला एकल फाइनल में इंडोनेशिया की ग्रेगोरिया मरिस्का तुनजुंग से हार गई हैं।

105. (c) 2 अप्रैल 2023 को, भारतीय अंतरिक्ष अनुसंधान संगठन (ISRO) ने कर्नाटक में पुन: प्रयोज्य लॉन्च वाहन स्वायत्त लैंडिंग मिशन को सफलतापूर्वक अंजाम दिया है।

106. (b) सर्बियाई टेनिस खिलाड़ी नोवाक जोकोविच ने 11 जून 2023 को पेरिस में फ्रेंच ओपन 2023 में इतिहास रचा। वह प्रभावशाली 23 ग्रैंड स्लैम खिताब जीतने वाले पहले व्यक्ति बने। पुरुष एकल के फाइनल में, जोकोविच ने कैस्पर रुड को सीधे सेटों में हराकर पेरिस के क्ले कोर्ट पर अपना तीसरा खिताब हासिल किया।

107. (c) विश्व स्तर पर बाल श्रम को समाप्त करने के लिए जागरूकता बढ़ाने और प्रयासों को गति देने के लिए प्रत्येक वर्ष 12 जून को विश्व बाल श्रम निषेध दिवस मनाया जाता है। 2002 में अंतर्राष्ट्रीय श्रम संगठन (ILO) द्वारा शुरू किया गया, यह दिन सरकारों, संगठनों और व्यक्तियों के लिए इस मुद्दे को संबोधित करने और सामाजिक न्याय की वकालत करने के लिए एक मंच के रूप में कार्य करता है।

108. (a) भारतीय सेना और मालदीव राष्ट्रीय रक्षा बल के बीच संयुक्त सैन्य अभ्यास "एक्स एकुवेरिन" का 12वां संस्करण 11 से 24 जून 2023 तक चौबटिया, उत्तराखंड में शुरू हुआ। 'मित्र' अर्थ वाला एकुवेरिन, भारत और मालदीव में वैकल्पिक रूप से आयोजित होने वाला एक द्विपक्षीय वार्षिक अभ्यास है।

109. (c) यूपीएससी (संघ लोक सेवा आयोग) ने 12 जून को सिविल सेवा परीक्षा 2023 के लिए प्रारंभिक परिणाम घोषित किया। आयोग का मुख्यालय धौलपुर हाउस, नई दिल्ली में है, डॉ मनोज सोनी 5 अप्रैल 2022 से यूपीएससी के अध्यक्ष हैं और सेवानिवृत्ति की तिथि 15 मई 2029 है।

110. (b) केरल में, 13 जून 2023 को कोच्चि में भारत की G20 प्रेसीडेंसी के तहत तीसरी फ्रेमवर्क वर्किंग ग्रुप की बैठक चल रही है। दो दिवसीय आयोजन में जी-20 सदस्य देशों, आमंत्रित देशों और विभिन्न अंतरराष्ट्रीय और क्षेत्रीय संगठनों के 75 से अधिक प्रतिनिधि भाग ले रहे हैं।

111. (b) मध्य प्रदेश में श्योपुर जिले के कूनो नेशनल पार्क में एक और तेंदुए की मौत हो गई है। दक्ष, दक्षिण अफ्रीका से लाई गई एक मादा चीता, पार्क के अंदर अन्य चीतों के साथ लड़ाई में मर गई। 2022 से राष्ट्रीय उद्यान में बीस चीतों को लाया गया है, जिनमें से दो की क्रमश: मार्च और अप्रैल में मृत्यु हो गई।

112. (c)

113. (d) राष्ट्र निर्माण में भारतीय वैज्ञानिकों, इंजीनियरों और प्रौद्यो. गिकीविदों द्वारा की गई महत्वपूर्ण उपलब्धियों और योगदान को याद करने के लिए भारत में प्रतिवर्ष 11 मई को राष्ट्रीय प्रौद्योगिकी दिवस मनाया जाता है।

114. (b) प्रधानमंत्री नरेंद्र मोदी 18 मई को नई दिल्ली के प्रगति मैदान में अपनी तरह के पहले, विशाल तीन दिवसीय अंत. र्राष्ट्रीय संग्रहालय एक्सपो-2023 का उद्घाटन करेंगे।

115. (a) भारत-थाईलैंड समन्वित गश्ती (इंडो-थाई कॉर्पेट) का 35वां संस्करण 3 से 10 मई 2023 तक आयोजित किया गया था। गश्ती का उद्देश्य अवैध गैर-रिपोर्टेड अनरेगुलेटेड (IUU) मछली पकड़ने, मादक पदार्थों की तस्करी, चोरी और सशस्त्र डकैती जैसी गैरकानूनी गतिविधियों को रोकने और दबाने के द्वारा हिंद महासागर के इस महत्वपूर्ण हिस्से को अंतर्राष्ट्रीय व्यापार के लिए सुरक्षित रखना है।

116. (a) मैग्नस कार्लसन शतरंज खेल से संबंधित हैं। 31 वर्ष के नार्वे के मैग्नस कार्लसन 11 दिसंबर 2021 को पांचवी बार शतरंज के वर्ल्ड चौंपियन बनें। वे 2013 से लगातार वर्ल्ड चौंपियन हैं।

117. (c) माइक एक इनपुट डिवाइस है। डेटा को कंप्यूटर मशीन के इनपुट के रूप में संदर्भित किया जाता है, जबकि डेटा को इनपुट करने के लिए उपयोग की जाने वाली डिवाइस को इनपुट डिवाइस या इनपुट यूनिट के रूप में जाना जाता है। इनपुट डिवाइस के उदाहरण है- कीबोर्ड, ट्रैकबाल, लाइटपेन जॉयस्टिक, माउस आदि।

118. (d) भारतीय मूल के मूर्तिकार अनीस कपूर को ब्रिटेन की महारानी एलिजाबेथ द्वितीय ने दृश्य कला की सेवाओं के लिए उन्हें 2013 में नाइट हुड की उपाधि से सम्मानित किया। अनीस कपूर अपनी स्मारकीय सार्वजनिक मूर्तियों और अपने गूढ़ मूर्तिकला रूपों के लिए प्रसिद्ध है।

119. (d) सिन्धु दर्शन महोत्सव हर वर्ष जून के महीने में सिंधु नदी के तट पर मनाया जाता हैं। लद्दाख में तीन दिनों तक यह त्यौ. हार चलता है। यह त्यौहार सिंधु नदी को भारत में सांप्रदायिक सद्भाव और शांति के उदाहरण के रूप में दिखाने के लिए मनाया जाता है। यह उत्सव प्रत्येक वर्ष लद्दाख मे आयोजित किया जाता है। सिंधु दर्शन उत्सव पहली बार वर्ष 1997 में आयोजित किया गया था।

120. (a) सोनल मानसिंह का संबंध ओडिसी और भरतनाट्यम नृत्य से है। इन्हें पद्म भूषण, पद्म विभूषण, नाटक कला रत्न आदि पुरस्कार से सम्मानित किया गया है।

SET 9 BPSC प्राइमरी प्रैक्टिस सेट

1. **बौद्ध परिषदों की कुल संख्या है :**
(a) सात (b) छह
(c) पाँच (d) तीन
(e) उपर्युक्त में से कोई नहीं/ उपर्युक्त में से एक से अधिक

2. **निम्नलिखित में से कौन सा कथन सही है?**
I. मैगस्थनीज, सेल्यूकस निकेटर का राजदूत था।
II. अशोक ऐसे पहले शासक थे, जिन्होंने अभिलेखों द्वारा जनता तक अपने संदेश पहुँचाने की कोशिश की।
(a) केवल II (b) I तथा II दोनों
(c) केवल I (d) ना ही I ना ही II
(e) उपर्युक्त में से कोई नहीं/ उपर्युक्त में से एक से अधिक

3. **अजंता और एलोरा की गुफाएँ ________ के पास हैं।**
(a) अजमेर (b) औरंगाबाद
(c) पटना (d) जयपुर
(e) उपर्युक्त में से कोई नहीं/ उपर्युक्त में से एक से अधिक

4. **विश्व प्रसिद्ध अजंता की गुफाएँ किस राज्य में स्थित है?**
(a) मध्य प्रदेश (b) महाराष्ट्र
(c) कर्नाटक (d) ओडिशा
(e) उपर्युक्त में से कोई नहीं/ उपर्युक्त में से एक से अधिक

5. **तीसरी शताब्दी में वाकाटक वंश के संस्थापक कौन था?**
(a) नागभट्ट (b) प्रवरसेन
(c) विन्ध्यशक्ति (d) रुद्रसेन
(e) उपर्युक्त में से कोई नहीं/ उपर्युक्त में से एक से अधिक

6. **निम्नलिखित में से किस / किन कृति/कृतियों में 15वीं- 16वीं सदी के दौरान भारत में फारसी पहिया के प्रयोग के बारे में जानकारी मिलती है?**
(i) बाबरनामा
(iii) आइने अकबरी
(ii) हुमायूँनामा
(iv) तुजुक - ए - जहाँगीरी
उत्तर के लिए कूट का प्रयोग करें
(a) (i) (b) (i) और (ii)
(c) (i), (ii) तथा (iv) (d) (i), (ii), (iii) तथा (iv)
(e) उपर्युक्त में से कोई नहीं/ उपर्युक्त में से एक से अधिक

7. **निम्नलिखित मुगल शासकों में से कौन एक कवि भी था?**
(a) अकबर (b) बाबर
(c) जहाँगीर (d) शाहजहाँ
(e) उपर्युक्त में से कोई नहीं/ उपर्युक्त में से एक से अधिक

8. **ताजमहल बनवाया था:**
(a) मुमताज महल ने (b) औरंगजेब ने
(c) हुमायूँ ने (d) शाहजहाँ ने
(e) उपर्युक्त में से कोई नहीं/ उपर्युक्त में से एक से अधिक

9. **मुगल राजवंश का संस्थापक कौन था?**
(a) अकबर (b) बाबर
(c) हुमायूँ (d) बीरबल
(e) उपर्युक्त में से कोई नहीं/ उपर्युक्त में से एक से अधिक

10. **नई दिल्ली को दक्षिण-पश्चिम दिल्ली में ब्रिटिश द्वारा निर्मित किया गया था और को भारत की राजधानी घोषित किया था।**
(a) 12.12.1911 (b) 12.12.1921
(c) 12.12.1901 (d) 12.12.1931
(e) उपर्युक्त में से कोई नहीं/ उपर्युक्त में से एक से अधिक

11. **शासक-वंश का कौन सा युग्म सही है?**
I. कनिष्क - कुषाण
II. सातकर्णी - सातवाहन
(a) केवल II (b) केवल I
(c) I तथा II दोनों (d) ना ही I ना ही II
(e) उपर्युक्त में से कोई नहीं/ उपर्युक्त में से एक से अधिक

12. **निम्नलिखित में से कौन सा कथन सही है?**
I. ऐहोल चालुक्य वंश की राजधानी थी।
II. हर्षचरित बाणभट्ट के द्वारा लिखा गया था।
(a) केवल I (b) ना ही I ना ही II
(c) केवल II (d) I तथा II दोनों
(e) उपर्युक्त में से कोई नहीं/ उपर्युक्त में से एक से अधिक

13. निम्नलिखित में से कौन-सा कथन सही है?

I. वर्धमान महावीर जैन धर्म के 23वें तीर्थंकर थे।

II. बुद्ध ने शिक्षा दी कि कर्म का हमारे जीवन पर कोई प्रभाव नहीं पड़ता।

(a) केवल II (b) I तथा II दोनों

(c) केवल I (d) ना ही I ना ही II

(e) उपर्युक्त में से कोई नहीं/ उपर्युक्त में से एक से अधिक

14. किस सम्राट ने भारतीय उपमहाद्वीप में गजपति साम्राज्य की स्थापना की?

(a) कखरुआ देव (b) प्रतापरुद्र देव

(c) कपिलेंद्र देव (d) पुरुषोत्तम देव

(e) उपर्युक्त में से कोई नहीं/ उपर्युक्त में से एक से अधिक

15. निम्नलिखित का मिलान कीजिए-

A. गोविंद **1. राष्ट्रकूट**

B. आर्यभट्ट **2. गुप्त वंश**

C. बाणभट्ट **3. हर्षवर्धन**

D. समुद्र गुप्त **4. भारतीय नेपोलियन**

	A	B	C	D
(a)	2	3	4	1
(b)	1	2	3	4
(c)	3	4	2	1
(d)	4	3	1	2

(e) उपर्युक्त में से कोई नहीं/ उपर्युक्त में से एक से अधिक

16. निम्नलिखित में से कौन-सा ग्रह सूर्य का चक्कर लगाने में सबसे अधिक समय लेता है?

(a) पृथ्वी (b) बृहस्पति

(c) मंगल (d) शुक्र

(e) उपर्युक्त में से कोई नहीं/ उपर्युक्त में से एक से अधिक

17. इनमें से किस खाड़ी से होकर अन्तर्राष्ट्रीय तिथि रेखा गुजरती है?

(a) मलक्का की खाड़ी (b) हार्मुज की खाड़ी

(c) बेरिंग की खाड़ी (d) टॉरस की खाड़ी

(e) उपर्युक्त में से कोई नहीं/ उपर्युक्त में से एक से अधिक

18. दुनिया के पहले थर्मल बैटरी संयंत्र का अनावरण निम्नलिखित में से किस राज्य में हुआ था?

(a) उत्तर प्रदेश (b) गोवा

(c) महाराष्ट्र (d) आंध्र प्रदेश

(e) उपर्युक्त में से कोई नहीं/ उपर्युक्त में से एक से अधिक

19. ऊँचाई में भिन्नता वाले ज्वार कहलाते हैं:

(a) दैनिक ज्वार (b) अर्द्ध दैनिक ज्वार

(c) मिश्रित ज्वार (d) ज्वार-भाटा

(e) उपर्युक्त में से कोई नहीं/ उपर्युक्त में से एक से अधिक

20. इनमें से कौन से स्वदेशी लोग रूस के स्टेपीज में रहते है?

(a) त्वारेग (b) किर्गिज

(c) बुशमैन (d) मसाई

(e) उपर्युक्त में से कोई नहीं/ उपर्युक्त में से एक से अधिक

21. जब समय और स्थान के समान वितरण के साथ अपर्याप्त वर्षा की एक लम्बी अवधि को चिन्हित किया जाता है, तो निम्न को कहा जाता है :

(a) कृषि सूखा (b) मौसम संबंधी सूखा

(c) जल संबंधी सूखा (d) पारिस्थितिक संबंधी सूखा

(e) उपर्युक्त में से कोई नहीं/ उपर्युक्त में से एक से अधिक

22. निम्नलिखित में से कौन-सा प्रदेश चीन में सीमा समझ नहीं करता है?

(a) अरुणाचल प्रदेश (b) हिमाचल प्रदेश

(c) पश्चिम बंगाल (d) उत्तराखंड

(e) उपर्युक्त में से कोई नहीं/ उपर्युक्त में से एक से अधिक

23. अक्षांश रेखा जो सिक्किम से गुजरती है। वह निम्न में से और कहाँ से गुजरती है?

(a) राजस्थान (b) पंजाब

(c) हिमाचल प्रदेश (d) जम्मू एवं कश्मीर

(e) उपर्युक्त में से कोई नहीं/ उपर्युक्त में से एक से अधिक

24. पहाड़ी शहर कुल्लू और मनाली ________ में स्थित है।

(a) जम्मू और कश्मीर (b) उत्तर प्रदेश

(c) मेघालय (d) हिमाचल प्रदेश

(e) उपर्युक्त में से कोई नहीं/ उपर्युक्त में से एक से अधिक

25. कौन - सा लक्षण सिंधु और गंगा नदी घाटियों के बीच जल विभाजक की भाँति कार्य करता है?

(a) अरावली श्रेणी (b) शिवालिक श्रेणी

(c) विंध्यांचल श्रेणी (d) कैलाश श्रेणी

(e) उपर्युक्त में से कोई नहीं/ उपर्युक्त में से एक से अधिक

26. भारत के संविधान का प्रारूप तैयार करते समय किस देश के संविधान का प्रभाव नहीं पड़ा?

(a) फ्रांस (b) संयुक्त राज्य अमेरिका

(c) इजराइल (d) यूनाइटेड किंगडम

(e) उपर्युक्त में से कोई नहीं/ उपर्युक्त में से एक से अधिक

27. भारत में आपातकाल के दौरान मौलिक अधिकारों के निलबंन की अवधारणा किस देश के संविधान से प्रभावित थी?

(a) फ्रांस (b) यूनाईटेड किंगडम

(c) जापान (d) जर्मनी

(e) उपर्युक्त में से कोई नहीं/ उपर्युक्त में से एक से अधिक

28. भारतीय संविधान में मौलिक कर्त्तव्यों को सम्मिलित करने की सिफारिश किस समिति ने की थी?
(a) स्वर्ण सिंह कमेटी (b) अशोक मेहता कमेटी
(c) बलराम जाखड़ कमेटी (d) मण्डल कमेटी
(e) उपर्युक्त में से कोई नहीं/ उपर्युक्त में से एक से अधिक

29. भारत के संविधान के किस अनुच्छेद ने जम्मू और कश्मीर को भारतीय संघ के भीतर विशेष स्वायत्त दर्जा दिया है?
(a) अनुच्छेद 386 (b) अनुच्छेद 377
(c) अनुच्छेद 370 (d) अनुच्छेद 380
(e) उपर्युक्त में से कोई नहीं/ उपर्युक्त में से एक से अधिक

30. निम्नलिखित में से कौन संवैधानिक संस्था नहीं है?
(a) संघ लोक सेवा आयोग (b) कर्मचारी चयन आयोग
(c) चुनाव आयोग (d) वित्त आयोग
(e) उपर्युक्त में से कोई नहीं/ उपर्युक्त में से एक से अधिक

31. भारत में स्वापक औषधि और मनः प्रभावी पदार्थ अधिनियम किस वर्ष में पारित किया गया था?
(a) 1985 (b) 1976
(c) 1978 (d) 1980
(e) उपर्युक्त में से कोई नहीं/ उपर्युक्त में से एक से अधिक

32. भारतीय संविधान के 55वें संशोधन 1986 के अन्तर्गत निम्नलिखित में से किसको पूर्ण राज्य का दर्जा मिला?
(a) छत्तीसगढ़ (b) सिक्किम
(c) अरुणाचल प्रदेश (d) झारखण्ड
(e) उपर्युक्त में से कोई नहीं/ उपर्युक्त में से एक से अधिक

33. दिल्ली विधानसभा में कितनी सीटें है?
(a) 65 (b) 70
(c) 75 (d) 68
(e) उपर्युक्त में से कोई नहीं/ उपर्युक्त में से एक से अधिक

34. निम्नलिखित में से किस राज्य अथवा केन्द्र शासित प्रदेश में उप-राज्यपाल की नियुक्ति भारत के राष्ट्रपति द्वारा की जाती है?
(a) अरुणाचल प्रदेश (b) दिल्ली
(c) नागालैण्ड (d) मणिपुर
(e) उपर्युक्त में से कोई नहीं/ उपर्युक्त में से एक से अधिक

35. भारत के संविधान के ________. के अनुसार, संसद के दोनों सदनों की संयुक्त बैठक की अध्यक्षता करता है।
(a) अनुच्छेद 124: लोकसभा अध्यक्ष
(b) अनुच्छेद 124 : प्रधानमंत्री
(c) अनुच्छेद 118 : प्रधानमंत्री
(d) अनुच्छेद 118 : लोकसभा अध्यक्ष
(e) उपर्युक्त में से कोई नहीं/ उपर्युक्त में से एक से अधिक

36. निम्नलिखित में से कौन प्रत्यक्ष कर है?
(a) बिक्री कर (b) उत्पाद कर
(c) संपत्ति कर (d) मनोरंजन कर
(e) उपर्युक्त में से कोई नहीं/ उपर्युक्त में से एक से अधिक

37. GDP विशिष्ट समय अवधि में किसी देश की सीमाओं के भीतर उत्पादित सभी तैयार वस्तुओं और सेवाओं का कुल मौद्रिक या बाजार मूल्य है। GDP का पूर्ण रूप क्या है?
(a) ग्रॉस डबल प्रोडक्ट (b) ग्रॉस डिमांड प्रोडक्ट
(c) ग्रॉस डोमेस्टिक प्रोडक्ट (d) ग्रॉस डोमेस्टिक प्रोड्यूसर्स
(e) उपर्युक्त में से कोई नहीं/ उपर्युक्त में से एक से अधिक

38. निम्नलिखित में से कौन भारतीय रिजर्व बैंक की मौद्रिक नीति का एक साधन नहीं है?
(a) चयनात्मक क्रेडिट नियंत्रण (b) रेपो दर
(c) रिवर्स रेपो दर (d) सीमांत स्थायी सुविधा
(e) उपर्युक्त में से कोई नहीं/ उपर्युक्त में से एक से अधिक

39. विश्व बैंक के अध्यक्ष हमेशा इसके द्वारा मनोनीत किये जाते हैं:
(a) यूरोपीय संघ (b) संयुक्त संघ
(c) अमेरिका (d) यूरोपीय आयोग
(e) उपर्युक्त में से कोई नहीं/ उपर्युक्त में से एक से अधिक

40. गाँव में गरीबी रेखा से नीचे रहने वाले लोगों के लिए आवास उपलब्ध करवाने हेतु भारत सरकार ने कौन सी योजना लागू की है?
(a) राष्ट्रीय सामाजिक सहायता कार्यक्रम
(b) जवाहर रोजगार योजना
(c) इंदिरा आवास योजना
(d) जवाहर लाल नेहरू राष्ट्रीय शहरी नवीकरण मिशन
(e) उपर्युक्त में से कोई नहीं/ उपर्युक्त में से एक से अधिक

41. समान भारवाले दो पत्थर एक इमारत की छत से फेंके जाते हैं जैसा कि चित्र में दिखाया गया है।

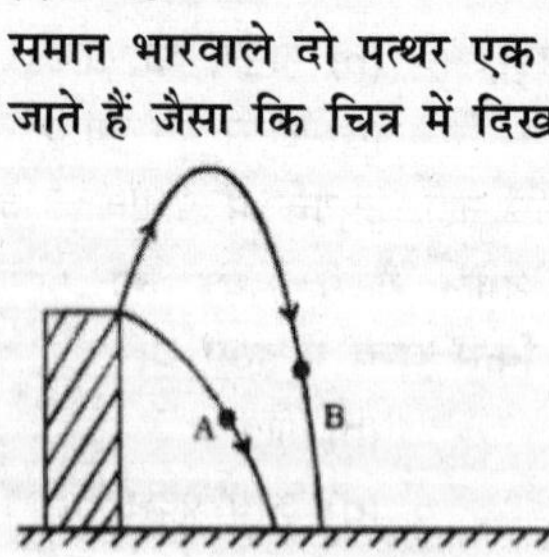

(a) 'A' की गतिज ऊर्जा अधिक होगी
(b) 'B' की गतिज ऊर्जा अधिक होगी
(c) 'A' और 'B' की गतिज ऊर्जा समान होगी
(d) परिकलित नहीं किया जा सकता
(e) उपर्युक्त में से कोई नहीं/ उपर्युक्त में से एक से अधिक

42. निम्नलिखित में से कौन सा कथन सही है?

I. अपवर्तन प्रकाश के एक पारदर्शी माध्यम से दूसरे में प्रवेश करने पर प्रकाश की चाल में परिवर्तन के कारण होता है।

II. जल का अपवर्तनांक 1.33 होता है।

(a) केवल I (b) I तथा II दोनों
(c) केवल II (d) ना ही I ना ही II
(e) उपर्युक्त में से कोई नहीं/ उपर्युक्त में से एक से अधिक

43. मनुष्य के शरीर का सामान्य तापमान कितना होता है?

(a) 96.4°F (b) 97.4°F
(c) 98.4°F (d) 99.4°F
(e) उपर्युक्त में से कोई नहीं/ उपर्युक्त में से एक से अधिक

44. संघनन प्रक्रिया से संदर्भित है:

(a) जल का जलवाष्प में परिवर्तित होना।
(b) जलवाष्प का ठोस रूप में परिवर्तित होना।
(c) जल का ठोस रूप में परिवर्तित होना।
(d) जलवाष्प का इसके द्रव रूप में परिवर्तित होना।
(e) उपर्युक्त में से कोई नहीं/ उपर्युक्त में से एक से अधिक

45. परिपूर्ण कृष्ण पिण्ड वही होता है जो :

(a) सभी आनुषंगिक विकिरण का अवशोषण करता है
(b) कोई भी आनुषंगिक विकिरण का अवशोषण नहीं करता है
(c) सभी आनुषंगिक विकिरण को परावर्तित करता है
(d) जो परिपूर्ण तरीके से रंगा हुआ है
(e) उपर्युक्त में से कोई नहीं/ उपर्युक्त में से एक से अधिक

46. अधातु - परमाणु का कौन सा युग्म सही नहीं है?

I. हाइड्रोजन - एक परमाणुक

II. ऑक्सीजन - द्वि परमाणुक

(a) केवल I (b) केवल II
(c) दोनों I और I (d) ना तो I ना II
(e) उपर्युक्त में से कोई नहीं/ उपर्युक्त गें रो एक से अधिक

47. HNO_3 का आणविक द्रव्यमान किसके बराबर है? (u = परमाणविक द्रव्यमान इकाइयाँ)

(a) 62 u (b) 63 u
(c) 64 u (d) 65 u
(e) उपर्युक्त में से कोई नहीं/ उपर्युक्त में से एक से अधिक

48. कौन-सा कथन गलत है?

(a) ठोस और द्रव को संपीडित नहीं किया जा सकता है, जबकि गैस को संपीडित किया जा सकता है।
(b) गैस सभी उपलब्ध स्थान को घेर लेती हैं।
(c) द्रव शान्तिपूर्वक वाष्पीकृत होकर शीतलता पैदा करते है।
(d) 0.5 मोल N_2 गैस व 0.5 मोल N परमाणु के द्रव्यमान क्रमशः 28 ग्राम व 14 ग्राम है।
(e) उपर्युक्त में से कोई नहीं/ उपर्युक्त में से एक से अधिक

49. खाना पकाने के लिए एल्युमीनियम का प्रयोग नहीं करना चाहिए, क्यों?

(a) एल्युमिनियम बहुत जल्दी गर्म होता है और अम्लीय सब्जियों और खाद्य पदार्थों के साथ आसानी से अभिक्रिया करता है।
(b) एल्यूमिनियम बहुत महंगा है।
(c) एल्युमिनियम बहुत सस्ता है
(d) एल्युमीनियम धीरे - धीरे गर्म होता है और अम्लीय सब्जियों और खाद्य पदार्थों के साथ आसानी से अभिक्रिया नहीं करता हैं।
(e) उपर्युक्त में से कोई नहीं/ उपर्युक्त में से एक से अधिक

50. खून का थक्का जमने के लिए कौन-सा विटामिन आवश्यक है?

(a) विटामिन A (b) विटामिन C
(c) विटामिन E (d) विटामिन B
(e) उपर्युक्त में से कोई नहीं/ उपर्युक्त में से एक से अधिक

51. सिनकोना की छाल से प्राप्त औषधि का प्रयोग किस रोग के उपचार में किया जाता है?

(a) हैजा (b) यक्ष्मा
(c) मलेरिया (d) आंत्र ज्वर
(e) उपर्युक्त में से कोई नहीं/ उपर्युक्त में से एक से अधिक

52. रॉबर्ट कोच का कार्य किस क्षेत्र में था?

(a) तपेदिक (b) हैजा
(c) मलेरिया (d) मधुमेह
(e) उपर्युक्त में से कोई नहीं/ उपर्युक्त में से एक से अधिक

53. फाइलेरिया किसके कारण होता है?

(a) बैक्टीरिया (b) मच्छर
(c) प्रोटोजोआ (d) वाइरस
(e) उपर्युक्त में से कोई नहीं/ उपर्युक्त में से एक से अधिक

54. पेनिसिलियम नोटेटम की खोज किसने की?

(a) अल्फ्रेड फ्लेमिंग (b) विलियम फ्लेमिग
(c) डेविड फ्लेमिंग (d) रॉबर्ट कोच
(e) उपर्युक्त में से कोई नहीं/ उपर्युक्त में से एक से अधिक

55. निम्न में से कौन सी बीमारी विषाणु जनित नहीं है?

(a) पोलियो (b) खसरा
(c) रेबीज (d) कोढ़
(e) उपर्युक्त में से कोई नहीं/ उपर्युक्त में से एक से अधिक

56. 13 संख्याओं का औसत 22 है। यदि प्रत्येक संख्या को 3 से गुणा किया जाए, तो नया औसत क्या होगा?

(a) 66 (b) 44
(c) 48 (d) 68
(e) उपर्युक्त में से कोई नहीं/ उपर्युक्त में से एक से अधिक

57. दो अभाज्य संख्या x तथा y का लघुत्तम समापवर्त्य क्या है?

(a) y/x (b) xy
(c) l (d) x/y
(e) उपर्युक्त में से कोई नहीं/ उपर्युक्त में से एक से अधिक

58. दो संख्याओं का योग 10 तथा उनका अन्तर 6 है। तो संख्याएँ हैं :

(a) (8, 2) (b) (9, 1)
(c) (6,4) (d) (7,3)

59. यदि किसी संख्या का 8.5 प्रतिशत उसी संख्या के 4.5 प्रतिशत से 1.6 अधिक है, तो संख्या का मान क्या है?

(a) 20 (b) 30
(c) 50 (d) 10
(e) उपर्युक्त में से कोई नहीं/ उपर्युक्त में से एक से अधिक

60. एक हीरे का मूल्य उसके भार के वर्ग का अनुक्रमानुपाती है। एक व्यक्ति से गलती से यह हीरा तीन टुकड़ों में टूट गया। इन तीन टुकड़ों के भार का अनुपात 4 : 3 : 2 है। उसे 18720 रुपये की हानि हुई। हीरे का वास्तविक मूल्य क्या था?

(a) 30250 रुपये (b) 37260 रुपये
(c) 29160 रुपये (d) 54320 रुपये
(e) उपर्युक्त में से कोई नहीं/ उपर्युक्त में से एक से अधिक

61. 720 छात्रों के महाविद्यालय में लड़कों की संख्या का लड़कियों की संख्या से अनुपात 4:5 है। यदि महाविद्यालय में 20 नई लड़कियों को शामिल किया जाता है, तो कितने नए लड़कों को प्रवेश दिया जा सकता है ताकि लड़कों की संख्या का लड़कियों की संख्या से अनुपात 4:3 हो जाए ।

(a) 40 (b) 80
(c) 140 (d) 240
(e) उपर्युक्त में से कोई नहीं/ उपर्युक्त में से एक से अधिक

62. 3 वर्ष की अवधि के लिए प्रति वर्ष 8.5% की दर से 18,000 रुपए पर साधारण ब्याज ज्ञात करें।

(a) 4590 रुपये (b) 4950 रुपये
(c) 4650 रुपये (d) 4509 रुपये
(e) उपर्युक्त में से कोई नहीं/ उपर्युक्त में से एक से अधिक

63. राजन एक पहाड़ी पर 5 kmph की गति से चढ़ता है और 7 kmph की रफ्तार से नीचे आता है। यदि कुल यात्रा के लिए लिया गया कुल समय 6 घंटे है, तो पहाड़ी की चोटी और तलहटी के बीच की दूरी है।

(a) 38 km (b) 35 km
(c) 18.5 km (d) 15.5 km
(e) उपर्युक्त में से कोई नहीं/ उपर्युक्त में से एक से अधिक

64. राजू ने विज्ञान परियोजना को 20 दिनों में पूरा किया। गुरू को उसी कार्य को पूरा करने में कितने दिन लगेंगे यदि वह राजू से 25% अधिक कुशल है?

(a) 14 दिन (b) 10 दिन
(c) 16 दिन (d) 12 दिन
(e) उपर्युक्त में से कोई नहीं/ उपर्युक्त में से एक से अधिक

65. उस जोड़ी का चयन करें जो अन्य जोड़ी से भिन्न है।

(a) 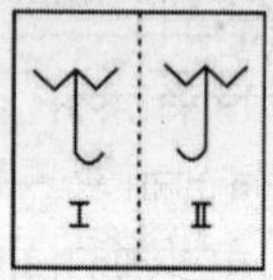

(b) 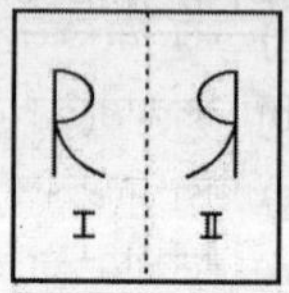

(c) 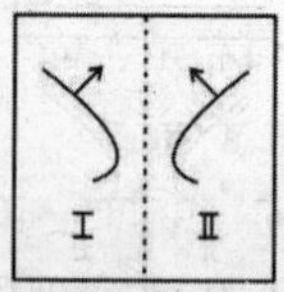

(d) 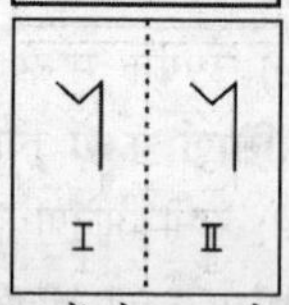

(e) उपर्युक्त में से कोई नहीं/ उपर्युक्त में से एक से अधिक

66. छः अध्यापक A, B, C, D, E और F उत्तर दिशा की ओर देखते हुए एक पंक्ति में खड़े हैं किन्तु इसी क्रम में नहीं। C, A और E के बीच में खड़ा है। D पंक्ति के किसी भी छोर पर नहीं खड़ा है और F भी दायें छोर पर नहीं खड़ा है। B, E के एकदम दाएँ में खड़ा है। D के एकदम दायें में कौन खड़ा है?

(a) 4 (b) F
(c) C (d) E
(e) उपर्युक्त में से कोई नहीं/ उपर्युक्त में से एक से अधिक

67. नीचे दिए गए अक्षरों को एक अर्थपूर्ण शब्द बनाने के लिए पुनर्व्यवस्थित करें और दिए गए विकल्पों में से उस शब्द का चयन करें जो इस प्रकार बने शब्द के अर्थ में लगभग विपरीत है।

E, F, N, G, D, E, N, I, A

(a) CLAMOROUS (b) PLANGENT
(c) STILLY (d) SONOROUS

68. दी गई श्रेणी का लुप्त पद ज्ञात कीजिए।

0,7, 26, ______, 124, 125

(a) 36 (b) 40
(c) 62 (d) 85
(e) उपर्युक्त में से कोई नहीं/ उपर्युक्त में से एक से अधिक

69. उस विकल्प का चयन करें जो तीसरे पद से उसी प्रकार से संबंधित है जिस प्रकार से दूसरा पद पहले पद से संबंधित है।

दूध : गाय :: भेड : ?

(a) राजन (b) चमड़ा
(c) कपास (d) ऊन
(e) उपर्युक्त में से कोई नहीं/ उपर्युक्त में से एक से अधिक

70. एक व्यक्ति पूर्व की ओर चलता है। तत्पश्चात बाई ओर मुड जाता है। फिर कुछ दूरी चलने के बाद 45° बाई ओर मुड़ जाता है। उसके कुछ समय बाद 45° दाई ओर मुड़ जाता है। अब यह किस दिशा में चल रहा है?

(a) पूर्व (b) उत्तर
(c) पश्चिम (d) दक्षिण
(e) उपर्युक्त में से कोई नहीं/ उपर्युक्त में से एक से अधिक

71. हर्षवर्द्धन के समय में बिहार राज्य में कौन-सा विश्वविद्यालय प्रसिद्ध था?

(a) चंपारण (b) गया
(c) पटना (d) नालंदा
(e) उपर्युक्त में से कोई नहीं/ उपर्युक्त में से एक से अधिक

72. बिहार को मुगल साम्राज्य के प्रांत का दर्जा कब दिया गया था?

(a) 1580 में (b) 1529 में
(c) 1570 में (d) 1560 में
(e) उपर्युक्त में से कोई नहीं/ उपर्युक्त में से एक से अधिक

73. भारत में महात्मा गाँधी ने सर्वप्रथम किस आंदोलन में भाग लिया?

(a) खेड़ा आंदोलन
(b) रालेट सत्याग्रह
(c) चंपारण आंदोलन
(d) अहमदाबाद मिल मजदूरों का आंदोलन
(e) उपर्युक्त में से कोई नहीं/ उपर्युक्त में से एक से अधिक

74. बिहार विद्यापीठ का उद्देश्य था?

(a) प्रांत में खोली गई सभी राष्ट्रीय संस्थाओं का समायोजन, नियंत्रण एवं निदेशन
(b) प्रांत में ब्रिटिशों द्वारा खोले गए शिक्षण संस्थानों का निदेशन
(c) अंग्रेजी शिक्षा को बढ़ावा देना
(d) रोजगार देने के लिए
(e) उपर्युक्त में से कोई नहीं/ उपर्युक्त में से एक से अधिक

75. बिहार के किस नगर में 1921 के नगरपालिका चुनाव में सभी मत असहयोगियों के पक्ष में पड़ा था?

(a) पटना (b) मोतिहारी
(c) मुजफ्फरपुर (d) गया
(e) उपर्युक्त में से कोई नहीं/ उपर्युक्त में से एक से अधिक

76. 16 नवम्बर 1927 को प्रकाशित 'लीडर्स मैनिफेस्टो' में इनमें से बिहार के किन नेता का हस्ताक्षर नहीं था?

(a) सर अली इमाम (b) नवाब इस्माइल खां
(c) सच्चिदानंद सिन्हा (d) मजहरूल हक
(e) उपर्युक्त में से कोई नहीं/ उपर्युक्त में से एक से अधिक

77. बिहार में रामकृष्ण सोसाइटी की स्थापना किस क्रांतिकारी नेता ने की थी?

(a) बाबाजी ठाकुर दास (b) रेवती नाग
(c) चुनचुन पाण्डेय (d) बटेश्वर पाण्डेय
(e) उपर्युक्त में से कोई नहीं/ उपर्युक्त में से एक से अधिक

78. मई 1930 में बिहार उड़ीसा के मुख्य सचिव थे?

(a) श्री एच० के० ब्रिस्क्री (b) श्री जे० वी० ब्रिक्स
(c) श्री जे० मैक्सवेल (d) हेमिल्टन
(e) उपर्युक्त में से कोई नहीं/ उपर्युक्त में से एक से अधिक

79. बिहार में गन्ना का सर्वाधिक उत्पादन कहाँ होता है?

(a) उत्तरी-पूर्वी मैदान (b) उत्तरी-पश्चिमी मैदान
(c) मध्यवर्ती भाग में (d) दक्षिणी-पश्चिमी मैदान में
(e) उपर्युक्त में से कोई नहीं/ उपर्युक्त में से एक से अधिक

80. द्वितीय विश्वयुद्ध में इंगलैंड की सरकार द्वारा भारत को युद्ध में शामिल करने के विरोध में बिहार मंत्रीमंडल ने त्यागपत्र दिया-

(a) 31 अक्टूबर 1938 को (b) 31 अक्टूबर 1939 को
(c) 31 अक्टूबर 1940 को (d) 31 अक्टूबर 1941 को
(e) उपर्युक्त में से कोई नहीं/ उपर्युक्त में से एक से अधिक

81. बिहार में प्रसारित होने वाला प्रथम निजी एफ० एम० चौनल हैं-

(a) रेडियो मिर्ची (b) रेडियो जॉकी
(c) बिग एफ. एम. (d) रेडियो मंत्रा
(e) उपर्युक्त में से कोई नहीं/ उपर्युक्त में से एक से अधिक

82. बिहार में मुख्यमंत्री अत्यंत पिछड़ा वर्ग मेधावृत्ति योजना शुरू हुई-

(a) 2006-07 से (b) 2017-18 से
(c) 2008-09 से (d) 2007-08 से
(e) उपर्युक्त में से कोई नहीं/ उपर्युक्त में से एक से अधिक

83. बिहार राज्य में वर्ष 2023-24 का कितने का बजट पेश हुआ?

(a) 31 लाख 885.4 करोड़ रुपए
(b) 61 लाख 885.4 करोड़ रुपए
(c) 51 लाख 885.4 करोड़ रुपए
(d) 41 लाख 885.4 करोड़ रुपए
(e) उपर्युक्त में से कोई नहीं/ उपर्युक्त में से एक से अधिक

84. बिहार का पहला डॉल्फिन अभयारण्य कहाँ अवस्थित है?

(a) विक्रमशिला (b) परमान

(c) गोगोबिल (d) अररिया

(e) उपर्युक्त में से कोई नहीं/ उपर्युक्त में से एक से अधिक

85. अखिल भारतीय मुस्लीम लीग का 26वां अधिवेशन (26 दिसम्बर 1938) कहाँ सम्पन्न हुआ?

(a) इलाहाबाद (b) पटना

(c) गया (d) जमालपुर

(e) उपर्युक्त में से कोई नहीं/ उपर्युक्त में से एक से अधिक

86. बिहार में वाल्मीकि नगर के निकट निकाली गई नहर का नाम क्या है?

(a) गंडक परियोजना नहर (b) पूर्वी कोसी नहर

(c) सोन नहर (d) मयूराक्षी नहर

(e) उपर्युक्त में से कोई नहीं/ उपर्युक्त में से एक से अधिक

87. बिहार के किस जिले में सोमेश्वर की पहाड़ी स्थित है?

(a) पश्चिमी चम्पारण (b) गोपालगंज

(c) पूर्वी चम्पारण (d) सिवान

(e) उपर्युक्त में से कोई नहीं/ उपर्युक्त में से एक से अधिक

88. बिहार का उत्तर से दक्षिण तक लम्बाई है-

(a) 483 किलोमीटर (b) 604 किलोमीटर

(c) 352 किलोमीटर (d) 345 किलोमीटर

(e) उपर्युक्त में से कोई नहीं/ उपर्युक्त में से एक से अधिक

89. बिहार के वर्तमान मुख्यमंत्री श्री नीतीश कुमार 16वीं विधानसभा चुनाव के उपरांत मुख्यमंत्री बनने के समय थे-

(a) विधानसभा के सदस्य (b) लोकसभा के सदस्य

(c) विधानपरिषद् के सदस्य (d) राज्यसभा के सदस्य

(e) उपर्युक्त में से कोई नहीं/ उपर्युक्त में से एक से अधिक

90. बिहार में अन्तर्राष्ट्रीय विश्वविद्यालय 'यूनिवर्सिटी ऑफ नालंदा' के प्रथम कुलपति थे-

(a) अमर्त्य सेन (b) डा० गोपा सभरवाल

(c) नीतीश कुमार (d) लॉर्ड मेघनाथ देसाई

(e) उपर्युक्त में से कोई नहीं/ उपर्युक्त में से एक से अधिक

91. निम्न में से कौन-सा जीवाश्म ईंधन नहीं हैं?

(a) कोयला (b) लकड़ी

(c) पेट्रोलियम (d) प्राकृतिक गैस

(e) उपर्युक्त में से कोई नहीं/ उपर्युक्त में से एक से अधिक

92. निम्न में से कौन-सा ऊर्जा का परंपरागत स्रोत है?

(a) सौर ऊर्जा (b) ज्वार भाटा ऊर्जा

(c) भूगर्भीय ऊष्मीय ऊर्जा (d) जीवाश्म ईंधन

(e) उपर्युक्त में से कोई नहीं/ उपर्युक्त में से एक से अधिक

93. पौधों के ऊपरी भागों से वाष्प के रूप में जल की क्षति को कहते हैं-

(a) प्रकाश संश्लेषण (b) वृद्धि

(c) श्वसन (d) वाष्पोत्सर्जन

(e) उपर्युक्त में से कोई नहीं/ उपर्युक्त में से एक से अधिक

94. हिमालय मे एप्पल, एक औषधीय पौधा है जो उच्च क्षेत्रों में पाया जाता है। इसे किस समूह में रखें

(a) अन्यस्थानिक (b) प्रचुरबाहुल

(c) स्थानिक (d) संकट संपन्न

(e) उपर्युक्त में से कोई नहीं/ उपर्युक्त में से एक से अधिक

95. हमारे सौर मंडल में कौन-सा ग्रह पृथ्वी से छोटा है?

(a) शनि (b) बृहस्पति

(c) मंगल (d) नेप्चून

(e) उपर्युक्त में से कोई नहीं/ उपर्युक्त में से एक से अधिक

96. भूमिगत जल के स्तर की क्षीणता का मुख्य कारण क्या सही उत्तर का चुनाव कीजिए-

(a) वर्षा का कम होना।

(b) वृक्षों का आवरण कम होना।

(c) सिंचाई हेतु ट्यूब वैल तथा हाथ के पंपों का उपयोग होना।

(d) नदियों का रूख बदल रहा है तथा बाँध बनाए जा रहे हैं।

(e) उपर्युक्त में से कोई नहीं/ उपर्युक्त में से एक से अधिक

97. पारिस्थितिकी तंत्र के कार्यात्मक पहलू हैं:

(a) ऊर्जा चक्र (b) पोषक चक्र

(c) आहार शृखला (d) जल चक्र

(e) उपर्युक्त में से कोई नहीं/ उपर्युक्त में से एक से अधिक

98. निम्नलिखित में से किसे डेट्रिवोर्स भी कहा जाता है?

(a) शाकाहारी (b) डीकंपोजर

(c) मांसाहारी (d) सर्वाहरी

(e) उपर्युक्त में से कोई नहीं/ उपर्युक्त में से एक से अधिक

99. किसी पारिस्थितिकी तंत्र में 'कीस्टोन' प्रजातियाँ क्या हैं?

(a) वे प्रजातियाँ जिनका उन्मूलन पारिस्थितिकी तंत्र को गंभीर रूप से प्रभावित कर सकता है।

(b) वे प्रजातियाँ जिनके उन्मूलन से पारिस्थितिकी तंत्र को लाभ हो सकता है।

(c) वे प्रजातियाँ जिनके उन्मूलन से पारिस्थितिकी तंत्र पर कोई प्रभाव नहीं पड़ेगा।

(d) वे प्रजातियाँ जिनका उन्मूलन पारिस्थितिकी तंत्र को बहुत कम प्रभावित कर सकता है।

(e) उपर्युक्त में से कोई नहीं/ उपर्युक्त में से एक से अधिक

100. पारिस्थितिकी तंत्र पर मानव गतिविधियों के प्रभाव के बारे में निम्नलिखित में से कौन सी गतिविधि गलत है?

(a) भूजल का कम होना (b) प्रजातियों का लुप्त होना
(c) वन क्षेत्र का कम होना (d) इनमे से कोई भी नहीं
(e) उपर्युक्त में से कोई नहीं/ उपर्युक्त में से एक से अधिक

101. भारत के राष्ट्रीय हरित हाइड्रोजन मिशन के तहत शुद्ध-शून्य उत्सर्जन के लिए लक्ष्य वर्ष क्या है?

(a) 2030 (b) 2050
(c) 2070 (d) 2080
(e) उपर्युक्त में से कोई नहीं/ उपर्युक्त में से एक से अधिक

102. स्टैंड-अप इंडिया योजना किस तारीख को शुरू की गई थी?

(a) अप्रैल 5, 2015 (b) अप्रैल 6, 2016
(c) अप्रैल 5, 2016 (d) अप्रैल 6, 2015
(e) उपर्युक्त में से कोई नहीं/ उपर्युक्त में से एक से अधिक

103. किस कंपनी ने तेलंगाना में अपने 3डी-मुद्रित धवन II इंजन का सफलतापूर्वक परीक्षण किया?

(a) स्काईरूट एयरोस्पेस
(b) भारतीय अंतरिक्ष अनुसंधान संगठन (इसरो)
(c) स्पेसएक्स
(d) बोइंग
(e) उपर्युक्त में से कोई नहीं/ उपर्युक्त में से एक से अधिक

104. उत्तर प्रदेश में शिक्षक चयन के लिए हाल ही में गठित आयोग का क्या नाम है?

(a) उत्तर प्रदेश शिक्षक चयन आयोग।
(b) उत्तर प्रदेश शिक्षा सेवा चयन आयोग।
(c) उत्तर प्रदेश शिक्षक भर्ती आयोग।
(d) उत्तर प्रदेश शिक्षक पात्रता आयोग।
(e) उपर्युक्त में से कोई नहीं/ उपर्युक्त में से एक से अधिक

105. जयगांव के पास भारत-भूटान सीमा पर पहली एकीकृत चेक पोस्ट स्थापित करने का उद्देश्य क्या है?

(a) दोनों देशों के बीच व्यापार और कनेक्टिविटी को सुविधाजनक बनाने के लिए।
(b) भूटान के सामाजिक-आर्थिक विकास को मजबूत करना।
(c) पेट्रोलियम और कोयले जैसी महत्वपूर्ण वस्तुओं की निरंतर आपूर्ति सुनिश्चित करना।
(d) द्विपक्षीय संबंधों को बढ़ाने और भारत-भूटान साझेदारी को बढ़ावा देने के लिए।
(e) उपर्युक्त में से कोई नहीं/ उपर्युक्त में से एक से अधिक

106. राजा महोत्सव भारत के किस राज्य में मनाया जाता है?

(a) कर्नाटक (b) तमिलनाडु
(c) महाराष्ट्र (d) केरल
(e) उपर्युक्त में से कोई नहीं/ उपर्युक्त में से एक से अधिक

107. अंतर्राष्ट्रीय योग दिवस कब मनाया जाता है?

(a) 1 जून (b) 21 जून
(c) 4 जुलाई (d) 31 दिसंबर
(e) उपर्युक्त में से कोई नहीं/ उपर्युक्त में से एक से अधिक

108. मिस वर्ल्ड 2023 किस देश में आयोजित किया जाएगा?

(a) भारत (b) संयुक्त राज्य अमेरिका
(c) ब्राजील (d) चीन
(e) उपर्युक्त में से कोई नहीं/ उपर्युक्त में से एक से अधिक

109. हाल में कश्मीर में चिनार कोर की कमान किसने संभाली?

(a) लेफ्टिनेंट जनरल अनुज सिन्हा
(b) लेफ्टिनेंट जनरल राहुल देसाई
(c) लेफ्टिनेंट जनरल राजीव घई
(d) लेफ्टिनेंट जनरल एस के वर्मा
(e) उपर्युक्त में से कोई नहीं/ उपर्युक्त में से एक से अधिक

110. किर्गिस्तान के बिश्केक में अंडर-17 एशियाई कुश्ती चौंपियनशिप 2023 में भारत ने कितने स्वर्ण पदक जीते?

(a) एक (b) दो
(c) तीन (d) चार
(e) उपर्युक्त में से कोई नहीं/ उपर्युक्त में से एक से अधिक

111. कौन सा देश छठे हिंद महासागर सम्मेलन की मेजबानी कर रहा है?

(a) भारत (b) बांग्लादेश
(c) इंडोनेशिया (d) पाकिस्तान
(e) उपर्युक्त में से कोई नहीं/ उपर्युक्त में से एक से अधिक

112. एनर्जी सोर्सेज में ट्रांजिशन पर वर्किंग ग्रुप की तीसरी बैठक कहां आयोजित होगी?

(a) बेंगलुरु (b) कोलकाता
(c) अहमदाबाद (d) मुंबई
(e) उपर्युक्त में से कोई नहीं/ उपर्युक्त में से एक से अधिक

113. भारत में कार्बन क्रेडिट ट्रेडिंग योजना विकसित करने का उद्देश्य क्या है?

(a) अक्षय ऊर्जा के उपयोग को बढ़ाने के लिए
(b) ग्रीनहाउस गैस उत्सर्जन की कीमत के लिए
(c) नवीकरणीय ऊर्जा के उपयोग को कम करने के लिए
(d) अक्षय ऊर्जा को कम करने के लिए
(e) उपर्युक्त में से कोई नहीं/ उपर्युक्त में से एक से अधिक

114. भारत-यूरोपीय संघ व्यापार और प्रौद्योगिकी परिषद की पहली मंत्रिस्तरीय बैठक कहाँ आयोजित की जाएगी?

(a) पेरिस (b) रोम

(c) ब्रसेल्स (d) लिस्बन

(e) उपर्युक्त में से कोई नहीं/ उपर्युक्त में से एक से अधिक

115. ISSF विश्व कप 2023 में पुरुषों की 10 मीटर एयर पिस्टल मिश्रित टीम स्पर्धा में स्वर्ण पदक किसने जीता?

(a) सरबजोत सिंह (b) शहजर रिजवी

(c) अभिषेक वर्मा (d) दामिर मिस्क

(e) उपर्युक्त में से कोई नहीं/ उपर्युक्त में से एक से अधिक

116. सानिया मिर्जा ने अपना पहला ग्रैंड स्लैम खिताब किस वर्ष में जीता था?

(a) 2007 (b) 2009

(c) 2006 (d) 2008

(e) उपर्युक्त में से कोई नहीं/ उपर्युक्त में से एक से अधिक

117. माइक्रोसॉफ्ट एक्सेल और माइक्रोसॉफ्ट वर्ड किसके उदाहरण हैं?

(a) यूटिलिटी सॉफ्टवेयर के (b) ऑपरेटिंग सिस्टम के

(c) ऐप्लीकेशन सॉफ्टवेयर के (d) प्रोग्रॉमिंग लैंग्वेज के

(e) उपर्युक्त में से कोई नहीं/ उपर्युक्त में से एक से अधिक

118. भारत के किस भाग में 'मोहिनीअट्टम' नृत्य का विकास हुआ?

(a) ओडिशा (b) तमिलनाडु

(c) मणिपुर (d) केरल

(e) उपर्युक्त में से कोई नहीं/ उपर्युक्त में से एक से अधिक

119. 'मधुबनी', लोक - चित्रकला की एक शैली, निम्न में से भारत के किस राज्य में लोकप्रिय है?

(a) उत्तर प्रदेश (b) राजस्थान

(c) मध्य प्रदेश (d) बिहार

(e) उपर्युक्त में से कोई नहीं/ उपर्युक्त में से एक से अधिक

120. भरतनाट्यम का आरंभ यहाँ हुआ-

(a) कर्नाटक (b) आंध्र प्रदेश

(c) तमिलनाडु (d) केरल

(e) उपर्युक्त में से कोई नहीं/ उपर्युक्त में से एक से अधिक

उत्तर माला

1.	(b)	2.	(b)	3.	(b)	4.	(b)	5.	(c)	6.	(b)	7.	(b)	8.	(d)
9.	(b)	10.	(a)	11.	(c)	12.	(d)	13.	(d)	14.	(c)	15.	(b)	16.	(b)
17.	(c)	18.	(d)	19.	(c)	20.	(b)	21.	(b)	22.	(c)	23.	(a)	24.	(d)
25.	(a)	26.	(c)	27.	(d)	28.	(a)	29.	(c)	30.	(b)	31.	(a)	32.	(c)
33.	(b)	34.	(b)	35.	(d)	36.	(c)	37.	(c)	38.	(a)	39.	(c)	40.	(c)
41.	(b)	42.	(b)	43.	(c)	44.	(d)	45.	(a)	46.	(a)	47.	(b)	48.	(d)
49.	(a)	50.	(e)	51.	(c)	52.	(a)	53.	(b)	54.	(d)	55.	(d)	56.	(a)
57.	(b)	58.	(a)	59.	(e)	60.	(c)	61.	(d)	62.	(a)	63.	(e)	64.	(e)
65.	(d)	66.	(a)	67.	(e)	68.	(e)	69.	(d)	70.	(b)	71.	(D)	72.	(c)
73.	(c)	74.	(a)	75.	(c)	76.	(d)	77.	(a)	78.	(a)	79.	(b)	80.	(b)
81.	(a)	82.	(c)	83.	(b)	84.	(c)	85.	(b)	86.	(a)	87.	(a)	88.	(d)
89.	(c)	90.	(a)	91.	(b)	92.	(d)	93.	(d)	94.	(c)	95.	(c)	96.	(c)
97.	(e)	98.	(b)	99.	(a)	100.	(d)	101.	(c)	102.	(c)	103.	(a)	104.	(b)
105.	(a)	106.	(e)	107.	(b)	108.	(a)	109.	(c)	110.	(a)	111.	(B)	112.	(d)
113.	(b)	114.	(c)	115.	(a)	116.	(b)	117.	(c)	118.	(d)	119.	(d)	120.	(c)

उत्तर सहित व्याख्या

1. (b) बौद्ध संघ के अन्तर्गत कुल छः बौद्ध परिषदें आयोजित की गयी थी।
   प्रथम बौद्ध परिषद - इसका आयोजन महात्मा बुद्ध के महापरिनिर्वाण के तुरंत बाद ही 483 ई. पू. में अजातशत्रु के संरक्षण में राजगृह में हुआ।
   द्वितीय बौद्ध परिषद - इसका आयोजन राजा कालाशोक के संरक्षण में वैशाली में 383 ईसा पूर्व में हुआ था।
   तृतीय बौद्ध परिषद - इसका आयोजन अशोक के संरक्षण में पाटलिपुत्र में 250 ई०पू० में हुआ था।
   चतुर्थ बौद्ध परिषद - यह कश्मीर के कुण्डलवन में 72 ई. में आयोजित हुई थी। इसका आयोजन कुषाण शासक कनिष्क के संरक्षण में हुआ था।
   पांचवाँ बौद्ध परिषद - इसका आयोजन राजा मिन्डन के संरक्षण में वर्ष 1871 में बर्मा के मांडले में हुआ था।
   छठी बौद्ध परिषद - छठी बौद्ध परिषद बर्मा के काबा एये (Kaba Aye) में वर्ष 1954 में आयोजित की गई थी।
2. (b) मेगास्थनीज, सेल्यूकस निकेटर का राजदूत था, जो चन्द्रगुप्त मौर्य के दरबार में आया था। यह यूनान का निवासी था। मेगास्थनीज ने 'इण्डिका' नामक पुस्तक लिखी थी, जिससे मौर्य युगीन समाज एवं संस्कृति के बारे में जानकारी मिलती है। प्राचीन भारतीय इतिहास में अशोक पहला शासक था, जिसने अभिलेखों के माध्यम से जनता तक संदेश पहुँचाने की कोशिश की। अशोक के उत्कीर्ण लेखों के लेखन प्रणाली को सबसे प्राचीन माना जाता है। उसके अभिलेख चार लिपियों ब्राह्मी, खरोष्ठी, अरमाइक और यूनानी है।
3. (b) अजंता एलोरा की गुफाएँ महाराष्ट्र के औरंगाबाद शहर के समीप स्थित हैं। ये गुफाएँ बड़ी-बड़ी चट्टानों को काटकर बनाई गई है। 29 गुफाएँ अजंता में तथा 34 गुफाएँ एलोरा में है।
4. (b) विश्व प्रसिद्ध अजंता की गुफाएँ महाराष्ट्र राज्य में स्थित है। गुप्तकाल में चित्रकला के दृष्टिकोण से अजंता (महाराष्ट्र) तथा बाघ सी (म.प्र.) की गुफाओं का उल्लेख है। अजंता में कुल 29 गुफाएं हैं। जिनमें सिर्फ 6 (गुफा संख्या 1, 2, 9, 10, 16, 17) ही शेष है इनका निर्माण 200 ई. पू. से लेकर सातवीं सदी ई. तक किया गया। इसमें गुफा संख्या 16 एवं 17 ही गुप्तकालीन है। अजंता की गुफाएं बौद्ध धर्म की महायान शाखा से सम्बन्धित है जबकि बाघ की गुफाए लौकिक जीवन से सम्बन्धित है।
5. (c) विंध्यशक्ति तीसरी शताब्दी में वाकाटक वंश का संस्थापक था। इसके बाद उसका पुत्र प्रवरसेन प्रथम राजसिंहासन पर बैठा। उसके काल में वाकाटक राज्य बुन्देलखण्ड से लेकर हैदराबाद तक फैल गया। वह सम्राट की उपाधि धारण करने वाला वाकाटक वंश का प्रथम शासक था।

6. (b): 15वीं - 16वीं सदी के दौरान भारत में फारसी पहिये के प्रयोग के बारे में जानकारी मुगल शासक बाबर द्वारा रचित उसकी आत्मकथा 'बाबरनामा' से तथा गुलबदन बेगम द्वारा रचित हुमायूँ नामा से प्राप्त होती है।

7. (b) मुगल वंश का संस्थापक बाबर था। पानीपत के प्रथम युद्ध (21 अप्रैल, 1526 ई.) में बाबर ने इब्राहिम लोदी को हराकर मुगल वंश की स्थापना की थी। बाबर को कवि के रूप में भी जाना जाता है। इसने एक नये तरह के छंद 'मुबइयान' का सृजन किया था।
बाबर ने अपनी आत्मकथा बाबरनामा की रचना तुर्की भाषा में की। इसका अनुवाद फारसी भाषा में अब्दुर्रहीम खान खाना ने किया।

8. (d) विश्व के सात अजूबों में से एक आगरा का ताजमहल मुगल शासक शाहजहाँ ने अपनी पत्नी मुमताज महल की याद में बनवाया। इसके मुख्य स्थापत्यकार 'उस्ताद अहमद लाहौरी' तथा मुख्य मिस्री उस्ताद ईसा खाँ था।

9. (b) मुगल राजवंश का संस्थापक जहीरुद्दीन बाबर था। 21 अप्रैल, 1526 ई. को पानीपत के प्रथम युद्ध में बाबर ने दिल्ली सल्तनत के सुल्तान इब्राहिम लोदी को पराजित करने के पश्चात् भारत में 'मुगल वंश' की नींव डाली। हुमायूँ मुगल वंश का दूसरा शासक तथा अकबर तीसरा शासक था। बीरबल, अकबर के दरबार के प्रमुख वजीर एवं सलाहकार थे।

10. (a) दिल्ली को राजधानी बनाने का ऐलान 12 दिसम्बर, 1911 ई. को हुआ था। ब्रिटेन के राजा जार्ज पंचम के भारत आगमन के समय यह घोषणा की गई।

11. (c) कथन I तथा II दोनों युग्म सही है।
कुषाण वंश - कुषाण वंश का प्रतापी शासक कनिष्क था। कनिष्क की राजधानी पुरुषपुर या पेशावर थी। कनिष्क, प्रथम भारतीय शासक था जिसने चीन के हान वंश के पर विजय प्राप्त की थी। कनिष्क के काल में प्रसिद्ध दार्शनिक अश्वघोष, प्रसिद्ध विद्वान नागार्जुन तथा प्रसिद्ध चिकित्सक चरक थे।
सातवाहन वंश - सातकर्णी प्रथम इस वंश का प्रथम योग्य शासक था। इसकी उपलब्धियों का ज्ञान नायानिका के नासिक अभिलेख से होता है। पुराणों में सातकर्णी प्रथम को कृष्ण पुत्र कहा गया जिसने दो अश्वमेध तथा एक राजसूय यज्ञ का अनुष्ठान किया।

12. (d) एहोल चालुक्य वंश की राजधानी थी। भारत के कर्नाटक राज्य में ऐहोल को भारतीय वास्तुकला का उद्गम कहा जाता है। यह चालुक्यों की पहली राजधानी थीं, जहां उन्होनें छठी शताब्दी ई. के कई मंदिरों का निर्माण किया था। हर्षचरित, बाणभट्ट द्वारा लिखा गया था। इस प्रकार दोनों कथन सही है।

13. (d) महावीर (वर्धमान) का जन्म 540 ई. पू. में वैशाली के कुण्डग्राम (वज्जि संघ) में हुआ, जो बिहार में है। महावीर स्वामी का प्रतीक चिन्ह सिंह था। महावीर जैन धर्म के 24वें व अंतिम तीर्थंकर थे और 23 वें तीर्थंकर पार्श्वनाथ के उत्तराधिकारी थे। बौद्ध धर्म के संस्थापक गौतम बुद्ध का जन्म लगभग 563 ई. पू. में हुआ।
बौद्ध धर्म की मुख्य शिक्षाएँ चार आर्य सत्य और अष्टांगिक मार्ग की मूल अवधारणा में समाहित हैं। बुद्ध के अनुसार कर्म हर एक इंसान के खुद के विचार होते हैं, हमारे विचार कर्म के हिसाब होगे और उन्हीं विचारों के द्वारा किया हुआ कर्म हमारे सुख-दुःख के लिए उत्तरदाई होंगे।

14. (c) गजपति साम्राज्य की स्थापना सम्राट कपिलेन्द्र देव (1434-1466 ई.) ने की थी। इनके शासनकाल के दौरान साम्राज्य की सीमाओं का अत्यधिक विस्तार किया गया था। इस राजवंश के महत्त्वपूर्ण शासक पुरूषोत्तम देव (1467-1497 ई.) और प्रतापरूद्र देव (1497-1540 ई.) थे। इस वंश के अंतिम शासक कखरूआ देव की 1541 ई. में गोविंद विद्याधर ने हत्या कर दी थी और भोई वंश की स्थापना की थी।

15. (b) सही मिलान इस प्रकार हैं-

गोविंद	- राष्ट्रकूट
आर्यभट्ट	- गुप्त वंश
बाणभट्ट	- हर्षवर्धन
समुद्रगुप्त	- भारतीय नेपोलियन

16. (b) सूर्य सौरमण्डल का प्रधान है। इसके ग्रहों की कुल संख्या आठ है जो सूर्य से दूरी के बढ़ते क्रम में निम्न है - बुध, शुक्र, पृथ्वी, मंगल, बृहस्पति, शनि, अरुण एवं वरुण। चूकिं बृहस्पति, पृथ्वी, मंगल और शुक्र की तुलना में सूर्य से अधिक दूर स्थित है। अतः सूर्य का चक्कर लगाने में सबसे ज्यादा समय बृहस्पति को लगेगा। बृहस्पति को सूर्य का एक चक्कर लगाने में 11.9 वर्ष का समय लगता है। सौर परिवार में बृहस्पति सबसे बड़ा ग्रह है जिनके वर्तमान में उपग्रहों की संख्या 79 है।

17. (c) अन्तर्राष्ट्रीय तिथि रेखा प्रशान्त महासागर के मध्य में 180° याम्योत्तर पर उत्तर से दक्षिण की तरफ खींची गयी एक काल्पनिक रेखा है। यह रेखा बेरिंग की खाड़ी से होकर गुजरती है। घड़ियों का समय ठीक रखने के लिए अन्तर्राष्ट्रीय तिथि रेखा के पूर्व से पश्चिम की ओर जाने पर एक दिन घटाते है तथा पश्चिम से पूर्व की ओर जाने पर एक दिन बढ़ाते है।

18. (d) आंध्र प्रदेश के अमरावती में राज्य के तत्कालीन मुख्यमंत्री एन चन्द्र बाबू नायडू द्वारा थर्मल बैटरी बनाने की दुनिया की पहली सुविधा का उद्घाटन किया गया।

19. (c) सूर्य व चन्द्रमा की आकर्षण शक्तियों के कारण साग. रीय जल के ऊपर उठने तथा गिरने को 'ज्वार-भाटा' कहा जाता है। इससे उत्पन्न तरंगों को ज्वारीय तरंग कहते हैं। अर्द्ध दैनिक ज्वार में असमानता को प्रकट करने की स्थिति

को मिश्रित ज्वार-भाटा कहते है। मिश्रित ज्वार-भाटा में दोनों ज्वार तथा दोनों भाटा में अत्यधिक अन्तर पाया जाता है।

20. (b) रूस के स्टेपी प्रदेश के प्राचीन निवासियों को किर्गिज कहा जाता है। यह मध्य एशिया के किर्गिस्तान गणराज्य में रूस की स्टेपी प्रदेश में निवास करते है। यह पशुपालन का व्यवसाय करते है तथा इनके निवास गृह को युर्त कहते है।

21. (b) मौसमी सूखा एक ऐसी स्थिति होती है जब अपर्याप्त वर्षा की एक लंबी अवधि होती है जो समय और स्थान के साथ समान वितरण के साथ होती है। भारतीय मौसम विज्ञान विभाग के अनुसार जब क्षेत्र में प्राप्त मौसमी वर्षा इसके दीर्घकालिक औसत से 75 फीसदी कम होती है तो इस दशा को मौसमी सूखा कहते है।

22. (c) भारत के चार राज्यों एवं एक केन्द्रशासित प्रदेश की सीमा चीन की सीमा को स्पर्श करती है। ये राज्य हैं- हिमा. चल प्रदेश, उत्तराखंड, सिक्किम, अरूणाचल प्रदेश, लद्दाख (केन्द्रशासित प्रदेश) / चीन की सीमा पश्चिम बंगाल के साथ साझा नहीं करती है।

23. (a) अक्षांश रेखायें ग्लोब पर भू-मध्य रेखा के समानान्तर पश्चिम से पूर्व की ओर खींची गयी काल्पनिक रेखायें है। भूमध्य रेखा को 0° की अक्षांश रेखा कहा जाता है। भूमध्य रेखा से उत्तरी ध्रूव की ओर सभी दूरियाँ उत्तरी अक्षांश और दक्षिणी ध्रुव की ओर सभी दूरियाँ दक्षिणी अक्षांश में मापी जाती है। अक्षांश रेखाओं की संख्या 179 है तथा दो अक्षांशों के बीच की दूरी 111 किमी. होती है। सिक्किम से गुजरने वाली अक्षांश रेखा राजस्थान से भी होकर गुजरती हैं।

24. (d) पहाड़ी शहर कुल्लू और मनाली भारत के हिमा. चल प्रदेश राज्य में स्थित है। प्रशासकीय तौर पर मनाली हिमाचल प्रदेश के कुल्लू जिले का एक हिस्सा है। शिमला, मसूरी, धर्मशाला तथा डलहौजी आदि अन्य पर्वतीय शहर है। धर्मशाला हिमाचल प्रदेश की शीतकालीन राजधानी है।

25. (a) पर्वत या उच्च भूमि दो पड़ोसी अपवाह द्रोणियों को एक-दूसरे से अलग करती है तो इस प्रकार की उच्च भूमि को जल - विभाजक कहते है। इस परिप्रेक्ष्य में अरावली श्रेणी सिंधु नदी तथा गंगा नदी घाटियों के मध्य जल विभा. जक का कार्य करती है।

26. (c) इजराइल
फ्रांस - गणतंत्रात्मक और प्रस्तावना में स्वतंत्रता, समता, बंधुता के आदर्श का सिद्धान्त
यू०एस०ए०- मौलिक अधिकार, राष्ट्रपति एवम् महाभियोग वित्तिय आपात, न्यायपालिका की स्वतंत्रता - आदि
यू० के ० - संसद की शासन प्रणाली, नागरिकता और विधि निर्माण प्रक्रिया, मंत्रिमंडल प्रणाली।

27. (d) भारतीय संविधान के अंतर्गत प्रत्येक नागरिकों को (कुछ दशाओं में विदेशी नागरिकों को भी) अनुच्छेद 12-35 के तहत विभिन्न मूलअधिकार प्राप्त है किन्तु ये अधिकार अनु019 (2) के दायरे के अधीन हैं।
उदाहरण:- भारत ने जर्मनी के 'वीमर संविधान' से आपातकाल (अनु0 352-360) के दौरान मूलअधिकारों के निलबंन का प्रावधान ग्रहण किया है जबकि मूलअधिकार की व्यवस्था अमेरिकी संविधान से संदर्भित है।

28. (a) सरदार स्वर्ण सिंह समिति की अनुशंसा पर संविधान के 42वें संशोधन (1976 ई) द्वारा मौलिक कर्त्तव्यों को भारतीय संविधान में जोड़ा गया। इसे भाग 4 (क) में अनुच्छेद 51 (क) के अन्तर्गत रखा गया है। वर्तमान में मूल कर्तव्यों की कुल संख्या 11 है। अशोक मेहता समिति का गठन वर्ष 1977 में की गई थी। इस समिति ने त्रिस्तरीय पंचायती राज प्रणाली की जगह द्विस्तरीय प्रणाली का सुझाव दिया था।

29. (c) अनुच्छेद 370 अब निरस्त हो गया हैं और यह अब उपयोग में नहीं है। जम्मू और कश्मीर की विशेष स्थिति को संविधान के अनुच्छेद 370 और भाग 21 के तहत रखा गया था। जिसे 5 अगस्त 2019 को भारत सरकार ने समाप्त कर दिया। अनुच्छेद 386- पहली अनुसूची के भाग(ख) मे के राज्यों की मंत्रिपरिषद
अनुच्छेद 377 - भारत के नियंत्रक - महालेखा परिक्षक के बारे में उपबंध
अनच्छेद 380 - प्रान्तीय स्तर पर राज्य के विधानमण्डलों और संसद में अस्थायी आकस्मिक रिकित्यों को भरने से संबंधित

30. (b) भारतीय संविधान में उल्लिखित निकाय या संस्थान को संवैधानिक निकाय कहा जाता है। इन निकायों में परिवर्तन करने के लिए संवैधानिक संशोधन की आवश्यकता पड़ती है।

31. (a) भारत में स्वापक औषधि और मन: प्रभावी अधिनियम, 1985 के तहत दवा अपराधों को बहुत गंभीरता और कठोर दण्ड का प्रावधान है। दावाओं की वाणिज्यिक मात्रा से जुड़े अपराधों के लिए दस वर्ष की एक न्यूनतम जुर्माना सश्रम कारावास बीस साल तक का हो सकता है जो निर्धारित हैं।

32. (c) 55वें संविधान संशोधन 1986 द्वारा अरुणाचल प्रदेश को भारत के 24वें पूर्ण राज्य का दर्जा प्रदान किया गया।

33. (b) राष्ट्रीय राजधानी क्षेत्र दिल्ली, एकसदनीय विधान मण्डल है। दिल्ली विधानसभा में 70 सीटें और लोकसभा की 7 सीटें है।

34. (b) केन्द्रशासित प्रदेश दिल्ली में उप-राज्यपाल की नियुक्ति भारत के राष्ट्रपति द्वारा की जाती है।

35. (d) भारतीय संविधान के अनुच्छेद 118(4) में उल्लेखित विधान के तहत संसद के दोनों सदनों की संयुक्त बैठक की अध्यक्षता लोकसभा अध्यक्ष करते हैं। अध्यक्ष की अनुपस्थिति में संयुक्त बैठक की अध्यक्षता लोकसभा उपाध्यक्ष करते हैं।

36. (c) वह कर जो सरकार जनता से सीधे तौर पर लेती है वह प्रत्यक्ष कर कहलाता है। आयकर, संपत्ति कर इत्यादि प्रत्यक्ष कर के उदाहरण है।

37. (c): जी. डी. पी. (GDP) का पूर्ण रूप ग्रॉस डोमेस्टिक

प्रोडक्ट (Gross Domestic Product) है GDP विशिष्ट समय अवधि में किसी देश की सीमाओं के अंदर उत्पादित सभी तैयार वस्तुओं और सेवाओं का कुल मौद्रिक या बाजार मूल्य है।

38. (a) भारतीय रिजर्व बैंक की मौद्रिक नीति का चयनात्मक ऋण नियंत्रण एक साधन नहीं है। साख का नियंत्रण विशिष्ट कार्यों के लिए करने पर उसे चयनात्मक ऋण नियंत्रण कहते हैं। वर्तमान में साख नियंत्रण की इस नीति को बंद कर दिया गया है।

39. (c) विश्व बैंक की स्थापना 1944 ई. में की गई थी। इसका मुख्यालय वाशिंगटन डी.सी. (सं.रा.अ.) में स्थित है। इसका प्रमुख उद्देश्य उत्पादन एवं विकास प्रयोजनों के लिए अंतर्राष्ट्रीय स्तर पर पंजी के विनिमय को प्रोत्साहन प्रदान करना है। विश्व बैंक के अध्यक्ष को अमेरिका द्वारा मनोनीत किया जाता है।

40. (ब) इंदिरा आवास योजना का शुभारंभ एक स्वयतंत्र योजना के रूप में 1996 ई. में किया गया था। इस योजना के तहत गरीबी रेखा से नीचे जीवन यापन करने वाले गरीबों को मुफ्त आवास दिया जाता था। वर्ष 2016 में इस योजना का नाम बदलकर प्रधानमंत्री आवास योजना कर दिया गया।

41. (b) उपरोक्त में से पत्थर B की गतिज ऊर्जा अधिक होगी क्योंकि वह अधिक ऊँचाई पर से गिर रहा है जिससे भूमि की तरफ गिरते समय ($V_2 = u_2 + 2gh$) के अनुसार अधिक वेग से नीचे गिरेगा। जबकि गतिज ऊर्जा होती है।

42. (b) अपवर्तन प्रकाश के एक पारदर्शी माध्यम से दूसरे में प्रवेश करने पर प्रकाश की गति में परिवर्तन के कारण होता है। क्योंकि प्रकाश की चाल माध्यम के अपर्तनांक पर निर्भर करती है, जिस माध्यम का अपवर्तनांक जितना अधिक होता है, उसमें प्रकाश की चाल उतनी ही कम होती है। क्योंकि किसी माध्यम में प्रकाश की चाल अपवर्तनांक के व्युत्क्रमानुपाती होती है। जल का अपवर्तनांक = 1.33 होता है तथा कांच का अपवर्तनांक = 1.5 होता है। अत: कथन I और कथन II सत्य है।

43. (c) मनुष्य के शरीर का सामान्य तापमान 98.4°F (37° C) होता है।

44. (d) जल की गैसीय अवस्था को उसके तरल अवस्था में परिवर्तन को संघनन कहते है। यह तापमान में कमी तथा वायु की सापेक्ष आर्द्रता पर निर्भर करता है।

45. (a) जब किसी वस्तु पर कोई भी आनुषंगिक विकिरण आपतित की जाती है, तो वह सम्पूर्ण विकिरण को अवशोषित कर लेती है तथा कुछ भी परावर्तित नही करती है तब उस वस्तु को परिपूर्ण कृष्ण पिण्ड या आदर्श कृष्ण पिण्ड कहते हैं।

46. (a) हाइड्रोजन द्विपरमाणुक तत्व है अत: युग्म (I) गलत हैं।

47. (b) किसी पदार्थ का आणविक द्रव्यमान उसके सभी संघटक परमाणुओं के परमाणु द्रव्यमानों का योग होता है। आणविक द्रव्यमान की इकाई को न द्वारा व्यक्त करते हैं। नाइट्रिक अम्ल (HNO_3) का आणविक द्रव्यमान $H = 1, N = 14, O_3 = 48 = 1 + 14 + 48 = 63\ \mu$ होता है।

48. (d) 1 मोल N का द्रव्यमान
0.5 मोल N_2 का द्रव्यमान = 28/7 = 14 ग्राम
और 1 मोल N का द्रव्यमान = 14 ग्राम
10.5 मोल N का द्रव्यमान = 7 ग्राम

49. (a) जब एल्युमिनियम के बर्तनों में खाना पकाया जाता है, तो मानव शरीर के लिए हानिकारक एजेंट आसानी से भोजन के साथ प्रतिक्रिया कर सकते है। ऐसा इसलिए क्योंकि एल्युमीनियम बहुत जल्दी गर्म होता है और अम्लीय सब्जियों और खाद्य पदार्थों के साथ आसानी से अभिक्रिया करता हैं, जो हमारे शारीरिक और मानसिक सेहत को नुकसान पहुंचा सकता है

50. (e) विटामिन K शरीर में रक्त का थक्का बनने के लिए आवश्यक होता है। इसकी कमी से चोट लगने पर अत्यधिक रक्त स्त्राव होता है।
विटामिन A : विटामिन A का नाम रेटिनॉल है। यह विटामिन आँखों के लिए अत्यन्त आवश्यक है। इसकी कमी से रतौंधी हो जाती है।
विटामिन C: विटामिन C का रासायनिक नाम एस्कॉर्बिक अम्ल है। इसकी कमी से स्कर्वी नामक रोग हो जाता है।
विटामिन E: विटामिन E का रासायनिक नाम टोकोफेरॉल है। इसकी कमी से बांझपन की समस्या उत्पन्न होती है।

51. (c) सिनकोना (Cinchona) एक सदाबहार पादप है जो सपुष्पक एवं द्विबीजपत्री पादप होता है।
यह रूबियेसी (Rubiaceae) कुल की वनस्पति है। इनकी छाल से कुनैन नामक औषधि प्राप्त की जाती है जो मलेरिया ज्वर की दवा है।

52. (a) राबर्ट कोच एक प्रसिद्ध जर्मन सूक्ष्म जीव विज्ञानी थे। इन्हें विशेषत: तपेदिक (टी.बी.) रोग के कारणों की खोज के लिए जाना जाता है। इसके अतिरिक्त इन्होंने एंथ्रैक्स, हैजा, ट्रिपैनोसोमियासिस के प्रेरक जीवों की भी खोज की।

53. (b) फाइलेरिया, रोग धागे के समान दिखने वाले फाइलेरिओडी नामक निमोटोड के कारण फैलता है। इसका संचारण मादा क्यूलेक्स मच्छरों के काटने से होता है। इस रोग में पैरों, वृषणकोष तथा शरीर के अन्य भाग में सूजन आ जाती है।

54. (d) पेनिसिलियम नोटेटम की खोज स्कॉटिश वैज्ञानिक एलेक्जेंडर फ्लेमिंग ने की। यह कवक श्रेणी की मृतजीवी वनस्पति है। इसकी सहायता से 1928 ई0 में एलेक्जेंडर फ्लेमिंग ने पेनिसिलन नामक एंटीबायोटिक का आविष्कार किया और जीवाणु संक्रमण से होने वाले रोगों से लड़ने में सफलता प्राप्त की। वर्ष 1945 में इन्हें चिकित्सा के नोबेल पुरस्कार से सम्मानित किया गया।

55. (d) पोलियो, खसरा तथा रेबीज विषाणु जनित रोग है जबकि कोढ़ जीवाणु जनित रोग है। कोढ़ एक संचरणशील रोग है, जो माइकोबैक्टीरियम लेप्री नामक जीवाणु से फैलता है। इस रोग के रोकथाम के लिए एम. डी. टी. दवाओं का उपयोग करते है।

56. (a) : प्रश्न से-

∵ औसत - कुल संख्याओं का योग / कुल संख्या

13 संख्याओं का औसत 22 है।

13 संख्याओं का कुल योग = 13 × 22 = 286

प्रत्येक संख्या में 3 से गुणा करने पर = 286 × 3 = 858

अतः नया औसत = $\frac{858}{13}$ = 66

57. (b) : नोट- दो अभाज्य संख्याओं का ल.स. सदैव उनका गुणनफल होता है। अतः x तथा y का = xy

58. (a) माना संख्याएँ x एवं

प्रश्नानुसार,

$x + y = 10$ … (i)

$x - y = 6$ … (ii)

समी (i) + समी (ii)

$$\begin{array}{l} x + y = 10 \\ \underline{x - y = 6} \\ 2x \quad = 16 \end{array}$$

x = 8, y = 2

∴ संख्याएँ (8, 2) है।

59. (c) माना संख्या x है।

प्रश्नानुसार,

$$x \times \frac{8.5}{100} = x \times \frac{4.5}{100} + 1.6$$

$$\frac{8.5x}{100} - \frac{4.5x}{100} = 1.6$$

$$\frac{4x}{100} = 1.6 = x = \frac{1.6 \times 100}{4}$$

$x = 0.4 \times 100 = \boxed{40}$

60. (c) टुकड़ो के भारों में अनुपात = 4 : 3 : 2

पहले टुकड़े का भार = 4x

दूसरे टुकड़े का भार = 3x

तीसरे टुकड़े का भार = 2x

हीरे का वास्तविक मूल्य $P \propto w^2$

$P = kw^2$

$P = k(9x)^2 = k\,81x^2$

तीनों टुकडे के हीरे का मूल्य = $k(4x)^2 + (3x)^2 + (2x)^2\}$ = $29kx^2$

हानि = वास्तविक मूल्य - तीनों टुकड़े के हीरे का मूल्य = $18720 = 81kx^2 - 29kx^2$

$18720 - 52\,kx^2$

$kx^2 = \frac{18720}{52} = 360$

हीरे का वास्तविक मूल्य = $81\,kx^2 = 81 \times 360$ = Rs 29160

61. (d) माना y लड़कों को प्रवेश मिलता है।

लड़कियों की संख्या 4x तथा लड़कों की संख्या 5x है ।

$4x + 5x = 720$

$9x = 720$

$x = 80$

प्रश्नानुसार,

$$\frac{4x + y}{5x + 20} = \frac{4}{3}$$

$$\frac{320 + y}{400 + 20} = \frac{4}{3}$$

$960 + 3y = 1680$

$3y = 720$

$y = 240$

62. (a) दिया है

मूलधन (P) = Rs 18000, समय (T) = 3 वर्ष R = 8.5%

ब्याज = $\frac{PRT}{100}$

$= \frac{18000 \times 8.5 \times 3}{100}$ = ब्याज = Rs. 4590

63. (b) $\left(\frac{2}{3} \div \frac{3}{2} \text{of} \frac{2}{3}\right)\frac{9}{15} \div \left(\frac{5}{4} \div \frac{5}{2} \times \frac{4}{5} \text{of} \frac{2}{5}\right)$ का $\left(\frac{3}{4} \times \frac{3}{4} \div \frac{4}{3} \text{of} \frac{3}{4}\right)$

$$= \frac{2}{3} \times \frac{9}{15} \div \left(\frac{5}{4} \div \frac{5}{2} \times \frac{8}{25}\right) \text{ का } \left(\frac{3}{4} \times \frac{3}{4} \div 1\right)$$

$$= \frac{2}{5} \div \left(\frac{4}{25}\right) \text{ का } \frac{9}{16} = \frac{2}{5} \div \frac{9}{100} = \frac{40}{9}$$

64. (e) माना पहाड़ी की चोटी और तलहटी के बीच की दूरी x km

प्रश्नानुसार,

$$\frac{x}{5} + \frac{x}{7} = 6$$

$$\frac{7x + 5x}{35} - 6 \quad 12x = 6 \times 35,$$

x = 17.5 km

65. (c) प्रश्न से,

राजू ने विज्ञान परियोजना को पूरा किया = 20 दिन

राजू की कार्य क्षमता = $\frac{1}{20}$

गुरू की कार्य क्षमता = राजू की कार्य क्षमता × $\frac{125}{100}$

$$= \frac{1}{20} \times \frac{125}{100} = \frac{1}{16}$$

अतः गुरू उस कार्य को पूरा करेगा 16 दिन

66. (d) : दिये गये विकल्पों में विकल्प (a), (b), (c) समान है क्योंकि इनमें से प्रत्येक में दिए गए दोनों पैटर्न एक दूसरे के दर्पण अतिविम्व है। जबकि विकल्प (d) अन्य से भिन्न है क्योंकि बल एक-दूसरे के समान प्रतिविम्ब है न कि दर्पण प्रतिविम्व है।

66. (a) प्रश्नानुसार अध्यापको के पंक्ति में खड़े होने का क्रम-

↑ ↑ ↑ ↑ ↑ ↑

F D A C E B

उपरोक्त क्रम व्यवस्था से स्पष्ट है कि D के एकदम दाए 'A' खड़ा है।

67. (e) EF.N.G.D.E.N. I. A. अक्षरों से निर्मित सार्थक शब्द DEAFENING (गरजना पूर्ण)

DEAFENING का विपरीत STILLY (संतिपूर्वक)

68. (c) दी गई श्रेणी निम्नवत है-

0 7 26 63 124 215

↑ ↑ ↑ ↑ ↑ ↑

1^3-1 2^3-1 3^3-1 4^3-1 5^3-1 6^3-1

अत: ? = 63

69. (d) जिस प्रकार गाय से 'दूध' प्राप्त किया जाता है, उसी प्रकार भेद्र से 'उन' प्राप्त किया जाता है।

70. (b)

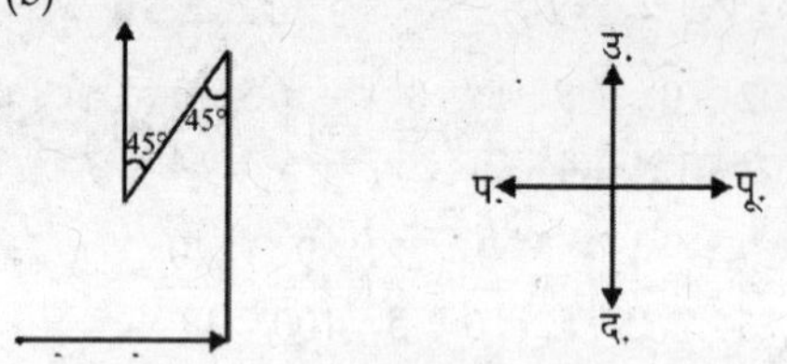

उपर्युक्त आरेख से स्पष्ट है कि अब व्यक्ति उत्तर दिशा में पल रहा

71. (d) हर्षवर्द्धन के समय में बिहार राज्य में नालंदा विश्वविद्यालय प्रसिद्ध था। इस विश्वविद्यालय की स्थापना कुमारगुप्त प्रथम के शासन काल में हुई थी।

72. (c) बिहार को मुगल साम्राज्य के प्रांत का दर्जा 1580 में दिया गया। अकबर के समय 1580 ई. के अन्त तक लगभग सम्पूर्ण बिहार पर पुनः मुगलों का अधिकार हो गया।

73. (c) महात्मा गांधी के नेतृत्व में बिहार के चम्पारण जिले में सन् 1917 को एक आंदोलन हुआ, इसे चम्पारण सत्याग्रह के नाम से जाना जाता है। गांधीजी के नेतृत्व में भारत में किया गया यह पहला सत्याग्रह था।

74. (a) विद्यापीठ की स्थापना का मुख्य उद्देश्य राज्य में भारतीय संस्कृति (Indian Culture) को जीवित रखना व छात्रों को हुनरमंद बनाना था।

75. (c) निर्वाचित लोगों में मो० शफी, विन्देश्वरी प्रसाद वर्मा, और जनकधारी प्रसाद थे।

76. (d) साइमन कमीशन की भर्त्सना की गई थी। इसमें प्रमुख नेताओं के हस्ताक्षर थे जबकि मजहरुल हक का हस्ताक्षर नहीं था।

77. (a) 'बाबा ठाकुर दास' ने 1906-07 में पटना में 'रामकृष्ण सोसाइटी' की स्थापना की।

78. (a) मई 1930 में बिहार उड़ीसा के मुख्य सचिव श्री एच० के० ब्रिस्क्री थे।

79. (b) बिहार में गन्ना का सर्वाधिक उत्पादन उत्तरी-पश्चिमी मैदान में होता है।

80. (b) इसके विरोध में 31 अक्टूबर 1940 को सभी प्रांतों की कांग्रेस सरकार ने त्यागपत्र दे दिया था ।

81. (a) एफ. एम. रेडियो मिर्ची का प्रसारण (अप्रैल 2007) में पटना में शुरू हुआ है।

82. (c) BSEB के 10वीं की परीक्षा में प्रथम श्रेणी से उत्तीर्ण हर छात्र/छात्राओं को 10,000 रु० पुरस्कार स्वरूप दिया जाता है।

83. (b): 28 फरवरी, 2023 को बिहार विधानसभा में राज्य के वित्त मंत्री विजय कुमार चौधरी ने वित्तीय वर्ष 2023-24 के लिये 61 लाख 885.4 करोड़ रुपए का बजट पेश किया, जिसमें युवाओं, महिलाओं से लेकर नौकरीपेशा और राज्य की जनता के अंतिम व्यक्ति तक को लाभ पहुँचाने की बात की गई है।

84. (c) विक्रमशिला गंगा डॉल्फिन अभयारण्य भागलपुर जिले में स्थित भारत में अपनी तरह का पहला डॉल्फिन अभयारण्य है। बिहार सरकार ने 1990 ई. में इसे डॉल्फिन अभयारण्य के रूप में मान्यता दी है।

85. (b) अखिल भारतीय मुस्लीम लीग का 26वां अधिवेशन (26 दिसम्बर 1938) पटना में सम्पन्न हुआ। इसकी अध्यक्षता मुहम्मद अली जिन्ना ने की थी

86. (a) उत्तर प्रदेश एवं बिहार के संयुक्त प्रयास से बनी गण्डक परियोजना के अन्तर्गत गण्डक नदी पर वाल्मीकि नगर के निकट एक बैराज निर्मित किया गया है तथा दो नहरें निकाली गई हैं।

87. (a)सोमेश्वर की पहाड़ी बिहार के पश्चिमी चंपारण में हैं।

88. (d) बिहार का उत्तर से दक्षिण तक लम्बाई 345 किलोमीटर है-

89. (c) श्री नीतीश कुमार 16वीं विधानसभा चुनाव के उपरांत मुख्यमंत्री बनने के समय विधानपरिषद् के सदस्य थे

90. (a) बिहार में अन्तर्राष्ट्रीय विश्वविद्यालय 'यूनिवर्सिटी ऑफ नालंदा' के प्रथम कुलपति अमर्त्य सेन थे।

91. (b) 'लकड़ी' जीवाश्म ईंधन नहीं है। जबकि कोयला, पेट्रोलियम, प्राकृतिक गैस जीवाश्म ईंधन के अन्तर्गत आते है। काष्ठ या लकड़ी एक कार्वनिक पदार्थ है जिसका उत्पादन वृक्षों के तनों में परवर्धी जाइलम के रूप में होता है।

92. (d) ऊर्जा का परम्परागत स्रोत जीवाश्म ईंधन कोयला, पेट्रोलियम और प्राकृतिक गैस आदि है। वस्तुतः ऊर्जा के परम्परागत स्त्रोत (नवीकरणीय) समाप्त होने योग्य होते है तथा इन्हें पुन: प्राप्त

नहीं किया जा सकता। जबकि सौर ऊर्जा, भू-तापीय ऊर्जा, पवन ऊर्जा, ज्वारीय ऊर्जा, जल ऊर्जा, बायोमास आदि। ऊर्जा के गैर परम्परागत या नवीकरणीय स्रोत है, जिन्हें पुनः प्राप्त किया जा सकता है। ये पृथ्वी पर असीमित मात्रा में उपलब्ध हैं तथा प्रदूषण रहित होने के कारण पर्यावरण हितैषी हैं।

93. (d) पौधों के ऊपरी भागों से वाष्प के रूप में जल की क्षति को वाष्पोत्सर्जन कहते हैं। पेड़ पौधे मिट्टी से जिस जल का अवशोषण करते हैं। उसके केवल थोड़े से अंश का ही पादप द्वारा उपयोग होता है, शेष अधिकांश जल पौधों द्वारा वाष्प के रूप में बाहर निकल जाता है। वाष्पोत्सर्जन पौधे के माध्यम से होने वाले पानी के आवागमन और इसके हवाई भागों से वातावरण में होने वाले वाष्पीकरण की प्रक्रिया है।

94. (c) हिमालय मेएप्पल, एक औषधीय पौधा है जो उच्च क्षेत्रों में पाया जाता है। ये श्स्थानिक समूह में रखें जाते है, स्थानिक प्रजातियाँ भौगोलिक रूप से पृथक क्षेत्रों में पायी जाती है तथा विश्व में अन्यत्र कहीं प्राकृतिक रूप से नहीं पायी जाती है। इसमें पौधे और जन्तु दोनों सम्मिलित होते है। जैसे-नेवादा, प्रिमरोज, बैक्सफ्लावर आदि।

95. (c) हमारे सौर मण्डल में आठ ग्रह हैं - बुध, शुक्र, पृथ्वी, मंगल, बृहस्पति, शनि, युरेनस (अरुण ग्रह) और नेप्चून (वरुण ग्रह)। जिसमें से पृथ्वी से छोटे तीन ग्रह है - बुध, शुक्र, मंगल और बड़े ग्रह - वरुण, अरुण, शनि बृहस्पति है।

96. (c) भूमिगत जल के स्तर की क्षीणता का मुख्य कारण सिंचाई हेतु ट्यूबबेल तथा हाथ के पंपो का उपयोग होना है।

97. (e) पारिस्थितिकी तंत्र में जीवित और निर्जीव हिस्से शामिल हैं जो एक दूसरे से जुड़े हुए हैं। पारिस्थितिकी तंत्र के कार्यात्मक पहलू पोषक चक्र, खाद्य श्रृंखला और ऊर्जा चक्र हैं।

98. (b) डीकंपोजर छोटे जानवरों का समूह है, जैसे बैक्टीरिया, कीड़े, आदि। यह मृत कार्बनिक पदार्थों को सरल छोटे पदार्थों में तोड़ देता है।

99. (a) वे प्रजातियाँ जिनका उन्मूलन पारिस्थितिकी तंत्र को गंभीर रूप से प्रभावित कर सकता है।
विलुप्ति विभिन्न मानवीय गतिविधियों के कारण होती है, जैसे वनों की कटाई, आर्द्रभूमि को सूखाना आदि। कुछ प्रजातियों का उन्मूलन पारिस्थितिकी तंत्र को नुकसान पहुंचा सकता है। ऐसी प्रजातियों को कीस्टोन प्रजातियाँ कहा जाता है।

100. (d) मानवीय गतिविधियों के कारण पारिस्थितिकी तंत्र बाधित होता है, जिसके परिणामस्वरूप भूजल की कमी, प्रजातियों का विलुप्त होना, वन क्षेत्र में कमी और भी बहुत कुछ होता है।

101. (c) भारत ने 2070 तक शुद्ध-शून्य उत्सर्जन हासिल करने का लक्ष्य रखा है मिशन का लक्ष्य 2030 तक प्रति वर्ष कम से कम 5 मिलियन मीट्रिक टन (एमएमटी) हरित हाइड्रोजन का उत्पादन करने की क्षमता का निर्माण करना है, जिसमें निर्यात बाजारों के विकास के साथ प्रति वर्ष 10 एमएमटी तक पहुंचने की क्षमता है। ग्रीन हाइड्रोजन की सोर्सिंग में वर्तमान में महत्वपूर्ण लागत शामिल है, लेकिन क्षेत्र के विकसित होने के साथ उत्पादन की लागत में कमी आने की उम्मीद है।

102. (c) स्टैंड अप इंडिया योजना 5 अप्रैल 2016 को जमीनी स्तर पर उद्यमशीलता को बढ़ावा देने और रोजगार सृजित करने के लिए शुरू की गई थी। योजना को वर्ष 2025 तक बढ़ा दिया गया है। इस योजना का उद्देश्य सभी बैंक शाखाओं को अनुसूचित जाति, अनुसूचित जनजाति और महिलाओं से कर्ज लेने वालों को अपना ग्रीनफील्ड उद्यम स्थापित करने के लिए ऋण देने के लिए प्रोत्साहित करना है।

103. (a) तेलंगाना में, एक निजी अंतरिक्ष वाहन कंपनी स्काईरूट एयरोस्पेस ने 200 सेकंड के लिए अपने 3डी-मुद्रित धवन II इंजन का सफलतापूर्वक परीक्षण किया। इंजन को विशेष रूप से इसके भारी वाहन विक्रम II के लिए डिजाइन किया गया था। हाल के परीक्षण में एक क्रायोजेनिक इंजन शामिल था, जो विक्रम-द्वितीय के अद्यतन संस्करण के लिए ऊपरी चरण के रूप में काम करेगा।

104. (b) उत्तर प्रदेश सरकार ने राज्य में शिक्षकों की भर्ती के लिए 'उत्तर प्रदेश शिक्षा सेवा चयन आयोग' (उत्तर प्रदेश शिक्षा सेवा चयन आयोग) स्थापित करने का निर्णय लिया है। 4 अप्रैल 2023 को, मुख्यमंत्री योगी आदित्यनाथ ने स्वायत्त आयोग की स्थापना के संबंध में आवश्यक दिशा-निर्देश दिए जो बुनियादी, माध्यमिक, उच्च और तकनीकी महाविद्यालयों में शिक्षकों का चयन करेगा। नया आयोग यूपी शिक्षक पात्रता परीक्षा (UPTET) परीक्षा भी आयोजित करेगा।

105. (a) भारतीय प्रधान मंत्री नरेंद्र मोदी और भूटान के राजा जिग्मे खेसर नामग्याल वांगचुक ने द्विपक्षीय सहयोग की समीक्षा करने और अपने संबंधों को बढ़ावा देने के लिए 5 अप्रैल 2023 को नई दिल्ली में एक द्विपक्षीय बैठक की। बैठक के दौरान दोनों देशों ने आर्थिक और विकास साझेदारी, व्यापार सुविधा उपायों, व्यापार में सहयोग, कनेक्टिविटी, निवेश, ऊर्जा, अंतरिक्ष और स्टार्टअप पर ध्यान केंद्रित किया।

106. (e) राजा महोत्सव, जिसे मिथुन संक्रांति के रूप में भी जाना जाता है, आमतौर पर ओडिशा में हर साल 14 जून से 16 जून तक मनाया जाता है। यह एक जीवंत और खुशी का उत्सव है जो पूर्वी भारतीय राज्य ओडिशा में अत्यधिक सांस्कृतिक महत्व रखता है।

107. (b) अंतर्राष्ट्रीय योग दिवस प्रत्येक वर्ष 21 जून को दुनिया भर में मनाया जाता है। इस विशेष दिन का उद्देश्य योग का अभ्यास करने के कई लाभों के बारे में जागरूकता बढ़ाना और शारीरिक, मानसिक और आध्यात्मिक कल्याण के लिए समग्र दृष्टिकोण को बढ़ावा देना है।

108. (a) मिस वर्ल्ड 2023 मिस वर्ल्ड पेजेंट का 71वां संस्करण होगा, जो दिसंबर 2023 को भारत में आयोजित किया जाएगा। कार्यक्रम के अंत में पोलैंड की करोलिना बिलावस्का अपने उत्तराधिकारी को ताज पहनाएंगी।

109. (c) लेफ्टिनेंट जनरल राजीव घई ने कश्मीर में चिनार कोर की कमान संभाली है। उन्होंने चिनार कॉर्प्स मेमोरियल पर श्रद्धांजलि अर्पित की और सैनिकों को संबोधित किया, उनसे क्षेत्र में शांति और स्थिरता के लिए काम करना जारी रखने का आग्रह किया।

110. (a) भारत ने 13 जून 2023 को किर्गिस्तान के बिश्केक में कुल एक स्वर्ण, तीन रजत और तीन कांस्य पदक के साथ अंडर-17 एशियाई कुश्ती चौंपियनशिप में अपना अभियान समाप्त किया।

111. (b) बांग्लादेश 12-13 मई तक ढाका में होने वाले छठे हिंद महासागर सम्मेलन (IOC) की मेजबानी करेगा। IOC में लगभग 25 देशों के उच्च-स्तरीय सरकारी प्रतिनिधिमंडलों और थिंक टैंकों के भाग लेने की उम्मीद है। यह क्षेत्र में सभी के लिए सुरक्षा और आर्थिक विकास के उद्देश्य से क्षेत्रीय सहयोग की संभावनाओं पर चर्चा करने के लिए एक साझा मंच प्रदान करेगा।

112. (d) भारत की G20 अध्यक्षता में ट्रांजिशन टू एनर्जी सोर्सेज (ETWG) पर वर्किंग ग्रुप की तीसरी बैठक 15 से 17 मई 2023 तक मुंबई में आयोजित की जाएगी। तीन दिवसीय बैठक में G20 सदस्य देशों के 100 से अधिक प्रतिनिधि, विशेष आमंत्रित सदस्य और अंतर्राष्ट्रीय ऊर्जा एजेंसी (IEA), विश्व बैंक और विश्व ऊर्जा परिषद जैसे अंतर्राष्ट्रीय संगठन शामिल होंगे।

113. (b) ऊर्जा मंत्रालय और पर्यावरण मंत्रालय डीकार्बोनाइजेशन के लिए कार्बन क्रेडिट ट्रेडिंग योजना विकसित करेंगे। सरकार कार्बन क्रेडिट प्रमाणपत्रों के व्यापार के माध्यम से ग्रीनहाउस गैस उत्सर्जन का मूल्य निर्धारण करके भारतीय अर्थव्यवस्था को डीकार्बोनाइज करने के उद्देश्य से एक भारतीय कार्बन बाजार विकसित करने की योजना बना रही है।

114. (c) भारत-यूरोपीय संघ व्यापार और प्रौद्योगिकी परिषद की पहली मंत्रिस्तरीय बैठक 16 मई 2023 को ब्रसेल्स में आयोजित की जाएगी। दोनों पक्षों ने परिषद के तहत तीन कार्यकारी समूहों की स्थापना की। ये सामरिक प्रौद्योगिकियों, डिजिटल शासन, और डिजिटल कनेक्टिविटी पर कार्य समूह, हरित और स्वच्छ ऊर्जा प्रौद्योगिकियों पर कार्य समूह, और व्यापार, निवेश और लचीली मूल्य श्रृंखलाओं पर कार्य समूह हैं।

115. (a) भारतीय निशानेबाज सरबजोत सिंह ने 11 मई को अजरबैजान के बाकू में राइफल और पिस्टल निशानेबाजों के आईएसएसएफ विश्व कप 2023 में पुरुषों की 10 मीटर एयर पिस्टल मिश्रित टीम स्पर्धा में संयुक्त रूप से स्वर्ण पदक जीता। इससे पहले सरबजोत सिंह ने क्वालिफिकेशन राउंड में तीन सीरीज में 293 का स्कोर किया।

116. (b) सनिया मिर्जा भारत की शीर्ष टेनिस खिलाड़ियों में से एक है। 2003 से 2013 में लगातार एक दशक एक उन्होंने महिला टेनिस संघ (डब्ल्यू टी ए) के एकल और डबल में शीर्ष भारतीय टेनिस खिलाड़ी के रूप में अपना स्थापन बनाए रखने में सफल रही। वर्ष 2009 में वे भारत की तरफ से गैंड स्लैम जीतने वाली पहली महिला खिलाड़ी बनीं।

117. (c) माइक्रोसॉफ्ट एक्सेल और माइक्रोसॉफ्ट वर्ल्ड एक एप्लीकेशन सॉफ्टवेयर हैं। एमएस वर्ल्ड का प्रयोग डॉक्यूमेंटों को मुद्रित करने और सहेजने की अनुमति प्रदान करता है। यह डाक्यूमेंटों को बनाने में भी सहायक है। एमएस एक्सेल एक स्प्रेडशीट प्रोग्राम है, जहाँ किसी डाटा को टेबल पर रिकॉर्ड किया जाता है। इसमें एक बार सूत्र दर्ज करने के पश्चात् स्वचालित गणना आसानी से की जा सकती है।

118. (d) मोहिनीअट्टम केरल राज्य का शास्त्रीय नृत्य है।

119. (d) 'मधुबनी' भारत की प्रसिद्ध लोक - चित्रकला शैलियों में से एक है। यह शैली बिहार राज्य के मिथिलांचल क्षेत्र में बहुत ही लोकप्रिय है। मधुबनी को मिथिला संस्कृति का द्विध्रूव माना जाता है।

120. (c) भरतनाट्यम का आरंभ दक्षिण भारतीय राज्य तमिलनाडु से हुआ था।

◆◆◆

SET 10

BPSC प्राइमरी प्रैक्टिस सेट

1. **त्रिपिटक शास्त्रों के सिद्धान्त (कैनन ऑफ स्क्रिप्चर) _______ के लिए एक शब्द है-**
(a) हिंदू (b) हिन्दू और बौद्ध दोनों
(c) बौद्ध (d) जैन
(e) उपर्युक्त में से कोई नहीं/ उपर्युक्त में से एक से अधिक

2. **अशोक द्वारा नियुक्त किए गए धर्ममहामात्रों के कर्त्तव्यों का उसके निम्न अभिलेखों में उल्लेख हुआ है:**
(i) पञ्चम् शिलालेख
(ii) सप्तम् स्तम्भलेख
(iv) द्वादश शिलालेख
(iii) षष्ठ शिलालेख
(a) (i) एवं (iii) (b) (i), (ii) एवं (iii)
(c) (ii), (iii) एवं (ii) (d) (i) एवं (ii)
(e) उपर्युक्त में से कोई नहीं/ उपर्युक्त में से एक से अधिक

3. **भरमौर में सबसे बड़ा मंदिर कौन-सा है जो हिमाचल प्रदेश में गुप्त युग के बाद का हिंदू मन्दिर है?**
(a) संकट मोचन मन्दिर (b) वशिष्ठ मन्दिर
(c) लक्षना देवी मन्दिर (d) बाबा बालक नाथ मन्दिर
(e) उपर्युक्त में से कोई नहीं/ उपर्युक्त में से एक से अधिक

4. **'विक्रमादित्य' की उपाधि किसने धारण की थी?**
(a) अशोक (b) बिन्दुसार
(c) चन्द्रगुप्त II (d) समुद्रगुप्त
(e) उपर्युक्त में से कोई नहीं/ उपर्युक्त में से एक से अधिक

5. **गुप्त वंश (320-540) के शासन के दौरान कुतुब मीनार के नजदीक लौह स्तंभ पर किस का साधिकार है?**
(a) समुद्रगुप्त (b) चन्द्रगुप्त
(c) कुमारगुप्त (d) रामगुप्त
(e) उपर्युक्त में से कोई नहीं/ उपर्युक्त में से एक से अधिक

6. **निम्नलिखित में से किस युद्ध के बाद भारत में मुगल साम्राज्य की स्थापना हुई?**
(a) तालीकोटा का युद्ध (b) हल्दीघाटी का युद्ध
(c) पानीपत का प्रथम युद्ध (d) पानीपत का द्वितीय युद्ध
(e) उपर्युक्त में से कोई नहीं/ उपर्युक्त में से एक से अधिक

7. **पानीपत की पहली लड़ाई किन सेनाओं के बीच हुई?**
(a) अकबर और हेमू (b) अब्दाली और मराठा
(c) हुमायूँ और शेरशाह सूरी (d) बाबर और इब्राहिम लोदी
(e) उपर्युक्त में से कोई नहीं/ उपर्युक्त में से एक से अधिक

8. **भारत में मुगल साम्राज्य का अंतिम शासक कौन था?**
(a) अकबर - II (b) बहादुरशाह - II
(c) आलमगिर - II (d) शाह आलम - II
(e) उपर्युक्त में से कोई नहीं/ उपर्युक्त में से एक से अधिक

9. **मुगल व राजपूतों के बीच खानवा का युद्ध कब हुआ?**
(a) 1526 (b) 1527
(c) 1568 (d) 1519
(e) उपर्युक्त में से कोई नहीं/ उपर्युक्त में से एक से अधिक

10. **हुमायूँ का मकबरा इनके द्वारा बनवाया गया था-**
(a) बू हातिमा (b) नूरजहाँ
(c) हाजी बेगम (d) अकबर
(e) उपर्युक्त में से कोई नहीं/ उपर्युक्त में से एक से अधिक

11. **नेहरू युग में भारतीय विदेश नीति की विशेषता निम्नलिखित में से कौन सी थी?**
1. गुटनिरपेक्षता
2. पंचशील
3. दक्षिण एशियाई देशों के मध्य सहकारिता को बढ़ावा देना
4. शांति के लिये कार्य करना
(a) 1, 2, 3 (b) 2, 3, 4
(c) 1.2 (d) 1, 2, 4
(e) उपर्युक्त में से कोई नहीं/ उपर्युक्त में से एक से अधिक

12. **सिक्खों के प्रथम दस गुरुओं में से एक _______ सिक्ख धर्म के संस्थापक हैं-**
(a) गुरुनानक (b) सिद्धार्थ
(c) विष्णुवर्द्धन (d) जय सिंह
(e) उपर्युक्त में से कोई नहीं/ उपर्युक्त में से एक से अधिक

13. निम्नलिखित में से कौन-सा कथन सही है?

I. 1801 में अवध पर सहायक संधि लगाई गई थी।

II. नवंबर 1862 में रंगून जेल में बहादुरशाह जफर की मृत्यु हुई थी।

(a) केवल II (b) ना ही I ना ही II

(c) केवल I (d) I तथा II दोनों

(e) उपर्युक्त में से कोई नहीं/ उपर्युक्त में से एक से अधिक

14. किसने पटना, बिहार में पत्थर की मस्जिद का निर्माण करवाया था?

(a) औरंगजेब (b) परवेज शाह

(c) अलाउद्दीन खिजली (d) फिरोज शाह तुगलक

(e) उपर्युक्त में से कोई नहीं/ उपर्युक्त में से एक से अधिक

15. निम्नलिखित में से कौन सा कथन सही है?

I. प्रार्थना समाज 1867 में स्थापित किया गया था।

II. अलीगढ़ मुस्लिम विश्वविद्यालय की स्थापना मौलाना अबुल कलाम आजाद ने की थी।

(a) ना ही I ना ही II (b) केवल II

(c) I तथा II दोनों (d) केवल I

(e) उपर्युक्त में से कोई नहीं/ उपर्युक्त में से एक से अधिक

16. निम्न में से भारत का कौन-सा शहर इलेक्ट्रॉनिक शहर के रूप में जाना जाता है?

(a) मुम्बई (b) हैदराबाद

(c) बंगलौर (d) गुरुग्राम

(e) उपर्युक्त में से कोई नहीं/ उपर्युक्त में से एक से अधिक

17. निम्नलिखित में से कौन-सा एनसीटी दिल्ली का एक मुख्य एयरपोर्ट है?

(a) महात्मा गांधी इंटरनेशनल एयरपोर्ट

(b) संजय गांधी इंटरनेशनल एयरपोर्ट

(c) राजीव गांधी इंटरनेशनल एयरपोर्ट

(d) इंदिरा गांधी इंटरनेशनल एयरपोर्ट

(e) उपर्युक्त में से कोई नहीं/ उपर्युक्त में से एक से अधिक

18. भारत में यूरेनियम का सबसे बड़ा उत्पादक राज्य कौन-सा है?

(a) मध्य प्रदेश (b) गुजरात

(c) तमिलनाडु (d) आंध्र प्रदेश

(e) उपर्युक्त में से कोई नहीं/ उपर्युक्त में से एक से अधिक

19. हीराकुंड का संबंध इससे है:

(a) सतलज (b) व्यास

(c) महानदी (d) कावेरी

(e) उपर्युक्त में से कोई नहीं/ उपर्युक्त में से एक से अधिक

20. इनमें से कौन-सी फसल की कटाई मार्च-अप्रैल में नहीं होती?

(a) धान (b) गेहूँ

(c) सरसों (d) जौ

(e) उपर्युक्त में से कोई नहीं/ उपर्युक्त में से एक से अधिक

21. तटीय मैदानों और उत्तर भारतीय मैदान में उत्कृष्ट मिट्टी के प्रकार हैं:

(a) लैटेराइट (b) काली मिट्टी

(c) लाल मिट्टी (d) जलोढ़

(e) उपर्युक्त में से कोई नहीं/ उपर्युक्त में से एक से अधिक

22. तिब्बत में ब्रह्मपुत्र नदी को किस नाम से जाना जाता है?

(a) सुबनसिरी (b) देबांग

(c) लोहित (d) सांग्पो

(e) उपर्युक्त में से कोई नहीं/ उपर्युक्त में से एक से अधिक

23. उत्तर से दक्षिण की ओर पश्चिमी घाट की निम्नलिखित पहाड़ियों को व्यवस्थित कीजिए।

(a) मन्नार - ऊटी - सिंधुदुर्ग-कुद्रेमुख

(b) सिंधुदुर्ग - कुद्रेमुख - ऊटी-मन्नार

(c) कुद्रेमुख - ऊटी-मन्नार-सिंधुदुर्ग

(d) कुद्रेमुख - ऊटी - सिंधुदुर्ग- मन्नार

(e) उपर्युक्त में से कोई नहीं/ उपर्युक्त में से एक से अधिक

24. भारत के साथ किस देश की स्थलीय अन्तर्राष्ट्रीय सीमा नहीं है?

(a) श्रीलंका (b) भूटान

(c) म्यांमार (d) बांग्लादेश

(e) उपर्युक्त में से कोई नहीं/ उपर्युक्त में से एक से अधिक

25. एक 'हरिकेन' एक ________ है-

(a) शीतोष्ण चक्रवातीय प्रणाली

(b) उष्ण कटिबंधीय चक्रवातीय प्रणाली

(c) शीतोष्ण प्रति - चक्रवातीय प्रणाली

(d) उष्ण कटिबंधीय प्रति - चक्रवातीय प्रणाली

(e) उपर्युक्त में से कोई नहीं/ उपर्युक्त में से एक से अधिक

26. निम्नलिखित कथनों में से कौन सा कथन सही है?

(a) भारतीय संघ की कार्यकारी शक्ति राज्यसभा के सभापति के पास होती है।

(b) भारतीय संघ की कार्यकारी शक्ति भारत के राष्ट्रपति के पास होती है।

(c) भारतीय संघ की कार्यकारी शक्ति भारत के गृह मंत्री के पास होती है।

(d) भारतीय संघ की कार्यकारी शक्ति भारत के मुख्य न्यायाधीश के पास होती है।

(e) उपर्युक्त में से कोई नहीं/ उपर्युक्त में से एक से अधिक

27. दिल्ली और कन्याकुमारी के बीच नई रेलगाड़ी आरम्भ करने के लिए निम्नलिखित सरकारी संस्थानों में से किसके पास अधिकार होता है?
(a) स्थानीय सरकार (b) राज्य सरकार
(c) केंद्र सरकार (d) गैर-सरकारी संगठन
(e) उपर्युक्त में से कोई नहीं/ उपर्युक्त में से एक से अधिक

28. _______ सिक्किम राज्य की आधिकारिक भाषाओं में से एक है।
(a) मिजो (b) संस्कृत
(c) नेपाली (d) हिंदी
(e) उपर्युक्त में से कोई नहीं/ उपर्युक्त में से एक से अधिक

29. किसने लोकतंत्र की ऐसी व्याख्या की? 'लोगों का, लोगों द्वारा और लोगों के लिए शासन'।
(a) महात्मा गाँधी (b) रस्किन
(c) अरिस्टोटल (d) अब्राहम लिंकन
(e) उपर्युक्त में से कोई नहीं/ उपर्युक्त में से एक से अधिक

30. किस संविधान संशोधन के द्वारा दिल्ली को एक विधान सभा दी गई?
(a) 65वाँ संशोधन (b) 69वाँ संशोधन
(c) 72वाँ संशोधन (d) 71वाँ संशोधन
(e) उपर्युक्त में से कोई नहीं/ उपर्युक्त में से एक से अधिक

31. पंद्रहवें वित्त आयोग का अध्यक्ष कौन है?
(a) रमेश चंद (b) एन. के. सिंह
(c) वाई. वी. रेड्डी (d) अशोक लाहिड़ी
(e) उपर्युक्त में से कोई नहीं/ उपर्युक्त में से एक से अधिक

32. किस अनुच्छेद के अंतर्गत, संसद को संविधान संशोधन की शक्ति दी गई?
(a) अनुच्छेद-226 (b) अनुच्छेद-274
(c) अनुच्छेद-368 (d) अनुच्छेद-102
(e) उपर्युक्त में से कोई नहीं/ उपर्युक्त में से एक से अधिक

33. निम्नलिखित में से कौन संविधान सभा के मसौवा समिति के अध्यक्ष थे?
(a) बी. आर. अम्बेडकर (b) सी.डी. देशमुख
(c) बाबू राजेन्द्र प्रसाद (d) जवाहरलाल नेहरू
(e) उपर्युक्त में से कोई नहीं/ उपर्युक्त में से एक से अधिक

34. राज्य सभा के संसद का कार्यकाल है-
(a) दो वर्ष (b) चार वर्ष
(c) पाँच वर्ष (d) छः वर्ष
(e) उपर्युक्त में से कोई नहीं/ उपर्युक्त में से एक से अधिक

35. लोकसभा में अविश्वास प्रस्ताव को प्रस्तुत करने के लिए वांछित न्यूनतम सदस्य संख्या क्या है?
(a) 75 सदस्य (b) 100 सदस्य
(c) 50 सदस्य (d) 150 सदस्य
(e) उपर्युक्त में से कोई नहीं/ उपर्युक्त में से एक से अधिक

36. माल और सेवा कर (GST) भारत में कब प्रारंभ किया गया?
(a) जनवरी, 2017 (b) अप्रैल, 2017
(c) फरवरी, 2017 (d) जुलाई, 2017
(e) उपर्युक्त में से कोई नहीं/ उपर्युक्त में से एक से अधिक

37. निम्नलिखित में से कौन एक प्रकार का चेक नहीं है?
(a) क्रॉस्ड चेक (b) ब्लैंक चेक
(c) बीयरर चेक (d) स्पीड चेक
(e) उपर्युक्त में से कोई नहीं/ उपर्युक्त में से एक से अधिक

38. किसी सार्वजनिक क्षेत्र के उद्यमों द्वारा जनसामान्य को इक्विटी की बिक्री के माध्यम से निजीकरण को _______ कहा जाता है।
(a) उदारीकरण (b) विनिवेश
(c) वैश्वीकरण (d) निवेश
(e) उपर्युक्त में से कोई नहीं/ उपर्युक्त में से एक से अधिक

39. परंपरागत रूप से एक व्यावसायिक उद्यम क्या कहलाता है जो मुख्य रूप से व्यापार के माध्यम से लाभ कमाता है, सामान सस्ता खरीदता है और उन्हें उच्च कीमतों पर बेचता है?
(a) पूंजीवादी (b) व्यापारिक
(c) सभी लाभ के लिए (d) वाणिज्यिक
(e) उपर्युक्त में से कोई नहीं/ उपर्युक्त में से एक से अधिक

40. बांग्लादेश के 'ग्रामीण बैंक' का संस्थापक कौन था?
(a) एस. आर. हाशिम (b) महबूब -उल-हक
(c) मोहम्मद युनुस (d) मोहम्मद तालिब
(e) उपर्युक्त में से कोई नहीं/ उपर्युक्त में से एक से अधिक

41. किसी वस्तु की सतह पर श्वेत प्रकाश की किरण पड़ती है। अगर सभी रंग परावर्तित हो जाएं तो सतह का रंग कैसा दिखेगा?
(a) काला (b) सफेद
(c) भूरा (d) अस्पष्ट
(e) उपर्युक्त में से कोई नहीं/ उपर्युक्त में से एक से अधिक

42. यातायात को रोकने के लिए यातायात संकेतन में लाल प्रकाश का उपयोग किया जाता है, क्योंकि-
(a) यह दूरदृष्टि दोष के लोगों के लिए भी दृश्य है।
(b) आँखें लाल रंग के प्रति अधिक संवेदी होती है।
(c) यह कम से कम प्रकीर्णित होता है अतः आसानी से लम्बी दूरी से भी सूचित हो सकता है।
(d) यह आँख को बहुत सुखदायी है।
(e) उपर्युक्त में से कोई नहीं/ उपर्युक्त में से एक से अधिक

43. वातावरण को गर्म करने में मूलरुप से किसका योगदान सर्वाधिक होता है?

(a) आइसोलेशन (b) कंडक्शन

(c) रेडिएशन (d) कॉन्वेक्शन

(e) उपर्युक्त में से कोई नहीं/ उपर्युक्त में से एक से अधिक

44. ताजे जल की तुलना में समुद्री जल का हिमांक बिन्दु होता है-

(a) उच्च

(b) निम्न

(c) समान

(d) जल के स्रोत वाले समुद्र पर निर्भर करता है

(e) उपर्युक्त में से कोई नहीं/ उपर्युक्त में से एक से अधिक

45. पानी का क्वथनांक होता है-

(a) 100°C (b) 80°C

(c) 1000°C (d) 78.4°C

(e) उपर्युक्त में से कोई नहीं/ उपर्युक्त में से एक से अधिक

46. निम्नलिखित में से कौन - सा रासायनिक यौगिक पाया जाता है यदि फल और सब्जियाँ हवा के संपर्क में आने पर भूरे रंग के हो जाते हैं?

(a) सिट्रिक अम्ल (b) मैलिक अम्ल

(c) ऑक्सीडेज (d) क्षार

(e) उपर्युक्त में से कोई नहीं/ उपर्युक्त में से एक से अधिक

47. निम्नलिखित में से किस धातु के बर्तन में संग्रहित जल प्राकृतिक शोधन प्रक्रिया का निर्माण करके जल के शोधन में मदद करता है?

(a) लोहा (b) सीसा

(c) तांबा (d) पीतल

(e) उपर्युक्त में से कोई नहीं/ उपर्युक्त में से एक से अधिक

48. निम्नलिखित में से कौन सबसे अधिक तन्य धातु है?

(a) सोना (b) कॉपर

(c) चाँदी (d) लोहा

(e) उपर्युक्त में से कोई नहीं/ उपर्युक्त में से एक से अधिक

49. निम्नलिखित में से कौन सी धातु कमरे के ताप पर द्रव होती है?

(a) कॉपर (b) मर्करी

(c) आयरन (d) ऐलुमिनियम

(e) उपर्युक्त में से कोई नहीं/ उपर्युक्त में से एक से अधिक

50. कीट के शरीर के मुख्य भाग (शरीर के खंड) कितने होते हैं?

(a) छह (b) चार

(c) पाँच (d) तीन

(e) उपर्युक्त में से कोई नहीं/ उपर्युक्त में से एक से अधिक

51. सामान्य व्यक्ति का औसत बौद्धिक स्तर (आई. क्यू.) कितना होता है?

(a) 100 से 120 (b) 90 से 110

(c) 70 से 130 (d) 50 से 100

(e) उपर्युक्त में से कोई नहीं/ उपर्युक्त में से एक से अधिक

52. निम्नलिखित में से विभिन्न क्षेत्रों की प्रसंस्करण क्रियाएँ हैं। उन्हें उनके कच्चे पदार्थों से मिलाइए।

A. ओटाई **1. भेड़ की ऊन**

B. संशोषण **2. कपास**

C. चीरना **3. चमड़ा**

D. लच्छे बनाना **4. रेशम**

नीचे दिये गये सही कूट चुनिए।

	A	B	C	D
(a)	3	2	4	1
(b)	2	3	1	4
(c)	2	3	4	1
(d)	4	3	1	2

(e) उपर्युक्त में से कोई नहीं/ उपर्युक्त में से एक से अधिक

53. निम्नलिखित में से कौन-सी परिघटना जीवसंदीप्ति तरंगों के लिए जिम्मेदार है?

(a) अवरक्त किरण का अवशोषण

(b) समुद्री पौधों में पर्णहरित की उपस्थिति

(c) प्लवक की शैवाल फुल्लिका

(d) सूर्य प्रकाश का फैलाव

(e) उपर्युक्त में से कोई नहीं/ उपर्युक्त में से एक से अधिक

54. निम्नलिखित में से कौन सा कथन सही है?

I. वायु में वाष्पन और वाष्पोत्सर्जन से जलवाष्प मिलती रहती है।

II. महासागरों तथा जलीय भागों के बीच जल के चक्रण को जलचक्र कहते हैं।

(a) I तथा II दोनों (b) ना ही I ना ही II

(c) केवल I (d) केवल II

(e) उपर्युक्त में से कोई नहीं/ उपर्युक्त में से एक से अधिक

55. नेत्र दान में आँख के किस भाग का प्रयोग होता है?

(a) आइरिस (b) लिविस

(c) कॉर्निया (d) रेटिना

(e) उपर्युक्त में से कोई नहीं/ उपर्युक्त में से एक से अधिक

56. P, Q तथा R का औसत भार 38 किग्रा. हैं यदि P तथा Q का औसत भार 36 किग्रा. है तथा Q तथा R का औसत भार 32 किग्रा. है, तो Q का भार क्या है?

(a) 25 किग्रा. (b) 22.5 किग्रा.
(c) 35 दिमसस. (d) 22 किग्रा.
(e) उपर्युक्त में से कोई नहीं/ उपर्युक्त में से एक से अधिक

57. यदि दो संख्याओं a, b का योग 99 है और इन संख्याओं का महत्तम समापवर्तक और लघुतम समापवर्तक क्रमशः 3 और 660 हैं, तो (a – b) का वर्ग _______ है।

(a) 1681 (b) 1581
(c) 1881 (d) 2081
(e) उपर्युक्त में से कोई नहीं/ उपर्युक्त में से एक से अधिक

58. प्रथम 50 विषम संख्याओं के योगफल का पता लगाइए।

(a) 500 (b) 2500
(c) 3500 (d) 1500
(e) उपर्युक्त में से कोई नहीं/ उपर्युक्त में से एक से अधिक

59. एक परीक्षा में 44% छात्र क्वांट में अनुत्तीर्ण हुए और 38% छात्र मौखिक में अनुत्तीर्ण हुए जबकि 32% छात्र दोनों विषयों में अनुत्तीर्ण हुए। यदि 350 विद्यार्थी दोनों विषयों में उत्तीर्ण हुए, तो कितने विद्यार्थी परीक्षा में बैठने के लिए उपस्थित हुए?

(a) 600 (b) 900
(c) 800 (d) 600
(e) उपर्युक्त में से कोई नहीं/ उपर्युक्त में से एक से अधिक

60. राम को अपनी साइकिल 7744 रुपये में बेचने पर 12% की हानि हुई। यदि वह इसे 9000 रुपये में बेचता है, तो लाभ प्रतिशत क्या होगा?

(a) 2.5% (b) 2.27%
(c) 6.66% (d) 3.33%
(e) उपर्युक्त में से कोई नहीं/ उपर्युक्त में से एक से अधिक

61. एक धनराशि को P, Q, R, S के बीच 3 : 5:4: 2 के अनुपात में बाँटा जाना है। यदि Q को S से 1500 रुपए अधिक प्राप्त हुए, R का हिस्सा कितना है?

(a) 2200 रुपये (b) 2000 रुपये
(c) 1800 रुपये (d) 1000 रुपये
(e) उपर्युक्त में से कोई नहीं/ उपर्युक्त में से एक से अधिक

62. 1240 रुपये के मूलधन पर 2 वर्षों के लिए 10 प्रतिशत प्रतिवर्ष की दर से साधारण ब्याज क्या होगा?

(a) 328 रुपये (b) 228 रुपये
(c) 496 रुपये (d) 252रुपये
(e) उपर्युक्त में से कोई नहीं/ उपर्युक्त में से एक से अधिक

63. यदि $3x = 5y$, तो $(x + y)(x - y) =$ ______

(a) 7:3 (b) 3:7
(c) 4:1 (d) 2:5
(e) उपर्युक्त में से कोई नहीं/ उपर्युक्त में से एक से अधिक

64. जलंधर से अंबाला की आगे की यात्रा के दौरान, एक बस 54 kmph की औसत गति से यात्रा करती है, जबकि वापसी यात्रा पर, बस 46 kmph की गति का औसत रख पाती है। अपनी पूरी यात्रा में बस की औसत गति है।

(a) 42 kmph (लगभग) (b) 40 kmph (लगभग)
(c) 45 kmph (लगभग) (d) 50 kmph (लगभग)
(e) उपर्युक्त में से कोई नहीं/ उपर्युक्त में से एक से अधिक

65. A किसी कार्य का 4/5 भाग 36 घंटे में कर सकता है और B उसी कार्य का 2/5 भाग 24 घंटे में कर सकता है। एक साथ काम करके, दोनों कितने घंटे में कार्य खत्म कर सकते हैं?

(a) 25 घंटा (b) 240/7 घंटा
(c) 37 घंटा (d) 180/7 घंटा
(e) उपर्युक्त में से कोई नहीं/ उपर्युक्त में से एक से अधिक

66. एक महिला की ओर संकेत करके अनिल ने कहा, 'वह मेरी माँ के इकलौते भाई के इकलोते भांजे की पत्नी है।' वह महिला अनिल से कैसे सम्बन्धित है?

(a) भतीजी (b) बहन
(c) माता (d) पानी
(e) उपर्युक्त में से कोई नहीं/ उपर्युक्त में से एक से अधिक

67. एक दिन में घड़ी की सुइयाँ कितनी बार एक सरल रेखा में लेकिन विपरीत दिशा में होती है?

(a) 48 (b) 22
(c) 24 (d) 12
(e) उपर्युक्त में से कोई नहीं/ उपर्युक्त में से एक से अधिक

68. एक पासे की फलको पर 6 अंक 1, 2, 3, 4, 5 तथा 6 अंकित है। पासे की तीन अवस्थाएँ नीचे दर्शायी गयी हैं।

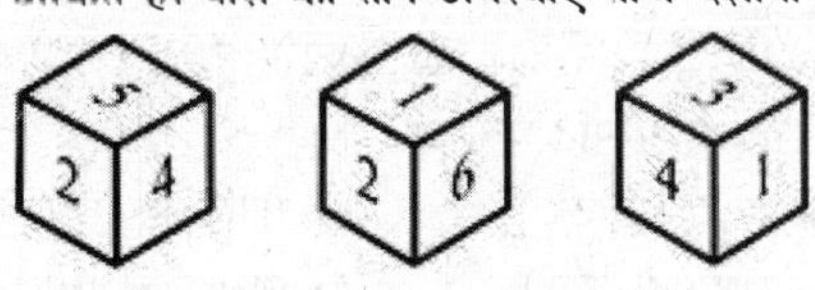

निम्नलिखित में से कौन सा कथन सही है?

I. 4 तथा 6 विपरीत फलकों पर है।

II. 1 तथा 5 विपरीत फलकों पर है।

(a) केवल II (b) ना ही I ना ही II
(c) केवल I (d) I तथा II दोनों
(e) उपर्युक्त में से कोई नहीं/ उपर्युक्त में से एक से अधिक

69. एक दिन में घड़ी की सुइयाँ कितनी बार समकोण में होती है?
(a) 22 (b) 44
(c) 24 (d) 48
(e) उपर्युक्त में से कोई नहीं/ उपर्युक्त में से एक से अधिक

70. अगर '+' का अर्थ 'घटाना', '–' का अर्थ 'गुणा', '÷' का अर्थ 'जोड़', और '×' का अर्थ 'विभाजन' है, तो निम्नलिखित समीकरण का समाधान क्या होगा?
$15 \times 3 - 16 \div 3$
(a) 10 (b) 8
(c) 5 (d) 4
(e) उपर्युक्त में से कोई नहीं/ उपर्युक्त में से एक से अधिक

71. पावापुरी किस धर्म से सम्बद्ध स्थल है?
(a) जैन (b) बौद्ध
(c) वैष्णव (d) शैव
(e) उपर्युक्त में से कोई नहीं/ उपर्युक्त में से एक से अधिक

72. बिहार में गुप्त शक्ति के संगठन का श्रेय किसे दिया जाता है?
(a) चंद्रगुप्त प्रथम को (b) चंद्रगुप्त द्वितीय को
(c) समुद्रगुप्त को (d) कुमार गुप्त को
(e) उपर्युक्त में से कोई नहीं/ उपर्युक्त में से एक से अधिक

73. असहयोग आंदोलन के दौरान बिहार में सितम्बर 1920 में किसने लॉ कॉलेज छोड़ दिया था?
(a) राजेन्द्र प्रसाद (b) बाबू बजरंग सहाय
(c) हसन इमाम (d) बाबू ज्वाला प्रसाद सिंह
(e) उपर्युक्त में से कोई नहीं/ उपर्युक्त में से एक से अधिक

74. बिहार में 1928 में हुए सर्वदलीय सम्मेलन की अध्यक्षता किसने की, जिसमें बिहार में साइमन कमीशन का पूर्ण बहिष्कार का निर्णय लिया गया था?
(a) राजेन्द्र प्रसाद (b) मजहरूल हक
(c) सर अली इमाम (d) सैय्यद हसन इमाम
(e) उपर्युक्त में से कोई नहीं/ उपर्युक्त में से एक से अधिक

75. अनुशीलन समिति क्या थी?
(a) धार्मिक संगठन (b) साहित्यिक सभा
(c) क्रांतिकारी संगठन (d) सांस्कृतिक सभा
(e) उपर्युक्त में से कोई नहीं/ उपर्युक्त में से एक से अधिक

76. सविनय अवज्ञा आंदोलन के दौरान पटना में कब हड़ताल रही?
(a) 6 मई 1930 को (b) 4 मई 1930 को
(c) 2 जून 1930 को (d) 4 अगस्त 1930 को
(e) उपर्युक्त में से कोई नहीं/ उपर्युक्त में से एक से अधिक

77. जहानाबाद में किस वर्ष एक किसान सभा का संगठन हुआ?
(a) 1931 (b) 1929
(c) 1928 (d) 1932
(e) उपर्युक्त में से कोई नहीं/ उपर्युक्त में से एक से अधिक

78. बिहार में पहला कांग्रेसी मंत्रीमंडल का गठन किनके नेतृत्व में हुआ?
(a) श्री कृष्ण सिंह (b) राजेन्द प्रसाद
(c) मुहम्मद यूनुस (d) डा० सच्चिदानंद सिन्हा
(e) उपर्युक्त में से कोई नहीं/ उपर्युक्त में से एक से अधिक

79. भारत छोड़ो आंदोलन के दौरान किस प्रमंडल में लगभग दो महीनों तक जनता का शासन रहा था?
(a) पटना (b) भागलपुर
(c) तिरहुत (d) गया
(e) उपर्युक्त में से कोई नहीं/ उपर्युक्त में से एक से अधिक

80. अगस्त क्रांति के समय कहाँ जनता की अपनी सरकार, संसद, न्यायाधीश तथा सेना थी?
(a) मसौढ़ी (b) तारापुर
(c) फतुआ (d) बेतिया
(e) उपर्युक्त में से कोई नहीं/ उपर्युक्त में से एक से अधिक

81. बिहार में पहली गैर कांग्रेसी सरकार का गठन कब हुआ था?
(a) 1988 में (b) 1974 में
(c) 1976 में (d) 1965 में
(e) उपर्युक्त में से कोई नहीं/ उपर्युक्त में से एक से अधिक

82. बिहार में प्रथम आर्यसमाज मंदिर कहाँ स्थापित की गई?
(a) पटना सिटी (b) दानापुर
(c) भागलपुर (d) बिहटा
(e) उपर्युक्त में से कोई नहीं/ उपर्युक्त में से एक से अधिक

83. मधुबनी चित्रकला का सम्बन्ध किस राज्य से हैं?
(a) उत्तर प्रदेश (b) बिहार
(c) तमिलनाडु (d) उड़ीसा
(e) उपर्युक्त में से कोई नहीं/ उपर्युक्त में से एक से अधिक

84. महाबोधि मंदिर स्थित है-
(a) पटना में (b) बोधगया में
(c) वैशाली में (d) राजगीर में
(e) उपर्युक्त में से कोई नहीं/ उपर्युक्त में से एक से अधिक

85. बिहार में आर्यभट्ट विश्वविद्यालय सम्बन्धित है-
(a) मेडिकल शिक्षा से (b) इंजीनियरींग शिक्षा से
(c) प्रबंधन शिक्षा से (d) कंप्युटर शिक्षा से
(e) उपर्युक्त में से कोई नहीं/ उपर्युक्त में से एक से अधिक

86. बिहार पंचायती राज अधिनियम 2006 के अन्तर्गत त्रिस्तरीय पंचायतों के स्थानों या पदों में सभी कोटियों में महिलाओं को कितने प्रतिशत आरक्षण की व्यवस्था की गई है?

(a) 33% (b) 50%.
(c) 35% (d) 40%
(e) उपर्युक्त में से कोई नहीं/ उपर्युक्त में से एक से अधिक

87. बिहार में गंगा का मैदान दि. में नेपाल और दक्षिण में समोच्च रेखा से आबद्ध छोटानागपुर पठार तक विस्तृत है?

(a) 300 मीटर (b) 150 मीटर
(c) 215 मीटर (d) 84 मीटर
(e) उपर्युक्त में से कोई नहीं/ उपर्युक्त में से एक से अधिक

88. बिहार विस्तृत है-

(a) कर्क रेखा के उत्तर में
(b) कर्क रेखा के दक्षिण में
(c) कर्क रेखा के उत्तर तथा दक्षिण में
(d) कर्क रेखा के पश्चिम में
(e) उपर्युक्त में से कोई नहीं/ उपर्युक्त में से एक से अधिक

89. बिहार के किस जिले में क्वाट्र्ज सिलिका सैंड पाया जाता है?

(a) बांका (b) जमुई
(c) मुंगेर (d) नालंदा
(e) उपर्युक्त में से कोई नहीं/ उपर्युक्त में से एक से अधिक

90. बिहार में फायरक्ले कहाँ पाया जाता है?

(a) पूर्णिया (b) भागलपुर
(c) उपर्युक्त दोनों (d) इनमें से कोई नहीं
(e) उपर्युक्त में से कोई नहीं/ उपर्युक्त में से एक से अधिक

91. कई स्थानों पर "अम्ल वर्षा" जलीय विविधता को प्रभावित कर रही है। अम्ल वर्षा निम्न में से किन प्रमुख रसायनों के कारण होती है-

(a) हाइड्रोक्लोरिक अम्ल तथा सल्फ्यूरिक अम्ल
(b) नाइट्रिक अम्ल तथा सल्फ्यूरिक अम्ल
(c) एसिटिक अम्ल तथा सल्फ्यूरिक अम्ल
(d) हाइड्रोक्लोरिक अम्ल तथा नाइट्रिक अम्ल
(e) उपर्युक्त में से कोई नहीं/ उपर्युक्त में से एक से अधिक

92. धरती पर अलवण जल कि उपलब्धता बहुत कम है। कुल उपलब्ध अलवण जल की निम्न में से किस में सर्वाधिक प्रतिशत कुल अलवण जल की मात्रा है?

(a) नदियाँ (b) झरने
(c) ग्लेशियरहिमनदी (d) जल प्रपात
(e) उपर्युक्त में से कोई नहीं/ उपर्युक्त में से एक से अधिक

93. निम्न में से जल के विषय में कौन सा सही नहीं है?

(a) जल एक सार्वभौमिक विलायक है।
(b) इसमें विभिन्न पदार्थों को घोलने कि क्षमता है।
(c) जल का घनत्व 100° से. ऊपर सर्वाधिक होता है।
(d) पदार्थ कि तीनों अवस्थाओं में जल विद्यमान होता है।
(e) उपर्युक्त में से कोई नहीं/ उपर्युक्त में से एक से अधिक

94. जो पौधे खारे जल वाले क्षेत्रों में उगते हैं, उन्हें कहा जाता है-

(a) लवणमृदोद्भिद (हैलोफाइट)
(b) समोद्भिद (मिजोफाइट)
(c) मरूद्भिद (जेरोफाइट)
(d) आतपोभिद् (हीलियोफाइट)
(e) उपर्युक्त में से कोई नहीं/ उपर्युक्त में से एक से अधिक

95. उन आदिवासी वर्गो कि पहचान कीजिए जो हिमाचल प्रदेश, भारत के मूल निवासी हैं-

(a) संथाली जनजाति (b) गद्दी जनजाति
(c) गोंड जनजाति (d) सहाविया जनजाति
(e) उपर्युक्त में से कोई नहीं/ उपर्युक्त में से एक से अधिक

96. निम्न में से कौन सा मिजोरम का सबसे प्राचीन नृत्य रूप है?

(a) सतरीया नृत्य (b) रौफ नृत्य
(c) चेराओ नृत्य (d) गरबा नृत्य
(e) उपर्युक्त में से कोई नहीं/ उपर्युक्त में से एक से अधिक

97. कौन सा तत्व जानवरों और पौधों दोनों के ऊतकों का निर्माण खंड है?

(a) गंधक (b) कार्बन
(c) नाइट्रोजन (d) इनमे से कोई भी नहीं
(e) उपर्युक्त में से कोई नहीं/ उपर्युक्त में से एक से अधिक

98. कौन सी मानवीय गतिविधि वायुमंडल में मौजूद ऑक्सीजन के स्तर को कम कर सकती है?

(a) वनों की कटाई (b) पशु शिकार
(c) खुदाई (d) उत्पादन
(e) उपर्युक्त में से कोई नहीं/ उपर्युक्त में से एक से अधिक

99. एक पारिस्थितिकी तंत्र में बड़ी संख्या में आपस में जुड़ी श्रृंखलाएं मिलकर एक बनाती हैं:

(a) नाइट्रोजन चक्र (b) कार्बन चक्र
(c) वेब भोजन (d) खाद्य श्रृंखला
(e) उपर्युक्त में से कोई नहीं/ उपर्युक्त में से एक से अधिक

100. हिमालय पर्वत क्षेत्र में उगने वाले वनों के प्रकार को कहा जाता है:

(a) चौड़ी पत्ती वाले वन (b) शंकुधारी वन
(c) पर्णपाती वन (d) कांटेदार वन
(e) उपर्युक्त में से कोई नहीं/ उपर्युक्त में से एक से अधिक

101. नाथुला दर्रा, जो भारत का एक लोकप्रिय पर्यटन स्थल है, कहाँ स्थित है?

(a) पाकिस्तान से लगी सीमा पर
(b) भूटान के साथ सीमा पर
(c) चीन के साथ सीमा पर
(d) नेपाल की सीमा पर
(e) उपर्युक्त में से कोई नहीं/ उपर्युक्त में से एक से अधिक

102. अरुणाचल प्रदेश में स्थानों को नए नाम देने के चीन के प्रयास पर भारत सरकार की क्या प्रतिक्रिया है?

(a) भारत चीन के कदम का स्वागत करता है।
(b) भारत चीन के कदम को स्वीकार करता है लेकिन तटस्थ रहता है।
(c) भारत ने चीन के कदम को खारिज किया।
(d) भारत इस मुद्दे को हल करने के लिए चीन के साथ बातचीत चाहता है।
(e) उपर्युक्त में से कोई नहीं/ उपर्युक्त में से एक से अधिक

103. नई हज नीति के तहत हज यात्रा पैकेज में कितनी कटौती की गई है?

(a) Rs 40000 (b) Rs 50000
(c) Rs 100000 (d) Rs 200000
(e) उपर्युक्त में से कोई नहीं/ उपर्युक्त में से एक से अधिक

104. भूटान का राजा कौन है?

(a) डॉ. एस जयशंकर
(b) जिग्मे खेसर नामग्याल वांगचुक
(c) डॉ. टांडी दोरजी
(d) नरेंद्र मोदी
(e) उपर्युक्त में से कोई नहीं/ उपर्युक्त में से एक से अधिक

105. चंद्रमा के चारों ओर नासा के 10 दिवसीय मानव मिशन का मिशन कमांडर कौन होगा?

(a) विक्टर ग्लोवर (b) क्रिस्टीना कोच
(c) रीड वाइसमैन (d) क्रिस्टीना हैमॉक
(e) उपर्युक्त में से कोई नहीं/ उपर्युक्त में से एक से अधिक

106. CoWIN प्लेटफॉर्म क्या है?

(a) एक सोशल मीडिया प्लेटफॉर्म
(b) सरकार द्वारा संचालित कोविड टीकाकरण पोर्टल
(c) एक ई-कॉमर्स प्लेटफॉर्म
(d) एक मौसम पूर्वानुमान मंच
(e) उपर्युक्त में से कोई नहीं/ उपर्युक्त में से एक से अधिक

107. विश्व स्क्वैश कप 2023 चैंपियनशिप कहाँ आयोजित की जा रही है?

(a) भारत (b) मिस्र
(c) मलेशिया (d) ऑस्ट्रेलिया
(e) उपर्युक्त में से कोई नहीं/ उपर्युक्त में से एक से अधिक

108. अमेरिका का राष्ट्रीय सुरक्षा सलाहकार कौन है?

(a) जो बिडेन (b) एंटनी ब्लिंकेन
(c) जेक सुलिवान (d) लॉयड ऑस्टिन
(e) उपर्युक्त में से कोई नहीं/ उपर्युक्त में से एक से अधिक

109. किस संगठन ने NEET-UG परीक्षा का परिणाम घोषित किया?

(a) मेडिकल काउंसिल ऑफ इंडिया
(b) स्वास्थ्य और परिवार कल्याण मंत्रालय
(c) अखिल भारतीय आयुर्विज्ञान संस्थान
(d) राष्ट्रीय परीक्षण एजेंसी
(e) उपर्युक्त में से कोई नहीं/ उपर्युक्त में से एक से अधिक

110. जीईएम क्या है?

(a) ऑनलाइन खरीदारी के लिए एक मंच
(b) माल और सेवाओं की खरीद के लिए एक ऑनलाइन मंच
(c) सरकारी अधिकारियों के लिए एक सोशल मीडिया मंच
(d) सरकारी विभागों के लिए एक वित्तीय प्रबंधन प्रणाली
(e) उपर्युक्त में से कोई नहीं/ उपर्युक्त में से एक से अधिक

111. पहली एयरबस C295 ने भारत के लिए अपनी पहली उड़ान कहाँ भरी थी?

(a) मुंबई, भारत (b) नई दिल्ली, भारत
(c) सेविले, स्पेन (d) बार्सिलोना, स्पेन
(e) उपर्युक्त में से कोई नहीं/ उपर्युक्त में से एक से अधिक

112. बाकू, अजरबैजान में ISSF विश्व कप 2023 में महिलाओं की 10 मीटर एयर पिस्टल स्पर्धा में कांस्य पदक किसने जीता?

(a) शिखा नरवाल (b) ईशा सिंह
(c) रिदम सांगवान (d) उपर्युक्त में से कोई नहीं
(e) उपर्युक्त में से कोई नहीं/ उपर्युक्त में से एक से अधिक

113. एशियाई विकास बैंक (एडीबी) के बोर्ड ऑफ गवर्नर्स की 56वीं वार्षिक आम बैठक में भारतीय प्रतिनिधिमंडल का नेतृत्व किसने किया?

(a) निर्मला सीतारमण (b) नरेंद्र मोदी
(c) राहुल गांधी (d) अमित शाह
(e) उपर्युक्त में से कोई नहीं/ उपर्युक्त में से एक से अधिक

114. शंघाई सहयोग संगठन (एससीओ) स्टार्टअप फोरम के तीसरे संस्करण का आयोजन कहाँ किया गया?

(a) चेन्नई (b) नई दिल्ली
(c) बेंगलुरु (d) जयपुर
(e) उपर्युक्त में से कोई नहीं/ उपर्युक्त में से एक से अधिक

115. अंतर्राष्ट्रीय नर्स दिवस कब मनाया जाता है?

(a) 12 मई (b) 5 मई
(c) 21 मई (d) 18 मई
(e) उपर्युक्त में से कोई नहीं/ उपर्युक्त में से एक से अधिक

116. निम्नलिखित में से कौन ओलंपिक के लिए क्वालीफाई करने वाले पहले भारतीय फेसर बने?

(a) अर्जुन लाल जट (b) अरोरा इना
(c) भवानी देवी (d) दलाल शीतल
(e) उपर्युक्त में से कोई नहीं/ उपर्युक्त में से एक से अधिक

117. वेब एड्रेस में प्रोटोकॉल → https में 's' का क्या अर्थ है?

(a) यह एक सुरक्षित प्रोटोकॉल है।
(b) यह एक असुरक्षित प्रोटोकॉल है।
(c) यह एक महत्वपूर्ण प्रोटोकॉल है।
(d) यह एक अर्थपूर्ण प्रोटोकॉल है।
(e) उपर्युक्त में से कोई नहीं/ उपर्युक्त में से एक से अधिक

118. शिव कुमार शर्मा निम्न में किस वाद्ययंत्र को बजाने के लिए मशहूर हैं?

(a) संतूर (b) सितार
(c) सरोद (d) बाँसुरी
(e) उपर्युक्त में से कोई नहीं/ उपर्युक्त में से एक से अधिक

119. कौन-से धर्म में अग्नि मंदिर में प्रार्थना की जाती है?

(a) ताओइजम (b) जुडाइजम
(c) जोरोस्ट्रियनिजम (d) शिन्टोइजम
(e) उपर्युक्त में से कोई नहीं/ उपर्युक्त में से एक से अधिक

120. निम्नलिखित में से कौन एक तारवाला वाद्य यंत्र नहीं है?

(a) वायलिन (b) बाँसुरी
(c) वीणा (d) गिटार
(e) उपर्युक्त में से कोई नहीं/ उपर्युक्त में से एक से अधिक

उत्तर माला

1.	(c)	2.	(a)	3.	(c)	4.	(c)	5.	(b)	6.	(c)	7.	(d)	8.	(b)
9.	(b)	10.	(c)	11.	(c)	12.	(a)	13.	(d)	14.	(b)	15.	(d)	16.	(c)
17.	(d)	18.	(d)	19.	(c)	20.	(a)	21.	(d)	22.	(d)	23.	(b)	24.	(a)
25.	(b)	26.	(b)	27.	(c)	28.	(c)	29.	(d)	30.	(b)	31.	(b)	32.	(c)
33.	(a)	34.	(d)	35.	(c)	36.	(d)	37.	(d)	38.	(b)	39.	(b)	40.	(c)
41.	(b)	42.	(c)	43.	(c)	44.	(b)	45.	(a)	46.	(c)	47.	(c)	48.	(a)
49.	(b)	50.	(d)	51.	(b)	52.	(b)	53.	(c)	54.	(a)	55.	(c)	56.	(d)
57.	(c)	58.	(b)	59.	(e)	60.	(b)	61.	(b)	62.	(e)	63.	(c)	64.	(d)
65.	(d)	66.	(d)	67.	(b)	68.	(d)	69.	(b)	70.	(e)	71.	(a)	72.	(b)
73.	(b)	74.	(c)	75.	(c)	76.	(a)	77.	(a)	78.	(a)	79.	(c)	80.	(b)
81.	(e)	82.	(b)	83.	(b)	84.	(b)	85.	(d)	86.	(b)	87.	(b)	88.	(a)
89.	(e)	90.	(c)	91.	(b)	92.	(c)	93.	(c)	94.	(a)	95.	(b)	96.	(c)
97.	(b)	98.	(a)	99.	(c)	100.	(b)	101.	(c)	102.	(c)	103.	(b)	104.	(b)
105.	(c)	106.	(b)	107.	(a)	108.	(c)	109.	(d)	110.	(b)	111.	(c)	112.	(c)
113.	(a)	114.	(b)	115.	(d)	116.	(c)	117.	(a)	118.	(a)	119.	(c)	120.	(b)

उत्तर सहित व्याख्या

1. (c) त्रिपिटिक बौद्ध धर्म का प्रमुख ग्रंथ है जो त्रिपिटक शास्त्रों में वर्णित बौद्धों के लिए 'द कैनन ऑफ स्क्रीवेनरस' एक पारिभाषिक पद है। ये विनयपिटक, सुत्तपिटक और अभिधम्मपिटक में विभाजित है। विनयपिटक में बौद्ध भिक्षुओं के आचरण से संबंधित विचार हैं। सुत्तपिटक में महात्मा बुद्ध के उपदेशों का संग्रह है. जबकि अभिधम्मपिटक में बौद्ध शिक्षा का दर्शन है।
2. (a) अशोक मौर्य वंश का प्रसिद्ध शासक था। अशोक के अभिलेखों को तीन भाग में बांटा गया है - शिलालेख, स्तंभलेख व गुहालेख। अशोक के शिलालेख की संख्या 14 है। इसके पाँचवें तथा छठे शिलालेख में धर्ममहामात्रों के कर्त्तव्यों का उल्लेख हुआ है। अशोक के शिलालेखों की खोज 1750 ई. में टी फैथेलर ने की तथा पढ़ने में सफलता 1837 ई. में जेम्स प्रिंसेप को मिली।
3. (c) भरमौर स्थित सबसे बड़ा मन्दिर लक्षना देवी का मंदिर है जो हिमाचल प्रदेश में गुप्त युग के बाद का हिन्दू मंदिर है। यह देवी दुर्गा के महिसासुर मर्दनि रूप को समर्पित है। यह 7वीं शताब्दी के उत्तरार्ध का है, और भारत के सबसे पुराने अवशिष्ट लकड़ी के मंदिरों में से एक है।
4. (c) गुप्त वंश की स्थापना श्रीगुप्त ने की थी। इस राजवंश का सबसे प्रतापी राजा 'चन्द्रगुप्त द्वितीय' था। इन्होंने शकों पर विजय के उपलक्ष्य में 57 ई. पूर्व में एक नया संवत् 'विक्रम संवत' के नाम से प्रारम्भ किया। चन्द्रगुप्त द्वितीय ने 'विक्रमादित्य' की उपाधि धारण की। समुद्रगुप्त को 'भारत का नेपोलियन' कहा जाता है।
5. (b) गुप्त वंश के शासन के दौरान तथा वर्तमान में कुतुब मीनार के निकट स्थित लौह स्तंभ पर चन्द्रगुप्त विक्रमादित्य का साधिकार है। इस स्तंभ का निर्माण गुप्त वंश के महान राजा चन्द्रगुप्त द्वितीय की याद में करवाया गया था।
6. (c) पानीपत के प्रथम युद्ध के बाद भारत में मुगल साम्राज्य की स्थापना हुई। यह युद्ध 21 अप्रैल, 1526 ई० में हरियाणा के पानीपत नामक स्थान पर जहीरूद्दीन मोहम्मद बाबर तथा दिल्ली के सुल्तान इब्राहिम लोदी के मध्य हुआ। इस युद्ध में बाबर विजयी हुआ। पानीपत में तीन ऐतिहासिक लड़ाइयाँ हुई-
   वर्ष 1526- (पानीपत का प्रथम युद्ध)
   वर्ष 1556 - (पानीपत का द्वितीय युद्ध)
   वर्ष 1761 - (पानीपत का तृतीय युद्ध)
7. (d) पानीपत की पहली लड़ाई 21 अप्रैल, 1526 ई. को मुगल वंश के संस्थापक बाबर तथा दिल्ली सल्तनत के अन्तिम सुल्तान इब्राहिम लोदी के बीच हुई थी, जिसमें लोदी पराजित हुआ। बाबर ने इस युद्ध में उजबेकों की 'तुलगमा युद्ध पद्धति' का भारत में पहली बार प्रयोग किया। इस युद्ध के पश्चात बाबर ने भारत में मुगल वंश की नींव डाली।

8. (b) भारत में मुगल साम्राज्य का अंतिम शासक बहादुरशाह II था जिसे बहादुरशाह जफर (1775-1862 ई.) भी कहा जाता था। बहादुरशाह II उर्दू के सुप्रसिद्ध शायर थे। उन्होंने वर्ष 1857 के प्रथम भारतीय स्वतंत्रता संग्राम में भारतीय सिपाहियों का नेतृत्व किया। युद्ध में हार के बाद अंग्रेजों ने उन्हें बर्मा (म्यांमार) भेज दिया जहाँ उनकी मृत्यु हुई।

9. (b) खानवा का युद्ध 17 मार्च, 1527 ई० को बाबर एवं मेवाड़ के राणा साँगा के मध्य लड़ा गया। इस युद्ध में बाबर ने मुसलमानों को 'तमगा कर' से मुक्त कर दिया तथा राणा साँगा के विरुद्ध 'जिहाद' का नारा दिया। खानवा का युद्ध जीतने के बाद बाबर ने 'गाजी' की उपाधि धारण की।

10. (c) हुमायूँ की मृत्यु 1556 ई. में पुस्तकालय की सीढ़ियों से गिरने के कारण हुई। इसकी पत्नी बेगा बेगम (हाजी बेगम) ने 1569-1570 ई. में दिल्ली (दीनपनाह) में मकबरे का निर्माण करवाया। यह मकबरा पर्शियन, तुर्की तथा भारतीय संस्कृति से प्रभावित था, जिसके वास्तुकार मीरक मिर्जा गियास थे।

11. (c) पंडित जवाहर लाल नेहरू भारत के प्रधानमंत्री के रूप में वर्ष 1947 से 1964 तक रहें। इन्होंने अपनी विदेश नीति में गुटनिरपेक्षता और पंचशील सिद्धान्त को अपनाया। गुटनिरपेक्षता को वर्ष 1955 के बांडुग सम्मेलन में अपनाया गया तथा इसकी स्थापना 1961 के बेलग्रेड सम्मेलन में की गई। भारत ने चीन के साथ अपने संबंधों की शुरुआत दोस्ताना ढंग से की। भारत के प्रधानमंत्री नेहरू और चीन के प्रमुख चाऊ एन लाई ने 29 अप्रैल, 1954 को पंचशील सिद्धांतो की घोषणा की थी।

12. (a) गुरू नानक देव का जन्म 15 अप्रैल, 1469 ई. को पंजाब के तलवंडी नामक स्थान पर हुआ तथा सिक्ख सम्प्रदाय की स्थापना का श्रेय इन्हीं को जाता है। ये बाबर एवं हुमायूँ के समकालीन थे। 'गुरू का लंगर' नामक भोजनालय की शुरूआत गुरू नानक ने की। इनके अनुयायी इन्हें 'गुरू नानक' 'बाबा नानक' और नानकशाह आदि नामों से संबोधित करते थे।

13. (d) अवध के नवाब ने व 1801 में वेलेजली की सहायक संधि को स्वीकार किया।
नंवबर 1862 में रंगून जेल में 'बहादुरशाह जफर' की मृत्यु हुई थीं। अतः उपर्युक्त विकल्प में से (d) I तथा II दोनों सही है।

14. (b) पत्थर की मस्जिद पटना, बिहार में स्थित है। इसका निर्माण मुगल सम्राट जहांगीर के बेटे परवेजशाह ने 1621 ई. में करवाया था। परवेज उस वक्त बिहार था। यह इंडो-इस्लामिक शैली में बनी है इसलिए इसे संगी मस्जिद भी कहा जाता है।

15. (d) प्रार्थना समाज की स्थापना आत्माराम पांडुरंग तथा महादेव गोविन्द रानाडे ने 31 मार्च, 1867 ई. को बंबई में की थी। जबकि अलीगढ़ मुस्लिम विश्वविद्यालय की स्थापना वर्ष 1920 में हुई। सर सैयद अहमद खाँ ने 1875 ई. में मोहम्मडन एंग्लो ओरिएंटल स्कूल की स्थापना की। यह वर्ष 1978 में कॉलेज बन गया कॉलेज आगे चलकर अलीगढ़ मुस्लिम विश्वविद्यालय के नाम से स्थापित हुआ।

16. (c) भारत के कर्नाटक राज्य की राजधानी बंगलौर को इलेक्ट्रॉनिक शहर, सिलीकॉन वैली तथा अन्तरिक्ष का शहर के रूप में जाना जाता है जबकि मुम्बई को भारत का हॉलीवुड, भारत का प्रवेश द्वार तथा भारत की आर्थिक राजधानी के रूप में जाना जाता है। हैदराबाद - सिकन्दराबाद को जुड़वाँ शहर के रूप में जाना जाता है।

17. (d) इंदिरा गांधी इंटरनेशनल एयरपोर्ट एनसीटी दिल्ली का मुख्य एयरपोर्ट है।

18. (d) यूरेनियम को 'मेटल ऑफ होप' के नाम से भी जाना जाता है। इसके प्रमुख अयस्क है - पिंचब्लेड, सॉमरस्काइट तथा थोरियानाइट झारखण्ड में सिंहभूम जिले के जागुगोडा क्षेत्र यूरेनियम खनन हेतु सर्वाधिक प्रसिद्ध है। झारखण्ड राज्य के 'बग्जता' में यूरेनियम के नए भंडारण मिले हैं। आन्ध्र प्रदेश में नेल्लोर, राजस्थान में उदयपुर आदि इसकी प्राप्ति के अन्य प्रमुख क्षेत्र है।

19. (c) हीराकुंड बांध परियोजना भारत की प्रमुख नदी घाटी परियोजनाओं में से एक है। इस परियोजना के अंतर्गत ओडिशा राज्य में संबलपुर जिले से 15 किमी. दूर महानदी पर हीराकुंड बाँध बनाया गया है। इस बाँध का निर्माण सन् 1948-1957 ई. में हुआ था। यह परियोजना 'राउरकेला स्टील प्लान्ट' को विद्युत प्रदान करती है।

20. (a) भारत की भौतिक संरचना, जलवायविक एवं मृदा संबंधी विभिन्नताओं के आधार पर वर्ष में मुख्यतः तीन फसलें उगायी जाती है-
(1) रबी की फसल- यह सामान्यतः अक्टूबर-नवम्बर में बोकर मार्च-अप्रैल में काट ली जाती है। शीत ऋतु में तैयार होने वाली इस फसल में मुख्यतः गेहूँ, जौ, चना, मटर, सरसों आदि है।
(2) खरीफ की फसल - यह वर्षाकाल की फसल है जो जून- जुलाई में बोकर सितम्बर-अक्टूबर में काट ली जाती है। इसके अंतर्गत चावल (धान), ज्वार, बाजरा, रागी, मक्का इत्यादि है।
(3) जायद की फसल - यह फसल रबी और खरीफ के मध्यकाल अर्थात् मार्च में बोई जाती है तथा जून तक काट ली जाती है। सब्जियाँ, तरबूज, खरबूजा मूंग, उड़द इत्यादि है।

21. (d) जलोढ़ मिट्टी को कॉप या खादर मिट्टी भी कहते हैं। यह भारत के 43% भू-भाग पर पायी जाती है। जलोढ़ मिट्टी उत्तर भारत के मैदानों में सतलज से लेकर पूर्व में ब्रह्मपुत्र के मैदानों तक विस्तृत है। तटीय मैदानों के अन्तर्गत यह महानदी, कृष्णा, गोदावरी तथा कावेरी नदियों के डेल्टा क्षेत्र

और पश्चिमी तटीय मैदान के अन्तर्गत केरल और गुजरात में पायी जाती है। इस मिट्टी में पोटैशियम और चूना प्रचुर मात्रा में पाया जाता है।

22. (d) ब्रह्मपुत्र नदी तिब्बत, भारत तथा बांग्लादेश से होकर बहती है। ब्रह्मपुत्र का उद्‌गम तिब्बत के दक्षिण में मानसरोवर झील के निकट चेमायुंगडुंग हिमनद से हुआ है। ब्रह्मपुत्र की लम्बाई 2900 किमी है। ब्रह्मपुत्र का नाम तिब्बत में सांग्पो या साँपू, अरुणांचल प्रदेश में दिहांग तथा असम में ब्रह्मपुत्र है। बांग्लादेश में इसे जमुना कहते हैं।

23. (b) भारत के दक्षिण में पश्चिमी तट पर स्थित पर्वत श्रृंखला को पश्चिमी घाट (सह्याद्रि) की पहाड़ियाँ कहते है। यह पर्वत श्रृंखला उत्तर से दक्षिण तक 1600 किमी. लम्बी है। पश्चिमी घाट का विस्तार गुजरात, महाराष्ट्र, गोवा, कर्नाटक, तमिलनाडु तथा केरल से होते हुए कन्याकुमारी तक है। पश्चिमी घाट में स्थित तीन मुख्य दर्रे क्रमश: थाल घाट, भोर घाट व पाल घाट है तथा उत्तर से दक्षिण की ओर स्थित पहाड़ियों का क्रम सिंधुदुर्ग - कुद्रेमुख - ऊटी - मन्नार है।

24. उत्तर भारत की स्थलीय सीमा इस प्रकार है-
बांग्लादेश - 4096.7 किमी.
चीन - 3488 किमी.
पाकिस्तान - 3323 किमी.
नेपाल - 1751 किमी.
म्यांमार - 1643 किमी.
भूटान - 699 किमी.
अफगानिस्तान - 106 किमी.
अत: स्पष्ट है कि भारत के साथ श्रीलंका की कोई स्थलीय अन्तर्राष्ट्रीय सीमा नहीं लगती है

25. (b) कर्क रेखा व मकर रेखा के मध्य उत्पन्न होने वाले चक्रवात को उष्ण कटिबंधीय चक्रवात् प्रणाली कहते है। इन चक्रवातों की ऊर्जा का मुख्य स्त्रोत संघनन की गुप्त उष्मा है। इन चक्रवातों का व्यास 80 से 300 किमी. होता है। हरिकेन एक उष्ण कटिबंधीय चक्रवात है। भारत में इसे चक्रवात, गर्त या अवदाब कहा जाता है। इसे ऑस्ट्रेलिया में विली -विली संयुक्त राज्य अमेरिका में हरिकेन तथा चीन में टाइफून कहा जाता है।

26. (b) भारत के संविधान के अनु. 53 (1) के अनुसार भारत में संघीय कार्यपालिका का प्रधान राष्ट्रपति है तथा उसमें संघ की सभी कार्यकारी शक्तियाँ निहित है। इसका प्रयोग वह संविधान के अनुसार स्वयं या अपने अधीनस्थ पदाधिकारियों के माध्यम से करता है।

27. (c) भारतीय संविधान की सातवीं अनुसूची में तीन सूचियाँ है- संघ सूची, राज्य सूची और समवर्ती सूची। संघ सूची पर कानून बनाने का अधिकार केन्द्र सरकार के पास है। विषय है। अत: दिल्ली और कन्याकुमारी के रेल, संघ सूची का बीच नई रेलगाड़ी आरम्भ करने के लिए अधिकार केन्द्र सरकार के पास है।

28. (c) सिक्किम वर्ष 1975 में भारतीय संघ का अभिन्न अंग बना। यह एक छोटा पर्वतीय प्रदेश हैं जिसके उत्तर में तिब्बत का पठार, पूर्व में तिब्बत की चुंबी घाटी एवं भूटान, पश्चिम में नेपाल तथा दक्षिण में पश्चिम बंगाल अवस्थित है। इस प्रदेश की अधिकारिक भाषा अंग्रेजी, लैप्चा, भूटिया, नेपाली तथा लिंबू आदि है।

29. (d) अमेरिका के 16वें राष्ट्रपति तथा रिपब्लिकन पार्टी से संबंधित अब्राहम लिंकन को आधुनिक युग के महान व्यक्तियों में से एक माना जाता है। सर्वप्रथम अब्राहम लिंकन ने ही लोकतंत्र की सही व्याख्या की। इन्होंने लोकतंत्र की अवधारणा को, 'लोगों का, लोगों द्वारा और लोगों के लिए शासन' के रूप में परिभाषित किया था।

30. (b) भारतीय संविधान के 69वें संविधान (संशोधन) अधिनियम 1991 के तहत दिल्ली के लिए विधान सभा और उसके प्रति उत्तरदायी मंत्रिपरिषद् की स्थापना का प्रावधान किया गया है। इस संशोधन द्वारा दिल्ली को राष्ट्रीय राजधानी क्षेत्र का दर्जा दिया गया। इसके प्रशासक को उपराज्यपाल कहा जाता है।

31. (b) नवगठित पंद्रहवें वित्त आयोग के अध्यक्ष एन. के. सिंह हैं।

32. (c) भारतीय संविधान के भाग -20 के अंतर्गत अनुच्छेद 368 में संविधान संशोधन की प्रक्रिया का वर्णन किया गया है। भारतीय संविधान संशोधन की अवधारणा को दक्षिण अफ्रीकी संविधान से ग्रहण किया गया है।

33. (a) डॉ. बी. आर. अम्बेडकर - संविधान सभा के मसौदा (प्रारूप) समिति के अध्यक्ष तथा प्रथम कानून मंत्री सी. डी. देशमुख - रिजर्व बैंक ऑफ इण्डिया के प्रथम भारतीय गवर्नर बाबू राजेन्द्र प्रसाद - स्वत्रंत भारत के प्रथम राष्ट्रपति तथा संविधान सभा के स्थायी अध्यक्ष जवाहर लाल नेहरू - प्रथम भारतीय प्रधानमंत्री तथा संघ संविधान समिति के अध्यक्ष

34. (d) राज्यसभा को संसद का उच्च सदन कहा जाता है। राज्यसभा के प्रत्येक सदस्य का कार्यकाल 6 वर्ष का होता है तथा इसके 1/3 सदस्य प्रत्येक 2 वर्ष के बाद सेवानिवृत्त होते है। राज्यसभा की अधिकतम सदस्य संख्या 250 हो सकती है परन्तु वर्तमान सदस्य संख्या 245 है। इसमें 12 सदस्य राष्ट्रपति द्वारा मनोनीत होते हैं तथा शेष 233 सदस्य संघ की इकाईयों का प्रतिनिधित्व करते हैं।

35. (c) अविश्वास प्रस्ताव का प्रावधान लोकसभा के नियम 198 के तहत किया गया है। अविश्वास प्रस्ताव केवल लोकसभा में प्रस्तुत किया जाता है और यह प्रस्ताव मंत्रिपरिषद के विरूद्ध होता है। अविश्वास प्रस्ताव सदन में विपक्षी दल के किसी भी सदस्य द्वारा लाया जा सकता है। इस प्रस्ताव के पक्ष में कम से कम 50 सदस्यों का होना अनिवार्य है तथा प्रस्ताव प्रस्तुत किये जाने के 10 दिन के भीतर इस पर चर्चा

होना आवश्यक है। उल्लेखनीय है कि सर्वप्रथम यह प्रस्ताव पं. जवाहर लाल नेहरू मंत्रिपरिषद के विरूद्ध सन् 1963 ई. में आचार्य जे.पी. कृपलानी द्वारा लाया गया था, जो असफल रहा। अब तक लोकसभा में कुल 27 बार अविश्वास प्रस्ताव रखा गया है।

36. (d) माल और सेवा कर (GST) भारत में लागू एक अप्रत्यक्ष कर प्रणाली हैं, जो एक देश एक कर के रूप में संसद द्वारा संविधान के 101 वे संशोधन के द्वारा 1 जुलाई 2017 को देश में लागू हुआ है।

37. (d) स्पीड चेक एक प्रकार का चेक नहीं है।

38. (b) विनिवेश वह प्रक्रिया है जिसमें सार्वजनिक क्षेत्र की इकाइयों के शेयरों का कुछ प्रतिशत निजी क्षेत्र को बेचा जाता है। इसे निजीकरण के रूप में भी जाना जाता है।

39. (b) मर्केटाइल (व्यापारिक) का अर्थ थोक एवं खुदरा बिक्री से संबंधित है। इसके तहत व्यवसायिक उद्यम सामान सस्ते में खरीदता है और उसे उच्च दामों पर बेचता है, जिससे अधिक से अधिक लाभ प्राप्त किया जा सके। इसके अंतर्गत खरीदना, वितरण, रख-रखाव, कार्यालय, स्टॉक और लिपिक कार्य शामिल हैं।

40. (c) बांग्लादेश के 'ग्रामीण बैंक' के संस्थापक मोहम्मद युनुस थे। यह बैंक गरीब लोगों को स्वरोजगार के लिए सामूहिक रूप से कर्ज देता है। इन्हें वर्ष 2006 में नोबेल शान्ति पुरस्कार प्रदान किया गया था। इन्हें यह पुरस्कार माइक्रो-क्रेडिट के जरिए गरीबी उन्मूलन की दिशा में जमीनी स्तर पर उनके उल्लेखनीय योगदान के लिए प्रदान किया गया।

41. (b) किसी वस्तु की सतह पर श्वेत प्रकाश की किरण पड़ने के बाद यदि सभी रंग परावर्तित हो जाए तो सतह का रंग सफेद प्रतीत होगा। किसी वस्तु की सतह पर पड़ने वाली श्वेत प्रकाश की किरणें पूर्णतः अवशोषित हो जाती है तो वस्तु काली दिखायी देती है।

42. (c) यातायात को रोकने के लिए यातायात संकेतन में लाल प्रकाश का उपयोग किया जाता है, क्योंकि उच्च तरंग दैर्ध्य होने के कारण यह कम से कम प्रकीर्णित होता है अतः आसानी से लम्बी दूरी से भी सूचित हो सकता है।

43. (c) वातावरण को गर्म करने में मूलरुप से रेडिएशन का सर्वाधिक योगदान होता है। रेडिएशन अर्थात् विकिरण, ऊर्जा संचरण का एक तरीका है जो तरंगों या किसी अन्य निकाय द्वारा उत्सर्जित गतिशील उपपरमाणविक कणों के रूप में उच्च ऊर्जा अवस्था से निम्न ऊर्जा अवस्था की ओर चलती है।

44. (b) ताजे पानी की तुलना में समुद्री जल का हिमांक बिन्दु निम्न होता है। ताजे पानी का हिमांक बिन्दु 32°F तथा समुद्री जल का हिमांक बिन्दु लगभग 28.4 °F होता है।

45. (a) साधारण जल का क्वथनांक 100°C और गलनांक 0°C होता है। पानी का क्वथनांक फॉरेनहाइट स्केल पर 212°F होता है।

46. (c) उपचयन एन्जाइन वे एंजाइम होते है जो ऑक्सीकरण अभिक्रिया में अभिक्रिया की दर को बढ़ते है। जब फल या सब्जी ऑक्सीजन के संपर्क में आते है तो फल या सब्जी का ऑक्सीकरण हो जाता हैं और वे भूरे रंग में बदल जाते है। फलों और सब्जियों को ताजा रखने के लिए भोजन को ठंडे स्थान पर ढककर रखना चाहिए ताकि एंजाइमिक अभिक्रिया को रोका जा सकें।

47. (c) तांबा धातु के बर्तन में संग्रहित जल प्राकृतिक शोधन प्रक्रिया का निर्माण करके जल के शोधन में मदद करता है। तांबे को रोगाणुरोधी, एंटी कार्सिनोजेनिक और एंटीऑक्सीडेंट गुणों के लिए जाना जाता है। यह हीमोग्लोबिन के निर्माण के साथ-साथ कोशिका पुनर्जनन में सहायता करता है।

48. (a) तन्यता एक धातु को तार के रूप में खींचे जाने की क्षमता है। सोना सबसे अधिक तन्य धातु है। धातुओं में चाँदी की विद्युत चालकता सबसे अधिक होती है। ताँबा भी तन्य धातु का एक उदाहरण है।

49. (b) पारा (मर्करी) एक धातु हैं, जो कमरे के तापमान पर द्रव अवस्था में पायी जाती है। यह ऊष्मा तथा विद्युत के सुचालक होती है। पारा अन्य धात्विक पदार्थों से क्रिया करके 'अमलगम' बनाता है। पारा को Hg संकेत द्वारा निरूपित किया जाता है।

50. (d) कीटों का अध्ययन जन्तु विज्ञान की शाखा 'कीट विज्ञान' (एंटमोलॉजी, आर्थोपोडा संघ) के अन्तर्गत किया जाता है। इनका शरीर मुख्य रूप से तीन खण्डों सिर, वक्ष तथा उदर में विभाजित रहता है।

51. (b) सामान्य व्यक्ति का औसत बौद्धिक स्तर कितना होता है-

प्रतिभाशाली-140 या 140+
अतिश्रेष्ठ / प्रखर बुद्धि-120 - 139
श्रेष्ठ / तीव्र बुद्धि-110 - 119
सामान्य बुद्धि-90 - 110
मंद बुद्धि-80 - 89
निर्बल / क्षीर्ण बुद्धि-70 - 79
मूर्ख-50 - 69
मूढ़-25 - 49
महामूर्ख / जड़ / हीन-0 - 25

52. (b) सही सुमेलन इस प्रकार है

प्रसंस्करण क्रियाएँ	कच्चे पदार्थ
ओटाई	कपास
संशोषण	चमड़ा
चीरना	भेड़ की ऊन
लच्छे बनाना	रेशम

53. (c) प्लवक की शैवाल फुल्लिका की परिघटना जीवसंदीप्ति तरंगों के लिए जिम्मेदार है।

54. (a) जलवाष्प पानी की गैसीय अवस्था है, और अन्य अवस्थाओं के विपरीत कुछ अदृश्य होती है। वायु में वाष्पन और वाष्पोत्सर्जन से जलवाष्प मिलती रहती हैं।
जल चक्र का तात्पर्य पृथ्वी के स्थल मंडल, जल मंडल तथा वायुमंडल के बीच होने वाले जल के चक्रीय प्रवाह से है। जल एक चक्र के रूप में महासागर, से धरातल पर और धरातल से फिर महासागर तक पहुँचता रहता है।

55. (c) नेत्र दान में आँख के कॉर्निया भाग का प्रयोग होता है। यह पारदर्शी ऊतक होता है जो आँख के दृढ़पटल के सामने वाला कुछ उभरा हुआ भाग होता है। इसके खराब होने की दशा में या तो दृष्टि कम हो जाती है या खो जाती है।

56. (d) Q का भार = 36 × 2 + 32 × 2 – 38 × 3
= 136 – 114
= 22 किग्रा

57. (c) दिया है- a + b = 99
सूत्र ⇒ दो संख्याओं का गुणनफल
= उनका म०स०प० × ल०स०प०
ab = 3 × 660
ab = 1980
(a-b) का वर्ग = $(a-b)^2 = (a+b)^2 - 4ab$ (सूत्र)
$(a-b)^2 = (99)^2 - 4 \times 1980$

$(a-b)^2 = 9801 - 7920 = \boxed{1881}$

58. (b) प्रथम n विषम संख्याओं का योग = $(n)^2$
∴ प्रथम 50 विषम संख्याओं का योग = $(50)^2$
□ 50 × 50 = 2500

59. (a) उत्तीर्ण छात्रों का प्रतिशत 100 – {(44 + 38) – 32}
= 100 – {82 – 32}
= 100 – 50 = 50%
प्रश्नानुसार,
दोनों विषयों में उत्तीर्ण विद्यार्थी = 350
50% = 350
1% = 7
100% = 700
अत: विद्यार्थियों की कुल संख्या '700' है, जो परीक्षा में बैठने के लिए उपस्थित हुए है।

60. (b) क्रय मूल्य (C.P.) = विक्रय मूल्य (S.P.) × $\frac{100}{100 - \text{Loss\%}}$

$= 7744 \times \frac{100}{100-12}$

$= 7744 \times \frac{100}{88} = 88 \times 100 = \text{Rs } 8800$

पुन: विक्रय मूल्य (S.P.) = Rs 9000 (दिया है)
लाभ = S.P – C.P = 9000 – 8800 = Rs 200
लाभ % = लाभ / CP × 100% = $\frac{200}{8800} \times 100\%$
= 2.27%

61. (b) : दिया है - P : Q : R : S
माना P = 3x, Q = 5x, R = 4x, S = 2x
प्रश्नानुसार,
Q = S + 1500
5x = 2x + 1500
5x – 2x = 1500
$3x = 1500 \text{ Rs } x = \frac{1500}{3} = 500$
अत: R का हिस्सा = 4x = 4 × 500 = Rs 2000

62.. (d) P = Rs 1240
R = 10%
साधारण ब्याज = $\frac{PRT}{100}$

$= \frac{1240 \times 10 \times 2}{100} = \text{Rs.}248$

63. (c) 3x = 5y
$\frac{x}{y} = \frac{5}{3}$
प्रश्नानुसार,
$\frac{(x+y)}{(x-y)} = \frac{(5+3)}{(5-3)} = \frac{8}{2} = \frac{4}{1}$

64. (d) माना जलंधर और अंबाला के बीच के दूरी = x km
पूरी यात्रा में बस की औसत गति = $\frac{x+x}{\frac{x}{54}+\frac{x}{46}}$

$= \frac{2x}{\frac{46x+54x}{54 \times 46}} = \frac{2x \times 54 \times 46}{100x}$

49.68 kmph ≈ 50 kmph

65. (d) A द्वारा 36 36 घंटे में किया गया कार्य = $\frac{4}{5}$ भाग
A द्वारा 1 घंटे में कार्य = $\frac{4}{5 \times 36} = \frac{1}{45}$ भाग
इसी प्रकार B द्वारा 24 घंटे में किया गया कार्य = $\frac{2}{5}$ भाग
B द्वारा 1 घंटे में कार्य = $\frac{2}{5 \times 24} = \frac{1}{60}$ भाग
A और B द्वारा मिलकर 1 घण्टे में किया गया कार्य = $\frac{1}{45} + \frac{1}{60}$

$= \frac{4+3}{180} = \frac{7}{80}$ भाग

अत: A और B द्वारा लिया गया समय = $\boxed{\frac{180}{7}}$ घंटे

66. (d) प्रश्नानुसार, एक सम्बन्ध आरेख बनाने पर-

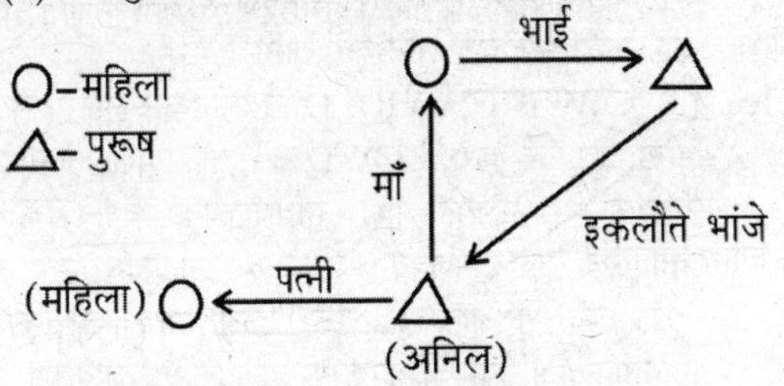

अतः स्पष्ट है कि यह महिला, अनिल की पत्नी है।

67. (b) एक दिन में घड़ी की सुइयाँ 22 बार सरल रेखा में परन्तु विपरीत (180 पर) दिशा में होती है।

68. (d) 2 को उभयनिष्ठ मानते हुए पासे को दक्षिणावर्त घुमाने पर

$2 \xrightarrow{\text{उभयनिष्ठ}} 2$

$1 \xrightarrow{\text{विपरीत फलक}} 5$

$4 \xrightarrow{\text{विपरीत फलक}} 6$

अतः स्पष्ट है कि कथन I तथा II दोनों सही है।

69. (b) एक दिन में घड़ी की सुइयों 44 बार समकोण (90°) बनाती है।

70. (d) $15 \times 3 - 2 + 6 \div 3$

$+ \rightarrow -, - \rightarrow \times, \div \rightarrow +$

$\times \rightarrow \div$

चिन्ह परिवर्तित करनें पर

$15 \div 3 \times 2 - 6 + 3$

$= 5 \times 2 - 6 + 3$

$= 10 - 6 - 3$

$= 13 - 6$

$= 7$

71. (a) पावापुरी जैन धर्म से सम्बंधित स्थल है। पावापुरी नालंदा जिले में स्थित है।

72. (b)चन्द्रगुप्त द्वितीय के शासनकाल में गुप्त साम्राज्य चरमोत्कर्ष पर था। बिहार में गुप्त शक्ति के संगठन का श्रेय चन्द्र गुप्त द्वितीय को ही दिया जाता है।

73. (b) असहयोग आंदोलन के दौरान बिहार में सितम्बर 1920 में बाबू बजरंग सहाय ने लॉ कॉलेज छोड़ दिया था

74. (c) यह सम्मेलन पटना में हुआ था ।

75. (c) अनुशीलन रागिति 20वीं रादी गें बंगाल से संचालित एक प्रमुख गुप्त क्रांतिकारी समाज था।

76. (a) सविनय अवज्ञा आंदोलन के दौरान पटना में 6 मई 1930 को को हड़ताल रही

77. (a) जहानाबाद में 1931 में एक किसान सभा का संगठन हुआ। दानाबंदी व्यवस्था से संबंधित चर्चा हुई ।

78. (a) श्रीकृष्ण सिंह बिहार के पहले कांग्रेसी प्रधानमंत्री (मुख्यमंत्री) थे।

79. (c) भारत छोड़ो आंदोलन के दौरान तिरहुत प्रमंडल में लगभग दो महीनों तक जनता का शासन रहा था

80. (b) अगस्त क्रांति के समय तारापुर की जनता अपनी सरकार, संसद, न्यायाधीश तथा सेना थी

81. (e) बिहार में पहली गैर कांग्रेसी सरकार का गठन 1967 में हुआ था

82. (b) बिहार में प्रथम आर्यसमाज मंदिर दानापुर में स्थापित की गई।

83. (b) मधुबनी चित्रकला का सम्बन्ध बिहार राज्य से हैं

84. (b) बोध गया में तिब्बती मठ तथा जापान, बर्मा, थाइलैण्ड, श्रीलंका एवं चीन द्वारा निर्मित मंदिर है ।

85. (d) आर्यभट्ट ज्ञान विश्वविद्यालय बिहार का एक विश्वविद्यालय है जो बिहार राज्य विश्वविद्यालय अधिनियम 2008 द्वारा शासित है। यह विश्वविद्यालय अनुदान आयोग द्वारा मान्यताप्राप्त है। बिहार सरकार द्वारा इस विश्वविद्यालय की स्थापना राज्य के तकनीकी, चिकित्सीय, प्रबन्ध तथा व्यावसायिक शिक्षा के विकास एवं प्रबन्धन के लिये किया गया है।

86. (b) बिहार पंचायती राज अधिनियम 2006 के अन्तर्गत त्रिस्तरीय पंचायतों के स्थानों या पदों में सभी कोटियों में महिलाओं को 50% आरक्षण की व्यवस्था की गई है ऐसा करने वाला बिहार भारत का प्रथम राज्य है ।

87. (b) गंगा का मैदान या गांगेय प्रदेश निक्षेपीय मैदान है जो सामान्यतः क्वार्टनरी निक्षेपों से निर्मित है ।

88. (a) बिहार विस्तृत कर्क रेखा के उत्तर में है

89. (e) बिहार में क्वार्ट्ज सिलिका सेंड बांका, जमुई, मुंगेर इत्यादि में पाया जाता है। इसके अतिरिक्त नालंदा में भी पाया जाताहै।

90. (c) बिहार में फायरक्ले पूर्णिया और भागलपुर में पाया जाता है।

91. (b) अम्लीय वर्षा नाइट्रिक अम्ल और सल्फ्यूरिक अम्ल के कारण होती है। वर्षा जल में अम्लों की बड़ी मात्रा या उपस्थिति को अम्लीय वर्षा कहा जाता है।

92. (c) धरती पर उपलब्ध सम्पूर्ण जल मे लगभग 97.3% जल लवणीय है एवं लगभग 2.7% जल अलवणीय (ताजा जल) है अलवण जल का अधिकाश भाग (लगभग 75.2%) ध्रूवीय प्रदेशो में ग्लेशियर (हिम) के रूप में विद्यमान है शेष अलवण जल के रूप मे नदियों, तालाबों, झीलों आदि मे विद्यमान है।

93. (c) जल का घनत्व 4°C पर सर्वाधिक होता है।

94. (a) खारे जल वाले क्षेत्रो में उगने वाले पौधो को लवणोमृदोभिद् (Halophytes) कहा जाता है।

95. (b) गद्दी जनजाति हिमांचल प्रदेश भारत के मूल निवासी है। इसके अलावा यहाँ किन्नौर जनजाति, लाहौल जनजाति, गुर्जर जनजाति भी पायी जाती है।

96. (c) चेराव-नृत्य मिजोरम का एक पारम्परिक बास नृत्य है। इसे मिजोरम के सबसे पुराने नृत्यों मे से एक माना जाता है। इसे "बास-नृत्य" के रूप मे भी जाना जाता है।

97. (b) कार्बन जानवरों और पौधों दोनों के ऊतकों का एक बुनियादी निर्माण खंड है। कार्बन वायुमंडल में कार्बन डाइऑक्साइड के रूप में होता है।

98. (a) वनों की कटाई व्यावसायिक उद्देश्यों के लिए पेड़ों को हटाने की गतिविधि है। पेड़-पौधों के कम होने से ऑक्सीजन के स्तर पर प्रतिकूल प्रभाव पड़ता है। इसलिए, वनों की कटाई से वातावरण में मौजूद ऑक्सीजन की मात्रा कम हो जाती है।

99. (c) एक पारिस्थितिकी तंत्र में आपस में जुड़ी हुई श्रृंखलाएं मिलकर एक खाद्य जाल बनाती हैं, जो एक पारिस्थितिकी तंत्र का मूल हिस्सा है। यदि किसी मानवीय गतिविधि के कारण संपर्क टूट जाता है, तो इसके परिणामस्वरूप पारिस्थितिकी तंत्र की विभिन्न प्रजातियों का नुकसान हो सकता है।

100. (b) शंकुधारी वन उन क्षेत्रों में उगते हैं जहाँ तापमान कम होता है। इन वनों की पत्तियाँ नीचे की ओर झुकी हुई शाखाओं वाली सूई जैसी होती हैं। इससे पेड़ों से बर्फ आसानी से खिसक जाती है।

101. (c) सिक्किम में 4 अप्रैल 2023 को दोपहर नाथुला सीमा क्षेत्र में हिमस्खलन की चपेट में आने से कम से कम छह लोगों की मौत हो गई और एक दर्जन घायल हो गए। कई पर्यटकों के अब भी बर्फ में फंसे होने की आशंका है। एक अधिकारी के मुताबिक, बचाव अभियान जारी है और घायलों को गंगटोक के एक अस्पताल में ले जाया गया है।

102. (c) भारतीय विदेश मंत्रालय ने 4 अप्रैल 2023 को, एक बयान जारी कर अरुणाचल प्रदेश में कई स्थानों को नए नाम देने के चीन के प्रयास को खारिज कर दिया है। आधिकारिक प्रवक्ता अरिंदम बागची के मुताबिक, यह पहली बार नहीं है जब चीन ने इस तरह का प्रयास किया है और भारत इसे सिरे से खारिज करता है।

103. (b) भारत सरकार ने इस साल हज के लिए कुल 184,000 आवेदनों में से रैंडम डिजिटल चयन प्रक्रिया के माध्यम से 140,000 तीर्थयात्रियों का चयन किया है। चयनित तीर्थयात्रियों में से 10,000 से अधिक 70 वर्ष से अधिक आयु के हैं। किसी भी दुर्घटना से स्वास्थ्य और सुरक्षा सुनिश्चित करने के लिए सभी तीर्थयात्रियों के लिए चिकित्सा बीमा अनिवार्य है।

104. (b) भूटान नरेश जिग्मे खेसर नामग्याल वांगचुक तीन दिवसीय यात्रा पर भारत पहुंचे हैं। नई दिल्ली में हवाई अड्डे पर विदेश मंत्री डॉ. एस जयशंकर, विदेश मंत्री और विदेश व्यापार मंत्री, डॉ. टांडी दोरजी और भूटान सरकार के वरिष्ठ अधिकारियों ने उनका स्वागत किया।

105. (c) नासा ने अगले साल चंद्रमा के चारों ओर उड़ान भरने के लिए 10 दिवसीय मिशन के लिए चार अंतरिक्ष यात्रियों की एक टीम का चयन किया है। टीम में तीन अमेरिकी और एक कनाडाई अंतरिक्ष यात्री शामिल हैं, जिनमें एक महिला और एक अफ्रीकी अमेरिकी शामिल हैं।

106. (b) CoWIN (COVID-19 वैक्सीन इंटेलिजेंस नेटवर्क) भारत सरकार द्वारा COVID-19 के खिलाफ राष्ट्रव्यापी टीकाकरण अभियान को सुविधाजनक बनाने के लिए विकसित एक मजबूत डिजिटल प्लेटफॉर्म है। इसको 2021 की शुरुआत में लॉन्च किया गया था। प्लेटफॉर्म उपयोगकर्ताओं को टीकाकरण के लिए पंजीकरण करने, अपॉइंटमेंट शेड्यूल करने और डिजिटल टीकाकरण प्रमाणपत्र प्राप्त करने में सक्षम बनाता है।

107. (a) स्क्वैश वर्ल्ड कप 2023 इस समय चेन्नई के एक्सप्रेस एवेन्यू मॉल में चल रहा है। टीम चौंपियनशिप का चौथा संस्करण 12 साल बाद हो रहा है और यह 13 से 17 जून तक चलेगा। 13 जून 2023 को, जापान ने दक्षिण अफ्रीका को हराया, विश्व चौंपियन मिस्र ने ऑस्ट्रेलिया को हराया और मलेशिया ने विश्व स्क्वैश फेडरेशन चौम्पियनशिप मैच में कोलंबिया को हराया।

108. (c) जैकब जेरेमिया सुलिवन एक अमेरिकी राजनीतिक सलाहकार हैं जो वर्तमान में राष्ट्रपति जो बिडेन के संयुक्त राज्य अमेरिका के राष्ट्रीय सुरक्षा सलाहकार के रूप में कार्य करते हैं। अमेरिका के राष्ट्रीय सुरक्षा सलाहकार श्री जेक सुलिवन ने 13 जून को प्रधानमंत्री श्री नरेन्द्र मोदी से मुलाकात की। प्रधानमंत्री ने भारत और अमेरिका के बीच व्यापक वैश्विक रणनीतिक साझेदारी बढ़ने और मजबूत होने पर संतोष व्यक्त किया।

109. (d) नेशनल टेस्टिंग एजेंसी ने 13 जून को मेडिकल प्रवेश परीक्षा नीट-यूजी का परिणाम घोषित किया था। तमिलनाडु के प्रबंजन जे और आंध्र प्रदेश के बोरा वरुण चक्रवर्ती ने 99.

110. (b) गवर्नमेंट ई मार्केटप्लेस (या ई-मार्केटप्लेस) (GeM) भारत में सार्वजनिक खरीद के लिए एक ऑनलाइन प्लेटफॉर्म है। यह पहल 9 अगस्त, 2016 को वाणिज्य और उद्योग मंत्रालय, भारत सरकार द्वारा सरकारी खरीदारों के लिए एक खुला और पारदर्शी खरीद मंच बनाने के उद्देश्य से शुरू की गई थीइसे वस्तुओं और सेवाओं की ऑनलाइन खरीद की सुविधा के लिए 5 महीने के रिकॉर्ड समय में बनाया गया था।

111. (C) भारत के पहले एयरबस C295 ने सफलतापूर्वक अपनी पहली उड़ान पूरी की, जो 2023 की दूसरी छमाही तक इसकी डिलीवरी की दिशा में एक महत्वपूर्ण मील का पत्थर है। रणनीतिक विमान ने 5 मई को स्पेन के सेविले से स्थानीय समयानुसार सुबह 11:45 पर उड़ान भरी और तीन घंटे की उड़ान के बाद दोपहर 14:45 पर उतरा। यह एक मध्यम सामरिक परिवहन विमान है जिसे स्पेनिश एयरोस्पेस कंपनी कासा द्वारा डिजाइन किया गया है।

112. (c) भारत की रिदम सांगवान ने अजरबैजान के बाकू में राइफल और पिस्टल निशानेबाजों के लिए ISSF विश्व कप 2023 में महिलाओं की 10 मीटर एयर पिस्टल स्पर्धा में

कांस्य पदक जीता है। 19 वर्षीय रिदम सांगवान ने फाइनल में 219.1 का स्कोर हासिल किए। शूटिंग विश्व कप में रिदम सांगवान का यह पहला व्यक्तिगत सीनियर मेडल था।

113. (a) भारत की वित्त मंत्री निर्मला सीतारमण ने दक्षिण कोरिया में एशियाई विकास बैंक (ADB) के बोर्ड ऑफ गवर्नर्स की 56वीं वार्षिक आम बैठक में भारतीय प्रतिनिधिमंडल का नेतृत्व किया। एडीबी का उद्देश्य क्षेत्र में अत्यधिक गरीबी का उन्मूलन करते हुए एक समृद्ध, समावेशी, लचीला और टिकाऊ एशिया और प्रशांत क्षेत्र की कल्पना करना है।

114. (b) स्टार्टअप इंडिया, उद्योग और आंतरिक व्यापार संवर्धन विभाग, वाणिज्य मंत्रालय ने हाल ही में नई दिल्ली में पहली बार शंघाई सहयोग संगठन (एससीओ) स्टार्टअप फोरम के तीसरे संस्करण का आयोजन किया। इससे पहले दो संस्करण ों को वर्चुअली सफलतापूर्वक आयोजित किया जा चुका है। इसका उद्देश्य शंघाई सहयोग संगठन (एससीओ) के सदस्य देशों के बीच स्टार्टअप्स के बारे में बातचीत बढ़ाना, अधिक रोजगार सृजित करना और युवाओं को नवीन समाधान तैयार करने के लिए प्रोत्साहित करना है।

115. (d) अंतर्राष्ट्रीय नर्स दिवस 1974 से शुरू हुआ था, जब नर्सों की अंतर्राष्ट्रीय परिषद ने आधिकारिक तौर पर 12 मई को दुनिया भर में नर्सों के लिए एक दिन के रूप में घोषित किया। यह रोगियों के कल्याण, सुरक्षा और स्वास्थ्य लाभ के लिए हमारे सभी चिकित्सा संस्थानों में डॉक्टरों और नर्सों द्वारा निभाई गई महत्वपूर्ण भूमिका की याद दिलाता है।

116. (c) भवानी देवी ओलंपिक के लिए क्वालीफाई करने वाली पहली भारतीय फेंसर बनी।

117. (a) वेब एड्रेस में प्रोटोकॉल → https में 's' का तात्पर्य 'सिक्योर' से है। जिजचे का पूर्ण रूप हाइपरटेक्स्ट ट्रांसफर प्रोटोकॉल सिक्योर है। यह एक सुरक्षित प्रोटोकॉल है। यह लोगों को वेब सर्वर के साथ सुरक्षित रूप से संचार करने की अनुमति देता है।

118. (a) पंडित शिवकुमार शर्मा एक मशहूर संतूर वादक है। पंडित शिवकुमार को संगीत नाटक अकादमी पुरस्कार, पद्मश्री तथा पद्म विभूषण से नवाजा गया है।

119. (c) पारसी धर्म के लोग अग्नि मंदिर में पूजा करते हैं। पारसी धर्म का मूल ग्रंथ जेंद अवेस्ता है। इस धर्म के पैगम्बर जरथुष्ट्र हैं। पारसी एक ईश्वर को मानते हैं जिसे अहरा मज्दा कहते है। इनके अग्नि मंदिर को दर - ए मेहर या अगियारी (गुजराती भाषा) कहते है।

120. (b) वायलिन, वीणा और गिटार तार वाले वाद्य यंत्र है जबकि बाँसुरी तार वाले वाद्य यंत्र से सम्बन्धित नहीं है।

SET 11 — **BPSC प्राइमरी प्रैक्टिस सेट**

1. **बामियान बुद्ध की मूर्तियों को भारतीय कला की किस शैली के अनुसार तराशा गया है?**
(a) गांधार शैली (b) अमरावती शैली
(c) मथुरा शैली (d) सारनाथ शैली
(e) उपर्युक्त में से कोई नहीं/ उपर्युक्त में से एक से अधिक

2. **यूनानियों द्वारा निम्नलिखित में से किस भारतीय राजा को 'अमित्रोचेट्स' अर्थात् दुश्मनों का संहार करने वाला राजा कहा जाता था ?**
(a) चंद्रगुप्त मौर्य (b) दशरथ
(c) बिन्दुसार (d) अशोक
(e) उपर्युक्त में से कोई नहीं/ उपर्युक्त में से एक से अधिक

3. **गौतमी पुत्र श्री शातकर्णी .... वंश के राजा थे।**
(a) चोल (b) चेर
(c) पांड्य (d) सातवाहन
(e) उपर्युक्त में से कोई नहीं/ उपर्युक्त में से एक से अधिक

4. **निम्नलिखित में से किस इंडो-बैक्ट्रीयाई शासक ने भारत में यूथीडेमिड साम्राज्य की नींव रखी ?**
(a) एंटिओकस III (b) यूथियडेमस II
(c) पेंटालियोन (d) डेमोट्रियस I
(e) उपर्युक्त में से कोई नहीं/ उपर्युक्त में से एक से अधिक

5. **प्राचीन भारत के राजा कनिष्क निम्नलिखित में से किस राजवंश से संबंधित थे?**
(a) कुषाण (b) कण्व
(c) शुंग (d) मौर्य
(e) उपर्युक्त में से कोई नहीं/ उपर्युक्त में से एक से अधिक

6. **किस सूफी संत को चिराग ए देहलवी कहा जाता है?**
(a) निजामुद्दीन औलिया (b) शेख नसीरुद्दीन महमूद
(c) कुतुबुद्दीन बख्तियार काकी (d) मलिक मुर्तजा
(e) उपर्युक्त में से कोई नहीं/ उपर्युक्त में से एक से अधिक

7. **कबूलियत और पट्टा किसने शुरू किया?**
(a) जहाँगीर (b) अकबर
(c) हुमायूँ (d) शेरशाह
(e) उपर्युक्त में से कोई नहीं/ उपर्युक्त में से एक से अधिक

8. **रिहला की रचना किसने की?**
(a) इब्नबतूता (b) अमीर खुसरो
(c) मलिक मुर्तजा (d) निजामुद्दीन औलिया
(e) उपर्युक्त में से कोई नहीं/ उपर्युक्त में से एक से अधिक

9. **राष्ट्रकूट वंश की स्थापना किसने की?**
(a) दंतिदुर्ग (b) कृष्ण प्रथम
(c) इंद्र द्वितीय (d) बलबन
(e) उपर्युक्त में से कोई नहीं/ उपर्युक्त में से एक से अधिक

10. **किसानों पर सिंचाई कर किसने लगाया?**
(a) मुहम्मद बिन तुगलक (b) फिरोजशाह तुगलक
(c) अलाउद्दीन खिलजी (d) शेख नसीरुद्दीन महमूद
(e) उपर्युक्त में से कोई नहीं/ उपर्युक्त में से एक से अधिक

11. **निम्न में से किस वर्ष में बंबई और ठाणे के बीच पहली रेलवे लाइन डाली गई ?**
(a) 1852 (b) 1855
(c) 1857 (d) 1859
(e) उपर्युक्त में से कोई नहीं/ उपर्युक्त में से एक से अधिक

12. **'खुद- काश्त' और 'पाही - काश्त' का प्रयोग सत्रहवीं शताब्दी में किसे संदर्भित करने के लिए किया जाता है?**
(a) सैनिक (b) दस्तकार
(c) प्रशासक (d) किसान
(e) उपर्युक्त में से कोई नहीं/ उपर्युक्त में से एक से अधिक

13. **निम्नलिखित घटनाओं का कौन सा सही कालानुक्रमिक क्रम है?**
(a) खिलाफत आंदोलन
(b) जलियाँवाला बाग हत्याकांड
(c) बारदोली में किसान आंदोलन
(d) रॉलेट सत्याग्रह
(a) (a), (b), (c), (d) (b) (a), (d), (b), (c)
(c) (d), (b), (a), (c) (d) (d), (c), (a), (b)
(e) उपर्युक्त में से कोई नहीं/ उपर्युक्त में से एक से अधिक

14. उस उपन्यास का नाम बताइए जिसमें भारत का राष्ट्रीय गीत 'वंदे मातरम' है ?

(a) आनन्द मठ (b) कपालकुण्डल
(c) राजसिम्हा (d) दुर्गेशनन्दिनी
(e) उपर्युक्त में से कोई नहीं/ उपर्युक्त में से एक से अधिक

15. निम्नलिखित में से कौन-सा कथन सही है?

I. चंपारण आंदोलन नील बोने वालों के खिलाफ था।
II. स्थायी बंदोबस्त के अनुसार राजाओं और तालुकदारों को जमींदार के रूप में मान्यता दी गई थी।

(a) केवल II (b) केवल I
(c) ना ही I ना ही II (d) I और II दोनों
(e) उपर्युक्त में से कोई नहीं/ उपर्युक्त में से एक से अधिक

16. नीचे कुछ मद / मशीने और संबंधित फैक्ट्रियाँ दी गई हैं। सुमेलित कीजिए।

A. अर्जुन टैंक	**1. कपूरथला**
B. डीजल लोकोमोटिव	**2. सालेम**
C. रेल कोच	**3. अवाड़ी**
D. लोहा और स्टील	**4. वाराणसी**

	A	B	C	D		A	B	C	D
(a)	3	4	1	2	(b)	2	3	1	4
(c)	2	1	4	3	(d)	1	2	3	4

(e) उपर्युक्त में से कोई नहीं/ उपर्युक्त में से एक से अधिक

17. दाचीगाम राष्ट्रीय उद्यान भारत के किस राज्य में स्थित है?

(a) गुजरात (b) हरियाणा
(c) हिमाचल प्रदेश (d) जम्मू और कश्मीर
(e) उपर्युक्त में से कोई नहीं/ उपर्युक्त में से एक से अधिक

18. भेड़ के शरीर से ऊन निकालने की प्रक्रिया कहलाती है।

(a) कर्तन (b) बुनना
(c) छंटाई (d) फाड़ना
(e) उपर्युक्त में से कोई नहीं/ उपर्युक्त में से एक से अधिक

19. निम्नलिखित में से कौन एक लौह-अयस्क है ?

(a) हेमेटाइट (b) बॉक्साइट
(c) मैग्नेटाइट (d) स्मेलटाइट
(e) उपर्युक्त में से कोई नहीं/ उपर्युक्त में से एक से अधिक

20. 'झूमिंग' .... का एक प्रकार है-

(a) रोपण कृषि (b) व्यापक कृषि
(c) स्थानान्तरण कृषि (d) मिश्रित कृषि
(e) उपर्युक्त में से कोई नहीं/ उपर्युक्त में से एक से अधिक

21. भारत में प्याज उत्पादन में सर्वाधिक हिस्सेदारी किस राज्य की है?

(a) उत्तर प्रदेश (b) बिहार
(c) मध्य प्रदेश (d) महाराष्ट्र
(e) उपर्युक्त में से कोई नहीं/ उपर्युक्त में से एक से अधिक

22. उत्तर काशी किस नदी के तट पर बसा है ?

(a) अलकनंदा (b) भागीरथी
(c) गंगा (d) मंदाकिनी
(e) उपर्युक्त में से कोई नहीं/ उपर्युक्त में से एक से अधिक

23. निम्नलिखित में से कौन-सा भारतीय राज्य सीमा पर स्थित नहीं है?

(a) गुजरात (b) राजस्थान
(c) मध्य प्रदेश (d) पंजाब
(e) उपर्युक्त में से कोई नहीं/ उपर्युक्त में से एक से अधिक

24. भारत स्थित है ....

(a) अरब सागर क पश्चिम में
(b) भूमध्य रेखा के दक्षिण में
(c) भूमध्य रेखा के उत्तर में
(d) मकर रेखा के दक्षिण में
(e) उपर्युक्त में से कोई नहीं/ उपर्युक्त में से एक से अधिक

25. 'इंग्लैंड' का 'अटलांटिक सागर' से वही संबंध है जो ग्रीनलैंड का संबंध है

(a) शांत महासागर से (b) अटलांटिक महासागर से
(c) उत्तरध्रुव सागर से (d) दक्षिण-ध्रुव सागर से
(e) उपर्युक्त में से कोई नहीं/ उपर्युक्त में से एक से अधिक

26. भारतीय संविधान में प्रावधान - स्त्रोत का कौन-सा युग्म सही है?

I. संविधान में संशोधन - दक्षिण अफ्रीका का संविधान
II. राष्ट्रपति के आपातकालीन शक्ति - जर्मनी का संविधान

(a) केवल II (b) केवल I
(c) I तथा II दोनों (d) ना ही I ना ही II
(e) उपर्युक्त में से कोई नहीं/ उपर्युक्त में से एक से अधिक

27. 42 वें संशोधन द्वारा नागरिकों के मूल कर्तव्यों को किस वर्ष में भारतीय संविधान में जोड़ा गया था ?

(a) 1977 (b) 1980
(c) 1978 (d) 1976
(e) उपर्युक्त में से कोई नहीं/ उपर्युक्त में से एक से अधिक

28. .... अस्पृश्यता के अंत से संबंधित है।

(a) अनुच्छेद 20 (b) अनुच्छेद 19
(c) अनुच्छेद 17 (d) अनुच्छेद 24
(e) उपर्युक्त में से कोई नहीं/ उपर्युक्त में से एक से अधिक

29. भारतीय संविधान का .... मौलिक अधिकारों से संबंधित है।

(a) भाग IV (b) भाग I

(c) भाग III (d) भाग II

(e) उपर्युक्त में से कोई नहीं/ उपर्युक्त में से एक से अधिक

30. राज्य की 'आकस्मिक निधि' किसके अधीन है ?

(a) राज्य की विधान सभा का अध्यक्ष

(b) राज्य का वित्त मंत्री

(c) भारत का राष्ट्रपति

(d) राज्य का राज्यपाल

(e) उपर्युक्त में से कोई नहीं/ उपर्युक्त में से एक से अधिक

31. भारत के उप-राष्ट्रपति का चुनाव एक निर्वाचन मंडल करता है जिसमें .... होते हैं-

(a) संसद के निर्वाचित सदस्य

(b) संसद के दोनों सदनों के सदस्य

(c) संसद के निर्वाचित सदस्य तथा राज्य विधान सभाओं के सदस्य

(d) लोक सभा तथा विधान परिषदों के सदस्य

(e) उपर्युक्त में से कोई नहीं/ उपर्युक्त में से एक से अधिक

32. संसद के संयुक्त सदन की अध्यक्षता कौन करता है?

(a) भारत के राष्ट्रपति (b) भारत के प्रधानमंत्री

(c) राज्य सभा के सभापति (d) लोक सभा के स्पीकर

(e) उपर्युक्त में से कोई नहीं/ उपर्युक्त में से एक से अधिक

33. निम्नलिखित कथनों पर विचार करें और सही विकल्प / विकल्पों को चुनें:

(i) भारत के संविधान में संशोधन की पहल केवल लोक सभा में की जा सकती है।

(ii) यदि संशोधन से संविधान की संघीय प्रकृति में परिवर्तन होना हो, तो इसके लिए सभी भारतीय राज्यों द्वारा अभिपुष्टि की आवश्यकता होगी।

नीचे दिए गए विकल्प / विकल्पों में से सही विकल्प चुनें:

(a) केवल (i) सही है।

(b) केवल (ii) गलत हैं।

(c) (i) और (ii) दोनों गलत हैं।

(d) (i) और (ii) दोनों सही हैं।

(e) उपर्युक्त में से कोई नहीं/ उपर्युक्त में से एक से अधिक

34. राष्ट्रीय गान कहाँ से लिया गया है:

(a) बी सी चटर्जी द्वारा रचित भारत विधाता निबन्ध

(b) टैगोर द्वारा संपादित पत्रिका तोत्वा-बोधिनी

(c) बी सी चटर्जी का उपन्यास दुर्गेश नन्दिनी

(d) बी सी चटर्जी का उपन्यास आनंद मठ

(e) उपर्युक्त में से कोई नहीं/ उपर्युक्त में से एक से अधिक

35. "डेमोक्रेसी" शब्द को किस भाषा से लिया गया है ?

(a) ग्रीक (b) हिब्रू

(c) अंग्रेजी (d) लैटिन

(e) उपर्युक्त में से कोई नहीं/ उपर्युक्त में से एक से अधिक

36. उपभोक्ताओं द्वारा भुगतान किये जाने वाले सभी प्रत्यक्ष करों को विस्थापित करने वाला संवैधानिक संशोधन कानून कौन सा है?

(a) ग्रॉस सप्लाई टैक्स कानून

(b) गुड्स सप्लाई टैक्स कानून

(c) गुड्स एण्ड सर्विसेज टैक्स' कानून

(d) ग्रॉस एण्ड सर्विसेज टैक्स कानून

(e) उपर्युक्त में से कोई नहीं/ उपर्युक्त में से एक से अधिक

37. भारत में अनुमोदित शेयर बाज़ारों की संख्या है :

(a) 19 (b) 20

(c) 23 (d) 24

(e) उपर्युक्त में से कोई नहीं/ उपर्युक्त में से एक से अधिक

38. भारतीय रिज़र्व बैंक कब अस्तित्व में आया ?

(a) 1 अप्रैल, 1935 (b) 1 अप्रैल, 1939

(c) 26 नवंबर, 1949 (d) 1 जुलाई, 1950

(e) उपर्युक्त में से कोई नहीं/ उपर्युक्त में से एक से अधिक

39. सार्वजनिक कार्यों में निवेश को किस रूप में जाना जाता है?

(a) राजस्व व्यय (b) वित्तीय व्यय

(c) चालू व्यय (d) पूंजी व्यय

(e) उपर्युक्त में से कोई नहीं/ उपर्युक्त में से एक से अधिक

40. बीएसई सेंसेक्स कितने स्टॉक्स पर आधारित है?

(a) 80 (b) 100

(c) 30 (d) 50

(e) उपर्युक्त में से कोई नहीं/ उपर्युक्त में से एक से अधिक

41. उत्तल दर्पण द्वारा बनने वाला प्रतिबिंब सदैव .... और .... होता है।

(a) आभासी, उलटा (b) आभासी, सीधा

(c) वास्तविक, सीधा (d) वास्तविक, उलटा

(e) उपर्युक्त में से कोई नहीं/ उपर्युक्त में से एक से अधिक

42. कोई एक्सप्रेस रेलगाड़ी 144 किलोमीटर की दूरी दो घंटे में तय करती है। इस ट्रेन की मीटर प्रति सेकंड में चाल क्या है?

(a) 10 मीटर/सेकंड (b) 20 मीटर/सेकंड
(c) 60 मीटर/सेकंड (d) 120 मीटर/सेकंड
(e) उपर्युक्त में से कोई नहीं/ उपर्युक्त में से एक से अधिक

43. द्रव्यमान m_1 और m_2 के दो कणों के बीच आकर्षण का बल दूरी क द्वारा अलग किया गया है:
$F = Gm_1m_2/d_2$. G का मान क्या है?

(a) 6.733×10^{-17} Nm²kg²
(b) 6.6733×10^{-17} Nm²kg²
(c) 6.6733×10^{-11} Nm²/kg²
(d) 6.733×10^{-11} Nm²kg²
(e) उपर्युक्त में से कोई नहीं/ उपर्युक्त में से एक से अधिक

44. एक 0.5 किग्रा की गेंद को 20 मीटर ऊँचे भवन के शिखर से छोड़ा जाता है। जमीन से टकराने से ठीक पहले गेंद की गतिज ऊर्जा ज्ञात कीजिए। (मान लीजिए कि $g = 10$ m/s² है।)

(a) 80 J (b) 40 J
(c) 20 J (d) 100 J
(e) उपर्युक्त में से कोई नहीं/ उपर्युक्त में से एक से अधिक

45. आप चुंबकीय क्षेत्र को कब अधिक प्रबल पाएंगे?

(a) जब क्षेत्र रेखाएं दिखाई नहीं देती हैं
(b) जब क्षेत्र की रेखाएं भरी होती है
(c) जब रेखाएं एक साथ हों
(d) जब ध्रुव एक साथ होते हैं
(e) उपर्युक्त में से कोई नहीं/ उपर्युक्त में से एक से अधिक

46. एल्केन का सामान्य सूत्र क्या है?

(a) C_nH_{2n-2} (b) C_nH_{2n+2}
(c) C_nH_{3n-3} (d) C_nH_{2n}
(e) उपर्युक्त में से कोई नहीं/ उपर्युक्त में से एक से अधिक

47. जब किसी ठोस को गरम करने पर वह सीधे ही गैस में परिवर्तित हो जाता है, तो इस प्रक्रिया को क्या कहते है?

(a) संघनन (b) वाष्पीकरण
(c) उर्ध्वपातन (d) विसरण
(e) उपर्युक्त में से कोई नहीं/ उपर्युक्त में से एक से अधिक

48. निम्नलिखित में से क्या डाईनाइट्रोजन का भौतिक गुण नहीं है?

(a) यह एक गैर विषैली गैस है
(b) जल में आंशिक घुलनशील
(c) न्यून हिमांक बिन्दु और न्यून क्वथनांक
(d) यह कमरे के तापमान पर रासायनिक रूप से सक्रिय होता है
(e) उपर्युक्त में से कोई नहीं/ उपर्युक्त में से एक से अधिक

49. गर्मियों में गहरे रंग के कपड़ों की तुलना में हल्के रंग के कपड़ों में हम अधिक आरामदायक महसूस करते हैं क्योंकि:

(a) हल्के रंग के कपड़े, अधिक ऊष्म विकिरण को अवशोषित करते हैं।
(b) हल्के रंग के कपड़े ऊष्मीय विकिरणों के अधिकांश भाग को परावर्तित कर देते हैं
(c) गहरे रंग के कपड़े अधिक ऊष्म विकिरण, विकिरित करते हैं।
(d) हल्के रंग के कपड़े अधिक आर्द्रता को अवशोषित करते हैं।

50. निम्नलिखित में से कौन रासायनिक परिवर्तन का उदाहरण नहीं है?

(a) एक पौधे की वृद्धि (b) लोहे में जंग लगना
(c) पानी का जमना (d) मोमबत्ती का जलना
(e) उपर्युक्त में से कोई नहीं/ उपर्युक्त में से एक से अधिक

51. एड्रिनो-कॉर्टिकोट्रॉफिक हॉर्मोन अधिवृक्क प्रांतस्था द्वारा कोर्टिकोस्टेरॉयड के उत्पादन को प्रभावित करता है। यह हॉर्मोन कौन सी ग्रंथि में निर्मुक्त किया जाता है?

(a) पीयूष ग्रंथि (b) अधिवृक्क ग्रंथि
(c) थायरॉयड ग्रंथि (d) अग्न्याशय ग्रंथि
(e) उपर्युक्त में से कोई नहीं/ उपर्युक्त में से एक से अधिक

52. कोशिका झिल्ली के मुख्य घटक क्या हैं?

(a) कार्बोहाइड्रेट (b) DNA
(c) RNA (d) लेपोप्रोटीन
(e) उपर्युक्त में से कोई नहीं/ उपर्युक्त में से एक से अधिक

53. निम्नलिखित में से कौन सा वैज्ञानिक जीवन के विकास के दौरान प्राकृतिक चयन के सिद्धांत से जुड़ा है?

(a) मेंडेल (b) डार्विन
(c) हाल्डेन (d) मिल्लर
(e) उपर्युक्त में से कोई नहीं/ उपर्युक्त में से एक से अधिक

54. यदि एक टिड्डे को मेंढक द्वारा खाया जाता है, तो यहाँ ऊर्जा का स्थानांतरण कहाँ से कहाँ तक होता है?

(a) उत्पादक से अपघटक तक
(b) उत्पादक से प्राथमिक उपभोक्ता तक
(c) द्वितीयक उपभोक्ता से प्राथमिक उपभोक्ता तक
(d) प्राथमिक उपभोक्ता से द्वितीयक उपभोक्ता तक
(e) उपर्युक्त में से कोई नहीं/ उपर्युक्त में से एक से अधिक

55. वसा ऊतक मानव शरीर में .... ऊतक का एक प्रकार है।

(a) पेशीय (b) उपकला
(c) संयोजी (d) तंत्रिका
(e) उपर्युक्त में से कोई नहीं/ उपर्युक्त में से एक से अधिक

56. प्रथम 10 पूर्ण वर्ग प्राकृत संख्याओं का औसत क्या होगा ?

(a) 38.5 (b) 39
(c) 38 (d) 39.5
(e) उपर्युक्त में से कोई नहीं/ उपर्युक्त में से एक से अधिक

57. संख्या 121, 91 का लघुत्तम समापवर्तक है-

(a) 1101 (b) 1001
(c) 10011 (d) 11001
(e) उपर्युक्त में से कोई नहीं/ उपर्युक्त में से एक से अधिक

58. 1 से 25 तक की सभी प्राकृत संख्याओं का योगफल है:

(a) 320 (b) 250
(c) 325 (d) 350
(e) उपर्युक्त में से कोई नहीं/ उपर्युक्त में से एक से अधिक

59. यदि 9 का $x\% = 21$ का $y\%$, तो $(x + y) : y$ = ...

(a) 5:3 (b) 10:3
(c) 2:3 (d) 7:3
(e) उपर्युक्त में से कोई नहीं/ उपर्युक्त में से एक से अधिक

60. एक मेज को 45 प्रतिशत की छूट पर बेचा जाता है। यदि मेज का अंकित मूल्य 8800 रुपये है, तो मेज का विक्रय मूल्य क्या है?

(a) Rs.4040 (b) Rs.5040
(c) Rs.5060 (d) Rs.4860
(e) उपर्युक्त में से कोई नहीं/ उपर्युक्त में से एक से अधिक

61. यदि $P : Q = 3 : 4$ और $Q : R = 5 : 7$ तो $(P + Q)^2 : (Q + R)^2$ है :

(a) 2512 : 2304 (b) 1225 : 2204
(c) 2312 : 2581 (d) 1225 : 2304
(e) उपर्युक्त में से कोई नहीं/ उपर्युक्त में से एक से अधिक

62. 10000 रुपये की एक राशि को साधारण ब्याज वाली एक योजना में निवेश किया गया है। इस योजना में ब्याज की दर 20 प्रतिशत प्रति वर्ष हैं। यदि 4000 रुपये ब्याज प्राप्त हुआ है, तो राशि को कितने महीनों के लिए निवेश किया गया है?

(a) 28 महीने (b) 30 महीने
(c) 18 महीने (d) 24 महीने
(e) उपर्युक्त में से कोई नहीं/ उपर्युक्त में से एक से अधिक

63. $(104 \div 26 \times 5) + 8 \times 2 - 6$ का मान क्या है?

(a) 36 (b) 35
(c) 25 (d) 30
(e) उपर्युक्त में से कोई नहीं/ उपर्युक्त में से एक से अधिक

64. एक बस और कार की गति का अनुपात 5:8 है। यदि कार 2.5 घंटे में 180 km की यात्रा करती है, तो बस की गति ज्ञात करें।

(a) 45km/hr (b) 30km/ hr
(c) 35 km/hr (d) 50km/ hr
(e) उपर्युक्त में से कोई नहीं/ उपर्युक्त में से एक से अधिक

65. एक कार्य A, B तथा C द्वारा मिलकर पूरा किया गया। A तथा B ने मिलकर कार्य का 30 प्रतिशत भाग पूरा किया तथा B तथा C ने मिलकर कार्य का 80 प्रतिशत भाग पूरा किया। तीनों में से सबसे अधिक कार्यकुशल कौन है?

(a) A (b) सभी समान हैं
(c) C (d) B
(e) उपर्युक्त में से कोई नहीं/ उपर्युक्त में से एक से अधिक

66. दिए गए विकल्पों में से तीन एक निश्चित तरीके से समान है। हालाँकि, एक विकल्प अन्य तीन की तरह नहीं है। उस विकल्प का चयन करें जो अन्य से अगल है।

(a) RIA : QHZ (b) SJC : RIB
(c) WFC : VGB (d) RAT : QZS
(e) उपर्युक्त में से कोई नहीं/ उपर्युक्त में से एक से अधिक

67. एक संस्था एक हफ्ते में पांच खेलों की स्पर्धा आयोजित करने की योजना बनाती है (ऐसे कि प्रतिदिन एक खेल खेला जाए। स्पर्धा का कार्यक्रम खेल संकुल के निम्न शर्तों के अनुसार बनाया गया:

I. बैडमिंटन, टेनिस व तैराकी के बीच में नियोजित किया जाए।

II. टेनिस, शतरंज के एकदम बाद नियोजित किया जाए।

III. निशानेबाजी की प्रतियोगिता आखिरी दिन में नियोजित हो।

खेल प्रतिस्पर्धा का कार्यक्रम किस प्रकार है?

(a) शतरंज तैराकी बैडमिंटन टेनिस निशानेबाजी
(b) शतरंज टेनिस बैडमिंटन तैराकी निशानेबाजी
(c) तैराकी बैडमिंटन टेनिस-शतरंज निशानेबाजी
(d) निशानेबाजी शतरंज तैराकी बैडमिंटन टेनिस
(e) उपर्युक्त में से कोई नहीं/ उपर्युक्त में से एक से अधिक

68. यदि शब्द INTERNATIONAL का हर स्वर अंग्रेजी भाषा के वर्णमाला के अनुसार उसके अगले अक्षर से बदल दिया जाए तथा हर व्यंजन अंग्रेजी भाषा के वर्णमाला अनुसार उसके पिछले अक्षर से बदल दिया जाए तो बाएँ ओर से पाँचवा अक्षर क्या होगा ?

(a) B (b) F
(c) M (d) N
(e) उपर्युक्त में से कोई नहीं/ उपर्युक्त में से एक से अधिक

69. श्रेणी का अगला पद ज्ञात कीजिए।
ACE, DGG, GKK, JOQ

(a) MPW (b) NSX
(c) MSY (d) MTZ
(e) उपर्युक्त में से कोई नहीं/ उपर्युक्त में से एक से अधिक

70. निम्नलिखित प्रश्न में दिए गए विकल्पों में से संबंधित अक्षर युग्म को चुनिए।

RCT: TZY : ?

(a) CITX: AGD (b) JSN: LPR
(c) VPL: XMU (d) MQF ONK
(e) उपर्युक्त में से कोई नहीं/ उपर्युक्त में से एक से अधिक

71. बिहार सहित पूर्वी भारत में आर्यों के विस्तार में क्या सहायक था?

(a) व्यापार का विस्तार (b) लोहे का उपयोग
(c) साम्राज्य विस्तार (d) कृषि का विस्तार
(e) उपर्युक्त में से कोई नहीं/ उपर्युक्त में से एक से अधिक

72. बिहार में आम्रपाली गौतम बुद्ध के काल में किस नगर की राजनर्तकी थी?

(a) वैशाली (b) राजगृह
(c) पाटलिपुत्र (d) पावापुरी
(e) उपर्युक्त में से कोई नहीं/ उपर्युक्त में से एक से अधिक

73. गांधीजी ने किस जिले के किसानों का दुःख दूर करने के लिए सत्याग्रह किया था ?

(a) बारदोली (b) आणंद
(c) चौरा-चौरी (d) चंपारण
(e) उपर्युक्त में से कोई नहीं/ उपर्युक्त में से एक से अधिक

74. बिहार में किस आंदोलन के दौरान राजेन्द्र प्रसाद ने वकालत छोड़ दी थी ?

(a) स्वदेशी आंदोलन (b) भारत छोड़ो आंदोलन
(c) असहयोग आंदोलन (d) सविनय अवज्ञा आंदोलन
(e) उपर्युक्त में से कोई नहीं/ उपर्युक्त में से एक से अधिक

75. साइमन कमीशन के पटना आने से कुछ दिन पूर्व 6 दिसम्बर 1928 को बिहार प्रांतीय सम्मेलन पटना में हुआ। इसकी अध्यक्षता की थी-

(a) श्री अनुग्रह नारायण सिंह (b) जगत नारायण लाल
(c) मजहरूल हक (d) जेन्द्र प्रसाद
(e) उपर्युक्त में से कोई नहीं/ उपर्युक्त में से एक से अधिक

76. फणीन्द्र नाथ घोष की हत्या करने वाले क्रांतिकारी थे-

(a) बैकुण्ठ शुक्ल
(b) योगेन्द्र शुक्ल
(c) शचीन बक्शी
(d) बसावन सिंह एवं राम विनोद सिंह
(e) उपर्युक्त में से कोई नहीं/ उपर्युक्त में से एक से अधिक

77. सविनय अवज्ञा आंदोलन के समय बिहार महिला सम्मेलन का चौथा सम्मेलन कहाँ हुआ था ?

(a) पटना (b) गया
(c) मोतिहारी (d) छपरा
(e) उपर्युक्त में से कोई नहीं/ उपर्युक्त में से एक से अधिक

78. बिहार में भारत छोड़ो आंदोलन के क्रम में दीप नारायन सिंह को कहाँ गिरफ्तार किया गया।

(a) बिठौली आश्रम (b) चंपारण आश्रम
(c) सदाकत आश्रम (d) बिहार विद्यापीठ
(e) उपर्युक्त में से कोई नहीं/ उपर्युक्त में से एक से अधिक

79. बिहार में 1937 के चुनाव में काँग्रेस ने अपने कुल खड़े किए जगहों का कितने प्रतिशत प्रत्याशी विजयी हुए ?

(a) 65% (b) 92%
(c) 98% (d) 98%
(e) उपर्युक्त में से कोई नहीं/ उपर्युक्त में से एक से अधिक

80. जय प्रकाश नारायण ने युवकों को गोरिल्ला युद्ध में प्रशिक्षित करने के लिए आजाद दस्ता का संगठन किया था-

(a) नेपाल में (b) भागलपुर में
(c) पटना में (d) छपरा में
(e) उपर्युक्त में से कोई नहीं/ उपर्युक्त में से एक से अधिक

81. बिहार में पहली गैर काँग्रेसी सरकार के मुख्यमंत्री थे ?

(a) महामाया प्रसाद (b) के० बी० सहाय
(c) बिंदेश्वरी प्रसाद मंडल (d) केदार पांडे
(e) उपर्युक्त में से कोई नहीं/ उपर्युक्त में से एक से अधिक

82. बिहार के बोधगया में स्थित महाबोधि मंदिर विश्व विरासत घोषित किया गया-

(a) 2002 में (b) 2003 में
(c) 2004 में (d) 2005 में
(e) उपर्युक्त में से कोई नहीं/ उपर्युक्त में से एक से अधिक

83. बिहार में इसाईयों का पहला चर्च कहाँ बना ?
(a) पटना सिटी (b) कहलगाँव
(c) बीहपुर (d) आरा
(e) उपर्युक्त में से कोई नहीं/ उपर्युक्त में से एक से अधिक

84. ऊर्दू भाषा में बिहार का पहला इतिहास 'नक्शे पायदार' के रचयिता है-
(a) अजीमुद्दीन अहमद (b) इमादुद्दीन कलंदर
(c) प्रो० कलीमुद्दीन अहमद (d) मोहम्मद शाद
(e) उपर्युक्त में से कोई नहीं/ उपर्युक्त में से एक से अधिक

85. मधुश्रावणी पर्व विशेष रूप से मनाया जाता है-
(a) नालंदा में (b) पटना में
(c) भोजपुर में (d) मिथिलांचल में
(e) उपर्युक्त में से कोई नहीं/ उपर्युक्त में से एक से अधिक

86. पावापुरी में स्थित कमलरूपी तालाब के बीच निर्मित 'जल मंदिर' का सम्बन्ध है-
(a) हिन्दू धर्म से (b) बौद्ध धर्म से
(c) जैन धर्म से (d) इसाई धर्म से
(e) उपर्युक्त में से कोई नहीं/ उपर्युक्त में से एक से अधिक

87. राष्ट्रीय शिक्षा नीति 2020 के अनुसार प्रत्येक विद्यालय के स्तर पर विद्यार्थी शिक्षक अनुपात कितने से नीचे होना सुनिश्चित किया जाएगा ?
(a) 20 : 1 (b) 35 : 1
(c) 30 : 1 (d) 40 : 1
(e) उपर्युक्त में से कोई नहीं/ उपर्युक्त में से एक से अधिक

88. बिहार पंचायती राज अधिनियम 2006 में दो ग्राम सभा की बैठकों के बीच अधिकतम कितनी अवधि निर्धारित है ?
(a) 30 दिन (b) 60 दिन
(c) तीन महीने (d) चार महीने
(e) उपर्युक्त में से कोई नहीं/ उपर्युक्त में से एक से अधिक

89. बिहार राज्य की भू-आकृति हैं लगभग-
(a) त्रिभुजाकर (b) आयताकार
(c) वर्गाकार (d) अण्डाकार
(e) उपर्युक्त में से कोई नहीं/ उपर्युक्त में से एक से अधिक

90. 15 नवम्बर 2000 को बिहार विभाजन के उपरांत बिहार में जिलों की संख्या थी-
(a) 38 (b) 37
(c) 36 (d) 35
(e) उपर्युक्त में से कोई नहीं/ उपर्युक्त में से एक से अधिक

91. भारत का सबसे बड़ा रेल मार्ग कौन-सा है?
(a) कश्मीर से बंगलौर (b) डिब्रूगढ़ से कन्याकुमारी
(c) मिजोरम से गुजरात (d) महाराष्ट्र से मणिपुर
(e) उपर्युक्त में से कोई नहीं/ उपर्युक्त में से एक से अधिक

92. पक्षी विभिन्न प्रकार के घोंसले बनाते हैं तथा घोंसले बनाने के लिए विभिन्न स्थनों का चुनाव करते हैं। निम्न में से कौन से पक्षी पेड़ के तनों में अपने घोंसले बनाते है?
(a) कौवे (b) बसंतगौरी (बारबेट)
(c) शकखोरा (सनबर्ड) (d) दर्जी पक्षी)
(e) उपर्युक्त में से कोई नहीं/ उपर्युक्त में से एक से अधिक

93. नीचे दिए गए हमारे देश के किस राज्यकेंद्र शासित प्रदेश के अधिकांश सामान्य लोगों को नारियल डली हई किसी भी करी के साथ उबला हुआ टैपिओका खाना सबसे अच्छा लगता है?
(a) आंध्र प्रदेश (b) गोवा
(c) तमिलनाडु (d) केरल
(e) उपर्युक्त में से कोई नहीं/ उपर्युक्त में से एक से अधिक

94. आपकी मित्र कमजोर दाँत और हडियों के कारण अस्वस्थ रहती है। उनके उबरने के लिए निम्न में से कौन-सा विकल्प सवीत्तम है?
(a) चावल, नींबू, आँवला, गुड़
(b) घी, दाल, रोटी, चावल
(c) दूध, सब्जियाँ, पालक, फल
(d) तेल, अण्डा , चावल, रोटी
(e) उपर्युक्त में से कोई नहीं/ उपर्युक्त में से एक से अधिक

95. नीचे दी गयी उस विशेषता को चुनिए जो नीचे दिए सभी जानवरों में पायी जाती है
कछुआ, अजगर, बाज़, छिपकली, शहद की मक्खी
A. शरीर का शल्कों से ढका होना
B. भूमि पर तथा जल (दोनों) में रह सकना
C. अण्डे देना
D. जहरीला होना
(a) A और B (b) B और C
(c) केवल C (d) C और D
(e) उपर्युक्त में से कोई नहीं/ उपर्युक्त में से एक से अधिक

96. नीचे प्याज की खेती करने की प्रक्रिया के कुछ चरण दिए गए हैं, जो उचित क्रम में नहीं हैं।
(a) खरपतवार हटाना
(b) गुड़ाई करना
(c) बीज बोना

(d) प्याज के ऊपर की सूखी पत्तियों को हटाना

(e) प्याज को उखाड़ना

(a) B, C, E, A, D (b) B, C, A, D, E

(c) B, A, C, E, D (d) B, C, A, E, D

(e) उपर्युक्त में से कोई नहीं/ उपर्युक्त में से एक से अधिक

97. निम्नलिखित में से कौन सा वन उत्पादों का प्रत्यक्ष उपयोग नहीं है?

(a) टोकरियों के लिए बांस (b) दवा

(c) गोंद और रेजिन (d) चरने के लिए घास

(e) उपर्युक्त में से कोई नहीं/ उपर्युक्त में से एक से अधिक

98. निम्नलिखित में से कौन सा वन हानि का कारण नहीं है?

(a) लकड़ी का बढ़ता उपयोग

(b) प्रजातियों का लुप्त होना

(c) ईंधन की लकड़ियों का व्यापक उपयोग

(d) खनन एवं बांध निर्माण

(e) उपर्युक्त में से कोई नहीं/ उपर्युक्त में से एक से अधिक

99. निम्नलिखित में से कौन सी गतिविधि जल स्तर को कम कर सकती है?

(a) मृदा अपरदन

(b) मानव जनसंख्या की वृद्धि

(c) भूजल का अत्यधिक दोहन

(d) अत्यधिक चराई

(e) उपर्युक्त में से कोई नहीं/ उपर्युक्त में से एक से अधिक

100. खारे पानी का पारिस्थितिकी तंत्र निम्नलिखित में से किसमें पाया जाता है:

(a) स्ट्रीम (b) वेटलैंड्स

(c) तटीय उथले (d) डेल्टा

(e) उपर्युक्त में से कोई नहीं/ उपर्युक्त में से एक से अधिक

101. राष्ट्रीय समुद्री दिवस कब मनाया जाता है?

(a) 5 अप्रैल (b) 4 जून

(c) 6 अप्रैल (d) 10 अगस्त

(e) उपर्युक्त में से कोई नहीं/ उपर्युक्त में से एक से अधिक

102. निम्नलिखित में से कौन सा संयुक्त राष्ट्र निकायों जैसे सांख्यिकीय आयोग और नारकोटिक ड्रग्स पर आयोग में योगदान करने के दृष्टिकोण में भारत के मार्गदर्शक दर्शन को दर्शाता है?

(a) 'विश्व एक परिवार है' (b) 'मेक इन इंडिया'

(c) 'डिजिटल इंडिया' (d) 'आत्मनिर्भर भारत'

(e) उपर्युक्त में से कोई नहीं/ उपर्युक्त में से एक से अधिक

103. कुष्ठ रोग से प्रभावित लोगों के पुनर्वास में किए गए कार्य के लिए किसे पद्मश्री से सम्मानित किया गया?

(a) उमाशंकर पाण्डेय (b) गजानन जगन्नाथ माने

(c) आनंद कुमार (d) अजय कुमार मंडावी

(e) उपर्युक्त में से कोई नहीं/ उपर्युक्त में से एक से अधिक

104. सरकार द्वारा स्थापित किए जाने वाले स्वदेशी दाबित भारी जल रिएक्टरों की क्षमता कितनी है?

(a) 500 मेगावाट प्रत्येक फ्लीट मोड में

(b) 600 मेगावाट प्रत्येक फ्लीट मोड में

(c) प्रत्येक फ्लीट मोड में 700 मेगावाट

(d) फ्लीट मोड में प्रत्येक 800 मेगावाट

(e) उपर्युक्त में से कोई नहीं/ उपर्युक्त में से एक से अधिक

105. रेपो रेट क्या है?

(a) वह दर जिस पर बैंक आरबीआई को उधार देते हैं

(b) वह दर जिस पर त्ठप् बैंकों से पैसा उधार लेता है

(c) वह दर जिस पर आरबीआई बैंकों को उधार देता है

(d) वह दर जिस पर आरबीआई बैंकों को ब्याज देता है

(e) उपर्युक्त में से कोई नहीं/ उपर्युक्त में से एक से अधिक

106. शंघाई सहयोग संगठन (एससीओ) के कितने सदस्य देश हैं?

(a) 4 (b) 6

(c) 8 (d) 10

(e) उपर्युक्त में से कोई नहीं/ उपर्युक्त में से एक से अधिक

107. किस संस्था ने एशिया कप 2023 के लिए हाइब्रिड मॉडल की घोषणा की?

(a) अंतर्राष्ट्रीय क्रिकेट परिषद (ICC)

(b) एशियाई क्रिकेट परिषद (ACC)

(c) भारतीय क्रिकेट कंट्रोल बोर्ड (BCCI)

(d) पाकिस्तान क्रिकेट बोर्ड (PCB)

(e) उपर्युक्त में से कोई नहीं/ उपर्युक्त में से एक से अधिक

108. संयुक्त राष्ट्र महासभा में मृत शांति सैनिकों के लिए स्मारक दीवार स्थापित करने के प्रस्ताव को अपनाने का नेतृत्व किसने किया था?

(a) संयुक्त राज्य अमेरिका (b) भारत

(c) यूनाइटेड किंगडम (d) चीन

(e) उपर्युक्त में से कोई नहीं/ उपर्युक्त में से एक से अधिक

109. सभी प्रधानमंत्रियों की यात्रा को प्रदर्शित करने वाला प्रधानमंत्री संग्रहालय जनता के लिए कब खोला गया?

(a) 21 अप्रैल 2022 (b) 25 नवंबर 2016

(c) 22 नवंबर 2015 (d) 10 नवंबर 2010

(e) उपर्युक्त में से कोई नहीं/ उपर्युक्त में से एक से अधिक

110. मणिपुर में संघर्ष का प्रमुख कारण क्या है ?

(a) राजनीतिक प्रतिद्वंद्विता
(b) धार्मिक मतभेद
(c) मैतेई और आदिवासी समुदायों के बीच जातीय संघर्ष
(d) आर्थिक विषमताएँ
(e) उपर्युक्त में से कोई नहीं/ उपर्युक्त में से एक से अधिक

111. किस संगठन ने डचवग को वैश्विक स्वास्थ्य आपातकाल नहीं घोषित किया?

(a) संयुक्त राष्ट्र
(b) विश्व स्वास्थ्य संगठन
(c) रोग नियंत्रण और रोकथाम केंद्र
(d) विश्व खाद्य कार्यक्रम
(e) उपर्युक्त में से कोई नहीं/ उपर्युक्त में से एक से अधिक

112. भारतीय रेलवे की वन स्टेशन वन प्रोडक्ट (OSOP) योजना का उद्देश्य क्या है?

(a) बाजार में विदेशी उत्पादों को बढ़ावा देने के लिए
(b) समाज के वंचित वर्गों के लिए अतिरिक्त आय के अवसर पैदा करने के लिए
(c) स्वदेशी या स्थानीय उत्पादों को प्रदर्शित करने के लिए
(d) उचित ब्याज पर उधार देने के लिए
(e) उपर्युक्त में से कोई नहीं/ उपर्युक्त में से एक से अधिक

113. बाजरा उत्पादन को बढ़ावा देने के लिए उत्तराखंड सरकार का क्या उद्देश्य है?

(a) किसानों के स्वास्थ्य में सुधार करने के लिए
(b) राज्य में अधिक पर्यटकों को आकर्षित करने के लिए
(c) किसानों की अर्थव्यवस्था को मजबूत करने के लिए
(d) किसानों की देखभाल करने के लिए
(e) उपर्युक्त में से कोई नहीं/ उपर्युक्त में से एक से अधिक

114. भारतीय नौसेना के कौन से जहाज कंबोडिया के सियानोकविले के दौरे पर हैं?

(a) आईएनएस मुंबई और आईएनएस कोलकाता
(b) आईएनएस दिल्ली और आईएनएस सतपुड़ा
(c) आईएनएस विक्रांत और आईएनएस विराट
(d) आईएनएस चेन्नई और आईएनएस कोलकाता
(e) उपर्युक्त में से कोई नहीं/ उपर्युक्त में से एक से अधिक

115. कौन सा भारतीय युद्धपोत अभ्यास समुद्र शक्ति-2023 में भाग ले रहा है?

(a) आईएनएस विक्रांत (b) आईएनएस कवारत्ती
(c) आईएनएस अरिघाट (d) आईएनएस विक्रमादित्य
(e) उपर्युक्त में से कोई नहीं/ उपर्युक्त में से एक से अधिक

116. भारतीय ओलंपियन साजन प्रकाश निम्नलिखित में से किस खेल में भारत का प्रतिनिधित्व करते हैं?

(a) तैराकी (b) भारोत्तोलन
(c) एथलेटिक्स (d) मुक्केबाजी
(e) उपर्युक्त में से कोई नहीं/ उपर्युक्त में से एक से अधिक

117. वर्ल्ड वाइड वेब (WWW) है :

(a) इंटरनेट के लिए एक दूसरा नाम
(b) कम्प्यूटरों का वर्ल्डवाइड कनेक्शन
(c) सूचना का वर्ल्डवाइड कलेक्शन
(d) इंटरनेट से जुड़े हुए कम्प्यूटरों में उपलब्ध लिंक्ट सूचना का कलेक्शन
(e) उपर्युक्त में से कोई नहीं/ उपर्युक्त में से एक से अधिक

118. बिस्मिल्लाह खाँ किस वाद्यय में निपुण थे ?

(a) सरोद (b) शहनाई
(c) संतूर (d) सारंगी
(e) उपर्युक्त में से कोई नहीं/ उपर्युक्त में से एक से अधिक

119. कथकली कहाँ का लोक नृत्य है ?

(a) कर्नाटक (b) केरल
(c) तमिलनाडु (d) आंध्र प्रदेश
(e) उपर्युक्त में से कोई नहीं/ उपर्युक्त में से एक से अधिक

120. भारत में राष्ट्रीय लघु उद्योग दिवस हर वर्ष .... को मनाया जाता है।

(a) 30 अक्टूबर (b) 30 जुलाई
(c) 30 सितंबर (d) 30 अगस्त
(e) उपर्युक्त में से कोई नहीं/ उपर्युक्त में से एक से अधिक

◆◆◆

उत्तर माला

1.	(a)	2.	(c)	3.	(d)	4.	(d)	5.	(a)	6.	(b)	7.	(d)	8.	(a)
9.	(a)	10.	(b)	11.	(e)	12.	(d)	13.	(c)	14.	(a)	15.	(d)	16.	(a)
17.	(d)	18.	(a)	19.	(e)	20.	(c)	21.	(d)	22.	(b)	23.	(c)	24.	(c)
25.	(c)	26.	(c)	27.	(d)	28.	(c)	29.	(c)	30.	(c)	31.	(b)	32.	(d)
33.	(c)	34.	(d)	35.	(a)	36.	(c)	37.	(c)	38.	(a)	39.	(d)	40.	(c)
41.	(c)	42.	(b)	43.	(c)	44.	(d)	45.	(b)	46.	(b)	47.	(b)	48.	(d)
49.	(b)	50.	(d)	51.	(a)	52.	(d)	53.	(b)	54.	(b)	55.	(c)	56.	(a)
57.	(e)	58.	(c)	59.	(b)	60.	(e)	61.	(d)	62.	(d)	63.	(d)	64.	(a)
65.	(c)	66.	(c)	67.	(b)	68.	(e)	69.	(c)	70.	(d)	71.	(b)	72.	(c)
73.	(d)	74.	(c)	75.	(a)	76.	(a)	77.	(b)	78.	(a)	79.	(b)	80.	(a)
81.	(a)	82.	(a)	83.	(a)	84.	(d)	85.	(d)	86.	(c)	87.	(c)	88.	(c)
89.	(b)	90.	(b)	91.	(b)	92.	(b)	93.	(d)	94.	(c)	95.	(c)	96.	(d)
97.	(c)	98.	(b)	99.	(c)	100.	(d)	101.	(a)	102.	(a)	103.	(b)	104.	(c)
105.	(c)	106.	(c)	107.	(b)	108.	(b)	109.	(a)	110.	(c)	111.	(b)	112.	(e)
113.	(c)	114.	(b)	115.	(b)	116.	(a)	117.	(c)	118.	(b)	119.	(b)	120.	(d)

उत्तर सहित व्याख्या

1. (a) बामियान बुद्ध की मूर्तियाँ बलुआ पत्थर की चट्टानों से काटकर बनायी गयी थी। यह मूर्तियाँ 5वीं शताब्दी ई. पू. की है और कभी दुनिया की सबसे ऊँची बुद्ध की खड़ी प्रतिमा थी। यह मूर्तियाँ अफगानिस्तान में स्थित थी जिन्हें वर्ष 200 में तालिबान द्वारा तोड़ने की घोषणा की गयी थी। इन मूर्तियों में भारतीय कला की गांधार शैली की कलाकृति दिखाई पड़ती है।

2. (c) बिन्दुसार को 'अमित्रोचेट्स' अर्थात् 'दुश्मनों का संहार' करने वाला राजा कहा गया है। बिन्दुसार (298 - 272 ई.पू.) चन्द्रगुप्त मौर्य का पुत्र था जो उसकी मृत्यु के पश्चात् गद्दी पर बैठा। इसने अपने पिता द्वारा विजित क्षेत्र को पूर्ण रूप से अक्षुण्ण बनाए रखा। बिन्दुसार के दरबार में डायमेकस नामक दूत आया था।

3. (d) गौतमी पुत्र शातकणी सातवाहन वंश का महानतम शासक था। इनकी माता बलाश्री के नासिक अभिलेख में इन्हें 'एकमात्र ब्राह्मण' एवं अद्वितीय ब्राह्मण कहा गया है। आंध्र - सातवाहन (60 ई.पू. - 230 ई. पूर्व) वंश का संस्थापक सिमुक था। इनकी राजधानी प्रतिष्ठान (वर्तमान में महाराष्ट्र) थी। पुराणों में इस वंश को आंध्र कहा गया है।

4. (d) डेमोट्रियस I इंडो-बैक्ट्रीयाई शासक ने भारत यूथीडेमिड साम्राज्य की नीव रखी। यह राजवंश 230 ई. पू. में स्थापित एक हेलेनिस्टिक राजवंश था, जिसने 230ई. पू. से 10 ई. तक ग्रीको- बैक्ट्रियन और इंडो-ग्रीफ साम्राज्यों पर शासन किया था। (इसके अंतिम शासक, स्ट्रैटो की मृत्यु पर)

5. (a) कनिष्क का संबंध 'कुषाण वंश' से था। कुषाण वंश का संस्थापक 'कुजुल कडफिसेस' था। कनिष्क ने 78 ई. में शक संवत चलाया। कनिष्क बौद्ध धर्म का संरक्षक था तथा इसके शासनकाल में चतुर्थ बौद्ध संगीति का आयोजन वसुमित्र की अध्यक्षता में कुण्डलवन (कश्मीर) में हुआ। इस बौद्ध संगीति में बौद्ध धर्म हीनयान एवं महायान दो भागों में बँट गया।

6. (b) नसीरुद्दीन महमूद एक 14 वीं शताब्दी के रहस्य कवि और सूफी संत थे। वह संत निजामुद्दीन औलिया के शिष्य थे। उन्हें चिराग ए देहलवी कहा जाता है।

7. (d) शेरशाह सूरी वंश का एक राजा था जिसने 1540 से 1545 तक राज्य किया। कबूलियत और पट्टा उसने ही प्रारंभ की थी।

8. (a) इब्नबतूता एक मोरक्को का यात्री था। उसने रिहला नामक पुस्तक लिखी। वह मुहम्मद बिन तुग़लक के समय भारत आया।

9. (a) राष्ट्रकूट वंश की स्थापना दंतिदुर्ग ने की। इसकी स्थापना 8वीं सदी में की गई।

10. (b) फिरोजशाह तुगलक तुगलक वंश का एक राजा था। उसने सिंचाई कर नामक नया कर लगाया।

11. (e) डलहौजी के शासनकाल में भारत में वर्ष 1853 में प्रथम रेलवे लाइन बम्बई से थाणे के मध्य बिछाई गई। इसी लाइन पर 16 अप्रैल, 1853 ई0 में भारत की सर्वप्रथम ट्रेन चली। दूसरी रेल लाइन 1854 ई0 में कलकत्ता से रानीगंज के मध्य बिछाई गई।

12. (d) सत्रहवीं सदी में दो किस्म के किसानों की चर्चा की जाती थी (1) खुद - काश्त (2) पाही - काश्त, पहले किस्म के किसान वे थे जो उन्हीं गावों में रहते थे जिनमें उनकी जमीन थी। जबकि दूसरे (पाही - काश्त) वे खेतिहर थे जो दूसरे गांवों में ठेके पर खेती करते थे। लोग अपनी मर्जी से पाही - काश्त बनते थे।

13. (c) निम्न घटनाओं का कालानुक्रम निम्न है -

(d) रॉलेट सत्याग्रह - 6 अप्रैल, 1919 ई.

(b) जलियाँवाला बाग हत्याकांड 13 अप्रैल, 1919 ई.

(a) खिलाफत आंदोलन - 1919 1922 ई.

(c) बारदोली में किसान आंदोलन - 1928 ई.

14. (a) भारत का राष्ट्रीय गीत 'वंदे मातरम' आनंदमठ से लिया गया है। आनंद मठ एक बंगाली कथा उपन्यास है, जिसे बंकिम चंद्र चट्टोपाध्याय द्वारा लिखा गया था। इस गीत को 24 जनवरी, 1950 को अपनाया गया था। इस गीत को पहली बार वर्ष 1896 में कांग्रेस के कलकत्ता अधिवेशन में गाया गया था।

15. (d) चंपारण सत्याग्रह गांधीजी द्वारा 1917 ईण में बिहार के चंपारण जिले से प्रारम्भ किया गया था। इस आन्दोलन का मुख्य कारण नील के खेतों में काम करने वाले किसानों पर यूरोपीय मालिक का अत्याचार तथा किसानों को अपनी जमीन के कम से कम 3/20 भाग पर नील की खेती करना और उन मालिकों द्वारा तय दामों पर उन्हें बेचना पड़ता था। इसे 'तिनकठिया पद्धति' भी कहा जाता है।

16. (a) नीचे दिए गए विकल्प सुमेलित है-

मद / मशीनें	फैक्ट्रियाँ
(a) अर्जुन टैंक	3. अवाड़ी
(b) डीजल लोकोमोटिव	4. वाराणसी
(c) रेल कोच	1. कपूरथला
(d) लोहा और स्टील	2. सालेम

17. (d) दाचीगाम राष्ट्रीय उद्यान भारत के जम्मू और कश्मीर राज्य के श्रीनगर जिले में स्थित है। इसे 1981 में राष्ट्रीय उद्यान का दर्जा प्राप्त हुआ था। दाचीगाम राष्ट्रीय उद्यान मुख्यरूप से कश्मीरी हंगुल (हिरण) के लिए प्रसिद्ध है।

18. (a) 'कर्तन' वह प्रक्रिया है, जिसके द्वारा भेड़ के ऊनी बालों को काट दिया जाता है। प्रत्येक वयस्क भेड़ के बाल वर्ष में एक बार काटे जाते हैं।

19. (e) लोहे के प्रमुख अयस्क हेमेटाइट, मैग्नेटाइट, लिमोनाइट तथा सिडेराइट है। विश्व में लौह अयस्क का सर्वाधिक भण्डारण तथा सबसे बड़ा उत्पादन दोनों में चीन देश है। बॉक्साइट एल्युमीनियम का प्रमुख अयस्क है।

20. (c) झूमिंग (Shifting) खेती स्थानान्तरण कृषि का एक प्रकार है। वन प्रदेशों में जंगलों को जलाकर जमीन को खेती योग्य बनाकर खेती करना झूमिंग खेती कहलाती है। यह खेती असम एवं मेघालय के पहाड़ी इलाकों एवं आदिवासी क्षेत्रों में की जाती है।

21. (d) भारत में शीर्ष प्याज उत्पादक राज्य महाराष्ट्र है। इसके पश्चात मध्यप्रदेश और तीसरे स्थान पर कर्नाटक का स्थान है। भारत विश्व में सर्वाधिक प्याज उत्पादक देश है तथा दूसरे स्थान पर चीन है।

22. (b) उत्तर काशी शहर भागीरथी नदी के तट पर बसा हुआ है। उत्तर काशी धार्मिक दृष्टि से एक महत्वपूर्ण शहर है।

23. (c) क्षेत्रफल व जनसंख्या की दृष्टि से भारत दक्षिण एशिया का सबसे बड़ा देश है जिसकी सीमाएँ सात देशों से मिलती है। भारत के 16 राज्यों व 2 केन्द्रशासित प्रदेशों की सीमाएँ इन पड़ोसी देशों से मिलती है। गुजरात, राजस्थान, पंजाब पाकिस्तान देश के साथ लगी सीमा पर स्थित राज्य है जबकि मध्य प्रदेश सीमा पर स्थित राज्य नहीं है।

24. (c) भारत उत्तरी गोलार्द्ध में स्थित है, जिसकी मुख्य भूमि 8°4' उत्तरी अक्षांश से 37°6' उत्तरी अक्षांश तक तथा 68°7' पूर्वी देशांतर से 97°25' पूवी देशांतर तक विस्तृत है। कर्क रेखा भारत के 8 राज्यों से होकर गुजरती है। यह रेखा 23½° उत्तरी अक्षांश पर स्थित है। लक्षद्वीप अरब सागर में वहीं अंडमान निकोबार द्वीप समूह बंगाल की खाड़ी में स्थित भारत के ही क्षेत्रफल के अंतर्गत आते है।

25. (c) उत्तरी ध्रुवीय महासागर या आर्कटिक महासागर जिसका विस्तार अधिकतर आर्कटिक उत्तरी ध्रुवीय क्षेत्र में है। विश्व के पांच प्रमुख समुद्री प्रभागों में से यह सबसे छोटा और उथला महासागर है। ग्रीनलैण्ड का उत्तरध्रुव सागर से वही सम्बन्ध है जो इंग्लैंड का अटलांटिक महासागर से है।

26. (c) भारतीय संविधान में संविधान संशोधन की प्रक्रिया दक्षिण अफ्रीका के संविधान से ग्रहण की गयी है। भारतीय संविधान नम्यता और अनम्यता का अनोखा मिश्रण है। भारतीय संविधान का भाग- 20, अनु. - 368 संविधान संशोधन से संबंधित है। भारत में संविधान संशोधन की शक्ति संसद को प्राप्त है। संसद प्रस्तावना तथा मूल अधिकारों सहित संविधान के किसी भी भाग में संशोधन कर सकती है। संविधान संशोधन के लिए तीन प्रकार की प्रक्रिया का प्रावधान किया गया है-

(i) साधारण बहुमत द्वारा संशोधन

(ii) विशेष बहुमत द्वारा संशोधन

(iii) संसद के विशेष बहुमत एवं आधे राज्यों के विधानमंडलों की संस्तुति के उपरांत संशोधन।

27. (d) मूल कर्तव्य को वर्ष 1976 में 42 वें संशोधन द्वारा भाग (iv) (d) के अनुच्छेद 51 (d) के अंतर्गत भारतीय संविधान में जोड़ा गया था।

28. (c) अनुच्छेद संबंधित विषय

अनुच्छेद	संबंधित विषय
अनु. - 17	अस्पृश्यता का अंत
अनु. - 19	वाक् और अभिव्यक्ति की स्वतंत्रता
अनु. - 20	अपराधों के लिए दोष- सिद्धि के संबंध में संक्षरण
अनु. - 24	14 वर्ष से कम आयु बालकों का कारखानो आदि में नियोजन का प्रतिषेध

29. (c) मूल अधिकार संविधान में उल्लेखित वे अधिकार है, जो व्यक्ति के भौतिक (सामाजिक, आर्थिक, राजनीतिक) व नैतिक विकास हेतु आवश्यक है। ये अधिकार राज्य के विरूद्ध व्यक्ति की आजादी को सुनिश्चित करते हैं। यह संयुक्त राज्य अमेरिका के संविधान से लिया गया हैं। संविधान के भाग III में अनुच्छेद 12- 35 तक इनका उल्लेख हैं। भाग III को भारत का 'मैग्नाकार्टा' की संज्ञा दी जाती हैं।

30. (c) भारतीय संविधान संसद को 'भारत की आकस्मिक निधि' के गठन की अनुमति देता है। संसद द्वारा 'भारत की आकस्मिक निधि' अधिनियम, 1950 से शुरू हुआ। इस निधि को राष्ट्रपति की ओर से वित्त सचिव द्वारा रखा जाता है। यह निधि राष्ट्रपति के अधिकार में रहती है और वह किसी अप्रत्याशित व्यय के लिए अग्रिम दे सकता है जिसे बाद में संसद द्वारा प्राधिकृत करवाया जा सकता है।

31. (b) भारत के उपराष्ट्रपति के चुनाव के निर्वाचक मण्डल में संसद के दोनों सदनों के सभी सदस्य (निर्वाचित तथा मनोनीत दोनों) होते है। जबकि राष्ट्रपति के चुनाव में मनोनीत सदस्य भाग नहीं लेते है।

32. (d) संसद के संयुक्त अधिवेशन की अध्यक्षता लोकसभा अध्यक्ष करता है। संविधान के अनु0 108 के अन्तर्गत संसद के दोनों सदनों (लोकसभा और राज्यसभा) की संयुक्त बैठक की व्यवस्था की गई है। इसके अन्तर्गत किसी साधारण विधेयक पर गतिरोध उत्पन्न होने की स्थिति में राष्ट्रपति द्वारा संयुक्त बैठक बुलाई जा सकती है।

33. (c) भारतीय संविधान में संशोधन संबंधी प्रावधान भाग - 20 के अनुच्छेद 368 में किया गया है। संविधान संशोधन की प्रक्रिया किसी भी सदन (लोकसभा या राज्यसभा) में शुरू की जा सकती है। संविधान में संघीय प्रकृति से संबंधित संशोधन के लिए संसद का विशेष बहुमत तथा आधे राज्यों का समर्थन आवश्यक है।

34. (d) भारत में राष्ट्रीय गान रवीन्द्र नाथ टैगोर के संपादित पत्रिका तत्व बोधिनी से लिया गया है जिसका शीर्षक भारत भाग्य विधाता है।

- जन गण मन को 24 जनवरी 1950 को भारतीय संविधान ने राष्ट्रगान के रूप में अपनाया था।
- इसे पहली बार 27 दिसम्बर 1911 को भारतीय राष्ट्रीय कांग्रेस के अधिवेशन में गाया गया था

35. (a) डेमोक्रेसी का अर्थ है 'लोकतंत्र'। डेमोक्रेसी शब्द की उत्पत्ति ग्रीक मूल के शब्द 'डेमोस' अर्थ 'जन साधारण' तथा 'क्रेसिया' का अर्थ 'शासन' अर्थात 'जन साधारण का शासन से है। लोकतंत्र का अर्थ ऐसी व्यवस्था से है जिसका संचालन लोगों या उनके द्वारा चुने हुए प्रतिनिधियों के द्वारा किया जाता है।

36. (c) गुड्स एंड सर्विसेज टैक्स या वस्तु एवं सेवाकर (G. S. T.) एक अप्रत्यक्ष कर है जिसे भारत सरकार ने 1 जुलाई, 2017 को लागू किया। जीएसटी में चार स्लैब 5%, 12%, 18% और 28% की दरें निधारित की गई है। यह सभी अप्रत्यक्ष करों के स्थान पर एकल कर प्रणाली का प्रावधान करता है। इस कर को संविधान में 101 वें संशोधन द्वारा जोड़ा गया।

37. (c) भारत में सेबी द्वारा अनुमोदित शेयर बाजारों की संख्या 23 है। शेयर बाजार एक ऐसा स्थान होता है जहाँ निवेशक किसी कंपनी के शेयर खरीदते या बेचते हैं।

38. (a) भारतीय रिजर्व बैंक की स्थापना 1 अप्रैल, 1935 ईण को 5 करोड़ रुपए की अधिकृत पूँजी से हुई थी। इसका राष्ट्रीयकरण 1 जनवरी, 1949 ईण को किया गया। रिजर्व बैंक भारत का केन्द्रीय बैंक है। इसका मुख्यालय मुम्बई में है। स्वतंत्र भारत के प्रथम R.B.I. गवर्नर सीण डीण देशमुख थे। वर्तमान में R. B. I के गवर्नर शक्तिकांत दास है।

39. (d) पूँजी व्यय:- सार्वजनिक कार्यों को पूरा करने तथा समाज एवं सम्पूर्ण अर्थव्यवस्था के लिए राज्य द्वारा जो व्यय किये जाते हैं उन्हें पूंजी व्यय कहते हैं अर्थात् सार्वजनिक कार्यों हेतु किए गए निवेश को पूँजी व्यय के रूप में जाना जाता है। पूंजी व्यय का प्रमुख उद्देश्य अधिकतम सामाजिक कल्याण सुनिश्चित करना है।

40. (c) बीएसई सेंसेक्स, बांम्बे स्टॉक एक्सचेंज का संवेदी शेयर सूचकांक है। यह 30 प्रमुख शेयरों का प्रतिनिधित्व करता है। इसका आधार वर्ष 1978 -1979 है।

41. (c) उत्तल दर्पण द्वारा बना प्रतिबिंब सदैव आभासी और सीधा होता है।

42. (b) कार की औसत गति = (कुल दूरी)/(लिया गया कुल समय)

औसत गति = 144 किमी/2 घंटे = 72 किमी/घंटे

औसत गति (मीटर/सेकेंड) = 72 × 5/18 = 20 मी/सेकेंड

43. (c) G का मान 6.6733 × 10-11 Nm^2/kg^2 है।

44. (d) द्रव्यमान (m) = 0.5 kg; g = 10 m/s^2

जब गेंद 5 मीटर की ऊँचाई पर होती है, तब उसमें केवल स्थितिज ऊर्जा होती है, जो = mgh होती है।

= 0.5 × 10 × 20 = 100 J

जब यह जमीन पर पहुँचता है, तब इसकी समस्त स्थितिज ऊर्जा गतिज ऊर्जा में परिवर्तित हो जाती है।

इसलिए, जब गेंद जमीन पर पहुँचती है, तब गतिज ऊर्जा = 100 J

45. (b) चुंबकीय क्षेत्र कभी भी एक दूसरे को नहीं काटते हैं।क्षेत्र रेखाएं जितनी सघन होंगी, क्षेत्र की शक्ति उतनी ही अधिक होगी।

46. (b) अल्केन का सामान्य अणु सूत्र C_nH_{2n+2} है, यहाँ n अल्केन के 1 अणु में उपस्थित कार्बन परमाणुओं की संख्या है।

47. (b) वह प्रक्रिया जिसमें बर्फ या बर्फ जैसा ठोस सीधे पानी के वाष्प में बदल जाते हैं, जिसमें कोई मध्यवती तरल चरण नहीं होता है, जिसे उर्ध्वपातन कहा जाता है।

48. (d) नाइट्रोजन (N_2) एक रंगहीन, गंधहीन, स्वादहीन और गैर विषैली गैस है।यह कमरे के तापमान पर रासायनिक रूप से सक्रिय होता है

49. (b) हल्के रंग के कपड़े अपने ऊपर पड़ने वाले ऊष्मीय विकिरणों के अधिकांश भाग को परावर्तित कर देते हैं, इसलिए गर्मियों में हल्के रंग के वस्त्र अधिक आरामदायक लगते हैं। जबकि गहरे रंग के वस्त्र अपेक्षाकृत अधिक ऊष्मा अवशोषित करते हैं, इसलिए सर्दियों में गहरे रंग के वस्त्र पहनना अधिक आरामदायक लगता है।

50. (d)पानी का जमना रासायनिक परिवर्तन का उदाहरण नहीं है

51. (a) एड्रिनो-कॉर्टिकोट्रॉफिक हामीन अधिवृक्क प्रांतस्था द्वारा कोर्टिकोस्टेरॉयड के उत्पादन को प्रभावित करता है। यह हॉर्मोन पीयूष ग्रंथि में निर्मुक्त किया जाता है।

52. (d) कोशिका झिल्ली एक लिपिड बाइलेयर है और लिपोप्रोटीन और काबीहाइड्रेट से बना है।

53. (b) चार्ल्स डार्विन ने प्राकृतिक चयन द्वारा जैविक विकास के सिद्धांत का प्रस्ताव रखा।

54. (b) मेंढक टिड्डी या प्राथमिक उपभोक्ता को खाता है, इसलिए यह द्वितीयक उपभोक्ता है। इसलिए, यदि एक मेंढक एक टिड्डे को खाता है, तो ऊर्जा का स्थानांतरण प्राथमिक उपभोक्ता से द्वितीयक उपभोक्ता तक होगा।

55. (c) वसा ऊतक मुख्य रूप से त्वचा के नीचे स्थित एक प्रकार का स्थूल संयोजी ऊतक होता है।इस ऊतक की कोशिकाओं को वसा को संग्रहित करने के लिए विशेषीकृत होती हैं।

56. (a): प्रथम 10 पूर्ण वर्ग संख्याये

1, 4, 9, 16, 25, 36, 49, 64, 81, 100

$$\text{औसत} = \frac{1+4+9+16+25+36+49+64+81}{10}$$

$$= \frac{385}{10} = 38.5$$

57. (c): ल०स०प० = 7 × 11 × 11 × 13 = $\boxed{11011}$

58. (c): 1 + 2 + 3 + ……… n प्राकृत संख्याओं का योग

$$= \frac{n(n+1)}{2}$$

1 + 2 + 3 + ……… 25 प्राकृत संख्याओं का योग-

n = 25

$$\frac{25(25+1)}{2} = \frac{25\times 26}{2} = 325$$

59. (b): 9 का x% = 21 का y%

$$9\times\frac{x}{100} = 21\times\frac{y}{100}$$

$$\frac{x}{y} = \frac{21}{9}$$

$$\boxed{\frac{x}{y} = \frac{7}{3}}$$

प्रश्नानुसार,

(x + y) : y = (7 + 3) : 3

= 10:3

60. (a): मेज का अंकित मूल्य = 8800

छूट = 45%

$$\text{मेज का विक्रय मूल्य} = 8800 \times \frac{100-45}{100}$$

$$= 8800 \times \frac{55}{100} = \text{Rs } 4840$$

61. (d)

P : Q : R

3 : 4

5 : 7

15 : 20 : 28

माना P = 15x, Q = 20x, R = 28x

$(P + Q)^2 : (Q + R)^2$

$= (15x + 20x)^2 : (20x + 28x)^2$

$= (35x)^2 : (48x)^2$

$= 1225x^2 : 2304x^2$

$= \boxed{1225 : 2304}$

62. (d): P = Rs 10000, साधारण ब्याज = Rs 4000

R = 20%

साधारण ब्याज = $\frac{PRT}{100}$

$4000 = \frac{10000 \times 20 \times T}{100}$

$\frac{4000 \times 100}{10000 \times 20} = T$

T = 2 वर्ष

= 2 × 12

T = 24 माह

63. (d): प्रश्न से,

(104 ÷ 26 × 5) + 8 × 2 – 6

$= \frac{104}{26} \times 5 + 16 - 6$

= 4 × 5 + 10

= 20 + 10 = 30

64. (a): दिया है,

बस की गति (V_1) / कार की गति (V_2)

$\frac{5}{8} = \frac{5x}{8x}$

प्रश्नानुसार,

कार की गति (V_2) = कार द्वारा तय दूरी / कार द्वारा लगा समय

$8x = \frac{180}{2.5}$

$x = \frac{180}{20}$

x = 9

बस की गति = 5x

= 5 × 9

= 45 km/h

65. (c): प्रश्न से,

A + B+ C द्वारा मिलकर किया गया कार्य = 1 ... (i)

इसी प्रकार A + B द्वारा किया गया कार्य = $\frac{30}{100}$ ... (ii)

B + C द्वारा मिलकर किया गया कार्य = $\frac{80}{100}$ ... (iii)

समी. (i) समी. (ii) से

C द्वारा किया गया कार्य = $\left(1 - \frac{30}{100}\right)$ द्वारा किया गया

कार्य = $\frac{70}{100}$ या 70% भाग

समी. (iii) से

B + $\frac{70}{100}$ द्वारा किया गया कार्य = $\frac{80}{100}$ भाग

B करेगा = $\frac{80}{100} - \frac{70}{100} = \frac{10}{100}$ या 10%

समी. (2) से,

A + $\frac{10}{100}$ द्वारा किया गया कार्य = $\frac{30}{100}$

A करेगा = $\frac{30}{100} - \frac{10}{100}$

A करेगा = $\frac{20}{100}$ या 20%

सबसे अधिक कार्य कुशल C हैं।

66. (c):

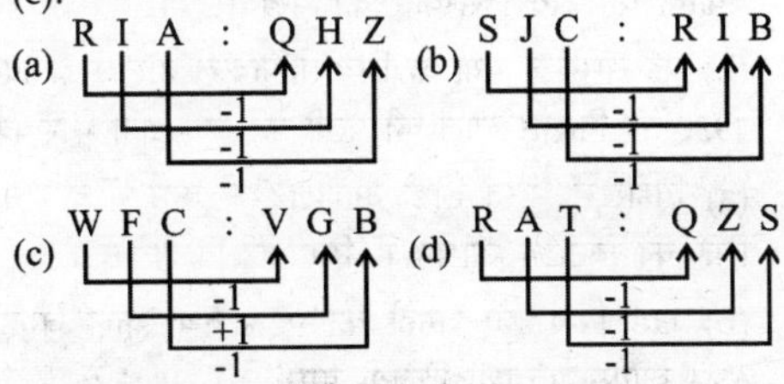

अत: स्पष्ट है कि विकल्प (c) अन्य से भिन्न है।

67. (b): खेल संकुल की शर्तों के अनुसार खेल प्रतिस्पर्धा का कार्यक्रम निम्न प्रकार है-

(1) शतरंज (2) टेनिस (3) बैडमिंटन (4) तैराकी (5) निशानेबाजी अत: विकल्प (b) अभीष्ट उत्तर है।

68. (a): दिया गया शब्द - INTERNATIONAL प्रश्नानुसार अक्षरों को प्रतिस्थापित करने पर, J M S F Q M B S J P M B K बाएं से पांचवां अक्षर = Q

69. (c): दी गई श्रृंखला इस प्रकार है-

$A \xrightarrow{+3} D \xrightarrow{+3} G \xrightarrow{+3} J \xrightarrow{+3} \boxed{M}$

$C \xrightarrow{+4} G \xrightarrow{+4} K \xrightarrow{+4} O \xrightarrow{+4} \boxed{S}$

$E \xrightarrow{+2} G \xrightarrow{+4} K \xrightarrow{+6} Q \xrightarrow{+8} \boxed{Y}$

अत: ? = MSY

70. (d): जिस प्रकार, उसी प्रकार,

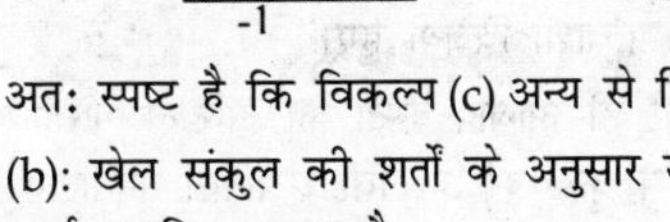

अत: ? = MQF ONK

71. (b) बिहार सहित पूर्वी भारत में आर्यों के विस्तार में लोहे का उपयोग सहायक था। लोहे की कुल्हाड़ियों से घने जंगलों की कटाई आसान हो गयी जिससे आर्यों का बसना सुगम हो गया और आर्यों का बिहार में विस्तार शुरू हुआ।

72. (c) आम्रपाली गौतम बुद्ध के काल में वैशाली की राजनर्तकी थी।

73. (d) गाँधीजी ने अपना पहला सत्याग्रह सन् 1917 ई० में बिहार के चंपारण जिले से शुरू किया। अंग्रेज़ यहाँ के नील बागान के मालिकों का शोषण किया करते थे।

74. (c) बिहार के वकील राजेन्द्र प्रसाद ने असहयोग आन्दोलन के समय अपनी लाभप्रद वकालत छोड़ दी थी 75.
साइमन कमीशन के पटना आने से कुछ दिन पूर्व 6 दिसम्बर 1928 को बिहार प्रांतीय सम्मेलन पटना में हुआ। इसकी अध्यक्षता की थी-

75. (a)साइमन कमीशन के पटना आने से कुछ दिन पूर्व 6 दिसम्बर, 1928 को बिहार प्रांतीय सम्मेलन पटना में हुआ जिसकी अध्यक्षता श्री अनुग्रह नारायण सिंह ने की थी।

76. (a)बैकुण्ठ शुक्ल ने फणीन्द्र नाथ घोष की हत्या कर दी थी क्योंकि वह अंग्रेज सरकार का मुखबीर था।

77. (b) यह सम्मेलन गया के थियोसोफिकल हॉल में 4 दिसम्बर 1930 नंद किशोर लाल की पत्नी की अध्यक्षता में संपन्न हुई।

78. (a) बिहार में भारत छोड़ो आंदोलन के क्रम में दीप नारायन सिंह को बिठौली आश्रम में गिरफ्तार किया गया।

79. (b) खड़े किए हुए जगहों का 92% तथा कुल जगहों का 65% कॉंग्रेस प्रत्याशी विजयी हुए।

80. (a) नेपाल में ही आजाद दस्ता का अखिल भारतीय केन्द्र था तथा उससे कुछ दूरी पर बिहार प्रांतीय कार्यालय बनाया गया था।

81. (a)बिहार में पहली गैर कॉंग्रेसी सरकार के मुख्यमंत्री महामाया प्रसाद थे

82. (a)बिहार के बोधगया में स्थित महाबोधि मंदिर विश्व विरासत 2002 में घोषित किया गया

83. (a) यह 1713 में पटना सिटी में निर्मित हुआ।

84. (d) ऊर्दू भाषा में बिहार का पहला इतिहास 'नक्शे पायदार' के रचयिता मोहम्मद शाद है-

85. (d) मधुश्रावणी पर्व विशेष रूप से मिथिलांचल में मनाया जाता है-

86. (c) पावापुरी में महावीर की मृत्यु (निर्वाण) हुई थी। जिस जगह पर इनका अंतिम संस्कार किया गया वहाँ कमलरूपी तालाब के बीच 'जलमंदिर' का निर्माण किया गया है।

87. (c) राष्ट्रीय शिक्षा नीति 2020 के अनुसार प्रत्येक विद्यालय के स्तर पर विद्यार्थी शिक्षक 30:1 होना सुनिश्चित किया जाएगा

88. (c) बिहार पंचायती राज अधिनियम 2006 में दो ग्राम सभा की बैठकों के बीच अधिकतम तीन महीने की अवधि निर्धारित है। बैठक के आयोजन के दायित्व का अधिकार मुखिया का होगा।

89. (b)बिहार राज्य की भू-आकृति हैं लगभग आयताकार

90. (b) बिहार विभाजन के उपरांत बिहार में जिलों की संख्या 37 थी।15 नवंबर 2000 में बिहार और झारखंड राज्य का विभाजन हुआ था। उस समय दोनों राज्यों को मिलाकर जिलों की संख्या 55 था।

91. (b) भारत का सबसे बड़ा रेल-मार्ग डिब्रूगढ़ से कन्याकुमारी है। इसकी कुल लम्बाई 4233 km है तथा विवेक-एक्सप्रेस इस पर चलने वाली भारत की सबसे लम्बी दूरी तय करने वाली ट्रेन है।

92. (b) बसंतगौरी (बारबेट) पेड़ के तने मे गहरा छेद बनाकर अपने घोसले बनाते है एवं अपने अंडो को रखते है।

93. (d) उबले हुए टैपिओका को नारियल का उपयोग करके बनाई गई किसी भी करी के साथ भोजन करना केरल में लोकप्रिय है।

94. (c) स्वस्थ रहने के लिए शरीर को विटामिन एवं मिनरल्स की भी आवश्यकता होती है। दाँतों एवं हड्डियों की कमजोरी कैल्शियम, फास्फोरस एवं विटामिन डी की कमी से होती है।

95. (c) उपर्युक्त विकल्पों में केवल अण्डे देना ही ऐसा लक्षण है। जो सभी दिये गए जन्तुओं में पाया जाता है। इसमें कछुआ, अजगर तथा छिपकली सरीसृप वर्ग के हैं।

96. (d) प्याज एक वनस्पति है। जिसका कन्द सब्जी के रूप में प्रयोग किया जाता है। भारत में महाराष्ट्र राज्य इसके उत्पादन में अग्रणी है।

97. (c) अन्य तीन विकल्प वन उत्पादों का प्रत्यक्ष उपयोग हैं। गोंद और रेजिन पेड़ों से प्राप्त प्रक्रिया उत्पाद हैं। अतः यह एक अप्रत्यक्ष वन उत्पाद है।

98. (b) प्रजातियों का विलुप्त होना बढ़ती मानवीय गतिविधियों का परिणाम है। लकड़ी, ईंधन की लकड़ियों के बढ़ते उपयोग, खनन और बांधों के निर्माण के कारण जंगल तेजी से सिकुड़ रहे हैं।

99. (c) इसका तात्पर्य ट्यूब-वेल की मदद से भूजल की अत्यधिक निकासी से है। यह जल स्तर को कम कर सकता है और आसपास शुष्कता पैदा कर सकता है। जल तालिका मिट्टी की सतह और चट्टानी तलछट के बीच का क्षेत्र है।

100. (d) खारा पानी उन नदी डेल्टाओं में पाया जाता है जो आम तौर पर मैंग्रोव वनों से ढके होते हैं।

101. (a) 5 अप्रैल 2023 को 60वें राष्ट्रीय समुद्री दिवस के अवसर पर, बंदरगाह, नौवहन और जलमार्ग मंत्री सर्बानंद सोनोवाल ने नई दिल्ली में समुद्री जागरूकता वॉकथॉन को झंडी दिखाकर रवाना किया।

102. (a) वाक्यांश "विश्व एक परिवार है" या "वसुधैव कुटुम्बकम" प्राचीन भारतीय शास्त्रों, विशेष रूप से महा उपनिषद से आता है। यह सभी जीवित प्राणियों की परस्पर संबद्धता और एकता पर जोर देता है और सार्वभौमिक भाईचारे और एकता के विचार को बढ़ावा देता है। यह अवधारणा इस बात पर जोर देती है कि सभी मनुष्य एक बड़े वैश्विक परिवार का हिस्सा हैं और उन्हें शांति, सद्भाव और मानवता की भलाई को बढ़ावा देने के लिए मिलकर काम करना चाहिए।

103. (b)पूर्व नौसेना कमी, माने दशकों से राज्य भर में कुष्ठ प्रभावित लोगों के पुनर्वास के लिए काम कर रहे हैं। वह इस साल 91 पद्म श्री पुरस्कार पाने वालों में शामिल हैं।

104. (c)भारत सरकार ने 10 परमाणु रिएक्टरों की स्थापना के लिए मंजूरी दे दी है।

रिएक्टरों को वर्ष 2031 तक 1,05,000 करोड़ रुपये की लागत से उत्तरोत्तर स्थापित करने की योजना है।

105. (c) RBI ने नीतिगत दरों पर यथास्थिति की घोषणा की और स्थायी जमा सुविधा एसडीएफ दर 6.25 प्रतिशत और सीमांत स्थायी सुविधा (एमएसएफ) दर और बैंक दर 6.75 प्रतिशत पर स्थिर रहेगी।

106. (c) विदेश मंत्रालय ने 15 जून 2023 को भारत की अध्यक्षता में दिल्ली में शंघाई सहयोग संगठन (एससीओ) दिवस मनाया। शंघाई सहयोग संगठन (एससीओ) 2001 में स्थापित एक अंतर-सरकारी संगठन है। इसमें आठ सदस्य देश शामिल हैं: चीन, रूस, भारत, पाकिस्तान, कजाकिस्तान, किर्गिस्तान, ताजिकिस्तान और उज्बेकिस्तान।

107. (b) एशियाई क्रिकेट परिषद (एसीसी) ने हाइब्रिड मॉडल को चुनते हुए एशिया कप 2023 की योजनाओं का खुलासा किया है। टूर्नामेंट में 13 मैच होंगे, जिसमें पाकिस्तान चार मैचों की मेजबानी करेगा और शेष नौ मैचों की मेजबानी श्रीलंका करेगा। भारतीय क्रिकेट कंट्रोल बोर्ड (बीसीसीआई) के पाकिस्तान की यात्रा से परहेज करने के फैसले के कारण, भारत के मैच श्रीलंका में होंगे। भाग लेने वाली टीमों में भारत, पाकिस्तान, श्रीलंका, बांग्लादेश, अफगानिस्तान और नेपाल शामिल हैं, और टूर्नामेंट 31 अगस्त से शुरू होने वाला है।

108. (b) संयुक्त राष्ट्र महासभा ने 15 जून 2023 को भारत के नेतृत्व में मृत हुए शांति सैनिकों के लिए एक स्मारक दीवार स्थापित करने के लिए एक संकल्प अपनाया है।संकल्प को 190 सह-प्रायोजन प्राप्त हुए, जो भारत के योगदान में विश्वास को उजागर करता है। संयुक्त राष्ट्र में भारत की स्थायी प्रतिनिधि, राजदूत रुचिरा कंबोज ने प्रस्ताव पेश किया, जिसे सर्वसम्मति से अपनाया गया।

109. (a) तीन मूर्ति एस्टेट में सभी प्रधानमंत्रियों के संग्रहालय के निर्माण की परियोजना पूरी हो गई और प्रधानमंत्री संग्रहालय को 21 अप्रैल 2022 से आम जनता के लिए खोल दिया गया है।

16 जून 2023 को नेहरू मेमोरियल म्यूजियम एंड लाइब्रेरी सोसाइटी की एक विशेष बैठक के दौरान, सर्वसम्मति से सोसायटी का नाम बदलकर प्रधान मंत्री संग्रहालय और लाइब्रेरी सोसाइटी करने का निर्णय लिया गया। बैठक की अध्यक्षता सोसायटी के उपाध्यक्ष रक्षा मंत्री श्री राजनाथ सिंह ने की।

110. (c) भारत के मणिपुर में मई, 2023 को मेइती लोगों और कुकी और ज़ो लोगों जैसे आदिवासी समुदायों के बीच एक जातीय संघर्ष छिड़ गया।

मेइती लोग अनुसूचित जनजाति का दर्जा मांग रहे हैं, जो उन्हें भारतीय संविधान के तहत आदिवासी समुदायों के समान विशेषाधिकार प्रदान करेगा।

आदिवासी समुदायों ने इस मांग का विरोध किया, जिससे झड़प और हिंसा हुई।

111. (b) विश्व स्वास्थ्य संगठन (WHO) ने 11 मई को घोषणा की थी कि दुनिया भर में इस बीमारी के फैलने के लगभग एक साल बाद, डचवग, जिसे पहले मंकीपॉक्स के नाम से जाना जाता था, अब वैश्विक स्वास्थ्य आपातकाल नहीं है। डचवग एक दुर्लभ लेकिन संभावित गंभीर बीमारी है। यह शरीर के विभिन्न भागों पर दाने पैदा कर सकता है और चेचक के समान है।

112. (e) भारतीय रेलवे की वन स्टेशन वन प्रोडक्ट (OSOP) योजना के तहत, देश भर में अब तक 21 राज्यों और 3 केंद्र शासित प्रदेशों में 785 OSOP आउटलेट वाले 728 स्टेशनों को शामिल किया गया है। रेल मंत्रालय ने सरकार के 'वोकल फॉर लोकल' विजन को बढ़ावा देने, स्थानीय या स्वदेशी उत्पादों के लिए बाजार उपलब्ध कराने और समाज के वंचित वर्गों के लिए अतिरिक्त आय के अवसर पैदा करने के उद्देश्य से मार्च 2022 में योजना शुरू की थी।

113. (c) उत्तराखंड में, बाजरा के स्वास्थ्य लाभों के बारे में जन जागरूकता पैदा करने और इस श्रेणी में राज्य की फसल उगाने की क्षमता पर विचार-विमर्श करने के लिए 13 मई से देहरादून में चार दिवसीय बाजरा उत्सव (श्री अन्ना महोत्सव) शुरू होगा। राज्य सरकार ने इस वित्तीय वर्ष में बाजरा के प्रचार-प्रसार के लिए 73 करोड़ रुपये का प्रावधान किया है। सरकार का मकसद है कि किसान मोटे अनाज का अधिक उत्पादन करें ताकि उनकी अर्थव्यवस्था को मजबूती मिल सके।

114. (b) आसियान देशों में भारतीय नौसेना की तैनाती के एक हिस्से के रूप में, रियर एडमिरल गुरचरण सिंह, फ्लैग ऑफिसर कमांडिंग ईस्टर्न फ्लीट की कमान के तहत भारतीय नौसेना के जहाज दिल्ली और सतपुड़ा 11 से 14 मई 2023 तक सियानोकविले, कंबोडिया के दौरे पर हैं। पोर्ट कॉल के दौरान, दोनों देशों के नौसैनिक इंटरऑपरेबिलिटी और आपसी समझ बढ़ाने के उद्देश्य से बातचीत, डेक यात्राओं और खेलों के आदान-प्रदान की एक श्रृंखला में शामिल होंगे।

115. (b) भारत और इंडोनेशिया के बीच द्विपक्षीय नौसैनिक अभ्यास समुद्र शक्ति का चौथा संस्करण 14 से 19 मई 2023 तक आयोजित होने वाला है। इस अभ्यास सत्र में भाग लेने के लिए आईएनएस कवारत्ती इंडोनेशिया के बाटम पहुंच गया है। कवारत्ती स्वदेशी रूप से डिजाइन और निर्मित ASW कार्वेट है। भारतीय नौसेना का एक डोर्नियर समुद्री गश्ती विमान और चेतक हेलीकॉप्टर भी अभ्यास समुद्र शक्ति-2023 में भाग ले रहे हैं।

116. (a)

भारतीय खिलाड़ी	संबंधित खेल
साजन प्रकाश	तैराकी
विकास ठाकुर	भारोत्तोलन
अंजू बॉबी जॉर्ज	एथलेटिक्स
मैरी कॉम	मुक्केबाजी

117. (c) वर्ड वाइड वेब (WWW) सूचनाओं का वर्ल्डवाइड कलेक्शन है। वर्ल्ड वाइड वेब एक प्राइमरी टूल हैं, जिसके माध्यम से हम इंटरनेट को एक्सेस करते है वेब डाक्यूमेंट को HTML के द्वारा लिखा जाता है। वर्ल्ड वाइड वेब को W3 या Web भी कहा जाता है।

118. (b) उस्ताद बिस्मिल्लाह खाँ (1916-2006) हिन्दुस्तान के विख्यात शहनाई वादक थे। उनका जन्म बिहार के डुमराँव में हुआ था। शिया मुसलमान होते हुए भी हिन्दुस्तानी संगीतकारों की तरह धार्मिक रीति रिवाजों के प्रबल पक्षधर थे। बिस्मिल्लाह खाँ को संगीत नाटक अकादमी पुरस्कार, पद्मश्री, पद्म विभूषण, तानसेन पुरस्कार तथा वर्ष 2001 में भारत रत्न से सम्मानित किया गया।

119. (b) कथकली केरल राज्य का प्रचलित लोक नृत्य है। इसमें नृत्य एवं संगीत का अनोखा मिश्रण है। कृष्णनकुट्टी, मृणालिनी साराभाई आदि इसके प्रमुख कलाकार है। जबकि कर्नाटक का लोकनृत्य यक्षगान, तमिलनाडु का लोकनृत्य भरतनाट्यम तथा आन्ध्र प्रदेश का लोकनृत्य कुचीपुड़ी है।

120. (d) भारत में प्रत्येक वर्ष 30 अगस्त के छोटे उद्योगों को उनके समग्र विकास, क्षमता एवं प्राप्त अवसरों को समर्थन एवं बढ़ावा देने के लिए राष्ट्रीय लघु उद्योग दिवस मनाया जाता है।

SET 12 BPSC प्राइमरी प्रैक्टिस सेट

1. **अश्वघोष जो राजा .... के दरबार में रहता था, उसने बुद्धचरित लिखी।**
(a) कनिष्क (b) बाबर
(c) विक्रमादित्य (d) अशोक
(e) उपर्युक्त में से कोई नहीं/ उपर्युक्त में से एक से अधिक

2. **कनिष्क महान जो .... राजवंश के तुरुष्क सम्राट थे उन्होंने गांधार स्कूल की यूनानी - बौद्ध कला को प्रोत्साहन दिया-**
(a) कोशल (b) कुषाण
(c) मौर्य (d) उपर्युक्त सभी
(e) उपर्युक्त में से कोई नहीं/ उपर्युक्त में से एक से अधिक

3. **दिल्ली के मेहरौली में स्थित लौह स्तम्भ निम्नलिखित में से किस शासक से संबंधित है?**
(a) अशोक (b) चंद्रगुप्त मौर्य
(c) समुद्रगुप्त (d) चंद्रगुप्त-II
(e) उपर्युक्त में से कोई नहीं/ उपर्युक्त में से एक से अधिक

4. **निम्नलिखित में से किसे सबसे शक्तिशाली चोल शासन माना जाता था ?**
(a) राजेन्द्र I (b) राजराज I
(c) दन्तिदुर्ग (d) विजयालय
(e) उपर्युक्त में से कोई नहीं/ उपर्युक्त में से एक से अधिक

5. **अपने गुफा मंदिरों के लिए प्रसिद्ध घारापुरी द्वीप कहाँ स्थित है?**
(a) मुंबई तट पर (b) लक्षद्वीप समूह
(c) सिलवासा तट पर (d) दमन और दीव
(e) उपर्युक्त में से कोई नहीं/ उपर्युक्त में से एक से अधिक

6. **किस वर्ष शेर खान ने हुमायूँ को चौसा में हराया था ?**
(a) 1539 (b) 1540
(c) 1542 (d) 1541
(e) उपर्युक्त में से कोई नहीं/ उपर्युक्त में से एक से अधिक

7. **जहाँपनाह, जिसे दिल्ली का चौथा मध्यकालीन नगर कहा जाता है, ... द्वारा स्थापित किया गया था।**
(a) हुमायूँ (b) अलाउद्दीन खिलजी
(c) शेरशाह सूरी (d) मोहम्मद बिन तुगलक
(e) उपर्युक्त में से कोई नहीं/ उपर्युक्त में से एक से अधिक

8. **मनसबदारी प्रथा किसके द्वारा लागू की गई थी ?**
(a) अकबर (b) शाहजहाँ
(c) जहाँगीर (d) बाबर
(e) उपर्युक्त में से कोई नहीं/ उपर्युक्त में से एक से अधिक

9. **बीबी का मकबरा भारत में कहाँ स्थित है?**
(a) फतेहपुर सीकरी (b) औरंगाबाद
(c) हैदराबाद (d) जौनपुर
(e) उपर्युक्त में से कोई नहीं/ उपर्युक्त में से एक से अधिक

10. **फतवा-ए-आलमगिरी, मुस्लिम कानूनों का एक संग्रह निम्नलिखित में से किस राजा के शासनकाल में लिखा गया था ?**
(a) औरंगजेब (b) नादिर शाह
(c) फिरोज शाह तुगलक (d) टीपू सुल्तान
(e) उपर्युक्त में से कोई नहीं/ उपर्युक्त में से एक से अधिक

11. **973 में निम्न में से किस भौगोलिक क्षेत्र में अलबरूनी का जन्म हुआ?**
(a) ताजिकिस्तान (b) उज्बेकिस्तान
(c) तुर्कमेनिस्तान (d) अफगानिस्तान
(e) उपर्युक्त में से कोई नहीं/ उपर्युक्त में से एक से अधिक

12. **निम्नलिखित में से किसने भारत के ध्वज को डिजाइन किया था ?**
(a) पिंगली वेंकैया (b) सुब्रमण्य शिव
(c) महात्मा गाँधी (d) बीण आण अम्बेडकर
(e) उपर्युक्त में से कोई नहीं/ उपर्युक्त में से एक से अधिक

13. **लालबहादुर शास्त्री ने 1965 में भारत में किस क्रांति को बढ़ावा दिया है ?**
(a) लाल (b) गुलाबी
(c) काला (d) हरा
(e) उपर्युक्त में से कोई नहीं/ उपर्युक्त में से एक से अधिक

14. **निम्नलिखित में से कौन-सा कथन सही है?**
I. ऑल इंडिया मुस्लिम लीग ने बंगाल विभाजन का समर्थन किया था।
II. लाला लाजपत राय आर्य समाज के सक्रिय सदस्य थे

(a) I तथा II दोनों (b) केवल I
(c) केवल II (d) ना ही I ना ही II
(e) उपर्युक्त में से कोई नहीं/ उपर्युक्त में से एक से अधिक

15. निम्नलिखित में से कौन-सा कथन सही है?

I. नादिरशाह ने 1739 में दिल्ली पर आक्रमण किया।

II. अहमद शाह अब्दाली एक अफगान शासक था।

(a) I तथा II दोनों (b) ना ही I ना ही II
(c) केवल I (d) केवल II
(e) उपर्युक्त में से कोई नहीं/ उपर्युक्त में से एक से अधिक

16. रात्रि के समय आकाश में कौन-सा ग्रह लाल प्रतीत होता है ?

(a) बृहस्पति (b) शनि
(c) मंगल (d) बुध
(e) उपर्युक्त में से कोई नहीं/ उपर्युक्त में से एक से अधिक

17. दो देशान्तर रेखाओं के बीच समयांतर है-

(a) 1 मिनट (b) 2 मिनट
(c) 4 मिनट (d) 15 मिनट
(e) उपर्युक्त में से कोई नहीं/ उपर्युक्त में से एक से अधिक

18. निम्नलिखित में से कौन सा समुद्र पठार हिंद महासागर के जलमग्न है ?

(a) अज़ोरिस पठार (b) केर्गुएलन पठार
(c) यरमक पठार (d) रॉकॉल पठार
(e) उपर्युक्त में से कोई नहीं/ उपर्युक्त में से एक से अधिक

19. विश्व का सबसे बड़ा मरुस्थल है:

(a) थार (b) कालाहारी
(c) सहारा (d) खरन
(e) उपर्युक्त में से कोई नहीं/ उपर्युक्त में से एक से अधिक

20. निम्न में से कौन-सा शहर भूमध्य रेखा के निकटतम है?

(a) कोलम्बो (b) जकार्ता
(c) मनीला (d) सिंगापुर
(e) उपर्युक्त में से कोई नहीं/ उपर्युक्त में से एक से अधिक

21. दिनार कहाँ की मुद्रा है ?

(a) चीन (b) इराक
(c) ब्राजील (d) थाईलैंड
(e) उपर्युक्त में से कोई नहीं/ उपर्युक्त में से एक से अधिक

22. कोपेन की जलवायु वर्गीकरण योजना के अनुसार निम्नलिखित में से किस विशेषता का संबंध 'शीतोष्ण' से है?

(a) सबसे ठंडे महीने का औसत तापमान 18°C या अधिक होता है।
(b) मध्य देशांतरीय मौसमी वर्ष के सबसे ठंडे महीने का औसत तापमान -3°C से अधिक किंतु 18°C से कम होता है।
(c) संभावित वाष्पीकरण संघनन से अधिक हो जाता है।
(d) सभी महीनों का औसत तापमान 10°C से कम होता है।
(e) उपर्युक्त में से कोई नहीं/ उपर्युक्त में से एक से अधिक

23. चट्टानों के रूपांतरण की प्रक्रिया में क्या सम्मिलित हो सकता है?

(a) क्वार्ट्जाइट में परिवर्तित होता हुआ सैंडस्टोन
(b) संगमरमर में परिवर्तित होता हुआ लाइमस्टोन
(c) स्लेट में परिवर्तित होती हुई शैल
(d) उपर्युक्त सभी
(e) उपर्युक्त में से कोई नहीं/ उपर्युक्त में से एक से अधिक

24. .... त्रिपुरा की राजधानी है।

(a) देहरादून (b) अगरतला
(c) गंगटोक (d) कोहिमा
(e) उपर्युक्त में से कोई नहीं/ उपर्युक्त में से एक से अधिक

25. निम्नलिखित विकल्पों में से उस नदी का चयन करें जिसे विश्व की सबसे छोटी नदी कहा जाता है?

(a) तम्बोरासी नदी (b) ओम्बला
(c) अमेज़न नदी (d) रो नदी
(e) उपर्युक्त में से कोई नहीं/ उपर्युक्त में से एक से अधिक

26. भारत के परिप्रेक्ष्य में निम्नलिखित में से कौन सा कथन सही है?

(a) राज्यों की विधान सभाएं भारत की संसद की राज्यसभा के सदस्य का चुनाव करती हैं।
(b) उप- राष्ट्रपति पद के प्रत्याशी को अनिवार्यतः राज्य सभा का सदस्य होना चाहिए।
(c) लोक सभा के लिए चुनाव लड़ने वाला व्यक्ति भारत के किसी भी राज्य का निवासी हो सकता है परन्तु राज्य सभा के चुनाव के लिए उसे उसी राज्य का निवासी होना चाहिए।
(d) संविधान लोक सभा और राज्य सभा में मनोनीत सदस्य को अनुमति नहीं देता।
(e) उपर्युक्त में से कोई नहीं/ उपर्युक्त में से एक से अधिक

27. भारत का राष्ट्रीय प्रतीक का निम्नलिखित में से कौन सा है ?

(a) कमल का फूल
(b) सिंह शीर्ष (लॉयन कैपिटल)
(c) सिंह (शेर)
(d) गाय
(e) उपर्युक्त में से कोई नहीं/ उपर्युक्त में से एक से अधिक

28. दिल्ली को किस रूप में पुनः परिभाषित किया गया था?

(a) राष्ट्रीय केन्द्रीय क्षेत्र (b) राष्ट्रीय राजधानी क्षेत्र
(c) प्राकृतिक राजधानी क्षेत्र (d) तटस्थ केन्द्रीय क्षेत्र
(e) उपर्युक्त में से कोई नहीं/ उपर्युक्त में से एक से अधिक

29. संविधान के कौन-से संशोधन से नौवीं अनुसूची जोड़ी गई है?

(a) पहला संशोधन (b) सातवां संशोधन
(c) नौवा संशोधन (d) उपर्युक्त में से कोई नहीं/ उपर्युक्त में से एक से अधिक
(e) उपर्युक्त में से कोई नहीं/ उपर्युक्त में से एक से अधिक

30. निम्नलिखित में से कौन राज्य सभा के उपसभापति हैं?

(a) करिया मुंडा (b) पी.जे. कूरियन
(c) मोहम्मद हामिद अंसारी (d) हरिवंश नारायण सिंह
(e) उपर्युक्त में से कोई नहीं/ उपर्युक्त में से एक से अधिक

31. भारतीय संविधान का कौन सा अनुच्छेद, उपराष्ट्रपति के चुनाव का प्रावधान प्रदान करता है?

(a) अनुच्छेद 89 (b) अनुच्छेद 66
(c) अनुच्छेद 97 (d) अनुच्छेद 78
(e) उपर्युक्त में से कोई नहीं/ उपर्युक्त में से एक से अधिक

32. निम्नलिखित में से कौन वर्ष 1967 से 1969 की अवधि में भारत के राष्ट्रपति रहे?

(a) डॉ. सर्वपल्ली राधाकृष्णन
(b) डॉ. जाकिर हुसैन
(c) डॉ. वी. वी. गिरी
(d) डॉ. फखरूद्दीन अली अहमद
(e) उपर्युक्त में से कोई नहीं/ उपर्युक्त में से एक से अधिक

33. किस अधिनियम ने भारतीय परिषद को समाप्त कर दिया?

(a) चार्टर अधिनियम, 1853
(b) भारत सरकार अधिनियम, 1935
(c) भारतीय परिषद अधिनियम, 1892
(d) भारतीय स्वतंत्रता अधिनियम, 1947
(e) उपर्युक्त में से कोई नहीं/ उपर्युक्त में से एक से अधिक

34. निम्नलिखित में से कौन मौलिक कर्तव्य नहीं हैं?

(a) महिलाओं की गरिमा को अपमानित करने वाली प्रथाओं का परित्याग करना।
(b) बुलाए जाने पर राष्ट्र सेवा के प्रति समर्पित हो जाना
(c) स्मारकों और राष्ट्रीय महत्व के स्थानों का संरक्षण करना
(d) अपनी सामासिक संस्कृत की समृद्ध विरासत की सुरक्षा करना।
(e) उपर्युक्त में से कोई नहीं/ उपर्युक्त में से एक से अधिक

35 सर्वोच्च न्यायालय ने हाल ही में निजता को मौलिक अधिकार घोषित किया है। भारत के संविधान के किस अनुच्छेद के अंतर्गत, निजता को एक मौलिक अधिकार घोषित किया गया है ?

(a) अनुच्छेद-14 (b) अनुच्छेद-15
(c) अनुच्छेद-19 (d) अनुच्छेद-21
(e) उपर्युक्त में से कोई नहीं/ उपर्युक्त में से एक से अधिक

36. NSDL का विस्तारित रूप है -

(a) नेशनल सिक्युरिटीज़ डेवलपमेंट लिमिटेड
(b) नेशनल सेफ्टी डेवलपमेंट लिमिटेड
(c) नेशनल सिक्युरिटी डिजाइन लिमिटेड
(d) नेशनल सिक्युरिटीज डिपॉजिटरी लिमिटेड
(e) उपर्युक्त में से कोई नहीं/ उपर्युक्त में से एक से अधिक

37. 2011 की जगणना के आधार पर, निम्नलिखित में से कौन सा कथन सही है ?

I. भारत की लगभग आधी आबादी केवल पाँच राज्यों में निवास करती है।

II. केवल बांग्लादेश तथा जापान का जनसंख्या घनत्व भारत से अधिक है।

(a) ना ही I ना ही II (b) केवल I
(c) केवल II (d) I तथा II दोनों
(e) उपर्युक्त में से कोई नहीं/ उपर्युक्त में से एक से अधिक

38. भारतीय योजना के निर्माता के रूप में किसे जाना जाता है?

(a) सुखमय चक्रवर्ती (b) पी. सी. महालनोबिस
(c) के. एन. राज (d) जॉन मथाई
(e) उपर्युक्त में से कोई नहीं/ उपर्युक्त में से एक से अधिक

39. मानव विकास रिपोर्ट देशों की तुलना निम्नलिखित में से किन कसौटियों के आधार पर करती है?

A. शिक्षा

B. स्वास्थ्य

C. प्रति व्यक्ति आय

D. आनन्द

(a) A, B, C (b) A, B
(c) A, B, C, D (d) A, B, D
(e) उपर्युक्त में से कोई नहीं/ उपर्युक्त में से एक से अधिक

40. उपाय एवं युक्तियाँ RBI के द्वारा प्रावधान किए गए अग्रिमों का भार है-

(a) केन्द्र सरकार के लिए (b) बैंकों के लिए
(c) राज्य सरकार के लिए (d) नाबार्ड के लिए
(e) उपर्युक्त में से कोई नहीं/ उपर्युक्त में से एक से अधिक

41. 10 kg द्रव्यमान का कोई पिंड 5 m/s के वेग से गतिमान है। यदि इस पिंड का वेग तीन गुना कर दिया जाए, तो पिंड की गतिज ऊर्जा में होने वाला परिवर्तन है-

(a) 90% (b) 300%
(c) 80% (d) 900%
(e) उपर्युक्त में से कोई नहीं/ उपर्युक्त में से एक से अधिक

42. लाल रंग की रोशनी में हरे रंग के पत्ते वाले पौधे कैसे दिखेंगे?

(a) बैंगनी (b) नीला
(c) हरा (d) लाल
(e) उपर्युक्त में से कोई नहीं/ उपर्युक्त में से एक से अधिक

43. हवा के इकाई आयतन (प्रति घनमीटर) में उपस्थित जलवाष्प की मात्रा को कहा जाता है:

(a) मिश्रित अनुपात (b) सापेक्षिक आर्द्रता
(c) निरपेक्ष आर्द्रता (d) विशिष्ट आर्द्रता
(e) उपर्युक्त में से कोई नहीं/ उपर्युक्त में से एक से अधिक

44. निम्नलिखित में किसमें ऊष्मा धारण करने की क्षमता सर्वाधिक है?

(a) लोहे का टुकड़ा (b) पानी
(c) सोने का टुकड़ा (d) बेंजीन
(e) उपर्युक्त में से कोई नहीं/ उपर्युक्त में से एक से अधिक

45. निम्नलिखित में किस पदार्थ / सामग्री में से ध्वनि सर्वाधिक धीमी गति से गमन करती है ?

(a) वायु (b) शीशा
(c) जल (d) लकड़ी
(e) उपर्युक्त में से कोई नहीं/ उपर्युक्त में से एक से अधिक

46. निम्न को सुमेलित कीजिए-

	प्रक्रिया	**परिवर्तन**
a.	**वाष्पन**	**(i) द्रव का गैस में**
b.	**ऊर्ध्वपातन**	**(ii) गैस का द्रव में**
c.	**हिमीकरण**	**(iii) ठोस का द्रव में**
d.	**गलन**	**(iv) ठोस का गैस में**
		(v) द्रव का ठोस में

	a	b	c	d		a	b	c	d
(a)	i	ii	iii	iv	(b)	i	iv	v	iii
(c)	iii	iv	ii	i	(d)	iv	iii	ii	i

(e) उपर्युक्त में से कोई नहीं/ उपर्युक्त में से एक से अधिक

47. निलंबित रासायनिक और जैविक यौगिकों से मुक्त पेयजल की सापेक्ष स्पष्टता के माप को .... के रूप में जाना जाता है।

(a) क्षारीयता (b) लवणता
(c) घनत्व (d) मटमैलापन (टर्बिडटी)
(e) उपर्युक्त में से कोई नहीं/ उपर्युक्त में से एक से अधिक

48. निम्नलिखित में से किस गैस को 'एरोबिक ट्रीटमेंट यूनिट' के उपचार टंकी में अंत:क्षिप्त किया जाता है?

(a) मीथेन (b) हाइड्रोजन
(c) नाइट्रोजन (d) ऑक्सीजन
(e) उपर्युक्त में से कोई नहीं/ उपर्युक्त में से एक से अधिक

49. निम्नलिखित में से किस तत्व की परमाणु त्रिज्या अधिकतम है?

(a) Rb (b) Na
(c) Li (d) Cs
(e) उपर्युक्त में से कोई नहीं/ उपर्युक्त में से एक से अधिक

50. क्लोरोफॉर्म का गलनांक कितना है?

(a) 309K (b) 409 K
(c) 509K (d) 209K
(e) उपर्युक्त में से कोई नहीं/ उपर्युक्त में से एक से अधिक

51. निम्नलिखित में से कौन गलत सुमेलित है-

(a) विटामिन C - स्कवी (b) विटामिन K - रक्तस्राव
(c) विटामिन A - रतौंधी (d) विटामिन E - रिकेटस
(e) उपर्युक्त में से कोई नहीं/ उपर्युक्त में से एक से अधिक

52. उस वैज्ञानिक का नाम बताइए जिन्होंने चेचक के विरुद्ध मनुष्यों के प्रतिरक्षण की विधि का आविष्कार किया?

(a) अल्फ्रेड जेनर (b) एडवर्ड जेनर
(c) विल्फ्रेड जेनर (d) फ्रेइड जेनर
(e) उपर्युक्त में से कोई नहीं/ उपर्युक्त में से एक से अधिक

53. निम्नलिखित में से किसे पादप वर्ग का उभयचर कहा जाता है?

(a) जिम्नोस्पर्म (b) टेरिडोफाइटा
(c) थैलोफाइटा (d) ब्रायोफाइटा
(e) उपर्युक्त में से कोई नहीं/ उपर्युक्त में से एक से अधिक

54. निम्नलिखित में से कौन सा कथन सही है ?

I. एंजियोस्पर्म में बीजों का विकास अंडाशय के अंदर होता है, जिसमें बदलाव होकर फल का निर्माण होता है।

II. बायोफाइटा को पादप वर्ग का उभयचर कहा जाता है।

(a) ना ही I ना ही II (b) I तथा II दोनों
(c) केवल II (d) केवल I
(e) उपर्युक्त में से कोई नहीं/ उपर्युक्त में से एक से अधिक

55. बीजों में बीजपत्रों की संख्या के आधार पर एंजियोस्पर्म वर्ग को .... भागों में बांटा गया है।

(a) 3 (b) 6
(c) 4 (d) 5
(e) उपर्युक्त में से कोई नहीं/ उपर्युक्त में से एक से अधिक

56. 34 संख्याओं का औसत 53 है। यदि हम प्रत्येक संख्या में से एक संख्या 'L' को घटा देते हैं, तो औसत 35 हो जाता है। L का मान क्या है?

(a) 17 (b) 14
(c) 15 (d) 19
(e) उपर्युक्त में से कोई नहीं/ उपर्युक्त में से एक से अधिक

57. दो संख्याएँ 7:5 के अनुपात में हैं और उनके लघुतम समापवर्तक और महत्तम समापवर्तक का गुणनफल 3500 है। संख्याओं का योग ज्ञात करें।

(a) 70 (b) 10
(c) 120 (d) 50
(e) उपर्युक्त में से कोई नहीं/ उपर्युक्त में से एक से अधिक

58. दो क्रमागत सम संख्याओं का गुणनफल 288 है। संख्याएँ ज्ञात कीजिए।

(a) 16 और 14 (b) 16 और 18
(c) 18 और 20 (d) 20 और 22
(e) उपर्युक्त में से कोई नहीं/ उपर्युक्त में से एक से अधिक

59. $3 \div 5$ का 5% = ___________

(a) 0.2 (b) 0.02
(c) 0.003 (d) 0.3
(e) उपर्युक्त में से कोई नहीं/ उपर्युक्त में से एक से अधिक

60. यदि एक दुकानदार अपने वस्तु के अंकित मूल्य पर 30% की छूट देता है और इस प्रकार लागत मूल्य पर बिक्री करता है, तो मार्क अप % क्या था?

(a) 75 (b) 65
(c) 60 (d) 42.86
(e) उपर्युक्त में से कोई नहीं/ उपर्युक्त में से एक से अधिक

61. दो संख्याएँ 3:5 के अनुपात में है। यदि दो संख्याओं के वर्ग का योग 7650 है, तो संख्याएँ ज्ञात करें।

(a) 45, 75 (b) 45, 65
(c) 65, 55 (d) 75, 55
(e) उपर्युक्त में से कोई नहीं/ उपर्युक्त में से एक रो अधिक

62. यदि 8 वर्ष 6 महीनों में साधारण ब्याज पर एक निश्चित राशि स्वंय की तिगुनी हो जाती है, तो ब्याज की वार्षिक दर क्या होगी?

(a) 23.52 प्रतिशत (b) 24.48 प्रतिशत
(c) 24.78 प्रतिशत (d) 21.28 प्रतिशत
(e) उपर्युक्त में से कोई नहीं/ उपर्युक्त में से एक से अधिक

63. $88 \div 8 + 5 - 9 \div 3 \times 2$ का मान क्या है?

(a) 11 (b) 8
(c) 12 (d) 10
(e) उपर्युक्त में से कोई नहीं/ उपर्युक्त में से एक से अधिक

64. एक व्यक्ति को 128 मिनट में 16.5 km की दूरी तय करनी होती है। उसने एक तिहाई दूरी 8 kmph की गति से और शेष को कुछ अलग गति से तय करने का निर्णय लिया। एक तिहाई दूरी तय करने के बाद गति ज्ञात करें।

(a) 7.6 kmph (b) 6.5 kmph
(c) 7 kmph (d) 6 kmph
(e) उपर्युक्त में से कोई नहीं/ उपर्युक्त में से एक से अधिक

65. कुछ लड़के एक कार्य को 46 दिन में पूरा कर सकते हैं। यदि 26 लड़के और होते, तो कार्य 26 दिन कम में पूरा हो सकता था। शुरूआत में लड़को की संख्या क्या थी?

(a) 10 (b) 18
(c) 17 (d) 20
(e) उपर्युक्त में से कोई नहीं/ उपर्युक्त में से एक से अधिक

66. एक नदी उत्तर से दक्षिण दिशा में बह रही है। उसके बाद वह दायीं तरफ मुड़कर बड़ी इमारत के इर्द गीर्ट अर्धवृत्त में घूमती है। उसके बाद 90° दायीं ओर मुड़कर कुछ दूरी तक बहने के बाद फिर 90° बायीं ओर घूम जाती है। अब नदी के बहने की दिशा क्या है ?

(a) पश्चिम से पूर्व (b) पूर्व से पश्चिम
(c) उत्तर से दक्षिण (d) दक्षिण से उत्तर
(e) उपर्युक्त में से कोई नहीं/ उपर्युक्त में से एक से अधिक

67. एक व्यक्ति ने एक लड़के की ओर संकेत करके कहा, 'वह मेरे भाई के पिता की एकमात्र पुत्री का पुत्र है।' यह लड़का उस व्यक्ति से किस प्रकार सम्बन्धित है?

(a) भान्जा (b) भाई
(c) चाचा (d) चचेरा भाई
(e) उपर्युक्त में से कोई नहीं/ उपर्युक्त में से एक से अधिक

68. 3:40 बजे घंटे की सुई और मिनट की सुई के बीच का कोण होता है:

(a) 120 (b) 130
(c) 125 (d) 135
(e) उपर्युक्त में से कोई नहीं/ उपर्युक्त में से एक से अधिक

69. एक ही पासे की दो स्थितियाँ दर्शायी गई हैं, जिसके छः फलक अक्षर A, B, C, D, E और F से चिह्नित है। अक्षर 'D' चिह्नित फलक के विपरीत फलक पर कोन-सा अक्षर होगा?

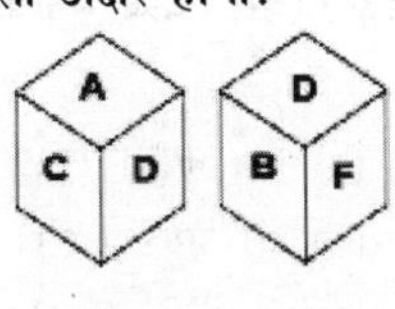

(a) E (b) A
(c) F (d) C
(e) उपर्युक्त में से कोई नहीं/ उपर्युक्त में से एक से अधिक

70. एक दिन में घड़ी की सुइयाँ कितनी बार एक सरल रेखा में लेकिन विपरीत दिशा में होती है।
(a) 48 (b) 22
(c) 24 (d) 12
(e) उपर्युक्त में से कोई नहीं/ उपर्युक्त में से एक से अधिक

71. बिहार के किस स्थान से मौर्यकाल में बने जैन तीर्थकरों की प्रतिमा प्राप्त हुई है।
(a) सोनपुर [वैशाली] (b) लोहानीपुर [पटना]
(c) बसाढ़ [वैशाली] (d) चिरांद [सारण]
(e) उपर्युक्त में से कोई नहीं/ उपर्युक्त में से एक से अधिक

72. भारत की प्रथम राजधानी होने का श्रेय किसे प्राप्त है?
(a) वैशाली को (b) पावापुरी को
(c) पाटलिपुत्र को (d) बोधगया को
(e) उपर्युक्त में से कोई नहीं/ उपर्युक्त में से एक से अधिक

73. गांधीजी का चंपारण आंदोलन किसलिए था ?
(a) हरिजनों के अधिकारों की सुरक्षा के लिए
(b) हिंदू समाज में एकता बनाए रखने के लिए
(c) नील की खेती करने वालों की समस्या समाधान के लिए
(d) सविनय अवज्ञा आंदोलन
(e) उपर्युक्त में से कोई नहीं/ उपर्युक्त में से एक से अधिक

74. असहयोग आंदोलन के दौरान गया में पुलिस हड़ताल के नेता थे ?
(a) बनारस प्रसाद (b) मो० यूसूफ
(c) बिंध्यावासिनी प्रसाद (d) दामोदर प्रसाद
(e) उपर्युक्त में से कोई नहीं/ उपर्युक्त में से एक से अधिक

75. बिहार में असहयोग आंदोलन के विदेशी वस्त्र बहिष्कार कार्यक्रम पर कहाँ विशेष ध्यान दिया गया ?
(a) मुजफ्फरपुर (b) भागलपुर
(c) शाहाबाद (d) मोतिहारी
(e) उपर्युक्त में से कोई नहीं/ उपर्युक्त में से एक से अधिक

76. बिहार में 'राजनैतिक पीड़ित दिवस' कब मनाया गया था ?
(a) 15 अगस्त 1928 (b) 10 अगस्त 1929
(c) 10 अगस्त 1930 (d) 10 अगस्त 1931
(e) उपर्युक्त में से कोई नहीं/ उपर्युक्त में से एक से अधिक

77. बिहार में गया षडयंत्र केस क्रांतिकारी घटना कब घटी?
(a) जनवरी 1933 (b) फरवरी 1932
(c) नवम्बर 1929 (d) फरवरी 1930
(e) उपर्युक्त में से कोई नहीं/ उपर्युक्त में से एक से अधिक

78. किसान सत्याग्रह समाचार पत्र किसकी बुलेटीन थी ?
(a) काँग्रेस की (b) जमींदारों की
(c) अंग्रेजों की (d) कम्युनिष्टों की
(e) उपर्युक्त में से कोई नहीं/ उपर्युक्त में से एक से अधिक

79. बिहार में 1934 में आए भीषण भूकम्प से सर्वाधिक प्रभावित या क्षतिग्रस्त हुआ था-
(a) पटना (b) भागलपुर
(c) मुंगेर (d) पूर्णिया
(e) उपर्युक्त में से कोई नहीं/ उपर्युक्त में से एक से अधिक

80. बिहार में किसान दिवस कब मनाया गया ?
(a) 10 अगस्त 1937 (b) 14 नवम्बर 1931
(c) 10 दिसम्बर, 1937 (d) 17 अक्टूबर 1937
(e) उपर्युक्त में से कोई नहीं/ उपर्युक्त में से एक से अधिक

81. बिहार में पहली बार 20 जुलाई 1937 को श्री कृष्ण सिंह के नेतृत्व में कांग्रेसी सरकार बनी। विधान सभा के अध्यक्ष निर्वाचित हुए-
(a) श्री अनुग्रह नारायन सिंह (b) प्रो० अब्दुल बारी
(c) श्री राम दयालू सिंह (d) सर सुल्तान अहमद
(e) उपर्युक्त में से कोई नहीं/ उपर्युक्त में से एक से अधिक

82. भारत छोड़ो आंदोलन में बिहार में कौन-सा दल सक्रिय था ?
(a) परशुराम दल (b) सियाराम दल
(c) महेंद्र गोप दल (d) उपरोक्त सभी
(e) उपर्युक्त में से कोई नहीं/ उपर्युक्त में से एक से अधिक

83. बिहार में किस सरकार ने सर्वप्रथम स्कूलों में अंग्रेजी की पढ़ाई की अनिवार्यता समाप्त कर दी थी ?
(a) श्रीकृष्ण सिंह की सरकार
(b) महामाया सरकार
(c) लालू सरकार
(d) बिंदेश्वरी मंडल की सरकार
(e) उपर्युक्त में से कोई नहीं/ उपर्युक्त में से एक से अधिक

84. रामकृष्ण मिशन की बिहार में पहली शाखा खुली ख्
(a) भागलपुर में (b) दानापुर में
(c) पटना में (d) डेहरी में
(e) उपर्युक्त में से कोई नहीं/ उपर्युक्त में से एक से अधिक

85. दरभंगा के महाराज कामेश्वर सिंह ने 1931 में किस अंग्रेजी समाचार पत्र की शुरूआत की ?

(a) दि पटना टाइम्स (b) बिहार न्यूज
(c) दि इंडियन नेशन (d) द इंडियन क्रॉनिकल
(e) उपर्युक्त में से कोई नहीं/ उपर्युक्त में से एक से अधिक

86. नवनालंदा महाविहार प्रसिद्ध किसके लिए है ?

(a) पालि स्नातोकोत्तर शोध संस्थान
(b) जल मंदिर
(c) जीव आम्रवन
(d) मनियार मठ
(e) उपर्युक्त में से कोई नहीं/ उपर्युक्त में से एक से अधिक

87. चाणक्य राष्ट्रीय विधी विश्वविद्यालय स्थापित की गई है-

(a) पटना में (b) भागलपुर में
(c) नालंदा में (d) बिहटा में
(e) उपर्युक्त में से कोई नहीं/ उपर्युक्त में से एक से अधिक

88. पंचायत समिति के संबंध में कौन-सा कथन गलत है ?

(a) प्रत्येक प्रखण्ड के लिए एक पंचायत समिति होगी
(b) पंचायत समिति की कार्यावधि उसकी पहली बैठक की निर्धारित तिथि से अगले पाँच वर्षों तक की होगी, इससे अधिक नहीं
(c) पंचायत समिति दो माह में कम-से-कम एक बार बैठक करेगी
(d) सरकार पंचायत समिति के कार्यपालक पदाधिकारी के रूप में किसी भी राजपत्रित अधिकारी की नियुक्ति कर सकता है
(e) उपर्युक्त में से कोई नहीं/ उपर्युक्त में से एक से अधिक

89. बिहार भारत के किस भाग में स्थित है ?

(a) उत्तर-पूर्व (b) दक्षिण-पश्चिम
(c) उत्तर-पश्चिम (d) दक्षिण पूर्व
(e) उपर्युक्त में से कोई नहीं/ उपर्युक्त में से एक से अधिक

90. बिहार में शीतकालीन वर्षा किस कारण होती है?

(a) मानसूनी हवाओं से
(b) लौटते मानसूनों से
(c) भूमध्य सागर की ओर से आने वाले चक्रवातों से
(d) बंगाल की खाड़ी से आने वाले चक्रवातों से
(e) उपर्युक्त में से कोई नहीं/ उपर्युक्त में से एक से अधिक

91. नीचे दिए गए घरों के प्रकारों में से उसे चुनिए जिसे भारी वर्षा वाले क्षेत्रों के गाँवों में रहने वाले लोगों को बनाना चाहिए।

(a) सपाट छत वाले बांस के घर
(b) सपाट छत वाले पत्थर या लकड़ी के घर
(c) बांस के खंभों पर बने ढालू छत वाले घर
(d) मिट्टी और फूस के घर जिनकी ढालू छतें कंटीली झाड़ियों की बनी होती हैं
(e) उपर्युक्त में से कोई नहीं/ उपर्युक्त में से एक से अधिक

92. मेंढ़कों और कीटों को फँसाने और खाने (पकड़कर खा जाने) वाला घटपणी पौधा कहाँ पाया जाता है?

(a) मेघालय (b) मणिपुर
(c) मिज़ोरम (d) महाराष्ट्र
(e) उपर्युक्त में से कोई नहीं/ उपर्युक्त में से एक से अधिक

93. नीचे दिए गए लक्षणों वाले पक्षी का क्या नाम है? "एक पक्षी ऐसा जिसकी दुम पर पैसा, सिर से दुम तक दिखे नीला ही नीला सा"

(a) शक्कर खोरा (b) वीवर पक्षी
(c) मोर (d) बसंत गौरी
(e) उपर्युक्त में से कोई नहीं/ उपर्युक्त में से एक से अधिक

94. मच्छरों से फैलने वाले तीन रोगों का समूह है -

(a) डेंगू, मलेरिया, कोविड-19
(b) चिकनगुनिया, डेंगू, एचआईवी-एड्स
(c) मलेरिया, डेंगू, चिकनगुनिया
(d) कोविड-19, चिकनगुनिया, डेंगू
(e) उपर्युक्त में से कोई नहीं/ उपर्युक्त में से एक से अधिक

95. तीन खाद्य पदार्थों का वह समूह चुनिए जिनमें आयरन प्रचुर मात्रा में होता है -

(a) आँवला, सेब, कद्दू (b) सेब, गुड़, खीरा
(c) आँवला, पालक, कद्दू (d) आँवला, पालक, गुड़
(e) उपर्युक्त में से कोई नहीं/ उपर्युक्त में से एक से अधिक

96. हमारे देश के नीचे दिए गए किन दो राज्यों के लोगों का सर्वप्रिय भोजन "इडली, वड़ा, डोसा, सांभर, नारियल की चटनी" है?

(a) तेलंगाना, गुजरात (b) ओडिशा, आंध्र प्रदेश
(c) तमिलनाडु, आंध्र प्रदेश (d) गोवा, केरल
(e) उपर्युक्त में से कोई नहीं/ उपर्युक्त में से एक से अधिक

97. निम्नलिखित में से कौन सा भारत का जैव-भौगोलिक क्षेत्र नहीं है?

(a) राजस्थान का थार मरुस्थल
(b) ब्रह्मपुत्र का मैदान
(c) दक्षिण-पूर्व क्षेत्र
(d) उत्तर-पूर्व क्षेत्र
(e) उपर्युक्त में से कोई नहीं/ उपर्युक्त में से एक से अधिक

98. किस दिन को विश्व पर्यावरण दिवस के रूप में मनाया जाता है?
(a) 10 जून (b) 5 जून
(c) 5 जुलाई (d) 20 अक्टूबर
(e) उपर्युक्त में से कोई नहीं/ उपर्युक्त में से एक से अधिक

99. चींटियों की अनुपस्थिति का पृथ्वी पर क्या प्रभाव पड़ेगा?
(a) कोई प्रभाव नहीं
(b) जीवन को नष्ट कर देता है
(c) थोड़ा प्रतिकूल प्रभाव
(d) दीमक में कमी
(e) उपर्युक्त में से कोई नहीं/ उपर्युक्त में से एक से अधिक

100. पादप स्त्रोत चाय या कॉफी से जुड़ी दवा का नाम बताएं?
(a) अफीम पोस्ता (b) कांटेदार सेब
(c) कैफीन (d) कपूर
(e) उपर्युक्त में से कोई नहीं/ उपर्युक्त में से एक से अधिक

101. भारत सरकार ने किन नागा समूहों के युद्धविराम समझौते को आगे बढ़ाया है?
(a) एनएससीएन-आईएम और एनएससीएन-के
(b) एनएससीएन-एनके, एनएससीएन-आर, और एनएससीएन-के-खांगो
(c) एनएससीएन-आर और एनएससीएन-के-खांगो
(d) इनमे से कोई भी नहीं
(e) उपर्युक्त में से कोई नहीं/ उपर्युक्त में से एक से अधिक

102. वर्ष 2023 में किन दो देशों की वैश्विक वृद्धि में आधी हिस्सेदारी होने की उम्मीद है?
(a)भारत और रूस
(b) चीन और भारत
(c) संयुक्त राज्य अमेरिका और चीन
(d) इनमे से कोई भी नहीं
(e) उपर्युक्त में से कोई नहीं/ उपर्युक्त में से एक से अधिक

103. विश्व स्वास्थ्य दिवस कब मनाया जाता है?
(a) 7 अप्रैल (b) 7 मई
(c) 7 जून (d) 7 जुलाई
(e) उपर्युक्त में से कोई नहीं/ उपर्युक्त में से एक से अधिक

104. दिल्ली-देहरादून एक्सप्रेसवे का प्रारंभिक बिंदु भारत का कौन सा शहर है?
(a) दिल्ली (b) देहरादून
(c) अक्षरधाम (d) सहारनपुर
(e) उपर्युक्त में से कोई नहीं/ उपर्युक्त में से एक से अधिक

105. कौन सा शहर 6 अप्रैल 2023 से पहली बार उच्च नस्ल के प्रमाणित जानवरों की विशेषता वाले दो दिवसीय मेले की मेजबानी कर रहा है?
(a) मेरठ (b) मुजफ्फरनगर
(c) जयपुर (d) सोनीपत
(e) उपर्युक्त में से कोई नहीं/ उपर्युक्त में से एक से अधिक

106. प्रधानमंत्री नरेंद्र मोदी और ग्रैमी पुरस्कार विजेता भारतीय-अमेरिकी गायक फालू के सहयोग से निर्मित गीत का शीर्षक क्या है?
(a) "बाजरा और वैश्विक भूख"
(b) "हार्वेस्टिंग होप: द मिलेट एंथम"
(c) "बाजरा की बहुतायत"
(d) "मोदीज मेलोडी फॉर फीडिंग द वर्ल्ड"
(e) उपर्युक्त में से कोई नहीं/ उपर्युक्त में से एक से अधिक

107. चौथे राष्ट्रीय जल पुरस्कार, 2022 में किस राज्य को सर्वश्रेष्ठ राज्य की श्रेणी में प्रथम पुरस्कार मिला है?
(a) मध्य प्रदेश (b) ओडिशा
(c) तेलंगाना (d) बिहार
(e) उपर्युक्त में से कोई नहीं/ उपर्युक्त में से एक से अधिक

108. मुंबई-अहमदाबाद बुलेट ट्रेन परियोजना के हिस्से के रूप में भारत की पहली समुद्र के नीचे रेलवे सुरंग का निर्माण कहाँ किया जाएगा?
(a) मुंबई शहर के केंद्र के पास
(b) अरब सागर के पार
(c) ठाणे क्रीक
(d) बांद्रा-कुर्ला कॉम्प्लेक्स
(e) उपर्युक्त में से कोई नहीं/ उपर्युक्त में से एक से अधिक

109. किस देश ने इंटरकॉन्टिनेंटल कप 2023 जीता?
(a) लेबनान (b) कोरिया
(c) भारत (d) चीन
(e) उपर्युक्त में से कोई नहीं/ उपर्युक्त में से एक से अधिक

110. वर्ष 2021 के गांधी शांति पुरस्कार के प्राप्तकर्ता के रूप में किसे चुना गया है?
(a) गीता प्रेस (b) ओरिएंट प्रेस
(c) रेप्लिका प्रेस (d) थॉमसन प्रेस इंडिया
(e) उपर्युक्त में से कोई नहीं/ उपर्युक्त में से एक से अधिक

111. मई 2023 को केंद्रीय जांच ब्यूरो (CBI) के नए निदेशक के रूप में किसे नियुक्त किया गया है?
(a) प्रवीण सूद (b) सुबोध कुमार जायसवाल
(c) ऋषि कुमार शुक्ला (d) आलोक वर्मा
(e) उपर्युक्त में से कोई नहीं/ उपर्युक्त में से एक से अधिक

112. भारत का सबसे बड़ा टनल एक्वेरियम 'एक्वा मरीन पार्क' कहाँ बनाया जाएगा?

(a) बेंगलुरु (b) चेन्नई
(c) बैंगलोर (d) हैदराबाद
(e) उपर्युक्त में से कोई नहीं/ उपर्युक्त में से एक से अधिक

113. ISSF विश्व कप 2023 में पुरुषों की 10 मीटर एयर राइफल स्पर्धा में रजत पदक किसने जीता?

(a) मनु भाकर (b) हृदय हजारिका
(c) अभिषेक वर्मा (d) दीपक कुमार
(e) उपर्युक्त में से कोई नहीं/ उपर्युक्त में से एक से अधिक

114. 2023 में मदर्स डे कब मनाया गया?

(a) 29 मई (b) 5 मई
(c) 1 मई (d) 12 मई
(e) उपर्युक्त में से कोई नहीं/ उपर्युक्त में से एक से अधिक

115. कान फिल्म फेस्टिवल 2023 में इंडिया पवेलियन की थीम क्या है?

(a) भारत के फिल्म उद्योग का प्रदर्शन
(b) भारत की संस्कृति का जश्न
(c) भारत की रचनात्मक अर्थव्यवस्था का प्रदर्शन
(d) भारत की प्रौद्योगिकी का प्रदर्शन
(e) उपर्युक्त में से कोई नहीं/ उपर्युक्त में से एक से अधिक

116. मनप्रीत सिंह का संबंध किस खेल से है?

(a) वॉलीबॉल (b) क्रिकेट
(c) हॉकी (d) फुटबॉल
(e) उपर्युक्त में से कोई नहीं/ उपर्युक्त में से एक से अधिक

117. एक कम्प्यूटर सिस्टम में निम्नलिखित में से किसे इनपुट डिवाइस के रूप में प्रयोग नहीं किया जा सकता है ?

(a) जॉयस्टिक (b) टच पैंड
(c) प्लॉटर (d) कीबोर्ड
(e) उपर्युक्त में से कोई नहीं/ उपर्युक्त में से एक से अधिक

118. "विश्व नो टोबैको डे" (विश्व तम्बाकू रहित दिवस) किस दिन मनाया जाता है?

(a) 31 मई (b) 11 जून
(c) 28 सितम्बर (d) 10 अक्टूबर
(e) उपर्युक्त में से कोई नहीं/ उपर्युक्त में से एक से अधिक

119. निम्नलिखित में से अन्तर्राष्ट्रीय न्यायालय कहाँ पर स्थित है?

(a) बर्लिन (b) द हेग
(c) बार्सिलोना (d) न्यूयॉर्क
(e) उपर्युक्त में से कोई नहीं/ उपर्युक्त में से एक से अधिक

120. "इंडियन पार्लियामेन्टरी डिप्लोमेसी - स्पीकर्स पर्सपेक्टिव " शीर्षक पुस्तक के लेखक हैं।

(a) मीरा कुमार (b) शिवराज पाटिल
(c) सोमनाथ चटर्जी (d) मनोहर जोशी
(e) उपर्युक्त में से कोई नहीं/ उपर्युक्त में से एक से अधिक

◆◆◆

उत्तर माला

1.	(a)	2.	(b)	3.	(d)	4.	(b)	5.	(a)	6.	(a)	7.	(d)	8.	(a)
9.	(b)	10.	(a)	11.	(b)	12.	(a)	13.	(d)	14.	(a)	15.	(a)	16.	(c)
17.	(c)	18.	(b)	19.	(c)	20.	(d)	21.	(b)	22.	(b)	23.	(d)	24.	(b)
25.	(d)	26.	(a)	27.	(b)	28.	(b)	29.	(a)	30.	(b)	31.	(b)	32.	(b)
33.	(b)	34.	(c)	35.	(d)	36.	(d)	37.	(b)	38.	(b)	39.	(a)	40.	(c)
41.	(d)	42.	(e)	43.	(c)	44.	(b)	45.	(a)	46.	(b)	47.	(d)	48.	(d)
49.	(d)	50.	(d)	51.	(d)	52.	(b)	53.	(d)	54.	(b)	55.	(e)	56.	(e)
57.	(c)	58.	(b)	59.	(e)	60.	(d)	61.	(a)	62.	(a)	63.	(d)	64.	(a)
65.	(d)	66.	(c)	67.	(a)	68.	(b)	69.	(a)	70.	(b)	71.	(b)	72.	(c)
73.	(c)	74.	(d)	75.	(b)	76.	(b)	77.	(a)	78.	(a)	79.	(c)	80.	(d)
81.	(c)	82.	(d)	83.	(b)	84.	(c)	85.	(c)	86.	(a)	87.	(a)	88.	(d)
89.	(a)	90.	(c)	91.	(c)	92.	(a)	93.	(c)	94.	(c)	95.	(d)	96.	(c)
97.	(c)	98.	(b)	99.	(b)	100.	(c)	101.	(b)	102.	(b)	103.	(a)	104.	(c)
105.	(b)	106.	(c)	107.	(a)	108.	(c)	109.	(c)	110.	(a)	111.	(a)	112.	(d)
113.	(b)	114.	(e)	115.	(c)	116.	(c)	117.	(c)	118.	(a)	119.	(b)	120.	(a)

उत्तर सहित व्याख्या

1. (a) अश्वघोष कुषाण नरेश कनिष्क के समकालीन बौद्ध महाकवि तथा दार्शनिक थे। ये कनिष्क के राजकवि भी थे। इनके द्वारा रचित बुद्धचरितम्, संस्कृत का महाकाव्य है। अश्वघोष द्वारा रचित अन्य कृतियाँ सौन्दरानंदकाव्यम्, शारिपुत्रप्रकरणम् आदि है।

2. (b) कनिष्क कुषाण वंश का सबसे प्रतापी शासक था। कनिष्क भारतीय इतिहास में अपनी विजय, धार्मिक प्रवृत्ति, साहित्य आदि के लिए विख्यात था। कनिष्क के काल में सर्वाधिक विकास कला के क्षेत्र में हुआ। गांधार शैली में निर्मित बुद्ध तथा बोधिसत्व मूर्तियाँ ही विशेष रूप से उल्लेखनीय थी। इस शैली को यूनानी - बौद्ध, इण्डो ग्रीक - रोमन कला भी कहा जाता है। मथुरा शैली में अनेक स्तूप, मूर्तियों का भी निर्माण हुआ।

3. (d) चन्द्रगुप्त - II को 'विक्रमादित्य' के नाम से भी जाना जाता है। वह भारत का महानतम एवं शक्तिशाली सम्राट था। इसके साम्राज्य में गुप्त वंश अपने चरमोत्कर्ष पर पहुँचा। मेहरौली में स्थित 'लौह स्तम्भ' गुप्त वंश के शासक चन्द्रगुप्त द्वितीय से सम्बन्धित है।

4. (b) राजराज प्रथम (शासनकाल - 985 - 1014 ईस्वी) सबसे शक्तिशाली चोल शासक माना जाता है जबकि चोल वंश का संस्थापक 'विजयालय' राजराज कला और धर्म के संरक्षक होने के साथ-साथ एक संगठनात्मक और राजनीतिक प्रतिभाशाली शासक भी था। सम्राट बनने के उपरांत उन्होंने दक्षिण भारत में श्रीलंका के राज्यों और उत्तर-पूर्व में कलिंग (उड़ीसा) पर विजय प्राप्त की थी।

5. (a) घारापुरी, एलिफेंटा द्वीप का प्राचीन नाम है। घारापुरी गुफाएँ भारत में मुम्बई तट पर स्थित है जो अपनी कलात्मक गुफाओं और भव्य मूर्तियों के कारण प्रसिद्ध है। यहाँ कुल सात गुफाएँ हैं। इन गुफाओं का नाम 'एलिफेंटा' पुर्तगालियों द्वारा यहाँ बने पत्थर के हाथी के कारण दिया गया था। यहाँ की गुफाएँ हिन्दू धर्म से संबंधित है।

6. (a) चौसा का युद्ध 25 जून, 1539 ई. में गंगा नदी के उत्तरी तट पर शेर खाँ और मुगल बादशाह हुमायूँ के मध्य हुआ। इस युद्ध में हुमायूँ पराजित हुआ तथा गंगा नदी में कूद गया और उसकी जान एक निजाम नामक भिश्ती ने बचाई। शेरखाँ विजयी रहा तथा 'शेरशाह' की उपाधि धारण किया तथा अपने नाम का खुतबा पढ़वाया और सिक्के भी चलवाये।

7. (d) दिल्ली स्थित जहाँपनाह नगर जिसे दिल्ली का चौथा मध्यकालीन नगर कहा जाता है, मुहम्मद बिन तुगलक द्वारा स्थापित किया गया था। जहाँपनाह नगर की सीमा पिथौरागढ़ और खीरी दोनों के परकोटों को मिलाकर बनायी गयीं थी। इसका दूसरा नाम विजय- मंडल था।

8. (a) अकबर ने सर्वप्रथम मनसबदारी प्रथा का आरम्भ अपने शासनकाल के 11वें वर्ष में किया, इस प्रथा को अकबर ने मध्य एशिया के मंगोलों से ग्रहण किया था। इस प्रथा के अन्तर्गत सैनिकों को जात (ओहदा) या रैंक और सवार (घुड़सवार सेना की संख्या) नामक पद का निर्धारण किया गया।

9. (b) 'बीबी का मकबरा' महाराष्ट्र के औरंगाबाद में स्थित है। यह मकबरा औरंगजेब की पत्नी 'दिलरास बानो बेगम' की याद में निर्मित है। यह ' दक्कन के ताज' के नाम से भी प्रसिद्ध है। इसका निर्माण आजमशाह ने अपनी माँ की स्मृति (1651 - 1661 ई.) में करवाया।

10. (a) फतवा - ए - आलमगिरी, मुस्लिम कानूनों का एक संग्रह है। जो मुगल शासक औरंगजेब के शासनकाल में लिखा गया था। इसमें स्पष्ट वर्णित किया गया है कि मुसलमानों के लिए 'जिहाद' सबसे पवित्र कार्य है।

11. (b) प्रसिद्ध इतिहासकार अलबरूनी का जन्म 973 ई. में खीवा (प्राचीन ख्वारिज्म) में हुआ था। वर्तमान में यह उज्बेकिस्तान में स्थित है। अलबरूनी महमूद गजनी के साथ भारत आया। वह पुराणों का अध्ययन करने वाला प्रथम मुसलमान था। उसे खगोल विज्ञान, भूगोल, तर्कशास्त्र, विज्ञान, गणित आदि विषयों में रूचि थी। उसकी पुस्तक 'किताब-उल-हिन्द' से तत्कालीन भारत की सामाजिक तथा सांस्कृतिक जानकारी मिलती है।

12. (a) भारत के राष्ट्रीय ध्वज को डिजाइन करने का श्रेय स्वतंत्रता सेनानी पिंगली वेंकैया को जाता है। इन्होंने ही वर्तमान राष्ट्रीय ध्वज को डिजाइन दिया है। भारतीय राष्ट्रीय ध्वज को 22 जुलाई, 1947 ई. को संविधान सभा द्वारा अपनाया गया।

13. (d) लालबहादुर शास्त्री ने 1965 ई. में भारत में हरी (हरित) क्रांति को बढ़ावा दिया था। इन्होंने ही 'जय जवान, जय किसान' का नारा भी दिया था। लालबहादुर शास्त्री का जन्म 2 अक्टूबर 1904 ई. को उत्तर प्रदेश के मुगलसराय में हुआ था। यह भारत के दूसरे प्रधानमंत्री थे।

14. (a) बंगाल विभाजन की घटना 16 अक्टूबर, 1905 ई. में हुई थी। ऑल इंडिया मुस्लिम लीग ने बंगाल विभाजन का समर्थन किया था। ऑल इंडिया मुस्लिम लीग की स्थापना 30 दिसम्बर 1906 ई. को ढाका में सलीम उल्ला खान के नेतृत्व में की गयी थी। आर्य समाज की स्थापना 1875 ई. में बम्बई में स्वामी दयानंद सरस्वती ने की थी। स्वामी दयानंद सरस्वती को "भारत का मार्टिन लूथर किंग" कहा जाता है। लाला लाजपत राय आर्य समाज के एक सक्रिय सदस्य थे।

15. (a) नादिरशाह ने 1739 ई. में दिल्ली पर आक्रमण किया। अहमद शाह अब्दाली एक अफगान शासक था।

16. (c) रात्रि के समय आकाश में मंगल ग्रह लाल दिखाई देता है। इसीलिए इसे 'लाल ग्रह' भी कहा जाता है। क्योंकि आयरन ऑक्साइड की अधिकता होने के कारण इसकी सतह लाल रंग की होती है।

17. (c) ग्रीनविच रेखा लंदन के ग्रीनविच नामक शहर से गुजरती है। ग्रीनविच रेखा पृथ्वी को दो लंबवत भागों पूवी और पश्चिमी में बाटती है। इस रेखा के पूर्व दिशा में स्थित 180 देशांतर रेखाओं को पूर्वी देशांतर रेखा तथा पश्चिम की ओर 180 देशांतर रेखाओं को पश्चिमी देशांतर रेखा कहते हैं। पृथ्वी 24 घंटों में अपनी धुरी पर एक चक्कर लगाती है अर्थात् 24 घंटे में 360° घूम जाती है। अतः पृथ्वी को 1° घुमने में 4 मिनट का समय लगेगा। अर्थात् पृथ्वी को 1° देशांतर तय करने में 4 मिनट का समय लगता है।

18. (b) केर्गुएलन पठार हिंद महासागर में समुद्र के नीचे का सबसे बड़ा जलमग्न पठार है। यह उत्तर - पश्चिम - दक्षिण - पूर्व दिशा में 2200 किमी से अधिक क्षेत्र तक फैला हुआ है और गहरे पानी में स्थित है। यह दक्षिणी हिंद महासागर में अटार्कटिक प्लेट पर स्थित है।

19. (c) विश्व का सबसे बड़ा मरुस्थल सहारा मरुस्थल है। यह अफ्रीका महाद्वीप में फैला विशालतम मरुस्थल है, जिसका कुल क्षेत्रफल 9200000 वर्ग किमीण है। थार मरुस्थल एशिया महाद्वीप के भारत तथा पाकिस्तान में फैला हुआ है।

20. (d) भूमध्य रेखा 0° अक्षांश से दिये गये देशों की राजधानियों की दूरी क्रमशः कोलम्बो 6°55 N, जकार्ता 14°12'N मनीला 14°35'N तथा सिंगापुर 1°17N है। अतः भूमध्य रेखा से सर्वाधिक निकट राजधानी शहर सिंगापुर होगा।

21. (b)

देश	मुद्रा
इराक	इराकी दिनार
चीन	युआन/रॅन्मिनवी
ब्राज़ील	रियाल
थाइलैंड	बहत

22. (b) कोपेन जलवायु का वगीकरण - तापमान वर्षा के वितरण और वनस्पतियों के आधार पर कोपेन ने (1918 इ.) विश्व को 6 जलवायु प्रदेशों में विभाजित किया। इसकी मुख्य विशेषताए निम्नवत है-

1. उष्ण कटिबन्धीय आर्द्र जलवायु- यहाँ प्रत्येक महीने का तापमान **18°** सेण्टीग्रेड से अधिक रहता है तथा वर्ष के अधिकांश भाग में वर्षा होती है।
2. शुष्क जलवायु- इन क्षेत्रों में वर्षा कम और वाष्पीकरण की मात्रा अधिक पायी जाती हैं एवं उच्च तापमान पाया जाता है।

3. शीतोष्ण जलवायु- सर्वाधिक ठंडे महीने का तापमान -3° सेण्टीग्रेड से अधिक किन्तु 18° सेण्टीग्रेड से कम तथा सबसे अधिक उष्ण महीने का ताप 10° सेण्टीग्रेड रहता है।

4. मध्य अक्षांशों की आर्द्र सूक्ष्म तापीय अथवा शीतोष्ण आर्द्र जलवायु- वर्ष के सर्वाधिक ठंडे महीने का औसत तापमान 3° सेण्टीग्रेड से नीचे रहता है।

23. (d) भूपटल के नीचे उच्च दाब तथा तापमान के कारण चट्टानों की संरचनाए बदल जाती है। प्रमुख रूपान्तरित रूप निम्न है-

ग्रेनाइट से नीस	सैंडस्टोन से क्वार्टजाइट
शैल से स्लेट	चूनापत्थर से संगमरमर
कोयला से हीरा	बिटुमिनस से एन्थ्रेसाइट आदि।

24. (b) भारत में कुल 28 राज्य तथा 8 केन्द्र शासित प्रदेश हैं। 'अगरतला ' त्रिपुरा की राजधानी है। भारत के कुछ राज्य तथा उनकी राजधानियाँ निम्न हैं-

राज्य	राजधानियाँ
मणिपुर	इम्फाल
मेघालय	शिलांग
मिजोरम	आइजोल
नागालैण्ड	कोहिमा
त्रिपुरा	अगरतला

25. (d) 'रो' नदी विश्व की सबसे छोटी नदी है। यह नदी अमेरिका के मोंटाना में बहती हैं। इस नदी की कुल लम्बाई 61 मीटर है। यह नदी कॉस्फेड काउन्टी में बहते हुए मिसौरी नदी में मिल जाती है।

26. (a) राज्यसभा, संसद का उच्च सदन है। इसमें राज्यों के प्रतिनिधि सम्मिलित है। इसके सदस्यों का चुनाव राज्यों की विधानसभाओं द्वारा किया जाता है। उपराष्ट्रपति, राज्यसभा का पदेन सभापति होता है लेकिन यह राज्यसभा का सदस्य नहीं होता है। उपराष्ट्रपति का चुनाव लोकसभा और राज्यसभा के सदस्यों द्वारा होता है। वर्ष 2003 में जन प्रतिनिधित्व अधिनियम में किए गए एक संशोधन द्वारा राज्यसभा के लिए भी निवास संबंधी योग्यता को समाप्त कर दिया गया है। लोकसभा में 2 तथा राज्यसभा में 12 सदस्यों को मनोनीत किया जा सकता है।

27. (b) भारत का राष्ट्रीय प्रतीक सिंह शीर्ष है। यह अशोक के सारनाथ स्थित सिंह स्तम्भ की एक अनुकृति है। इसमें 4 शेर हैं जो एक - दूसरे की ओर पीठ किए हुए है। इसे 26 जनवरी, 1950 को भारत सरकार द्वारा अपनाया गया।

28. (b) नई दिल्ली, भारत की राजधानी है। वर्ष 1956 में दिल्ली को केन्द्रशासित प्रदेश घोषित किया गया तथा वर्ष 1991 इसे पुनः परिभाषित करते हुए 69वें संविधान संशोधन द्वारा राष्ट्रीय राजधानी क्षेत्र का दर्जा दिया गया।

29. (a) संविधान में नौवीं अनुसूची, प्रथम संविधान संशोधन अधिनियम, 1951 के द्वारा जोड़ी गई। इसके अंतर्गत राज्य द्वारा सम्पत्ति के अधिग्रहण की विधियों का उल्लेख किया गया है। इस अनुसूची में सम्मिलित विषयों को न्यायालय में चुनौती नहीं दी जा सकती है। संविधान पीठ के 11 जनवरी, 2007 के एक निर्णय द्वारा मौलिक अधिकारों के उल्लंघन के आधार पर इसे चुनौती दी जा सकती है तथा उच्चतम न्यायालय इन कानूनों की समीक्षा कर सकता है। वर्तमान में इस अनुसूची में 284 अधिनियम है।

30. (b) वर्तमान में राज्यसभा का सभापति व उपसभापति क्रमशः, जगदीप धनखड़ व हरिवंश नारायण सिंह है। राज्यसभा का सभापति भारत का उपराष्ट्रपति होता है।

31. (b) अनु. विवरण

1. अनु. 66 - उपराष्ट्रपति का निर्वाचन
2. अनु. 78 - राष्ट्रपति को जानकारी देने के संबंध में प्रधानमंत्री के कर्तव्य
3. अनु. 89 - राज्य सभा का सभापति और उपसभापति
4. अनु. 97 - सभापति और उपसभापति तथा अध्यक्ष और उपाध्यक्ष के वेतन और भत्ते

32. (b)

राष्ट्रपति	कार्यकाल
1. डॉ. सर्वपल्ली राधाकृष्णन	- 13 मई 1962 से 13 मई 1967 तक
2. डॉ. जाकिर हुसैन	- 13 मई 1967 से 03 मई 1969 तक
3. डॉ. वी.वी. गिरि	- 24 अगस्त 1969 से 24 अगस्त 1974 तक
4. डॉ. फखरूद्दीन अली अहमद	- 24 अगस्त 1974 से 11 फरवरी 1977 तक

33. (b) 1930-32 में हुए तीन गोलमेज सम्मेलनों में संवैधानिक सुधारों से संबंधित संस्तुतियों के फलस्वरूप इस अधिनियम (भारत शासन अधिनियम, 1935) का निर्माण किया गया। जिसकी अनेक विशेषताएँ थी। जैसे-भारत में सर्वप्रथम संघीय शासन प्रणाली की नींव रखी। केंद्र में द्वैध शासन की स्थापना।संघ सूची, प्रांत सूची, समवती सूची में कुछ अतिरिक्त, विषय शामिल किये गए, जिसमें अवशिष्ट शक्तियाँ गवर्नर जनरल में निहित थी।

1937 में संघीय न्यायालय की स्थापना।इसी अधिनियम के द्वारा 'भारत परिषद' को समाप्त कर दिया गया एवं विवादों के निपटारे के लिए संघीय न्यायालय की स्थापना की गई।

34. (c) मौलिक कर्तव्यों को भारतीय संविधान में 42 वें संविधान संशोधन अधिनियम 1976 द्वारा स्वर्ण सिंह समिति की सिफारिशों पर संविधान में भाग IV - A में शमिल किया

गया था। मूल रूप से मौलिक कर्त्तव्यों की संख्या 10 थी, बाद में 86 वें संविधान संशोधन अधिनियम 2002 के माध्यम से एक और कर्त्तव्य जोड़ा गया था। ये सभी गैर - न्यायिक प्रकृति के हैं, 'स्मारकों और राष्ट्रीय महत्व के स्थानों का संरक्षण करना' को बजाय 'सार्वजनिक संपति को सुरक्षित का संरक्षण करना' के बजाय 'सार्वजनिक संपत्ति को सुरक्षित रखें और हिंसा से दूर रहें' भौतिक कर्त्तव्यों का हिस्सा हैं।

35. (d) जस्टिस खेहर की अध्यक्षता वाली नौ सदस्यीय संविधान पीठ ने अपने फैसले में निजता के अधिकार को अनुच्छेद 21 के तहत प्राण एवं दैहिक स्वतंत्रता के अन्तर्गत रखा है।

36. (d) नेशनल सिक्युरिटीज डिपॉजिटरी लिमिटेड (NSDL) मुम्बई में स्थित एक केन्द्रीय प्रतिभूति डिपॉजिटरी है। इसकी स्थापना 1996 ई0 में इलेक्ट्रॉनिक प्रतिभूतियों के भण्डार के रूप में की गई थी।

37. (b) भारत की आधी आबादी केवल पाँच राज्यों में (उत्तर प्रदेश, महाराष्ट्र, बिहार, पश्चिम बंगाल, आंध्र प्रदेश) निवास करती हैं।

जनसंख्या घनत्व - प्रति इकाई क्षेत्रफल में रहने वाले लोगों की संख्या को जनसंख्या घनत्व कहते है। भारत का जनसंख्या घनत्व 382, जापान का 339 तथा बांग्लादेश का 1115 है।

38. (b) प्रशांत चंद्र महालनोबिस (पी.सी. महालनोबिस) एक विश्व प्रसिद्ध भारतीय सांख्यिकीविद थे, जिन्होने वर्ष 1931 में भारतीय सांख्यिकीय संस्थान (ISI) की स्थापना की थी। उन्होंने भारत की दूसरी पंचवषीय योजना (1956-1961) तैयार करने में महत्त्वपूर्ण भूमिका निभाई, जिसने भारत में औद्योगीकरण और विकास का खाका तैयार किया। इन्हें 'आर्किटेक्ट ऑफ इंडियन प्लानिंग' के रूप में भी जाना जाता है।

39. (a) मानव विकास सूचकांक का विकास वर्ष 1990 में महबूब उल-हक द्वारा किया गया था।

इस रिपोर्ट को संयुक्त राष्ट्र विकास कार्यक्रम (UNDP) द्वारा जारी किया जाता है। इस सूचकांक में देशों की तुलना हेतु तीन कसौटियों को आधार बनाया जाता है-

1. जीवन प्रत्याशा सूचकांक (लम्बा व स्वस्थ जीवन)
2. शिक्षा सूचकांक (शिक्षा का स्तर)
3. आय सूचकांक (जीवन स्तर)

40. (c) भारतीय रिजर्व बैंक द्वारा केन्द्र और राज्य सरकार को एक बैंक के रूप में अस्थायी ऋण सुविधा प्रदान की गई है। जिसमें RBI ने 1 अप्रैल, 1997 ई. में वेज एंड मीन्स एडवांस (WMA) योजना को आरम्भ किया, जिसमें रिजर्व बैंक राज्य सरकार को 90 दिन की अवधि के लिए ऋण प्रदान करता है।

41. (d) दिया है-

$m = 10kg$

$V = 5m/s$

हम जानते हैं - $K.E = \frac{1}{2}mv^2$

$K.E = \frac{1}{2} \times 10 \times 5^2 =$ 125 जूल

यदि वेग तीन गुना हो जाता है तो

$V_1 = 3 \times 5 = 15m/s$

गतिज ऊर्जा $= \frac{1}{2} \times 10 \times (15)^2 = 5 \times 225 = 1125$ जूल

अतः गतिज ऊर्जा में परिवर्तन 9 गुना या 900% होगा।

42. (e) वस्तु जिस रंग की होती है उसी रंग के प्रकाश को परावर्तित करती है तथा अन्य रंगों के प्रकाश को अवशोषित करती है। हरे रंग के पत्ते पर लाल प्रकाश पड़ने पर, वह लाल प्रकाश को अवशोषित कर लेता है तथा किसी रंग के प्रकाश को परावर्तित नहीं करता है। अतः हरे रंग का पत्ता लाल प्रकाश में काला दिखायी पड़ता है।

43. (c) वायुमण्डल में विद्यमान अदृश्य जलवाष्प की मात्रा ही आर्द्रता कहलाती है।

निरपेक्ष आर्द्रता - वायु के प्रति इकाई आयतन में विद्यमान जलवाष्प की मात्रा को निरपेक्ष आर्द्रता कहते है।

विशिष्ट आर्द्रता - हवा के प्रति इकाई भार में जलवाष्प के भार का अनुपात विशिष्ट आर्द्रता कहलाता है

सापेक्षिक आर्द्रता - एक निश्चित तापमान पर निश्चित आयतन वाली वायु की आर्द्रता सामर्थ्य तथा उसमें विद्यमान वास्तविक आर्द्रता के अनुपात को सापेक्षिक आर्द्रता कहते हैं।

44. (b) ऊष्मा एक प्रकार की ऊर्जा है जो दो वस्तुओं के बीच उनके तापान्तर के कारण एक वस्तु से दूसरी वस्तु में स्थानान्तरित होती है। यदि W कार्य करने में उत्पन्न ऊष्मा की मात्रा Q हो तो $\frac{W}{Q} = J$ या $W = JQ$ जहाँ J का मान 4.186 जूल / कैलोरी होता है। ऊष्मा ग्रहण करने की सर्वाधिक क्षमता पानी में होती है क्योंकि एक ग्राम जल का ताप $1°C$ बढ़ाने के लिए 4.186 जूल (1 कैलोरी) ऊष्मा की आवश्यकता होती है।

45. (a) दिये गए विकल्पों में वायु में ध्वनि की चाल सबसे कम (343m/s) होती है। ध्वनि की चाल सर्वाधिक ठोस में, उसके बाद द्रवों में तथा सबसे कम गैसों में होती है। ऐसा इनके आणिक संगठन के कारण होता है।

46. (b)

प्रक्रिया	परिवर्तन
(a) वाष्पन	द्रव का गैस में परिवर्तन
(b) ऊर्ध्वपातन	ठोस का गैस में परिवर्तन
(c) हिमीकरण	द्रव का ठोस में परिवर्तन
(d) गलन	ठोस का द्रव में परिवर्तन

47. (d) निलंबित रासायनिक और जैविक यौगिकों से मुक्त पेयजल की सापेक्ष स्पष्टता के माप को मटमैलापन (टर्बिडटी) के रूप में जाना जाता है।

48. (d) ऑक्सीजन गैस को 'एरोबिक ट्रीटमेंट यूनिट' के उपचार हेतु टंकी में अंत:क्षिप्त किया जाता है।

49. (d) आवर्त सारणी में तत्वों की परमाणु त्रिज्या वर्ग में ऊपर से नीचे की तरफ जाने पर बढ़ती है जबकि किसी आवर्त में दाएं से बाएं जाने पर घटती है। IA वर्ग में तत्वों का क्रम इस प्रकार है-

Li→ Na→ K→ Rb→ Cs

परमाणु त्रिज्या का बढ़ता क्रम

अत: दिये गये विकल्पों में Cs की परमाण त्रिज्या सबसे अधिक है। तथा Li की परमाणु त्रिज्या सबसे कम होगी।

50. (d) क्लोरोफॉर्म रंगहीन, मीठी गंध वाला भारी द्रव है। यह जल में अविलेय है परन्तु ईथर और एल्कोहॉल में विलेय है। इसका क्वथनांक 61.2°C (334k) होता तथा गलनांक 209k (–63.5°C) है।

51. (d)

विटामिन	रोग
A	रतौंधी
B	बेरी-बेरी
C	स्कर्वी
D	रिकेट्स
E	बांझपन
K	रक्त का न जमना

52. (b) चेचक एक वायरल संक्रमण रोग है जिसे 'छोटी माता' (Chicken Pox) भी कहते हैं। यह वैरीओला वायरस से फैलता है इम्यूनोलॉजी के पिता कहे जाने वाले प्रसिद्ध वैज्ञानिक एडवर्ड जेनर ने 14 मई, 1798 ई. में चेचक के विरुद्ध मनुष्यों के प्रतिरक्षण (टीके) का आविष्कार किया था।

53. (d) ब्रायोफाइटा को पादप जगत का उभयचर इसलिए कहा जाता है, क्योंकि यह भूमि पर जीवित रहता है, परन्तु लैंगिक जनन के लिए जल पर पूर्ण रूप से निर्भर रहता है। ब्रायोफाइटा में जाइलम तथा फ्लोएम ऊतक की कमी होती है।

54. (b) आवृतबीजी (एंजियोस्पर्म) पौधें वे पुष्पीय पौधे है, जिनमें बीज, फलों के अन्दर बन्द रहते है, एंजियोस्पर्म में बीजों का विकास अंडाशय के अन्दर होता है। जिसमें बदलाव होकर फल का निर्माण होता है। इनके प्रजनन अंग पुष्प होते हैं। ब्रायोफाइटा समुदाय को वनस्पति जगत का Amphibian (उभयचर) कहते हैं। ये पौधे स्थली होने के साथ ही छायादार स्थानों पर उगते हैं और इन्हे अपने जीवन में पर्याप्त आर्द्रता की आवश्यकता होती है। इनके निषेचन के लिए जल आवश्यक है।

55. (e) बीजों में बीजपत्रों की संख्या के आधार पर एंजियोस्पर्म वर्ग को दो भागों में बाँटा गया हैं- एक बीजपत्र वाले पौधो (गेंहू, मक्का) को एक बीजपत्री और दो बीजपत्र वाले पौधों को द्विबीजपत्री (चना, मटर) कहा जाता हैं।

56. (b) 34 संख्याओं का कुल योग = 1802

प्रश्नानुसार,

$$\frac{1802 - 34L}{34} = 35$$

$1802 - 34L = 1190$

$34L = 612$

$L = 18$

57. (c): माना पहली संख्या = 7x

और दूसरी संख्या = 5x

प्रश्नानुसार,

पहली संख्या दूसरी संख्या = ल. स. × म. स.

$7x \times 5x = 3500$

$35x^2 = 3500$

$x^2 = 100$

$x = 10$

$\therefore$ पहली संख्या = $7 \times x = 7 \times 10 = 70$

दूसरी संख्या = $5x = 5 \times 10 = 50$

अत: दोनो संख्याओं का योग = 70+50 = 120

58. (b): माना दो क्रमागत सम संख्याएँ x तथा x + 2 है।

प्रश्नानुसार,

$x(x + 2) = 288$

$x^2 + 2x - 288 = 0$

$x^2 + (18 - 16)x - 288 = 0$

$(x^2 + 18x) - (16x + 288) = 0$

$x(x + 18) - 16(x + 18)$

$(x - 16)(x + 18) = 0$

$x - 16 = 0,$

$x = 16$

अत: क्रमिक संख्याएँ 16 एवं 18 है

59. (c): 3 ÷ 5 का 5%

$$= \frac{3}{5} \times \frac{5}{100}$$

$$= \frac{3}{100}$$

$= 0.03$

60. (d) माना लागत मूल्य = 100 रुपये है।

अंकित मूल्य = x

$$\text{वि.मू.} = x \times \left(\frac{100 - 30}{100}\right)$$

$= \frac{x \times 70}{100}$

प्रश्नानुसार,

वि०मू० = लागत मूल्य

$x \times \frac{70}{100} = 100$

$x = \frac{100 \times 100}{70}$

मार्क अप = x - 100

$= \frac{100 \times 100}{70} - 100 = \frac{300}{7} = \boxed{42.86}$

61. (a): दिया है-

दो संख्याओं का अनुपात = 3:5

माना पहली संख्या = 3x

तथा दूसरी संख्या = 5x

प्रश्नानुसार,

$(3x)^2 + (5x)^2 = 7650$

$9x^2 + 25x^2 = 7650$

$34x^2 - 7650$

$X^2 = \frac{7650}{34} = 225 = (15)^2$

x = 15

पहली संख्या = 3x = 3 × 15 = 45

तथा दूसरी संख्या = 5x = 5 × 15 = 75

62. (a): समय = 8 वर्ष 6 माह

$= 8 + \frac{6}{12} = \frac{17}{2}$ वर्ष

माना,

मूलधन = P

मिश्रधन (A) = 3P

साधारण व्याज (S.I) = A - P = 3P - P

$S.I. = \frac{P \times R \times T}{100}$

$2P = \frac{P \times R \times 17}{100 \times 2}$

$R = \frac{400}{17} = \boxed{23.52\%}$

63. (d): 88 ÷ 8 + 5 - 9 ÷ 3 × 2

$= \frac{88}{8} + 5 - \frac{9}{3} \times 2$

= 11 + 5 - 6

= 10

64. (a): कुल दूरी = 16.5 km

कुल समय 128 मिनट

एक तिहाई दूरी = $\frac{1}{3} \times 16.5 = 5.5km$

एक तिहाई दूरी तय करने में चाल = 8 किमी./घंटा

समय = दूरी /चाल = $\frac{5.5}{8}$ घंटा = $\frac{5.5}{8} \times 60 = 41.25$ मिनट

शेष दूरी = 16.5 - 5.5 = 11.0 किमी.

शेष समय = 128 - 41.25

= 86.75 मिनट

$= \frac{86.75}{60}$ घंटा

चाल = $\frac{11}{\frac{86.75}{60}} = \frac{11 \times 60}{86.75}$

$\boxed{7.6 km/h}$

65. (d): माना शुरूआत में x लड़के काम में लगते है।

46 46 दिन में किसी कार्य को समाप्त करते है = x लड़के

अब: 46 - 26 = 20 दिन में उसी काम को समाप्त करते है 26 लड़के

$M_1D_1 = M_2D_2$

अत: 46 × x = (x + 26) × 20

46x = 20 x + 520

26x = 520

x = 20 लड़के

66. (c):

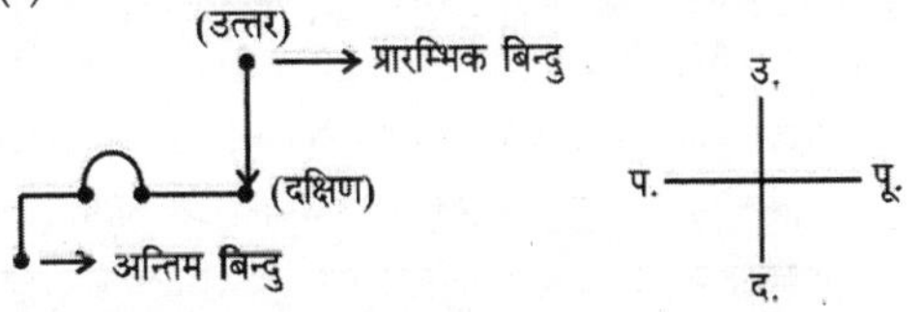

अत: अब नदी के बहने की दिशा उत्तर से दक्षिण की ओर है।

67. (a): अशनानुसार, रक्त सम्बन्ध आरेख इस प्रकार

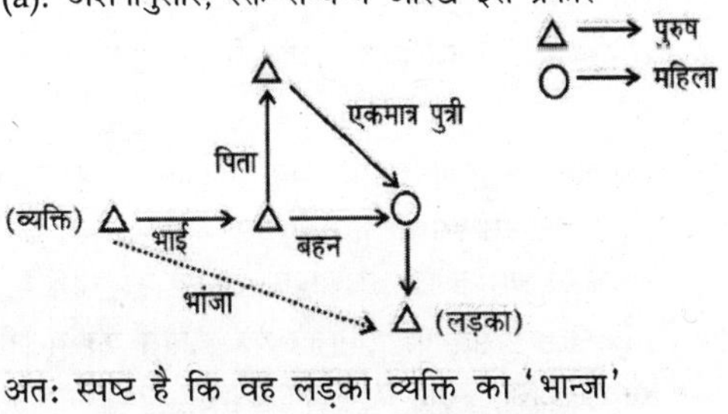

अत: स्पष्ट है कि वह लड़का व्यक्ति का 'भान्जा'

68. (b): घंटे की पूई और मिनट की सुई के बीच का कोण

$= \left[\frac{60 \times h \sim 11 \times m}{2}\right]$

जहाँ h = घंटा

m = मिनट

दोनों सुइयों के बीच कोण = $\left[\frac{60 \times 3 \sim 11 \times 140}{2}\right]$

$= \frac{180 \sim 440}{2} = \frac{260}{2} = 130°$

69. (a)

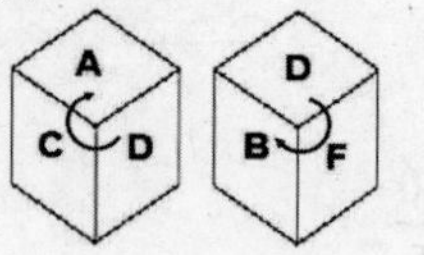

विपरीत क्रम निम्नवत् है-

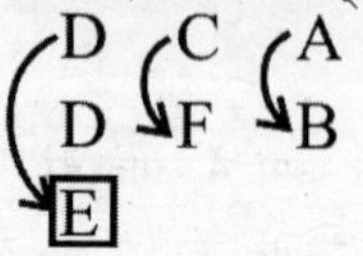

अत: D के विपरीत फलक पर E होगा।

70. (b): एक दिन में घड़ी की सुइयों 22 बार सरत रेखा परन्तु विपरीत (180° पर) दिशा में होती हैं।

71. (b)बिहार के पटना में ही, लोहानीपुर से मौर्य काल में बने जैन तीर्थकरों की प्रतिमा प्राप्त हुई है। इन प्रतिमाओं पर मौर्यकालीन पत्थर की पॉलिस की गई है।

72. (c)भारत की प्रथम राजधानी होने का श्रेय पाटलिपुत्र को प्राप्त है। इस नगर की स्थापना हर्यक वंश के शासक उदयिन के द्वारा 455 ई.पू. में किया गया था।

73. (c) गांधी जी ने अपना सत्याग्रह चंपारण में नील की खेती करने वाले किसानों के लिए किया था। उन्होंने अहिंसा की ताकत से ब्रिटिश हुकूमत को किसानों के आगे झुकने को मजबूर कर दिया और यहीं से गांधी को मिला बापू का दर्जा।

74. (d) असहयोग आंदोलन के दौरान गया में पुलिस हड़ताल के नेता दामोदर प्रसाद थे

75. (b) भागलपुर कपड़ों का महत्वपूर्ण केन्द्र था।

76. (b)बिहार में 'राजनैतिक पीड़ित दिवस' 10 अगस्त 1929 को मनाया गया था।

77. (a)बिहार में गया षड्यंत्र केस क्रांतिकारी घटना जनवरी 1933 में घटी। इस घटना में पुलिस को गया जिले के अनेक स्थानों से बम बनाने की सामग्रियाँ प्राप्त हुई थीं।

78. (a) किसान सत्याग्रह समाचार पत्र काँग्रेस की बुलेटीन थी रामेश्वर प्रसाद वर्मा पर इसका संपादक होने का शक था।

79. (c) 15 जनवरी 1934 को भूकम्प आया था। लगभग 20 हजार लोग हताहत हुए और प्रभावित क्षेत्र 3000 वर्ग मील था।

80. (d) बिहार में किसान दिवस 17 अक्टूबर 1937 को मनाया गया

81. (c) प्रो० अब्दुल बारी विधानसभा के उपाध्यक्ष बने। सुल्तान अहमद एडवोकेट जनरल नियुक्त हुए लेकिन उन्होंने इस्तीफा दे दिया। इनके स्थान पर श्री सहाय एडवोकेट जेनरल नियुक्त हुए।

82. (d) भागलपुर के सियाराम सिंह ने सियाराम दल का गठन किया। इसने ही भागलपुर में एक आजाद दस्ते का गठन किया।

83. (b) 1967 में शिक्षा मंत्री कपूरी ठाकुर ने आदेश दिया कि मैट्रिक पास होने के लिए अंग्रेजी पास होना जरूरी नहीं है। महामाया सरकार के समय छात्रों को खुली छूट मिली तथा शिक्षा जगत में कई परिवर्तन हुए।

84. (c) पटना में इसकी शाखा 1922 में खुली।

85. (c) यह पटना से प्रकाशित होता था।

86. (a)नव नालंदा महाविहार मूल रूप से पालि अनुसंधान संस्थान के लिए विख्यात हैं। यहाँ पालि और बौद्ध धर्म के विषय में उच्च शिक्षा दी जाती हैं।

87. (a) चाणक्य राष्ट्रीय विधी विश्वविद्यालय पटना में स्थापित की गई है इसकी स्थापना वर्ष 2006 है।

88. (d) सरकार पंचायत समिति के कार्यपालक पदाधिकारी के रूप में प्रखण्ड विकास पदाधिकारी को नियुक्ति करती है।

89. (a)बिहार भारत के उत्तर-पूर्व में स्थित है

90. (c)बिहार में शीतकालीन वर्षा भूमध्य सागरीय क्षेत्र में उत्पन्न होने वाली चक्रवातों से होती है।

91. (c) भारी बारिश वाले क्षेत्रों में रहने वाले ग्रामीणों/लोगों को जिस तरह के घर ढलान वाली छतों वाले स्टिल्ट्स (बांस के खंभे) पर होते हैं।

92. (a) कुछ ऐसे पौधे भी होते हैं, जो मेढ़क, कीड़े और छोटे जीवों का शिकार करते हैं। इनमें 'नेपेंथीस' मुख्य है। यह ऑस्ट्रेलिया, इंडोनेशिया और भारत के मेघालय राज्य में पाया जाता है।

93. (c) मोर

94. (c) मलेरिया, डेंगू, चिकनगुनिया

95. (d) आयरन एक आवश्यक पोषक तत्व है, जो हमारे शारीरिक संचालन (शरीर की क्रिया) में अहम भूमिका निभाता है। आहार में आयरन की कमी से शरीर में ऊर्जा का स्तर कम हो जाता है।

96. (c) हमारे देश के तमिलनाडु और आन्ध्र प्रदेश दो राज्यों के लोगों का सर्वप्रिय भोजन "इडली, वड़ा, डोसा, सांभर, नारियल की चटनी है।

97. (c) दक्षिण-पूर्व क्षेत्र प्रजातियों में समृद्ध नहीं है। इसलिए, इसे भारत का जैव-भौगोलिक क्षेत्र नहीं माना जाता है। वह क्षेत्र जो अपने पौधों और जानवरों की प्रजातियों के लिए जाना जाता है, जैव-भौगोलिक क्षेत्र के रूप में जाना जाता है।

98. (b) लोगों को पर्यावरण की रक्षा के प्रति जागरूक करने और याद दिलाने के लिए 5 जून को पर्यावरण दिवस मनाया जाता है।

99. (b) चींटियाँ पृथ्वी पर जीवन के अस्तित्व में एक आवश्यक भूमिका निभाती हैं। चींटियों की अनुपस्थिति से दीमकों की संख्या बढ़ सकती है। चींटियाँ मिट्टी में हवा लाती हैं जिससे पानी और ऑक्सीजन मिट्टी में जड़ों तक पहुँच पाती है। इसलिए, चींटियों की अनुपस्थिति पृथ्वी पर जीवन को नष्ट कर सकती है।

100. (c) चाय या कॉफी में कैफीन नामक औषधि होती है जिसके विभिन्न लाभ होते हैं, जैसे मस्तिष्क की कार्यप्रणाली में सुधार, याददाश्त आदि।

101. (b) सरकार ने तीन नगा समूहों के साथ संघर्षविराम समझौते को एक और साल के लिए बढ़ा दिया है।समूह एनएससीएन-एनके, एनएससीएन-आर और एनएससीएन-के-खांगो हैं।

102. (b)इस वर्ष विश्व अर्थव्यवस्था के 3% से कम बढ़ने की उम्मीद है,2023 में भारत और चीन के वैश्विक विकास का आधा हिस्सा होने की उम्मीद है,आईएमएफ की प्रबंध निदेशक क्रिस्टालिना जॉर्जीवा ने चेतावनी दी कि महामारी और रूस के सैन्य अभियान के कारण विश्व अर्थव्यवस्था में तेज मंदी जारी रहेगी।

103. (a) आज 7 अप्रैल को विश्व स्वास्थ्य दिवस है।इस वर्ष की थीम है सबके लिए स्वास्थ्य।

104. (c) 212 किमी लंबा एक्सप्रेसवे उत्तर पूवी दिल्ली, अक्षरधाम से शुरू होगा और बागपत, शामली और सहारनपुर से होकर गुजरेगा।

105. (b) केंद्रीय परिवहन मंत्री नितिन गडकरी ने मुजफ्फरनगर में दो दिवसीय पशु मेले का उद्घाटन किया।इस आयोजन में 1,500 उच्च नस्ल के प्रमाणित पशुओं वाले 50,000 किसानों ने नामांकन किया है।

106. (c) प्रधान मंत्री नरेंद्र मोदी ने बाजरा के लाभों और विश्व भूख को कम करने की इसकी क्षमता को बढ़ावा देने के लिए ग्रैमी पुरस्कार विजेता भारतीय-अमेरिकी गायक फालू के साथ सहयोग किया है।

"एबंडेंस ऑफ मिलेट्स" शीर्षक वाला गीत 16 जून, 2023 को जारी किया गया था।

ग्रैमी पुरस्कार विजेता भारतीय-अमेरिकी गायक फालू संयुक्त राष्ट्र द्वारा 2023 को अंतर्राष्ट्रीय बाजरा वर्ष घोषित करने की प्रधानमंत्री की पहल से प्रेरित गीत लेकर आए हैं।

107. (a) सर्वश्रेष्ठ राज्य की श्रेणी में मध्यप्रदेश को प्रथम पुरस्कार से नवाजा गया।

सर्वश्रेष्ठ जिला श्रेणी में पुरस्कार ओडिशा के गंजम जिले को दिया गया।

तेलंगाना के भद्राद्री कोठागुडेम जिले के जगन्नाथपुरम ग्राम पंचायत को सर्वश्रेष्ठ ग्राम पंचायत पुरस्कार प्रदान किया गया।

108. (c) ठाणे क्रीक रामसर साइट महाराष्ट्र, भारत में स्थित अंतरराष्ट्रीय महत्व की एक नामित आर्द्रभूमि है।

इसे 2018 में रामसर साइट के रूप में मान्यता दी गई थी, जो विश्व स्तर पर महत्वपूर्ण आर्द्रभूमि की सूची में शामिल हो गई। साइट में लगभग 1,690 हेक्टेयर शामिल हैं और इसमें विविध आवास शामिल हैं जैसे कि मडफ्लैट्स, मैंग्रोव, नमक पैन, दलदल और खाड़ी।

109. (c) भारतीय पुरुष फुटबॉल टीम ने 18 जून को भुवनेश्वर के कलिंगा स्टेडियम में लेबनान को 2-0 से हराकर इंटरकॉन्टिनेंटल कप 2023 पर कब्ज़ा किया। यह 47 सालों में लेबनान के ख़िलाफ़ भारत की पहली और दोनों टीमों के बीच अब तक खेले गए आठ मुक़ाबलों में दूसरी जीत थी।

110. (a) वर्ष 2021 का गांधी शांति पुरस्कार गीता प्रेस, गोरखपुर को प्रदान किया जा रहा है। प्रधान मंत्री नरेंद्र मोदी की अध्यक्षता वाली जूरी ने 18 जून को सर्वसम्मति से वर्ष 2021 के लिए गांधी शांति पुरस्कार के प्राप्तकर्ता के रूप में गीता प्रेस, गोरखपुर का चयन करने का निर्णय लिया था। गांधी शांति पुरस्कार महात्मा गांधी की 125वीं जयंती के अवसर पर 1995 में सरकार द्वारा स्थापित एक वार्षिक पुरस्कार है।

111. (a)कर्नाटक के पुलिस महानिदेशक (DGP) प्रवीण सूद को 14 मई को केंद्रीय जांच ब्यूरो (CBI) का अगला प्रमुख नियुक्त किया गया। 59 वषीय को निवर्तमान सीबीआई प्रमुख सुबोध कुमार जायसवाल के 25 मई को अपना कार्यकाल पूरा करने के बाद पदभार ग्रहण करने की तारीख से दो साल की अवधि के लिए पद पर नियुक्त किया गया है।

112. (d) हैदराबाद में एक्वा मरीन पार्क (टनल एक्वेरियम) भारत का सबसे बड़ा ऐसा प्रोजेक्ट होगा, जिसे 300 करोड़ रुपए से बनाया जाएगा। 2,50,000 वर्ग फुट से अधिक के निर्मित क्षेत्र के साथ, यह टनल एक्वेरियम 4.27 एकड़ में फैले कोठावलागुडा इको पार्क में आएगा। घुमावदार सुरंग कम से कम 100 मीटर लंबी होगी, जिसमें 3.5 मीटर का रास्ता और 180 डिग्री का दृश्य होगा।

113. (b) भारतीय निशानेबाज हृदय हजारिका और नैन्सी मंदोत्रा ने अजरबैजान के बाकू में चल रहे आईएसएसएफ विश्व कप 2023 में पुरुषों और महिलाओं की 10 मीटर एयर राइफल स्पर्धा में रजत पदक जीते हैं। 21 वर्षीय हृदय हजारिका के लिए यह पहला ISSF विश्व कप पदक था। हजारिका ने फाइनल में 251.9 का स्कोर किया।

114. (e) मदर्स डे 2023 एक विशेष दिन है जो दुनिया भर में माताओं का सम्मान और जश्न मनाता है। 2023 में 14 मई को मदर्स डे 2023 मनाया गया। संयुक्त राज्य अमेरिका में, मदर्स डे पहली बार 1908 में एना जार्विस द्वारा मनाया गया था, जो अपनी मां की याद में एक दिन चाहती थीं, जिनकी मृत्यु हो गई थी। हालाँकि यह मूल रूप से मई के दूसरे रविवार को मनाया जाता था, अंतर्राष्ट्रीय मातृ दिवस अब सभी देशों में एक सार्वभौमिक उत्सव है।

115. (c) राज्य मंत्री डॉ. एल मुरुगन 16 से 27 मई तक कान फिल्म महोत्सव में प्रतिनिधिमंडल का नेतृत्व करेंगे। राष्ट्रीय डिजाइन संस्थान, अहमदाबाद ने भारतीय पवेलियन की संकल्पना की है और इसका डिजाइन तैयार किया है, जो वैश्विक समुदाय के लिए 'भारत की रचनात्मक अर्थव्यवस्था का प्रदर्शन' विषय पर आधारित है। पवेलियन का डिजाइन सरस्वती यंत्र से प्रेरित है, जो ज्ञान, संगीत, कला, भाषण, ज्ञान और शिक्षा की देवी सरस्वती का अमूर्त प्रतिनिधित्व करता है।

116. (c) मनप्रीत सिंह का संबंध हॉकी के खेल से है। यह वर्ष 2017 में भारतीय हॉकी टीम के कप्तान बने हॉकी की एक टीम में ग्यारह खिलाड़ी खेलते है।

117. (c) आउटपुट डिवाइस हार्डवेयर का एक अवयव अथवा कम्प्यूटर का मुख्य भौतिक भाग है जिसे छुआ जा सकता है, यह सूचना के किसी भी भाग तथा सूचना के किसी भी प्रकार जैसे ध्वनि, डाटा, मेमोरी, आकृतियाँ इत्यादि को प्रदर्शित करता है। प्रिंटर, प्लॉटर, मॉनीटर, प्रोजेक्टर, साउंड कार्ड, ईअरफोन आदि इसके उदाहरण हैं। जॉयस्टिक, टच बोर्ड, की-बोर्ड इनपुट डिवाइस के उदाहरण हैं।

118. (a) 31 मई

119. (b) अन्तर्राष्ट्रीय न्यायालय 'द हेग' (नीदरलैण्ड) में स्थित है। इसका स्थापना 1945 में संयुक्त राष्ट्र के चार्टर द्वारा की गयी और अप्रैल 1946 में इसने काम करना शुरू किया। न्यायालय में न्यायाधीशों की कुल संख्या 15 होती है तथा इनकी नियुक्ति 9 वर्षों के लिए होती है, गणपूर्ति संख्या 9 है।

120. (a) पूर्व लोकसभा अध्यक्ष 'मीरा कुमार' "इंडियन पार्लियामेंट्री डिप्लोमेसी स्पीकर्स पर्सपेक्टिव" की लेखिका हैं। इस पुस्तक में संसदीय कूटनीति और विदेशनीति को आगे बढ़ाने और अंतर्राष्ट्रीय संबंधों को मज़बूत करने में इसकी भूमिका का विवरण दिया गया है। यह लोकसभा अध्यक्ष के रूप में और कई अंतरराष्ट्रीय मंचों पर भारतीय संसदीय प्रतिनिधिमंडल के नेता के रूप में मीरा कुमार के चुनिंदा भाषणों और रिपोटों का एक संग्रह भी है।

SET 13 BPSC प्राइमरी प्रैक्टिस सेट

1. भगवान गौतम बुद्ध के जीवनकाल में प्राचीन भारत में कितने महाजनपद या 'महान राज्य' मौजूद थे?

(a) दस (b) बारह

(c) सोलह (d) चौदह

(e) उपर्युक्त में से कोई नहीं/ उपर्युक्त में से एक से अधिक

2. सूची-I और सूची -II को सुमेलित कीजिए और नीचे दिए गए कोड से सही उत्तर का चयन कीजिए।

सूची-I (बुद्ध के जीवन की घटनाएँ)		सूची-II (प्रतीक)	
(a)	जन्म	(i)	बोधि वृक्ष
(b)	ज्ञान	(ii)	चक्र
(c)	प्रथम उपदेश	(iii)	सांड
(d)	मृत्यु	(iv)	स्तूप

(a) (a)-(iv), (b)-(ii), (c)-(i), (d)-(iii)

(b) (a)-(iii), (b)-(i), (c)-(ii), (d)-(iv)

(c) (a)-(iii), (b)-(iv), (c)-(ii), (d)-(i)

(d) (a)-(ii), (b)-(i), (c)-(iii), (d)-(iv)

(e) उपर्युक्त में से कोई नहीं/ उपर्युक्त में से एक से अधिक

3. "यह एक बड़ा और सुंदर शहर है। यह चारों ओर से एक विशाल दीवार से घिरा है। इसमें 570 मीनारें हैं और 64 द्वार है। दो और तीन मंजिल के घर लकड़ी और मिट्टी की ईटों से बने हैं। राजा का महल भी काष्ठ- निर्मित है और पत्थरों पर नक्काशी द्वारा अलंकृत है। बागों और पक्षियों को रखने के लिए निर्मित बाड़ों से यह घिरा है। यह किस स्थान का विवरण है?

(a) तक्षशिला (b) कोशल

(c) पाटलिपुत्र (d) उज्जयिनी

(e) उपर्युक्त में से कोई नहीं/ उपर्युक्त में से एक से अधिक

4. दिल्ली में मेहरौली में स्थित लौह स्तंभ पर माना जाता है कि इसकी शौर्यगाथा अंकित की गई है-

(a) अशोक (b) चन्द्रगुप्त II

(c) समुद्रगुप्त (d) कनिष्क

(e) उपर्युक्त में से कोई नहीं/ उपर्युक्त में से एक से अधिक

5. भारत में स्थित राजा नरसिंह देव I का सूर्य मंदिर कहाँ स्थित है?

(a) दुर्गापुर (b) अजमेर

(c) भरतपुर (d) कोणार्क

(e) उपर्युक्त में से कोई नहीं/ उपर्युक्त में से एक से अधिक

6. पानीपत का द्वितीय युद्ध किस वर्ष में लड़ा गया था ?

(a) 1556 (b) 1526

(c) 1536 (d) 1555

(e) उपर्युक्त में से कोई नहीं/ उपर्युक्त में से एक से अधिक

7. खानवा में बाबर ने राणा सांगा को किस वर्ष में हराया था?

(a) 1527 (b) 1526

(c) 1528 (d) 1529

(e) उपर्युक्त में से कोई नहीं/ उपर्युक्त में से एक से अधिक

8. चर्यापद की रचना किसने की?

(a) योगाचारी (b) महासिध्द

(c) सक्यापा (d) चार्यपुरुष

(e) उपर्युक्त में से कोई नहीं/ उपर्युक्त में से एक से अधिक

9. इक्ता प्रथा का अंत किसने किया?

(a) अलाउद्दीन खिलजी (b) बलबन

(c) अकबर (d) मुहम्मद बिन तुगलक

(e) उपर्युक्त में से कोई नहीं/ उपर्युक्त में से एक से अधिक

10. निम्नलिखित में वीणा कौन बजाता था?

(a) अकबर (b) जहाँगीर

(c) शाहजहाँ (d) औरंगजेब

(e) उपर्युक्त में से कोई नहीं/ उपर्युक्त में से एक से अधिक

11. सही कालानुक्रम दीजिए :

A. सामुदायिक अवॉर्ड

B. साइमन कमीशन

C. प्रथम गोलमेज़ सम्मेलन

D. गाँधी - इरविन समझौता

(a) A, B, C, D (b) B, A, C, D

(c) B, C, A, D (d) B, C, D, A

(e) उपर्युक्त में से कोई नहीं/ उपर्युक्त में से एक से अधिक

12. **बिहार और कोटा में भूकंप निम्नलिखित में से किसके वायसराय के दौरान हुए थे?**

(a) लॉर्ड हार्डिंग II (b) लॉर्ड विलिंगडन
(c) लॉर्ड रिपन (d) लॉर्ड वेवेल
(e) उपर्युक्त में से कोई नहीं/ उपर्युक्त में से एक से अधिक

13. **अंडमान और निकोबार को निम्नलिखित में से किस वर्ष एक प्रांत के रूप में स्थापित किया गया था?**

(a) 1860 (b) 1865
(c) 1870 (d) 1875
(e) उपर्युक्त में से कोई नहीं/ उपर्युक्त में से एक से अधिक

14. **निम्नलिखित में से कौन सा कथन सही है ?**

I. हम्पी विजयनगर साम्राज्य की राजधानी थी।
II. 1687 में मुगल बादशाह औरंगजेब ने गोलकुंडा को मुगल साम्राज्य में मिला लिया।

(a) केवल I (b) केवल II
(c) I तथा II दोनों (d) ना ही I ना ही II
(e) उपर्युक्त में से कोई नहीं/ उपर्युक्त में से एक से अधिक

15. **अधिकांश भारतीय लिपियाँ निम्नलिखित में से किस लिपि से विकसित हुई हैं?**

(a) संस्कृत (b) ब्राह्मी
(c) यूनानी (d) द्रविड
(e) उपर्युक्त में से कोई नहीं/ उपर्युक्त में से एक से अधिक

16. **गहिरमाथा समुद्री वन्यजीव अभयारण्य कहाँ स्थित है?**

(a) केरल (b) गोवा
(c) महाराष्ट्र (d) ओडिशा
(e) उपर्युक्त में से कोई नहीं/ उपर्युक्त में से एक से अधिक

17. **1994 में, सरकार ने निजी ठेकेदारों को .... में मछली पकड़ने का अधिकार दिया।**

(a) हिमालयन सागर जलाश्य (b) अलियार जलाशय
(c) तवा जलाशय (d) निजाम सागर जलाशय
(e) उपर्युक्त में से कोई नहीं/ उपर्युक्त में से एक से अधिक

18. **कौन-सा एक बड़ा कोयला उत्पादक राज्य है?**

(a) बिहार (b) केरल
(c) असम (d) छत्तीसगढ़
(e) उपर्युक्त में से कोई नहीं/ उपर्युक्त में से एक से अधिक

19. **कौन-सी एक खरीफ फसल नहीं है?**

(a) ज्वार (b) मक्का
(c) मूँगफली (d) गेहूँ
(e) उपर्युक्त में से कोई नहीं/ उपर्युक्त में से एक से अधिक

20. **निम्नलिखित में से कौन-सा कथन सही है?**

I. कृषि उपज का वह भाग जो किसानों द्वारा बाजार में बेचा जाता है, विपणन अधिशेष कहलाता है।
II. अर्थव्यवस्था की प्रमुख ऊँचाईयों को नियंत्रित करने वाले राज्य के लक्ष्य के अनुसार, 1956 के औद्योगिक नीति प्रस्ताव को अपनाया गया था ?

(a) केवल II (b) ना ही I ना ही II
(c) केवल I (d) I और II दोनों
(e) उपर्युक्त में से कोई नहीं/ उपर्युक्त में से एक से अधिक

21. **निम्नलिखित में से किस प्रकार की मृदा लीचिंग शब्द से संबंधित है ?**

(a) लाल मृदा (b) लैटेराइट मृदा
(c) दोमट मृदा (d) पीट मृदा
(e) उपर्युक्त में से कोई नहीं/ उपर्युक्त में से एक से अधिक

22. **शिवसमुद्रम एक द्वीप है, जिसका निर्माण किस नदी द्वारा हुआ है ?**

(a) गंगा (b) गोदावरी
(c) कृष्णा (d) कावेरी
(e) उपर्युक्त में से कोई नहीं/ उपर्युक्त में से एक से अधिक

23. **निम्नलिखित में किस भारतीय राज्य की सबसे लंबी तट रेखा है ?**

(a) तमिलनाडु (b) कर्नाटक
(c) गुजरात (d) आंध्र प्रदेश
(e) उपर्युक्त में से कोई नहीं/ उपर्युक्त में से एक से अधिक

24. **रूस की मुद्रा है-**

(a) रूबल (b) डॉलर
(c) दिनार (d) रुपया
(e) उपर्युक्त में से कोई नहीं/ उपर्युक्त में से एक से अधिक

25. **निम्नलिखित में से कौन-सी नदी चीन, भारत और बांग्लादेश से हो कर बहती है ?**

(a) ब्रह्मपुत्र (b) गंगा
(c) सिंध (d) चांग जियांग
(e) उपर्युक्त में से कोई नहीं/ उपर्युक्त में से एक से अधिक

26. **निम्नलिखित में से कौन सा कथन सही है?**

(a) राजतंत्र में, राजा के निर्णय पर प्रजा प्रश्न नहीं कर सकती है।
(b) राजतंत्र में, राजा के निर्णय पर प्रजा प्रश्न कर सकती है।
(c) लोकतंत्र में, राजा के पास शासन करने के लिए पूर्ण शक्ति होती है।
(d) लोकतंत्र में, प्रतिनिधियों के चुनाव की प्रक्रिया में प्रजा भाग नहीं लेती है।
(e) उपर्युक्त में से कोई नहीं/ उपर्युक्त में से एक से अधिक

27. 1885 में भारतीय राष्ट्रीय कांग्रेस का प्रथम अधिवेशन कहां हुआ था ?

(a) लखनऊ

(b) बॉम्बे (अब मुंबई)

(c) कलकत्ता (अब कोलकाता)

(d) मद्रास (अब चेन्नई)

(e) उपर्युक्त में से कोई नहीं/ उपर्युक्त में से एक से अधिक

28. निम्नलिखित में से कौन सा कथन सही है?

I. भारतीय संविधान में नौवीं अनुसूची को पहले संशोधन द्वारा जोड़ा गया था।

II. सुप्रीम कोर्ट भारतीय संविधान के मौलिक अधिकारों का संरक्षक है।

(a) I तथा II दोनों (b) केवल II

(c) ना ही I ना ही II (d) केवल I

(e) उपर्युक्त में से कोई नहीं/ उपर्युक्त में से एक से अधिक

29. भारतीय संविधान के आमुख में 42वें संशोधन द्वारा निम्नलिखित में से क्या जोड़ा गया था ?

(a) प्रभुत्त्व सम्पन्न और लोकतान्त्रिक

(b) समाजवादी और धर्मनिरपेक्ष

(c) धर्मनिरपेक्ष और लोकतान्त्रिक

(d) प्रभुत्व सम्पन्न और समाजवादी

(e) उपर्युक्त में से कोई नहीं/ उपर्युक्त में से एक से अधिक

30. भारत के संविधान में विनिर्दिष्ट लोकसभा सदस्यों की अधिकतम संख्या है-

(a) 542 (b) 530

(c) 552 (d) 545

(e) उपर्युक्त में से कोई नहीं/ उपर्युक्त में से एक से अधिक

31. प्रादेशिक पुनर्गठन अधिनियम के भाग III द्वारा किसका गठन किया गया?

(a) अंतरराज्यीय परिषद (b) जोनल परिषद

(c) भाषा आयोग (d) परिसीमन आयोग

(e) उपर्युक्त में से कोई नहीं/ उपर्युक्त में से एक से अधिक

32. निम्नलिखित में से कौन से अनुच्छेद में भारत के राष्ट्रपति द्वारा केंद्र शासित प्रदेश के प्रशासक की नियुक्ति का प्रावधान है?

(a) अनुच्छेद 237 (b) अनुच्छेद 238

(c) अनुच्छेद 239 (d) अनुच्छेद 240

(e) उपर्युक्त में से कोई नहीं/ उपर्युक्त में से एक से अधिक

33. विश्वविद्यालय का विषय किस सूची में आता है?

(a) केंद्र सूची (b) राज्य सूची

(c) समवर्ती सूची (d) अवशिष्ट विषय

(e) उपर्युक्त में से कोई नहीं/ उपर्युक्त में से एक से अधिक

34. भारतीय सेना के सवीच्च कमांडर कौन होते हैं?

(a) सेना प्रमुख (b) भारत के प्रधानमंत्री

(c) भारत के राष्ट्रपति (d) रक्षा मंत्री

(e) उपर्युक्त में से कोई नहीं/ उपर्युक्त में से एक से अधिक

35. निम्नलिखित में से कौन-सा अनुच्छेद भारत में बाल श्रम के उन्मूलन का प्रावधान करता है?

(a) 16 (b) 17

(c) 25 (d) 24

(e) उपर्युक्त में से कोई नहीं/ उपर्युक्त में से एक से अधिक

36. नीचे वस्तु एवं सेवा कर (जीएसटी) के संबंध में कुछ कथन दिए गए हैं। इनमें से कौन-सा सत्य नहीं है?

(a) यह संविधान संशोधन अधिनियम 101 द्वारा शुरू किया गया था।

(b) केन्द्र और राज्य दोनों आईजीएसटी लगा सकते हैं

(c) वैट और केन्द्रीय आबकारी को जीएसटी में सम्मिलित कर दिया गया है

(d) उच्चतम कर सीमा 28% है।

(e) उपर्युक्त में से कोई नहीं/ उपर्युक्त में से एक से अधिक

37. NACH प्रणाली का उपयोग सब्सिडी, लाभांश, ब्याज, वेतन, पेंशन आदि के वितरण के लिए थोक लेनदेन करने के लिए किया जा सकता है। NACH का पूर्ण रूप क्या है ?

(a) नेशनल ऑटोमेटेड क्लीयरिंग हाउस

(b) नेशनल ऑटोमेटेड क्लीयरिंग होम

(c) नेशनल ऑटोमेटेड कैश हाउस

(d) नेशनल आटोमेटिक क्लीयरिंग हाउस

(e) उपर्युक्त में से कोई नहीं/ उपर्युक्त में से एक से अधिक

38. भारतीय मुद्रा के एक रुपये के नोट पर किसके हस्ताक्षर होते हैं?

(a) रिजर्व बैंक ऑफ इण्डिया के गवर्नर के

(b) भारत सरकार के वित्त मंत्री के

(c) भारत सरकार के योजना आयोग के अध्यक्ष के

(d) भारत सरकार के वित्त मंत्रालय के सचिव के

(e) उपर्युक्त में से कोई नहीं/ उपर्युक्त में से एक से अधिक

39. भारत की 11वीं पंचवर्षीय योजना की अवधि (कालावधि) क्या थी?

(a) 2007-2012 (b) 2012-2017

(c) 2002-2007 (d) 2011-2016

(e) उपर्युक्त में से कोई नहीं/ उपर्युक्त में से एक से अधिक

40. निम्नलिखित में से कौन-सा कथन सही नहीं है ?

I. आउटसोर्सिंग वैश्वीकरण के महत्वपूर्ण परिणामों में से एक है।

II. डब्ल्यू. टी. ओ. की स्थापना 1995 में गैट (GATT) के उत्तराधिकारी संगठन के रूप में हुई थी।

(a) ना ही I ना ही II (b) केवल I

(c) केवल II (d) I तथा II दोनों

(e) उपर्युक्त में से कोई नहीं/ उपर्युक्त में से एक से अधिक

41. जब एक व्यक्ति तेज प्रकाश से अंधेरे कमरे में प्रवेश करता है, तब कुछ क्षणों के लिए उसे कुछ दिखाई नहीं देता। आहिस्ता से उसे दिखाई देने लगता है। यह इसीलिए, क्योंकि:

(a) लेंस की लंबाई अधिक हो जाती है

(b) परितारिका फैल जाती हैं

(c) परितारिका सिकुड़ जाती है

(d) लेंस और दृष्टिपटल का अंतर बढ़ जाता है

(e) उपर्युक्त में से कोई नहीं/ उपर्युक्त में से एक से अधिक

42. जब आप ठंडे पानी में गरम पानी मिलाते हैं, तो पूरा पानी कुछ मिनटों में गरम हो जाता है। कंवेक्शन के संदर्भ में निम्नलिखित में से कौन सा कथन सही नहीं है?

(a) हीटरों और ब्लोअरों को धरातल स्तर के निकट रखना चाहिए ताकि ये कंवेक्शन करेंट स्थापित कर सकें।

(b) कंवेक्शन के कारण गरम होने से बचाने के लिए खाना पकाने वाले बर्तनों के हैंडल को प्लास्टिक या लकड़ी से बनाया जाता है।

(c) घरों में वेंटिलेटर को कमरे की छत के साथ बनाया जाता है।

(d) समुद्री हवाएँ कंवेक्शन करेंट के कारण पैदा होती हैं

(e) उपर्युक्त में से कोई नहीं/ उपर्युक्त में से एक से अधिक

43. निम्नलिखित में से कौन-सा कथन सही है ?

I. चुंबकीय क्षेत्र में परिमाण तथा दिशा दोनों होते हैं।

II. किसी विद्युत धारावाही सीधी लंबी परिनालिक के भीतर चुंबकीय क्षेत्र सभी बिन्दुओं पर समान होता है।

(a) ना ही I ना ही II (b) केवल II

(c) I तथा II दोनों (d) केवल I

(e) उपर्युक्त में से कोई नहीं/ उपर्युक्त में से एक से अधिक

44. निम्नलिखित में से किस पदार्थ की प्रतिरोधक क्षमता बढ़ते तापमान के साथ घट जाती है?

(a) शुद्ध सिलिकॉन (b) ताँबा

(c) नाइक्रोम (d) प्लैटिनम

(e) उपर्युक्त में से कोई नहीं/ उपर्युक्त में से एक से अधिक

45. फोटोवोल्टाइक सेल बनाने के लिए कौन - सा प्रमुख मूलद्रव्य इस्तेमाल किया जाता है?

(a) इंडियम (b) गैलियम

(c) निकेल (d) सिलिकॉन

(e) उपर्युक्त में से कोई नहीं/ उपर्युक्त में से एक से अधिक

46. जल के बारे में निम्नलिखित में से कौन सा कथन सही नहीं है?

(a) तरल जल में हाइड्रोजन आबंध मौजूद होते हैं

(b) जल का क्वथनांक उच्च होता है

(c) जल में संलयन की उच्च ऊष्मा होती है

(d) जल एक अध्रुवीय अणु है

(e) उपर्युक्त में से कोई नहीं/ उपर्युक्त में से एक से अधिक

47. निम्नलिखित में से कौन सा एक, धोने के सोडा (वाशिंग सोडा) का रासायनिक सूत्र है?

(a) $NaHCO_3$ (b) $Na_2CO_3.10H_2O$

(c) $Na_2CO_3.5H_2O$ (d) NaOH

(e) उपर्युक्त में से कोई नहीं/ उपर्युक्त में से एक से अधिक

48. एक और कार्बन परमाणुओं के साथ कार्बन द्वारा सहसंयोजक बंध बनाने की विशेषता क्या है?

(a) इलेक्ट्रॉनिकीकरण (b) आयनीकरण

(c) विद्युतपघटन (d) श्रृंखलन

(e) उपर्युक्त में से कोई नहीं/ उपर्युक्त में से एक से अधिक

49. जब नमक को पानी में मिलाया जाता है तो ....।

(a) क्वथनांक प्रभावित नहीं होता है

(b) क्वथनांक बढ़ जाता है

(c) क्वथनांक कम हो जाता है

(d) हिमांक बढ़ता है

(e) उपर्युक्त में से कोई नहीं/ उपर्युक्त में से एक से अधिक

50. जिन अभिक्रियाओं में एक साथ उपचयन और अपचयन होता हैं, उन्हें .... कहा जाता है।

(a) फेरल अभिक्रियाएं (b) रेडॉक्स अभिक्रियाएं

(c) डिमग अभिक्रियाएं (d) केरोल अभिक्रियाएं

(e) उपर्युक्त में से कोई नहीं/ उपर्युक्त में से एक से अधिक

51. मांसपेशी में संकुचन की कार्यात्मक इकाई है

(a) एक बैंड (b) मायोफिब्रिल

(c) साकीमेरे (d) मायोफिब्रे

(e) उपर्युक्त में से कोई नहीं/ उपर्युक्त में से एक से अधिक

52. विषम लक्षणों का एक युग्म के लिए जो जीन कोड करते हैं, उनको क्या कहा जाता है?

(a) युग्म विकल्पी (b) फिलियल

(c) संकर (d) संतति

(e) उपर्युक्त में से कोई नहीं/ उपर्युक्त में से एक से अधिक

53. AB ब्लड ग्रुप वाला व्यक्ति निम्न में से किस व्यक्ति को रक्तदान कर सकता है?

(a) A-ग्रुप (b) B-ग्रुप
(c) AB-ग्रुप (d) O-ग्रुप
(e) उपर्युक्त में से कोई नहीं/ उपर्युक्त में से एक से अधिक

54. प्रकाश संश्लेषण किसका मुख्य कार्य है?

(a) पत्ता (b) फल
(c) जड़ (d) डंठल
(e) उपर्युक्त में से कोई नहीं/ उपर्युक्त में से एक से अधिक

55. निम्नलिखित में से कौन सी बीमारी जन्मजात नहीं है?

(a) पोलियो (b) हीमोफीलिया
(c) वर्णान्धता (d) मंगोलिज्म
(e) उपर्युक्त में से कोई नहीं/ उपर्युक्त में से एक से अधिक

56. 51 संख्याओं का औसत 34 है। पहली 26 संख्या का औसत 30 है और अंतिम 26 संख्या का औसत 36 है। यदि 26वीं संख्या हटा दी जाय तो शेष संख्याओं का औसत क्या है?

(a) 35.25 (b) 34.32
(c) 35.04 (d) 35.76
(e) उपर्युक्त में से कोई नहीं/ उपर्युक्त में से एक से अधिक

57. दो संख्याओं का महत्तम समापवर्तक 19 है और उनका अंतर 19 है। निम्नलिखित में से कौन सी संख्याएँ हो सकती है?

(a) 160, 179 (b) 95, 105
(c) 152, 171 (d) 152, 114
(e) उपर्युक्त में से कोई नहीं/ उपर्युक्त में से एक से अधिक

58. प्रथम 'n' प्राकृत संख्याओं का योग 210 है। 'n' का मान ज्ञात करें।

(a) 20 (b) 21
(c) 22 (d) 10
(e) उपर्युक्त में से कोई नहीं/ उपर्युक्त में से एक से अधिक

59. कक्षा XII की अंतिम परीक्षा में 250 छात्र है, 20% छात्र अनुत्तीर्ण हैं। कक्षा XII में कितने छात्र उत्तीर्ण हुए?

(a) 230 (b) 200
(c) 210 (d) 220
(e) उपर्युक्त में से कोई नहीं/ उपर्युक्त में से एक से अधिक

60. विजय एक वस्तु को 20 प्रतिशत के लाभ पर बेचता है। यदि क्रय मूल्य तथा विक्रय मूल्य दोनों को 20 रुपये से कम किया जाए, तो लाभ 30 प्रतिशत हो जाता है। प्रारंभिक क्रय मूल्य क्या है ?

(a) 75 रुपये (b) 80 रुपये
(c) 70 रुपये (d) 100 रुपये
(e) उपर्युक्त में से कोई नहीं/ उपर्युक्त में से एक से अधिक

61. तीन संख्याओं का अनुपात 2:3:5 है। यदि उनका गुणनफल 810 है, तो तीनों संख्याओं का योग क्या है?

(a) 40 (b) 50
(c) 20 (d) 30
(e) उपर्युक्त में से कोई नहीं/ उपर्युक्त में से एक से अधिक

62. एक निश्चित राशि पर 15 प्रतिशत की वार्षिक दर से 12 वर्ष तथा 13 वर्ष के साधारण ब्याज के मध्य अन्तर 75 रुपये है। राशि क्या है?

(a) Rs.510 (b) Rs.500
(c) Rs.400 (d) Rs.550
(e) उपर्युक्त में से कोई नहीं/ उपर्युक्त में से एक से अधिक

63. $88 \div 11 \times 5 - 8 \times 2 + 3$ का मान क्या है?

(a) 27 (b) 36
(c) 30 (d) 24
(e) उपर्युक्त में से कोई नहीं/ उपर्युक्त में से एक से अधिक

64. ठहराव को छोड़कर, एक बस की गति 63 kmph है और ठहराव सहित, यह 54 kmph है। यदि बस, X मिनट प्रति घंटे के लिए रूकती है, तो 7X + 40 ______ है।

(a) 60 (b) 100
(c) 200 (d) 120
(e) उपर्युक्त में से कोई नहीं/ उपर्युक्त में से एक से अधिक

65. रमन तथा कमल एक कार्य का (4/9) वां भाग करते है तथा शेष कार्य रोहन के द्वारा पूरा किया जाता है। यदि रमन, कमल तथा रोहन साथ मिलकर उसी कार्य को 18000 रुपये में लेते हैं, तो रोहन का हिस्सा क्या है?

(a) 10000 रुपये (b) 12000 रुपये
(c) 8000 रुपये (d) 14000 रुपये
(e) उपर्युक्त में से कोई नहीं/ उपर्युक्त में से एक से अधिक

66. यदि '+' का अर्थ 'गुणा', '–' का अर्थ 'भाग', '×', अर्थ 'जोड़', और '÷' का अर्थ 'घटाव' है तो निम्नलिखित व्यंजक का मान क्या होगा ?

$190 - 19 + 6 \times 8 \div 3$

(a) 155 (b) 380
(c) 62 (d) 472
(e) उपर्युक्त में से कोई नहीं/ उपर्युक्त में से एक से अधिक

67. दिए गए विकल्पों में से तीन एक निश्चित तरीके से समान है। हालांकि, एक विकल्प अन्य तीन की तरह नहीं है। उस विकल्प का चयन करें जो अन्य से अलगा है।

(a) 23 (b) 35
(c) 29 (d) 41
(e) उपर्युक्त में से कोई नहीं/ उपर्युक्त में से एक से अधिक

68. पाँच लड़के एक बेंच पर एक प्रकार बैठे है कि A, B तथा E के मध्य है; E, C के दायीं ओर और B, D के बायीं ओर किन्तु A के दावी ओर है। सबके मध्य में कौन बैठा है?
(a) C (b) A
(c) B (d) D
(e) उपर्युक्त में से कोई नहीं/ उपर्युक्त में से एक से अधिक

69. दिए गए विकल्पों में से उस शब्द का चयन करें जो दिए गए शब्द के अक्षरों का प्रयोग करके नहीं बनाया जा सकता।
ENVIRONMENT
(a) NEVER (b) METER
(c) RIVER (d) ENTRE
(e) उपर्युक्त में से कोई नहीं/ उपर्युक्त में से एक से अधिक

70. श्रेणी का लुप्त पद ज्ञात कीजिए।
REOC, PGME, NIKG, LKII ________?
(a) ACEF (b) JMKG
(c) EFGH (d) WXYZ
(e) उपर्युक्त में से कोई नहीं/ उपर्युक्त में से एक से अधिक

71. बिहार में ग्लाइडिंग कलब है-
(a) राजगीर (b) भागलपुर
(c) मुजफ्फरपुर (d) पटना
(e) उपर्युक्त में से कोई नहीं/ उपर्युक्त में से एक से अधिक

72. बिहार राज्य में मात्र दो ही अन्तर्राष्ट्रीय हवाई अड्डा है, यह स्थित हैं-
(a) पटना एवं मुजफ्फरपुर में (b) पटना एवं गया में
(c) पटना एवं राजगीर में (d) पटना एवं भागलपुर में
(e) उपर्युक्त में से कोई नहीं/ उपर्युक्त में से एक से अधिक

73. किस जोन को विभाजित कर पूर्व मध्य रेलवे (हाजीपुर) का गठन किया गया था ?
(a) उत्तर-पूर्व रेलवे (b) उत्तर-मध्य रेलवे
(c) पूर्वी रेलवे (d) उत्तर-पश्चिम रेलवे
(e) उपर्युक्त में से कोई नहीं/ उपर्युक्त में से एक से अधिक

74. बिहार में मुख्यमंत्री निःशक्तजन विवाह प्रोत्साहन योजना कब शुरू हुआ ?
(a) 2017-18 से (b) 2018-19 से
(c) 2016-17 से (d) 2015-17 से
(e) उपर्युक्त में से कोई नहीं/ उपर्युक्त में से एक से अधिक

75. बिहार के बजट 2023-24 के अनुसार इस वर्ष राजकोषीय घाटा, सकल राज्य घरेलू उत्पाद का कितना प्रतिशत रहना अनुमानित है ?
(a) 3.01% (b) 4.08%
(c) 2.98% (d) 3.89%
(e) उपर्युक्त में से कोई नहीं/ उपर्युक्त में से एक से अधिक

76. वाल्मीकि बांध संरक्षण क्षेत्र बिहार राज्य के किस जिले में स्थित है?
(a) मुंगेर (b) पूवी चम्पारण
(c) पश्चिमी चम्पारण (d) पूर्णिया
(e) उपर्युक्त में से कोई नहीं/ उपर्युक्त में से एक से अधिक

77. बिहार में जूट सर्वाधिक कहाँ पैदा किया जाता है?
(a) सहरसा (b) पूर्णिया
(c) चंपारण (d) मुजफ्फरपुर
(e) उपर्युक्त में से कोई नहीं/ उपर्युक्त में से एक से अधिक

78. बिहार में 'ऑपरेशन टोडरमल' किस कारण चलाया गया?
(a) भूमि-सुधार तथा समुचित भूमि वितरण हेतु
(b) अवैध तथा नकली औषधियों पर नियंत्रण हेतु
(c) दुग्ध क्रांति हेतु
(d) नक्सलवादियों के उन्मूलन हेतु
(e) उपर्युक्त में से कोई नहीं/ उपर्युक्त में से एक से अधिक

79. बिहार में किसान क्रेडिट कार्ड की शुरूआत हुई-
(a) 1999 में (b) 2000 में
(c) 1998 में (d) 2001 में
(e) उपर्युक्त में से कोई नहीं/ उपर्युक्त में से एक से अधिक

80. बिहार के किस भाग में जलोढ़ मिट्टी की प्रधानता है?
(a) गंगा का उत्तरी मैदान (b) गंगा का दक्षिणी मैदान
(c) छोटानागपुर का पठार (d) कैमूर पहाड़ी
(e) उपर्युक्त में से कोई नहीं/ उपर्युक्त में से एक से अधिक

81. लाल मिट्टी बिहार के किस भाग में मिलती है?
(a) सोन नदी के दक्षिणी भाग में
(b) गंगा नदी के दक्षिणी भाग में
(c) सीवान जिले में
(d) पूर्वी चम्पारण जिले में
(e) उपर्युक्त में से कोई नहीं/ उपर्युक्त में से एक से अधिक

82. बिहार राज्य के वनस्पति में कौन शामिल नहीं हैं?
(a) तराई वन (b) अर्द्ध पर्णपाती वन
(c) सदाबहार वन (d) शुष्क पर्णपाती वन
(e) उपर्युक्त में से कोई नहीं/ उपर्युक्त में से एक से अधिक

83. बिहार राज्य की सर्वाधिक महत्व की नदी कौन-सी है?
(a) कोसी नदी (b) गण्डक नदी
(c) गंगा नदी (d) दामोदर
(e) उपर्युक्त में से कोई नहीं/ उपर्युक्त में से एक से अधिक

84. 'बिहार का अभिशाप' किस नदी को कहा जाता है?
(a) बागमती (b) कमला
(c) कोसी (d) दामोदर
(e) उपर्युक्त में से कोई नहीं/ उपर्युक्त में से एक से अधिक

85. बिहार में सबसे कम अवधि के लिए कब राष्ट्रपति शासन लागू हुआ ?
(a) 1969 में पंद्रह दिनों के लिए
(b) 1998 में छः दिनों के लिए
(c) 1995 में 7 दिनों के लिए
(d) 1999 में 1 माह के लिए
(e) उपर्युक्त में से कोई नहीं/ उपर्युक्त में से एक से अधिक

86. मोइनुल हक क्रिकेट स्टेडियम कहाँ स्थित है ?
(a) पटना (b) भागलपुर
(c) कानपुर (d) आरा
(e) उपर्युक्त में से कोई नहीं/ उपर्युक्त में से एक से अधिक

87. मखदूम शर्फुद्दीन याहिया मनेरी साहब की दरगाह स्थित है-
(a) बिहार शरीफ में (b) पटना में
(c) मनेर में (d) भागलपुर में
(e) उपर्युक्त में से कोई नहीं/ उपर्युक्त में से एक से अधिक

88. जट-जटिन लोक नाट्य नृत्य कहाँ प्रसिद्ध है ?
(a) मध्य प्रदेश (b) राजस्थान
(c) उड़ीसा (d) बिहार
(e) उपर्युक्त में से कोई नहीं/ उपर्युक्त में से एक से अधिक

89. वैशाली का मेला, जो चैत्रशुक्ल के त्रयोदशी को आयोजित की जाती है, संबंधित है-
(a) बौद्ध धर्मावलम्बी से (b) जैन धर्मावलम्बी से
(c) वैष्णव धर्म से (d) इसाई धर्म से
(e) उपर्युक्त में से कोई नहीं/ उपर्युक्त में से एक से अधिक

90. बिहार का प्रथम ऊर्दू अखबार था-
(a) नक्शे पायदार (b) मैख़ान-इ-इल्हाम
(c) सिराते मुस्तकीन (d) नूरूल अन्वार
(e) उपर्युक्त में से कोई नहीं/ उपर्युक्त में से एक से अधिक

91. हमारे देश के नीचे दिए गए किन दो राज्यों के लोगों का सर्वप्रिय भोजन "इडली, वड़ा, डोसा, सांभर, नारियल की चटनी" है?
(a) तेलंगाना, गुजरात (b) ओडिशा, आंध्र प्रदेश
(c) तमिलनाडु, आंध्र प्रदेश (d) गोवा, केरल
(e) उपर्युक्त में से कोई नहीं/ उपर्युक्त में से एक से अधिक

92. रेत के टीले कहाँ पाए जाते हैं?
(a) अफगानिस्तान, इंग्लैंड (b) उज्बेकिस्तान, बांग्लादेश
(c) बर्लिन, राजस्थान (d) अबूधाबी, अफ़गानिस्तान
(e) उपर्युक्त में से कोई नहीं/ उपर्युक्त में से एक से अधिक

93. निम्नलिखित में से ब्रांज के बारे में सही कथन चुनिए-
(a) यह टिन और जस्ता का मिश्रधातु है।
(b) यह एक यौगिक है।
(c) यह कॉपर और टिन का मिश्रधातु है।
(d) यह कॉपर और जस्ता का संभागी मिश्रण है।
(e) उपर्युक्त में से कोई नहीं/ उपर्युक्त में से एक से अधिक

94. नीचे दिए गए उस मिलान को चुनिए जो तदनुरूपी खाद्य वस्तु के संरक्षण के सही ढंग को प्रदान नहीं करता है?
(a) सेब-मुरब्बा (b) दूध-पनीर
(c) कच्चा आम-अचार (d) दाल-पापड़
(e) उपर्युक्त में से कोई नहीं/ उपर्युक्त में से एक से अधिक

95. "छऊ नृत्य" किस राज्य के सामान्य लोगों का नृत्य (लोक नृत्य) है?
(a) उत्तर प्रदेश (b) असम
(c) छत्तीसगढ़ (d) मिज़ोरम
(e) उपर्युक्त में से कोई नहीं/ उपर्युक्त में से एक से अधिक

96. पूर्व काल से भारत में उगाए जाने वाले फलसब्जी हैं-
(a) आलू और टमाटर (b) पत्तागोभी एवं आम
(c) आम एवं केला (d) मटर एवं केला
(e) उपर्युक्त में से कोई नहीं/ उपर्युक्त में से एक से अधिक

97. कौन सा पवित्र उपवन जंगली पौधों के लिए जीन बैंक के रूप में कार्य करता है?
(a) देवराईस (b) जाहेरा
(c) मौहक (d) सरना
(e) उपर्युक्त में से कोई नहीं/ उपर्युक्त में से एक से अधिक

98. विश्व में जैव विविधता हॉटस्पॉट की संख्या कितनी है?
(a) 18 (b) 28
(c) 32 (d) 36
(e) उपर्युक्त में से कोई नहीं/ उपर्युक्त में से एक से अधिक

99. निम्नलिखित में से किस प्रजाति का उपयोग स्वदेशी चिकित्सा में किया जाता है?
(a) ज़िज़िफ़स (b) इमली
(c) बबूल (d) नीम
(e) उपर्युक्त में से कोई नहीं/ उपर्युक्त में से एक से अधिक

100. विभिन्न राज्यों में भूजल प्रदूषण के लिए निम्नलिखित में से कौन सा तत्व जिम्मेदार है?
(a) क्लोरीन (b) फ्लोराइड
(c) रसायन (d) आयोडीन
(e) उपर्युक्त में से कोई नहीं/ उपर्युक्त में से एक से अधिक

101. प्रधानमंत्री मुद्रा योजना क्या है?

(a) गैर-कॉर्पोरेट, गैर-कृषि छोटे और सूक्ष्म-उद्यमियों को आसान संपार्श्विक-मुक्त माइक्रो-क्रेडिट की सुविधा के लिए एक योजना।

(b) ग्रामीण क्षेत्रों में रहने वाले लोगों को मुफ्त स्वास्थ्य सेवा प्रदान करने की योजना।

(c) किसानों के बच्चों को मुफ्त शिक्षा देने की योजना।

(d) शहरी गरीबों को मुफ्त आवास उपलब्ध कराने की योजना।

(e) उपर्युक्त में से कोई नहीं/ उपर्युक्त में से एक से अधिक

102. भारतीय सशस्त्र बलों का सर्वोच्च कमांडर कौन है?

(a) भारत के प्रधान मंत्री (b) भारत के राष्ट्रपति

(c) चीफ ऑफ डिफेंस स्टाफ (d) चीफ ऑफ आर्मी स्टाफ

(e) उपर्युक्त में से कोई नहीं/ उपर्युक्त में से एक से अधिक

103. फेमिना मिस इंडिया 2023 का ग्रैंड फिनाले कहां होगा?

(a) नयी दिल्ली (b) मुंबई

(c) इंफाल (d) कोलकाता

(e) उपर्युक्त में से कोई नहीं/ उपर्युक्त में से एक से अधिक

104. कैदियों के लिए सहायता योजना से सबसे अधिक लाभ किसे होगा?

(a) अमीर कैदी

(b) सामाजिक रूप से सुविधा संपन्न समूह

(c) कम शिक्षा और आय के स्तर वाले सीमांत और वंचित कैदी।

(d) उच्च दंड या जमानत राशि वाले कैदी।

(e) उपर्युक्त में से कोई नहीं/ उपर्युक्त में से एक से अधिक

105. एनपीएस के तहत पेंशन प्रणाली की समीक्षा के लिए वित्त मंत्रालय द्वारा गठित समिति का नेतृत्व कौन करेगा?

(a) वित्त मंत्री निर्मला सीतारमण।

(b) टीवी सोमनाथन, वित्त सचिव।

(c) निजी क्षेत्र से एक विशेषज्ञ।

(d) एक सेवानिवृत्त सरकारी कर्मचारी।

(e) उपर्युक्त में से कोई नहीं/ उपर्युक्त में से एक से अधिक

106. वायु सेना के उप प्रमुख के रूप में कार्यभार संभालने वाले एयर मार्शल का क्या नाम है?

(a) राजेश वैद्य (b) आशुतोष दीक्षित

(c) जीतेंद्र मिश्रा (d) राकेश सिन्हा

(e) उपर्युक्त में से कोई नहीं/ उपर्युक्त में से एक से अधिक

107. रक्षा मंत्रालय द्वारा सैन्य वस्तुओं के आयात पर चरणबद्ध प्रतिबंध लगाने का उद्देश्य क्या है?

(a) रक्षा क्षेत्र के लिए बजट आवंटन बढ़ाने के लिए

(b) विदेशों से आयातित सैन्य वस्तुओं की संख्या को कम करने के लिए

(c) रक्षा विनिर्माण क्षेत्र में आत्मनिर्भरता को बढ़ावा देने के लिए

(d) भारत में निर्मित सैन्य वस्तुओं की गुणवत्ता बढ़ाने के लिए

(e) उपर्युक्त में से कोई नहीं/ उपर्युक्त में से एक से अधिक

108. सिक्किम ने अपना 48वां स्थापना दिवस कब मनाया?

(a) 22 मई 2023 (b) 30 मई 2023

(c) 9 मई 2023 (d) 16 मई 2023

(e) उपर्युक्त में से कोई नहीं/ उपर्युक्त में से एक से अधिक

109. मिशन लाइफ में लाइफ का फुल फॉर्म क्या है?

(a) माई लाइफ

(b) लाइफ फॉर फ्रेंडली एनवायरनमेंट

(c) लाइफस्टाइल फॉर एनवायरनमेंट

(d) लाइफ एट फोरेस्ट एंड एनवायरनमेंट

(e) उपर्युक्त में से कोई नहीं/ उपर्युक्त में से एक से अधिक

110. एकीकृत जैविक नियंत्रण प्रयोगशाला कहाँ स्थित है?

(a) नेशनल इंस्टीट्यूट ऑफ प्लांट हेल्थ मैनेजमेंट (एनआईपीएचएम), हैदराबाद

(b) भारतीय कृषि अनुसंधान संस्थान (आईएआरआई), नई दिल्ली

(c) केंद्रीय चावल अनुसंधान संस्थान (सीआरआरआई), कटक

(d) भारतीय कृषि अनुसंधान परिषद (आईसीएआर), पुणे

(e) उपर्युक्त में से कोई नहीं/ उपर्युक्त में से एक से अधिक

111. कौन सा भारतीय खिलाड़ी चीन में एशियाई तलवारबाजी चैंपियनशिप 2023 में कांस्य पदक जीतने वाला पहला भारतीय बना?

(a) करण सिंह (b) भवानी देवी

(c) तनीक्षा खत्री (d) सुनील सिंह

(e) उपर्युक्त में से कोई नहीं/ उपर्युक्त में से एक से अधिक

112. बहुराष्ट्रीय शांति स्थापना संयुक्त अभ्यास "एक्स खान क्वेस्ट 2023" में कौन सा देश भाग ले रहा है?

(a) भारत (b) संयुक्त राज्य अमेरिका

(c) मंगोलिया (d) ऑस्ट्रेलिया

(e) उपर्युक्त में से कोई नहीं/ उपर्युक्त में से एक से अधिक

113. जून 2023 में, देश की बाहरी खुफिया एजेंसी रॉ का प्रमुख किसे नियुक्त किया गया है?

(a) सत्येंद्रनाथ टैगोर (b) रामेश्वर नाथ काव
(c) रवि सिन्हा (d) विक्रम सूद
(e) उपर्युक्त में से कोई नहीं/ उपर्युक्त में से एक से अधिक

114. 19 से 22 जून 2023 को अंतिम G20 टूरिज्म वर्किंग ग्रुप की बैठक और पर्यटन मंत्रिस्तरीय बैठक कहां हो रही है?

(a) दिल्ली (b) गोवा
(c) मुंबई (d) कोलकाता
(e) उपर्युक्त में से कोई नहीं/ उपर्युक्त में से एक से अधिक

115. जून 2023 में संघीय न्यायाधीश के रूप में सेवा करने वाली पहली मुस्लिम महिला के रूप में किसकी पुष्टि की गई थी?

(a) नुसरत जहां चौधरी (b) फातिमा बीवी
(c) नादिया कहफ (d) समीरा खान
(e) उपर्युक्त में से कोई नहीं/ उपर्युक्त में से एक से अधिक

116. भारत का कौन-सा जिम्नास्ट बहुत कम अंतर से रियों ओलंपिक में काँस्य पदक प्राप्त करने से चूक गया / गई गया/गई पर जिसे अत्यधिक जोखिम भरे प्रोडुनोवा वाल्ट के लिए प्रशंसा मिली?

(a) साक्षी मलिक (b) दीपा कर्माकर
(c) पी, वी, सिंधु (d) साइमन बाइल्स
(e) उपर्युक्त में से कोई नहीं/ उपर्युक्त में से एक से अधिक

117. एवियन फ्लू का संबंध है :

(a) पशुओं से (b) पक्षियों से
(c) सरीसृपों से (d) मनुष्यों से
(e) उपर्युक्त में से कोई नहीं/ उपर्युक्त में से एक से अधिक

118. मेघदूत पुस्तक .... के द्वारा लिखी गई थी।

(a) पाणिनि (b) कालिदास
(c) कल्हण (d) सूरदास
(e) उपर्युक्त में से कोई नहीं/ उपर्युक्त में से एक से अधिक

119. अध्यापक दिवस मनाया जाता है:

(a) 14 नवम्बर को (b) 2 अक्टूबर को
(c) 15 अगस्त को (d) 5 सितम्बर को
(e) उपर्युक्त में से कोई नहीं/ उपर्युक्त में से एक से अधिक

120. अंतर्राष्ट्रीय मजदूर संगठन का मुख्यालय कहां स्थित हैं?

(a) जेनेवा (b) वियेना
(c) ज्यूरिच (d) पेरिस
(e) उपर्युक्त में से कोई नहीं/ उपर्युक्त में से एक से अधिक

उत्तर माला

1.	(c)	2.	(b)	3.	(c)	4.	(b)	5.	(d)	6.	(a)	7.	(a)	8.	(b)
9.	(a)	10.	(d)	11.	(d)	12.	(b)	13.	(d)	14.	(c)	15.	(b)	16.	(d)
17.	(c)	18.	(d)	19.	(d)	20.	(d)	21.	(b)	22.	(d)	23.	(c)	24.	(a)
25.	(a)	26.	(a)	27.	(b)	28.	(a)	29.	(b)	30.	(c)	31.	(b)	32.	(c)
33.	(b)	34.	(c)	35.	(d)	36.	(b)	37.	(a)	38.	(d)	39.	(a)	40.	(d)
41.	(c)	42.	(b)	43.	(c)	44.	(a)	45.	(d)	46.	(d)	47.	(b)	48.	(d)
49.	(b)	50.	(b)	51.	(c)	52.	(a)	53.	(c)	54.	(a)	55.	(a)	56.	(c)
57.	(c)	58.	(a)	59.	(b)	60.	(e)	61.	(d)	62.	(b)	63.	(a)	64.	(b)
65.	(a)	66.	(e)	67.	(b)	68.	(b)	69.	(c)	70.	(e)	71.	(d)	72.	(b)
73.	(a)	74.	(c)	75.	(c)	76.	(c)	77.	(b)	78.	(c)	79.	(a)	80.	(a)
81.	(b)	82.	(c)	83.	(c)	84.	(c)	85.	(c)	86.	(a)	87.	(a)	88.	(d)
89.	(b)	90.	(d)	91.	(c)	92.	(d)	93.	(c)	94.	(b)	95.	(c)	96.	(c)
97.	(a)	98.	(d)	99.	(d)	100.	(b)	101.	(a)	102.	(b)	103.	(c)	104.	(c)
105.	(b)	106.	(b)	107.	(c)	108.	(d)	109.	(c)	110.	(a)	111.	(b)	112.	(c)
113.	(c)	114.	(b)	115.	(a)	116.	(b)	117.	(b)	118.	(b)	119.	(d)	120.	(a)

उत्तर सहित व्याख्या

1. (c) छठी शताब्दी ई. पू. में दूसरी नागरिक क्रांति हुई, जिसमें 16 महाजनपदों का उदय हुआ। बौद्ध साहित्य 'अंगुत्तर निकाय ' और जैन साहित्य 'भगवती सूत्र' में सोलह महाजनपद के विषय में वर्णन मिलता है।

2. (b) निम्न का सही सुमेलन इस प्रकार है-

सूची-I	सूची-II
जन्म	बैल / सांड
प्रबोधन	बोधि वृक्ष
पहला उपदेश	चक्र
मृत्यु	स्तूप

3. (c) उपरोक्त दिया गया विवरण 'पाटलिपुत्र' नगर के बारे में दिया गया है। यह विवरण यूनानी राजदूत मेगस्थनीज द्वारा लिखित पुस्तक 'इंडिका' में दिया गया है। मेगस्थनीज चन्द्रगुप्त मौर्य के दरबार में राजदूत बनकर आया था।

4. (b) दिल्ली में मेहरौली में स्थित लौह स्तम्भ पर चन्द्रगुप्त II की शौर्यगाथा का अंकन किया गया है। यह चन्द्रगुप्त II द्वारा निर्मित प्राचीन भारतीय धातुकर्म की पराकाष्ठा को प्रदर्शित करता है।

5. (d) पूर्वी गंग वंश के राजा नरसिंह देव प्रथम ने 13वीं शताब्दी में कोणार्क के सूर्य मंदिर का निर्माण करवाया था। यह मंदिर हिंदू धर्म के भगवान सूर्य को समर्पित है और पुरी से 35 किमी. पूवीत्तर में स्थित है। इस मंदिर परिसर को वर्ष 1984 में यूनेस्को द्वारा विश्व विरासत स्थल घोषित किया गया है।

6. (a) 5 नवंबर, 1556 ई. को उत्तर भारत के हिंदू सम्राट हेमू और मुगल सम्राट अकबर की सेनाओं के बीच पानीपत की दूसरी लड़ाई लड़ी गई थी। इस युद्ध में अकबर विजयी हुआ। अकबर के सेनापति खान जमान और बैरम खाँ के लिए यह एक निर्णायक जीत थी। हेमू बाइस लडाइयाँ लड़ चुका था और उसमें से एक में भी हार का सामना नही करना पड़ा था, इसलिए आदिल शाह ने उसे 'विक्रमादित्य' की उपाधि प्रदान की।

7. (a) खानवा का युद्ध मार्च, - 1527 ई.- राणा साँगा एवं बाबर- बाबर विजयी

8. (b) चर्यापद की रचना 10वीं शताब्दी में हुई। यह एक बौद्ध ग्रन्थ है जिसकी रचना महासिद्ध ने की। इसकी रचना पाल वंश के दौरान की गयी।

9. (a) इक्ता प्रथा का अंत अलाउद्दीन खिलजी ने किया। इस प्रथा को इल्तुतमिश ने शुरू किया था। इसके अंतर्गत सैनिकों/ राज्य अधिकारियों को वेतन के बदले भूमि दी जाती थी।

10. (d) औरंगजेब एक कुशल वीणा वादक था। हालांकि उसने अपने राज्य में संगीत पर प्रतिबन्ध लगा दिया था।

11. (d) साइमन कमीशन - 1928 ई.

प्रथम गोलमेज सम्मेलन - 1930 ई.

गाँधी-इरविन समझौता - 1931 ई.

सामुदायिक अवॉर्ड - 1932 ई.

12. (b) वर्ष 1934 में लॉर्ड विलिंगडन के वायसराय के दौरान बिहार और कोटा में भूकंप आया था।

13. (d) वर्ष 1858 में अंग्रेजों ने पोर्ट ब्लेयर में एक उपनिवेश स्थापित किया। अंडमान और निकोबार को वर्ष 1875 में एक प्रांत के रूप में स्थापित किया गया था।

14. (c) हम्पी भारतीय राज्य कर्नाटक का एक प्राचीन गाँव है। हम्पी का नाम स्थानीय देवी 'पम्पा देवी' से लिया गया है। हम्पी 1336 ई. से लेकर 1565 ई. तक विजयनगर साम्राज्य की राजधानी थी। विजयनगर से तात्पर्य 'जीत के नगर' से है। औरंगजेब ने 1687 ई. में कुतुबशाही वंश के शासक अबुल हसन कुतुबशाह को पराजित कर गोलकुण्डा को मुगल साम्राज्य में मिला लिया था। अतः कथन I और II दोनों सत्य हैं।

15. (b) ब्राह्मी भारत की प्राचीन लिपि है। इसका प्रयोग सम्राट अशोक के शिलालेखों में हुआ है। ब्राह्मी लिपि से कई एशियाई लिपियों का विकास हुआ है। देवनागरी सहित अन्य दक्षिण एशियाई, दक्षिण-पूर्व एशियाई, तिब्बती तथा कोरियाई लिपि का विकास भी इसी लिपि से हुआ है।

16. (d) गहिरमाथा समुद्री जीव अभयारण्य ओडिशा के केन्द्रपाड़ा जिले में स्थित है। यह ओडिशा का एकमात्र समुद्री अभयारण्य है। यहाँ ओलिव रिडले कछुओं का पालन किया जाता है। ओडिशा में स्थित अन्य राष्ट्रीय उद्यान हैं- भितरकनिका राष्ट्रीय उद्यान, सिमलीपाल राष्ट्रीय उद्यान।

17. (c) वर्ष 1994 में सरकार ने निजी ठेकेदारों के तवा जलाशय में मछली पकड़ने का अधिकार दे दिया। इन ठेकेदारों ने स्थानीय लोगों को समूह से निकाल दिया तब स्थानीय लोगों ने तवा मत्स्य संघ का गठन किया, जिसने अपनी अजीविका के लिए मछली पकड़ना जारी रखने के लिए अपने अधिकार की मांग की।

18. (d) देश में कोयला उत्पादक राज्यों में छत्तीसगढ़ प्रथम स्थान पर है। यहाँ देश का 22.12% कोयला उत्पादित होता है। दूसरे स्थान पर ओडिशा स्थित है जहाँ 21.53% कोयला उत्पादन होता है।

19. (d) भारत में मुख्य रूप से तीन प्रकार की फसलें पायी जाती हैं-

(1) रबी फसल- यह फसल अक्टूबर-नवम्बर के मध्य बोई जाती है तथा मार्च - अप्रैल के मध्य काटी जाती है। इसमें मुख्य रूप से गेहूँ, चना, जौ, तिलहन आदि फसलें आती है।

(2) खरीफ फसल यह फसल जून - जुलाई के मध्य बोई जाती हैं तथा अक्टूबर-नवम्बर के मध्य काटी जाती है। इसमें चावल, मक्का, ज्वार, बाजरा, मूंगफली आदि फसलें आती है।

(3) जायद फसलें - यह फसल फरवरी - अप्रैल के मध्य बोई जाती है एवं जून - जुलाई के मध्य काट ली जाती है। इसमें मुख्य रूप से सब्जियाँ, तरबूज, मूँग आदि की खेती की जाती है।

20. (d) कृषि उपज की वह भाग जो किसानों द्वारा बाजार में बेचा जाता है, 'विपणन अधिशेष' कहलाता है।

- अर्थव्यवस्था की प्रमुख ऊँचाइयों को नियंत्रित करने वाले राज्य के लक्ष्य के अनुसार, 1956 के औद्योगिक नीति प्रस्ताव को अपनाया गया था।

21. (b) लैटेराइट मृदा का अध्ययन सर्वप्रथम बुकानन द्वारा 1905 में किया गया। यह मिट्टी 1.26 लाख वर्ग किमी क्षेत्र में विस्तृत है। यह मुख्यतः प्रायद्वीपीय भारत के पठारों के ऊपरी भागों में विकसित हुई। 200 सेमी. या अधिक वर्षा वाले क्षेत्रों में चूना व सिलिका के निक्षालन (leaching) से इसकी उत्पात्ति होती है। लैटेराइट मिट्टियों का स्वरूप 'ईट' जैसा होता हैं, भीगने पर ये कोमल तथा सूखने पर कठोर व डालीदार हो जाती है।

22. (d) शिवसमुद्रम एक द्वीप है जो कर्नाटक के मैसूर में कावेरी नदी के दोआब में स्थित है। इसका प्रयोग जल विद्युत उत्पादन के लिए होता है। इस पर स्थापित जल विद्युत गृह एशिया का प्रथम विद्युत गृह है जिसकी स्थापना 1902 ई0 में हुई थी।

23. (c) गुजरात का समुद्री तट 1214.7 किमी. है जो देश की कुल मुख्य भूमि के तट का लगभग 23% है। यह सबसे लंबी तट रेखा वाला राज्य है। गुजरात तट रेखा पर 41 बंदरगाह स्थित है। कांडला यहाँ का प्रमुख बंदरगाह है।

24. (a)

देश	मुद्रा
भारत	- रुपया
रुस	- रुबल
अमेरिका	- डॉलर
कुवैत	- दिनार

25. (a) ब्रह्मपुत्र नदी चीन, भारत और बांग्लादेश में प्रवाहित होने वाली ऐतिहासिक नदी है। ब्रह्मपुत्र का उद्गम तिब्बत के दक्षिण में मानसरोवर के निकट चेमायुंगडुंग नामक हिमवाह से हुआ है। बांग्लादेश में यह नदी जमुना चीन में या - लू - त्सांग - पू चिमांग और तिब्बत में त्सांगपो आदि नामों से जानी जाती है।

26. (a) राजतंत्र शासन की वह प्रणाली है, जिसमें एक व्यक्ति (राजा) शासन का सर्वेसर्वा होता हैं, राजा जनता द्वारा चुना हुआ नहीं होता बल्कि वंशानुगत होता है। राजतंत्र में राजा निरंकुश शासन करते थे। उसके निर्णयों पर प्रजा प्रश्न नहीं कर सकती है। राजा का निर्णय अंतिम होता है।

27. (b) कांग्रेस का प्रथम अधिवेशन 28 दिसम्बर 1885 ई. को डब्ल्यू. सी. बनर्जी की अध्यक्षता में बम्बई के गोकुलदास तेजपाल संस्कृत कॉलेज में हुआ। प्रारम्भ में इसका नाम 'भारतीय राष्ट्रीय संघ' था, परन्तु दादाभाई नौरोजी के सुझाव पर इसका नाम बदलकर भारतीय राष्ट्रीय कांग्रेस कर दिया गया। इस अधिवेशन में कुल 72 प्रतिनिधि शामिल हुए थे।

28. (a) 9 वीं अनुसूची को वर्ष 1951 में प्रथम संविधान संशोधन अधिनियम के माध्यम से भारतीय संविधान में शामिल किया गया हैं। 9वीं अनुसूची में केन्द्र और राज्य कानूनों की एक ऐसी सूची है, जिन्हें न्यायालय के समक्ष चुनौती नही दी जा सकती हैं। सुप्रीम कोर्ट भारतीय संविधान के मौलिक अधिकारों का संरक्षक है। अनुच्छेद 32 के तहत सर्वोच्चय न्यायालय व अनुच्छेद 226 के तहत उच्च न्यायालय किसी व्यक्ति के मूल अधिकारों के उल्लंघन पर 5 प्रकार (1 बंदी प्रत्यक्षीकरण 2 परमादेश 3 प्रतिषेध 4 उत्प्रेषण 5 अधिकार पृच्छा) की रिट जारी कर संज्ञान लेता है।

29. (b) भारतीय संविधान के 42वें संशोधन (1976) द्वारा संविधान में व्यापक परिवर्तन लाए गए थे जो निम्नलिखित थे-

संविधान की प्रस्तावना में समाजवादी, धर्मनिरपेक्ष एवं एकता और अखंडता आदि शब्द जोड़े गये हैं।

नीति निर्देशक सिद्धान्तों को मूल अधिकारों पर सर्वोच्चता सुनिश्चित की गई।

इसके अन्तर्गत संविधान में दस मौलिक कर्तव्यों को अनुच्छेद 51 (क) (भाग -IV क) के अन्तर्गत जोड़ा गया।

30. (c) लोकसभा, भारतीय संसद का निम्न सदन है। भारतीय संसद का उच्च सदन राज्यसभा है। लोकसभा सार्वभौमिक वयस्क मताधिकार के आधार पर लोगों द्वारा प्रत्यक्ष चुनाव द्वारा चुने हुए प्रतिनिधियों से गठित होती है। भारतीय संविधान के अनुसार लोकसभा में सदस्यों की अधिकतम संख्या 552 हो सकती है जिसमें 530 सदस्य विभिन्न राज्यों से और 20 सदस्य केन्द्रशासित प्रदेशों का प्रतिनिधित्व करते हैं। सदन में पर्याप्त प्रतिनिधित्व नहीं होने की स्थिति में राष्ट्रपति आंग्ल-भारतीय समुदाय के दो प्रतिनिधियों को लोकसभा के लिए मनोनीत कर सकते हैं।

31. (b) प्रादेशिक पुनर्गठन अधिनियम के भाग III द्वारा जोनल या क्षेत्रीय परिषद का गठन किया गया।

32. (c) भारत के राष्ट्रपति द्वारा केंद्र शासित प्रदेश के प्रशासक की नियुक्ति का प्रावधान अनुच्छेद 239 में है।

33. (b) विश्वद्यिालय राज्य सूची में आते हैं।

34. (c) भारतीय संविधान के अनुच्छेद 53 (2) के तहत भारत के राष्ट्रपति भारतीय सशस्त्र बलों के सर्वोच्च कमाण्डर होते हैं।

35. (d) भारतीय संविधान के अनुच्छेद 24 में बाल श्रम के उन्मूलन से संबंधित प्रावधान है। इसके तहत 14 वर्ष से कम आयु के किसी बच्चे को कारखानों, खानों या अन्य किसी जोखिम भरे काम पर नियुक्त नहीं किया जा सकता है। इसका उद्देश्य कम आयु के बच्चों के स्वास्थ्य एवं जीवन की रक्षा करना तथा उन्हें शोषण से बचाना है।

36. (b) वस्तु एवं सेवा कर भारत सरकार की नई अप्रत्यक्ष कर व्यवस्था है जो 1 जुलाई 2017 से लागू है इसको भारतीय संविधान के 101 वें संविधान संशोधन अधिनियम द्वारा लागू किया गया है। जी.एस.टी. के अन्तर्गत 3 तरह के कर होंगे – सीजीएसटी, एसजीएसटी और आईजीएसटी। आईजीएसटी के अन्तर्गत अंतर राज्यीय बिक्री के लिए केन्द्र सरकार द्वारा राजस्व एकत्र किया जाता है।

37. (a) NACH का पूर्ण रूप नेशनल ऑटोमेटेड क्लियरिंग हाउस है। एनएसीएच प्रणाली का उपयोग सब्सिडी, लाभांश, ब्याज, वेतन, पेंशन आदि के लिए थोक लेनदेन करने के लिए किया जा सकता है।

38. (d) भारतीय मुद्रा के एक रुपये के नोट पर भारत सरकार के वित्त मंत्रालय के सचिव के हस्ताक्षर होते हैं। अन्य सभी नोटों पर भारतीय रिजर्व बैंक के गवर्नर के हस्ताक्षर होते है।

39. (a) भारत की पहली पंचवषीय योजना की अवधि 1951 से 1956 तक तथा 11वीं पंचवषीय योजना की अवधि 2007-2012 थी। जबकि 12वीं व अंतिम पंचवर्षीय योजना की अवधि 2012- 2017 थी। 1 जनवरी, 2015 को केन्द्रीय मंत्रिमंडल के एक प्रस्ताव के तहत योजना आयोग के स्थान पर नीति (National Institution for Transforming India, NITI) आयोग की स्थापना की गई। नीति आयोग के अध्यक्ष भारत के प्रधान मंत्री होते हैं।

40. (d) आउटसोर्सिंग वैश्वीकरण के महत्वपूर्ण परिणामों में से एक है। इस प्रक्रिया में एक कंपनी अपने किसी आंतरिक कार्य के लिए दूसरी कंपनी के साथ समझौता करके उससे वह काम करवाती है। आउटसोर्सिंग के माध्यम से संचार के त्वरित तरीकों एवं सूचना प्रौद्योगिकी के विकास में वृद्धि हुई है।

विश्व व्यापार संगठन (W.T.O.) की स्थापना 1 जनवरी 1995 को गैट (GATT) के उत्तराधिकारी संगठन के रूप में हुई थी। विश्व व्यापार संगठन का मुख्यालय जेनेवा में है। इस संगठन के मुख्य उद्देश्य विश्व में मुक्त, अधिक पारदर्शी तथा अधिक अनुमन्य व्यापार व्यवस्था की स्थापना करना है। अत: दिए गए कथन I और II दोनों सत्य हैं।

41. (c) परितारिका (Iris) नेत्रगोलक पर पड़ने वाली प्रकाश की मात्रा को नियंत्रित करता है। जब कोई व्यक्ति तीव्र प्रकाश से अंधेरे कमरे में प्रवेश करता है तो आँख की परितारिका (Iris) सिकुड़ी रहती है, अत: उसे कुछ दिखाई नहीं देता परन्तु कुछ समय बीतने पर जब परितारिका सामान्य हो जाती है तब व्यक्ति देखने में सक्षम हो जाता है।

42. (b) गैसों एवं द्रवों में ऊष्मा का संचरण संवहन (Convection) के द्वारा होता है। ठोसों में संवहन विधि द्व ारा ऊष्मा का संचरण संभव नहीं हैं। ठोसों में ऊष्मा का संचरण चालन प्रक्रिया द्वारा होता है इसलिए खाना पकाने वाले बर्तनों के हैंडल को प्लास्टिक या लकड़ी से बनाया जाता है। प्रश्नगत अन्य कथन कन्वेक्शन के संदर्भ में सत्य है।

43. (c) दिये गये कथन में, चुम्बकीय क्षेत्र में परिमाण तथा दिशा दोनों होते है। किसी विद्युत धारावाही सीधी लंबी परिनालिका के भीतर चुंबकीय क्षेत्र सभी बिन्दुओं पर समान होता है।

44. (a) सिलिकॉन और जर्मेनियम दोनों अर्द्धचालक पदार्थ हैं तथा किसी अर्द्धचालक पदार्थ की प्रतिरोधक क्षमता बढ़ते तापमान के साथ घटती जाती है। अर्धचालकों में सहसंयोजी बंध पाए जाते है, जब ताप बढ़ाया जाता है तो यह बंध तेजी से टूटते है और इससे इलेक्ट्रॉन मुक्त हो जाते हैं और प्रतिरोधकता का मान कम हो जाता है। अर्द्धचालकों में प्रतिरोधकता ताप गुणांक अल्फा (α) ऋणात्मक होता है।

45. (d) फोटोवोल्टाइक सेल बनाने के लिए सिलिकॉन का इस्तेमाल किया जाता है। सिलिकॉन अर्द्धचालक प्रकृति की एक धातु है।

46. (d) जल एक ध्रुवीय अणु है।जबकि अणु का समग्र आवेश उदासीन होता है, एक सिरे पर दो धनात्मक आवेशित हाइड्रोजन (प्रत्येक +1) और दूसरे सिरे पर ऋणात्मक रूप से आवेशित ऑक्सीजन (–2) का उन्मुखीकरण इसे दो ध्रुव देता है।

47. (b) रासायनिक रूप से धावन सोडा सोडियम काबीनेट डेकाहाइड्रेटेड है, जिसका रासायनिक सूत्र $Na_2CO_3.10H_2O$ है।

48. (d) श्रृंखलन कार्बन द्वारा अन्य कार्बन परमाणुओं के साथ सहसंयोजक बंध बनाने की विशेषता है, अर्थात् एक श्रृंखला में एक ही तत्व के परमाणुओं का बंध।

49. (b) जब नमक को पानी में मिलाया जाता है तो क्वथनांक बढ़ जाता है।

50. (b) उपचयन - अपचयन अभिक्रिया या रेडॉक्स अभिक्रिया कोई भी रासायनिक अभिक्रिया है जिसमें एक अणु, परमाणु या आयन की ऑक्सीकरण संख्या इलेक्ट्रॉन ग्रहण करने या इलेक्ट्रॉन की हानि से बदलती है।

51. (c) साकीमेरे को संकुचन की कार्यात्मक इकाई माना जाता है

52. (a) एक एकल जीन का वैकल्पिक रूप जो विषम लक्षणों के एक युग्म के लिए कोड करते हैं जिन्हें युग्मविकल्पी के रूप में जाना जाता है, यानी, लंबा और बौना युग्म विकल्पी हैं जो मटर के पौधे की ऊंचाई निर्धारित करते हैं।

53. (c)

ब्लड ग्रुप	रक्तदान
AB वाला →	AB
A वाला →	A - AB
B वाला →	B - AB
O वाला →	A, B, AB - O

AB ब्लड ग्रुप वाला व्यक्ति सर्वग्राही होता है अर्थात वह सभी ग्रुप से रक्त ले सकता है, जबकि O ब्लड ग्रुप वाला व्यक्ति सर्वदाता होता है वह सभी को रक्त दे सकता है।

54. (a) प्रकाश संश्लेषण मुख्यत: पत्तियों का कार्य है। प्रकाश संश्लेषण पादप के हरे भागों (कुछ जीवों में भी) द्वारा प्रकाश की उपस्थिति में जल तथा कार्बन डाई ऑक्साइड का उपयोग करके भोजन निर्माण की प्रक्रिया को 'प्रकाश संश्लेषण' कहते है। प्रकाश संश्लेषण में पौधे के हरे भाग सौर ऊर्जा को ग्रहण कर वायुमण्डल से ली गई कार्बन डाई ऑक्साइड (CO_2) तथा भूमि से अवशोषित जल (H_2O) के द्वारा कार्बोहाइड्रेट (CH_2O_6) का निर्माण करते है। इस प्रक्रिया में जल व ऑक्सीजन सहायक उत्पाद के रूप में निष्कासित होते है। पौधों में होने वाली यह क्रिया हरितलवक या पर्णहरित की उपस्थिति में सम्पन्न होती है।

55. (a) पोलियो या पोलियोमेलाइटिस एक विषाणु जनित संक्रामक रोग है जबकि हीमोफीलिया, वर्णान्धता तथा मंगोलिज्म जन्मजात रोग है।

56. (c): 51 संख्याओं का कुल योग = 51 × 34 = 1734

प्रथम 26 संख्याओं का कुल योग = 26 × 30 = 780

अन्तिम 26 संख्याओं का कुल योग = 26 × 36 = 936

26वीं संख्या = (780 + 936) – 1734 = 1716 – 1734 = -18

शेष संख्याओं का औसत = $\frac{1734-(-18)}{50} = \frac{1752}{50}$

= 35.04

57. (c): माना दो संख्याएँ x तथा y है।

दिया है x, y का म. स. = 19

विकल्प (c) से,

म. स. प. = 19

अन्तर = x – y

= 171 – 152 = 19

58. (a): प्रथम n प्राकृत संख्याओं का योग = 210

$$\frac{n(n+1)}{2} = 210$$

$n^2 + n = 420$

$n^2 + n - 420 = 0$

$n^2 + 21n - 20n - 420 = 0$

$n(n + 21) - 20(n + 21) = 0$

$(n + 21)(n - 20) = 0$

यदि $n + 21 = 0 \Rightarrow n = -21$ (अग्राह्य)

यदि $n - 20 = 0 \Rightarrow n = 20$

59. (b): कुल छात्र = 250

अनुत्तीर्ण छात्र = 20%

तो उत्तीर्ण छात्र = 80%

उत्तीर्ण छात्रों की संख्या = $\frac{250\times80}{100}$

= 200

60. (c): माना प्रा. क्रय मूल्य = x

लाभ = 20%

लाभ = $x\times\frac{20}{100}=\frac{x}{5}$

विक्रय मूल्य = क्रय मूल्य + लाभ

$= x+\frac{x}{5}$

विक्रय मूल्य = $\frac{5x+x}{5}=\frac{6x}{5}=1.2x$

नया क्रय मूल्य = (x – 20)

नया विक्रय मूल्य = (1.2x – 20)

लाभ % = विक्रय मूल्य - क्रय मूल्य / क्रय मूल्य × 100

$= \frac{(1.2x-20)-(x-20)}{(x-20)}\times100=30$

$= \frac{(1.2x-20-x+20)}{(x-20)}=\frac{3}{10}$

$\frac{0.2x}{x-20}=\frac{3}{10}$

(0.2) × (x) × 10 = 3(x – 20)

2x = 3x – 60

3x – 2x = 60

x = 60 रूपये

61. (d): तीन संख्याओं का अनुपात 2:3:5 है।

माना पहली संख्या = 2x दूसरी = 3x, तथा तीसरी संख्या = 5x

प्रश्नानुसार, 2x x 3x × 5x = 810

$30x^3 = 810$

$x^3 = \frac{810}{30}$

$x^3 = 27$

$x^3 = (3)^3 \Rightarrow x = 3$

तीनों संख्याओं का योग = 2x + 3x + 5x

= 10x = 10 × 3 = 03

62. (b): माना राशि P है।

साधारण ब्याज = $\frac{PRT}{100}$

प्रश्नानुसार,

$\frac{P\times15\times13}{100}-\frac{P\times15\times12}{100}=75$

$\frac{P\times15}{100}(13-12)=75$

$P = \frac{75\times100}{15}$

P = $\boxed{\text{Rs.500}}$

63. (a): 88 ÷ 11 × 5 – 8 × 2 + 3

= 8 × 5 – 8 × 2 + 3

= 40 – 16 + 3

= 27

64. (b): बस के रूकाव में लगा समय = $\frac{63-54}{63}=\frac{9}{63}$

$= \frac{1}{7}\text{hour} = \frac{1}{7}\times60=\frac{60}{7}\text{min}$

$7x+40 = 7\times\frac{60}{7}+40=60+40$

$\boxed{100}$ मिनट

65. (a): रमन तथा कमल द्वारा किये गये कार्य = $\frac{4}{9}$ भाग

बचा हुआ कर्या = 1 – $1-\frac{4}{9}=\frac{5}{9}$ भाग

अनुपात = रमन + कमल : रोहन = $\frac{4}{9}:\frac{5}{9}$

अनुपात का योग = 4 + 5 = 9

रोहन का हिस्सा = $\frac{5}{9}\times18000$

= Rs.10000

66. (c): दिया है-

190 – 19 — 6 * 8/3

अश्नानुसार चिन्ह परिवर्तित करने पर-

190 ÷ 19 × 6 + 8 - 3

$\frac{190}{19}$ × 6 + 8 - 3

= 10 × 6 – 8 - 3

= 60 + 8 - 3

= 65

67. (b): 35 एक भाज्य संख्या है, जबकि अन्य संख्याएँ (23, 29 और 41) अभाज्य संख्या है।

68. (b) प्रश्नानुसार, बेंच पर पांचों लड़के के बैठने का क्रम- $C \rightarrow E \rightarrow A \rightarrow B \rightarrow D$
स्पष्ट है कि सबके मध्य में 'A' बैठा है।

69. (c): प्रश्नगत शब्द ENVIRONMENT में अक्षर R का प्रयोग केवल एक बार ही हुआ है जबकि विकल्प (c) के शब्द RIVER में अक्षर 'R' का प्रयोग दो बार हुआ है। अत: दिए गए शब्द के अक्षरों का प्रयोग करके इस शब्द को नहीं बनाया जा सकता है।

70. (b): प्रश्नगत अक्षर समूह श्रेणी निम्न प्रकार है-

$$R \xrightarrow{-2} P \xrightarrow{-2} N \xrightarrow{-2} L \xrightarrow{-2} J$$
$$E \xrightarrow{+2} G \xrightarrow{+2} I \xrightarrow{+2} K \xrightarrow{+2} M$$
$$O \xrightarrow{-2} M \xrightarrow{-2} K \xrightarrow{-2} I \xrightarrow{-2} G$$
$$C \xrightarrow{+2} E \xrightarrow{+2} G \xrightarrow{+2} I \xrightarrow{+2} K$$

अत: ? = JMGK

71. (d) बिहार में फ्लाइंग और ग्लाइडिंग क्लब पटना में है।

72. (b) गया हवाई अड्डा को वर्ष 2002 में अन्तर्राष्ट्रीय हवाई अड्डा घोषित किया गया है। पटना में सीमित एवं गया छोटा अन्तर्राष्ट्रीय हवाई अड्डा है।

73. (a) पूर्व मध्य रेलवे का मुख्यालय हाजीपुर (बिहार) में है।

74. (c) बिहार में मुख्यमंत्री नि:शक्तजन विवाह प्रोत्साहन योजना 2016-17 से शुरू हुआ

75. (c) राज्य सरकार ने वित्तीय समेकन के उद्देश्य से बजट वित्तीय वर्ष 2023-24 में राजकोषीय घाटा को सकल राज्य घरेलू उत्पाद के अनुपात में 2.98 प्रतिशत अनुमानित किया है जो वित्तीय वर्ष 2022-23 के 3.47 प्रतिशत से कम है।

76. (c)वाल्मीकि नगर वन्य जीव अभयारण्य बिहार की दूसरी बाघ परियोजना है जो बिहार के पश्चिमी चम्पारण जिले में अवस्थित है। यह 840 वर्ग किमीण क्षेत्र में विस्तृत है।

77. (b)बिहार जूट उत्पादन में भारत में दूसरे स्थान पर है। बिहार में पूर्णिया में सर्वाधिक जूट पैदा की जाती है।

78. (c) भूमि-सुधार तथा समुचित भूमि वितरण हेतु

79. (a) बिहार में किसान क्रेडिट कार्ड की शुरुआत 1999 में हुई।

80. (a) बिहार के गंगा का उत्तरी मैदान में अपोढ़ मिट्टी की प्रधानता है। यह मिट्टी मटियार एवं हल्के भूरे रंग की होती है।

81. (b)बिहार में गंगा के दक्षिणी भाग में लाल मिट्टी पाई जाती है।

82. (c)बिहार राज्य के वनस्पति में सदाबहार वन शामिल नहीं है।

83. (c)बिहार की प्रमुख नदी गंगा है जो बिहार के मध्य भाग में पश्चिम से पूरब की ओर बहती हुई प्रथम दो समूहों की नदियों के जल को अपने में समाहित कर लेती है यह सिंचाई एवं यातायात के लिए उत्तम साधन है

84. (c)कोसी नदी को 'बिहार का शोक या अभिशाप' के नाम से जाना जाता है। यह बिहार में गंगा की सबसे बड़ी सहायक नदी है तथा यह बिहार में भयंकर बाढ़ लाती है।

85. (c) यह राज्य में छठी बार लागू किया गया राष्ट्रपति शासन था जिसकी अवधि 28 मार्च 1995 से 4 अप्रैल 1995 थी।

86. (a)मोइनुल हक क्रिकेट स्टेडियम पटना में स्थित है

87. (a)मखदूम शर्फुद्दीन याहिया मनेरी साहब की दरगाह स्थित मखदूम शर्फुद्दीन याहिया मनेरी साहब की दरगाह स्थित है

88. (d) जट-जटिन मिथिला का लोककला एवं लोकनृत्य है।

89. (b) यह मेला महावीर के जन्मस्थली वैशाली में आयोजित होती है।

90. (d) यह ऊर्दू अखबार आरा से मोहम्मद हाशिम द्वारा प्रकाशित हुआ।

91. (c) हमारे देश के तमिलनाडु और आन्ध्र प्रदेश दो राज्यों के लोगों का सर्वप्रिय भोजन इडली, वड़ा, डोसा, सांभर, नारियल की चटनी है।

92. (d) इस प्रकार, अबू धाबी और अफगानिस्तान में रेत के टीले पाए जाते हैं।

93. (c) यह ताँबा और टिन की मिश्र धातु है

94. (b) दूध और पनीर खाद्य वस्तु के संरक्षण के सही ढंग को प्रदान नहीं करता है। खाद्य पदार्थ भौतिक, रासायनिक और जैविक रूपों से खराब हो सकते हैं।

95. (c) 'छऊ नृत्य' बंगाल, ओडिशा, झारखण्ड का प्रसिद्ध लोकनृत्य है पहले के नर्तक और आज के नर्तक भी भारतीय नृत्यकला के नियमों का पालन करते हैं जिसका आधार 'अभिनय' है।

96. (c) पूर्व काल से भारत में उगाए जाने वाले फलसब्जी मटर एवं केला है। केला के पौधे मूसा परिवार के हैं। मुख्य रूप से फल एवं सब्जी के लिए इसकी खेती की जाती है।

97. (a)भारत में पवित्र उपवनों की सबसे बड़ी संख्या देवराई में है। यह जंगली पौधों के लिए जीन बैंक के रूप में भी कार्य करता है।

98. (d) दुनिया के 36 हॉटस्पॉट एक विशेष हॉटस्पॉट में मौजूद स्थानिक प्रजातियों की संख्या निर्दिष्ट करते हैं।

99. (d) नीम का उपयोग देशी औषधियाँ बनाने में किया जाता है। ज़िज़िफ़स और इमली छोटे और बड़े पेड़ों की प्रजाति हैं, जबकि इमली एक प्रकार की कांटेदार प्रजाति है।

100. (b) फ्लोराइड पीने के पानी के माध्यम से प्रवेश करता है और मानव शरीर में हड्डियों के साथ मिल जाता है। इससे स्थायी संयुक्त विकृति हो सकती है। अधिकांश विकासशील देशों में भूजल में फ्लोराइड की उच्च सांद्रता एक बड़ी समस्या है।

101. (a)प्रधान मंत्री मुद्रा योजना 8 अप्रैल 2015 को प्रधान मंत्री नरेंद्र मोदी द्वारा गैर-कॉपोरेट, गैर-कृषि छोटे और सूक्ष्म-उद्यमियों को आय-अर्जक गतिविधियों के लिए दस लाख रुपये तक के आसान संपार्श्विक-मुक्त माइक्रो-क्रेडिट की सुविधा के लिए शुरू की गई थी।

102. (b)भारतीय सशस्त्र बलों के सवोच्च कमांडर राष्ट्रपति द्रौपदी मुर्मू ने 8 अप्रैल 2023 को असम के तेजपुर वायु सेना स्टेशन में सुखोई 30 एमकेआई लड़ाकू विमान में 30 मिनट की उड़ान भरी। राष्ट्रपति ने आगंतुक पुस्तिका में अपनी प्रसन्नता व्यक्त की और भारतीय वायु सेना को सॉटी आयोजित करने के लिए बधाई दी।उन्हें विमान की परिचालन क्षमताओं के बारे में जानकारी दी गई

103. (c)59वीं फेमिना मिस इंडिया 2023 का ग्रैंड फिनाले 15 अप्रैल 2023 को इंफाल के खुमान लंपक इंडोर स्टेडियम में होगा। इंफाल अंतरराष्ट्रीय हवाईअड्डे पर पहुंचने के ठीक बाद विभिन्न संगठनों के नेताओं विशेषकर महिला संगठनों ने प्रतियोगियों का स्वागत किया। उन्होंने उपहार के रूप में उन्हें पारंपरिक कपड़े भी सौंपे।

104. (c) भारतीय केंद्र ने गरीब कैदियों को वित्तीय सहायता प्रदान करने के लिए सहायता नामक एक विशेष योजना की घोषणा की है जो जुर्माना या जमानत राशि नहीं दे सकते हैं। सहायता योजना से लाभान्वित होने वाले अधिकांश कैदी सामाजिक रूप से वंचित या निम्न शिक्षा और आय स्तर वाले समूहों से संबंधित हैं।

105. (b) वित्त मंत्रालय ने राष्ट्रीय पेंशन प्रणाली (एनपीएस) के तहत सरकारी कर्मचारियों के लिए पेंशन प्रणाली की समीक्षा के लिए एक समिति का गठन किया है। समिति को एक ऐसा दृष्टिकोण विकसित करने का निर्देश दिया जाता है जो आम नागरिकों की सुरक्षा के लिए राजकोषीय विवेक बनाए रखते हुए कर्मचारियों की जरूरतों को पूरा करता हो। समिति का नेतृत्व वित्त सचिव टी.वी. सोमनाथन करेंगे और इसमें चार सदस्य होंगे।

106. (b) एयर मार्शल आशुतोष दीक्षित ने 15 मई 2023 को वायु सेना के उप प्रमुख के रूप में पदभार संभाला। एयर मार्शल एक योग्य फ्लाइंग इंस्ट्रक्टर होने के साथ-साथ फाइटर, ट्रेनर और ट्रांसपोर्ट एयरक्राफ्ट पर 3300 घंटे से अधिक उड़ान के अनुभव के साथ एक प्रायोगिक टेस्ट पायलट भी हैं। उन्होंने ऑपरेशन सफेद सागर और रक्षक में भाग लिया।

107. (c) रक्षा निर्माण क्षेत्र में आत्मनिर्भरता को बढ़ावा देने के लिए रक्षा मंत्रालय ने 928 सैन्य वस्तुओं के आयात पर चरणबद्ध प्रतिबंध लगाया है। इनके आयात पर प्रतिबंध दिसंबर 2023 से दिसंबर 2029 के बीच चरणबद्ध तरीके से लागू किया जाएगा। इन उपकरणों के आयात पर प्रतिबंध लगाने से 715 करोड़ रुपये की बचत होगीण अब ये उपकरण भारतीय उद्योग से खरीदे जाएंगे।

108. (d) सिक्किम 16 मई को अपना 48वां स्थापना दिवस मना रहा है। 16 मई, 1975 को पूर्ववर्ती राज्य भारत का 22वां राज्य बना था। राज्य स्तरीय समारोह गंगटोक के चिंतन भवन में राज्यपाल लक्ष्मण प्रसाद आचार्य और मुख्यमंत्री पीएस तमांग की उपस्थिति में होगा।

109. (c) यह शब्द है LiFE, जिसका अर्थ है 'पर्यावरण के लिए LiFEstyle'। मिशन LiFE (लाइफस्टाइल फॉर एनवायरनमेंट) अक्टूबर 2022 में केवडिया, गुजरात में प्रधान मंत्री द्वारा लॉन्च किया गया था और सरल आसान क्रियाओं के माध्यम से व्यक्तियों में व्यवहार परिवर्तन लाने पर केंद्रित है।

110. (a) भारत सरकार के केंद्रीय कृषि एवं किसान कल्याण मंत्री श्री नरेंद्र सिंह तोमर ने 15 मई, 2023 को तेलंगाना में हैदराबाद स्थित राष्ट्रीय वनस्पति स्वास्थ्य प्रबंधन संस्थान (एनआईपीएचएम) में एकीकृत जैविक नियंत्रण प्रयोगशाला का शुभारंभ किया। नई एकीकृत जैविक नियंत्रण प्रयोगशाला (बीसी लैब) एनआईपीएचएम में स्थापित एक अत्याधुनिक प्रयोगशाला है, जिसमें जैव कीटनाशकों और जैव नियंत्रण एजेंटों के लिए उत्पादन विधियों पर व्यावहारिक अनुभव प्रदान करने की सुविधा है।

111. (b) ओलंपियन सीए भवानी देवी ने एशियाई तलवारबाजी चैंपियनशिप के क्वार्टर फाइनल में मौजूदा विश्व चैंपियन मिसाकी एमुरा को 15-10 से हराकर इतिहास रच दिया और 19 जून को इस आयोजन में भारत को अपना पहला पदक दिलाया।

112. (c) 20 से अधिक देशों के सैन्य दलों और पर्यवेक्षकों की भागीदारी के साथ बहुराष्ट्रीय शांति स्थापना संयुक्त अभ्यास "एक्स खान क्वेस्ट 2023" 19 जून 2023 को मंगोलिया में शुरू हुआ। यह अभ्यास मंगोलियाई सशस्त्र बल (MAF) और यूनाइटेड स्टेट्स आमी पैसिफिक कमांड (USARPAC) द्वारा सह-प्रायोजित है।

113. (c) वरिष्ठ आईपीएस अधिकारी रवि सिन्हा को देश की बाहरी खुफिया एजेंसी रिसर्च एंड एनालिसिस विंग (रॉ) का प्रमुख नियुक्त किया गया है। सिन्हा सामंत कुमार गोयल का स्थान लेंगे जो 30 जून को अपना चार साल का कार्यकाल पूरा करेंगे।

114. (b) G20 टूरिज्म वर्किंग ग्रुप की अंतिम बैठक, पर्यटन मंत्रिस्तरीय बैठक के साथ, 19 से 22 जून 2023 तक गोवा में आयोजित की जा रही है। गोवा में G20 टूरिज्म वर्किंग ग्रुप की बैठक और पर्यटन मंत्रिस्तरीय बैठक का उद्देश्य आर्थिक विकास को मजबूत करना, सांस्कृतिक विरासत को संरक्षित करना और क्षेत्र के सतत विकास को बढ़ावा देना है।

115. (a) अमेरिकी सीनेट ने जून 2023 में संघीय न्यायाधीश के रूप में सेवा देने वाली पहली मुस्लिम महिला के रूप में अमेरिकी सिविल लिबर्टीज यूनियन (एसीएलयू) की पूर्व वकील नुसरत जहां चौधरी की पुष्टि की। 46 वर्षीय, चौधरी, इस आजीवन पद पर सेवा देने वाले पहले बांग्लादेशी अमेरिकी भी हैं। वह न्यूयॉर्क के पूर्वी जिले के लिए यूएस कोर्ट में जज के रूप में काम करेंगी।

116. (b) भारत की प्रसिद्ध जिम्नास्ट खिलाड़ी दीपा कर्माकर बहुत ही मामूली अंतर से रियो ओलंपिक में काँस्य पदक प्राप्त करने से चूक गई और अंतिम रूप से चौथे स्थान पर रही थी। इनको अत्यधिक जोखिम भरे प्रोडुनोवा वाल्ट के लिए काफी प्रशंसा मिली थी। इन्हें गोल्डन गर्ल के नाम से भी जाना जाता है। रियो ओलंपिक में भारत 2 पदकों के साथ 67वें स्थान पर था। जबकि अमेरिका प्रथम तथा ब्रिटेन दूसरे स्थान पर था। 32वें ओलंपिक खेल का आयोजन टोक्यों (जापान) में 2020 में प्रस्तावित है।

117. (b) एवियन फ्लू को एवियन इनफ्लूएन्जा भी कहते है। जो इन्फ्लूएंजा A वायरस के कारण होने वाली बीमारी हैं। जो कई प्रजातियों के पक्षियों (मुर्गियों, टकी, बटेर, गिनी, फाउल, आदि) सहित पालतू पक्षियों और जंगली पक्षियों की कई प्रजातियों को प्रभावित करती है। यह विषाणु जिसे इनफ्लूएंजा A या टाइप A विषाणु कहते हैं, सामान्यत: पक्षियों में पाया जाता है, लेकिन कभी- कभी यह मानव सहित अन्य कई स्तनधारियों को भी संक्रमित कर सकता है।

118. (b) संस्कृत साहित्यकार एवं रचनाएँ -

कालिदास - मेघदूतम, रघुवंशम कुमार संभवम, अभिज्ञान शाकुन्तलम्

पाणिनी - अष्टाध्यायी

जयानक - पृथ्वीराज विजय

जयदेव - गीतगोविन्द

बाणभट्ट - कादम्बरी

अश्वघोष - बुद्धचरित

119. (d) अध्यापक दिवस प्रत्येक वर्ष 5 सितम्बर को मनाया जाता है। देश के प्रथम उपराष्ट्रपति डॉ. सर्वपल्ली राधाकृष्णन के जन्म दिवस की स्मृति में इसे शिक्षक दिवस के रूप में मनाया जाता है। 14 नवम्बर को बाल दिवस, 2 अक्टूबर को अन्तर्राष्ट्रीय अहिंसा दिवस तथा 15 अगस्त को भारत का स्वतंत्रता दिवस मनाया जाता है।

120. (a) अन्तर्राष्ट्रीय मजदूर संगठन की स्थापना 11 अप्रैल, 1919 ईण में की गई थी। इसका मुख्यालय जेनेवा (स्विट्जरलैण्ड) में स्थित है। यह संगठन श्रमिकों के जीवन स्तर को बेहतर बनाने के लिए कार्य करता है। इस संगठन को उसकी 50वीं वर्षगांठ पर 1969 ई. में नोबेल शान्ति पुरस्कार प्रदान किया गया। इसके डायरेक्टर जनरल गिल्बर्ट होंगबो राइडर है। विश्व व्यापार संगठन का मुख्यालय भी जेनेवा में स्थित है जबकि यूनेस्को (UNESCO) का मुख्यालय फ्रांस की राजधानी पेरिस में स्थित है।

◆◆◆

SET 14 BPSC प्राइमरी प्रैक्टिस सेट

1. **राजराज प्रथम________ वंश के शासक थे।**
(a) चंडेला (b) चोल
(c) चालुक्यास (d) पल्लव
(e) उपर्युक्त में से कोई नहीं/ उपर्युक्त में से एक से अधिक

2. **वंश - संबंधित स्थान का कौन-सा युग्म सही है ?**
I. चोल - उरैयूर
I. पल्लव- कांचीपुरम
(a) I तथा II दोनों (b) केवल I
(c) केवल II (d) ना ही I ना ही II
(e) उपर्युक्त में से कोई नहीं/ उपर्युक्त में से एक से अधिक

3. **कन्दारिया महादेव मन्दिर किस राजपूत वंश के संरक्षण में बनाया गया था ?**
(a) दिल्ली और अमजेर के चौहान
(b) कन्नौज के राठौड़
(c) मेवाड़ के सिसोदिया
(d) बुन्देलखण्ड के चन्देल
(e) उपर्युक्त में से कोई नहीं/ उपर्युक्त में से एक से अधिक

4. **चालुक्य वंश का राजधानी शहर था -**
(a) श्रीरंगपट्नम (b) बादामी
(c) मदुरई (d) कांचीपुरम
(e) उपर्युक्त में से कोई नहीं/ उपर्युक्त में से एक से अधिक

5. **एलोरा का प्रसिद्ध कैलाशनाथ मंदिर किसके द्वारा बनवाया गया था ?**
(a) कृष्ण प्रथम (b) कलिंगा प्रथम
(c) केशव प्रथम (d) इमनें से कोई नहीं
(e) उपर्युक्त में से कोई नहीं/ उपर्युक्त में से एक से अधिक

6. **फिरदौस मंजिल किस मुगल राजा को कहा जाता था?**
(a) मुहम्मद शाह रंगीला (b) शाहआलम द्वितीय
(c) अकबर द्वितीय (d) बहादुरशाह प्रथम
(e) उपर्युक्त में से कोई नहीं/ उपर्युक्त में से एक से अधिक

7. **निम्नलिखित शहरों में से एक प्रसिद्ध स्मारक रूमी दरवाजा कहाँ स्थित है?**
(a) लखनऊ (b) दिल्ली
(c) आगरा (d) मथुरा
(e) उपर्युक्त में से कोई नहीं/ उपर्युक्त में से एक से अधिक

8. **खिज्र खां ने किस वंश किस स्थापना की?**
(a) खिलजी वंश (b) तुगलक वंश
(c) सैय्यद वंश (d) गुलाम वंश
(e) उपर्युक्त में से कोई नहीं/ उपर्युक्त में से एक से अधिक

9. **निम्नलिखित में सही क्रम क्या है?**
(a) तुगलक-झखिलजी-झगुलाम-झलोदी
(b) लोदी-झखिलजी-झगुलाम-झतुगलक
(c) तुगलक-झखिलजी-झलोदी-झगुलाम
(d) गुलाम-झखिलजी-झतुगलक-झलोदी
(e) उपर्युक्त में से कोई नहीं/ उपर्युक्त में से एक से अधिक

10. **1611 में लिखी गई कौन सी पुस्तक गुजरात के सामाजिक और सांस्कृतिक जीवन का लेखा-जोखा है?**
(a) मिरात-ए-सिकंदरी (b) तजकिरत-उल-मुलुकी
(c) मिरात-ए-अहमदी (d) बुरहान-ए-मासीर
(e) उपर्युक्त में से कोई नहीं/ उपर्युक्त में से एक से अधिक

11. **1772 की हेस्टिंग्स योजना के तहत, मुफस्सिल दीवानी अदालतों का नेतृत्व __ द्वारा किया गया था?**
(a) कलेक्टर ने न्यायाधीश के रूप में
(b) परिषद में उप राज्यपाल
(c) परिषद में राज्यपाल का सदस्य
(d) एक स्थानीय भारतीय न्यायाधीश
(e) उपर्युक्त में से कोई नहीं/ उपर्युक्त में से एक से अधिक

12. **लॉर्ड कैनिंग ने तीन भारतीयों को अपनी विधान परिषद में नामित किया। परिषद का हिस्सा कौन नहीं था?**
(a) बनारस के राजा (b) पटियाला के महाराजा
(c) सर दिनकर राव (d) सभी परिषद में थे
(e) उपर्युक्त में से कोई नहीं/ उपर्युक्त में से एक से अधिक

13. **नीचे दिए गए साम्राज्यों को उनके कालक्रमानुसार व्यवस्थित कीजिए।**
1. विजयनगर साम्राज्य 2. मौर्य साम्राज्य
3. गुप्त साम्राज्य 4. खिलजी वंश
(a) 1, 2, 3, 4 (b) 2, 1, 3, 4
(c) 2, 3, 4, 1 (d) 3, 2, 1, 4
(e) उपर्युक्त में से कोई नहीं/ उपर्युक्त में से एक से अधिक

14. यवनराज्य शिलालेख निम्नलिखित में से किस स्थल पर खोजा गया था ?

(a) पाटलिपुत्र (b) मदुरई
(c) कन्नौज (d) मघेरा
(e) उपर्युक्त में से कोई नहीं/ उपर्युक्त में से एक से अधिक

15. भारत ने पुर्तगालियों से गोवा मुक्त कराया वर्ष-

(a) 1948 में (b) 1965 में
(c) 1961 में (d) 1960 में
(e) उपर्युक्त में से कोई नहीं/ उपर्युक्त में से एक से अधिक

16. निम्नलिखित में से किस राज्य सरकार ने ग्रीन महानदी मिशन लॉन्च किया था ?

(a) तेलंगाना (b) ओडिशा
(c) आंध्र प्रदेश (d) कर्नाटक
(e) उपर्युक्त में से कोई नहीं/ उपर्युक्त में से एक से अधिक

17. निम्नलिखित में से किस राज्य में अलौह धातुओं (जस्ता, ताँबा) के बड़े भंडार पाए गए हैं?

(a) गुजरात (b) राजस्थान
(c) बिहार (d) असम
(e) उपर्युक्त में से कोई नहीं/ उपर्युक्त में से एक से अधिक

18. कोरबा सुपर थर्मल पॉवर प्लांट स्थित है:

(a) आंध्र प्रदेश (b) मध्य प्रदेश
(c) तेलंगाना (d) छत्तीसगढ़
(e) उपर्युक्त में से कोई नहीं/ उपर्युक्त में से एक से अधिक

19. भारत की श्वेत क्रांति के लिए किसे अग्रसर माना जाता है?

(a) धीरू भाई अंबानी (b) वर्गीज कुरियन
(c) स्वामीनाथन (d) एस. के. रला
(e) उपर्युक्त में से कोई नहीं/ उपर्युक्त में से एक से अधिक

20. निम्नलिखित में से किस भारतीय राज्य में कॉफी का उत्पादन सबसे अधिक होता है?

(a) असम (b) ओडिशा
(c) कर्नाटक (d) मध्य प्रदेश
(e) उपर्युक्त में से कोई नहीं/ उपर्युक्त में से एक से अधिक

21. निम्नलिखित में से कौन सा कथन सही है?

I. खादर मृदा बांगर मृदा से ज्यादा उपजाऊ होती है।

I. लेटराइट मृदा भारी वर्षा से अत्यधिक निक्षालन का परिणाम है।

(a) I तथा II दोनों (b) केवल I
(c) केवल II (d) ना ही I ना ही II
(e) उपर्युक्त में से कोई नहीं/ उपर्युक्त में से एक से अधिक

22. दिल्ली में बहने वाली मुख्य नदी का नाम क्या है?

(a) ब्रह्मपुत्र (b) दामोदर
(c) यमुना (d) गंगा
(e) उपर्युक्त में से कोई नहीं/ उपर्युक्त में से एक से अधिक

23. नीचे कुछ क्षेत्रों के नाम उनके संबंधित बायोम के साथ दिए गए हैं कौन-सा जोड़ा सही मेल नहीं खाता ?

(a) टैगा - समशीतोष्ण पतझड़ वन
(b) स्टेपी- समशीतोष्ण
(c) सवाना - उष्ण और उपोष्ण घास के मैदान
(d) सेल्वास - विषुवतीय वर्षावन
(e) उपर्युक्त में से कोई नहीं/ उपर्युक्त में से एक से अधिक

24. कौन-सा सबसे छोटा देश है (क्षेत्रफल में) ?

(a) वेटिकन सिटी (b) मोनाको
(c) पलाउ (d) सैन मैरिनो
(e) उपर्युक्त में से कोई नहीं/ उपर्युक्त में से एक से अधिक

25. पृथ्वी के वायुमंडल में स्थित ओजोन स्तर निम्न में से किसको नियंत्रित करता है ?

(a) दृश्य प्रकाश
(b) अवरक्त विकिरण
(c) X-किरण और गामा किरण
(d) पराबैंगनी विकिरण
(e) उपर्युक्त में से कोई नहीं/ उपर्युक्त में से एक से अधिक

26. किस भारतीय कलाकार ने संविधान की हस्तलिखित कॉपी को अलंकृत किया था:

(a) नंदलाल बोस (b) मिहिर सेन
(c) एस. एन. बैनर्जी (d) मुकेश बन्दोपाध्याय
(e) उपर्युक्त में से कोई नहीं/ उपर्युक्त में से एक से अधिक

27. भारतीय संविधान का कौन सा अनुच्छेद भारत के राष्ट्रपति के निर्वाचन से संबंधित है ?

(a) अनुच्छेद 75 (b) अनुच्छेद 70
(c) अनुच्छेद 52 (d) अनुच्छेद 65
(e) उपर्युक्त में से कोई नहीं/ उपर्युक्त में से एक से अधिक

28. कौन भारतीय संविधान के अनुच्छेद 280 के तहत वित्त आयोग का गठन करता है?

(a) प्रधानमंत्री (b) राष्ट्रपति
(c) वित्त मंत्री (d) मुख्य आर्थिक सलाहकार
(e) उपर्युक्त में से कोई नहीं/ उपर्युक्त में से एक से अधिक

29. 'शून्य काल' क्या है?

(a) जब विपक्ष के प्रस्तावों पर विचार होता है।
(b) जब सर्वाधिक महत्व के विषयों को उठाया जाता है।
(c) प्रातः कालीन तथा अपराह्न सत्रों के बीच का अंतराल
(d) जब लोक सभा में धन विधेयक प्रस्तुत किया जाता है।
(e) उपर्युक्त में से कोई नहीं/ उपर्युक्त में से एक से अधिक

30. लोकसभा का सदस्य बनने के लिए भारतीय संविधान द्वारा निर्धारित शैक्षणिक योग्यता क्या है?

(a) स्नातक

(b) कोई शैक्षणिक योग्यता निर्धारित नहीं की गयी है।

(c) XII

(d) X

(e) उपर्युक्त में से कोई नहीं/ उपर्युक्त में से एक से अधिक

31. निम्नलिखित में से कौन-सा कथन सत्य है?

I. संसद के पास की नागरिकता के अधिकार को विनियमित करने की शक्ति है।

I. भारतीय संविधान के भाग- III में मौलिक अधिकारों का उल्लेख है।

(a) I तथा II दोनों (b) केवल II

(c) केवल I (d) ना ही I तथा ना ही II

(e) उपर्युक्त में से कोई नहीं/ उपर्युक्त में से एक से अधिक

32. भारत में नागरिकता अधिनियम किस वर्ष में पारित किया गया था?

(a) 1959 (b) 1955

(c) 1964 (d) 1951

(e) उपर्युक्त में से कोई नहीं/ उपर्युक्त में से एक से अधिक

33. सुप्रीम कोर्ट के मुख्य न्यायाधीश के रूप में कार्य करने के लिए व्यक्ति को उच्च न्यायालय में कम से कम कितने वर्ष तक कार्य करना चाहिये?

(a) 10 वर्ष (b) 12 वर्ष

(c) 15 वर्ष (d) 20 वर्ष

(e) उपर्युक्त में से कोई नहीं/ उपर्युक्त में से एक से अधिक

34. भारत के वित्त मंत्रालय के परिसर को ____ भी कहा जाता है?

(a) पूर्वी ब्लॉक (b) पश्चिमी ब्लॉक

(c) उत्तरी ब्लॉक (d) दक्षिणी ब्लॉक

(e) उपर्युक्त में से कोई नहीं/ उपर्युक्त में से एक से अधिक

35. अनुच्छेद - प्रावधान का कौन सा युग्म सही है ?

I. अनुच्छेद 40 - ग्राम पंचायतों का संगठन

I. अनुच्छेद 25 - धर्म धार्मिक कार्यों के प्रबंध की स्वतंत्रता

(a) ना ही I ना ही II (b) केवल I

(c) I तथा II दोनों (d) केवल II

(e) उपर्युक्त में से कोई नहीं/ उपर्युक्त में से एक से अधिक

36. प्रति व्यक्ति आय मापने के लिए निम्न में से किस फॉर्मूला का इस्तेमाल किया जाता है?

(a) विभिन्न उद्योगों की कुल आय ÷ उद्योगों में कार्य करने वाले कामगारों की कुल संख्या

(b) सरकार का कुल राजस्व ÷ कुल जनसंख्या

(c) परिवार की कुल आय ÷ परिवार के सदस्यों की कुल संख्या

(d) राष्ट्रीय आय ÷ कुल जनसंख्या

(e) उपर्युक्त में से कोई नहीं/ उपर्युक्त में से एक से अधिक

37. मूल्य स्थिरता बनाए रखने के लिए MPC भारतीय रिजर्व बैंक अधिनियम, 1934 के तहत वैधानिक और संस्थागत ढांचा है। MPC का पूर्ण रूप हैं-

(a) मनी पॉलिसी कमिटी (b) मॉनेटरी पॉलिसी कमिटी

(c) मॉनेटरी प्राइवेट कमिटी (d) मेजर पॉलिसी कमीशन

(e) उपर्युक्त में से कोई नहीं/ उपर्युक्त में से एक से अधिक

38. मुद्रा की क्रय शक्ति में गिरावट लाने वाली वस्तुओं एवं सेवाओं के मूल्य स्तर में निरंतर वृद्धि कहलाती है-

(a) अवमूल्यन (b) मूल्यह्रास

(c) मूल्यावरोध (d) मुद्रास्फीति

(e) उपर्युक्त में से कोई नहीं/ उपर्युक्त में से एक से अधिक

39. अर्थव्यवस्था में अति मुद्रास्फीति (हाइपरइन्फ्लेशन) का परिणाम होगा-

(a) आसान ऋण

(b) वस्तुओं के उत्पादन में वृद्धि

(c) मुद्रा की कीमत में गिरावट

(d) बैंकों के जमा में वृद्धि

(e) उपर्युक्त में से कोई नहीं/ उपर्युक्त में से एक से अधिक

40. भारत में......... में नया पैसा का परिचय कराया गया था और 1964 में उसका पुनर्नामकरण किया गया था।

(a) 1957 (b) 1960

(c) 1962 (d) 1959

(e) उपर्युक्त में से कोई नहीं/ उपर्युक्त में से एक से अधिक

41. पानी में डाली गई छड़ी निम्न में से किस कारण से उठी हुई दिखती है ?

(a) प्रकाश के परावर्तन के कारण

(b) प्रकाश के विवर्तन के कारण

(c) प्रकाश के अपवर्तन के कारण

(d) प्रकाश के वर्ण विक्षेपण के कारण

(e) उपर्युक्त में से कोई नहीं/ उपर्युक्त में से एक से अधिक

42. किस उपकरण में विद्युत चुंबकीय अधिष्ठापन का नियम प्रयोग नहीं होता?

(a) विद्युत पंखा

(b) जनित्र

(c) विद्युत ओवन

(d) ट्यूबलाइट की चोक कॉइल

(e) उपर्युक्त में से कोई नहीं/ उपर्युक्त में से एक से अधिक

43. जीपीएस में वस्तु की स्थिति निर्धारित करने के लिए किस अवधारणा का प्रयोग किया जाता है?
(a) रेंजिंग (b) चुम्बकत्व
(c) गीला (d) त्रिकोणों को मापना
(e) उपर्युक्त में से कोई नहीं/ उपर्युक्त में से एक से अधिक

44. जब कोई पक्षी किसी वस्तु पर अपनी दोनों आँखे केन्द्रित करता है, तो वह दूरी का अनुमान लगा सकता है, और जब उसकी आँखे दो अलग-अलग चीजों पर ध्यान केंद्रित करती है, तो यह _______ होती है।
(a) अपनी दृष्टि की सीमा बढ़ाता है।
(b) विचलित हो जाता है
(c) रंगों के स्पेक्ट्रम का अनुमान लगाता है
(d) आभासी दूरी की भविष्यवाणी करता है
(e) उपर्युक्त में से कोई नहीं/ उपर्युक्त में से एक से अधिक

45. एक लिफ्ट में किसी व्यक्ति का प्रत्यक्ष भार वास्तविक होता है जब लिफ्ट जा रही हो
(a) त्वरण के साथ ऊपर
(b) त्वरण के साथ नीचे
(c) समान गति के साथ ऊपर
(d) समान गति के साथ नीचे
(e) उपर्युक्त में से कोई नहीं/ उपर्युक्त में से एक से अधिक

46. निम्नलिखित में से कौन-सा कथन सही है?
I. अवक्षेपण अभिक्रिया से अविलेय लवण प्राप्त होता है।
II. ऑक्सीजन का योग या हाइड्रोजन का ह्रास उपचयन कहलाता है।
(a) केवल I (b) I तथा II दोनों
(c) केवल II (d) ना ही I ना ही II
(e) उपर्युक्त में से कोई नहीं/ उपर्युक्त में से एक से अधिक

47. संतृप्त एसाइक्लिक हाइड्रोकार्बन यौगिक है-
(a) ब्यूटेन (b) बेन्जीन
(c) साइक्लोहेक्सेन (d) एथिन
(e) उपर्युक्त में से कोई नहीं/ उपर्युक्त में से एक से अधिक

48. निम्नलिखित का मिलान कीजिए-

A. सोडियम बाइकार्बोनेट	1. ब्लीचिंग पाउडर
B. कैल्शियम कार्बोनेट	2. बेकिंग सोडा
C. पोटॉश एलम	3. चॉक
D. कैल्शियम हाइपोक्लोराइट	4. फिटकरी

	A	B	C	D
(a)	1	2	4	3
(b)	2	3	4	1
(c)	4	2	3	1
(d)	3	1	4	2

(e) उपर्युक्त में से कोई नहीं/ उपर्युक्त में से एक से अधिक

49. विशेष रूप से तैयार फिल्टरों से कोलाइड घोल, जो कोलाइड कणों को छोड़कर सभी पदार्थों में फैल सकता है, में विद्यमान घुलनशील विलेय और विलायक से कोलाइड के कणों में पृथक करने की प्रक्रिया जिस विधि पर आधारित है उसे कहते हैं।
(a) वैक्यूम फिल्ट्रेशन (b) डायलिसिस
(c) इलेक्ट्रो- डायलिसिस (d) अल्ट्रा- फिल्ट्रेशन
(e) उपर्युक्त में से कोई नहीं/ उपर्युक्त में से एक से अधिक

50. पी.वी.सी. किसके बहुलीकरण के बाद गठित होता है ?
(a) स्टाइरीन (b) एसीटिलीन
(c) प्रोपेन (d) विनाइल क्लोराइड
(e) उपर्युक्त में से कोई नहीं/ उपर्युक्त में से एक से अधिक

51. रोग और फैलने के तरीके का कौन-सा जोड़ा सही सुमेलित है?
(a) पीलिया : रक्ताधान
(b) टायफाइड : दूषित भोजन
(c) टीबी : दूषित जल
(d) डेंगू : दूषित जल
(e) उपर्युक्त में से कोई नहीं/ उपर्युक्त में से एक से अधिक

52. _______ फलीदार फसल का एक उदाहरण है।
(a) ज्वार (b) मक्का
(c) दालें (d) चावल
(e) उपर्युक्त में से कोई नहीं/ उपर्युक्त में से एक से अधिक

53. निम्नलिखित में से कौन-सा जोड़ा सही है ?
I. अनावृत्तबीजी - फलों के अंदर बीज धारण करें।
II. आवृत्त बीजी - नग्न बीज धारण करें।
(a) I तथा II दोनों (b) केवल II
(c) केवल I (d) ना ही I ना ही II
(e) उपर्युक्त में से कोई नहीं/ उपर्युक्त में से एक से अधिक

54. केसर मसाला बनाते वक्त पौधे का निम्न में से कौन सा हिस्सा उपयोग करते हैं?
(a) पत्ता (b) पंखुड़ी
(c) बाह्यदल (d) वर्तिकॉग्र
(e) उपर्युक्त में से कोई नहीं/ उपर्युक्त में से एक से अधिक

55. निम्नलिखित पर विचार करें।
1. जल 2. CO_2
3. सौर प्रकाश 4. क्लोरोप्लॉस्ट
उपर्युक्त तत्वों में से प्रकाश संश्लेषण के होने के लिए वांछित है:
(a) 1, 2 और 3 (b) 2, 3 और 4
(c) 2 और 3 केवल (d) 1,2,3 और 4
(e) उपर्युक्त में से कोई नहीं/ उपर्युक्त में से एक से अधिक

56. 90 छात्रों की एक कक्षा में, 60% लड़के हैं और बाकी लड़कियां हैं। लड़कों का औसत वजन 63 kg है और लड़कियों का औसत वजन 54 kg है। पूरी कक्षा का औसत भार कितना है?

(a) 59.4 kg (b) 56.8 kg
(c) 58.2 kg (d) 58.5 kg
(e) उपर्युक्त में से कोई नहीं/ उपर्युक्त में से एक से अधिक

57. यदि 15 तथा 40 का लघुत्तम समापवर्त्य (7m + 1) है, तो m का मान क्या है?

(a) 12 (b) 14
(c) 15 (d) 16
(e) उपर्युक्त में से कोई नहीं/ उपर्युक्त में से एक से अधिक

58. कितनी संख्याएँ 1000 और 5000 के बीच विद्यमान हैं जो 225 से विभाज्य हैं?

(a) 16 (b) 17
(c) 18 (d) 19
(e) उपर्युक्त में से कोई नहीं/ उपर्युक्त में से एक से अधिक

59. (600 का 35%) का x% = 35.7, x ज्ञात करें।

(a) 18 (b) 17
(c) 15 (d) 16
(e) उपर्युक्त में से कोई नहीं/ उपर्युक्त में से एक से अधिक

60. एक कंपनी कुल लाभ का 80 प्रतिशत रखती है तथा शेष लाभ अपने 21 कर्मचारियों में बाँटती है। वरिष्ठ कर्मचारियों की संख्या तथा कनिष्ठ कर्मचारियों की संख्या का अनुपात 4:3 है। प्रत्येक वरिष्ठ कर्मचारी तथा प्रत्येक कनिष्ठ कर्मचारी के लाभ के हिस्से का अनुपात क्रमशः 4:1 है। यदि प्रत्येक कनिष्ठ कर्मचारी 2200 रुपये लाभ के हिस्से के रूप में प्राप्त करता है तो कंपनी का कुल लाभ क्या है?

(a) 644000 रुपये (b) 752000 रुपये
(c) 627000 रुपये (d) 636000 रुपये
(e) उपर्युक्त में से कोई नहीं/ उपर्युक्त में से एक से अधिक

61. 70000 रुपये को P, Q तथा R में इस प्रकार बाँटा जाता है कि P का हिस्सा Q तथा R के कुल हिस्से का 2/5 है, तथा Q का हिस्सा P तथा R के कुल हिस्से का 3/7 है। R का हिस्सा क्या है?

(a) 9000 रुपये (b) 39000 रुपये
(c) 19000 रुपये (d) 27000 रुपये
(e) उपर्युक्त में से कोई नहीं/ उपर्युक्त में से एक से अधिक

62. 2 वर्षों के लिए प्रतिवर्ष 13% की दर पर 18000 रुपए पर चक्रवृद्धि ब्याज ज्ञात करें, जो वार्षिक रूप चक्रवृद्धि होता है।

(a) 4848.2 रुपए (b) 4984.2 रुपए
(c) 4884 रुपए (d) 4948.2 रुपए,
(e) उपर्युक्त में से कोई नहीं/ उपर्युक्त में से एक से अधिक

63. $24 \div 4 \times 5 - 8 \times 3 + 5$ का मान क्या है?

(a) 10 (b) 11
(c) 13 (d) 15
(e) उपर्युक्त में से कोई नहीं/ उपर्युक्त में से एक से अधिक

64. 90 वृक्ष एक सीधी पंक्ति में इस प्रकार लगाए जाते हैं कि किन्हीं भी दो क्रमागत वृक्षों के मध्य की दूरी समान हो। 54 कि.मी./ घंटा की गति से चल रही एक बस पहले वृक्ष से सातवें वृक्ष तक पहुँचने में 30 सेकंड लेती है। 11वें वृक्ष तथा 46वें वृक्ष के मध्य दूरी क्या है?

(a) 2625 मीटर (b) 2750 मीटर
(c) 2475 मीटर (d) 2575 मीटर
(e) उपर्युक्त में से कोई नहीं/ उपर्युक्त में से एक से अधिक

65. J अकेले एक कार्य को 40 दिन में पूरा कर सकता है तथा K अकेले उसी कार्य को 60 दिन में पूरा कर सकता है। उन्होंने साथ मिलकर कार्य करना आरंभ किया, परंतु K कार्य पूरा होने से 5 दिन पूर्व कार्य छोड़कर चला गया। कार्य कितने दिन में पूरा हुआ होगा?

(a) 27 दिन (b) 26 दिन
(c) 20 दिन (d) 24 दिन
(e) उपर्युक्त में से कोई नहीं/ उपर्युक्त में से एक से अधिक

66. उस विकल्प का चयन करें जो तीसरे पद से उसी प्रकार से संबंधित है जिस प्रकार से दूसरा पद पहले पद से संबंधित है।

5 : 30 :: 9 : ?

(a) 80 (b) 59
(c) 50 (d) 14
(e) उपर्युक्त में से कोई नहीं/ उपर्युक्त में से एक से अधिक

67. मोनू अपने घर से 160 मीटर उत्तर की ओर चला। उसके बाद बायें मुड़कर 120 मीटर चला। जब उसके घर की न्यूनतम दूरी तथा उसके द्वारा चली गई कुल दूरी में क्या अन्तर है?

(a) 60 मीटर (b) 70 मीटर
(c) 80 मीटर (d) 90 मीटर
(e) उपर्युक्त में से कोई नहीं/ उपर्युक्त में से एक से अधिक

68. छः बच्चे A, B, C, D E और F एक विद्यालय में पढ़ते हैं। A और B बहने है। C, B का भाई है। D के चाचा की एकमात्र बेटी है। E और F, D के पिता के एकमात्र भाई के बेटे है। A F से किस प्रकार संबंधित है?
(a) चचेरा बहन (b) बहन
(c) बुआ (d) भांजी
(e) उपर्युक्त में से कोई नहीं/ उपर्युक्त में से एक से अधिक

69. 28 मई, 2006 को सप्ताह का कोन-सा दिन था?
(a) शनिवार (b) सोमवार
(c) रविवार (d) गुरुवार
(e) उपर्युक्त में से कोई नहीं/ उपर्युक्त में से एक से अधिक

70. एक पासे की निम्नलिखित दो विभिन्न स्थितियों में से कौन-सी संख्या 2 के सामने स्थित है?
(a) 6 (b) 1
(c) 4 (d) 5
(e) उपर्युक्त में से कोई नहीं/ उपर्युक्त में से एक से अधिक

71. चीनी यात्री इत्सिंग ने बिहार का भ्रमण कब किया था?
(a) 405 ई. में (b) 635 ई. में
(c) 673 ई. में (d) 690 ई. में
(e) उपर्युक्त में से कोई नहीं/ उपर्युक्त में से एक से अधिक

72. बिहार में मध्यवर्ती प्रस्तर युग के साक्ष्य कहाँ से मिले हैं?
(a) चिरांद से (b) पटना से
(c) मुंगेर से (d) चेचर से
(e) उपर्युक्त में से कोई नहीं/ उपर्युक्त में से एक से अधिक

73. बिहार के भौगोलिक क्षेत्र की चर्चा सर्वप्रथम किस साहित्यिक रचना से मिलती है?
(a) अथर्ववेद (b) सामवेद
(c) वायुपुराण (d) शतपथ ब्राह्मण
(e) उपर्युक्त में से कोई नहीं/ उपर्युक्त में से एक से अधिक

74. बिहार में डोलोमाइट कहाँ पाया जाता है?
(a) रोहतास (b) गया
(c) शेखपुरा (d) जमुई
(e) उपर्युक्त में से कोई नहीं/ उपर्युक्त में से एक से अधिक

75. असहयोग आंदोलन के क्रम में अक्टूबर 1921 को बिहार प्रांतीय सम्मेलन की बैठक हुई ?
(a) पटना (b) आरा
(c) भागलपुर (d) छपरा
(e) उपर्युक्त में से कोई नहीं/ उपर्युक्त में से एक से अधिक

76. बिहार विद्यापीठ का उदघाटन हुआ था-
(a) 6 फरवरी 1922 को (b) 6 फरवरी 1921 को
(c) 6 फरवरी 1920 को (d) 6 फरवरी 1919 को
(e) उपर्युक्त में से कोई नहीं/ उपर्युक्त में से एक से अधिक

77. हाजीपुर स्टेशन मास्टर (1931) हत्याकाण्ड के मामले में किसको फांसी की सजा दी गई ?
(a) त्रिलोकी सिंह (b) बसाबन सिंह
(c) रामदेनी सिंह (d) विनोदानंद झा
(e) उपर्युक्त में से कोई नहीं/ उपर्युक्त में से एक से अधिक

78. बिहार में नमक सत्याग्रह सर्वप्रथम कहाँ से शुरू हुआ ?
(a) चंपारण एवं पटना (b) चंपारण एवं सारण
(c) पटना एवं शाहाबाद (d) भागलपुर
(e) उपर्युक्त में से कोई नहीं/ उपर्युक्त में से एक से अधिक

79. बिहार में 2 अप्रैल 1946 को किनके नेतृत्व में कांग्रेस ने अपना मंत्रिमंडल बनाया ?
(a) अनुग्रह नारायण सिंह (b) श्री कृष्ण सिंह
(c) विनोदानंद झा (d) कृष्ण बल्लभ सहाय
(e) उपर्युक्त में से कोई नहीं/ उपर्युक्त में से एक से अधिक

80. भारत की स्वतंत्रता के बाद बिहार के प्रथम राज्यपाल थे-
(a) माधव श्री हरि अणे (b) श्री कृष्ण सिंह
(c) आर. आर. दिवाकर (d) जयराम दास दौलतराम
(e) उपर्युक्त में से कोई नहीं/ उपर्युक्त में से एक से अधिक

81. बिहार की संपूर्ण क्रांति की शुरूआत की थी-
(a) छात्रों ने (b) किसानों ने
(c) वकीलों ने (d) उपरोक्त सभी से
(e) उपर्युक्त में से कोई नहीं/ उपर्युक्त में से एक से अधिक

82. बिहार के किस आंदोलन को दूसरी जंग-ए-आजादी कहा गया था ?
(a) आरक्षण आंदोलन (b) संपूर्ण क्रांति
(c) 1955 के छात्र आंदोलन (d) नक्सलवाद आंदोलन
(e) उपर्युक्त में से कोई नहीं/ उपर्युक्त में से एक से अधिक

83. "कीर्तिमाला" और "किर्तिपाताका" के रचनाकार विद्यापति का सम्बन्ध बिहार के किस क्षेत्र से था ?
(a) गया (b) मिथिला
(c) भोजपुर (d) भागलपुर
(e) उपर्युक्त में से कोई नहीं/ उपर्युक्त में से एक से अधिक

84. बिहार का पहला अंग्रेजी अखबार था-
(a) इंडियन क्रॉनिकल (b) हेमदरलैण्ड
(c) दि बिहार हेराल्ड (d) उपर्युक्त में कोई नहीं
(e) उपर्युक्त में से कोई नहीं/ उपर्युक्त में से एक से अधिक

85. बिहार के मिथिला में गाए जाने वाला गीत लगनी राग किस अवसर पर गाया जाता है ?

(a) बच्चे के जन्म के अवसर पर
(b) विवाह के अवसर पर
(c) होली के अवसर पर
(d) रामनवमी के अवसर पर
(e) उपर्युक्त में से कोई नहीं/ उपर्युक्त में से एक से अधिक

86. संत शर्फुद्दीन यहिया मनेरी का मकबरा किस जिला में है?

(a) नालंदा (b) पटना
(c) मुंगेर (d) भागलपुर
(e) उपर्युक्त में से कोई नहीं/ उपर्युक्त में से एक से अधिक

87. निम्न में से बिहार के कौन सा शहर को नगर निगम का दर्जा प्राप्त नहीं है ?

(a) दरभंगा (b) मुजफ्फरपुर
(c) बिहार शरीफ (d) शिवहर
(e) उपर्युक्त में से कोई नहीं/ उपर्युक्त में से एक से अधिक

88. बिहार में पहली बार राष्ट्रपति शासन 26 जून 1968 को लागू किया गया। उस समय बिहार के राज्यपाल थे-

(a) आर० आर० दिवाकर (b) नित्यानंद कानूनगो
(c) देवकांत बरुआ (d) जगन्नाथ कौशल
(e) उपर्युक्त में से कोई नहीं/ उपर्युक्त में से एक से अधिक

89. बिहार राज्य में प्रमंडल (Division) की कुल संख्या है-

(a) 14 (b) 12
(c) 101 (d) 7
(e) उपर्युक्त में से कोई नहीं/ उपर्युक्त में से एक से अधिक

90. झारखण्ड की सीमा को स्पर्श करने वाले बिहार के जिलों का सही समूह है-

(a) रोहतास, औरंगाबाद, गया, नवादा, जमुई, बक्सर, मुंगेर।
(b) रोहतास, औरंगाबाद, खगड़िया, मुंगेर, शेखपुरा ।
(c) रोहतास, औरंगाबाद, गया, नवादा, जमुई, बांका, भागलपुर, कटिहार ।
(d) गया, औरंगाबाद, रोहतास, शेखपुरा, पूर्णिया, नालंदा, कटिहार ।
(e) उपर्युक्त में से कोई नहीं/ उपर्युक्त में से एक से अधिक

91. जंतुकीड़े जो अपने समूह के अन्य सदस्यों को गंध से ढूंढते हैं:

(a) बाजपक्षी, चमगादड़, चील
(b) रेशम का कीड़ा, चींटी, मक्खी
(c) चींटी, मधुमक्खी, रेशम का कीड़ा
(d) मधुमक्खी, चमगादड़, कुत्ता
(e) उपर्युक्त में से कोई नहीं/ उपर्युक्त में से एक से अधिक

92. एक लोहार निम्न में से किन चीजों को बनाता है?

(a) मिट्टी का मटका, ईट, कुल्हड
(b) खुरपी, आरी, कुल्हाड़ी
(c) अंगूठी, आरी, चूड़ी
(d) कुल्हाड़ी, ईट, चूड़ी
(e) उपर्युक्त में से कोई नहीं/ उपर्युक्त में से एक से अधिक

93. निम्न में से कौन से पदार्थ पानी में घुलते हैं?

(a) दूध, चीनी, शहद
(b) तारपीन, नींबू का रस, पेट्रोल
(c) मिट्टी का तेल (कैरोसीन), नमक, साबुन
(d) चीनी, सिरका, नमक
(e) उपर्युक्त में से कोई नहीं/ उपर्युक्त में से एक से अधिक

94. निम्न में से कौन से पदार्थ पानी में घुलते हैं?

(a) दूध, चीनी, शहद
(b) तारपीन, नींबू का रस, पेट्रोल
(c) मिट्टी का तेल (कैरोसीन), नमक, साबुन
(d) चीनी, सिरका, नमक
(e) उपर्युक्त में से कोई नहीं/ उपर्युक्त में से एक से अधिक

95. अंतरिक्ष-यान में यात्रा करते हुए अंतरिक्ष-यात्रियों के बारे में निम्न से क्या सही है?

(a) पानी के नल से वे सीधे पानी पीते हैं।
(b) डाइनिंग-टेबल पर बैठ कर वे खाना खाते हैं।
(c) एक जगह पर टिक कर रहने के लिए वे अपने आप को बेल्ट से बाँधते हैं।
(d) खड़े रह कर तैरते हुए वे सोते हैं।
(e) उपर्युक्त में से कोई नहीं/ उपर्युक्त में से एक से अधिक

96. 'कुड़क' कहाँ के लोगों की बोलचाल की भाषा है?

(a) असम (b) अरूणाचल प्रदेश
(c) मिजोरम (d) झारखंड
(e) उपर्युक्त में से कोई नहीं/ उपर्युक्त में से एक से अधिक

97. सबसे अधिक बार होने वाली और प्राकृतिक रूप से होने वाली आपदा है:

(a) सूखा (b) सुनामी
(c) बाढ़ (d) भूकंप
(e) उपर्युक्त में से कोई नहीं/ उपर्युक्त में से एक से अधिक

98. उष्णकटिबंधीय क्षेत्र में सबसे खराब प्राकृतिक खतरे हैं:

(a) ऊष्णकटिबंधी चक्रवात (b) सुनामी
(c) पानी की बाढ़ (d) भूमि कटाव
(e) उपर्युक्त में से कोई नहीं/ उपर्युक्त में से एक से अधिक

99. UNCED का अर्थ है:

(a) पर्यावरण और विकास पर संयुक्त राष्ट्र निगम

(b) पर्यावरण और विकास पर संयुक्त राष्ट्र सम्मेलन

(c) पर्यावरण और आपदाओं पर संयुक्त राष्ट्र निगम

(d) पर्यावरण और आपदाओं पर संयुक्त राष्ट्र सम्मेलन

(e) उपर्युक्त में से कोई नहीं/ उपर्युक्त में से एक से अधिक

100. निम्नलिखित में से कौन सी सामग्री शहरी आवास में उपयोग नहीं की जाती है जो अत्यधिक ऊर्जा गहन है?

(a) इस्पात (b) सीमेंट

(c) जली हुई ईंटें (d) चाँदी

(e) उपर्युक्त में से कोई नहीं/ उपर्युक्त में से एक से अधिक

101. वाइब्रेंट विलेज प्रोग्राम (VVP) का मुख्य उद्देश्य क्या है?

(a) उत्तरी सीमावर्ती क्षेत्रों में नगरों का विकास करना।

(b) मौजूदा योजनाओं को नए के साथ बदलने के लिए।

(c) भारत के सभी गांवों को वित्तीय सहायता प्रदान करना।

(d) उत्तरी सीमा पर गांवों का विकास करना।

(e) उपर्युक्त में से कोई नहीं/ उपर्युक्त में से एक से अधिक

102. बोवेनपल्ली का बायोगैस संयंत्र किस राज्य में स्थित है?

(a) उत्तर प्रदेश (b) तमिलनाडु

(c) कर्नाटक (d) तेलंगाना

(e) उपर्युक्त में से कोई नहीं/ उपर्युक्त में से एक से अधिक

103. उत्तर प्रदेश में कितने शहरी स्थानीय निकायों के चुनाव हुए ?

(a) 560 (b) 760

(c) 960 (d) 1002

(e) उपर्युक्त में से कोई नहीं/ उपर्युक्त में से एक से अधिक

104. विश्व होम्योपैथी दिवस हर साल कब मनाया जाता है?

(a) 1 जनवरी (b) 10 अप्रैल

(c) 25 दिसंबर (d) 23 जून

(e) उपर्युक्त में से कोई नहीं/ उपर्युक्त में से एक से अधिक

105. ऑरलियन्स मास्टर्स में पुरुष एकल का खिताब किसने जीता?

(a) मैग्नस जोहानसन (b) प्रियांशु राजावत

(c) श्रीकांत किदांबी (d) लक्ष्य सेन

(e) उपर्युक्त में से कोई नहीं/ उपर्युक्त में से एक से अधिक

106. संघ लोक सेवा आयोग (यूपीएससी) के अध्यक्ष कौन हैं?

(a) डॉ. मनोज सोनी (b) श्रीमती स्मिता नागराज

(c) डॉ. ओम नागपाल (d) डॉ. एस.आर. हाशिम

(e) उपर्युक्त में से कोई नहीं/ उपर्युक्त में से एक से अधिक

107. ओडिशा के किस शहर ने हाल में दुबई के लिए अपनी पहली सीधी अंतर्राष्ट्रीय उड़ान सेवा शुरू की?

(a) कटक (b) पुरी

(c) भुवनेश्वर (d) राउरकेला

(e) उपर्युक्त में से कोई नहीं/ उपर्युक्त में से एक से अधिक

108. भारतीय सेना की किस कोर ने असम में संयुक्त बाढ़ राहत अभ्यास 'जल राहत' का आयोजन किया?

(a) ब्रह्मास्त्र कोर (b) चेतक कॉर्प्स

(c) गजराज कोर (d) वीर कोर

(e) उपर्युक्त में से कोई नहीं/ उपर्युक्त में से एक से अधिक

109. अंतर्राष्ट्रीय संग्रहालय एक्सपो 2023 की थीम क्या है?

(a) कला और संस्कृति शोकेस

(b) संग्रहालय और स्थिरता

(c) विरासत का उत्सव

(d) संग्रहालयों के माध्यम से कल्याण

(e) उपर्युक्त में से कोई नहीं/ उपर्युक्त में से एक से अधिक

110. किस देश ने दक्षिण एशियाई युवा टेबल टेनिस चौंपियनशिप 2023 की मेजबानी की?

(a) भूटान (b) बांग्लादेश

(c) भारत (d) मालदीव

(e) उपर्युक्त में से कोई नहीं/ उपर्युक्त में से एक से अधिक

111. 20 जून को भारतीय विशिष्ट पहचान प्राधिकरण (UIDAI) के मुख्य कार्यकारी अधिकारी (CEO) के रूप में किसने कार्यभार संभाला है?

(a) अमित अग्रवाल (b) सुबोध कुमार सिंह

(c) रूपिंदर सिंह (d) आकाश त्रिपाठी

(e) उपर्युक्त में से कोई नहीं/ उपर्युक्त में से एक से अधिक

112. किस भारतीय एथलीट ने 19 जून 2023 को भुबनेश्वर में अंतर-राज्य चौंपियनशिप में एक नया एशियाई शॉट पुट रिकॉर्ड बनाया है?

(a) विकास गौड़ा (b) जुगराज सिंह

(c) तजिंदरपाल सिंह तूर (d) मोहम्मद यासर

(e) उपर्युक्त में से कोई नहीं/ उपर्युक्त में से एक से अधिक

113. संयुक्त राष्ट्र के वर्तमान महासचिव कौन हैं?

(a) बान की मून (b) एंटोनियो गुटेरस

(c) टेड्रोस अधनोम (d) कोफी अन्नान

(e) उपर्युक्त में से कोई नहीं/ उपर्युक्त में से एक से अधिक

114. टेस्ला के सीईओ कौन हैं?

(a) मार्क जुकरबर्ग (b) एडम मोसेरी

(c) नील मोहन (d) एलोन मस्क

(e) उपर्युक्त में से कोई नहीं/ उपर्युक्त में से एक से अधिक

115. 20 जून 2023 को, किस देश ने संयुक्त राष्ट्र में साजिद मीर को वैश्विक आतंकवादी घोषित करने के प्रस्ताव को अवरुद्ध कर दिया?

(a) चीन (b) संयुक्त राज्य अमेरिका
(c) पाकिस्तान (d) भारत
(e) उपर्युक्त में से कोई नहीं/ उपर्युक्त में से एक से अधिक

116. निम्नलिखित शब्दों का संबंध किस खेल से है?
डायमंड, पुल आउट, बेस, पिचिंग

(a) शतरंज (b) बास्केटबॉल
(c) ब्रिज (d) बेसबॉल
(e) उपर्युक्त में से कोई नहीं/ उपर्युक्त में से एक से अधिक

117. मार्क जुकरबर्ग का सम्बन्ध _________ से है।

(a) वॉलमार्ट (b) माइक्रोसॉफ्ट
(c) फेसबुक (d) गूगल
(e) उपर्युक्त में से कोई नहीं/ उपर्युक्त में से एक से अधिक

118. इंटरपोल के सामान्य नाम से प्रसिद्ध अंतर्राष्ट्रीय आपराधिक संगठन का मुख्यालय _______ में स्थापित है।

(a) फ्रांस (b) स्विट्जरलैंड
(c) यूनाइटेड किंगडम (d) संयुक्त राज्य अमेरिका
(e) उपर्युक्त में से कोई नहीं/ उपर्युक्त में से एक से अधिक

119. "एडवेंचर ऑफ शरलोक होम्स" किताब के लेखक हैं-

(a) आर्थर कॉनन डॉयल (b) चार्ल्स डिकेन्स
(c) शेरलॉक होम्स (d) ऑलीवर गोल्डस्मिथ
(e) उपर्युक्त में से कोई नहीं/ उपर्युक्त में से एक से अधिक

120. भारत का राष्ट्रीय फूल कौन-सा है?

(a) गुलाब (b) कमल
(c) लिलि (d) सूरजमुखी
(e) उपर्युक्त में से कोई नहीं/ उपर्युक्त में से एक से अधिक

उत्तर माला

1.	(b)	2.	(a)	3.	(d)	4.	(b)	5.	(a)	6.	(b)	7.	(a)	8.	(c)
9.	(d)	10.	(a)	11.	(a)	12.	(d)	13.	(c)	14.	(d)	15.	(c)	16.	(b)
17.	(b)	18.	(d)	19.	(b)	20.	(c)	21.	(a)	22.	(c)	23.	(a)	24.	(a)
25.	(d)	26.	(a)	27.	(e)	28.	(b)	29.	(b)	30.	(b)	31.	(a)	32.	(b)
33.	(a)	34.	(c)	35.	(b)	36.	(d)	37.	(b)	38.	(d)	39.	(c)	40.	(a)
41.	(c)	42.	(d)	43.	(a)	44.	(a)	45.	(b)	46.	(b)	47.	(a)	48.	(b)
49.	(b)	50.	(d)	51.	(b)	52.	(c)	53.	(d)	54.	(d)	55.	(d)	56.	(a)
57.	(e)	58.	(c)	59.	(b)	60.	(c)	61.	(e)	62.	(b)	63.	(b)	64.	(a)
65.	(b)	66.	(e)	67.	(c)	68.	(b)	69.	(c)	70.	(c)	71.	(c)	72.	(c)
73.	(d)	74.	(a)	75.	(b)	76.	(b)	77.	(c)	78.	(b)	79.	(b)	80.	(d)
81.	(a)	82.	(b)	83.	(b)	84.	(c)	85.	(b)	86.	(b)	87.	(d)	88.	(b)
89.	(e)	90.	(c)	91.	(c)	92.	(b)	93.	(d)	94.	(d)	95.	(c)	96.	(d)
97.	(c)	98.	(a)	99.	(b)	100.	(d)	101.	(d)	102.	(d)	103.	(b)	104.	(b)
105.	(b)	106.	(a)	107.	(c)	108.	(c)	109.	(b)	110.	(c)	111.	(a)	112.	(c)
113.	(b)	114.	(d)	115.	(a)	116.	(d)	117.	(c)	118.	(a)	119.	(a)	120.	(b)

उत्तर सहित व्याख्या

1. (b) राजराज - I दक्षिण भारत के चोल वंश के महानतम शासकों में से था। इसका शासनकाल 985 ई. से 1014 ई. तक रहा चोल वंश का संस्थापक विजयालय था। राजराज - I ने तंजावुर स्थिर वृहदेश्वर मन्दिर का निर्माण करवाया। इस मन्दिर को 'राजराजेश्वर मन्दिर' के नाम से भी जाना जाता है।
2. (a) संगमकालीन तीन प्रधान राज्यों में चोलों का उदय नौवीं शताब्दी से हुआ। साक्ष्यों के आधार पर चोल राज्य की पहली राजधानी 'उत्तरी मनलूर' थी लेकिन कालान्तर में राजधानी उरैयूर तथा तंजावुर हो गई। करिकाल ने कावेरीपत्तनम नगर की स्थापना की और उसे अपनी राजधानी बनाया। अत: कथन I सत्य है।
3. (d) कन्दरिया महादेव मंदिर खजुराहो मंदिर समूह के अंतर्गत सबसे विशाल मंदिर हैं। इस मंदिर को वर्ष 1025-1050 ई0 के बीच बुंदेलखण्ड के चंदेल शासक राजा धंगदेन के द्वारा बनवाया गया था। भगवान शिव को समर्पित यह मंदिर मध्य प्रदेश में स्थित है जो स्थापत्य की एक अप्रतिम निर्माण छवि प्रस्तुत करता है।
4. (b) चालुक्य (543 ई.- 753 ई.) दक्षिण भारत का प्रसिद्ध राजवंश था। जयसिंह इस वंश का प्रथम शासक था जबकि पुलकेशिन प्रथम चालुक्य साम्राज्य (वातापी) का वास्तविक संस्थापक था तथा इसने वातापी (बादामी) को अपनी राजधानी बनाया। इस वंश का सबसे प्रतापी राजा पुलकेशिन द्वितीय था, जिसने हर्षवर्धन को हराया। इसने 'परमेश्वर' की उपाधि धारण की थी। इस वंश का अंतिम शासक कीर्तिवर्मन् द्वितीय था।
5. (a) एलोरा का 'कैलाश मन्दिर' महाराष्ट्र के औरंगाबाद जिले में प्रसिद्ध 'एलोरा की गुफाओं' में स्थित है, जिसका निर्माण राष्ट्रकूट वंश के शासक कृष्ण प्रथम ने (756AD-773AD) करवाया था।
6. (b) शाहआलम द्वितीय एक मुगल सम्राट था जिसे अंग्रेजों के हाथों बक्सर के युद्ध में हार मिली
7. (a) रूमी दरवाजा लखनऊ में है। यह अवधी वास्तुकला में बना है।
8. (c) सैय्यद वंश की स्थापना 1414 ई में खिज्र खां ने कीद्य
9. (d) दिल्ली सल्तनत में कुल पांच वंशों का राज्य रहा। इसमें गुलाम वंश का शासन 1206 से 1290 तक रहाद्य खिलजी वंश का शासन 1290 से 1320 तक रहा। तुगलक वंश ने 1320 से 1414 तक राज्य किया। इसके बाद सैय्यद वंश ने 1414 से 1451 तथा इसके बाद लोदी वंश 1451 से 1526 तक रहा।
10. (a) 1611 में सिकंदर बिन मुहम्मद मंजू द्वारा लिखित मिरात-ए-सिकंदरी, गुजरात के इतिहास को जफर खान (मुजफ्फर शाह I) द्वारा मुस्लिम विजय से मुजफ्फर शाह III (1591) की मृत्यु और गुजरात में बाद की घटनाओं तक का वर्णन देता है।

11. (a) 1772 की हेस्टिंग्स योजना के तहत, प्रत्येक जिले में मुफस्सिल दीवानी अदालतों की स्थापना की गई, जिसकी अध्यक्षता कलेक्टर ने न्यायाधीश के रूप में की। न्यायालय ने संपत्ति, उत्तराधिकार, उत्तराधिकार, जाति, विवाह, अनुबंध, लेखा आदि सहित सभी दीवानी मामलों का संज्ञान लिया। जाति, धर्म, विवाह और वंशानुक्रम से संबंधित मामलों का निर्णय उनके हिंदू रीति-रिवाजों और रीति-रिवाजों के अनुसार किया जाना था।
12. (d) 1862 में, ब्रिटिश भारत के तत्कालीन वायसराय लॉर्ड कैनिंग ने तीन भारतीयों को अपनी विधान परिषद में नामित किया। बनारस के राजा, पटियाला के महाराजा और सर दिनकर राव परिषद का हिस्सा थे।
13. (c) प्रश्नगत दिए गए विकल्पों में साम्राज्यों को उनके कालक्रमानुसार व्यवस्थित किया गया है-
    मौर्य साम्राज्य (322-185 ई०पू०)
    गुप्त साम्राज्य (240 -550 ई0)
    खिलजी वंश (1290-1320 ई0)
    विजयनगर साम्राज्य (1336-1650 ई0)
14. (d) : यवनराज्य शिलालेख जिसे मघेरा वेल स्टोन शिलालेख (Meghra Well Stone Inscription) भी कहते हैं, उत्तर प्रदेश के मथुरा जिले के मघेरा गाँव से प्राप्त हुआ है। लाल बलुआ पत्थर से निर्मित यह शिलालेख संस्कृत भाषा में उत्कीर्ण है तथा संभवतः पहली शताब्दी ईसा पूर्व से संबंधित है। यह शिलालेख प्राचीन भारत में 'यवन युग' को प्रकाश में लाता है।
15. (c) गोवा पहले पुर्तगाल का एक उपनिवेश था, पुर्तगालियों ने गोवा पर लगभग 450 वर्षों तक शासन किया तथा 19 दिसंबर, 1961 ई. को भारतीय सेना ने गोवा, दमन और दीव को भारतीय संघ में विलय के लिए 'ऑपरेशन विजय' चलाया। जिसके परिणामस्वरूप गोवा, दमन और दीव भारत का एक केन्द्रशासित क्षेत्र बना। 30 मई, 1987 में इस केन्द्रशासित प्रदेश को विभाजित किया गया और गोवा भारत का 25 वाँ राज्य बनाया गया जबकि दमन और दीव केंद्रशासित प्रदेश ही रहा।
16. (b) : ओडिशा सरकार ने वर्ष 2018 में मिट्टी के क्षरण को रोकने और भूमिगत जल भंडार में वृद्धि करने के लिए 'ग्रीन महानदी मिशन' (वृक्षारोपण अभियान) शुरू किया था।
17. (b) भारत में जस्ता तथा ताँबा धातुओं का अत्यधिक भण्डारण राजस्थान में पाए गए है। ताँबा राजस्थान के खेतड़ी तथा अलवर में प्रचुर मात्रा में पाया जाता है तथा 99% से अधिक जस्ते का उत्पादन राजस्थान के उदयपुर जिले के जावार इलाके में प्राप्त होता है।
18. (d) 'कोरबा सुपर थर्मल पॉवर प्लांट' छत्तीसगढ़ में स्थित है। इसे वर्ष 1983 में स्थापित किया गया था। यह नेशनल थर्मल पॉवर कॉरपोरेशन का कोयला आधारित विद्युत संयंत्र है। इस पॉवर प्लांट के लिए कोयला कुशमुन्डा और गेवरा खानों से लिया जाता है तथा पानी की पूर्ति हसदेव नदी से की जाती है।
19. (b) भारत में 'ऑपरेशन फ्लड' या 'श्वेत क्रान्ति' के जनक वर्गीज कुरियन है। इसकी शुरूआत नेशनल डेयरी डेवलपमेंट बोर्ड (NDDB) द्वारा की गयी थी। यह सुनियोजित तीन चरणों वाली दीर्घकालीन योजना थी, जिसके कारण ही भारत दुग्ध उत्पादन में शीर्ष राष्ट्र बना।
20. (c) भारत में कॉफी का सर्वाधिक उत्पादन दक्षिण भारतीय राज्यों के पहाड़ी क्षेत्रों में होता है, कर्नाटक राज्य भारत का सबसे बड़ा कॉफी उत्पादक राज्य है। विश्व में सबसे अधिक कॉफी का उत्पादन करने वाला देश ब्राजील है। यह देश दुनिया के कुल कॉफी उत्पादन का लगभग 30% उत्पादन करता है।
21. (a) खादर मृदा बांगर मृदा से ज्यादा उपजाऊ होती है। खादर और बांगर क्षेत्र आमतौर पर दोआब के क्षेत्रों में पाये जाते है। बांगर (नवीन जलोढ़) कंकडो और रेतीले डोमट से समृद्ध होती हैं जबकि खादर का निर्माण गाद और मिट्टी से होता है।
22. (c) यमुना दिल्ली की प्रमुख नदी है। राष्ट्रीय राजधानी शहर दिल्ली इसी नदी के किनारे अवस्थित है। यह यमुनोत्री हिमानी से निकलती है और प्रयागराज (इलाहाबाद) में गंगा से मिल जाती है। इसकी लंबाई 1375 किमी. तथा सहायक नदियाँ चम्बल, बेतवा तथा केन है।
23. (a) उपर्युक्त प्रश्नगत बायोम में टैगा एक प्रकार का शीतोष्ण कटिबंधीय बायोम है न कि समशीतोष्ण बायोम अतः विकल्प (a) को छोड़कर दिए गए अन्य विकल्प सुमेलित है।
24. (a) दुनिया का सबसे छोटा देश 'वेटिकन सिटी' है। इसका क्षेत्रफल 0.44 वर्ग किलोमीटर है। वेटिकन सिटी इटली देश के 'रोम शहर' के अन्दर बसा एक स्वतन्त्र देश है। वेटिकन सिटी के बाद मोनाको (2 वर्ग किमी.) को दुनिया का दूसरा सबसे छोटा देश माना जाता है।
25. (d) ओजोन वायुमंडल में बहुत कम मात्रा में पायी जाती है परन्तु यह वायुमंडल का एक महत्वपूर्ण घटक है। यह सूर्य से आने वाली पराबैंगनी किरणों के विकिरण को अवशोषित कर लेती है। यदि यह किरणें पृथ्वी की सतह तक पहुँच जाए तो तापमान में अत्यधिक वृद्धि के साथ चर्म कैंसर होने की संभावना बढ़ जाती है। यह गैस 15 से 35 किमी. की ऊँचाई पर, समताप मण्डल के निचले भाग में सघनता से पायी जाती है। ओजोन स्तर को मापने के लिए डॉबसन इकाई का प्रयोग किया जाता है।
26. (a) नंदलाल बोस ने संविधान की हस्तलिखित कॉपी को अलंकृत किया था। संविधान का पाण्डुलेखन 'प्रेम बिहारी नारायण रायजादा' द्वारा किया गया। भारतीय संविधान की हस्तलिखित कॉपी हीलियम फाइल केस में संसद की केन्द्रीय लाइब्रेरी में सुरक्षित है।
27. (e) भारतीय संविधान के अनुच्छेद 54 के तहत राष्ट्रपति का चुनाव एक निर्वाचक मंडल द्वारा किया जाता है। जिसमें संसद के दोनों सदनों के निर्वाचित सदस्य और सभी राज्यों तथा राष्ट्रीय राजधानी क्षेत्र दिल्ली एवं केन्द्र शासित प्रदेश पुदुचेरी की विधान सभाओं के निर्वाचित सदस्य शामिल होते हैं।

28. (b) : भारतीय संविधान के अनुच्छेद - 280 के तहत प्रावधान किया गया है कि राष्ट्रपति प्रत्येक पाँच वर्ष की समाप्ति के पश्चात वित्त आयोग का गठन करेगा, जिसका मुख्य कार्य केंद्रीय करों में राज्यों का भारांश तय करना; ग्राम पंचायतों को सुदृढ़ करने संबंधी उपाय प्रस्तुत करना है। प्रथम वित्त आयोग का गठन 1951 में हुआ था जिसके अध्यक्ष के०सी० नियोगी थे। वर्तमान में 15वाँ वित्त अयोग कार्यरत है। जिसके अध्यक्ष N. K. सिंह हैं तथा अन्य सदस्यों में अजय नारायण झा, अनूप सिंह, अशोक लाहिड़ी एवं रमेश चंद शामिल हैं।

29. (b) भारतीय संसद में प्रश्नकाल के खत्म होने के साथ ही शून्यकाल का प्रारम्भ होता है। चूंकि यह लगभग बारह बजे दोपहर से शुरू होता है, इसलिए इसे शून्यकाल के नाम से जाना जाता है। इसकी अवधि निश्चित नहीं होती तथा इसमें सांसदो द्वारा बिना किसी पूर्व सूचना के अविलंबनीय लोक महत्व के प्रश्न उठाये जाते हैं, जिस पर सदस्य तुरंत कार्यवाही चाहते हैं। शून्य काल की संसदीय व्यवस्था भारत की देन है।

30. (b) लोकसभा का सदस्य बनने के लिए किसी भी प्रकार की शैक्षणिक योग्यता का वर्णन संविधान में नहीं किया गया है। भारतीय संविधान के अनुच्छेद - 84 में लोकसभा का सदस्य बनने की अर्हताएं वर्णित है, जो है-

1. भारत का नागरिक हो
2. उसकी आयु कम से कम 25 वर्ष पूर्ण हो।

31. (a) भारतीय संविधान के भाग- II में अनुच्छेद 5 से 11 तक में नागरिकता का वर्णन है। भारत में ब्रिटेन के समान एकल नागरिकता का प्रावधान किया गया है। अनुच्छेद 11 के अंतर्गत संसद को नागरिकता के संबंध में विधि बनाने की शक्ति प्राप्त है। जिसके तहत संसद द्वारा भारतीय नागरिकता अधिनियम पारित किया गया। इस प्रकार कथन - I सत्य है। भारतीय संविधान के भाग- III में अनुच्छेद 12 से 35 तक में मूलअधिकारों का वर्णन है। भारतीय मूल अधिकार अमेरिकी संविधान के 'बिल ऑफ राइट्स' से प्रेरित है। भारत के मूल संविधान में कुल 7 मौलिक अधिकार थे, लेकिन 44वें संविधान संशोधन अधिनियम 1978 द्वारा सम्पत्ति के मूल अधिकार को समाप्त कर दिया गया। वर्तमान में भारतीय नागरिकों को कुल 6 मौलिक अधिकार प्राप्त है। अतः कथन - II भी सत्य है।

32. (b) : सन् 1955 में भारत में नागरिकता अधिनियम पारित किया गया। भारत के नागरिक के रूप में किसी व्यक्ति को प्रदान भारतीय संविधान के अनुच्छेद 5 से 11 (भाग - 2) द्वारा शासित होती है। संविधान का अनुच्छेद 11 संसद को नागरिकता के संबंध में कानून बनाने की शक्ति प्रदान करता है।

33. (a) सुप्रीम कोर्ट के जज बनने की एक प्रमुख योग्यता है कि व्यक्ति कम से कम 10 वर्ष तक किसी उच्च न्यायालय के न्यायाधीश के रूप में कार्य कर चुका हो।

34. (c) भारत के वित्त मंत्रालय के परिसर को उत्तरी ब्लॉक भी कहा जाता है।

35. (b) भारतीय संविधान के भाग - IV में वर्णित, नीति निदेशक तत्वों के अंतर्गत अनुच्छेद - 40 में ग्राम पंचायतों के संगठन का वर्णन है। संविधान का 73वाँ एवं 74वाँ संशोधन अधिनियम 1992 को पारित करके भाग - 9 एवं भाग - 9 'd' के अंतर्गत क्रमशः पंचायतों और नगरपालिकाओं के गठन, निर्वाचन शक्ति तथा उत्तरदायित्वों का प्रावधान किया गया है। भारतीय संविधान के भा - III (अनुच्छेद 12 से 35) में मौलिक अधिकारों के अंतर्गत अनुच्छेद-25 में धर्म के अबाध रूप में मानने आचरण और प्रचार करने की स्वतंत्रा है, जबकि अनुच्छेद-26 में धार्मिक कार्यों के प्रबंध की स्वतंत्रता का वर्णन किया गया है। अतः कथन I सत्य है और कथन II असत्य है।

36. (d) प्रति व्यक्ति आय एक औसत आय होती है जो कुल राष्ट्रीय आय तथा कुल जनसंख्या का अनुपात होती है। राष्ट्रीय आय को देश की कुल जनसंख्या से विभाजित कर प्रति व्यक्ति आय प्राप्त की जाती है।

प्रति व्यक्ति आय : = राष्ट्रीय आय ÷ कुल जनसंख्या

37. (b) मौद्रिक नीति समिति (MPC) की बैठक 2 माह के अन्तराल पर होती है। यह समिति विभिन्न नीतिगत निर्णय लेती है जैसे रेपो दर, रिवर्स रेपो दर, एमएसएफ और लिक्विडिटी एडजस्टमेंट फैसिलिटी आदि। केन्द्र सरकार द्वारा संशोधित त्ठप् अधिनियम, 1934 की धारा 45 ZB के अनुसार 6 सदस्यीय मौद्रिक नीति समिति (Monetary Policy Committee) का गठन वर्ष 2016 में किया गया था।

38. (d) मुद्रा की क्रय शक्ति में गिरावट लाने वाली वस्तुओं एवं सेवाओं के मूल्य स्तर में निरन्तर वृद्धि मुद्रास्फीति कहलाती है। सामान्य अर्थों में मुद्रास्फीति (अथवा मुद्रा प्रसार) वह स्थिति है जिसमें वस्तुओं की कीमत स्तर में वृद्धि होती है तथा मुद्रा के मूल्य या क्रयशक्ति में गिरावट आती है।

39. (c) अर्थशास्त्र में, अतिस्फीति या हाइपरइन्फ्लेशन बहुत अधिक और तेजी से बढ़ती मुद्रास्फीति को कहते हैं। मुद्रास्फीति की स्थिति में मुद्रा के वास्तविक मूल्य में गिरावट आती है। क्योंकि अधिकांश वस्तुओं की कीमतों में अत्यधिक वृद्धि होने लगती है। कुछ अर्थशास्त्रियों का मानना है कि अतिस्फीति का मुख्य कारण सरकारी घाटे को कम करने के लिए लगातार मुद्रा छापना है।

40. (a) भारत में 1957 में 'नया पैसा' का परिचय कराया गया था और 1964 में उसका पुनर्नामकरण 'पैसा' किया गया था। मुद्रा की दशमलव प्रणाली भारत में 1957 से प्रचलन में आयी। 1957 से 1964 तक टकसाल से उत्पादित पैसा को 'नया पैसा' संज्ञा प्रदान किया गया। 'नया पैसा' संज्ञा में से 'नया' शब्द को 1964 में अलग कर केवल पैसा' कर दिया गया। इस प्रकार मुद्रा की दशमलव प्रणाली के साथ प्रचलित 'नया पैसा' 1 जून 1964 से मात्र 'पैसा' हो गया।

41. (c) जब प्रकाश की किरणें एक पारदर्शी माध्यम से दूसरे पारदर्शी माध्यम में प्रवेश करती है तो दोनों माध्यम को अलग करने वाले तल पर अभिलम्बवत् आपतित होने पर सीधी निकल जाती है परन्तु तिरछी आपतित होने पर वे अपनी मूल दिशा से विचलित हो जाती है। इसे ही प्रकाश का अपवर्तन कहते है। इसके उदाहरण है- रात्रि के समय तारों का टिमटिमाना, पानी में डाली गई छड़ का उठी हुई दिखना। सूर्योदय एवं सूर्यास्त के बाद भी सूर्य का दिखायी देना इत्यादि।

42. (d) फैराडे का प्रथम नियम - जब किसी बन्द परिपथ से संबद्ध चुम्बकीय फ्लक्स के मान में परिवर्तन होता हैं तो परिपथ में विद्युत वाहक बल उत्पन्न होता है, इस उत्पन्न विद्युत वाहक बल को प्रेरित विद्युत वाहक बल कहते हैं।

43. (a) GPS (Global Positioning System) अमेरिकी रक्षा विभाग द्वारा निर्मित एक वैश्चिक उपग्रह - आधारित नेविगेशन सिस्टम है जो किसी व्यक्ति या पृथ्वी पर किसी वस्तु की सटीक अवस्थिति का पता लगाता है। किसी वस्तु की स्थिति निर्धारण के लिए ळच्टै रेंजिंग (Ranging) पद्धति पर काम करता है।

44. (a) : अलग-अलग पक्षियों की अलग-अलग तरह की दृष्टि होती है। जिन पक्षियों के सिर के किनारे आंखे होती है, उनके पास विस्तृत दृश्य क्षेत्र होता है। ऐसे पक्षी एक समय में दो अलग-अलग वस्तुओं पर ध्यान केन्द्रित कर सकते हैं। जब इनकी आंखे दो अलग-अलग वस्तुओं पर ध्यान केन्द्रित करती है तो इनकी दृष्टि की सीमा बढ़ जाती है। उनको इधर-उधर देखने के लिए सिर हिलाने की जरूरत नहीं पड़ती है।

उदाहरण - पतंगा, चील, गिद्ध है।

45. (b) : एक लिफ्ट में किसी व्यक्ति का प्रत्यक्ष भार वास्तविक भार से कम होता है जब लिफ्ट जा रही हो त्वरण के साथ नीचे।

46. (b) : अवक्षेपण अभिक्रिया अघुलनशील लवण पैदा करती है अवक्षेपण एक प्रकार की रासायनिक अभिक्रिया है जो जलीय घोल में होती है जिसके दो अलग आयन एक साथ अघुलनशील लवण बनाते है। अवक्षेपण का उपयोग किसी रासायनिक अभिक्रिया के दौरान अभिक्रिया के उत्पादों को अलग करने के लिए किया जाता है।

$Na_2SO_4 + BaCl2 + BaSO_4 + 2NaCl$

ऑक्सीजन का योग (वृद्धि) या हाइड्रोजन का ह्रास उपचयन की क्रिया कहलाती है। इस अभिक्रिया में किसी तत्व या यौगिक में विद्युत ऋणात्मक परमाणुओं का अनुपात बढ़ जाता है तथा धनात्मक परमाणुओं का अनुपात घट जाता है। अतः कथन I एवं कथन II दोनों सत्य हैं।

47. (a) जिस हाइड्रोकार्बन में प्रत्येक कार्बन परमाणु केवल एकल बन्ध द्वारा अपनी चारों संयोजकता पूर्ण कर लेता है उसे संतृप्त हाइड्रोकार्बन या एल्केन कहते है। संतृप्त एसाइक्लिक हाइड्रोकार्बन यौगिक $CH_3 - CH_2 - CH_2 - CH_3$

48. (b) : सही मिलान इस प्रकार है-
सोडियम बाइकार्बोनेट → बेंकिग सोडा
कैल्शियम कार्बोनेट → चॉक
पोटॉश एलम → फिटकरी
कैल्शियम हाइपोक्लोराइट → ब्लीचिंग पाउडर

49. (b) विशेष रूप से तैयार फिल्टरों से कोलाइड घोल, जो कोलाइड कणों को छोड़कर सभी पदार्थों में फैल सकता है, में विद्यमान घुलनशील विलेय और विलायक से कोलाइड के कणों में पृथक करने की प्रक्रिया जिस विधि पर आधारित है उसे श्डायलिसिसश कहते है।

50. (d) विनाइल क्लोराइड, मोनोमर के बहुलीकरण से पॉली विनाइल क्लोराइड प्राप्त होता है। इसका उपयोग पतली चादरें, फिल्में एवं बरसाती, सीट कवर इत्यादि बनाने में होता है।

51. (b) ट्यूबरकुलोसिस (टीबी) - यह वायुजनित रोग है जो माइकोबैक्टीरियम ट्यूबरक्यूलोसिस नामक जीवाणु के कारण उत्पन्न होता है। यह रोग संक्रमित व्यक्ति के खाँसने या छींकने से फैलता है। यह दूषित जल से नहीं फैलता।
डेंगू बुखार - यह संक्रामक रोग है जो डेंगू वायरस के कारण फैलता है। इस रोग का वाहक एडीज मच्छर है।
पीलिया - यह विषाणु जनित रोग है। जिसमें रक्त में पित्त वर्णक (Bilcpigment) अधिक मात्रा में चला जाता है। इसमें यकृत में पित्त वर्णक का निर्माण अधिक मात्रा में होने लगता है, परन्तु यकृत कोशिकाएँ इसका उत्सर्जन निम्न मात्रा में करती है। फलतः पेशाब पीला होने लगता है और रक्त में पित्त बढ़ जाता है।
टायफाइड - यह सालमोनेला टाइफोसा नामक जीवाणु से होता है। यह रोग दूषित जल व दूषित भोजन से फैलता है। इस रोग में प्लीहा और आंत्र योजनी ग्रंथियाँ बढ़ जाती है। रोगी को तेज बुखार और सिर दर्द बना रहता है।

52. (c) : फलीदार पौधे वे पौधे होते है, जो मृदा में वायुमंडल से नाइट्रोजन का स्थिरीकरण करने में सक्षम होते हैं। फलीदार पौधों के उदाहरण हैं- मूंगफली, दालें, सोयाबीन, सनई आदि। फलीदार पौधों का उपयोग फसल चक्रण के लिए किया जाता है।

53. (d) : अनावृतबीजी अर्थात् जिम्नोस्पर्म ऐसे पौधे को कहते है, जिनके बीज में आवरण या कवच नहीं पाया जाता है। इनके प्रमुख लक्षण निम्न हैं-
(i) ये मरूद्भिद होते हैं।
(ii) इनमें वायु परागण होता हैं।
(iii) ये एकलिंगी होते हैं।

54. (d) : केसर एक सुगंध देने वाला पौधा है। यह इरिडेसी कुल की क्रोकस सैटाइवस नामक वनस्पति है, जिसका मूल स्थान दक्षिण यूरोप है। केसर मसाले बनाते वक्त वर्तिकॉग्र भाग का प्रयोग किया जाता है। भारत के जम्मू-कश्मीर में केसर का सर्वाधिक उत्पादन होता है।

55. (d) : प्रकाश संश्लेषण एक ऐसी प्रक्रिया है जिसमें पौधे सूर्य के प्रकाश की उपस्थिति में पत्ती एवं हरे भागों में मौजूद

क्लोरोफिल की सहायता से पानी और कार्बन डाई ऑक्साइड को संश्लेषित करके अपने भोजन को तैयार करते हैं। पानी और कार्बन डाई ऑक्साइड कच्चे माल के रूप में उपयोग किये जाते हैं जबकि पेड़ पौधों को यह भोजन सुक्रोज, ग्लूकोज और स्टार्च के रूप में इकट्ठा होता है।

56. (a): छात्रों का अनुपात = $\begin{matrix} B & : & G \\ 90\times60 & : & 90\times40 \\ 3 & : & 2 \end{matrix}$

प्रश्नानुसार,

पूरी कक्षा का औसत भार = $\frac{3\times63+2\times54}{5}$

$= \frac{189+108}{5} = \frac{297}{5} = 59.4$ किग्रा

57. (d): 15 तथा 40 का लघुत्तम समापवर्त्य -

$15 = 3 \times 5$

$40 = 2 \times 2 \times 2 \times 5$

ल.स. = 120

प्रश्नानुसार,

$(7m + 1) = 120$

$7m = 120 - 1$

$7m = 119$

$m = 17$

58. (c): समान्तर श्रेणी है- 1125, 1350, 1575 4950

$a = 1125, \quad d = 225, \ l = 4950$

$\because l = a + (n - 1) \times d$

$4950 = 1125 + (n - 1) \times 225$

$3825 = (n - 1) \times 225$

$n - 1 = \frac{3825}{225}$

$n - 1 = 17$

$n = 18$

59. (b): प्रश्न से,

(600 का 35%) का x% = 35.7

$600\times\frac{35}{100}\times\frac{x}{100} = 35.7$

$21x = 357$

$x = 17$

60. (c): माना कंपनी का कुल लाभ = 100%

कुल कर्मचारियों की संख्या = 21

वरिष्ठ कर्मचारियों एवं कनिष्ठ कर्मचारियों की संख्या क्रमशः 4x और 3x है ।

प्रश्नानुसार,

$4x + 3x = 21$

$7x = 21$

$x = 3$

वरिष्ठ कर्मचारियों की संख्या = $4x = 4 \times 3 = 12$

कनिष्ठ कर्मचारियों की संख्या = $3x = 3 \times 3 = 9$

प्रत्येक वरिष्ठ एवं कनिष्ठ कर्मचारियों के लाभों का अनुपात = 4:1

प्रत्येक कनिष्ठ कर्मचारियों का लाभ = 2200

अब 1 unit = 2200

4 unit = 4 × 2200 = 8800

लाभ का 20% कर्मचारियों में बाटा गया है।

अतः 20% = (8800 × 12 + 2200 × 9)

= 105600 + 19800 = 125400

1% = 6270

कंपनी को कुल लाभ = 100%

= 6270 × 100

= 627000

61. (d): प्रश्नानुसार,

$P = \frac{2}{5}(Q+R)$

$Q = \frac{5P-2R}{2}$ ... (i)

$Q = \frac{3}{7}(P+R)$ ... (ii)

समी. (i) व समी. (ii) से,

$\frac{5P-2R}{2} = \frac{3}{7}(P+R)$

$7 \times (5P - 2R) = 6(P + R)$

$35P - 14R = 6P + 6R$

$29P = 20R$

$P = \frac{20R}{29}$

समी. (i) से,

$Q = \frac{5\frac{20R}{29}-2R}{2} = \frac{42R}{29\times2} = \frac{21R}{29}$

$P:Q:R = \frac{20R}{29}:\frac{21R}{29}:R = \frac{20}{29}:\frac{21}{29}:1$

$= 20 : 21 : 29$

अनुपाती योग = 20 + 21 + 29 = 70

R का हिस्सा = $\frac{29}{70}\times70000 = 29000$

62. (b): n = 2 वर्ष, r = 13% 13% प्रति वर्ष p = 18000

सूत्र चक्रवृद्धि ब्याज - $p\left[\left(1+\frac{r}{100}\right)^n - 1\right]$

$= 18000\left[\left(1+\frac{13}{100}\right)^2 - 1\right]$

$= 18000\left[\left(\frac{113}{100}\right)^2 - 1\right]$

$$= 18000\left[\frac{12769-10000}{10000}\right]$$

$$= \frac{18\times2769}{10} = \boxed{Rs.4984.2}$$

63. (b): प्रश्न से,

$24 \div 4 \times 5 - 8 \times 3 + 5$

$= \frac{24}{4}\times5-24+5$

$= 30 - 24 + 5 = 11$

64. (a): माना दो क्रमागत वृक्षों की दूरी x m है।

चाल = 54 km/h

$= 54\times\frac{5}{18} = 15m/sec$

समय = 30 सेकेंड, दूरी = पहले और सातवें वृंक्ष के बीच = 6x

दूरी = चाल x समय

$6x = 15 \times 30$

$x = 75$ m

11वें तथा 46वें वृक्षों के बीच की दूरी = (46 - 11)x

= 35x

= 35×75

$= \boxed{2625}$

65. (b): माना पूरा कार्य x दिन में पूरा होता है ।

J द्वारा 1 दिन का कार्य = $\frac{1}{40}$ भाग

J द्वारा x दिन का कार्य = $\frac{x}{40}$ भाग

K द्वारा 1 दिन का कार्य = $\frac{1}{60}$ भाग

K द्वारा (x – 5) दिन का कार्य = $\frac{x-5}{60}$ भाग

प्रश्नानुसार,

$$\frac{x}{40}+\frac{x-5}{60}=1$$

$$\frac{3x+2x-10}{120}=1$$

$$x=\frac{130}{5}=26 \text{ दिन}$$

66. (b): 5 : 30 87

जिस प्रकार,

5 : 30

$5^2+5=30$

उसी प्रकार,

$8^2+5 = ?$

? = 69

67. (c): प्रश्नानुसार,

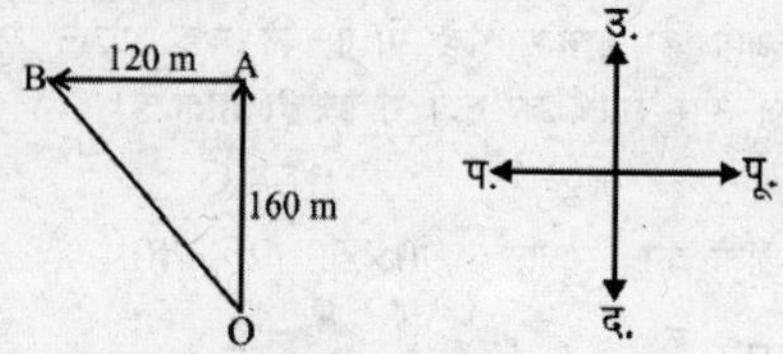

$OB = \sqrt{14400+2560}$

$OB = \sqrt{40000}$

OB = 200 (न्यूनतम दूरी)

कुल दूरी = 120-160

= 280 मी.

अत: कुल दूरी तथा न्यूनतम दूरी में अन्तर

= 280-200

= 80 मी.

68. (b): प्रश्नानुसार,

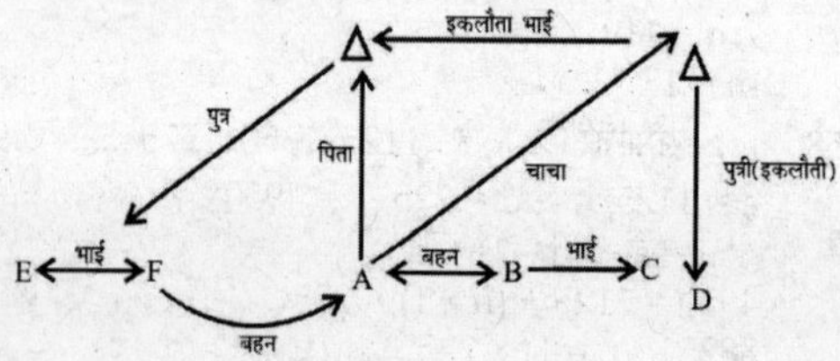

अत: A, F की बहन

69. (c):

28	-05	-2006
↓	↓-1	↓-1
28	4	2005

कुल विषम = 28 (3 + 0 + 3 + 2) = (2000 4(सा. वर्ष) + 1 (लीप वर्ष)

= 28 + 8 + 4 दिन +2

$= \frac{42}{7}$

= 0 शेषफल (रविवार)

70. (c) दिये गये पासे में दो उभयनिष्ठ संख्या 1 और 5 है अत: तीसरी संख्या '2' के विपरीत '4' होगी।

$2 \xrightarrow{\text{विपरीत भुजा}} 4$

71. (c) इत्सिंग सातवीं शताब्दी का दूसरा चीनी यात्री था। यह 673 ई. में बिहार के भ्रमण पर आया और 692 ई. तक रहा।

72. (c) बिहार में मध्यवर्ती प्रस्तर युग के साक्ष्य मुंगेर से प्राप्त हुए है। इस युग में प्रयोग किये जाने वाले औजार अत्यधिक लघु आकार के होते थे।

73. (d) बिहार के भौगोलिक क्षेत्र की चर्चा सर्वप्रथम शतपथ ब्राह्मण से मिलती है।

74. (a) डोलोमाइट-इस्पात की भट्टियों में काम आनेवाला महत्वपूर्ण पदार्थ है जो चूना-पत्थर का एक विशेष रूप है। यह बिहार में कैमूर और रोहतास की पहाड़ियों में पाया जाता है।

75. (b) मो० शफी ने इसकी अध्यक्षता की और करांची सम्मेलन के प्रस्ताव का अनुमोक्ष तथा प्रिंस ऑफ वेल्स की बिहार यात्रा का बहिष्कार का निर्णय लिया गया

76. (b) बिहार विद्यापीठ का उद्देश्य था प्रांत में खोली गई सभी राष्ट्रीय संस्थाओं का समायोजन तथा उनका नियंत्रण एवं निदेशन करना ।

77. (c) हाजीपुर स्टेशन पर डाक का थैला लूटने के प्रयास में यह हत्या हुई थी ।

78. (b) मिट्टी से नमक बनाने का शुभारंभ हुआ। बिहार में नमक सत्याग्रह का आरंभ 15 अप्रैल 1930 से हुआ। इस दिन विपिन बिहारी वर्मा ने नमक कानून भंग किया ।

79. (b) श्री कृष्ण बिहार के प्रधानमंत्री बने। उस समय मुख्यमंत्री को प्रधानमंत्री कहा जाता था ।

80. (d) स्वतंत्रता के बाद बिहार के जयराम दास दौलतराम पहले राज्यपाल थे।

81. (a) यह मुख्यतः छात्र आंदोलन था ।

82. (b) संपूर्ण क्रांति के नेतृत्वकर्ता जयप्रकाश नारायण को दूसरी महात्मा कहा जाने लगा था । यह आजाद भारत का सबसे बड़ा जन आंदोलन था ।

83. (b) विद्यापति मैथिली भाषा का सर्वाधिक महान साहित्यकार।

84. (c) बिहार का पहला अंग्रेजी अखबार दि बिहार हेराल्ड था इसका प्रकाशन गुरु प्रसाद सेन द्वारा 1875 में हुआ ।

85. (b) बिहार के मिथिला में गाए जाने वाला गीत लगनी राग विवाह के अवसर पर गाया जाता है

86. (b) संतशर्फुद्दीन यहियामनेरी का मजार मनेर में स्थित है ।

87. (d) बिहार में पटना, भागलपुर, मुजफ्फरपुर, बिहार शरीफ, दरभंगा, आरा, छपरा, बेगूसराय, पूर्णिया, कटिहार, मुंगेर एवं गया को नगर निगम का दर्जा प्राप्त है ।

88. (b) बिहार में पहली राष्ट्रपति शासन लागू करने के समय बिहार के राज्यपाल नित्यानंद कानूनगो और मुख्यमंत्री भोला पासवान शास्त्री थे ।

89. (e) बिहार राज्य में प्रमंडल (Division) की कुल संख्या 9 है

90. (c) यह क्रम पश्चिम से पूरब है। जिलों की संख्या-8 है ।

91. (c) जंतुकीड़े जो अपने समूह के अन्य सदस्यों को गंध से ढूंढते है वो चींटी, मधुमक्खी, रेशम का कीड़ा आदि है। चींटियाँ चलते समय जमीन पर कुछ गन्ध छोड़ती हैं। जिसे सँघकर पीछे आने वाली चींटियों को रास्ता मिलपशु उत्पाद और उपोत्पाद शामिल है।

92. (b) एक लोहार खुरपी, आरी, कुल्हाड़ी आदि चीजो को बनाता है लोहार उस व्यक्ति को कहते है, जो लोहा या इस्पात का उपयोग करके विभिन्न वस्तुएँ बनाता है। जाता है।

93. (d) चीनी, सिरका, नमक, हल्दी, आदि पदार्थ पानी में घुलते हैं। कुछ चीजे पानी में घुल जाती है, कुछ नहीं घुलती। वे पदार्थ जो जल के साथ हाइड्रोजन बंध नही बना सकते जल में विलेय नहीं होते है जो हाइड्रोजन बंध बना सकते है वे जल में घुलनशील होते है।

94. (d) चीनी, सिरका, नमक, हल्दी, आदि पदार्थ पानी में घुलते हैं। कुछ चीजे पानी में घुल जाती है, कुछ नहीं घुलती। वे पदार्थ जो जल के साथ हाइड्रोजन बंध नही बना सकते जल में विलेय नहीं होते है जो हाइड्रोजन बंध बना सकते है वे जल में घुलनशील होते है।

95. (c) अन्तरिक्ष-यान में यात्रा करते हुए अंतरिक्ष यात्रियों के बारे में एक जगह पर टिक कर रहने के लिए वे अपने आप को बेल्ट से बाँधते हैं।

96. (d) 'कुडुक' झारखण्ड के लोगों की बोलचाल की भाषा है। इसके अलावा यह भाषा भारत के अन्य राज्यों (जैसे-बिहार, मध्यप्रदेश, छत्तीसगढ़ और पश्चिम बंगाल) में उरॉव जनजाति के द्वारा बोली जाती है।

97. (c) देश भर में सबसे अधिक बार होने वाली और प्राकृतिक रूप से होने वाली आपदाएँ बाढ़ हैं। यह देश के विभिन्न हिस्सों में मानसून की अनियमितताओं के कारण उत्पन्न होता है।

98. (a) उष्णकटिबंधीय क्षेत्र तीव्र निम्न दबाव के क्षेत्र हैं। ये चक्रवात आमतौर पर भूमध्य रेखा के पास गर्म महासागरीय जल के ऊपर आते हैं। गंभीर उष्णकटिबंधीय चक्रवात एक वर्ष में 2 से 3 हो सकते हैं।

99. (b) यह 1992 में रियो में आयोजित सम्मेलन था। इससे पता चलता है कि पर्यावरण और राष्ट्र के विकास का गहरा संबंध है। अतः पृथ्वी और उसकी प्रजातियों की देखभाल और सुरक्षा आज की आवश्यकता है।

100. (d) चांदी का उपयोग शहरी आवास में सामग्री के रूप में नहीं किया जाता है। इसका उपयोग आवास निर्माण में नहीं किया जाता क्योंकि यह महँगा होता है। इसमें तन्य शक्ति और संरचनात्मक गुणों का भी अभाव है।

101. (d) केंद्रीय गृह मंत्री और सहकारिता मंत्री अमित शाह ने 10 अप्रैल 2023 को अरुणाचल प्रदेश के अंजॉ जिले के एक सीमावर्ती गांव किबिथू में 'वाइब्रेंट विलेज प्रोग्राम' लॉन्च किया। वित्त मंत्री द्वारा 2022 के बजट भाषण में वाइब्रेंट विलेज प्रोग्राम (VVP) की घोषणा की गई थी। बीएडीपी अपने दिशानिर्देशों के अनुसार गांव के बुनियादी ढांचे, स्वास्थ्य, शिक्षा, कृषि, खेल, पेयजल और स्वच्छता से संबंधित कार्यों को मंजूरी देता है।

102. (d) हैदराबाद में बोवेनपल्ली वेजिटेबल मार्केट ने एक अभिनव अपशिष्ट प्रबंधन प्रणाली लागू की है जो सब्जियों के कचरे से जैव-बिजली, जैव ईंधन और जैव-खाद उत्पन्न करती है। बाजार में प्रतिदिन लगभग 10 टन कचरा एकत्र होता है, जो अब सब्जी मंडी के लिए बिजली का प्रमुख स्रोत

है। बाजार में पैदा होने वाले कचरे को छोटे-छोटे टुकड़ों में काटकर एनारोबिक डाइजेस्टर्स में भेजा जाता है, जो बायोगैस और बायो-खाद को उप-उत्पाद के रूप में उत्पन्न करते हैं।

103. (b) उत्तर प्रदेश में शहरी स्थानीय निकाय चुनाव दो चरणों में 4 मई और 11 मई 2023 को हुए । चुनाव 760 शहरी स्थानीय निकायों में होंगे, जिनमें 17 मेयर पद और 1,420 पार्षद पद शामिल हैं। उत्तर प्रदेश राजनीतिक रूप से देश का सबसे महत्वपूर्ण राज्य है और लोकसभा में इसके 80 सदस्य हैं।

104. (b) विश्व होम्योपैथी दिवस हर साल 10 अप्रैल को मनाया जाता है यह होम्योपैथी के संस्थापक डॉ क्रिश्चियन फ्रेडरिक सैमुअल हैनिमैन की जयंती मनाता है सेंट्रल काउंसिल फॉर रिसर्च इन होम्योपैथी (CCRH) नई दिल्ली में एक वैज्ञानिक सम्मेलन का आयोजन कर रहा है आयोजन के दौरान सीसीआरएच की एक वृत्तचित्र, एक पोर्टल और आठ पुस्तकों का विमोचन किया जाएगा।

105. (b) प्रियांशु राजावत ने 9 अप्रैल 2023 को ऑरलियन्स मास्टर्स में पुरुष एकल खिताब जीता। उन्होंने फाइनल में डेनमार्क के मैग्नस जोहानसन को हराया। उन्होंने 2022 थॉमस कप में भारतीय टीम के लिए एक मैच खेला था। राजावत ने विजेता पैदा करके और नियंत्रित आक्रामक खेल खेलकर मैच जीत लिया।

106. (a) डॉ. मनोज सोनी, जिन्होंने पहले संघ लोक सेवा आयोग (यूपीएससी) के सदस्य के रूप में कार्य किया था, ने 16 मई 2023 को यूपीएससी के अध्यक्ष के रूप में कार्यालय और गोपनीयता की शपथ ली।

107. (c) ओडिशा की राजधानी भुवनेश्वर ने दुबई के लिए अपनी पहली सीधी अंतरराष्ट्रीय उड़ान सेवा शुरू की।इंडिगो सीधी उड़ान सेवा संचालित करने वाली एयरलाइन है।
उद्घाटन उड़ान में ओडिशा सरकार, नागरिक समाज, व्यापार और खेल समुदाय और स्वयं सहायता समूहों का एक प्रतिनिधिमंडल शामिल था।

108. (c) भारतीय सेना की गजराज कोर ने मानस नदी, असम पर हगरामा पुल पर एक संयुक्त बाढ़ राहत 'जल राहत' अभ्यास किया।अभ्यास का उद्देश्य संयुक्त अभ्यास को मान्य करना और बहु-एजेंसी बाढ़ राहत स्तंभों द्वारा तैयारियों का समन्वय करना है।

109. (b) प्रधानमंत्री नरेंद्र मोदी 18 मई को नई दिल्ली में अंतर्राष्ट्रीय संग्रहालय एक्सपो 2023 का उद्घाटन करेंगेइस वर्ष के एक्सपो का विषय 'संग्रहालय, स्थिरता और कल्याण' है।

110. (c) साउथ एशियन यूथ टेबल टेनिस चैंपियनशिप 2023 का समापन 17 मई को ईटानगर में हुआ। यह तीन दिवसीय अंतर्राष्ट्रीय कार्यक्रम था जिसमें छह देशों भूटान, बांग्लादेश, भारत, मालदीव, श्रीलंका और नेपाल के 100 से अधिक एथलीटों और अधिकारियों ने भाग लिया था।

111. (a) वरिष्ठ आईएएस अधिकारी अमित अग्रवाल ने 20 जून को भारतीय विशिष्ट पहचान प्राधिकरण, न्ळ।प् के मुख्य कार्यकारी अधिकारी, सीईओ के रूप में कार्यभार संभाला। वह 1993 बैच के छत्तीसगढ़ कैडर के आईएएस अधिकारी हैं।

112. (c) भारत के शीर्ष शॉट पुटर, तजिंदरपाल सिंह तूर ने 19 जून 2023 को भुवनेश्वर में अंतर-राज्य चौंपियनशिप में एक नया एशियाई शॉट पुट रिकॉर्ड बनाया है।

113. (b) संयुक्त राष्ट्र के सदस्यों ने 20 जून 2023 को खुले समुद्र में समुद्री जीवन की रक्षा के लिए पहली संधि को अपनाया। संयुक्त राष्ट्र महासचिव एंटोनियो गुटेरेस ने इस ऐतिहासिक समझौते की सराहना की है। 193 सदस्य देशों के प्रतिनिधियों ने बिना किसी आपत्ति के संधि को मंजूरी दे दी।

114. (d) प्रधानमंत्री नरेंद्र मोदी इस समय अमेरिका के तीन दिवसीय दौरे पर हैं। पीएम ने 20 जून को न्यूयॉर्क में टेस्ला के सीईओ और ट्विटर के मालिक एलोन मस्क से मुलाकात की। एलोन मस्क ने कहा कि वह अगले साल (2024) भारत आने की योजना बना रहे हैं और उन्होंने भरोसा भी जताया कि टेस्ला जल्द ही भारत आएगी।

115. (a) 20 जून को, चीन ने संयुक्त राष्ट्र में पाकिस्तान स्थित लश्कर-ए-तैयबा के आतंकवादी साजिद मीर को, जो 26/11 के मुंबई आतंकवादी हमलों में शामिल होने के लिए वांछित था, वैश्विक आतंकवादी के रूप में नामित करने के प्रस्ताव को रोक दिया। मीर भारत के सबसे वांछित आतंकवादियों में से एक है और अमेरिका ने 26/11 के मुंबई आतंकवादी हमलों में उसकी भूमिका के लिए 5 मिलियन डॉलर का इनाम रखा है।

116. (d) बेसबॉल खेल एक विशेष प्रकार के बल्ले (रॉड की तरह) और गेंद से खेला जाने वाला अमेरिका का राष्ट्रीय खेल है जो दो टीमों के मध्य खेला जाता है और प्रत्येक टीम में 9-9 खिलाड़ी होते हैं। होम, डायमंड, पिचर, पुल आउट, बेस, पिचिंग आदि बेसबॉल खेल की प्रमुख शब्दावलियाँ हैं।

117. (c) मार्क जुकरबर्ग का संबंध फेसबुक से है। 4 फरवरी, 2004 को मार्क जुकरबर्ग ने अपने तीन मित्रों के साथ हॉवर्ड यूनिवर्सिटी में एक वेबसाइट फेसबुक को लांच किया था। यह गूगल के बाद संसार की सबसे व्यस्त साइट है। फेसबुक ने एशिया में अपना पहला ऑफिस 2010 में हैदराबाद में खोला था।

118. (a) इंटरपोल के सामान्य नाम से प्रसिद्ध अंतर्राष्ट्रीय आपराधिक पुलिस संगठन का मुख्यालय फ्रांस के लियोन (स्लवद) शहर में है। इसकी स्थापना 1923 में की गई थी। यह विभिन्न देशों की पुलिस के बीच सहयोग कर अंतर्राष्ट्रीय अपराधियों को पकड़ती हैं। इस संगठन को 1956 में श्इंटरपोलश के नाम से जान जाने लगा। 'इंटरपोल' के वर्तमान अध्यक्ष अहमद नसीर अल रईसी हैं।

119. (a) 'एडवेंचर ऑफ शरलोक होम्स' किताब के लेखक आर्थर कॉनन डॉयल है। यह 12 पुस्तकों का एक संग्रह है।

120. (b) राष्ट्रीय पुष्प - कमल (नेलम्बों न्यूसिफेरा गार्टन)
राष्ट्रीय वृक्ष - बरगद (फाइकस वेनगैलेसिस)
राष्ट्रीय पक्षी - मयूर (पावो क्रिस्टेटस)
राष्ट्रीय कैलेण्डर - शक संवत
राष्ट्रीय फल - आम (मैनगीफेरा इंडिका)
राष्ट्रीय विरासत पशु - हाथी (एलिफास इंडिका)

SET 15 BPSC प्राइमरी प्रैक्टिस सेट

1. **चिदंबरम का चोल मंदिर निम्न में से किस धार्मिक समूह का है?**
(a) अलवार (b) जैन
(c) नयनार (d) वैदिक
(e) उपर्युक्त में से कोई नहीं/ उपर्युक्त में से एक से अधिक

2. **अनंतवर्मन _______ वंश का शासक था।**
(a) नंद (b) हर्यक
(c) गंग (d) शुंग
(e) उपर्युक्त में से कोई नहीं/ उपर्युक्त में से एक से अधिक

3. **निम्न में से कौन चट्टानों को काटकर बनाई गई गुफा का उदाहरण नहीं है ?**
(a) कोणार्क (b) एलोरा
(c) अजंता (d) बाघ
(e) उपर्युक्त में से कोई नहीं/ उपर्युक्त में से एक से अधिक

4. **राजा-रानी द्वारा शासित देशों को उनकी राजधानी के साथ सुमेलित करें**

सूची - A (राज्य)	सूची - B (राजधानी)
i. पल्लव	A. बादामी
ii. चालुक्य	B. मदुराई
iii. पांड्य	C. काँची
iv. कदम्ब	D. वैजयन्ती

i ii iii iv   i ii iii iv
(a) A B C D (b) B C D A
(c) C A B D (d) C A D B
(e) उपर्युक्त में से कोई नहीं/ उपर्युक्त में से एक से अधिक

5. **निम्नलिखित में से किस राजवंश ने 7वीं और 8वीं शताब्दी के दौरान कश्मीर घाटी पर शासन किया था ?**
(a) शाह मीर राजवंश (b) कार्कोट राजवंश
(c) माहड़वाल राजवंश (d) कलचुरी राजवंश
(e) उपर्युक्त में से कोई नहीं/ उपर्युक्त में से एक से अधिक

6. **किस चालुक्य राजा ने "अभिनव सिद्धराज" की उपाधि धारण की?**
(a) कुमारपाल
(b) मूलराज I
(c) जयसिंह (जयासिम्हा) सिद्धराज
(d) भीम II
(e) उपर्युक्त में से कोई नहीं/ उपर्युक्त में से एक से अधिक

7. **संगम काल दक्षिण भारत में __________ काल है।**
(a) 4वीं शताब्दी BC से 4वीं शताब्दी AD तक
(b) 5वीं शताब्दी BC से 5वीं शताब्दी AD तक
(c) 3वीं शताब्दी BC से 3वीं शताब्दी AD तक
(d) 2वीं शताब्दी BC से 2वीं शताब्दी AD तक
(e) उपर्युक्त में से कोई नहीं/ उपर्युक्त में से एक से अधिक

8. **पेशवाओं के "शिवराई" नामक मराठा सिक्के को ढालने के लिए किस धातु का उपयोग किया गया था?**
(a) सोना (b) ताँबा
(c) चाँदी (d) सोना-तांबा मिश्र धातु
(e) उपर्युक्त में से कोई नहीं/ उपर्युक्त में से एक से अधिक

9. **महमूद गजनी ने सोमनाथ मंदिर को किस वर्ष लूटा था?**
(a) 1021 ई (b) 1025 ई
(c) 1027 ई (d) 1030 ई
(e) उपर्युक्त में से कोई नहीं/ उपर्युक्त में से एक से अधिक

10. **निम्नलिखित में से कौन गजनवीद वंश का संस्थापक था?**
(a) अल्प तीगिन (b) बिलगेटगिन
(c) सुबुक्तगिन (d) गजनी के महमूद
(e) उपर्युक्त में से कोई नहीं/ उपर्युक्त में से एक से अधिक

11. **नीचे कुछ प्रसिद्ध मंदिरों और जिस वंश / साम्राज्य के काल में उनका निर्माण हुआ, उनकी सूची दी गई है। कौन - सा युग्म सुमेलित नहीं है?**
(a) हंपी – चोल
(b) कोणार्क का सूर्य मंदिर – पूर्वी गंग
(c) खजुराहो – चंदेल
(d) महाबलीपुरम् – पांड्य
(e) उपर्युक्त में से कोई नहीं/ उपर्युक्त में से एक से अधिक

12. **द्वितीय विश्व युद्ध के आरंभ होने के प्रमुख कारणों में से एक था :**
(a) फ्रांसीसी क्रांति (b) औद्योगिक क्रांति
(c) वर्साय की संधि (d) लिस्बन की संधि
(e) उपर्युक्त में से कोई नहीं/ उपर्युक्त में से एक से अधिक

13. अल्बुकर्क ने गोवा का अधिग्रहण कब किया?

(a) 1507 (b) 1510

(c) 1515 (d) 1517

(e) उपर्युक्त में से कोई नहीं/ उपर्युक्त में से एक से अधिक

14. वर्ष 1673 में शेर खान लोदी ने फ्रांसीसी बस्ती के लिए एक जगह की मंजूरी किसे दी थी?

(a) डुप्लेक्स (b) फ्रेंकोइस बैरोन

(c) फ्रेंकोइस मार्टिन (d) फ्रेंकोइस कारोन

(e) उपर्युक्त में से कोई नहीं/ उपर्युक्त में से एक से अधिक

15. भारत के निम्नलिखित में से किस तटीय क्षेत्र को यूरोपीय लोगों द्वारा 'कर्नाटिक' नाम दिया गया था?

(a) कोरोमंडल तट (b) कोंकण तट

(c) उत्कल तट (d) काठियावाड़ तट

(e) उपर्युक्त में से कोई नहीं/ उपर्युक्त में से एक से अधिक

16. भारत में पहली सूती कपड़ा मिल ________ में स्थापित हुई थी।

(a) गोवा (b) बम्बई

(c) मैसूर (d) कलकत्ता

(e) उपर्युक्त में से कोई नहीं/ उपर्युक्त में से एक से अधिक

17. नीचे कुछ खानें और संबंधित खनिज दिए गए हैं उन्हें सुमेलित कीजिए।

A. बेलाडिला — **1. कोयला**

B. झरिया — **2. बॉक्साइट**

C. खेतड़ी — **3. लौह अयस्क**

D. बालांगीर — **4. ताँबा**

	A	B	C	D
(a)	1	2	3	4
(b)	2	1	4	3
(c)	3	1	4	2
(d)	3	2	1	4

(e) उपर्युक्त में से कोई नहीं/ उपर्युक्त में से एक से अधिक

18. छत्तीसगढ़ में लौह और इस्पात का कारखाना कहाँ स्थित है?

(a) बर्नपुर (b) सलेम

(c) भिलाई (d) बोकारो

(e) उपर्युक्त में से कोई नहीं/ उपर्युक्त में से एक से अधिक

19. निम्नलिखित कथनों में कौन सही नहीं है?

(a) गेहूँ का उत्पादन पंजाब में होता है

(b) चाय का उत्पादन असम में होता है

(c) कॉफी का उत्पादन असम में होता है

(d) केसर का उत्पादन हिमाचल प्रदेश में होता है

(e) उपर्युक्त में से कोई नहीं/ उपर्युक्त में से एक से अधिक

20. भारत के उत्तरी मैदानों के बृहत क्षेत्र में प्रसारित मृदा है-

(a) लाल मृदा (b) काली मृदा

(c) लैटेराइट मृदा (d) जलोढ़ मृदा

(e) उपर्युक्त में से कोई नहीं/ उपर्युक्त में से एक से अधिक

21. भारत का कौन-सा क्षेत्र अपनी वर्षा का अधिकांश भाग उत्तर पूर्वी मानसून से प्राप्त करता है?

(a) केरल (b) मराठवाड़ा

(c) गंगीय पश्चिम बंगाल (d) कोरोमंडल और रायलसीमा

(e) उपर्युक्त में से कोई नहीं/ उपर्युक्त में से एक से अधिक

22. निम्नलिखित में से कौन-सा अवक्षेपण या वर्षण का रूप नहीं है ?

(a) निरपेक्ष आर्द्रता (b) वृष्टि

(c) सहिम वृष्टि (d) करकापात

(e) उपर्युक्त में से कोई नहीं/ उपर्युक्त में से एक से अधिक

23. वह नदी जो पश्चिमी घाट से नहीं निकलती है-

(a) कावेरी (b) वैगई

(c) बराक (d) गोदावरी

(e) उपर्युक्त में से कोई नहीं/ उपर्युक्त में से एक से अधिक

24. भारतीय मानक समय और ग्रीनविच मीन टाइम के बीच क्या अंतर है?

(a) 3 घंटे (b) 4 घंटे

(c) 5.30 घंटे (d) 6 घंटे

(e) उपर्युक्त में से कोई नहीं/ उपर्युक्त में से एक से अधिक

25. निम्नलिखित में से किस गैस में उच्च भूमंडलीय तापक्रम वृद्धि क्षमता होती है ?

(a) कार्बन डाइ ऑक्साइड (CO_2)

(b) नाइट्रस ऑक्साइड (N_2O)

(c) मिथेन (CH_4)

(d) सल्फर हेक्साफ्लोराइड (SF_6)

(e) उपर्युक्त में से कोई नहीं/ उपर्युक्त में से एक से अधिक

26. भारतीय संविधान के पिता के रूप में निम्नलिखित में से किसे जाना जाता है ?

(a) मोहनदास करमचंद गांधी (b) भीमराव अम्बेडकर

(c) पंडित जवाहरलाल नेहरू (d) सरदार वल्लभभाई पटेल

(e) उपर्युक्त में से कोई नहीं/ उपर्युक्त में से एक से अधिक

27. भारतीय संविधान का अनुच्छेद 5 से 11 ________ से संबंधित है।

(a) मूल अधिकार (b) मूल कर्तव्य

(c) नागरिकता (d) संघ कार्यकारिणी

(e) उपर्युक्त में से कोई नहीं/ उपर्युक्त में से एक से अधिक

28. ________, ________ को भंग कर सकते हैं।

(a) राष्ट्रपति, राज्यसभा (b) राष्ट्रपति, लोकसभा
(c) उपराष्ट्रपति, लोकसभा (d) उपराष्ट्रपति, राज्यसभा
(e) उपर्युक्त में से कोई नहीं/ उपर्युक्त में से एक से अधिक

29. निम्नलिखित कथनों में से कौन सा कथन सही है?

(a) भारतीय संघ की कार्यकारी शक्ति भारत के गृहमंत्री के पास होती है।
(b) भारतीय संघ की कार्यकारी शक्ति भारत के राष्ट्रपति के पास होती हैं।
(c) भारतीय संघ की कार्यकारी शक्ति भारत के मुख्य न्यायाधीश के पास होती है।
(d) भारतीय संघ की कार्यकारी शक्ति राज्यसभा के सभापति के पास होती है।
(e) उपर्युक्त में से कोई नहीं/ उपर्युक्त में से एक से अधिक

30. कोई विधेयक धन विधेयक है या नहीं इसका निर्णय निम्न में से कौन करता है?

(a) राष्ट्रपति (b) लोक सभा अध्यक्ष
(c) राज्य सभा के सभापति (d) वित्त मंत्री
(e) उपर्युक्त में से कोई नहीं/ उपर्युक्त में से एक से अधिक

31. भारत के संविधान का एक सौ चार (104वाँ) संशोधन है:

(a) इसने 1 जुलाई 2017 से भारत में वस्तु एवं सेवा कर पेश किया। यह केन्द्र और राज्य सरकारों द्वारा वस्तुओं और सेवाओं पर लगाए गए सभी अप्रत्यक्ष करों को प्रतिस्थापित करता हैं।
(b) यह इन सहकारी समितियों के निगमन, चुनाव और शासन को विनियमित करने के लिए राज्य विधायिका और केन्द्र की सत्ताओं को परिभाषित करता है। बहु-राज्य सहकारी समितियों और केन्द्र शासित प्रदेशों के लिए, संसद के पास विनियम जारी करने की सत्ता है।
(c) यह उन नागरिकों पर लागू होता है जो उच्च जातियों से आर्थिक रूप से कमजोर वर्ग के है।
(d) यह लोकसभा और राज्य विधानसभाओं में अनुसूचित जाति और अनुसूचित जनजाति के सदस्यों के लिए सीटों के आरक्षण की समाप्ति की समय सीमा को 10 वर्ष तक बढ़ाता है।
(e) उपर्युक्त में से कोई नहीं/ उपर्युक्त में से एक से अधिक

32. राष्ट्रीय वरिष्ठ नागरिक परिषद का अध्यक्ष कौन होता है?

(a) भारत का प्रधानमंत्री
(b) राष्ट्रीय विकास परिषद का अध्यक्ष
(c) नीति आयोग का वाईस चेयरमैन
(d) सामाजिक न्याय और अधिकारिता मंत्री
(e) उपर्युक्त में से कोई नहीं/ उपर्युक्त में से एक से अधिक

33. स्थानीय सरकारों का वर्णन संविधान के किस भाग में है?

(a) भाग IX (b) भाग IX और IXA
(c) भाग IX, IXA और IVA (d) भाग IXA
(e) उपर्युक्त में से कोई नहीं/ उपर्युक्त में से एक से अधिक

34. भारत में राज्यों / केंद्र शासित प्रदेशों की अधिकतम संख्या निम्नलिखित किस उच्च न्यायालयों के अधिकार क्षेत्र में आती है?

(a) कोलकाता उच्च न्यायालय (b) गुवाहाटी उच्च न्यायालय
(c) मद्रास उच्च न्यायालय (d) बॉम्बे उच्च न्यायालय
(e) उपर्युक्त में से कोई नहीं/ उपर्युक्त में से एक से अधिक

35. भारत के संविधान के किस अनुच्छेद में नए राज्यों के गठन और वर्तमान राज्यों के क्षेत्रों, सीमाओं या नामों के परिवर्तन, से संबंधित प्रावधान किए गए है?

(a) अनुच्छेद 2 (b) अनुच्छेद 3
(c) अनुच्छेद 4 (d) अनुच्छेद 1
(e) उपर्युक्त में से कोई नहीं/ उपर्युक्त में से एक से अधिक

36. भारत में गन्ने के मूल्यों को किस अधिनियम में प्रावधानों के तहत नियंत्रित किया जाता है ?

(a) माल - विक्रय अधिनियम, 1930
(b) आवश्यक वस्तु अधिनियम, 1955
(c) उपभोक्ता संरक्षण अधिनियम, 1986
(d) निक्षेपागार अधिनियम, 1996
(e) उपर्युक्त में से कोई नहीं/ उपर्युक्त में से एक से अधिक

37. निम्नलिखित में से कौन सा कथन सही है?

I. तृतीयक गतिविधियाँ सेवाओं के माध्यम से प्राथमिक और द्वितीयक क्षेत्रों को सहायता प्रदान करती हैं।
II. बैंकिंग द्वितीयक गतिविधि का एक उदाहरण है।

(a) केवल I (b) ना ही I ना ही II
(c) केवल II (d) I तथा II दोनों
(e) उपर्युक्त में से कोई नहीं/ उपर्युक्त में से एक से अधिक

38. 'प्रधानमंत्री जन-धन योजना' संबंधित है :

(a) निर्धनता निवारण (b) वित्तीय सेवाएँ
(c) ग्रामीण विकास (d) गरीबों के लिए आवास
(e) उपर्युक्त में से कोई नहीं/ उपर्युक्त में से एक से अधिक

39. भारत में एक रुपया का नोट और सिक्का एवं 50 पैसा का सिक्का किसके द्वारा जारी किया जाता है?

(a) भारतीय रिजर्व बैंक द्वारा
(b) केन्द्र सरकार द्वारा
(c) स्टेट बैंक ऑफ इंडिया द्वारा
(d) द यूनिट ट्रस्ट ऑफ इंडिया द्वारा
(e) उपर्युक्त में से कोई नहीं/ उपर्युक्त में से एक से अधिक

40. पूँजी बाजार विनियामक होता है :

(a) एनएसई (b) आर बी आई

(c) सेबी (d) आई आर डी ए

(e) उपर्युक्त में से कोई नहीं/ उपर्युक्त में से एक से अधिक

41. किसी लगाए गए बल के लिए, यदि क्षेत्रफल कम है तो दाब होगा-

(a) परिवर्तनशील (b) कम

(c) अधिक (d) स्थिर

(e) उपर्युक्त में से कोई नहीं/ उपर्युक्त में से एक से अधिक

42. बिजली के बल्ब का फिलामेन्ट किस का बना होता है:

(a) लोहा (b) नाइक्रोम

(c) टंगस्टन (d) ग्रेफाइट

(e) उपर्युक्त में से कोई नहीं/ उपर्युक्त में से एक से अधिक

43. अति-चालकता भौतिक गुण है जिसको किस से संबंधित किया जाता है :

(a) किसी पदार्थ को प्रावस्था परिवर्तन के बिना ठंडा करना (b) घर्षण के बिना तरल प्रवाह

(c) ताप प्रतिरोध्या की हानि (d) विद्युत प्रतिरोध की हानि

(e) उपर्युक्त में से कोई नहीं/ उपर्युक्त में से एक से अधिक

44. टेलिविजन प्रसारणों में आडियो सिग्नलों के संक्रमण के लिए प्रयुक्त तकनीक है:

(a) आयाम नियंत्रण

(b) आवृत्ति नियंत्रण

(c) पल्स कोड नियंत्रण

(d) समय विभाजन बहुविधकरण

(e) उपर्युक्त में से कोई नहीं/ उपर्युक्त में से एक से अधिक

45. 'मृगतृष्णा' क्या है?

(a) यह लंबवत रेखा को दर्शाता है।

(b) यह दूर की नजर है।

(c) यह नजदीक की नजर है

(d) यह दृष्टि भ्रम है।

(e) उपर्युक्त में से कोई नहीं/ उपर्युक्त में से एक से अधिक

46. कौन-से हाइड्रोकार्बन LPG के मुख्य घटक हैं?

(a) मीथेन और इथेन (b) प्रोपेन और ब्यूटेन

(c) पेंटेन और बेंजीन (d) केवल मीथेन

(e) उपर्युक्त में से कोई नहीं/ उपर्युक्त में से एक से अधिक

47. कौन-सा एक प्राकृतिक रेशा नहीं है?

(a) लिनेन (b) रेशम

(c) जूट (d) नॉयलॉन

(e) उपर्युक्त में से कोई नहीं/ उपर्युक्त में से एक से अधिक

48. सूर्य से ऊर्जा उत्पन्न करने की प्रक्रिया को क्या कहा जाता है?

(a) नाभिकीय विखंडन (b) रेडियो सक्रियता

(c) नाभिकीय संलयन (d) आयनीकरण

(e) उपर्युक्त में से कोई नहीं/ उपर्युक्त में से एक से अधिक

49. निम्नलिखित में से कौन-सा जीवाश्म ईंधन है ?

(a) लकड़ी

(b) पवन

(c) यूरेनियम

(d) उपरोक्त में से कोई भी नहीं

(e) उपर्युक्त में से कोई नहीं/ उपर्युक्त में से एक से अधिक

50. कठोरतम पदार्थ है

(a) टंगस्टन (b) हीरा

(c) स्टील (d) ग्रेफाइट

(e) उपर्युक्त में से कोई नहीं/ उपर्युक्त में से एक से अधिक

51. कथन (A): सुक्रोज स्वाद में मीठा होता है।

कथन (R) : सुक्रोज, इनवर्टेज किण्वक जो जीवित तंत्र में मौजूद होते हैं के द्वारा ग्लूकोज तथा फ्रक्टोज में रूपांतरित हो जाता है।

(a) (A) तथा (R) दोनों सही हैं तथा (R), (A) का सही स्पष्टीकरण है।

(b) (A) तथा (R) दोनों गलत है।

(c) (A) सही है, और (R) गलत है।

(d) (A) तथा (R) दोनों सही हैं तथा (R), (A) का सही स्पष्टीकरण है।

(e) उपर्युक्त में से कोई नहीं/ उपर्युक्त में से एक से अधिक

52. निम्नलिखित में से कौन-सा कथन सही है?

I. रसोई घर के कचरे को कृमि अथवा लाल केंचुओं द्वारा कंपोस्ट में परिवर्तित करना, वर्मीकंपोस्टिंग कहलाता है।

II. कंपोस्टिंग द्वारा प्लास्टिक को कम हानिकारक पदार्थों में परिवर्तित करना संभव नहीं है।

(a) केवल II (b) केवल I

(c) ना ही I ना ही II (d) I तथा II दोनों

(e) उपर्युक्त में से कोई नहीं/ उपर्युक्त में से एक से अधिक

53. मानव अंतः स्रावी ग्रंथियाँ और उनके द्वारा उत्पन्न किए जाने वाले हॉर्मोन दिए गए हैं। कौन - सा जोड़ा सही नहीं है?

(a) अग्नाशय : ग्लूकागन

(b) एड्रिनल कॉर्टेक्स : एड्रिनेलिन

(c) पीयूष : ग्रोथ हॉरमोन

(d) अग्नाशय : इंसुलिन

(e) उपर्युक्त में से कोई नहीं/ उपर्युक्त में से एक से अधिक

54. न्यूरॉन क्या है?

(a) ऊर्जा की मौलिक इकाई
(b) रेडियोधर्मी पदार्थों से निकलने वाले पदार्थ
(c) न्यूट्रॉन के प्रतिद्रव्य
(d) तंत्रिका तंत्र की मौलिक इकाई
(e) उपर्युक्त में से कोई नहीं/ उपर्युक्त में से एक से अधिक

55. एंटीजन क्या कार्य करता है?

(a) नुकसानदायी बैक्टीरिया को खत्म करता है
(b) जहर के रूप में कार्य करता है
(c) शरीर के तापमान को कम करता है
(d) एंटीबॉडी के निर्माण को प्रोत्साहित करता है।
(e) उपर्युक्त में से कोई नहीं/ उपर्युक्त में से एक से अधिक

56. 19 संख्याओं का औसत 72 है। पहली 10 संख्याओं का औसत 65 है और अंतिम 10 संख्याओं का औसत 74 है। यदि 10वीं संख्या को हटा दिया जाए, तो शेष संख्याओं का औसत क्या है, जो एक दशमलव स्थान तक सही है।

(a) 75.1 (b) 74.6
(c) 75.3 (d) 74.8
(e) उपर्युक्त में से कोई नहीं/ उपर्युक्त में से एक से अधिक

57. दो संख्याओं का HCF 18 है और उनका गुणनफल 13608 है। यदि दोनों, तीन अंकों की संख्याएं है, तो उनके व्युत्क्रमों का योग क्या है?

(a) $\frac{13}{378}$ (b) $\frac{13}{756}$
(b) $\frac{15}{756}$ (d) $\frac{15}{378}$
(e) उपर्युक्त में से कोई नहीं/ उपर्युक्त में से एक से अधिक

58. प्रथम 25 विषम संख्याओं का योग ज्ञात करें।

(a) 125 (b) 225
(c) 400 (d) 625
(e) उपर्युक्त में से कोई नहीं/ उपर्युक्त में से एक से अधिक

59. 1050 का 45% – 72.5 =

(a) 471 (b) 400
(c) 400.5 (d) 472
(e) उपर्युक्त गें रो कोई नहीं/ उपर्युक्त में से एक से अधिक

60. एक व्यक्ति 2000 रुपये प्रति हेलमेट की दर से तीन हैलमेट खरीदता है। वह पहले हैलमेट को 60 प्रतिशत के लाभ पर बेचता है, दूसरे हैलमेट को 20 प्रतिशत की हानि पर बेचता है तथा तीसरे हैलमेट को 30 प्रतिशत की हानि पर बेचता है। पूरे लेन-देन में कितने प्रतिशत का लाभ कमाया गया है?

(a) 3.33 प्रतिशत (b) 10 प्रतिशत
(c) 15 प्रतिशत (d) 20 प्रतिशत
(e) उपर्युक्त में से कोई नहीं/ उपर्युक्त में से एक से अधिक

61. एक पार्टी हॉल में, नीली तथा लाल रंग की पोशाक में लोग है। नीले रंग की पोशाक में पुरुषों की संख्या तथा लाल रंग की पोशाक में महिलाओं की संख्या का अनुपात 4 : 7 है। लाल रंग की पोशाक में पुरूषों की संख्या तथा नीले रंग की पोशाक में महिलाओं की संख्या का अनुपात 3 : 2 है। यदि नीले रंग में लोगों की संख्या का लाल रंग में लोगों की संख्या से अनुपात 106 : 176 है, तो पुरुषों की संख्या तथा महिलाओं की संख्या का अनुपात क्या है ?

(a) 13291 (b) 112 : 125
(c) 125: 157 (d) 125: 149
(e) उपर्युक्त में से कोई नहीं/ उपर्युक्त में से एक से अधिक

62. 2400 रुपये की एक राशि पर 2 वर्ष का साधारण ब्याज 288 रुपये है। ब्याज की वार्षिक दर क्या है?

(a) 9 प्रतिशत (b) 8 प्रतिशत
(c) 4 प्रतिशत (d) 5 प्रतिशत
(e) उपर्युक्त में से कोई नहीं/ उपर्युक्त में से एक से अधिक

63. $7.2 + (8.4 + 0.12 \times 0.2) - 5 \times 3 \div 0.05 + 3$ का मान है-

(a) 21.2 (b) –75.8
(c) –275.8 (d) –175.8

64. राजेश एक दूरी 8 घंटे में तय करता है तथा मोनू समान दूरी को 4 घंटे में तय करता है। यदि मोनू की गति राजेश की गति से 10 कि.मी / घंटा अधिक है, तो निम्नलिखित में से कौन सा/से कथन सही है/हैं?

I. मोनू की गति 30 कि.मी./घंटा है।
II. राजेश द्वारा तय की गई दूरी 80 कि.मी. है।

(a) ना ही I ना ही II (b) केवल I
(c) केवल II (d) I तथा II दोनों
(e) उपर्युक्त में से कोई नहीं/ उपर्युक्त में से एक से अधिक

65. P तथा Q मिलकर एक कार्य को 10 दिन में पूरा कर सकते हैं। Q तथा R मिलकर उसी कार्य को 15 दिन में। पूरा कर सकते हैं। यदि P, Q तथा R तीनों मिलकर काम करते हैं, तो यही कार्य 7.5 दिन में पूरा हो जाता है। P तथा R मिलकर उसी कार्य को पूरा करने के लिए। कितने दिन लेंगे?

(a) 7 दिन (b) 10 दिन
(c) 15 दिन (d) 5 दिन
(e) उपर्युक्त में से कोई नहीं/ उपर्युक्त में से एक से अधिक

66. 3:40 बजे घंटे की सुई और मिनट की सुई के बीच का कोण होता है:

(a) 120 (b) 130
(c) 125 (d) 135
(e) उपर्युक्त में से कोई नहीं/ उपर्युक्त में से एक से अधिक

67. निम्नलिखित व्यंजक का मान क्या होगा यदि '÷' का अर्थ जोड़, '+' का अर्थ घटाव, '-' का अर्थ गुणा और '×' का अर्थ विभाजन है।

88 × 1 – 1 ÷ 7 – 5

(a) 49 (b) 55
(c) 44 (d) 52
(e) उपर्युक्त में से कोई नहीं/ उपर्युक्त में से एक से अधिक

68. निम्नलिखित प्रश्न में दिए गए विकल्पों में से विषम शब्द को चुनिए।

(a) केला (b) आड़ू
(c) पता गोभी (d) आम
(e) उपर्युक्त में से कोई नहीं/ उपर्युक्त में से एक से अधिक

69. एक रसोई की गाड़ी में पाँच ट्रे A, B, C, D और E इस प्रकार रखी गई है कि C को D के ऊपर, E को A के नीचे, D को A के ऊपर और B को E के नीचे रखा गया। सबसे ऊपर कौन -सी ट्रे हे?

(a) A (b) B
(c) C (d) D
(e) उपर्युक्त में से कोई नहीं/ उपर्युक्त में से एक से अधिक

70. निम्न विकल्पों में से अंकों के उस संयोजन को चुनिए जिस के अनुसार यदि दिए गए अक्षरों को व्यवस्थित करें तो एक सार्थक शब्द बन जाए।

A R W L E K
↓ ↓ ↓ ↓ ↓ ↓
1 2 3 4 5 6

(a) 314652 (b) 413652
(c) 251462 (d) 652314
(e) उपर्युक्त में से कोई नहीं/ उपर्युक्त में से एक से अधिक

71. बिहार में ताम्र प्रस्तर युग के परवर्ती चरण के अवशेष कहाँ से प्राप्त हुए हैं?

(a) चिरांद (b) चेचर
(c) सोनपुर (d) मनेर
(e) उपर्युक्त में से कोई नहीं/ उपर्युक्त में से एक से अधिक

72. बिहार के प्राचीन राजवंशों के निम्नांकित में कौन शामिल नहीं है?

(a) नंद वंश (b) मौर्य वंश
(c) गुप्त वंश (d) मौखरी वंश
(e) उपर्युक्त में से कोई नहीं/ उपर्युक्त में से एक से अधिक

73. बिहार में साढे सात फीट ऊँची बुद्धदेव की एक पीतल की मूर्ति कहाँ से प्राप्त हुई है?

(a) गया से (b) सुल्तानगंज से
(c) पटना से (d) नालंदा से
(e) उपर्युक्त में से कोई नहीं/ उपर्युक्त में से एक से अधिक

74. मध्यकाल में पटना का नवनिर्माण किसने करवाया था?

(a) अजीम-उश-शान ने (b) मुहम्मद बिन तुगलक ने
(c) शेरशाह ने (d) औरंगजेब ने
(e) उपर्युक्त में से कोई नहीं/ उपर्युक्त में से एक से अधिक

75. बिहार में झंडा दिवस कब मनाया गया ?

(a) 17 जुलाई 1921 (b) 18 मई 1922
(c) 15 जुलाई 1924 (d) 18 जुलाई 1923
(e) उपर्युक्त में से कोई नहीं/ उपर्युक्त में से एक से अधिक

76. बिहार में रॉलेट एक्ट के विरुद्ध आंदोलन आरंभ हुआ-

(a) फरवरी 1920 में (b) फरवरी 1919 में
(c) मई 1919 में (d) जनवरी 1919 में
(e) उपर्युक्त में से कोई नहीं/ उपर्युक्त में से एक से अधिक

77. पटना में अखिल भारतीय महिला सम्मेलन का अधिवेशन हुआ था-

(a) 1929 में (b) 1930 में
(c) 1931 में (d) 1941 में
(e) उपर्युक्त में से कोई नहीं/ उपर्युक्त में से एक से अधिक

78. बिहार में किसने एक श्रमिक संघ स्थापित किया था ?

(a) श्री नरसिंह नारायन (b) श्री राजेन्द्र प्रसाद
(c) श्री अब्दुल बारी (d) बाबू रामनारायन
(e) उपर्युक्त में से कोई नहीं/ उपर्युक्त में से एक से अधिक

79. भारत छोड़ो आंदोलन के दौरान सारण में किसने पुलिस थाने को जला दिया था ?

(a) कुलानंद वैदिक (b) श्याम बिहारी लाल
(c) जगलाल चौधरी (d) जय प्रकाश सिंह
(e) उपर्युक्त में से कोई नहीं/ उपर्युक्त में से एक से अधिक

80. सारण कब 'अपराधी जिला' घोषित हुआ ?

(a) 1930 (b) 1942
(c) 1920 (d) 1908
(e) उपर्युक्त में से कोई नहीं/ उपर्युक्त में से एक से अधिक

81. बिहार में विद्युत रेल इंजन कारखाना स्थापित हुई-

(a) मढ़ौरा (b) जमालपुर
(c) मधेपुरा (d) हाजीपुर
(e) उपर्युक्त में से कोई नहीं/ उपर्युक्त में से एक से अधिक

82. भोजपुरी का जनकवि किसे कहा जाता है?

(a) अवध बिहारी श्सुमनश (b) भिखारी ठाकुर
(c) गोरखनाथ चौबे (d) श्याम बिहारी लाल
(e) उपर्युक्त में से कोई नहीं/ उपर्युक्त में से एक से अधिक

83. मंजूषा चित्र शैली किस क्षेत्र में लोकप्रिय थी-

(a) भोजपुर (b) अंग
(c) पाटलिपुत्र (d) नालंदा
(e) उपर्युक्त में से कोई नहीं/ उपर्युक्त में से एक से अधिक

84. मंजूषा चित्र शैली किस क्षेत्र में लोकप्रिय थी-

(a) भोजपुर (b) अंग
(c) पाटलिपुत्र (d) नालंदा
(e) उपर्युक्त में से कोई नहीं/ उपर्युक्त में से एक से अधिक

85. बिहार में राष्ट्रपति शासन प्रथम बार कब लागू किया गया?

(a) 26 जून 1968 को (b) 4 जुलाई 1969 को
(c) 26 जून 1972 को (d) 9 जुलाई 1972 को
(e) उपर्युक्त में से कोई नहीं/ उपर्युक्त में से एक से अधिक

86. क्षेत्रफल की दृष्टि से बिहार का सबसे छोटा जिला है?

(a) शिवहर (b) शेखपुरा
(c) लक्खीसराय (d) अरवल
(e) उपर्युक्त में से कोई नहीं/ उपर्युक्त में से एक से अधिक

87. बिहार के कितने जिलों को अलग कर झारखंड राज्य का निर्माण किया गया था ?

(a) 16 (b) 17
(c) 18 (d) 19
(e) उपर्युक्त में से कोई नहीं/ उपर्युक्त में से एक से अधिक

88. उत्तर प्रदेश की सीमा को स्पर्श करने वाले बिहार के जिले का सही समूह है-

(a) पूर्वी चंपारण, औरंगाबाद, गोपालगंज, सारण, भोजपुर।
(b) पश्चिमी चंपारण, गोपालगंज, सीवान, सारण, भोजपुर, बक्सर, कैमूर, रोहतास।
(c) गोपालगंज, सीवान, औरंगाबाद, वैशाली, भभुआ।
(d) सीवान, सारण, गोपालगंज, औरंगाबाद, गया, भभुआ।
(e) उपर्युक्त में से कोई नहीं/ उपर्युक्त में से एक से अधिक

89. बिहार के उत्तरी गंगा के मैदानी भाग का निर्माण हुआ है-

(a) गंगा और उसकी सहायक नदियों के निक्षेप से
(b) गंगा और सोन नदी के निक्षेप से
(c) सोन और कोसी नदी के निक्षेप से
(d) घाघरा और गंडक नदी के निक्षेप से
(e) उपर्युक्त में से कोई नहीं/ उपर्युक्त में से एक से अधिक

90. अभ्रक बिहार के किस जिले में पायी जाती है?

(a) नवादा (b) भागलपुर
(c) गया (d) पटना
(e) उपर्युक्त में से कोई नहीं/ उपर्युक्त में से एक से अधिक

91. हमारे देश के नीचे दिए गए राज्यों में से किसमें एलुमिनियम की खान हैं ?

(a) ओडिशा (b) असम
(c) बिहार (d) पश्चिम बंगाल
(e) उपर्युक्त में से कोई नहीं/ उपर्युक्त में से एक से अधिक

92. अपने खेतों से अधिक उपज प्राप्त करने के लिए कोई किसान उर्वरकों और पीडकनाशियों का आधिक्य में उपयोग करके खेतों में बार-बार धान की फसल उगा रहा है। उसका यह व्यवहार उसके खेतों की मृदा को

(a) केवल धान की फसलों के लिए उपयोगी बनाएगा
(b) अन्य फसलों के लिए भी उपजाऊ बनाएगा
(c) जुताई और बुआई के लिए उपयुक्त बनाएगा
(d) अंततः किसी भी फसल को उगाने के लिए अनुपयुक्त बनाएगा
(e) उपर्युक्त में से कोई नहीं/ उपर्युक्त में से एक से अधिक

93 "राजमा-चावल और छोले-भटूरे" किस राज्य के सामान्य लोगों का सर्वप्रिय भोजन है?

(a) छत्तीसगढ़ (b) गुजरात
(c) पंजाब (d) उत्तराखण्ड
(e) उपर्युक्त में से कोई नहीं/ उपर्युक्त में से एक से अधिक

94. पीतल (ब्रास) के विषय में निम्नलिखित में से सही कथन चुनिएः

(a) यह एक तत्व है।
(b) यह एक यौगिक है।
(c) यह कॉपर और जस्ता की मिश्र धातु है।
(d) यह कॉपर और टिन का समांगी मिश्रण है।)
(e) उपर्युक्त में से कोई नहीं/ उपर्युक्त में से एक से अधिक

95 पीतल (ब्रास) के विषय में निम्नलिखित में से सही कथन चुनिएः

(a) यह एक तत्व है।
(b) यह एक यौगिक है।
(c) यह कॉपर और जस्ता की मिश्र धातु है।
(d) यह कॉपर और टिन का समांगी मिश्रण है।)
(e) उपर्युक्त में से कोई नहीं/ उपर्युक्त में से एक से अधिक

96. बिहार के लोगों के लिए मधुमक्खी पालन (लीची) प्रारंभ करने की सबसे अच्छी अवधि है-

(a) जुलाई से सितम्बर (b) अक्टूबर से दिसम्बर
(c) जनवरी से मार्च (d) अप्रैल से जून
(e) उपर्युक्त में से कोई नहीं/ उपर्युक्त में से एक से अधिक

97. औद्योगिक देशों में पारंपरिक चिकित्सा के अनुकूलन को बड कहा जाता है, जिसका अर्थ है:
(a) सहकारी और वैकल्पिक चिकित्सा
(b) पूरक और सहयोगी चिकित्सा
(c) सहकारी और सहयोगी चिकित्सा
(d) पूरक और वैकल्पिक चिकित्सा
(e) उपर्युक्त में से कोई नहीं/ उपर्युक्त में से एक से अधिक

98. डायरिया के मामलों की संख्या को कम करने के लिए निम्नलिखित में से कौन सा प्रमुख उपाय है?
(a) बेहतर स्वच्छता (b) भोजन की स्वच्छता
(c) सुरक्षित पेयजल (d) उचित देखभाल
(e) उपर्युक्त में से कोई नहीं/ उपर्युक्त में से एक से अधिक

99. पीने के पानी में मौजूद कौन सा तत्व विभिन्न घातक बीमारियों का कारण बन सकता है?
(a) कैल्शियम (b) आर्सेनिक
(c) फास्फोरस (d) पोटेशियम
(e) उपर्युक्त में से कोई नहीं/ उपर्युक्त में से एक से अधिक

100. गाय के दूध का प्रोटीन कहलाता है
(a) जीन (b) लैक्टलबुमिन
(c) केसीन (d) एल्ब्यूमिन
(e) उपर्युक्त में से कोई नहीं/ उपर्युक्त में से एक से अधिक

101. विश्व लीवर दिवस कब मनाया जाता है?
(a) 18 अप्रैल (b) 19 अप्रैल
(c) 20 अप्रैल (d) 21 अप्रैल
(e) उपर्युक्त में से कोई नहीं/ उपर्युक्त में से एक से अधिक

102. "निंगलू" संकर सूर्य ग्रहण क्या है?
(a) आंशिक ग्रहण
(b) कुल ग्रहण
(c) कुल और कुंडलाकार दोनों ग्रहण
(d) चंद्र ग्रहण
(e) उपर्युक्त में से कोई नहीं/ उपर्युक्त में से एक से अधिक

103. ग्रामीण विकास मंत्री गिरिराज सिंह द्वारा शुरू किए गए अभियान का नाम क्या है?
(a) समृद्धि से संगठन (b) संगठन से समृद्धि
(c) सहयोग से समर्थन (d) सम्मान से समाधान
(e) उपर्युक्त में से कोई नहीं/ उपर्युक्त में से एक से अधिक

104. 19 अप्रैल 2023 को जी-20 का रिसर्च एंड इनोवेशन इनिशिएटिव सभा सम्मेलन कहाँ हो रहा है?
(a) मुंबई (b) नयी दिल्ली
(c) धर्मशाला (d) बैंगलोर
(e) उपर्युक्त में से कोई नहीं/ उपर्युक्त में से एक से अधिक

105. पशु जन्म नियंत्रण नियम, 2023 क्या हैं?
(a) राष्ट्रीय उद्यानों में पशुओं की आबादी को नियंत्रित करने के नियम।
(b) चिड़ियाघरों में जानवरों की आबादी को नियंत्रित करने के नियम।
(c) आवारा कुत्तों की नसबंदी और टीकाकरण के नियम।
(d) आवारा बिल्लियों की नसबंदी और टीकाकरण के नियम।
(e) उपर्युक्त में से कोई नहीं/ उपर्युक्त में से एक से अधिक

106. निम्नलिखित में से कौन सा अंतरराष्ट्रीय संग्रहालय दिवस का उद्देश्य है?
(a) सांस्कृतिक आदान-प्रदान और सहयोग
(b) भलाई और फिटनेस
(c) वैज्ञानिक अनुसंधान और नवाचार
(d) राजनीतिक सक्रियता और सामाजिक न्याय
(e) उपर्युक्त में से कोई नहीं/ उपर्युक्त में से एक से अधिक

107. किस संगठन को अतिरिक्त 1100 FPO बनाने की जिम्मेदारी दी गई है?
(a) राष्ट्रीय सहकारी विकास निगम (एनसीडीसी)
(b) कृषि और किसान कल्याण मंत्रालय
(c) भारतीय रिजर्व बैंक (आरबीआई)
(d) भारतीय कृषि अनुसंधान परिषद (आईसीएआर)
(e) उपर्युक्त में से कोई नहीं/ उपर्युक्त में से एक से अधिक

108. निम्नलिखित में से कौन सा देश क्वाड समिट का हिस्सा नहीं है?
(a) भारत (b) जापान
(c) ऑस्ट्रेलिया (d) नेपाल
(e) उपर्युक्त में से कोई नहीं/ उपर्युक्त में से एक से अधिक

109. विश्व एड्स टीका दिवस कब मनाया जाता है?
(a) 29 मई (b) 16 मई
(c) 21 मई (d) 7 मई
(e) उपर्युक्त में से कोई नहीं/ उपर्युक्त में से एक से अधिक

110. मई 2023 में कानून और न्याय मंत्रालय में राज्य मंत्री के रूप में किसे नियुक्त किया गया है?
(a) अर्जुन राम मेघवाल (b) रविशंकर प्रसाद
(c) अश्विनी कुमार (d) अरुण जेटली
(e) उपर्युक्त में से कोई नहीं/ उपर्युक्त में से एक से अधिक

111. कौन सा मेट्रो स्टेशन भारत का सबसे गहरा मेट्रो स्टेशन होगा?
(a) चेन्नई मेट्रो स्टेशन (b) हावड़ा मेट्रो स्टेशन
(c) ठाणे मेट्रो स्टेशन (d) इंदौर मेट्रो स्टेशन
(e) उपर्युक्त में से कोई नहीं/ उपर्युक्त में से एक से अधिक

112. 9वें अंतर्राष्ट्रीय योग दिवस पर न्यूयॉर्क में संयुक्त राष्ट्र मुख्यालय में योग सत्र का नेतृत्व किसने किया?

(a) डोनाल्ड ट्रम्प (b) एंजेला मर्केल
(c) नरेंद्र मोदी (d) जस्टिन ट्रूडो
(e) उपर्युक्त में से कोई नहीं/ उपर्युक्त में से एक से अधिक

113. जून 2023 में, कौन सी कंपनी गुजरात में चिप असेंबली और परीक्षण सुविधा में निवेश करने की योजना बना रही है?

(a) इंटेल (b) सैमसंग
(c) माइक्रोन (d) टीएसएमसी
(e) उपर्युक्त में से कोई नहीं/ उपर्युक्त में से एक से अधिक

114. कौन सा देश दुनिया की सबसे तेज मोटरबाइक रेस 'मोटो जीपी' 2023 की मेजबानी करेगा?

(a) इंग्लैंड (b) भारत
(c) नेपाल (d) ऑस्ट्रेलिया
(e) उपर्युक्त में से कोई नहीं/ उपर्युक्त में से एक से अधिक

115. भारत में पीएम किसान योजना का उद्देश्य क्या है?

(a) किसानों को बीमा कवरेज प्रदान करना
(b) कृषि उपकरणों के लिए किसानों को वित्तीय सहायता प्रदान करना
(c) जैविक कृषि पद्धतियों को बढ़ावा देना
(d) किसानों के बैंक खातों में एक मौद्रिक राशि हस्तांतरित करना
(e) उपर्युक्त में से कोई नहीं/ उपर्युक्त में से एक से अधिक

116. सायना नेहवाल संबंधित हैं-

(a) टेनिस से (b) बैडमिंटन से
(c) टेबल टेनिस से (d) महिला हॉकी से
(e) उपर्युक्त में से कोई नहीं/ उपर्युक्त में से एक से अधिक

117. माइक्रोसॉफ्ट वर्ड में निम्नलिखित में से क्या चेंज केस मेन्यू का एक विकल्प नहीं है?

(a) टाइटल केस (b) सेन्टेन्स केस
(c) लोअर केस (d) अपर केस
(e) उपर्युक्त में से कोई नहीं/ उपर्युक्त में से एक से अधिक

118. मड़ई त्योहार किस राज्य से लोकप्रिय रूप से जुड़ा हुआ है?

(a) छत्तीसगढ़ (b) आंध्र प्रदेश
(c) असम (d) उत्तराखण्ड
(e) उपर्युक्त में से कोई नहीं/ उपर्युक्त में से एक से अधिक

119. अन्तर्राष्ट्रीय रेड क्रॉस समिति का मुख्यालय कहाँ हैं?

(a) बर्लिन (b) प्राग
(c) मास्को (d) जेनेवा
(e) उपर्युक्त में से कोई नहीं/ उपर्युक्त में से एक से अधिक

120. 'वंदेमातरम् गीत' की रचना किसने की थी ?

(a) रवीन्द्रनाथ टैगोर (b) सरोजिनी नायडू
(c) बंकिम चंद्र चट्टोपाध्याय (d) शरत चंद्र चट्टोपाध्याय
(e) उपर्युक्त में से कोई नहीं/ उपर्युक्त में से एक से अधिक

उत्तर माला

1.	(c)	2.	(c)	3.	(a)	4.	(c)	5.	(b)	6.	(d)	7.	(c)	8.	(b)
9.	(b)	10.	(c)	11.	(d)	12.	(c)	13.	(b)	14.	(c)	15.	(a)	16.	(b)
17.	(c)	18.	(c)	19.	(d)	20.	(d)	21.	(d)	22.	(a)	23.	(c)	24.	(c)
25.	(d)	26.	(b)	27.	(c)	28.	(b)	29.	(b)	30.	(b)	31.	(d)	32.	(d)
33.	(b)	34.	(b)	35.	(b)	36.	(b)	37.	(a)	38.	(b)	39.	(b)	40.	(c)
41.	(c)	42.	(c)	43.	(d)	44.	(b)	45.	(d)	46.	(b)	47.	(d)	48.	(c)
49.	(d)	50.	(b)	51.	(d)	52.	(d)	53.	(b)	54.	(d)	55.	(d)	56.	(d)
57.	(b)	58.	(d)	59.	(b)	60.	(a)	61.	(c)	62.	(e)	63.	(c)	64.	(c)
65.	(b)	66.	(b)	67.	(e)	68.	(c)	69.	(c)	70.	(a)	71.	(e)	72.	(d)
73.	(b)	74.	(c)	75.	(d)	76.	(b)	77.	(a)	78.	(a)	79.	(c)	80.	(b)
81.	(c)	82.	(b)	83.	(b)	84.	(b)	85.	(a)	86.	(a)	87.	(c)	88.	(b)
89.	(a)	90.	(c)	91.	(a)	92.	(d)	93.	(c)	94.	(c)	95.	(c)	96.	(b)
97.	(d)	98.	(d)	99.	(b)	100.	(c)	101.	(b)	102.	(c)	103.	(b)	104.	(c)
105.	(c)	106.	(a)	107.	(a)	108.	(d)	109.	(e)	110.	(a)	111.	(b)	112.	(c)
113.	(c)	114.	(b)	115.	(d)	116.	(b)	117.	(a)	118.	(a)	119.	(d)	120.	(c)

उत्तर सहित व्याख्या

1. (c) चिदंबरम मंदिर, तमिलनाडु के चिदंबरम में अवस्थित है जो भगवान शिव को समर्पित है। यह मंदिर वास्तुकला की द्रविड़ शैली में बनाया गया था। यह मन्दिर नयनार नामक धार्मिक समूह से संबंधित है। नयनार, भगवान शिव को समर्पित संतों का समूह था।

2. (c) अनंतवर्मन पूवी गंग वंश का एक प्रमुख राजा था जिसने 11-12 वीं शताब्दी ई. में शासन किया था। ओडिसा के पुरी स्थित जगन्नाथ मंदिर का निर्माण उनके द्वारा करवाया गया था। पूवी गंग राजवंश ने कलिंग पर शासन किया।

3. (a) कोणार्क का सूर्य मंदिर चट्टानों को काटकर बनाये गये गुफा का उदाहरण नहीं है। यह लाल बलुआ पत्थर एवं काले ग्रेनाइट द्वारा निर्मित है। इस मंदिर का निर्माण गंग वंश के शासक (नरसिंह देव प्रथम) ने 13वीं शताब्दी में करवाया था। यह मंदिर भगवान सूर्य को समर्पित है। यह मंदिर कलिंग वास्तुकला का उत्कृष्ट नमूना है। इसे 1984 में यूनेस्को की विश्व धरोहर स्थल की सूची में शामिल कर लिया गया।

4. (c) सही सुमेलन इस प्रकार है-

राज्य	राजधानी
पल्लव	काँची
चालुक्य	बादामी
पांड्य	मदुराई
कदम्ब	वैजयन्ती

5. (b) 7वीं और 8वीं शताब्दी के दौरान कश्मीर घाटी पर कार्कोट राजवंश ने शासन किया। इस वंश की स्थापना दुर्लभवर्द्धन नामक व्यक्ति ने की थी। ह्वेनसांग ने उसके शासनकाल में कश्मीर की यात्रा की थी। इस वंश का सबसे शक्तिशाली शासक ललितादित्य मुक्तापीड था।

6. (d) गुजरात के चालक्य अथवा सोलंकी वंश अग्निकुल से उत्पन्न राजपूतों में से एक थे। गुजरात के चालुक्य शाखा की स्थापना का श्रेय मूलराज प्रथम (941-995 ई.) को प्रदान किया जाता है। इस वंश के शासक अजयपाल के पुत्र भीम द्वितीय ने उसके राज्य पर मुस्लिमों के आक्रमण को सफलतापूर्वक दबाने के पश्चात ही 'अभिनव सिद्धराज' की उपाधि धारण की।

7. (c) संगम काल दक्षिण भारत में तीसरी शताब्दी ई. पू. से तीसरी शताब्दी ई. तक माना जाता है। संगम, संस्कृत भाषा का शब्द है, जिसका अर्थ 'मिलन' है। यह प्राचीन भारत में कृष्णा एवं तुंगभद्रा नदियों का मिलन था। संगम संस्कृति में सुदुर दक्षिण के तीन राज्यों चोल, चेर एवं पाण्डयों की संस्कृतियों का अध्ययन किया जाता है।

8. (b) शिवराय पेशवाओं के समय में जारी किया गया एक तांबे का सिक्का था और बॉम्बे प्रेसीडेंसी में ईस्ट इंडिया कंपनी के शासन तक चल रहा था।

9. (b) सोमनाथ मंदिर भगवान शिव को समर्पित था, जिसे महमूद गजनी ने 1025 ई. में लूटा था। हिंदू मंदिरों पर अपने हमले और लूट के कारण, महमूद को बट-शिकन (या मूर्तियों को नष्ट करने वाला) के रूप में भी जाना जाता था। भगवान शिव को समर्पित इस मंदिर का पुनर्निर्माण मालवा के परमार राजा भोज और अन्हिलवाड़ा के सोलंकी राजा भीमदेव प्रथम ने 1026 और 1042 ईस्वी के बीच करवाया था। मध्ययुगीन भारत के पूरे इतिहास के दौरान इस मंदिर को बाद में कई बार नष्ट और मरम्मत किया गया था।

10. (c) गजनवीद वंश अपने ससुर अल्प तिगिन की मृत्यु के बाद सुबुक्तगिन द्वारा स्थापित एक राजवंश था। इस राजवंश में फारसी और तुर्किक मामलुक मूल थे और उन्होंने ईरान, अफगानिस्तान और उत्तर-पश्चिमी भारतीय उपमहाद्वीप के अधिकांश हिस्सों पर 977 ईस्वी से 1186 ईस्वी तक शासन किया था। सबुक्तीगिन या सुबुक्तिगिन गजनी के महमूद के पिता थे। मामलुक गुलामों के लिए एक अरबी शब्द था और आमतौर पर गैर-मुस्लिम गुलाम सैनिकों और गुलाम मूल के मुस्लिम शासकों के लिए इस्तेमाल किया जाता था।

11. (d) महाबलीपुरम एक ऐतिहासिक नगर है जो 'मामल्लपुरम' भी कहलाता है। यह तमिलनाडु के पूर्वोत्तर (दक्षिण भारत) में स्थित है। महाबलीपुरम धार्मिक केन्द्र (मंदिरों) को सातवीं सदी में हिन्दू पल्लव राजाओं ने स्थापित किया था।

12. (c) वर्साय की संधि का उल्लंघन द्वितीय विश्व युद्ध के प्रमुख कारणों में से एक था। जर्मनी ने वर्साय की संधि का उल्लंघन 1935 ई. में किया। वर्साय की संधि 28 जून, 1919 ई0 को मित्र राष्ट्रों एवं जर्मनी के मध्य हुई, जिसे जबरदस्ती जर्मनी पर थोपा गया था। इस संधि के अनुसार जर्मनी को अपनी भूमि का एक बड़ा भू- भाग छोड़ना पड़ा, दूसरे राज्यों पर उसके कब्जा करने पर पाबंदी लगा दी गई तथा जर्मनी की सेना का आकार सीमित करने के साथ-साथ भारी क्षतिपूर्ति थोप दी गई थी।

13. (b) 1510 में अल्बुकर्क ने बीजापुर सुल्तान से गोवा पर विजय प्राप्त की। वर्ष 1515 में अल्बुकर्क ने ओरमुज़ पर विजय प्राप्त की

14. (c) फ्रेंकोइस मार्टिन मसूलीपट्टनम फैक्ट्री के तत्कालीन निदेशक थे। शेर खान लोदी ने उन्हें 1673 में फ्रांसीसी बस्ती के लिए एक जगह की मंजूरी दी।

15. (a) यूरोपीय लोगों ने कोरोमंडल तट को 'कर्नाटिक' नाम दिया। यह वह स्थान है जिसने अंग्रेजी और फ्रेंच के बीच ऐतिहासिक कर्नाटक युद्ध देखा था।

16. (b) भारत में पहली सूती कपड़ा मिल बम्बई (1854) में स्थापित हुई थी। भारतीय अर्थव्यवस्था के मुख्य उद्योगों में से एक भारतीय सूती कपड़ा उद्योग है।

17. (c) प्रश्नगत दिए गए विकल्प सुमेलित है-

प्रमुख खानें	खनिज
बेलाडिला	लौह अयस्क
झरिया	कोयला
खेतड़ी	ताँबा
बालांगीर	बॉक्साइट

18. (c) भिलाई इस्पात संयंत्र की स्थापना 1955 ई. में तत्कालीन मध्य प्रदेश के भिलाई (अब छत्तीसगढ़ राज्य) में सोवियत संघ की सहायता से की गई थी। यह भारत का पहला इस्पात उत्पादक संयंत्र है। यहाँ रेल पटरियों, प्लेटों आदि का निर्माण होता है।

19. (d) भारत में केसर का उत्पादन करने वाला राज्य जम्मू-कश्मीर है। केसर का प्रयोग मसालों के रूप में किया जाता है। केसर सबसे महंगे मसालों में से एक है। यह एक सुगन्धित पौधा है। केसर के पुष्प के वर्तिकाग्र को केसर, कुंकुम, जाफरान या सैफ्रॉन कहते हैं।

20. (d) जलोढ़ मिट्टी उत्तर भारत के पश्चिम में पंजाब से लेकर सम्पूर्ण उत्तरी विशाल मैदान को घेरे हुए गंगा नदी के डेल्टा क्षेत्र तक फैली है। अत्यधिक उर्वरता वाली इस मिट्टी का विस्तार सामान्यत: देश की नदियों के बेसिनों एवं मैदानी भागों तक ही सीमित है। जलोढ़ मिट्टी की भौतिक विशेषताओं का निर्धारण जलवायविक दशाओं द्वारा तथा विशेषकर वर्षा तथा वनस्पतियों की वृद्धि द्वारा किया जाता है। उत्तर - भारत की इस मिट्टी में सिंचाई के माध्यम से गन्ना, गेहूँ, चावल, जूट, तम्बाकू, तिलहन आदि फसलों की खेती की जाती है।

21. (d) भारत में शीतकाल में हवाएँ उत्तर से दक्षिण की ओर एवं जमीन से सागर की ओर चलती है। इन्हें लौटता मानसून भी कहते है। यह लौटता मानसून भारत के पूर्वी तट (तमिलनाडु तट) पर सागर से जमीन में प्रवेश कर जाता है। जल के ऊपर से आने के कारण इन हवाओं में सागरीय नमी आ जाती है, इसलिए इनसे मुख्य रूप से कोरोमंडल और रॉयलसीमा तट पर वर्षा होती है।

22. (a) निरपेक्ष आद्रता वर्षण का रूप नहीं है। वायुमंडल में मौजूद जलवाष्प की वास्तविक मात्रा को निरपेक्ष आर्द्रता कहा जाता है। यह हवा के प्रति इकाई आयतन में जलवाष्प का वजन है। इसे ग्राम प्रति घनमीटर के रूप में व्यक्त किया जाता है। प्रश्नगत अन्य विकल्प वर्षा का रूप है। सहिम वृष्टि जमी हुई वर्षा की बूँदे या पिघली हुई बर्फ के पानी की जमी हुई बूँदे होती है।

23. (c) पश्चिमी घाट से निकलने वाली नदियाँ कावेरी, वैगई तथा गोदावरी है। जबकि बराक नदी पूर्वोत्तर भारत से निकलने वाली नदी है जो ब्रह्मपुत्र की सहायक नदी है।

24. (c) भारतीय मानक समय और ग्रीनविच मीन टाइम (GMT) के बीच 5:30 घंटे का अंतर है। पूरे विश्व के लिये ग्रीनविच के समय को औसत समय मान लिया गया है। भारत का मानक समय ग्रीनविच से 82.5° पूर्वी देशान्तर रेखा है। यह रेखा प्रयागराज (इलाहाबाद) के निकट मिर्जापुर से गुजरती है। यह भारत के पाँच राज्यों उत्तर प्रदेश, मध्य प्रदेश, छत्तीसगढ़, ओडिशा तथा आन्ध्र प्रदेश से गुजरती है।

25. (d) ग्लोबल वार्मिंग पोटेंशियल (GWP) का उपयोग कुल ऊर्जा को मापने के लिए किया जाता है। उच्च GWP वाली गैसें कम GWP वाली गैसों की तुलना में प्रति पाउंड अधिक ऊर्जा अवशोषित करती हैं और पृथ्वी को गर्म करने में अधिक योगदान देती है। सल्फर हेक्साफ्लोराइड (SF6) कम प्रचलित ग्रीन हाउस गैस है लेकिन बहुत शक्तिशाली है।

26. (b) 'भारतीय संविधान के पिता' के रूप में डॉ. भीमराव अम्बेडकर को जाना जाता है। वी. एन. राव द्वारा तैयार किये गये संविधान के प्रारूप पर विचार-विमर्श करने के लिए संविधान सभा द्वारा 29 अगस्त, 1947 ई. को एक संकल्प पारित करके प्रारूप समिति का गठन किया गया तथा इसके अध्यक्ष के रूप में डॉण भीमराव अम्बेडकर को चुना गया। प्रारूप समिति के सदस्यों की संख्या सात थी।

27. (c) भारतीय संविधान के भाग- II में अनुच्छेद 5 से 11 तक नागरिकता का वर्णन किया गया है। भारत में ब्रिटेन के समान एकल नागरिकता का प्रावधान है। संसद को नागरिकता के संबंध में विधि बनाने की शक्ति दी गयी है। जिसके तहत संसद द्वारा भारतीय नागरिकता अधिनियम 1955 पारित किया गया है। इस अधिनियम के अनुसार भारतीय नागरिकता 5 प्रकार से प्राप्त की जा सकती है। जो है-

(i) जन्म से (ii) वंश परम्परा से
(iii) पंजीकरण से (iv) देशीकरण से
(v) भूमि अर्जन द्वारा

28. (b) राष्ट्रपति अनुच्छेद 85 (2) के तहत केन्द्रीय मंत्रिमंडल की सिफारिश पर लोकसभा को भंग करते है। राज्यसभा एक स्थायी सदन है, इसे भंग नहीं किया जा सकता है। राष्ट्रपति अनुच्छेद 87 (1) के तहत प्रति वर्ष के पहले सत्र की शुरूआत में संसद को संबोधित करते हैं। संसद में राज्यसभा, लोकसभा और राष्ट्रपति शामिल होते हैं।

29. (b) अनुच्छेद 53 के तहत संघ की कार्यकारी शक्ति राष्ट्रपति में निहित होगी और इस संविधान के अनुसार उनके द्वारा या उनक अधीनस्थ अधिकारियों के माध्यम से प्रयोग किया जाएगा।

राष्ट्रपति संघ के कार्यकारी प्रमुख हैं। हालाँकि, राष्ट्रपति भारत में केवल एक नाममात्र की कार्यपालिका है। वास्तविक कार्यपालिका मंत्री परिषद के पास होती है जिसकी अध्यक्षता भारत के प्रधानमंत्री करते हैं।

30. (b) भारतीय संविधान के अनुच्छेद- 110 के अनुसार कोई विधेयक धन विधेयक कहलाता है, यदि उसमें करों के अधिरोपण उन्मूलन, छूट, परिवर्तन या विनियमन से संबंधित प्रावधान होते है। कोई विधेयक धन विधेयक है या नहीं इसका निर्णय लोकसभा अध्यक्ष करता है।

31. (d) 104वाँ संविधान संशोधन (2019) द्वारा संविधान के अनुच्छेद 334 (d) में संशोधन करते हुए लोकसभा एवं राज्य की विधानसभाओं में अनुसूचित जातियों एवं जनजातियों के लिए आरक्षण संबंधी प्रावधान को पुनः अगले 10 वर्षों के लिए बढ़ाते हुए इसे 25 जनवरी, 2030 तक के लिए प्रभावी बना दिया गया इस विधेयक के द्वारा एग्लो इंडियन को प्रदत्त आरक्षण को समाप्त कर दिया गया है।

32. (d) राष्ट्रीय वरिष्ठ नागरिक परिषद का अध्यक्ष सामाजिक न्याय और अधिकारिता मंत्री होता है।

33. (b) स्थानीय सरकारों का वर्णन संविधान के भाग IX और IXA में है।

34. (b) गुवाहाटी या गौहाटी उच्च न्यायालय के अंतर्गत 7 राज्य आते हैं:-असम, मणिपुर, मेघालय, नागालैंड, त्रिपुरा, अरुणाचल प्रदेश और मिजोरम।

35. (b) भारतीय संविधान के अनुच्छेद-3 के अंतर्गत नए राज्यों के गठन और वर्तमान राज्यों के क्षेत्रों, सीमाओं या नामों के परिवर्तन से संबंधित प्रावधान किए गए हैं।

अनुच्छेद - 1 भारत राज्यों का संघ है।

अनुच्छेद - 2 नए राज्यों का प्रवेश या स्थापना

अनुच्छेद - 4 संसद द्वारा अनुच्छेद- 2 अथवा अनुच्छेद- 3 के अंतर्गत बनायी गयी विधि अनुच्छेद 368 के प्रयोजन के लिए संविधान में संशोधन करने वाली विधि नहीं समझी जाएगी।

36. (b) गन्ने का मूल्य निर्धारण आवश्यक वस्तु अधिनियम (म्ब), 1955 के तहत जारी गन्ना (नियंत्रण) आदेश, 1966 के वैधानिक प्रावधानों द्वारा नियंत्रित होता है।

37. (a) तृतीयक क्षेत्र प्राथमिक और द्वितीयक क्षेत्र को सहायता प्रदान करता है और साथ ही उत्पादन प्रक्रिया के लिए भी सहायता प्रदान करता है। तृतीयक क्षेत्र को सेवा क्षेत्र भी कहते है। तृतीयक क्षेत्र के अंतर्गत आने वाली गतिविधियाँ हैं वित्तीय सेवाएं, परिवहन, दूरसंचार, स्वास्थ्य सेवाएं, परामर्श आदि। बैंकिंग तृतीयक क्षेत्र के अंतर्गत आने वाली गतिविधि है क्योंकि इसमें बैंकों के माध्यम से व्यक्तियों को सेवाएँ प्रदान की जाती है। अतः कथन I सत्य है और कथन II असत्य है

38. (b) प्रधानमंत्री जनधन योजना (PMJDY) भारत में वित्तीय समावेशन पर आधारित एक राष्ट्रीय मिशन है और जिसका उद्देश्य देशभर में सभी परिवारों को बैंकिंग सुविधाएं मुहैया कराना और हर परिवार का बैंक खाता खोलना है। इस योजना का शुभारंभ 28 अगस्त 2014 ई. को भारतीय प्रधानमंत्री श्री नरेन्द्र मोदी के द्वारा किया गया था।

39. (b) भारत में एक रुपया के नोट और सिक्का एवं 50 पैसे का सिक्का केन्द्र सरकार के द्वारा जारी किया जाता है। जबकि इससे बड़ी नोटों (2000, 500, 100 आदि) को भारतीय रिजर्व बैंक द्वारा जारी किया जाता हैं।

40. (c) भारतीय प्रतिभूति एवं विनिमय बोर्ड (सेबी) एक पूंजी विनियामक संस्था है जिसको वैधानिक दर्जा 30 जनवरी, 1992 ई. को प्रदान किया गया। किसी भी शेयर बाजार को मान्यता प्रदान करने, नियम बनाने और उसे संशोधित करने का अधिकार सेबी को प्राप्त है।

41. (c) एक आरोपित बल के लिए, यदि क्षेत्रफल कम है तो दाब अधिक होगा।
दाब क्षेत्रफल के व्युत्क्रमानुपाती होता है, यदि क्षेत्रफल कम होगा तो दाब अधिक होगा।
$P = F/A$ यदि क्षेत्रफल अधिक होगा तो दाब कम होगा

42. (c) बिजली के बल्ब का फिलामेंट टंगस्टन का बना होता है। टंगस्टन एक धातु है जिसका गलनाक 3140 डिग्री सेटीग्रेट होता है। फिलामेंट टंगस्टन धातु का एक तार है।
नाइक्रोम :- यह निकिल तथा क्रोमियम की मिश्रधातु है। इसका प्रयोग प्रतिरोधक बनाने में किया जाता है।
ग्रेफाइट कार्बन का एक अपरूप है यह विद्युत का चालक होता है।

43. (d) ऐसे पदार्थ या धातु जिनमें एक निश्चित ताप (OK) पर प्रतिरोधकता का मान बहुत तेजी से घटता है और शून्य हो जाता है, इन पदाथीं या धातुओं को अतिचालक पदार्थ या धातु कहते हैं। इनके इस गुण को अतिचालकता कहते हैं। शून्य प्रतिरोधकता के अलावा अतिचालकता की दशा में पदार्थ या धातु के भीतर चुम्बकीय क्षेत्र भी शून्य हो जाता है जिसे मेसनर प्रभाव के नाम से जाना जाता है।

44. (b) टेलीविजन प्रसारण में ऑडियो सिग्नल के प्रसारण के लिए प्रयुक्त तकनीकी आवृत्ति नियंत्रण है। यह एक ऐसी तकनीकि हैं जिसमें एनालॉग सिग्नल को डिजिटल सिग्नल में बदला जाता है। जबकि वीडीयों सिग्नल के लिए आयाम नियंत्रण तकनीक का इस्तेमाल होता है।

45. (d) 'मृगतृष्णा' दृष्टि भ्रम है जिसका कारण प्रकाश का पूर्ण आन्तरिक परावर्तन है, इस घटना को 'मरीचिका' कहते है। यह ज्यादातर रेगिस्तान में देखने को मिलती है। पूर्ण आन्तरिक परावर्तन के अन्य उदाहरण- हीरे की अत्यधिक चमक, कॉच के चटके हुए भाग की चमक, प्रकाशिक तंतु, पानी में हवा के बुलबुले की चमक।

46. (b) द्रवित पेट्रोलियम गैस (Liquified Petroleum Gas) में ब्यूटेन एवं प्रोपेन गैस का मिश्रण होता है, जिसे उच्च दाब पर द्रवित कर सिलेण्डरों में भरा जाता है। इसमें रिसाव को पता करने के लिए एथिल मर्कप्टन (C_2H_5SH) नामक पदार्थ मिलाया जाता है क्योंकि एल०पी०जी० गंधहीन गैस है।

47. (d) लिनेन, रेशम और जूट प्राकृतिक रेशे है जबकि नॉयलॉन, रेयॉन, पॉलीएस्टर तथा कार्बन फाइबर कृत्रिम रेशे है। नॉयलॉन शब्द न्यूयॉर्क शहर के 'NY' तथा लन्दन के 'LON' को मिलाकर बनाया गया है। नॉयलॉन ऐसे छोटे कार्बनिक अणुओं के बहुलकीकरण प्रक्रिया द्वारा बनाया जाता है, जो प्राकृतिक रूप से उपलब्ध नहीं है। यह एक पॉली एमाइड रेशे का उदाहरण है, जिसमें एमाइड समूह ($> CONH_2$) प्रत्येक इकाई पर होता है। नॉयलॉन मानव द्वारा संश्लिष्ट किया गया पहला रेशा था। इसका उपयोग मछली पकड़ने के जाल में, टायर, पैराशूट के कपड़े में, दाँत ब्रश आदि में होता है।

48. (c) सूर्य से ऊर्जा उत्पन्न करने की प्रक्रिया को नाभिकीय संलयन (Nuclear fusion) कहा जाता है। जब दो हल्के नाभिक परस्पर संयुक्त होकर एक भारी तत्व के नाभिक की रचना करते हैं तो इस प्रक्रिया को नाभिकीय संलयन कहते हैं। संलयन प्रक्रिया द्वारा हाइड्रोजन परमाणुओं से हीलियम परमाणु का निर्माण होता है-

49. (d) जीवाश्म ईंधन को खनिज ईंधन के नाम से भी जाना जाता है। यह ऊर्जा का नवीकरणीय स्रोत नहीं है। इनका निर्माण पृथ्वी में दबे प्राणी एवं पादप जीवों से होता है। कोयला और पेट्रोलियम जीवाश्म ईंधन के उदाहरण है।

50. (b) हीरा एक कठोरतम पदार्थ है। कठोरता के मोह स्केल पर इसका मान 10 है। यह एक पारदशी रत्न तथा रासायनिक रूप से कार्बन का शुद्धतम रूप है। हीरा ऊष्मा तथा विद्युत का कुचालक होता है। हीरा में सभी कार्बन परमाणु बहुत ही शक्तिशाली सह- संयोजी बंध द्वारा जुड़े होते है। हीरा, ग्रेफाइट तथा फ्लोरीन कार्बन के अपरूप होते हैं।

51. (d) सुक्रोज एक डाइसैकेराइड है, इसका निर्माण ग्लूकोज तथा फ्रक्टोज के एक-एक अणु से मिलकर होता है। इसका स्वाद मीठा होता है तथा इसका अणु सूत्र $C_{12}H_{22}O_{11}$ है। इसे टेबल चीनी के नाम से भी जाना जाता है, सुक्रोज, इनवर्टेज किण्वक जो जीवित तंत्र में मौजूद होते है, के द्वारा ग्लूकोज तथा फ्रक्टोज में रूपान्तरित हो जाता है। अतः A तथा R दोनों सही है और (R), (A) का सही स्पष्टीकरण है।

52. (d) रसोई घर के कचरे को कृषि अथवा लाल केचुओं द्वारा कंपोस्ट में परिवर्तित करना, वर्मी कंम्पोस्टिंग कहलाता है।

53. (b) मानव अंतःस्रावी ग्रन्थियों के अन्तर्गत एड्रिनल कॉर्टेक्स, एड्रिनेलिन नामक हामीन स्रावित नहीं करता बल्कि एड्रिनल कॉर्टेक्स की कोशिकाओं को सामूहिक रूप से कार्टिकोस्टिरॉइडस कहते है जिसके अन्तर्गत तीन हामीन्स (लिंग हॉमीन, ग्लूकोकॉर्टिकॉइड्स तथा मिनरैलोकॉर्टिकॉइड्स) स्रावित होते है। जबकि एड्रीनेलीन, हार्मोन्स को 'लड़ो तथा उड़ों हार्मोन्स' भी कहा जाता है।

54. (d) तंत्रिका तंत्र की मौलिक इकाई को न्यूरॉन / तंत्रिका-कोशिका कहा जाता है। इसका कार्य मस्तिष्क से सूचना का आदान- प्रदान और विश्लेषण करना होता है। यह कार्य विद्युत रासायनिक संकेतों द्वारा होता है। तंत्रिका - कोशिका शब्द का पहली बार प्रयोग जर्मन वैज्ञानिक हेनरिक विलहेल्म वॉल्डेयर ने किया था।

55. (d) रक्त समूह की खोज 'कार्ल लैण्डस्टीनर' ने 1900 ई. में किया था। मनुष्य में रक्तों की भिन्नता का मुख्य कारण लाल रक्त कण (RBC) में पायी जाने वाली 'ग्लाइकोप्रोटीन' है जिसे 'एन्टीजन' कहते है। एंटीजन, एंटीबॉडी के निर्माण को प्रोत्साहित करता है।

56. (d): प्रश्नानुसार,

19 संख्याओं का योग = 19 × 72 = 1368

प्रारम्भिक 10 संख्याओं का योग = 10 × 65 = 650

अन्तिम 10 संख्याओं का योग = 10 × 74 = 740

10वीं संख्या = (740 + 650) – 1368 = 22

शेष संख्याओं का योगफल = 1368 – 22 = 1346

शेष संख्या = 18

शेष संख्याओं का औसत = $\frac{1346}{18} = 74.77 \approx 74.8$

57. (b): माना दो संख्याएं 18x तथा 18y है।

म. स. x ल.स. = दोनों संख्याओं का गुणनफल

$18x \times 18y = 13608$

$xy = 42$

$x = 6$ और $y = 7$

अत: संख्याएँ $18x = 18 \times 6 = 108$

तथा $18y = 18 \times 7 = 126$

संख्याओं के व्युत्क्रमों का योग = $\frac{1}{108}+\frac{1}{126}$

$= \frac{108+126}{13608} = \frac{234}{13608} = \frac{13}{756}$

58. (d): प्रथम n विषम संख्याओं का योग = n^2

∵ प्रथम 25 विषम संख्याओं का योग = $25^2 = 625$

59. (b): प्रश्न से,

⇒ 1050 का 45% – 72.5 =

$1050 \times \frac{45}{100} - 72.5$

= 472.5 – 72.5

= 400

60. (a): प्रत्येक हैलमेट का क्रय मूल्य = 2000

तीन हैलमेट का कुल क्रय मूल्य = 3 × 2000 = 6000

पहले हैलमेट को 60% लाभ पर बेचता है, तब- विक्रय मूल्य

$= 2000 \times \frac{160}{100} = 3200$

दूसरे हैलमेट को 20% हानि पर बेचता है, तब- विक्रय मूल्य मूल्य

$= 2000 \times \frac{80}{100} = 1600$

तीसरे हैलमेट को 30% हानि पर बेचता है, तब- विक्रय मूल्य

$= 2000 \times \frac{70}{100} = 1400$

कुल विक्रय मूल्य = 3200 + 1600 + 1400 = Rs.6200

लाभ प्रतिशत

विक्रय मूल्य – क्रय मूल्य / क्रय मूल्य × 100]

$= \frac{6200-6000}{6000} \times 100$

$= \frac{200}{6000} \times 100 = 3.33\%$

61. (c): BM → नीले रंग की पोशाक में पुरुषों की संख्या

BW → नीले रंग की पोशाक में महिलाओं की संख्या

RM → लाल रंग की पोशाक में पुरूषों की संख्या

RW → लाल रंग की पोशाक में महिलाओं की संख्या

BM : RW

4 : 7 माना BM = 4x, तथा RW = 7x

RM : BW

3 : 2 माना RM = 3y तथा BW = 2y

प्रश्नानुसार,

$\frac{BM+BW}{RM+RW} = \frac{106}{176}$

$\frac{4x+2y}{3y+7x} = \frac{106}{176}$

$704x + 352y = 318y + 742x$

$352y - 318y = 742x - 704x$

$38x = 34y$

$\frac{x}{y} = \frac{34}{38} = \frac{17}{19} = x = 17m$

$y = 19m$

पुरुषों की संख्या / महिलाओं की संख्या = $\frac{4x+3y}{7x+2y} = \frac{4 \times 17m + 3 \times 19m}{7 \times 17m + 2 \times 19m}$

$= \frac{68m+57m}{119m+38m} = \frac{125m}{157m}$

अभिष्ट अनुपात = 125 : 157

62. (a): दिया है

मूलधन (P) = 2400

समय (T) = 2 वर्ष

सा० ब्याज (S.I.) = 288

दर (R) = ?

PXRxT

$$S.I. = \frac{P \times R \times T}{100}$$

$$288 = \frac{2400 \times R \times 2}{100}$$

288 = 48R

R = 6%

63. (c): 7.2 + (8.4 ÷ 0.12 × 0.2) – 5 × 30 ÷ 0.05 + 3 = ?

$$? = 7.2 + \left(\frac{8.4}{0.12} \times 0.2\right) - 2 \times \frac{3}{0.05} + 3$$

? = 7.2 + 70 × 0.2 – 5 × 60 + 3

= 7.2 + 14 – 300 + 3

= 24.2 – 300 = – 275.8

64. (c): माना, दूरी = y किमी.

$$\text{राजेश की चाल} = \frac{y}{8}$$

$$\text{मोनू की चाल} = \frac{y}{4}$$

प्रश्नानुसार,

$$\frac{y}{4} = \frac{y}{8} + 10$$

$$\frac{y}{4} - \frac{y}{8} = 10$$

$$\frac{y}{8} = 10$$

Y = 80 किमी.

$$\text{मोनू की चाल} = \frac{y}{4} = \frac{80}{4} = 20 \text{ कि. मी./घंटा}$$

अत: केवल कथन II सत्य है।

= 20 किमी/घंटा

65. (b): प्रश्न से-

$$P + Q + R \text{ का एक दिन का कार्य} = \frac{10}{75} \text{ भाग} \quad \ldots (i)$$

$$P + Q \text{ का एक दिन का कार्य} = \frac{1}{10} \text{ भाग} \quad \ldots (ii)$$

$$Q + R \text{ का एक दिन का कार्य} = \frac{1}{15} \text{ भाग} \quad \ldots (iii)$$

समी. (i) और समी. (iii) से,

$$P \text{ का एक दिन का कार्य} = \frac{10}{75} - \frac{1}{15}$$

$$P \text{ का एक दिन का कार्य} = \frac{10-5}{75} = \frac{5}{75} = \frac{1}{15} \text{ भाग} \ldots$$

(iv)

समी. (i) और समी. (ii) से,

$$R \text{ का एक दिन कार्य} = \frac{10}{75} - \frac{1}{10}$$

$$R \text{ का एक दिन का कार्य} = \frac{20-15}{150} = \frac{5}{150} = \frac{1}{30} \text{ भाग}$$

… (v)

$$(P + R) \text{ का एक दिन का कार्य} = \frac{1}{15} + \frac{1}{30}$$

$$= \frac{2}{30} \frac{1}{30} = \frac{3}{30} = \frac{1}{10} \text{ भाग}$$

अत: P तथा R मिलकर उसी कार्य को पूरा करने के लिए 10 दिन लेंगे।

66. (b): घंटे की सूई और मिनट की सुई के बीच का कोण

$$= \left[\frac{60 \times h \sim 11 \times m}{2}\right]$$

जहाँ h = घंटा

m= मिनट

$$\text{दोनों सुइयों के बीच कोण} = \left[\frac{60 \times 3 \sim 11 \times 40}{2}\right]$$

$$= \frac{180 \sim 440}{2}$$

$$= \frac{260}{2} = 130^o$$

67. (c): 88 × 2 – 1 ÷ 7 + 5

चिन्ह परिवर्तित करने पर –

= 88 ÷ 2 × 1 – 7 - 5

= 44 × 1 + 7 - 5

= 51 - 5

= 46

68. (c): केला, आडू और आम फल के अन्तर्गत आते है. जबकि पत्ता गोभी सब्जी के अन्तर्गत आती है। अत: विकल्प (c) अन्य से भिन्न है।

69. (c): प्रश्नानुसार, ट्रे का क्रम व्यवस्थित करने पर –

C ⟶ सबसे ऊपर

↓

D

↓

A

↓

E

↓

B ⟶ सबसे नीचे

70. (a): विकल्प से.
314652 →WALKER पैदल चलने वाला
अतः विकल्प (a) साथ है।

71. (e) बिहार में ताम्र प्रस्तर युग के परवर्ती चरण के अवशेष चिरांद [सारण] चेचर [वैशाली] मनेर [पटना], गया, सोनपुर से प्राप्त हुए है। इन अवशेषों से आदिमानव के जीवन के साक्ष्य मिले है।

72. (d) बिहार के प्राचीन राजवंश में मौखरी वंश शामिल नहीं है। मौखरी गुप्तों के सामंत थे और गुप्त वंश के पतन के पश्चात् स्वतंत्र हो गए।

73. (b) बिहार में साढ़े सात फीट ऊँची बुद्धदेव की पीतल की मूर्ति सुल्तानगंज से प्राप्त हुई है। गुप्तकालीन बुद्ध की मूर्तियाँ सारनाथ तथा मथुरा से भी प्राप्त हुई है।

74. (c) शेरशाह ने पंजाब एवं बंगाल में अपने कदम जमाने के बाद वह बिहार में पटना आया। इस समय बिहार प्रान्त की राजधानी बिहार शरीफ थी।

75. (d) बिहार में झंडा दिवस 18 जुलाई 1923 मनाया गया

76. (b) यह आंदोलन 1919 में फरवरी के अंतिम दिनों में आरंभ हुई।

77. (a) इस सम्मेलन में महिला समाज में फैली कुरीतियों तथा देश की स्वतंत्रता पर विचार-विमर्श हुआ।

78. (a) बिहार में किसने एक श्रमिक संघ श्री नरसिंह नारायन ने स्थापित किया था।

79. (c) भारत छोड़ो आंदोलन के दौरान सारण में जगलाल चौधरी ने पुलिस थाने को जला दिया था

80. (b) सारण 1942 को 'अपराधी जिला' घोषित हुआ

81. (c) बिहार में विद्युत रेल इंजन कारखाना मधेपुरा में स्थापित हुई।

82. (b) भोजपुरी का जनकवि भिखारी ठाकुर को कहा जाता है

83. (b) मंजूषा कला बिहार के भागलपुर की एक लोक कला है, और 7वीं शताब्दी की है। इसे पट्ट-चित्र भी कहा जाता है।

84. (b) मंजूषा कला बिहार के भागलपुर की एक लोक कला है, और 7वीं शताब्दी की है। इसे पट्ट-चित्र भी कहा जाता है।

85. (a) इसकी अवधि 26 जून 1968 से 26 फरवरी 1969 तक था।

86. (a) क्षेत्रफल की दृष्टि से बिहार का सबसे छोटा जिला शिवहर है

87. (c) बिहार विभाजन के पश्चात् झारखंड में 18 जिला चला गया था।

88. (b) यह क्रम उत्तर से दक्षिण की ओर है। जिलों की संख्या-8 है। पश्चिमी चंपारण, गोपालगंज, सीवान, सारण, भोजपुर, बक्सर, कैमूर, रोहतास।

89. (a) बिहार में गंगा के उत्तरी मैदान की सहायक नदियाँ - घाघरा, गंडक, बूढ़ी गंडक, कोसी, बागमती, कमला, बलान आदि है।

90. (c) अभ्रक (Mica) बिहार के गया और मुंगेर जिले में पाया जाता है। दरअसल, अभ्रक बिहार के गया जिले से हजारीबाग, मुंगेर तथा भागलपुर जिले तक लगभग ९० मील की लंबाई और 12-16 मील की चौड़ाई में फैली हुई है और इसका सर्वाधिक उत्पादक क्षेत्र कोडरमा तथा आसपास के क्षेत्रों में सीमित है।

91. (a) ओडिशा राज्य में एलुमीनियम की खान है। एलुमीनियम का अयस्क बॉक्साइट है। ओडिशा भारत में बॉक्साइट का सबसे बड़ा उत्पादक है।

92. (d) अपने खेतों से अधिक उपज प्राप्त करने के लिए कोई किसान उर्वरकों और पीड़कनाशियों का अधिक्य में उपयोग करके खेतों में बार-बार धान की फसल उगा रहा है।

93. (c) राजमा-चावल और छोले-भटूरे पंजाब राज्य के लोगों का सर्वप्रिय भोजन है।

94. (c) पीतल (Brass) कॉपर और जस्ता की मिश्रधातु है, जबकि ब्रांज (कांसा) कॉपर और टिन का मिश्रण है। पीतल में 70% कॉपर और 30% जस्ता होता है

95. (c) पीतल (Brass) कॉपर और जस्ता की मिश्रधातु है, जबकि ब्रांज (कांसा) कॉपर और टिन का मिश्रण है। पीतल में 70% कॉपर और 30% जस्ता होता है

96. (b) बिहार के लोगों के लिए मधुमक्खी पालन (लीची) प्रारंभ करने की सबसे अच्छी अवधि अक्टूबर से दिसम्बर है।

97. (d) पारंपरिक दवाएं सस्ती और आसानी से उपलब्ध हैं।

98. (d) उचित देखभाल ,उचित भोजन स्वच्छता, बेहतर स्वच्छता और पीने के लिए सुरक्षित पानी जैसे विभिन्न कारक दस्त के प्रसार को रोकते हैं।

99. (b) पीने के पानी में आर्सेनिक की मौजूदगी मानव स्वास्थ्य के लिए एक गंभीर खतरा है। ऐसा आर्सेनिक युक्त चट्टानों के कारण होता है जहां पानी को फ़िल्टर किया जाता है। चट्टानों से गुजरने के बाद इसमें आर्सेनिक की मात्रा मिल जाती है।

100. (c) केसीन प्रोटीन दूध में पाया जाता है। गाय के दूध में केसीन और व्हे दो प्रकार के प्रोटीन होते हैं , जो दूध प्रोटीन का क्रमशः 80% और 20% बनाते हैं।

101. (b) 19 अप्रैल लीवर से संबंधित बीमारियों के बारे में जागरूकता बढ़ाने के लिए 19 अप्रैल को विश्व लीवर दिवस मनाया जाता है। विश्व लीवर दिवस के लिए इस वर्ष की थीम है "सतर्क रहें, लीवर की नियमित जांच कराएं, फैटी लीवर किसी को भी प्रभावित कर सकता है।" लीवर की बीमारियाँ जैसे हेपेटाइटिस, सिरोसिस और लीवर कैंसर जानलेवा हो सकते हैं। जिगर की बीमारियों के जोखिम कारकों में शराब का सेवन, मोटापा, वायरल हेपेटाइटिस और कुछ दवाएं शामिल हैं।

102. (c) कुल और कुंडलाकार दोनों ग्रहण "निंगलू" संकर सूर्य ग्रहण 20 अप्रैल को होगा। ग्रहण पूर्ण ग्रहण और वलयाकार दोनों ग्रहण लाएगा, जिससे "आग का घेरा" प्रभाव पैदा होगा। सूर्य ग्रहण भारत से दिखाई नहीं देगा, लेकिन ऑस्ट्रेलिया के पश्चिमी तट से सबसे अच्छा देखा जा सकता है। ग्रहण का नाम ऑस्ट्रेलिया के निंगालू तट के नाम पर रखा गया है।

103. (b) संगठन से समृद्धि- ग्रामीण विकास मंत्री गिरिराज सिंह ने 'संगठन से समृद्धि' अभियान शुरू किया। अभियान का उद्देश्य सभी पात्र ग्रामीण महिलाओं को स्वयं सहायता समूहों (एसएचजी) की तह में लाना है। सरकार ने लक्ष्य रखा है कि एसएचजी से जुड़ी हर महिला सालाना एक लाख रुपये कमा सके। मंत्री ने महिलाओं से बाजरा उत्पादन करने का आग्रह किया।

104. (c) धर्मशाला- 19 अप्रैल 2023 को जी-20 का रिसर्च एंड इनोवेशन इनिशिएटिव सभा सम्मेलन आज हिमाचल प्रदेश के धर्मशाला में शुरू होगा। दो दिवसीय सम्मेलन में जी-20 सदस्य देशों के प्रतिनिधि, अंतर्राष्ट्रीय संगठन और वैज्ञानिक समुदाय के विशेषज्ञ भाग लेंगे। कांगड़ा हवाईअड्डे पर उनका पारंपरिक तरीके से स्वागत किया गया।

105. (c) आवारा कुत्तों की नसबंदी और टीकाकरण के नियम। केंद्र सरकार ने 18 अप्रैल 2023 को पशु जन्म नियंत्रण नियम, 2023 को अधिसूचित किया है। नियमों ने भारतीय पशु कल्याण बोर्ड (AWBI) और लोगों के बीच आवारा मुसीबतों के उन्मूलन के लिए एक रिट याचिका में सर्वोच्च न्यायालय के दिशानिर्देशों को संबोधित किया है। नगर निगमों को एबीसी और एंटी रेबीज कार्यक्रम को संयुक्त रूप से लागू करने की आवश्यकता है।

106. (a) सांस्कृतिक आदान-प्रदान को बढ़ावा देने, विविध संस्कृतियों को बढ़ाने और विभिन्न समुदायों के कार्यों के बीच आपसी समझ, सहयोग और शांति को बढ़ावा देने में उनकी महत्वपूर्ण भूमिका के लिए मान्यता बढ़ाने के उद्देश्य से 18 मई 2023 को अंतर्राष्ट्रीय संग्रहालय दिवस मनाया गया। यह 1977 में शुरू हुआ था। यह अंतर्राष्ट्रीय संग्रहालय परिषद (ICOM) द्वारा स्थापित किया गया था, जो समाज में संग्रहालयों की भूमिका को बढ़ावा देने के लिए समर्पित संगठन है।

107. (a) प्रधानमंत्री नरेंद्र मोदी के "सहकार से समृद्धि" के विजन को साकार करने के लिए, सहकारी क्षेत्र में 1100 नए किसान उत्पादक संगठनों (एफपीओ) के गठन का निर्णय लिया गया है। ये अतिरिक्त 1100 एफपीओ योजना के तहत राष्ट्रीय सहकारी विकास निगम (एनसीडीसी) को आवंटित किए गए हैं। एफपीओ योजना के तहत प्रत्येक एफपीओ को 33 लाख रुपये की वित्तीय सहायता प्रदान की जाती है। इसके अलावा, क्लस्टर आधारित व्यापारिक संगठनों को प्रति एफपीओ 25 लाख रुपये की वित्तीय सहायता प्रदान की जाती है।

108. (d) सिडनी में होने वाली क्वाड लीडर्स मीटिंग रद्द कर दी गई है। ऑस्ट्रेलिया, संयुक्त राज्य अमेरिका, जापान और भारत के नेताओं को 24 मई को सिडनी में मिलना था। चतुर्भुज सुरक्षा संवाद (QSD), जिसे आमतौर पर क्वाड के रूप में जाना जाता है, ऑस्ट्रेलिया, भारत, जापान और संयुक्त राज्य अमेरिका के बीच एक रणनीतिक सुरक्षा संवाद है जिसे सदस्य राज्यों के बीच बातचीत द्वारा बनाए रखा जाता है।

109. (e) विश्व एड्स टीका दिवस हर साल 18 मई को मनाया जाता है। इस दिन को एचआईवी वैक्सीन ज्ञान दिवस के रूप में भी जाना जाता है। इस दिन का उद्देश्य एचआईवीधएड्स के टीके की आवश्यकता के बारे में जागरूकता फैलाना है। एड्स वैक्सीन जागरुकता दिवस सबसे पहले 18 मई, 1998 में मनाया गया था।

110. (a) 18 मई को, संसदीय कार्य और संस्कृति राज्य मंत्री अर्जुन राम मेघवाल को उनके मौजूदा विभागों के अलावा कानून और न्याय मंत्रालय में राज्य मंत्री के रूप में स्वतंत्र प्रभार सौंपा गया है।

111. (b) केंद्रीय रेल, संचार और इलेक्ट्रॉनिक्स एवं सूचना प्रौद्योगिकी मंत्री अश्विनी वैष्णव ने 21 जून को हावड़ा मैदान से ईस्ट-वेस्ट मेट्रो (ग्रीन लाइन) परियोजना के एस्प्लेनेड खंड का निरीक्षण किया। हावड़ा स्टेशन भारत का सबसे गहरा मेट्रो स्टेशन बनने जा रहा है। यह मेट्रो स्टेशन सतह से 33 मीटर नीचे बनाया गया है और इसमें 5 लाख वर्ग फुट के क्षेत्र में 4 भूमिगत स्तर हैं।

112. (c) न्यूयॉर्क में संयुक्त राष्ट्र मुख्यालय में आयोजित योग दिवस कार्यक्रम में भारतीय प्रधान मंत्री नरेंद्र मोदी के नेतृत्व में योग सत्र ने अधिकांश राष्ट्रीयताओं की भागीदारी का गिनीज वर्ल्ड रिकॉर्ड बनाया। यह कार्यक्रम 9वें वार्षिक अंतर्राष्ट्रीय योग दिवस के उपलक्ष्य में आयोजित किया गया था। 21 जून को योग सत्र में 135 राष्ट्रीयताओं के लोगों ने भाग लिया और कतर में भारतीय दूतावास द्वारा निर्धारित 114 राष्ट्रीयताओं के पिछले रिकॉर्ड को तोड़ दिया।

113. (c) अमेरिकी चिप निमीता माइक्रोन गुजरात में चिप असेंबली और परीक्षण सुविधा बनाने के लिए 825 मिलियन डॉलर का निवेश करेगी। मैक्रों और केंद्र व गुजरात सरकार का संयुक्त निवेश 2. 75 अरब डॉलर होगा। गुजरात में नई असेंबली और परीक्षण सुविधा का चरणबद्ध निर्माण इस साल शुरू होने की उम्मीद है। चरण 1, जिसमें पांच मिलियन वर्ग फुट नियोजित क्लीनरूम स्थान शामिल होगा, 2024 के अंत में चालू हो जाएगा।

114. (b) उत्तर प्रदेश के मुख्यमंत्री योगी आदित्यनाथ ने 22 जून को दुनिया की सबसे तेज मोटरसाइकिल रेस 'मोटो जीपी' 2023 की पहली रेस के पहले टिकट का अनावरण किया। मोटो जीपी दुनिया की सबसे बड़ी, सबसे तेज़ और सबसे पुरानी बाइक रेसिंग प्रतियोगिता है। भारत पहली बार 22 से 24 सितंबर तक उत्तर प्रदेश के ग्रेटर नोएडा में बुद्ध इंटरनेशनल सर्किट में 'मोटो जीपी' की मेजबानी करेगा।

115. (d) कृषि एवं किसान कल्याण मंत्री ने 22 जून को फेस ऑथेंटिकेशन फीचर के साथ पीएम किसान मोबाइल ऐप लॉन्च किया। इस ऐप के जरिए दूरदराज के किसान बिना ओटीपी या फिंगरप्रिंट के अपना चेहरा स्कैन करके ई-केवाईसी कर सकते हैं। पीएम किसान दुनिया की सबसे बड़ी डीबीटी योजनाओं में से एक है जिसमें किसानों को आधार कार्ड से जुड़े बैंक खातों में 6,000 रुपये मिलते है।

116. (b) साइना नेहवाल भारतीय बैडमिंटन खिलाड़ी है। साइना दुनिया की शीर्ष वरीयता प्राप्त महिला बैडमिंटन खिलाड़ी बनने वाली प्रथम भारतीय महिला है। इन्हें अर्जुन अवार्ड, पद्म भूषण तथा राजीव गाँधी खेल रत्न पुरस्कार से नवाजा जा चुका है।

117. (a) माइक्रोसॉफ्ट वर्ड प्रोग्राम में एक ऐसा विकल्प है जिसे हम 'केस बदलने' के लिए उपयोग मे लाते है। इसे हम "चेंज केस" के नाम से जानते हैं। यह विकल्प एमएस वर्ड के होम टैब के तहत आता है जिसके द्वारा हम सेलेक्ट किए गए सभी समजजमते को दिए गये बेंम में परिवर्तित कर सकते हैं।

118. (a) मड़ई महोत्सव छत्तीसगढ़ के सबसे लोकप्रिय त्योहारों में से एक है। मड़ई महोत्सव गोंड जनजाति द्वारा मनाया जाता है। यह दिसम्बर की शुरुआत से मार्च के अंत तक मनाया जाता है। छत्तीसगढ़ के कुरना और चाशमा जनजाति भी मड़ई त्योहार मनाते हैं।

119. (d) अन्तर्राष्ट्रीय रेड क्रॉस समिति का मुख्यालय जेनेवा, स्विट्जरलैण्ड में है। इसकी स्थापना 1963 में हुई थी तथा यह संस्था युद्ध संघर्ष एवं हिंसाग्रस्त क्षेत्रों में प्रभावित लोगों की मदद करती है एवं युद्ध के पीड़ितों की रक्षा करने वाले कानूनों को बढ़ावा देती हैं।

120. (c) 'वंदेमातरम् गीत' की रचना सुप्रसिद्ध बांग्ला साहित्यकार बंकिमचन्द्र चट्टोपाध्याय द्वारा की गई है। यह गीत इनके संस्कृत और बांग्ला मिश्रित उपन्यास आनन्दमठ से लिया गया है। इस गीत को सर्वप्रथम 1896 में भारतीय राष्ट्रीय कांग्रेस के कलकत्ता अधिवेशन में गाया गया था। संविधान सभा में 24 जनवरी, 1950 को इसे राष्ट्रगीत के रूप में अंगीकृत किया गया। इस गीत को 65 सेकण्ड में गाया जाता है। इस गीत का अंग्रेजी अनुवाद अरविन्द घोष ने किया था।

BPSC
भाषा प्रैक्टिस सेट

SET 1

BPSC भाषा प्रैक्टिस सेट

1. **निम्न में से देशज शब्द की पहचान करें।**
(a) टमाटर (b) खुरपा
(c) अदालत (d) आलमारी
(e) उपर्युक्त में से कोई नहीं/उपर्युक्त में से एक से अधिक

2. **निम्नलिखित में से कौन-सा एक 'अनाथ' का पर्यायवाची नहीं है ?**
(a) बेसहारा (b) यतीम
(c) अनाड़ी (d) निराश्रित
(e) उपर्युक्त में से कोई नहीं/उपर्युक्त में से एक से अधिक

3. **निम्न में से विलोम शब्द का कौन-सा युग्म असंगत है?**
(a) बंधन - मुक्ति (b) उन्नति - अवनति
(c) आरोह - अवरोह (d) धनी - भिक्षुक
(e) उपर्युक्त में से कोई नहीं/उपर्युक्त में से एक से अधिक

4. **निम्नलिखित शब्द युग्म में कौन-सा सही विलोमार्थी नहीं है?**
(a) अक्षम-सक्षम (b) तामसिक-सात्विक
(c) अकृत्रिम-नैसर्गिक (d) दुर्जन-सज्जन
(e) उपर्युक्त में से कोई नहीं/उपर्युक्त में से एक से अधिक

5. **किस अनेकार्थक शब्द के सभी अर्थ सही हैं?**
(a) भूत - अतीत, राख (b) दंड - जुर्माना, भूमि
(c) अंश - कंधा, भाग (d) पक्ष - पंख, किनारा
(e) उपर्युक्त में से कोई नहीं/उपर्युक्त में से एक से अधिक

6. **'नाग' शब्द का अर्थ नहीं है :**
(a) हाथी (b) पर्वत
(c) शिव (d) बादल
(e) उपर्युक्त में से कोई नहीं/उपर्युक्त में से एक से अधिक

7. **निम्नलिखित में से कौन-सा एक शब्द तत्सम नहीं है?**
(a) अवतार (b) अमिय
(c) आशा (d) अक्षर
(e) उपर्युक्त में से कोई नहीं/उपर्युक्त में से एक से अधिक

8. **निम्नलिखित में तत्सम शब्द नहीं है -**
(a) आज्ञा (b) राय
(c) सर्व (d) स्वामी
(e) उपर्युक्त में से कोई नहीं/उपर्युक्त में से एक से अधिक

9. **'पटल' का तद्भव रूप है-**
(a) पराठा (b) पलंग
(c) पलड़ा (d) पल्ला
(e) उपर्युक्त में से कोई नहीं/उपर्युक्त में से एक से अधिक

10. **'कुंत' के पर्यायवाची शब्द का चयन कीजिए :**
(a) भार्या (b) भाला
(c) भाव (d) भात
(e) उपर्युक्त में से कोई नहीं/उपर्युक्त में से एक से अधिक

11. **पेड़, ठूँठ बन जाता है यदि:**
(a) उसको खाद न मिले
(b) धूप न मिले
(c) बारिश का पानी न मिले
(d) उसकी जड़ें रस लेना बंद कर दें
(e) उपर्युक्त में से कोई नहीं/उपर्युक्त में से एक से अधिक

12. **जीवन की कला को ठूँठ की तरह बन जाने से रोकने के लिए जरूरी है:**
(a) शांति से जीवन जीना चाहिए
(b) कष्टों का सामना करना चाहिए
(c) जैसे भी हो जीवन को रस लेने दो
(d) फुटबॉल नहीं खेलना चाहिए
(e) उपर्युक्त में से कोई नहीं/उपर्युक्त में से एक से अधिक

13. **जब मनुष्य जीवन में विविध रसों में लीन रहेगा तो,**
(a) जीवन में तनाव कम होगा
(b) जीवन में शांति मिलेगी
(c) जीवन लहलहाएगा
(d) जीवन बहुत नीरस न होगा
(e) उपर्युक्त में से कोई नहीं/उपर्युक्त में से एक से अधिक

14. **बुढ़ापे की झुर्रियों में उदासीनता और निराशा की झुर्री से बचने के लिए क्या करना चाहिए?**
(a) सुबह पैदल चलना चाहिए
(b) तेज दौड़ना चाहिए
(c) जीवन में विविध रस लेना चाहिए
(d) सबको हँसना चाहिए
(e) उपर्युक्त में से कोई नहीं/उपर्युक्त में से एक से अधिक

15. गले में संगीत, होठों पर मुस्कुराहट और हृदय में उमंग हो तो:

(a) जीवन में कष्ट कम होंगे
(b) लोग चिढ़ने लगेंगे
(c) जीवन का आनंद मिलेगा
(d) कामों में मन लगेगा
(e) उपर्युक्त में से कोई नहीं/उपर्युक्त में से एक से अधिक

16. 'सौ-सौ स्वर्ग उतर आएँगे' का क्या अर्थ है?

(a) राज्य स्थापित करेंगे
(b) भगवान को प्रसन्न करेंगें
(c) मेहनत करेंगे
(d) सब सुखी होंगें
(e) उपर्युक्त में से कोई नहीं/उपर्युक्त में से एक से अधिक

17. किसे पूजने की बात कवि कह रहा है?

(a) देश (b) भगवान
(c) मानवता (d) मेहनत
(e) उपर्युक्त में से कोई नहीं/उपर्युक्त में से एक से अधिक

18. जनता को एक करके कवि किसे सींचने का आवाहन कर रहा है?

(a) कविता और कला (b) राष्ट्र और मनुष्य
(c) मनुष्यता और भाईचारा (d) समता और ममता
(e) उपर्युक्त में से कोई नहीं/उपर्युक्त में से एक से अधिक

19. कवि जीवन की जयमाल किसके लिए पहनने के लिए कह रहा है?

(a) जनता (b) स्वर्ग
(c) नई पौध (d) समय
(e) उपर्युक्त में से कोई नहीं/उपर्युक्त में से एक से अधिक

20. 'बदल देंगे तारों की चाल' से कवि का क्या तात्पर्य है?

(a) चलने की पद्धति बदल देंगे।
(b) अपना भाग्य बदल देंगे।
(c) व्यवस्था बदल देंगे।
(d) कला का रूप बदल देंगे।
(e) उपर्युक्त में से कोई नहीं/उपर्युक्त में से एक से अधिक

21. निम्नलिखित में से कौन-सा शब्द तद्भव है?

(a) निष्ठुर (b) पंक्ति
(c) दही (d) पल्लव
(e) उपर्युक्त में से कोई नहीं/उपर्युक्त में से एक से अधिक

22. निम्नलिखित शब्दों में से कौन-सा शब्द तद्भव है?

(a) पक्ष (b) पत्थर
(c) पंक्ति (d) पत्र
(e) उपर्युक्त में से कोई नहीं/उपर्युक्त में से एक से अधिक

23. निम्नलिखित में से देशज शब्द का चयन कीजिए-

(a) खलिहान (b) जमींदार
(c) मशीन (d) कारतूस
(e) उपर्युक्त में से कोई नहीं/उपर्युक्त में से एक से अधिक

24. निम्नलिखित में से कौन – सा देशज शब्द है?

(a) कीमत (b) बेटा
(c) उच्च (d) खिड़की
(e) उपर्युक्त में से कोई नहीं/उपर्युक्त में से एक से अधिक

25. 'गमला' किस भाषा का शब्द है?

(a) अरबी (b) फारसी
(c) पुर्तगाली (d) फ्रेंच
(e) उपर्युक्त में से कोई नहीं/उपर्युक्त में से एक से अधिक

26. 'यार' किस भाषा का शब्द है?

(a) हिंदी (b) तुर्की
(c) अरबी (d) फारसी
(e) उपर्युक्त में से कोई नहीं/उपर्युक्त में से एक से अधिक

27. इनमें से किस विकल्प के सभी शब्द 'अति' उपसर्ग से निर्मित है?

(a) अभ्युदय, अध्ययन, अतीव
(b) अत्याचार, अध्याय, अभ्यास
(c) अत्यन्त, अध्यादेश, अतिशय
(d) अत्यावश्यक, अतीन्द्रिय, अत्युत्तम
(e) उपर्युक्त में से कोई नहीं/उपर्युक्त में से एक से अधिक

28. निम्नलिखित में से 'ला' उपसर्ग के बनने वाले शब्द नहीं है-

(a) लाजबाव (b) लापता
(c) लाइलाज (d) लाटरी
(e) उपर्युक्त में से कोई नहीं/उपर्युक्त में से एक से अधिक

29. 'कठिनाई' शब्द में प्रयुक्त प्रत्यय है:

(a) आई (b) ई
(c) नाई (d) अई
(e) उपर्युक्त में से कोई नहीं/उपर्युक्त में से एक से अधिक

30. 'लाजवाब' शब्द में कौन-सा समास है-

(a) तत्पुरुष समास (b) बहुव्रीहि समास
(c) अव्ययीभाव समास (d) कर्मधारय समास
(e) उपर्युक्त में से कोई नहीं/उपर्युक्त में से एक से अधिक

31. 'कम' उपसर्ग से बना शब्द है –

(a) कामकाज (b) कमजोर
(c) कामचोर (d) कामगार
(e) उपर्युक्त में से कोई नहीं/उपर्युक्त में से एक से अधिक

32. 'वट' प्रत्यय से निर्मित शब्द है-

(a) लिखावट (b) घबराहट

(c) आहट (d) मुस्कुराहट

(e) उपर्युक्त में से कोई नहीं/उपर्युक्त में से एक से अधिक

33. किस छंद के चरण के अंत में जगण और तगण वर्जित है?

(a) चौपाई (b) दोहा

(c) छप्पय (d) हरिगीतिका

(e) उपर्युक्त में से कोई नहीं/उपर्युक्त में से एक से अधिक

34. निम्नलिखित में से कौन-सा शब्द 'तत्पुरुष समास' का उदाहरण नही है?

(a) अरण्यरोदन (b) विरहसागर

(c) फलाकांक्षी (d) जठरानल

(e) उपर्युक्त में से कोई नहीं/उपर्युक्त में से एक से अधिक

35. "स्वर्ग" का सही संधि-विच्छेद है

(a) स्वः + ग (b) स्वर + ग

(c) स्वः + अर्ग (d) सु + वर्ग

(e) उपर्युक्त में से कोई नहीं/उपर्युक्त में से एक से अधिक

36. दंतौष्ठ शब्द का संधि विच्छेद क्या होगा?

(a) दंतो + ओष्ठ (b) दंत + ओष्ठ

(c) दंत + अष्ठ (d) दंतो + ष्ठ

(e) उपर्युक्त में से कोई नहीं/उपर्युक्त में से एक से अधिक

37. डॉण धीरेन्द्र वर्मा ने वैदिक ध्वनियों की संख्या मानी हैं।

(a) 13 स्वर, 38 व्यंजन = 51

(b) 12 स्वर, 34 व्यंजन = 46

(c) 13 स्वर, 41 व्यंजन = 56

(d) 14 स्वर, 36 व्यंजन = 50

(e) उपर्युक्त में से कोई नहीं/उपर्युक्त में से एक से अधिक

38. अनुस्वार को कहते है:

(a) अयोगवाह (b) विसर्ग

(c) अनुनासिक (d) उपर्युक्त में से कोई नहीं

(e) उपर्युक्त में से कोई नहीं/उपर्युक्त में से एक से अधिक

39. निम्न में से कौन सा विकल्प हास्य रस का सही उदाहरण है?

(a) बिंध्य के बासी उदासी तपोब्रत धारी महा बिनु नारि दुखारे।
गौतमतीय तरी, तुलसी, सो कथा सुनि भे मुनिबंद सुखारे
ह्वै हैं सिला सब चंद्रमुखी परसे पद मंजुल कंज तिहारे।
कीन्हीं भली रघुनायकजू करुना करि कानन को पगु धारे

(b) अभी तो मुकुट बँधा था माथ, हुए कल ही हल्दी के हाथ।
खुले भी न थे लाज के बोल, खिले थे चुम्बन शून्य कपोल।
हाय! रुक गया यहाँ संसार, बना सिन्दूर अनल अंगार।
वातहत लतिका यह सुकुमार, पड़ी है छिन्नाधार।।

(c) चरन कमल बंदौ हरिराइ।
की कृपा पंगु गिरि लंघे, अंधे को सब कुछ दरसाई
बहिरौ नै, गूँग पुनि बोलै, रंक चलै सिर छत्र धराई
सूरदास स्वामी करूनामय, बार बार बंदौं तिहिं पाई

(d) सिसु सब राम प्रेमबस जाने। प्रीति समेत निकेत बखाने।।
निज निज रुचि सब लेंहिं बोलाई।
सहित सनेह जाहिं दोउ भाई।।

(e) उपर्युक्त में से कोई नहीं/उपर्युक्त में से एक से अधिक

40. वाक्य "पुलिस तमाशा देखती रही और अपहरणकर्ता कार से लड़की को ले भागा।" निम्न में से किस कारक का उदाहरण है?

(a) अधिकरण कारक (b) कर्म कारक

(c) करण कारक (d) सम्बोधन कारक

(e) उपर्युक्त में से कोई नहीं/उपर्युक्त में से एक से अधिक

41. 'वह मुझ से अलग रहता है'। - रेखांकित शब्द के आधार पर बताइए कि यहाँ कौन-सा कारक है ?

(a) सम्प्रदान (b) अपादान

(c) करण (d) अधिकरण

(e) उपर्युक्त में से कोई नहीं/उपर्युक्त में से एक से अधिक

42. किसी पद, उपवाक्य आदि की विशेषता दिखाने के लिए शब्द के नीचे एक रेखा खींचते हैं उसे कहते हैं:

(a) प्रश्नवाचक चिह्न (b) अधोरेख चिह्न

(c) कोष्ठक चिह्न (d) तिर्यक चिह्न

(e) उपर्युक्त में से कोई नहीं/उपर्युक्त में से एक से अधिक

43. धातु 'गिर' का रूढ़ क्रिया रूप निम्न में से क्या होगा?

(a) गिरावना (b) गिरवाना

(c) गिराना (d) गिरना

(e) उपर्युक्त में से कोई नहीं/उपर्युक्त में से एक से अधिक

44. निम्नलिखित में से जातिवाचक संज्ञा शब्दों का चयन कीजिए-

(a) कक्ष, सेना, गिरोह (b) वकील, तोता, कलम

(c) कृष्ण, संतरा, कामायनी (d) कुशाग्रता, बुढ़ापा, शत्रुता

(e) उपर्युक्त में से कोई नहीं/उपर्युक्त में से एक से अधिक

45. निम्न में से कौनसा व्यंजन सन्धि का उदाहरण है ?

(a) संसार (b) सूर्योष्मा

(c) नवोढ़ा (d) सूर्योर्जा

(e) उपर्युक्त में से कोई नहीं/उपर्युक्त में से एक से अधिक

46. विराम चिन्हों का मिलान कीजिए-

सूची I	सूची II
A. पूर्ण - विराम	I. ,
B. अल्प विराम	II. ?
C. अर्ध विराम	III. ।
D. प्रश्नवाचक चिन्ह	IV. ;

नीचे दिए गए विकल्पों में से सही उत्तर का चयन कीजिए

(a) A – III, B – II, C – IV, D – I
(b) A – III, B – I, C – IV, D – II
(c) A – III, B – II, C – IV, D – I
(d) A – II, B – I, C – IV, D – III
(e) उपर्युक्त में से कोई नहीं/उपर्युक्त में से एक से अधिक

47. 'वह आप ही चला गया'। - वाक्य में रेखांकित शब्द सर्वनाम के किस भेद का उदाहरण है ?

(a) पुरुषवाचक (b) निजवाचक
(c) निश्चयवाचक (d) संबंधवाचक
(e) उपर्युक्त में से कोई नहीं/उपर्युक्त में से एक से अधिक

48. निम्नांकित में द्वितीय प्रेरणार्थक क्रिया शब्द का चयन कीजिए।

(a) खरीदना (b) आजमाना
(c) स्वीकारना (d) जगवाना
(e) उपर्युक्त में से कोई नहीं/उपर्युक्त में से एक से अधिक

49. "लोकोक्ति का क्षेत्र मुहावरे की तुलना में अधिक व्यापक है।" इस कथन के संदर्भ में निम्नांकित में क्या सही है?

(a) कथन सही है (b) कथन आंशिक सही है
(c) कथन गलत है (d) कथन आंशिक गलत है
(e) उपर्युक्त में से कोई नहीं/उपर्युक्त में से एक से अधिक

50. निम्नलिखित में से क्रिया विशेषण है

(a) यह (b) धीरे - धीरे
(c) बाहरी (d) रंगीन
(e) उपर्युक्त में से कोई नहीं/उपर्युक्त में से एक से अधिक

51. निम्नलिखित में से वह वाक्य छांटिए, जिसमे क्रिया विशेषण का प्रयोग किया गया है।

(a) यहाँ कैसे-कैसे लोग एकत्र हुए है।
(b) वह काली गाय घास चर रही है।
(c) मुझसे खट्टा फल नहीं खाया जाता।
(d) तुम जी जान लगाकर पढ़ रहे हो।
(e) उपर्युक्त में से कोई नहीं/उपर्युक्त में से एक से अधिक

52. नीचे दिये गये विकल्पों में से मुहावरे का अर्थ बताए "घाट-घाट का पानी पीना"

(a) अत्यन्त लज्जित होना
(b) रोजगार के नए-नए अवसर तलाशना
(c) अनेक लोगों से मित्रता करना
(d) तरह - तरह के अनुभव प्राप्त करना
(e) उपर्युक्त में से कोई नहीं/उपर्युक्त में से एक से अधिक

53. कौन सा शब्द भाववाचक संज्ञा है?

(a) महिला (b) वृद्ध
(c) बचपन (d) युवा
(e) उपर्युक्त में से कोई नहीं/उपर्युक्त में से एक से अधिक

54. निम्नलिखित में से वाच्य के प्रकार का चयन कीजिए- हमसे इतनी गरमी में नहीं रहा जाता।

(a) कर्मवाच्य (b) कर्तृवाच्य
(c) भाववाच्य (d) क्रियावाच्य
(e) उपर्युक्त में से कोई नहीं/उपर्युक्त में से एक से अधिक

55. जो करेगा सो भरेगा। रेखांकित शब्द क्या है?

(a) क्रिया विशेषण (b) संकेत वाचक सर्वनाम
(c) संबंध वाचक सर्वनाम (d) गुण वाचक सर्वनाम
(e) उपर्युक्त में से कोई नहीं/उपर्युक्त में से एक से अधिक

56. नीचे दिये गये वाक्य की वाक्यगत अशुद्धियाँ दूर कीजिये और सही वाक्य का चयन करें। "तुलसीदास रामायण की रचना किये"

(a) तुलसीदास रामायण की रचना करे।
(b) तुलसीदास रामायण की रचना की।
(c) तुलसीदास रामायण की रचना करी।
(d) तुलसीदास ने रामायण की रचना की।
(e) उपर्युक्त में से कोई नहीं/उपर्युक्त में से एक से अधिक

57. निम्नलिखित में से किस वाक्य में शब्दों का अनावश्यक एवं अनपेक्षित प्रयोग नहीं किया गया है?

(a) आपको हिन्दी का अच्छा ज्ञान है।
(b) सिवाय आपको छोड़कर सभी आए थे।
(c) जहाँ तक हमारा विचार तो यही है।
(d) पर्वतों में हिमालय सबसे बहुत ऊँचा है।
(e) उपर्युक्त में से कोई नहीं/उपर्युक्त में से एक से अधिक

58. निम्नलिखित में से शब्द के शुद्ध रूप (वर्तनी) का चयन कीजिए-

(a) पारिश्रमिक (b) पारिश्रक
(c) पारीशिमक (d) पारिश्रमीक
(e) उपर्युक्त में से कोई नहीं/उपर्युक्त में से एक से अधिक

59. 'चौदह वर्ष की .... समाप्त होने पर श्री राम अयोध्या लौटे' रिक्त स्थान के लिए सही वर्तनी वाला शब्द चुनें।

(a) अवधी (b) अवधि
(c) औधी (d) आवधि
(e) उपर्युक्त में से कोई नहीं/उपर्युक्त में से एक से अधिक

60. संस्कृत उपसर्ग युक्त शब्द नहीं है।

(a) अनुजीवी (b) अपशब्द
(c) लाचार (d) प्रकर्ष
(e) उपर्युक्त में से कोई नहीं/उपर्युक्त में से एक से अधिक

61. 'पाण्डव' शब्द में कैसा प्रत्यय है-

(a) कृदन्त (b) तद्धित
(c) स्त्री (d) प्रत्यय नहीं है
(e) उपर्युक्त में से कोई नहीं/उपर्युक्त में से एक से अधिक

62. जो शब्द क्रिया के अर्थ में विशेषता प्रकट करते हैं, उन्हें .... कहते हैं। इसे अविकारी विशेषण भी कहते हैं।

(a) विस्मयादिबोधक अव्यय (b) क्रिया विशेषण अव्यय
(c) समुच्चयबोधक अव्यय (d) सम्बन्धबोधक अव्यय
(e) उपर्युक्त में से कोई नहीं/उपर्युक्त में से एक से अधिक

63. 'चन्दन की कुटकी भली, गाड़ी भरा न काठ'
उपरोक्त लोकोक्ति के उचित अर्थ का चयन कीजिए:

(a) अच्छी वस्तु थोड़ी भी बहुमूल्य होती है किन्तु मामूली चीज़ अधिक होकर भी नगण्य
(b) गरीब आवभगत में असमर्थ होता है।
(c) देखने में अच्छा भला, अन्दर से दुखी
(d) सामर्थ्यवान के सब साथी हैं।
(e) उपर्युक्त में से कोई नहीं/उपर्युक्त में से एक से अधिक

64. "प्रश्न में दिए गए अनेक शब्दों के स्थान पर एक शब्द का चयन करें "परम्परा से चली आई हुई बात या कथा"

(a) रुढि (b) प्रथा
(c) अनुभूति (d) अनुश्रुति
(e) उपर्युक्त में से कोई नहीं/उपर्युक्त में से एक से अधिक

65. निम्नलिखित वाक्यों में सरल-वाक्य कौन-सा है ?

(a) मैं मंदिर जाकर भजन भी सुनूंगा।
(b) परीक्षक ने प्रश्न-पत्र बाँटे और छात्र उत्तर लिखने लगे।
(c) यदि आप दवाई लेना चाहते है, तो लाइन में लगिए।
(d) इनमें से कोई नहीं।
(e) उपर्युक्त में से कोई नहीं/उपर्युक्त में से एक से अधिक

66. निम्नलिखित वाक्य खंड को एक उपयुक्त शब्द से बदलें।
'जो किनारे से सटे हुए हों'

(a) तटवर्ती (b) तस्कर
(c) थलचर (d) किनारा
(e) उपर्युक्त में से कोई नहीं/उपर्युक्त में से एक से अधिक

67. निम्नलिखित में से कर्मवाच्य वाला वाक्य चुनें।

(a) ऐसा कहते हैं कि।
(b) तुम लिख नहीं सकते।
(c) बिल्ली के हाथों चूहा मारा गया।
(d) उसे सब कुछ बता दें।
(e) उपर्युक्त में से कोई नहीं/उपर्युक्त में से एक से अधिक

68. निम्नलिखित में से कौन-सा शब्द योगरूढ़ शब्द नहीं है?

(a) नकटी (b) दुर्वासा
(c) चक्रधर (d) यात्रा
(e) उपर्युक्त में से कोई नहीं/उपर्युक्त में से एक से अधिक

69. निम्नलिखित वाक्यों में से भविष्यत काल को पहचानिए:

(a) गाय घास चरती है।
(b) रोहन मुंबई गया था।
(c) मैं कल घूमने जाऊँगी।
(d) माँ बच्चें को पढ़ा रही है।
(e) उपर्युक्त में से कोई नहीं/उपर्युक्त में से एक से अधिक

70. "नेत्री" शब्द का पुल्लिंग रुप है।

(a) नेता (b) नेतृ
(c) नेतिन (d) नेताइन

निर्देश (प्र. 71-75): निम्नलिखित गद्यांश को पढ़कर नीचे पूछे गए प्रश्न का उत्तर दीजिये।

भारत एक लोकतान्त्रिक देश है। भारत के इतिहास में 15 जून 2005 का दिन अहम माना जाता हैं। इस दिन सूचना का अधिकार अधिनियम 2005 पारित हुआ था। सूचना के अधिकार अधिनियम के अनुच्छेद 6(3) के अनुसार कोई भी लोक सूचना अधिकारी आपका आवेदन लेने से मना नहीं कर सकता है। एक लोकतंत्र में पारदशी शासन व्यवस्था की यह निशानदेही होती हैं, कि उनके सभी नागरिकों को शासन व्यवस्था की सम्पूर्ण गतिविधियों की सूचना प्राप्त करने का मौलिक अधिकार हो इस अधिकार का मुख्य उद्देश्य प्रत्येक जागरूक नागरिक को उनकी इच्छित सूचनाएँ आसानी से उपलब्ध करवाना हैं। सूचना प्राप्ति के इस एक्ट को संक्षिप्त में RTI अर्थात् राईट टू इनफार्मेशन भी कहा जाता हैं। स्वीडन पहला ऐसा देश था जिसने सूचना के अधिकार को लागू किया। स्वीडन में यह अधिकार प्रत्यक्ष संवैधानिक प्रावधानों के द्वारा 1766 में नागरिकों को सौंपा गया। सूचना का अधिकार कानून लागू होने के बाद भारत विश्व का 55 वाँ ऐसा देश हो गया है, जहाँ देशवासियों को कानून के माध्यम से किसी भी विभाग, केन्द्र अथवा परियोजना से किसी भी

प्रकार का सूचना प्राप्त करने का अधिकार प्राप्त हो गया है। 1992 में विश्व बैंक ने 'प्रशासन और विकास' नामक दस्तावेज जारी किया था। इसमें प्रशासन के सात पहलूओं या तत्वों का उल्लेख किया गया था। जिनमें से एक पारदर्शिता और सूचना भी था। केन्द्र सरकार के सभी विभागों के लिए 629 डाकघरों को केन्द्रीय सहायक लोक सूचना अधिकारी बनाया गया है। यह लोक प्रशासन में गोपनीयता के विपरीत है।

71. किस देश में सबसे पहले इस अधिकार को लागू किया गया था?
(a) रूस (b) भारत
(c) जापान (d) स्वीडन
(e) उपर्युक्त में से कोई नहीं/उपर्युक्त में से एक से अधिक

72. केन्द्र सरकार ने सभी विभागों के लिए कितने डाकघरों को केन्द्रीय सहायक लोक सूचना अधिकारी बनाया था?
(a) 692 (b) 24
(c) 629 (d) 199
(e) उपर्युक्त में से कोई नहीं/उपर्युक्त में से एक से अधिक

73. गद्यांश के अनुसार, भारत के इतिहास में कौन-सा दिन अहम माना जाता है?
(a) 15 जून 1992 (b) 14 जुलाई 1992
(c) 15 जून 2005 (d) 14 जुलाई 1766
(e) उपर्युक्त में से कोई नहीं/उपर्युक्त में से एक से अधिक

74. उपर्युक्त गद्यांश का उपयुक्त शीर्षक क्या होगा?
(a) केन्द्र सरकार
(b) सूचना का अधिकार
(c) जागरूक नागरिक
(d) लोक प्रशासन में गोपनीयता
(e) उपर्युक्त में से कोई नहीं/उपर्युक्त में से एक से अधिक

75. विश्व बैंक ने किस नाम से दस्तावेज जारी किया था?
(a) नागरिक और अधिकार (b) प्रशासन और विकास
(c) संवैधानिक और प्रशासन (d) विकास और प्रत्यक्ष
(e) उपर्युक्त में से कोई नहीं/उपर्युक्त में से एक से अधिक

76. Change the gender of the underlined noun and rewrite the sentence:
My aunt sent me a birthday present.
(a) My brother sent me a birthday present.
(b) My sister sent me a birthday present.
(c) My father sent me a birthday present.
(d) My uncle sent me a birthday present.
(e) None of the above/More than one of the above

77. Choose the subject from the given options to complete the sentence:
All that glitters is not ______.
(a) diamond (b) gold
(c) silver (d) metal
(e) None of the above/More than one of the above

78. Give the noun form of the underlined word in the given sentence:
My first impress of him was that he was a kind and thoughtful young man.
(a) impressed (b) impressive
(c) impresses (d) impression
(e) None of the above/More than one of the above

79. Choose the correct option.
They ______ approval for the job.
(a) ear (b) air
(c) earn (d) urn
(e) None of the above/More than one of the above

80. Choose the correct interrogative form of the given sentence:
This will not be a difficult assignment
(a) Will this not be a difficult assignment?
(b) Would this be a difficult assignment?
(c) Would this not be a difficult assignment?
(d) Will this be a difficult assignment?
(e) None of the above/More than one of the above

81. Find the error in the given sentence.
The race was being (a) / run in a hottest (b) / weather in its 38-year history. (c) / No ` e r r o r (D)
(a) A (b) B
(c) C (d) D
(e) None of the above/More than one of the above

82. Each of the following items in this section consists of a sentence, parts of which have been jumbled. These parts have been labelled as P, Q, R and S. You are required to re-arrange the jumbled parts of the sentence and mark your responses.
leaping the hurdle (P)/ increases year on year (Q)/ their job is to ensure (R)/ that the number of young people (S)/
(a) SRQP (b) RSPQ
(c) PSRQ (d) PQRS
(e) None of the above/More than one of the above

83. **Read the sentence carefully and find which part of speech the bold/underlined word belongs to.**
I went to bed at 10 pm as I had a plane to catch at 7 am.
(a) Adverb (b) Adjective
(c) Conjunction (d) Verb
(e) None of the above/More than one of the above

84. **Fill in the blank with the most appropriate word from the given options.**
Her statement had a surprising _____ on Dean.
(a) affect (b) effect
(c) access (d) excess
(e) None of the above/More than one of the above

85. **Identify the option that arranges the degrees of comparison for the given word in correct sequence.**
Small
(a) Small - Big - Smallest
(b) Small - Big - Smaller
(c) Small - Smaller - Smallest
(d) Small - Smallest – Smaller
(e) None of the above/More than one of the above

86. **Select the most appropriate meaning of the given proverb.**
It's better to be safe than sorry.
(a) When someone is in a difficult situation, she/he will take any available opportunity to ome out of it.
(b) It's foolish to be cautious and careful than to be hasty or rash.
(c) Fools lose money because of their foolish conduct.
(d) It's wiser to be cautious and careful than to be hasty or rash.
(e) None of the above/More than one of the above

87. **Select the most appropriate set of words and punctuation marks to fill in the blank:**
Your sister lives in ______ doesn't she?
(a) "Spain" (b) 'Spain,'
(c) Spain: (d) Spain,
(e) None of the above/More than one of the above

88. **Select the most appropriate meaning of the given proverb.**
A picture is worth a thousand words
(a) Nothing great lasts forever
(b) Explaining something is easier through a picture than by words
(c) People dependent on others must be content with what is offered to them
(d) Something might not be as valuable as it seems to be
(e) None of the above/More than one of the above

89. **Identify the grammatical error in the given sentence:**
They had moved the antique furnitures out of her old downstairs room and put it upstairs months before he was born.
(a) of her old downstairs room and put it
(b) They had moved the antique furnitures out
(c) upstairs months before he was born.
(d) No error
(e) None of the above/More than one of the above

90. **Select the most appropriate set of words and punctuation marks to fill in the blank:**
_____ going to visit us tomorrow to plan for this project.
(a) They're (b) They are,
(c) They were, (d) They"re
(e) None of the above/More than one of the above

91. **Select the most appropriate option to fill in the blank:**
With the proper _____, the horse will learn to trust and obey its handler.
(a) condetioning (b) conditioninng
(c) conditioneng (d) conditioning
(e) None of the above/More than one of the above

92. **Select the most appropriate option to fill in the blank.**
No other boy in the room is as _____ as Ramesh.
(a) most intelligent (b) so intelligent
(c) more intelligent (d) intelligent
(e) None of the above/More than one of the above

93. **Select the most appropriate phrasal verb that can substitute the underlined segment in the given sentence.**
Smoking is injurious to health. So, everyone must stop the habit.
(a) give in (b) give up
(c) give out (d) give off
(e) None of the above/More than one of the above

94. From the given options, select the one which most correctly explains the given expression: "To smell a rat"

(a) To spot rats in a dark room
(b) To misunderstand a speaker
(c) To suspect a trick or a deceit
(d) To get confused
(e) None of the above/More than one of the above

95. Feminine of 'Wizard' is:

(a) Wizardess (b) Bitch
(c) Wizard (d) Witch
(e) None of the above/More than one of the above

Direction (Ques 96-100): Read the Passage carefully and answer the following Questions given below-

Conflict had existed between Spain and England since the 1570s. England wanted a share of the wealth that Spain had been taking from the lands it had claimed in the Americas.

Elizabeth I, Queen of England, encouraged her staunch admiral of the navy, Sir Francis Drake, to raid Spanish ships and towns. Though these raids were on a small scale, Drake achieved dramatic success, adding gold and silver to England's treasury and diminishing Spain's supremacy.

Religious differences also caused conflict between the two countries. Whereas Spain was Roman Catholic, most of England had become Protestant. King Philip II of Spain wanted to claim the throne and make England a Catholic country again. To satisfy his ambition and also to retaliate against England's theft of his gold and silver, King Philip began to build his fleet of warships, the Spanish Armada, in January 1586.

Philip intended his fleet to be indestructible. In addition to building new warships, he marshaled 130 sailing vessels of all types and recruited more than 19,000 robust soldiers and 8,000 sailors. Although some of his ships lacked guns and others lacked ammunition, Philip was convinced that his Armada could withstand any battle with England.

The martial Armada set sail from Lisbon, Portugal, on May 9, 1588, but bad weather forced it back to port. The voyage resumed on July 22 after the weather became more stable.

The Spanish fleet met the smaller, faster, and more maneuverable English ships in battle off the coast of Plymouth, England, first on July 31 and again on August 2. The two battles left Spain vulnerable, having lost several ships and with its ammunition depleted. On August 7, while the Armada lay at anchor on the French side of the Strait of Dover, England sent eight burning ships into the midst of the Spanish fleet to set it on fire. Blocked on one side, the Spanish ships could only drift away, their crews in panic and disorder. Before the Armada could regroup, the English attacked again on August 8.

Although the Spaniards made a valiant effort to fight back, the fleet suffered extensive damage. During the eight hours of battle, the Armada drifted perilously close to the rocky coastline. At the moment when it seemed that the Spanish ships would be driven onto the English shore, the wind shifted, and the Armada drifted out into the North Sea. The Spaniards recognized the superiority of the English fleet and returned home, defeated.

96. Sir Francis Drake added wealth to the treasury and diminished Spain's ________.

(a) unlimited power
(b) unrestricted growth
(c) territory
(d) treaties
(e) None of the above/More than one of the above

97. King Philip recruited many ______ soldiers and sailors.

(a) warlike (b) strong
(c) accomplished (d) timid
(e) None of the above/More than one of the above

98. The ______ Armada set sail on May 9, 1588.

(a) complete (b) warlike
(c) independent (d) isolated
(e) None of the above/More than one of the above

99. The two battles left the Spanish fleet ________.

(a) open to change (b) triumphant
(c) open to attack (d) defeated
(e) None of the above/More than one of the above

100. The Armada was ______ on one side.

(a) closed off (b) damaged
(c) alone (d) circled
(e) None of the above/More than one of the above

उत्तर माला

1.	(b)	2.	(c)	3.	(d)	4.	(c)	5.	(c)	6.	(c)	7.	(b)	8.	(b)
9.	(c)	10.	(b)	11.	(d)	12.	(c)	13.	(c)	14.	(c)	15.	(c)	16.	(d)
17.	(d)	18.	(d)	19.	(c)	20.	(b)	21.	(c)	22.	(b)	23.	(a)	24.	(d)
25.	(c)	26.	(d)	27.	(d)	28.	(d)	29.	(a)	30.	(c)	31.	(b)	32.	(a)
33.	(a)	34.	(b)	35.	(a)	36.	(b)	37.	(a)	38.	(a)	39.	(a)	40.	(c)
41.	(b)	42.	(b)	43.	(d)	44.	(b)	45.	(a)	46.	(b)	47.	(b)	48.	(d)
49.	(a)	50.	(b)	51.	(d)	52.	(d)	53.	(c)	54.	(c)	55.	(c)	56.	(d)
57.	(a)	58.	(a)	59.	(b)	60.	(c)	61.	(b)	62.	(b)	63.	(a)	64.	(d)
65.	(a)	66.	(a)	67.	(c)	68.	(d)	69.	(c)	70.	(a)	71.	(d)	72.	(c)
73.	(c)	74.	(b)	75.	(b)	76.	(d)	77.	(b)	78.	(d)	79.	(c)	80.	(d)
81.	(b)	82.	(b)	83.	(c)	84.	(b)	85.	(c)	86.	(d)	87.	(d)	88.	(b)
89.	(b)	90.	(a)	91.	(d)	92.	(d)	93.	(b)	94.	(c)	95.	(d)	96.	(a)
97.	(b)	98.	(b)	99.	(c)	100.	(a)								

उत्तर सहित व्याख्या

1. (b) वे शब्द जिनकी उत्पत्ति के मूल का पता न हो परन्तु वे प्रचलन में हों। ऐसे शब्द देशज शब्द कहलाते हैं। ये शब्द आम तौर पर क्षेत्रीय भाषा में प्रयोग किये जाते हैं। देशज शब्द- 'खटिया, खुरपी, हँसुआ'
2. (c) 'अनाथ' का पर्यायवाची - असहाय, अनाथ, निःसहाय, बेकस, यतीम, बेसहारा, निराश्रित, विवश, लाचार, वशीभूत, दीन, मजबूर
3. (d) विलोम शब्द का युग्म गलत है- 'धनी - भिक्षुक', 'धनी' का विलोम शब्द 'निर्धन' होगा
4. (c) उपर्युक्त विकल्पों में से विकल्प ब 'अकृत्रिम-नैसर्गिक' सही विलोम शब्द युग्म नही है। अन्य विकल्प इसके सही उत्तर नहीं हैं।
5. (c) जिन शब्दों के एक से अधिक अर्थ होते हैं, उन्हें 'अनेकार्थी शब्द' कहते है। अनेकार्थक शब्द (अंश - कंधा, भाग)
6. (c) इसका सही उत्तर 'हाथी' है। 'नाग' शब्द का एक अर्थ होता है - 'हाथी'। 'नाग' शब्द के अन्य अर्थ हैं - 'रांगा, मोथा, पान, बादल, शिव आदि।
7. (b) अमिय एक शब्द तत्सम नहीं है
8. (b) राय तद्भव शब्द है
9. (c) पटल का तद्भव शब्द पलड़ा है
10. (b) कुंत का पर्यायवाची - बर्छा, बरछा, नेजा, भाला, शलाका।
11. (d) पेड़, ठूंठ बन जाता है यदि उसकी जड़ें रस लेना बंद कर दें
12. (c) जीवन की कला को ठूँठ की तरह बन जाने से रोकने के लिए जरूरी है कि जैसे भी हो जीवन को रस लेने दो।
13. (c) जब मनुष्य जीवन में विविध रसों में लीन रहेगा तो, जीवन लहलहाएगा
14. (c) बुढ़ापे की झुर्रियों में उदासीनता और निराशा की झुरी से बचने के लिए जीवन में विविध रस लेना चाहिए
15. (c) गले में संगीत, होठों पर मुस्कुराहट और हृदय में उमंग हो तो जीवन का आनंद मिलेगा
16. (d) कवि के अनुसार जब हम धरती पर पेड़ -पौधें लगा कर इसको हरा - भरा कर देंगे तो यह धरती स्वर्ग सी प्रतीत होगी। "सौ-सौ स्वर्ग उतर आएंगे" का अर्थ है - सब सुखी होंगें
17. (d) यही (मेहनत) हमारे जीवन की प्राथमिकता होनी चाहिए। इसलिए कवि कठिन यथर्थ के पूजन की बात कहता है। इसे स्वीकार करने में ही भलाई है। व्यक्ति को जीवन के यथार्थ को ही पूजना चाहिए।
18. (d) जनता को एक करके कवि समता और ममता सींचने का आवाहन कर रहा है

19. (c) हम जनता को एकता के सूत्र में बाँध देंगे और उनके बीच के भेदों को मिटा देंगे। हम नई सफलताओं का स्वागत करने के लिए जीवन के जोश से भरकर रोज त्योहार मनाएँगे। जब हर दिन खुशियों से भरा होगा तो यह किसी त्योहार से कम नहीं होगा।

20. (b) हम अपनी मेहनत से अपनी किस्मत बदल कर तारों की चाल सकते हैं।

21. (c) निष्ठुर, पंक्ति तथा पल्लव तत्सम शब्द हैं जबकि 'दही' तद्भव शब्द है।

22. (b) पत्थर तद्भव शब्द है।

23. (a) खलिहान, जिसे बाड़ा भी बोलते हैं, ऐसे स्थान या कक्ष को कहते हैं जिसमें पशु-मवेशी, खेती के औज़ार और कटी हुई फ़सल को रखा जाता है।

24. (d) 'खिड़की' शब्द 'देशज' शब्द है,अन्य विकल्प असंगत हैं। अतः इसका सही उत्तर विकल्प क 'खिड़की' होगा। शब्द जिनकी उत्पत्ति के मूल का पता न हो परन्तु वे प्रचलन में हों। ऐसे शब्द 'देशज शब्द' कहलाते हैं।

25. (c)'गमला' और 'आलपीन' पुर्तगाली भाषा के शब्द है।

26. (d) यार शब्द फ़ारसी भाषा का है। जो मुसीबत में साथ दे, साथी, दोस्त, सखा, मित्र इस शब्द के अर्थ है।

27. (d) इनमें से अत्यावश्यक, अतीन्द्रिय, अत्युत्तम विकल्प के सभी शब्द 'अति' उपसर्ग से निर्मित है। अति (अधिक) - अतिशय, अतिक्रमण, अतिवृष्टि, अतिशीघ्र, अत्यन्त।

28. (d) लाटरी, 'ला' उपसर्ग के बनने वाले शब्द नहीं है

29. (a) 'कठिनाई शब्द में प्रयुक्त प्रत्यय है आई, कठिन्आई।

30. (c) लाजवाब शब्द का समास विग्रह "बिना जवाब के" होता है। इस तरह लाजवाब शब्द का अर्थ निकलता है जिसका कोई जवाब नहीं हो। नोट - ला, न, बे, बिन, आदि उपसर्ग को नञ् तत्पुरुष समास में समलित किया जाता है।

31. (b) कम उपसर्ग से शब्द- कमबख्त, कमज़ोर, कमदिमाग, कमअक्ल, कमउम्र, कमजात, कमसिन, कमाल, कमधंधु, कमतर।

32. (a) 'वट' प्रत्यय से निर्मित शब्द - सजावट, लिखावट, गिरावट, थकावट, बनावट।

33. (a) चौपाई छंद की परिभाषा : इसके चरण के अंत में जगण और तगण का आना वर्जित होता है। तुक प्रथम चरण के द्वितीय चरण तथा तृतीय चरण के चतुर्थ चरण से मिलते है।

34. (b) विरहसागर में कर्मधारय समास हैण

35. (a) स्वर्ग का संधि विच्छेद स्वः+ग होता है।

36. (b) दंतौष्ठ का संधि विच्छेद दंत + ओष्ठ होगा

37. (a) डॉ. धीरेन्द्र वर्मा ने वैदिक ध्वनियों की संख्या 13 स्वर, 38 व्यंजन = 51 मानी हैं।

38. (a) अनुस्वार पूर्ण अनुनासिक ध्वनि है। इन वर्णों के उच्चारण में मुँह बन्द करके नाक से ही पूर्ण साँस ली जाती है जैसे - मंडन, चंपक, खंडन, तंतु, रंक।

39. (a) बिंध्य के बासी उदासी तपोब्रत धारी महा बिनु नारि दुखारे।
गौतमतीय तरी, तुलसी, सो कथा सुनि भे मुनिबंद सुखारे
ह्वै हैं सिला सब चंद्रमुखी परसे पद मंजुल कंज तिहारे।
कीन्हीं भली रघुनायकजू करुना करि कानन को पगु धारे

40. (c) "पुलिस तमाशा देखती रही और अपहरणकर्ता कार से लड़की को ले भागा।" यह वाक्य कारण कारक का है।

41. (b) जिस वस्तु की सहायता से या जिसके द्वारा किसी काम को पूरा किया जाता है, उसे करण कारक कहते है। दूसरे शब्दों में वाक्य में जिस शब्द से क्रिया के सम्बन्ध का बोध होता हो उसे करण कारक कहते है।

42. (b) किसी पद, उपवाक्य आदि की विशेषता दिखाने के लिए शब्द के नीचे एक रेखा खींची जाती है, जिसे 'अधोरेखा चिह्न' कहा जाता है।

43. (d) रूढ़ क्रिया :- जिस क्रिया की रचना धातु से होती है, उसे रूढ़ क्रिया कहते हैं। जैसे :- गिरना, पढ़ना, लिखना, नहाना, खाना, पीना आदि।

44. (b) जिस शब्द से किसी प्राणी या वस्तु की समस्त जाति का बोध होता है,उन शब्दों को जातिवाचक संज्ञा कहते हैं। - वकील, तोता, कलम

45. (a) किसी व्यंजन का व्यंजन से अथवा किसी स्वर से मेल होने पर जो परिवर्तन होता है उसे व्यंजन संधि कहते हैं। व्यंजन संधि को संस्कृत में हल् भी कहते हैं

46. (b)

	सूची I	सूची II
A.	पूर्ण - विराम	I. |
B.	अल्प विराम	II. ,
C.	अर्ध विराम	III. ;
D.	प्रश्नवाचक चिन्ह	IV. ?

47. (b) जो सर्वनाम तीनों पुरुषों मे निजत्व का बोध कराता है निजवाचक सर्वनाम कहलाता है इस वाक्य मे आप निजत्व का बोध करवा रहा है

48. (d) क्रिया का वह रूप जिसमें कर्ता स्वयं कार्य न करके दूसरों को कार्य करने की प्रेरणा देता है उसे द्वितीय प्रेरणार्थक क्रिया कहते हैं।

49. (a) मुहावरा पूर्णतः स्वतंत्र नहीं होता है, अकेले मुहावरे से वाक्य पूरा नहीं होता है। लोकोक्ति पूरे वाक्य का निर्माण करने में समर्थ होती है। मुहावरा भाषा में चमत्कार उत्पन्न करता है जबकि लोकोक्ति उसमें स्थिरता लाती है। मुहावरा छोटा होता है जबकि लोकोक्ति बड़ी और भावपूर्ण होती है।

50. (b) धीरे - धीरे यह रीतिवाचक क्रिया विशेषण है।

51. (d) 'तुम जी जान लगाकर पढ़ रहे हो' वाक्य में क्रिया विशेषण का प्रयोग किया गया है। इसमें 'जान लगाकर' शब्द पढने की क्रिया की विशेषता बता रहा है। जिन शब्दों से क्रिया की विशेषता का बोध होता है उन्हें क्रियाविशेषण कहते हैं।

52. (d) 'घाट-घाट का पानी पीना' मुहावरे का अर्थ है 'देश-विदेश का व्यापक अनुभव होना। ' अन्य अर्थ 'तरह-तरह के अनुभव प्राप्त करना या जगह-जगह के अनुभव होना' है। वाक्य प्रयोग - वह बहुत घुमक्कड़ है उसने जरूर ही 'घाट - घाट का पानी पिया है।

53. (c) बचपन शब्द संज्ञा का उदाहरण है, बचपन एक अवस्था है। अतः भाववाचक संज्ञा का उदाहरण है।

54. (c) वाच्य का अर्थ है 'बोलने का विषय।' क्रिया के जिस रूप से यह ज्ञात हो कि उसके द्वारा किए गए विधान का विषय कर्ता है, कर्म है या भाव है, उसे वाच्य कहते हैं।

55. (c) 'जो करेगा, सो भरेगा' इस वाक्य में 'संबंधवाचक एवं निश्चयवाचक सर्वनाम' है।

इस वाक्य के द्वारा व्यक्ति का सम्बन्ध माना जाता है। इस वाक्य में जो और सो शब्द से सम्बन्ध और निश्चय का बोध हो रहा है, अतः संबंधवाचक एवं निश्चयवाचक सर्वनाम सही उत्तर माना जाएगा।

56. (d) तुलसीदास ने रामायण की रचना की।

57. (a) आपको हिन्दी का अच्छा ज्ञान है। वाक्य में शब्दों का अनावश्यक एवं अनपेक्षित प्रयोग नहीं किया गया है

58. (a) पारिश्रमिक शब्द में सही और शुद्ध वर्तनी का प्रयोग किया गया हैस पारिश्रमिक का अर्थ होता है "मेहनताना" - अर्थात काम या सेवा के लिए भुगतान किया गया धन।

59. (b) 'चौदह वर्ष की अवधि समाप्त होने पर श्री राम अयोध्या लौटे'

60. (c) धातु रूपों तथा धातुओं से निष्पन्न शब्दरूपों से पूर्व प्रयुक्त होकर उनके अर्थ का परिवर्तन करने वाले शब्दों को उपसर्ग कहते हैं

61. (b) 'पाण्डव' शब्द में प्रयुक्त प्रत्यय अ है। 'यहाँ पर मूल शब्द 'पाण्डु' एक व्यक्तिवाचक संज्ञा है जिसमें तद्धित प्रत्यय (संस्कृत) 'अ' जुडने से बना शब्द 'पाण्डव' तद्धितान्त व्यक्तिवाचक संज्ञा) शब्द कहा जाएगा।

62. (b) क्रिया विशेषण - वे शब्द जो क्रिया की विशेषता प्रकट करें, उन्हें क्रिया-विशेषण कहते हैंद्य जैसे - बाहर, भीतर, अन्दर, रात को आदि।

63. (a) लोकोक्ति- चंदन की चुटकी भरी, गाडी भरा न काठ, अर्थ- अच्छी वस्तु कम होने पर भी मूल्यवान होती है, जबकि मामूली चीज अधिक होने पर भी कोई कीमत नहीं रखती

64. (d) अनुश्रुति शब्द का अर्थ परम्परा से चले आने वाली बात।

65. (a) मैं मंदिर जाकर भजन भी सुनूंगा। सरल-वाक्य है

66. (a) जो किनारे से सटे हुए हो - तटवती

67. (c) वाच्य का शाब्दिक अर्थ होता है- बोलने का विषय। अर्थात् क्रिया के जिस रूप के द्वारा यह पता चलता है कि क्रिया का मुख्य विषय कर्ता है, कर्म है अथवा भाव, उसे 'वाच्य' कहते हैं। जैसेः बिल्ली के हाथों चूहा मारा गया।

68. (d) जो शब्द अन्य शब्दों के योग से बनते हो, परन्तु एक विशेष अर्थ के लिए प्रसिद्ध होते है, उन्हें योगरूढ़ शब्द कहते है। इन शब्दों के सांकेतिक अर्थ होते हैं। यात्रा शब्द योगरूढ शब्द नहीं है

69. (c) क्रिया के जिस रुप से काम का आने वाले समय के के बारे में पता चलता हो वह भविष्यत काल है। जैसे- मैं कल घूमने जाऊँगी।

70. (a) 'नेत्री ' शब्द स्त्रीलिंग है। इसका पुल्लिंग शब्द 'नेता ' होता है।

71. (d) स्वीडन देश में सबसे पहले इस अधिकार को लागू किया गया था

72. (c) केन्द्र सरकार के सभी विभागों के लिए 629 डाकघरों को केन्द्रीय सहायक लोक सूचना अधिकारी बनाया गया है।

73. (c) भारत के इतिहास में 15 जून 2005 का दिन अहम माना जाता हैं। इस दिन सूचना का अधिकार अधिनियम 2005 पारित हुआ था।

74. (b) भारत के इतिहास में 15 जून 2005 का दिन अहम माना जाता हैं। इस दिन सूचना का अधिकार अधिनियम 2005 पारित हुआ था। सूचना के अधिकार अधिनियम के अनुच्छेद 6(3) के अनुसार कोई भी लोक सूचना अधिकारी आपका आवेदन लेने से मना नहीं कर सकता है।

75. (b) 1992 में विश्व बैंक ने 'प्रशासन और विकास' नामक दस्तावेज जारी किया था। इसमें प्रशासन के सात पहलूओं या तत्वों का उल्लेख किया गया था।

76. (d) My uncle sent me a birthday present.

77. (b) All that glitters is not gold.

78. (d) My first impression of him was that he was a kind and thoughtful young man. First impressions are important but can be misleading.

79. (c) They earn approval for the job

80. (d) Will this be a difficult assignment?

81. (b) run in a hottest

82. (b) their job is to ensure (R)/ that the number of young people (S)/ leaping the hurdle (P)/ increases year on year (Q)/

83. (c) as - Conjunction

84. (b) Her statement had a surprising effect on Dean.

85. (c) There are three degrees of comparison: Positive - Comparative - Superlative, Small - Smaller - Smallest

86. (d) It's wiser to be cautious and careful than to be hasty or rash.

87. (d) Your sister lives in Spain doesn't she?

88. (b) The proverb 'A picture is worth a thousand words' states that a picture or an image alone can portray a better meaning or story than a thousand words.

89. (b) The error lies in part B of the sentence because of the wrong use of the Noun. There are some nouns that don't come in plural form- Advice, Furniture, Luggage, Postage, Jewellery, Baggage, Poetry, scenery, liberty. For making the sentence grammatically and contextually correct we need to replace Furnitures with furniture.

90. (a) They're going to visit us tomorrow to plan for this project.

91. (d) With the proper conditioning, the horse will learn to trust and obey its handler.

92. (d) No other boy in the room is as intelligent as Ramesh

93. (b) In the given sentence, it is told that people should give up the habit of smoking as it is injurious to health. Thus, the correct sentence is - Smoking is injurious to health. So everyone should give up the habit.

94. (c) 'To smell a rat' is a phrase which means to suspect that something is wrong in a particular situation. E.g. Investigators were called in for the murder case and soon smelt a rat.

95. (d) A common gender classification includes masculine and feminine categories. Masculine nouns are words for men, boys and male animals. Feminine nouns are words for women, girls and female animals.

96. (a) Sir Francis Drake added wealth to the treasury and diminished Spain's unlimited power.

97. (b) King Philip recruited many strong soldiers and sailors

98. (b) The warlike Armada set sail on May 9, 1588.

99. (c) The two battles left the Spanish fleet open to attack.

100. (a) The Armada was closed off on one side.

SET 2 BPSC भाषा प्रैक्टिस सेट

निर्देश (प्र. 1-5) : एक गद्यांश दिया गया है। गद्यांश के आधार पर पाँच प्रश्न दिए गए हैं। गद्यांश को ध्यानपूर्वक पढ़ें तथा प्रत्येक प्रश्न के चार विकल्पो में से सही विकल्प चुने।

परसाई जी की रचना 'भोलाराम का जीव' एक व्यंग्य रचना है। इस रचना में लेखक ने एक मनुष्य की आत्मा के लुप्त हो जाने की घटना के माध्यम से शासकीय व्यवस्था, घूसखोरी जड़ता और यथार्थ का उद्घाटन किया है। यह कहानी सतही तौर पर एक व्यक्ति की व्यथा कथा दिखाई देती है, जो भ्रष्टाचार की चक्की में पिस रहा है, परन्तु इस कथा के पीछे लेखक की मानवीय करुणा और सामाजिक यथार्थ के प्रति आक्रोश झलकता है।

यह रचना स्वातन्त्र्योत्तर भारत के सामाजिक यथार्थ की सशक्त प्रस्तुति है। एक मामूली सरकारी कर्मचारी रिटायर हो गया और पाँच साल तक पेंशन के लिए चक्कर लगाते-लगाते मर गया। उसके जीव को लेने जब यमदूत गया तो जीव यमदूत को चकमा देकर ऐसा गायब हुआ कि बहुत खोजने पर भी नहीं मिला। आखिरकार जब नारद जी उसे ढूँढ़ते हुए स्वयं धरती पर आए तो वह जीव अपनी पेंशन फाइल में अटका हुआ पाया गया। आश्चर्य यह था कि नारद जी के कहने पर भी वह स्वर्ग में जाने को तैयार नहीं, क्योंकि उसका मन अपनी पेंशन फाइलों में ही अटक गया है। कहानी के माध्यम से परसाई जी यह बताना चाहते हैं कि जिस भ्रष्टाचार से आज हम दबे हुए हैं वह इतना सर्वव्यापी है कि आज उसकी पहुँच अलौकिक हो गई। इस कहानी के प्रारम्भ में ही लेखक स्वर्ग और नरक की दिव्यता अलौकिकता का मिथक तोड़ देते हैं। मिथक तोड़ते हुए वे कहते हैं कि कुछ भी जीवन के बाहर नहीं है और जीवन से अधिक सत्य कुछ भी नहीं है। जिस अलौकिकता को आधार बनाकर धर्म के पुरोहित-पण्डे लोगों को ठगते हैं उस अलौकिकता को प्रारम्भ में ये वाक्य धराशायी कर देते हैं। यह मनुष्य की जय का गान है, क्योंकि परसाई जी की विचारधारा मानती है कि मनुष्य से बड़ा कुछ' भी नहीं हैं। इस कहानी की शैली और भाषा अत्यधिक सरल व स्पष्ट है। इस कहानी का उद्देश्य भ्रष्टाचार की कथा कहना। भ्रष्टाचार कितना सनातन है, यह परसाई जी ने इस कहानी के माध्यम से स्पष्ट रूप से दिखाया है।

1. लेखक ने समाज की किस व्यवस्था को उजागर किया है?
(a) अलौकिक (b) भ्रष्टाचार
(c) सकारात्मक (d) आशावादी
(e) उपर्युक्त में से कोई नहीं/उपर्युक्त में से एक से अधिक

2. जीव का मन कहाँ अटक हुआ था?
(a) स्वर्ग में (b) सरकारी दफ्तर में
(c) पेंशन की फाइल में (d) शासन की व्यवस्था में
(e) उपर्युक्त में से कोई नहीं/उपर्युक्त में से एक से अधिक

3. सरकारी कर्मचारी कितने सालों तक पेंशन के लिए चक्कर लगता रहा?
(a) 4 (b) 7
(c) 5 (d) 6
(e) उपर्युक्त में से कोई नहीं/उपर्युक्त में से एक से अधिक

4. दी हुई रचना कौन-सी रचना है?
(a) व्यंग (b) दुखद
(c) हास्य (d) शृंगारित
(e) उपर्युक्त में से कोई नहीं/उपर्युक्त में से एक से अधिक

5. "भ्रष्टाचार" शब्द का सही संधि- विच्छेद क्या होगा?
(a) भ्रष्ट + अचार (b) भ्रष्ट + आचार
(c) भ्रष्ट + चार (d) भ्रष्टा + चार
(e) उपर्युक्त में से कोई नहीं/उपर्युक्त में से एक से अधिक

6. 'चोर' का विलोम शब्द निम्न में से कौन सा है?
(a) साघू (b) अचोर
(c) दयालु (d) साधु
(e) उपर्युक्त में से कोई नहीं/उपर्युक्त में से एक से अधिक

7. 'गणना-गड़ना' शब्द-युग्म के सही अर्थ-भेद का चयन कीजिए -
(a) संख्या-दबाना (b) गिनती-चुभना
(c) जोड़ना-घटाना (d) योग-भौग
(e) उपर्युक्त में से कोई नहीं/उपर्युक्त में से एक से अधिक

8. 'निरुपाय' शब्द का संधि विच्छेद है -
(a) नि + उपाय (b) निर + उपाय
(c) नि: + उपाय (d) निरू + पाय
(e) उपर्युक्त में से कोई नहीं/उपर्युक्त में से एक से अधिक

9. निम्न विकल्पों में से एक वाक्य सही है, सही वाक्य का चयन कीजिए -
(a) आपको आशीर्वाद की आवश्यकता है
(b) आपका आशीर्वाद अवश्यकीय है
(c) आपके आशीर्वाद आवश्यक है
(d) आपका आशीर्वाद आवश्यक है
(e) उपर्युक्त में से कोई नहीं/उपर्युक्त में से एक से अधिक

10. 'हरिश्चंद्र' शब्द में संधि होगी -
(a) स्वर संधि (b) व्यंजन संधि
(c) विसर्ग संधि (d) इनमें से कोई नहीं
(e) उपर्युक्त में से कोई नहीं/उपर्युक्त में से एक से अधिक

11. निम्नलिखित शब्दों के उपयुक्त पर्यायवाची छाँटिए : रात्रि
(a) तमीचर (b) अमा
(c) विभावरी (d) क्षमा
(e) उपर्युक्त में से कोई नहीं/उपर्युक्त में से एक से अधिक

12. 'शहद' के लिए सही पर्यायवाची वाले शब्दों की पंक्ति को चुनिए।
(a) पुष्पासव, मधु, पुष्प (b) पुष्पासव, मधु, पुष्परस
(c) पुष्पासव, मघु, पुष्परस (d) पुष्पशव, मधु, पुष्परस
(e) उपर्युक्त में से कोई नहीं/उपर्युक्त में से एक से अधिक

13. निम्न में कौन सा 'आँख' का पर्यायवाची नहीं है ?
(a) नेत्र (b) दृग
(c) नयन (d) गगन
(e) उपर्युक्त में से कोई नहीं/उपर्युक्त में से एक से अधिक

14. निम्नलिखित प्रश्न में, चार विकल्पों में से, उस विकल्प का चयन करें जो विलोम शब्द का सबसे अच्छा विकल्प है।
दाता
(a) व्यय (b) प्रकट
(c) याचक (d) प्रेम
(e) उपर्युक्त में से कोई नहीं/उपर्युक्त में से एक से अधिक

15. इनमें कौन सा विलोम-युग्म सही नहीं है?
(a) रहित-विरहित (b) स्मरण-विस्मरण
(c) संकल्प-विकल्प (d) सम्मुख-विमुख
(e) उपर्युक्त में से कोई नहीं/उपर्युक्त में से एक से अधिक

16. निम्नलिखित में से एक 'स्वस्थ' का विलोम नहीं है?
(a) अस्वस्थ (b) अहित
(c) रुग्ण (d) बीमार
(e) उपर्युक्त में से कोई नहीं/उपर्युक्त में से एक से अधिक

17. निम्नलिखित में से अनेकार्थी शब्द नहीं है?
(a) अंग (b) पात्र
(c) सोम (d) रात्रि
(e) उपर्युक्त में से कोई नहीं/उपर्युक्त में से एक से अधिक

18. निम्नलिखित में से कौन-सा शब्द 'कर' का अर्थ नहीं है?
(a) हाथ (b) टैक्स
(c) किरण (d) कर्म
(e) उपर्युक्त में से कोई नहीं/उपर्युक्त में से एक से अधिक

19. निम्नलिखित में से कौन सा शब्द तत्सम है?
(a) आज (b) आप
(c) आशा (d) आम
(e) उपर्युक्त में से कोई नहीं/उपर्युक्त में से एक से अधिक

20. निम्नलिखित में से तत्सम नहीं है :
(a) रात्रि (b) वर्ष
(c) घर (d) वधू
(e) उपर्युक्त में से कोई नहीं/उपर्युक्त में से एक से अधिक

21. तद्भव - तत्सम का निम्न में से कौन-सा युग्म असुमेलित है-
(a) धोना - धावन (b) धनिया - धनिका
(c) धुआँ - धूलि (d) धान - धान्य
(e) उपर्युक्त में से कोई नहीं/उपर्युक्त में से एक से अधिक

22. निम्न में से देशज शब्द नहीं है?
(a) परात (b) अनार
(c) चाट (d) भिन्डी
(e) उपर्युक्त में से कोई नहीं/उपर्युक्त में से एक से अधिक

23. निम्नलिखित में से विदेशज शब्द का चयन कीजिए-
(a) फूलना (b) काजू
(c) सींग (d) बरात
(e) उपर्युक्त में से कोई नहीं/उपर्युक्त में से एक से अधिक

24. विलोम शब्द की दृष्टि से संगत विकल्प का चयन कीजिए -
(a) आज्ञा-अवज्ञा, अधुना-नूतन, अस्ति-नास्ति
(b) अधम-उत्तम, अज्ञ-विज्ञ, अग्र-पश्च
(c) ग्राम-ग्राम्य, उदात्त-अनुदात्त, ऐश्वर्य-अनैश्वर्य
(d) अधित्यका-उपत्यका, आगम-अनागत, अभ्र-अन्य
(e) उपर्युक्त में से कोई नहीं/उपर्युक्त में से एक से अधिक

25. निम्न में से कौन-सा एक शब्द 'सुन्दर' का पर्यायवाची नहीं है?

(a) वक्ष (b) रम्य
(c) मनोहर (d) रमणीक
(e) उपर्युक्त में से कोई नहीं/उपर्युक्त में से एक से अधिक

26. गवाह किस भाषा का शब्द है?

(a) फारसी (b) अरबी
(c) तुर्की (d) चीनी
(e) उपर्युक्त में से कोई नहीं/उपर्युक्त में से एक से अधिक

27. किस शब्द में 'प्रति' उपसर्ग नहीं है?

(a) प्रतिनिधि (b) प्रतिकार
(c) परोपकार (d) प्रत्येक
(e) उपर्युक्त में से कोई नहीं/उपर्युक्त में से एक से अधिक

28. किस शब्द में 'अध:' उपसर्ग नहीं है?

(a) अध:पतन (b) अंत:करण
(c) अधोगति (d) अधोमुखी
(e) उपर्युक्त में से कोई नहीं/उपर्युक्त में से एक से अधिक

29. प्रत्यय की दृष्टि से कौन-सा विकल्प सुमेलित नहीं है ?

(a) दाँत + एल = दँतैल (b) पानी + ईला = पनीला
(c) कुशा + ल = कुशल (d) नानी + आल = ननिहाल
(e) उपर्युक्त में से कोई नहीं/उपर्युक्त में से एक से अधिक

30. जिन वर्णो के उच्चारण में मुख से विशेष प्रकार की गर्म वायु निकलती है, उन्हें निम्नलिखित में से क्या कहते है।

(a) स्पर्श व्यंजन (b) अंतस्थ व्यंजन
(c) ऊष्म व्यंजन (d) संयुक्त व्यंजन
(e) उपर्युक्त में से कोई नहीं/उपर्युक्त में से एक से अधिक

31. 'घुड़सवार' शब्द में समास है –

(a) अव्ययीभाव (b) कर्मधारय
(c) तत्पुरुष (d) द्वन्द्व
(e) उपर्युक्त में से कोई नहीं/उपर्युक्त में से एक से अधिक

32. 'भाई – बहन' शब्द में समास है :

(a) तत्पुरुष (b) कर्मधारय
(c) द्विगु (d) द्वन्द्व
(e) उपर्युक्त में से कोई नहीं/उपर्युक्त में से एक से अधिक

33. 'इत: + तत:' की सन्धि कीजिये-

(a) इतष्टत: (b) इतस्तत:
(c) इतोतत: (d) इत:तत:
(e) उपर्युक्त में से कोई नहीं/उपर्युक्त में से एक से अधिक

34. निम्नलिखित में से वृद्धि सन्धि के उदाहरण का चयन कीजिए-

(a) वनौषधि (b) नदीश
(c) स्वागत (d) हिमालय
(e) उपर्युक्त में से कोई नहीं/उपर्युक्त में से एक से अधिक

35. 'उद्घाटन' का संधि-विच्छेद होगा:

(a) उत + घाटन (b) उत् + घाटन
(c) उद + घाटन (d) उद् + घाटन
(e) उपर्युक्त में से कोई नहीं/उपर्युक्त में से एक से अधिक

36. निम्नलिखित वर्णों को उनके उच्चारण स्थान से सुमेलित कीजिए

1. क — a. दन्त
2. त — b. तालु
3. न — c. कण्ठ
4. श — d. नासिका

(a) 1 – a, 2 – b, 3 – c, 4 – d
(b) 1 – a, 2 – c, 3 – d, 4 – b
(c) 1 – c, 2 – a, 3 – d, 4 – b
(d) 1 – b, 2 – d, 3 – a, 4 – c
(e) उपर्युक्त में से कोई नहीं/उपर्युक्त में से एक से अधिक

37. किस शब्द में ";" स्वर नहीं है?

(a) कृपा (b) कृष्ण
(c) दृष्टि (d) रिवाज
(e) उपर्युक्त में से कोई नहीं/उपर्युक्त में से एक से अधिक

38. निम्नलिखित में से 'तुम चोरी करोगे, तो पकड़े जाओगे' वाक्य से संबद्ध काल कौन-सा हैं?

(a) संभाव्य भूतकाल (b) हेतुहेतुमद् भविष्यकाल
(c) हेतुहेतुमद् भूतकाल (d) आसन्न भूतकाल
(e) उपर्युक्त में से कोई नहीं/उपर्युक्त में से एक से अधिक

39. निम्नलिखित में से कौन सा शब्द पुल्लिंग है?

(a) प्रवेश (b) परीक्षा
(c) गोष्ठी (d) नस
(e) उपर्युक्त में से कोई नहीं/उपर्युक्त में से एक से अधिक

40. निम्नलिखित प्रश्न में, चार विकल्पों में से, उस विकल्प का चयन करें जो बहुवचन रूप का सबसे अच्छा विकल्प है।

(a) लुटिया (b) पाठक
(c) वर्शन (d) नदी
(e) उपर्युक्त में से कोई नहीं/उपर्युक्त में से एक से अधिक

41. "अलोक मां के लिए दवाई लाया" इस में प्रयुक्त कारक है ?

(a) कर्म (b) अपादान
(c) संबंध (d) संप्रदान
(e) उपर्युक्त में से कोई नहीं/उपर्युक्त में से एक से अधिक

42. **'बहू ससुर से शर्माती है।' वाक्य में कारक है -**
(a) करण कारक (b) सम्प्रदान कारक
(c) अपादान कारक (d) सम्बन्ध कारक
(e) उपर्युक्त में से कोई नहीं/उपर्युक्त में से एक से अधिक

43. **'भारत की प्रमुख नदियों के नाम है गंगा यमुना कावेरी ब्रह्मपुत्र आदि' इस वाक्य में विराम चिन्हों का प्रयोग कर वाक्य पूर्ण कीजिए।**
(a) भारत की प्रमुख नदियों के नाम है,गंगा, यमुना, कावेरी, ब्रह्मपुत्र आदि
(b) भारत की प्रमुख नदियों के नाम है:-गंगा, यमुना, कावेरी, ब्रह्मपुत्र आदि
(c) भारत की प्रमुख नदियों के नाम है;गंगा, यमुना, कावेरी, ब्रह्मपुत्र आदि
(d) भारत की प्रमुख नदियों के नाम है-गंगा, यमुना, कावेरी, ब्रह्मपुत्र आदि
(e) उपर्युक्त में से कोई नहीं/उपर्युक्त में से एक से अधिक

44. **समुच्चयबोधक अव्यय का लोप होने पर क्या प्रयुक्त होता है?**
(a) पूर्ण विराम (b) अर्द्ध विराम
(c) अल्प विराम (d) अविराम
(e) उपर्युक्त में से कोई नहीं/उपर्युक्त में से एक से अधिक

45. **सूची-I को सूची-II के साथ सुमेलित कीजिए:**

सूची-I	सूची-II
A. जल	I. व्यक्ति वाचक संज्ञा
B. गाँधी जी	II. जाति वाचक संज्ञा
C. हड़प	III. भाव वाचक संज्ञा
D. बच्चे	IV. द्रव्य वाचक संज्ञा

नीचे दिए गए विकल्पों में से सही उत्तर का चयन कीजिए
(a) A – II, B – I, C – IV, D – III
(b) A – IV, B – I, C – III, D – II
(c) A – III, B – IV, C – I, D – II
(d) A – IV, B – III, C – I, D – II
(e) उपर्युक्त में से कोई नहीं/उपर्युक्त में से एक से अधिक

46. **रेखांकित पद में संज्ञा का नाम बताइए**
बालको! <u>अच्छाइयों</u> को अपनाना सीखो।
(a) भाव वाचक (b) जाति वाचक
(c) व्यक्ति वाचक (d) a व b दोनों
(e) उपर्युक्त में से कोई नहीं/उपर्युक्त में से एक से अधिक

47. **'तू' सर्वनाम का प्रयोग किस क्रम में नहीं होगा-**
(a) समीपता (b) आत्मीयता
(c) अपमान (d) संबंध बताने
(e) उपर्युक्त में से कोई नहीं/उपर्युक्त में से एक से अधिक

48. **निम्नलिखित में से 'जो जीता वही सिकंदर' - वाक्य में प्रयुक्त 'जो, वही' किस प्रकार के सर्वनाम है ?**
(a) निजवाचक (b) पुरुषवाचक
(c) संबंधवाचक (d) प्रश्नवाचक
(e) उपर्युक्त में से कोई नहीं/उपर्युक्त में से एक से अधिक

49. **निम्नलिखित में से 'संयुक्त क्रिया' वाले विकल्प का चयन कीजिए:**
(a) बच्चे मुस्कुरा रहे हैं।
(b) मैं प्राय: उससे मिल लिया करती हूँ।
(c) अध्यापिका छात्राओं को हिन्दी पढ़ा रही थी।
(d) यह भाषा किस प्रदेश में बोली जाती है?
(e) उपर्युक्त में से कोई नहीं/उपर्युक्त में से एक से अधिक

50. **निम्न विकल्पों में से उस विकल्प का चयन कीजिए जो दिए गए वाक्य में आए क्रिया के भेद का सही विकल्प हो।**
योग करके वह टहलने जाएगी।
(a) संयुक्त (b) पूर्वकालिक
(c) प्रेरणार्थक (d) नामधातु
(e) उपर्युक्त में से कोई नहीं/उपर्युक्त में से एक से अधिक

51. **निम्नलिखित प्रश्न में, चार विकल्पों में से, उस विकल्प का चयन करें जो प्रत्यय से बने शब्द का सही विकल्प हो।**
(a) संपादक (b) मिलनसार
(c) प्रकार (d) सपरिवार
(e) उपर्युक्त में से कोई नहीं/उपर्युक्त में से एक से अधिक

52. **निम्नलिखित में से किस वाक्य में सकर्मक क्रिया है?**
(a) अंश बाहर जा रहा है।
(b) वधू अभी नहीं पहुँची।
(c) बच्चे नृत्य देखकर हँस रहे थे।
(d) सुधा बढ़िया अंगूर लाई।
(e) उपर्युक्त में से कोई नहीं/उपर्युक्त में से एक से अधिक

53. **दिए गए वाक्य में कालवाचक क्रिया विशेषण ज्ञात कीजिए।**
मैं वहाँ कभी-कभी जाता हूँ।
(a) वहाँ (b) कभी-कभी
(c) मैं (d) जाता
(e) उपर्युक्त में से कोई नहीं/उपर्युक्त में से एक से अधिक

54. "यद्यपि वह बीमार था: परन्तु वह मेला गया। "इस वाक्य में क्रियाविशेषण - सम्बंधित त्रुटी के लिए उपर्युक्त विकल्प का चयन करे।

(a) यद्यपि के साथ किन्तु का प्रयोग होता है।
(b) परन्तु के स्थान पर तथापि का प्रयोग होगा।
(c) (a) और (b) दोनों सही है।
(d) यद्यपि के साथ तथापि का प्रयोग होता है।
(e) उपर्युक्त में से कोई नहीं/उपर्युक्त में से एक से अधिक

55. 'राम पुस्तक पढ़ रहा है।' वाक्य का कर्मवाच्य रूप क्या होगा?

(a) क्या राम के द्वारा पुस्तक पढ़ी जायेगी।
(b) राम पुस्तक सुनाता है।
(c) राम पुस्तक नहीं पढ़ रहा है।
(d) राम के द्वारा पुस्तक पढ़ी जा रही है।
(e) उपर्युक्त में से कोई नहीं/उपर्युक्त में से एक से अधिक

56. निम्न में से क्रम की दृष्टि से कौन सा वाक्य शुद्ध है?

(a) व्यायाम नियमित रूप से करने वाले लोग स्वस्थ रहते हैं
(b) नियमित रूप से व्यायाम करने वाले लोग स्वस्थ रहते हैं
(c) लोग स्वस्थ रहते हैंवाले व्यायाम नियमित रूप से करने
(d) लोग स्वस्थ रहते हैं नियमित रूप से व्यायाम करने वाले
(e) उपर्युक्त में से कोई नहीं/उपर्युक्त में से एक से अधिक

57. निम्नलिखित मे से शुद्ध वर्तनी का चयन कीजिए।

(a) कुटम्ब (b) कारवाही
(c) अतार (d) इतिहास
(e) उपर्युक्त में से कोई नहीं/उपर्युक्त में से एक से अधिक

58. दिए गए शब्द का उपसर्ग ज्ञात कीजिए।
अपभ्रंश

(a) अप्प (b) अप
(c) भ्रंश (d) आ
(e) उपर्युक्त में से कोई नहीं/उपर्युक्त में से एक से अधिक

59. 'चमड़ी जाए पर दमड़ी न जाए' लोकोक्ति का उपयुक्त अर्थ है-

(a) अपनी जान जोखिम में डालना
(b) घोर कष्ट काटना
(c) भूखे रहना
(d) अत्यधिक कंजूस होना
(e) उपर्युक्त में से कोई नहीं/उपर्युक्त में से एक से अधिक

60. निम्नलिखित वाक्य, दिए गए विकल्पों में से किस प्रकार का है ?
पिताजी की इच्छा थी, इसलिए मुझे छात्रावास जाना पड़ा।

(a) मिश्र वाक्य (b) सरल वाक्य
(c) संयुक्त वाक्य (d) इनमें से कोई नहीं।
(e) उपर्युक्त में से कोई नहीं/उपर्युक्त में से एक से अधिक

61. सही वाक्य का चयन करें।
उसने लाठी कुत्ते को मारी।

(a) उसने लाठी के कुत्ते को मारा।
(b) उसने लाठी में कुत्ते को मारा।
(c) उसने लाठी का कुत्ते को मारा।
(d) उसने लाठी से कुत्ते को मारा।
(e) उपर्युक्त में से कोई नहीं/उपर्युक्त में से एक से अधिक

62. निम्न में से विशेषण पूर्वपद की पहचान करें?

(a) खड़ी बोली (b) घननील
(c) लाल-पीला (d) मुनिश्रेष्ठ
(e) उपर्युक्त में से कोई नहीं/उपर्युक्त में से एक से अधिक

63. निम्नलिखित प्रश्न में, चार विकल्पों में से, उस विकल्प का चयन करें जो दिए गए लोकोक्ति का सही अर्थ वाला विकल्प हो।
'नौ नकद न तेरह उधार'

(a) टाल-मटोल करना
(b) बहुत ऊँचा होना
(c) काफी उधार देने के स्थान पर थोड़ा नकद अच्छा है
(d) ना किसी से लेना ना देना
(e) उपर्युक्त में से कोई नहीं/उपर्युक्त में से एक से अधिक

64. निम्नलिखित प्रश्न में, चार विकल्पों में से, उस विकल्प का चयन करें जो दिए गए वाक्यांश के लिए एक शब्द का सही विकल्प हो।
जिसे वाणी व्यक्त न कर सके

(a) अवर्णनीय (b) अगोचर
(c) अविवेकी (d) अनिर्वचनीय
(e) उपर्युक्त में से कोई नहीं/उपर्युक्त में से एक से अधिक

65. 'किसी व्रत की समाप्ति पर किया जाने वाला कृत्य' के लिए सार्थक शब्द है-

(a) यज्ञ (b) उद्यापन
(c) हवन (d) उदघोष
(e) उपर्युक्त में से कोई नहीं/उपर्युक्त में से एक से अधिक

66. निम्नलिखित में से 'देश' कौन-सा शब्द है?

(a) रूढ़ (b) यौगिक
(c) योगरूढ़ (d) इनमें से कोई नहीं।
(e) उपर्युक्त में से कोई नहीं/उपर्युक्त में से एक से अधिक

67. 'मोहन के दोस्त सोहन ने परीक्षा में प्रथम स्थान प्राप्त किया।' इस वाक्य में 'उद्देश्य का विस्तार' है-
(a) मोहन के दोस्त (b) सोहन ने
(c) परीक्षा में (d) प्रथम स्थान
(e) उपर्युक्त में से कोई नहीं/उपर्युक्त में से एक से अधिक

68. निम्नलिखित में से कौन - सा वाक्य 'अपूर्ण वर्तमान' काल का है?-
(a) तुम सब पहुंच चुके हो।
(b) गाड़ी आ गई है।
(c) वह सब कुछ नहीं बताता है।
(d) मेरे सभी मित्र लिख रहे हैं।
(e) उपर्युक्त में से कोई नहीं/उपर्युक्त में से एक से अधिक

69. निम्नांकित में योगरूढ़ शब्द है-
(a) विशालकाय (b) पुष्प
(c) कुमुदनी (d) पंकज
(e) उपर्युक्त में से कोई नहीं/उपर्युक्त में से एक से अधिक

70. भील दौड़ रहा है। रेखांकित शब्द का लिंग परिवर्तन करने से क्या होगा ?
(a) वीलनी दौड़ रही है। (b) भीलनियाँ दौड़ रही है।
(c) भीलना दौड़ रही है। (d) भीलनी दौड़ रही है।
(e) उपर्युक्त में से कोई नहीं/उपर्युक्त में से एक से अधिक

71. वह पढ़ता है लेकिन बात भी बहुत करता है।
व्याकरण की दृष्टि से रेखांकित शब्द को पहचानिए :
(a) क्रिया विशेषण (b) अव्यय
(c) सर्वनाम (d) संज्ञा
(e) उपर्युक्त में से कोई नहीं/उपर्युक्त में से एक से अधिक

72. निम्नलिखित प्रश्न में ,चार विकल्पों में से उस विकल्प का चयन करें जो दिए गए वाक्य के भेद का सही विकल्प है।
रीना अस्वस्थ होने के कारण कल विद्यालय नहीं गई थी।
(a) विधान वाचक वाक्य (b) संयुक्त वाक्य
(c) मिश्र वाक्य (d) सरल वाक्य
(e) उपर्युक्त में से कोई नहीं/उपर्युक्त में से एक से अधिक

73. निम्नलिखित प्रश्न में ,चार विकल्पों में से उस विकल्प का चयन करें जो दिए गए वाक्य के प्रकार के भेद का सही विकल्प है।
अब आप जा सकते हैं
(a) आज्ञावाचक वाक्य (b) इच्छावाचक
(c) विस्मयादि वाचक (d) संकेत वाचक
(e) उपर्युक्त में से कोई नहीं/उपर्युक्त में से एक से अधिक

74. निम्नलिखित में से कौन-सा शब्द योगरूढ़ शब्द नहीं है?
(a) विजयशंकर (b) विंध्यांचल
(c) महावत (d) कूड़ा
(e) उपर्युक्त में से कोई नहीं/उपर्युक्त में से एक से अधिक

75. जिस शब्द के कई सार्थक खण्ड हो सके, उसे क्या कहते है?
(a) रूढ़ (b) यौगिक
(c) योगरूढ़ (d) मिश्रित

76. The following item has part of the sentence followed by four alternatives. Complete the sentence by choosing the correct alternative.
The dog ran ______ us as soon as we arrived.
(a) for (b) at
(c) by (d) to
(e) None of the above/More than one of the above

77. Read the sentence carefully and find which part of speech the underlined word belongs to. Indicate your response accordingly.
Why, I can't assume her situation?
(a) Preposition (b) Interjection
(c) Adjective (d) Pronoun
(e) None of the above/More than one of the above

78. Select the most appropriate synonym of the underlined word.
The accident was the inevitable outcome of carelessness.
(a) Uncertain (b) Unpreventable
(c) Doubtful (d) Dubious
(e) None of the above/More than one of the above

79. Select the most appropriate ANTONYM of the underlined word.
If the pain continues, see your doctor.
(a) closes (b) starts
(c) finishes (d) terminates
(e) None of the above/More than one of the above

80. Complete the sentence by choosing the correct alternative.

It's unlikely that he'll run for president, but you can never rule _____ anything.

(a) out (b) over

(c) in (d) off

(e) None of the above/More than one of the above

81. Each of the following items in this section consists of a sentence, parts of which have been jumbled. These parts have been labelled as P, Q, R and S. You are required to re-arrange the jumbled parts of the sentence and mark your responses.

from January to February (P) / in 2010 (Q) / in Bilaspur (R) / Mr Khanna stayed (S)

(a) SPRQ (b) SRPQ

(c) QPSR (d) QSPR

(e) None of the above/More than one of the above

82. Select the one which is synonymous with the bold/underlined word:

She met adversity in a sensible way.

(a) fortune (b) prosperity

(c) welfare (d) misfortune

(e) None of the above/More than one of the above

83. Identify the incorrect sentence among the following alternatives:

(a) We were on a trip.

(b) The bus was late yesterday.

(c) I like to play football

(d) Did we spoke to you that day?

(e) None of the above/More than one of the above

84. Complete the sentence by choosing the correct alternative.

Reena asked her father_______

(a) until he would go to the market with her mother.

(b) unless he would go to the market with her mother.

(c) if he would go to the market with her mother.

(d) though he would go to the market with her mother.

(e) None of the above/More than one of the above

85. Complete the sentence by choosing the correct alternative.

Selena couldn't help but smile _____ the way Deepak described her fellow gender.

(a) on (b) of

(c) at (d) None of these

(e) None of the above/More than one of the above

86. Select the correct meaning of the given proverb.

All that glitters is not gold

(a) things may not be as valuable as they seem

(b) it is not easy to find pure gold

(c) if something does not shine, it cannot be gold

(d) purity of metals determines their value

(e) None of the above/More than one of the above

87. Select the most appropriate meaning of the given idiom.

Give cold shoulder

(a) Start doing something before the appropriate time

(b) Be guiltless

(c) Think only of one thing

(d) Ignore, avoid or be unfriendly towards someone

(e) None of the above/More than one of the above

88. Select the most suitable alternative and fill in the blank.

The passengers were afraid but the Captain _____ them that there was no danger.

(a) promised (b) advised

(c) assured (d) counselled

(e) None of the above/More than one of the above

89. John disagrees with everything as he loves playing devil's advocate.

What does "devil's advocate" mean?

(a) one who worships the devil

(b) an evil person

(c) a person who loves to play games

(d) one who presents a counter argument

(e) None of the above/More than one of the above

90. Fill in the blank with the appropriate answer:

If Raghav proposes to that girl today, I ______ not call her again.

(a) had (b) could

(c) will (d) would

(e) None of the above/More than one of the above

91. Choose the best order which produces the original sentence:

she (1)/ progress in the (2)/ study of arithmetic (3)/ has made considerable (4)/

(a) 2341 (b) 1423

(c) 1432 (d) 4123

(e) None of the above/More than one of the above

92. Complete the sentence by choosing the correct alternative.

Having been left by his mother,__________

(a) Rahul visited his grandparents once in a while

(b) Rahul visiting his grandparents once in a while

(c) Rahul visited her grandparents once in a while

(d) Rahul has visited his grandparents once in a while

(e) None of the above/More than one of the above

93. Change the voice:

Rohan has helped my sisters.

My sisters ______

(a) have been helped by Rohan

(b) has been helping by Rohan

(c) has being helped by Rohan

(d) has been helped by Rohan

(e) None of the above/More than one of the above

94. What will be the noun form of 'Invade'?

(a) Invaded (b) Invading

(c) Invasion (d) None of these

(e) None of the above/More than one of the above

95. Select the option that is opposite in meaning to the bold/underlined word .

Someone who is gentle is <u>kind</u>, mild, and calm.

(a) generous (b) stingy

(c) rough (d) evil

(e) None of the above/More than one of the above

Direction(Ques 96-100): Read the passage given below and answer the questions that follow:

The safety of Women in India has become a major issue in India now. The crime rates against women in the country have only risen to a great extent. Women think twice before stepping out of their homes, especially at the night. This is, unfortunately, the sad reality of our country that lives in constant fear. Women in India have been given equal rights as men; however, people do not follow this rule. They contribute to the growth and development of our country; still, they are living in fear. Women are now in respected positions in the country, but if we take a look behind the curtains, we see even then they are being exploited. Each day we read about horrific crimes being committed against women in our country like it's a norm. Not a day goes by where you don't hear of the news of a crime against women in India. In fact, there are at least five news articles that tell us about the horrific details of the various crimes. It is extremely painful to watch the status of women's safety in India, especially in a country where women are given the stature of goddesses.

96. What is the sad reality of India?

(a) Women have not to worry before steeping out of the home at night.

(b) Women are fighting for their rights

(c) Women are doing well in every field.

(d) Women have to worry before stepping out of the home at night.

(e) None of the above/More than one of the above

97. What is considered to be a norm in India?

(a) normal crimes against women.

(b) status of women.

(c) hideous crimes against women.

(d) unhideous crimes against women.

(e) None of the above/More than one of the above

98. What does the author mean by "behind the curtains" in the passage?

(a) close from everyone

(b) in between the play

(c) associated with everyone

(d) away from everyone

(e) None of the above/More than one of the above

99. Which of the following words could replace the word "respected" as used in the passage?

(a) esteemed (b) insulted

(c) requested (d) None of these

(e) None of the above/More than one of the above

100. From the options given below, choose one that is a correct synonym of the underlined word.

Employers must consider all candidates impartially and without bias.

(a) prejudice (b) justice

(c) advantage (d) tolerance

(e) None of the above/More than one of the above

◆◆◆

उत्तर माला

1.	(b)	2.	(c)	3.	(c)	4.	(a)	5.	(b)	6.	(d)	7.	(b)	8.	(c)
9.	(d)	10.	(c)	11.	(c)	12.	(b)	13.	(d)	14.	(c)	15.	(a)	16.	(b)
17.	(d)	18.	(d)	19.	(c)	20.	(c)	21.	(c)	22.	(b)	23.	(b)	24.	(b)
25.	(a)	26.	(a)	27.	(c)	28.	(b)	29.	(a)	30.	(c)	31.	(c)	32.	(d)
33.	(b)	34.	(a)	35.	(b)	36.	(c)	37.	(d)	38.	(b)	39.	(a)	40.	(c)
41.	(d)	42.	(c)	43.	(b)	44.	(c)	45.	(b)	46.	(b)	47.	(d)	48.	(c)
49.	(b)	50.	(b)	51.	(b)	52.	(d)	53.	(b)	54.	(c)	55.	(d)	56.	(b)
57.	(d)	58.	(b)	59.	(d)	60.	(c)	61.	(d)	62.	(a)	63.	(c)	64.	(d)
65.	(b)	66.	(a)	67.	(a)	68.	(d)	69.	(d)	70.	(d)	71.	(b)	72.	(d)
73.	(a)	74.	(d)	75.	(b)	76.	(d)	77.	(b)	78.	(b)	79.	(d)	80.	(a)
81.	(b)	82.	(d)	83.	(d)	84.	(c)	85.	(c)	86.	(a)	87.	(d)	88.	(c)
89.	(d)	90.	(c)	91.	(b)	92.	(a)	93.	(a)	94.	(c)	95.	(c)	96.	(d)
97.	(c)	98.	(d)	99.	(a)	100.	(a)								

उत्तर सहित व्याख्या

1. (b) लेखक ने समाज की भ्रष्टाचार व्यवस्था को उजागर किया है
2. (c) जीव का मन पेंशन की फाइल में अटक हुआ था
3. (c) सरकारी कर्मचारी 5 सालों तक पेंशन के लिए चक्कर लगता रहा
4. (a) दी हुई रचना व्यंग रचना है
5. (b)"भ्रष्टाचार" शब्द का सही संधि- विच्छेद भ्रष्ट + आचार होगा
6. (d) चोर का विलोम शब्द साधु होता है।
7. (b) गड़ना का अर्थ - चुभना, गणना का अर्थ - गिनती
8. (c) निरुपाय का संधि विच्छेद निः्उपाय होता है।
9. (d) आपका आशीर्वाद आवश्यक है
10. (c) हरिश्चन्द्र - हरिः + चन्द्रहरिश्चन्द्र में संधि का प्रकार (विसर्ग संधि)
11. (c) 'रात्रि' के अन्य पर्यायवाची शब्द हैं - रैन, रजनी, यामिनी, तमी, निशि, त्रियामा, विभावरी, क्षणदा, शर्वरी, रात आदि।
12. (b) शहद का पर्यायवाची शब्द है- मधु, मकरंद, पुष्परस, पुष्पासव।
13. (d) आँख- नेत्र, नयन, चक्षु, दृग, लोचन, अक्षि, नजर, अक्ष, चश्म।
14. (c) दाता का विलोम शब्द और अर्थ दोस्तों दाता का विलोम शब्द याचक होता है।
15. (a) रहित का विलोम शब्द संहित होता है द्य
16. (b) स्वस्थ का विलोम शब्द अस्वस्थ, रुग्ण, बीमार होता है।
17. (d) रात्रि अनेकार्थी शब्द नहीं है
18. (d) कर करदाता द्वारा किया जाने वाला ऐसा अनिवार्य अंशदान है जो कि सामाजिक उद्देश्य जैसे आय व संपत्ति की असमानता को कम करके उच्च रोजगार स्तर प्राप्त करने तथा आर्थिक स्थिरता व वृद्धि प्राप्त करने में सहायक होता है।
19. (c) आशा तत्सम शब्द है
20. (c) घर तत्सम शब्द नहीं है
21. (c) धुआँ - धूलि
22. (b) अनार देशज शब्द नहीं है
23. (b) 'काजू' शब्द पुर्तगाली भाषा से लिया गया शब्द है।
24. (b) जिन शब्दों के अपने निश्चित अर्थ होते हैं, उन अर्थों के विपरीत अर्थ देने वाले शब्द 'विलोम शब्द' या 'विपरीतार्थक शब्द (ादजवदलउे)' कहलाते हैं। उदाहरण के लिए- अधम-उत्तम, अज्ञ-विज्ञ, अग्र-पश्च
25. (a) सुंदर का पर्यायवाची शब्द ललित, कलित, रुचिर, प्यारा, चारु, आकर्षक, सौन्दर्ययुक्त, मंजुल, रम्य, सुंदरता,

ख़ूबसूरत, सुहावना, सुभग, सुरूप, मधुर, हसीन, मनोहर, दिव्य, रमणीक, चित्ताकर्षक, सुभग, कमनीय, ललाम, सुरम्य, शोभायमान, उत्तम, उत्कृष्ट है।

26. (a) गवाह शब्द फारसी भाषा का शब्द है। गवाह एक शब्द है जो उस व्यक्ति के बारे में होता है जो अदालत में गवाही देता है।

27. (c) 'प्रति' उपसर्ग से बनने वाले अन्य शब्द - प्रतिपल, प्रतिनिधि, प्रतिक्षण, प्रत्युत्तर, प्रत्येक, प्रतिकार आदि।

28. (b) अधः उपसर्ग से शब्द अधोगति, अधोमुखी, अधःपतन है

29. (a) प्रत्यय की दृष्टि से दाँत . एल = दँतैल सुमेलित नहीं है

30. (c) 'श, ष, स, ह' - इन चार वर्णों के उच्चारण में मुख से विशेष प्रकार की गर्म (ऊष्म) वायु निकलती है, इसलिए इन्हें ऊष्म व्यंजन कहते है।

31. (c) शब्द घुड़सवार तत्पुरुष समास का उदाहरण है।

32. (d) भाई-बहन में द्वन्द्व समास है।

33. (b) यह दिखने में एक अव्यय है। परन्तु वस्तुतः ये दो अव्यय हैं जो सत्व सन्धि से जुड़े हैं। इतः . ततः = इतस्ततः

34. (a) यदि 'अ' या 'आ' के बाद ए/ऐ रहे तो 'ऐ' और ओ/औ रहे तो 'औ' बन जाता है। वहाँ 'वृद्धि सन्धि' होती है। अतः उचित पर्याय 'वन . औषधिः' होगा।

35. (b) इसका सही उत्तर 'उत् . घाटन' होगा। अन्य विकल्प अनुचित हैं। 'उद्घाटन' का संधि-विच्छेद- 'उत् . घाटन' है। 'उत् . घाटन= उद्घाटन' अर्थात यहाँ व्यंजन संधि है।

36. (c)

1. क	(c) कण्ठ
2. त	(a) दन्त
3. न	(d) नासिका
4. श	(b) तालु

37. (d) न्य विकल्प 'कृपा, कृष्ण, दृष्टि' तीनों में ';' स्वर प्रयुक्त हुआ है। अतः सही विकल्प 'रिवाज' है। उपर्युक्त वर्ण विच्छेद से स्पष्ट है कि 'रिवाज' में ';' स्वर प्रयुक्त नहीं हुआ है।

38. (b) इसमें भूतकाल की क्रिया किसी कारण पर आधारित होती है, अर्थात जिस क्रिया से ज्ञात हो क्रिया भूतकाल में होनेवाली थी पर किसी कारण से नहीं हो सकी, उसे हेतु-हेतुमद् भूतकाल कहते हैं। जैसे- 'तुम चोरी करोगे, तो पकड़े जाओगे'

ख 39. (a) पुल्लिंग शब्द है- प्रवेश, शिविर, कुछ संज्ञाएँ हमेशा पुल्लिंग रहती है- मण्डल, समाज, दल, समूह, वर्ग, जूता, रस्सा, लोटा, चीता, मच्छर, पक्षी आदि।

40. (c) 'दर्शन' शब्द सदैव बहुवचन में ही प्रयोग किया जाता है। इसका एकवचन नहीं होता है। अन्य विकल्प अनुचित हैं। इस प्रकार सही विकल्प 'दर्शन' है।

41. (d) "आलोक मां के लिए दवाई लाया" इस वाक्य में संप्रदान कारक है। अन्य विकल्प असंगत है। अतः सही उत्तर विकल्प 1) संप्रदान कारक होगा।

42. (c) संज्ञा के जिस रूप से एक वस्तु का दूसरी से अलग होना पाया जाए वह अपादान कारक कहलाता है। इसका हिन्दी पर्याय 'से' है। कर्त्ता अपनी क्रिया द्वारा जिससे अलग होता है, उसे अपादान कारक कहते हैं। जैसे - 'बहू ससुर से शर्माती है।'

43. (b) भारत की प्रमुख नदियों के नाम है:-गंगा, यमुना, कावेरी, ब्रह्मपुत्र आदि

44. (c) समुच्चयबोधक अव्यय के लोप होने पर अल्पविराम प्रयुक्त होता है।

45. (b)

A. जल	IV. द्रव्य वाचक संज्ञा
B. गाँधी जी	I. व्यक्ति वाचक संज्ञा
C. हड़प	III. भाव वाचक संज्ञा
D. बच्चे	II. जाति वाचक संज्ञा

46. (b) जिस शब्द से किसी प्राणी या वस्तु की समस्त जाति का बोध होता है,उन शब्दों को जातिवाचक संज्ञा कहते हैं।

47. (d) तू मध्यम पुरूषवाचक सर्वनाम है 'तू' सर्वनाम का प्रयोग संबंध बताने के क्रम में नहीं होगा।

48. (c) वह सर्वनाम शब्द जो किसी उपवाक्य में प्रयुक्त होकर संज्ञा तथा सर्वनाम के साथ संबंध बताता हो , वहां संबंधवाचक सर्वनाम माना जाता है। जैसे - 'जो जीता वही सिकंदर'

49. (b) जो क्रिया दो या दो से अधिक धातुओं के मेल से बनती है, उसे संयुक्त क्रिया (Sanyukt Kriya) कहते हैं। जैसे- मैं प्रायः उससे मिल लिया करती हूँ।

50. (b) पूर्वकालिक क्रिया- जब कर्ता एक कार्य को समाप्त करके तुरंत दूसरे काम में लग जाता है तब जो क्रिया पहले ही समाप्त हो जाती है उसे पूर्वकालिक क्रिया कहते हैं। पुजारी ने नहाकर पूजा की। चोर सामान चुराकर भाग गया। योग करके वह टहलने जाएगी।

51. (b) 'मिलनसार' में 'सार' प्रत्यय और 'मिल' मूल शब्द है।

52. (d) वह क्रिया जिसके साथ कर्म की आवश्यकता होती है, अर्थात कर्म का प्रयोग किये बिना वाक्य का सम्पूर्ण अर्थ स्पष्ट नहीं होता उसे सकर्मक क्रिया कहते हैं, सकर्मक क्रिया में कर्म की प्रधानता रहती है- सुधा बढ़िया अंगूर लाई।

53. (b) जो अविकारी शब्द किसी क्रिया के होने का समय बतलाते हैं, उन्हें कालवाचक क्रियाविशेषण कहते हैं। परसों, पहले, पीछे, कभी, अब तक, अभी-अभी, बार-बार।

54. (c) "यद्यपि वह बीमार था: परन्तु वह मेला गयाP "इस वाक्य में यद्यपि के साथ किन्तु का प्रयोग होता है और परन्तु के स्थान पर तथापि का प्रयोग होगा। अतः विकप ब इसका सही उत्तर होगा।

55. (d) क्रिया के जिस रूप में कर्म प्रधान हो, उसे कर्मवाच्य कहते हैं या जहाँ क्रिया का संबंध सीधा कर्म से हो तथा क्रिया का लिंग तथा वचन कर्म के अनुसार हो, उसे कर्मवाच्य कहते हैं। 'राम पुस्तक पढ़ रहा है' वाक्य का कर्मवाच्य रूप राम के द्वारा पुस्तक पढ़ी जा रही है

56. (b) नियमित रूप से व्यायाम करने वाले लोग स्वस्थ रहते हैं

57. (d) इतिहास शुद्ध वर्तनी है

58. (b) किसी भी भाषा में उस अव्यय या शब्दांश को उपसर्ग कहते हैं जो मूल शब्दों के आरंभ में लगकर उनके अर्थों का विस्तार, परिवर्तन या उनमें कोई विशेषता उत्पन्न करता है। जैसे- अ, अनु, अप, वि आदि हिन्दी के उपसर्ग है।

59. (d) दिए गए विकल्पों में से सही उत्तर विकल्प क 'अत्यधिक कंजूस होना' है। अन्य विकल्प इसके गलत उत्तर हैं। वाक्य - दादी के पैसे में चाहे दीमक लग जाए पर खुद पर खर्च नहीं कर सकती। उनका तो वही हाल है 'चमड़ी जाय पर दमड़ी न जाए।

60. (c) संयुक्त वाक्य – जिस वाक्य में दो या दो से अधिक स्वतंत्र या मुख्य उपवाक्य समानाधिकरण योजक से जुड़े हों, वह संयुक्त वाक्य कहलाता है। योजक शब्द – और, परंतु, इसलिए आदि।

61. (d) उसने लाठी के कुत्ते को मारा, उसने लाठी का कुत्ते को मारा, उसने लाठी में कुत्ते को मारा। इन तीनों वाक्यों में शब्द तथा वाक्य संरचना के इस्तेमाल और नियोजन की त्रुटि है। वाक्य को पढ़ने पर और बोलने पर वाक्य संरचना में जो त्रुटि है उसका ज्ञात होता है।

62. (a) जिसमें प्रथम पद विशेषण होता है। हिंदी-उदाहरणख्र नीलगाय, कालीमिर्च, मझधार, तलघर, खड़ी-बोली, सुंदरलाल, पुच्छलतारा, भलामानस, कालापानी, छुट-भैया, साढ़ेतीन।

63. (c) नौ नगद, न तेरह उधार- उधार की अपेक्षा नगद चीजें बेचना अच्छा होता है। वाक्य प्रयोग- प्रेम किसी को भी उधार नहीं देता उसका तो एक ही सिद्धांत है- 'नौ नगद, न तेरह उधार'।

64. (d) दिए गए विकल्पों में से सही उत्तर 'अनिर्वचनीय' है। 'जिसे वाणी व्यक्त न कर सके' इस वाक्यांश के लिए उचित शब्द 'अनिर्वचनीय' है।

65. (b) उद्यापन - व्रतादि की समाप्ति पर किया जानेवाला धार्मिक कर्म उद्यापन कहलाता है।

66. (a) रूढ़ शब्द उन्हें कहते हैं जो किसी विशेष अर्थ में प्रयोग किए जाते हैं। ये किसी अन्य मेल से नहीं बनते और इनके टुकड़े करने पर कोई अर्थ नहीं निकलता; जैसे- पिता, जूता, घोड़ा,

67. (a) यहाँ सही विकल्प मोहन के दोस्त है। यहाँ उद्देश्य का विस्तार, मोहन के दोस्त ने किया, अतः सही विकल्प a होगा।

68. (d) क्रिया के जिस रूप से कार्य के लगातार होने का पता चलता है, उसे अपूर्ण वर्तमान काल कहते है। जिन वाक्यों के अंत में रहा है, रहे है, रही है, रहा हूँ आदि आते है, उसे अपूर्ण वर्तमान काल कहते हैं। श्याम गेंद खेल रहा है।

69. (d) पंकज, जलज आदि योगरूढ़ शब्द है क्योंकि इसका निर्माण दो शब्दों के मेल से हुआ है, जिसका रूढ़ अर्थ है।

70. (d) दिए गए विकल्पों में से भील का स्त्रीलिंग शब्द भीलनी है, अतः सही विकल्प 2 'भीलनी' है। - भीलनी दौड़ रही है।

71. (b) वह पढ़ता है लेकिन बात भी बहुत करता है में अव्यय है।

72. (d) जिन वाक्य में एक ही क्रिया होती है, और एक कर्ता होता है, ये साधारण वाक्य कहलाते है। दूसरे शब्दों में जिन वाक्यों में केवल एक ही उद्देश्य और एक ही विधेय होता है, उन्हें साधारण वाक्य या सरल वाक्य कहते हैं। इसमें एक उद्देश्य' और एक 'विधेय' रहते हैं। जैसे- रीना अस्वस्थ होने के कारण कल विद्यालय नहीं गई थी।

73. (a) जिन वाक्यों से आज्ञा, उपदेश, प्रार्थना, अनुमति आदि का बोध हो, उन्हें आज्ञावाचक वाक्य कहते हैं। उदाहरण : अब आप जा सकते हैं

74. (d) कूड़ा शब्द योगरूढ़ शब्द नहीं है

75. (b) सही उत्तर 'यौगिक' है। जिस शब्द के कई सार्थक खण्ड हो सके, उसे यौगिक शब्द कहते हैं।

76. (d) The dog ran to us as soon as we arrived.

77. (b) An interjection is a word or phrase that is grammatically independent from the words around it, and mainly expresses feeling rather than meaning. Why, I can't assume her situation?

78. (b) Synonyms of inevitable
- necessary.
- possible.
- unavoidable.
- inescapable.
- definite.
- ineluctable.
- probable.
- unescapable.
- Unpreventable

79. (d) continues antonym is terminates.

80. (a) It's unlikely that he'll run for president, but you can never rule out anything.

81. (b) Mr Khanna stayed (S)) / in Bilaspur (R) / from January to February (P) / in 2010 (Q)

82. (d) The given word 'adversity' means 'an unfavourable fortune or fate'. From the options, Option d: 'misfortune' best expresses the meaning of the given word. Hence option d is correct.

83. (d) "Did" is the past tense of "do" and is used in questions and negative statements.
84. (c) Reena asked her father if he would go to the market with her mother.
85. (c) Selena couldn't help but smile at the way Deepak described her fellow gender.
86. (a) What does the Proverb, "All that glitters is not gold" Mean? The proverb, "All that glitters is not gold" means that not everything that looks superficially attractive is valuable. The element of gold emits spectacular glitter, but it is not the only metal that does so.
87. (d) To give the cold shoulder is to ignore or snub someone you know. It's the opposite of a warm welcome.
88. (c) The passengers were afraid but the Captain assured them that there was no danger.
89. (d) What does "devil's advocate" mean - one who presents a counter argument
90. (c) If Raghav proposes to that girl today, I will not call her again.
91. (b) she (1)/ has made considerable (4)/ progress in the (2)/ study of arithmetic (3)
92. (a) Having been left by his mother, Rahul visited his grandparents once in a while.
93. (a) My sisters have been helped by Rohan.
94. (c) The abstract noun for invade is invasion, invader, invasivity and invading.
95. (c) The word 'kind' is an adjective which means 'showing generous, polite and considerate behaviour toward others'. There are numerous terms which are opposite to kind. The most commonly known opposite term for kind is 'rough'.
96. (d) Women have to worry before stepping out of the home at night.
97. (c) hideous crimes against women.
98. (d) Author mean by "behind the curtains" is away from everyone.
99. (a) Esteemed words could replace the word "respected" as used in the passage.
100. (a) Some common synonyms of bias are predilection, prejudice, and prepossession. While all these words mean "an attitude of mind that predisposes one to favor something," bias implies an unreasoned and unfair distortion of judgment in favor of or against a person or thing.

SET 3 BPSC भाषा प्रैक्टिस सेट

निर्देश (प्र. 1-5) : गद्यांश को ध्यानपूर्वक पढ़ें तथा प्रत्येक प्रश्न के चार विकल्पो में से सही विकल्प चुने।

दौड़ते हुए हम लोग एक पतली गली में घुस गए। इस गली से घर नजदीक पड़ता था। दूसरे रास्तों में बहुत भीड़ थी। बाजार का दिन था। लेकिन बूँदें पड़ने से भीड़ के बिखराव में तेजी आ गई थी। दौड़ इसलिए रहे थे कि डर लगता था कि मछलियाँ बिना पानी के झोले में ही न मर जाएँ। झोले में तीन मछलियाँ थीं। एक तो उसी वक्त मर गई थी जब पिताजी खरीद रहे थे। दो जिन्दा थीं। झोले में उनकी तड़प के झटके मैं जब तब महसूस करता था। मन ही मन सोच रहा था कि एक मछली पिताजी से जरूर माँग लेंगे। फिर उसे कुएँ में डालकर बहुत बड़ी करेंगे। जब मन होगा बाल्टी से निकालकर खेलेंगे। बाद में फिर कुएँ में डाल देंगे। अब जोर से पानी गिरने लगा था। बरसते पानी में खड़े होकर झोले का मुँह आकाश की तरफ फैलाकर मैंने खोल दिया ताकि आकाश का पानी झोले के अन्दर पड़ी मछलियों पर पड़े। उनमें थोड़ी जान आ जाए। संतू भीगने से बचने के लिए एक मकान के नीचे खड़ा हो गया था। हम दोनों बुरी तरह भीग गए थे। तभी कोई मछली पानी के छींटे पाकर, कहीं आसपास किसी तालाब या नदी का अंदाजकर जोर से उछली। झोला मेरे हाथ से छूटते छूटते बचा।

,नहानघर का दरवाजा अंदर से हम लोगों ने बंद कर लिया था। भरी हुई बाल्टी थी, उसे आधी खाली कर मैंने झोले की तीनों मछलियाँ उड़ेल दीं। अगर बाल्टी भरी होती तो मछली उछलकर नीचे आ जाती। एक बार एक छोटी सी मछली मेरे हाथ से फिसलकर नहानघर की नाली में घुस गई थी। हाथों से मैंने और सन्तु ने टटोल टटोलकर ढूँढा था। जब दिखी नहीं तो हम घर के पीछे जाकर खड़े हो गए थे जहाँ घर की नाली एक बड़ी नाली से मिलती थी। गंदे पानी में मछली दिखी नहीं। दीदी ने बताया था कि वह मछली इस नाली से शहर की सबसे बड़ी नाली में जाएगी फिर शहर से तीन मील दूर मोहारा नदी में चली जाएगी।

1. वे छोटी सी मछली की तलाश में कहाँ गए थे?

(a) तालाब में
(b) नाली के पास
(c) नदी में
(d) घर के पीछे जहाँ घर की नाबी एक बड़ी नाली से मिलती थी
(e) उपर्युक्त में से कोई नहीं/उपर्युक्त में से एक से अधिक

2. कहाँ झोले की मछलियाँ डालीं गईं?

(a) नाली में
(b) तालाब में
(c) नहानघर की बाल्टी में
(d) कुएँ में
(e) उपर्युक्त में से कोई नहीं/उपर्युक्त में से एक से अधिक

3. झोले में कितनी मछलियाँ थीं और कितनी जिन्दा थीं?

(a) 3 मछलियाँ, 1 जिन्दा
(b) 4 मछलियाँ, 2 जिन्दा
(c) 3 मछलियाँ, 2 जिन्दा
(d) 5 मछलियाँ, 3 जिन्दा
(e) उपर्युक्त में से कोई नहीं/उपर्युक्त में से एक से अधिक

4. बारिश के दौरान उन्होंने झोले का मुँह आकाश की ओर क्यों खोला?

(a) बारिश का पानी झोले के अंदर पड़े जिससे मछलियों में जान आ जाए
(b) उन्हें झोले को भिगोना चाहिए था
(c) वे बारिश में नहाना चाहते थे
(d) झोले को साफ करने के लिए
(e) उपर्युक्त में से कोई नहीं/उपर्युक्त में से एक से अधिक

5. घर जल्दी पहुंचने के लिए क्यों दौड़ रहे थे?

(a) उन्हें जल्दी में था
(b) वे भीड़ से बच रहे थे
(c) मछलियाँ झोले में बिना पानी के मर न जाएँ
(d) वे झोले को घर ले जा रहे थे
(e) उपर्युक्त में से कोई नहीं/उपर्युक्त में से एक से अधिक

6. निम्नलिखित में से कौन-सा शब्द योगरूढ़ शब्द नहीं है?

(a) हरिदास
(b) राधेश्याम
(c) घनश्याम
(d) सुविचार
(e) उपर्युक्त में से कोई नहीं/उपर्युक्त में से एक से अधिक

7. निम्नलिखित में से 'कमीज़' कौन-सा शब्द है?

(a) रूढ़
(b) योगरूढ़
(c) यौगिक
(d) उपरोक्त में से कोई नही
(e) उपर्युक्त में से कोई नहीं/उपर्युक्त में से एक से अधिक

8. **शुद्ध अर्थयुक्त शब्द युग्म-शब्द है-**
(a) दशन - दाँत से काटना = दंशन - दाँत
(b) व्यंग = विकलांग - व्यंग्य = ताना
(c) कीश - गर्भ का थैला = कीस - बन्दर
(d) सन्मति = सलाह - सम्मति = बेहतर समझ
(e) उपर्युक्त में से कोई नहीं/उपर्युक्त में से एक से अधिक

9. **निम्नलिखित पंक्तियों में कौन-सा अलंकार है?**
"फुले कास सकल महि छाई।
जनु बरसा रितु प्रकट बुढाई॥
(a) अतिशयोक्ति (b) अनुप्रास
(c) उत्प्रेक्षा (d) उपमा
(e) उपर्युक्त में से कोई नहीं/उपर्युक्त में से एक से अधिक

10. **"राणा प्रताप के घोड़े से पड़ गया हवा का पाला था।" अलंकार का भेद है-**
(a) श्लेष अलंकार (b) अतिशयोक्ति अलंकार
(c) उत्प्रेक्षा अलंकार (d) यमक अलंकार
(e) उपर्युक्त में से कोई नहीं/उपर्युक्त में से एक से अधिक

11. **इनमें एक शब्द 'वात' का पर्यायवाची शब्द नहीं है**
(a) प्रकम्पन (b) मारुति
(c) हुताशन (d) अनिल
(e) उपर्युक्त में से कोई नहीं/उपर्युक्त में से एक से अधिक

12. **निम्नलिखित में से कौन सा शब्द 'सरस्वती' का पर्यायवाची नहीं है?**
(a) वीणापाणि (b) महाश्वेता
(c) पद्मा (d) भारती
(e) उपर्युक्त में से कोई नहीं/उपर्युक्त में से एक से अधिक

13. **निम्नलिखित में से 'केवट' के पर्यायवाची शब्द-समूह का चयन कीजिए -**
(a) कोविद, मनीषी, विचक्षण
(b) चाकर, किंकर, परिचारक
(c) नाविक, माँझी, पोतवाह
(d) बख़ील, खसीस, मत्सर
(e) उपर्युक्त में से कोई नहीं/उपर्युक्त में से एक से अधिक

14. **निम्नलिखित प्रश्न में, चार विकल्पों में से, उस विकल्प का चयन करें जो देशज शब्द का सही विकल्प हो।**
(a) फीता (b) मजबूर
(c) उम्मीद (d) डोंगा
(e) उपर्युक्त में से कोई नहीं/उपर्युक्त में से एक से अधिक

15. **इनमें से कौन-सा शब्द 'मत्सर' शब्द का अनेकार्थी रूप नहीं है?**
(a) राग (b) ईर्ष्या
(c) द्वेष (d) क्रोध
(e) उपर्युक्त में से कोई नहीं/उपर्युक्त में से एक से अधिक

16. **इनमें से कौन-सा शब्द 'बल' शब्द का अर्थ नहीं है?**
(a) सामर्थ्य (b) मस्ती
(c) शक्ति (d) जोर
(e) उपर्युक्त में से कोई नहीं/उपर्युक्त में से एक से अधिक

17. **निम्नलिखित शब्द युग्मों के तत्सम-तद्भव का असंगत युग्म है**
(a) स्वर्ण - सोना (b) जीभ - जिम्हा
(c) कोकिल - कोयल (d) क्षार - ख़ार
(e) उपर्युक्त में से कोई नहीं/उपर्युक्त में से एक से अधिक

18. **निम्नलिखित में से कौन-सा शब्द तत्सम नहीं है ?**
(a) अक्षि (b) अग्नि
(c) अमूल्य (d) कपूत
(e) उपर्युक्त में से कोई नहीं/उपर्युक्त में से एक से अधिक

19. **विकल्प में दिए हुए शब्दों में से किस शब्द का तद्भवीकरण नहीं हुआ है-**
(a) अफसर (b) लालटेन
(c) कप्तान (d) हॉस्पिटल
(e) उपर्युक्त में से कोई नहीं/उपर्युक्त में से एक से अधिक

20. **निम्नलिखित तत्सम/तद्भव शब्द-युग्मों में असंगत है**
(a) वायु - बयार (b) अक्षर - आखर
(c) कार्य - काज (d) कर्ण - कर्म
(e) उपर्युक्त में से कोई नहीं/उपर्युक्त में से एक से अधिक

21. **निम्नलिखित में से कौन-सा शब्द देशज नहीं हैं?**
(a) टक्कर (b) धड़ाम
(c) टेलीफोन (d) तोंद
(e) उपर्युक्त में से कोई नहीं/उपर्युक्त में से एक से अधिक

22. **नीचे दिए गए वैकल्पिक शब्दों में से किस शब्द का विपरीतार्थक शब्द नहीं होता, उसे छँटिए**
(a) साग (b) बच्चा
(c) आधुनिक (d) पक्का
(e) उपर्युक्त में से कोई नहीं/उपर्युक्त में से एक से अधिक

23. **कुली किस भाषा का शब्द है ?**
(a) अरबी (b) पुर्तगाली
(c) फारसी (d) तुर्की
(e) उपर्युक्त में से कोई नहीं/उपर्युक्त में से एक से अधिक

24. **समोसा किस भाषा का शब्द है?**
(a) अंग्रेजी (b) तुर्की
(c) अरबी (d) फारसी
(e) उपर्युक्त में से कोई नहीं/उपर्युक्त में से एक से अधिक

25. निम्नलिखित में से किस युग्म में विलोम का सही प्रयोग नहीं है?
(a) जंगम - स्थावर (b) कोमल - कठोर
(c) गरल - विष (d) उत्कर्ष - अपकर्ष
(e) उपर्युक्त में से कोई नहीं/उपर्युक्त में से एक से अधिक

26. दिए गए शब्दों की संधि ज्ञात कीजिए।
विद्युत् + शक्ति
(a) विद्युछशक्ति (b) विदुतशक्ति
(c) विद्युच्छक्ति (d) विद्युतशक्ति
(e) उपर्युक्त में से कोई नहीं/उपर्युक्त में से एक से अधिक

27. किस विकल्प में विपरीतार्थक शब्द नहीं है?
(a) हलका - भारी (b) वियोग - संयोग
(c) हर्ष - विस्मय (d) ग्राह्य - त्याज्य
(e) उपर्युक्त में से कोई नहीं/उपर्युक्त में से एक से अधिक

28. निम्नलिखित में कौन-सा शब्द अरबी-फारसी उपसर्ग युक्त नहीं है?
(a) समवाय (b) नाकाम
(c) हमसफर (d) बेधड़क
(e) उपर्युक्त में से कोई नहीं/उपर्युक्त में से एक से अधिक

29. किस विकल्प के शब्द दो से अधिक उपसर्गों से निर्मित है?
(a) सुव्यवस्थित, दुर्व्यवहार (b) समकालीन, अमानवीयता
(c) आध्यात्मिक, दुष्परिणाम (d) प्रत्युपकार, वायवीय
(e) उपर्युक्त में से कोई नहीं/उपर्युक्त में से एक से अधिक

30. निम्नलिखित विकल्पों में से प्रत्यय के सुमेलित विकल्प की पहचान कीजिए।
(a) आई = अफसरी, चढ़ाई, शिवानी
(b) इका = लेखिका, प्रिया, पुलिसवाला
(c) आन =उठान,उडान,मिलान
(d) अ = चर, व्याध, लेखक
(e) उपर्युक्त में से कोई नहीं/उपर्युक्त में से एक से अधिक

31. किस सामासिक पद का विग्रह त्रुटिपूर्ण है?
(a) स्मृतिभ्रंश = स्मृति का भ्रंश
(b) सुखासक्त = सुख में आसक्त
(c) सुधासिक्त = सुधा से सिक्त
(d) सुर-ताल = सुर के लिए ताल
(e) उपर्युक्त में से कोई नहीं/उपर्युक्त में से एक से अधिक

32. "गुणहीन" में कौन सा समास पाया जाता है?
(a) अपादान तत्पुरुष (b) अधिकरण तत्पुरुष
(c) करण तत्पुरुष (d) कर्म तत्पुरुष
(e) उपर्युक्त में से कोई नहीं/उपर्युक्त में से एक से अधिक

33 इनमें से कौन सा संधि शब्द सही नहीं है?
(a) तत् + जन्य = तद्जन्य
(b) सत् + गति = सद्गति
(c) विद्वत् + मंडल = विद्वन्मंडल
(d) चित् + आकाश = चिदाकाश
(e) उपर्युक्त में से कोई नहीं/उपर्युक्त में से एक से अधिक

34. 'उच्छृंखल' शब्द का सन्धि विच्छेद है-
(a) उच्च् + छृंखल (b) उत् + श्रंखल
(c) उत् + शृंखल (d) उत + शृंखल
(e) उपर्युक्त में से कोई नहीं/उपर्युक्त में से एक से अधिक

35. कौन से शब्द-युग्म का अर्थ-भेद सही नहीं है ?
(a) अनिष्ट - अनिष्ठ = बुरा - निष्ठाहीन
(b) अचल - अचला = पर्वत - नारी
(c) अंश - अंस = हिस्सा - कंधा
(d) तरंग - तुरंग = लहर - घोड़ा
(e) उपर्युक्त में से कोई नहीं/उपर्युक्त में से एक से अधिक

36. निम्नलिखित शब्दों में से कौन सा शब्द शब्द-कोश में पहले आएगा?
(a) ग्रहण (b) ग्लानि
(c) गुरु (d) ग्रहीत
(e) उपर्युक्त में से कोई नहीं/उपर्युक्त में से एक से अधिक

37. 'हेमकुम्भ ले उषा सवेरे, भरती ढुलकाती सुख मेरे।
मदिर ऊंघते रहते जब, जगकर रजनीभर तारे।।'
'अंतरा में संकलित प्रसाद रचित इन पंक्तियों में प्रमुख अलंकार है' -
(a) रूपक (b) उपमा
(c) उत्प्रेक्षा (d) अतिशयोक्ति
(e) उपर्युक्त में से कोई नहीं/उपर्युक्त में से एक से अधिक

38. हरिगीतिका छंद के संबंध में कौन सा कथन सही नहीं है?
(a) यह मात्रिक सम छंद है।
(b) इसके प्रत्येक चरण में 28 मात्राएँ होती हैं।
(c) 16 और 12 मात्राओं पर यति होती है।
(d) अंत में गुरु-लघु (51) होता है।
(e) उपर्युक्त में से कोई नहीं/उपर्युक्त में से एक से अधिक

39. वीभत्स रस का स्थायी भाव है
(a) शोक (b) वात्सल्य
(c) निर्वेद (d) जुगुप्सा
(e) उपर्युक्त में से कोई नहीं/उपर्युक्त में से एक से अधिक

40. दिए गए शब्द किसके उदाहरण है ?

अंदर, अन्यत्र, आगे, ऊपर

(a) कालवाचक क्रिया विशेषण

(b) परिणामवाचक क्रिया विशेषण

(c) स्थानवाचक क्रिया विशेषण

(d) रीतिवाचक क्रिया विशेषण

(e) उपर्युक्त में से कोई नहीं/उपर्युक्त में से एक से अधिक

41. क्रिया का प्रभाव या फल जिस संज्ञा या सर्वनाम पर पड़ता वहाँ कौन सा कारक होता है ?

(a) करण कारक (b) कर्ता कारक

(c) क्रिया कारक (d) कर्म कारक

(e) उपर्युक्त में से कोई नहीं/उपर्युक्त में से एक से अधिक

42. निम्नलिखित प्रश्न में, चार विकल्पों में से, उस विकल्प का चयन करें जो विराम चिह्न युक्त वाक्य का सही विकल्प हो।

(a) बच्चों ने कहा कि, उन्हें नए कपड़े खिलौने और मिठाइयाँ चाहिए।

(b) बच्चों ने कहा कि उन्हें नए कपड़े खिलौने और मिठाइयाँ चाहिए।

(c) बच्चों ने कहा कि "उन्हें नए कपड़े खिलौने और मिठाइयाँ चाहिए।"

(d) बच्चों ने कहा कि, "उन्हें नए कपड़े, खिलौने और मिठाइयाँ चाहिए।"

(e) उपर्युक्त में से कोई नहीं/उपर्युक्त में से एक से अधिक

43. निम्नलिखित प्रश्न में, चार विकल्पों में से उस विकल्प का चयन करें जो सही विराम चिह्न युक्त वाक्य का सबसे अच्छा विकल्प हो।

(a) रविमोहन के पुत्र; सचिन पधारे हैं।

(b) रविमोहन के पुत्र - सचिन पधारे हैं।

(c) रविमोहन के पुत्र, सचिन पधारे हैं

(d) रविमोहन के पुत्र सचिन पधारे हैं।

(e) उपर्युक्त में से कोई नहीं/उपर्युक्त में से एक से अधिक

44. दिए गए वाक्य में रेखांकित भाग में किस प्रकार की संज्ञा है, ज्ञात कीजिए।

हमारे <u>परिवार</u> में दादा जी हैं।

(a) व्यक्तिवाचक (b) समुदायवाचक

(c) द्रव्यवाचक (d) भाववाचक

(e) उपर्युक्त में से कोई नहीं/उपर्युक्त में से एक से अधिक

45. दिए गए शब्द की संज्ञा ज्ञात कीजिए।

ठग

(a) व्यक्तिवाचक (b) भाववाचक

(c) द्रव्यवाचक (d) जातिवाचक

(e) उपर्युक्त में से कोई नहीं/उपर्युक्त में से एक से अधिक

46. निम्नलिखित प्रश्न में, चार विकल्पों में से उस विकल्प का चयन करें जो अन्य पुरुष वाचक सर्वनाम का सही विकल्प हो।

(a) (उसकी) छोटी बहन दिव्या है।

(b) (मैं) अपना काम स्वयं करता हूँ।

(c) देखो,(कौन) आया है?

(d) मोहन का (कुछ) खो गया।

(e) उपर्युक्त में से कोई नहीं/उपर्युक्त में से एक से अधिक

47. दिए गए वाक्य में 'वह' कौन सा सर्वनाम है?

वह प्रेम की पुस्तक है।

(a) अनिश्चयवाचक (b) संबंधवाचक

(c) निश्चयवाचक (d) प्रश्नवाचक

(e) उपर्युक्त में से कोई नहीं/उपर्युक्त में से एक से अधिक

48. क्रिया के किस भेद में प्रथम कर्म प्राणीवाची तथा द्वितीय कर्म अप्राणीवाची होता है?

(a) अकर्मक (b) द्विकर्मक

(c) प्रेरणार्थक (d) सकर्मक

(e) उपर्युक्त में से कोई नहीं/उपर्युक्त में से एक से अधिक

49. विकास .... है। रिक्त स्थान के लिए उचित अकर्मक क्रिया है -

(a) सुलाता (b) सुलवाता

(c) सोते (d) सोता

(e) उपर्युक्त में से कोई नहीं/उपर्युक्त में से एक से अधिक

50. निम्नलिखित में से किस वाक्य में क्रियाविशेषण है?

(a) रीमा शीला से माँगती है।

(b) विकास मोहन से पूछता है।

(c) उसका स्वभाव ऐसा है।

(d) वह अचानक गिरा।

(e) उपर्युक्त में से कोई नहीं/उपर्युक्त में से एक से अधिक

51. "रूपेश अच्छी तरह पढ़ता है" निम्न में से कौन सा क्रिया विशेषण है?

(a) कालवाचक (b) रीतिवाचक

(c) स्थानवाचक (d) परिमाणवाचक

(e) उपर्युक्त में से कोई नहीं/उपर्युक्त में से एक से अधिक

52. "तुम बाहर जाकर खेलो" वाक्य में कौन सा क्रिया विशेषण है?

(a) कालवाचक (b) रीतिवाचक

(c) परिमाणवाचक (d) स्थानवाचक

(e) उपर्युक्त में से कोई नहीं/उपर्युक्त में से एक से अधिक

53. 'इस प्रश्न का उत्तर तो कोई भी व्यक्ति दे सकता है।' वाक्य में आए 'भी', 'तो' शब्द हैं-
(a) निपात (b) सर्वनाम
(c) क्रिया-विशेषण (d) संबंधबोधक
(e) उपर्युक्त में से कोई नहीं/उपर्युक्त में से एक से अधिक

54. निम्नलिखित वाक्य के अशुद्ध भाग का चयन कीजिये- 'कर्णिका ने देखा कि बूढ़ी काकी जूठी पत्तलों को खाने लगी।'
(a) खाने लगी (b) कर्णिका ने देखा
(c) कि बूढ़ी काकी (d) जूठी पत्तलों को
(e) उपर्युक्त में से कोई नहीं/उपर्युक्त में से एक से अधिक

55. निम्नलिखित वाक्यों में से किस विकल्प में वाक्य विन्यास शुद्ध है ?
(a) भावानुकूल छंद चयन करने में भी उन्होंने अपनी मौलिकता का प्रदर्शन किया है।
(b) ये गेय है मुक्तक गीत तथा संगीतात्मक है।
(c) पुरानी सामाजिक प्रथाओं में ढूँढा जा सकता है दहेज-प्रथा का जन्म।
(d) रामायण में वीरता का चिह्न दिखलाया है बाल्मीकि ने कुम्भकर्ण को।
(e) उपर्युक्त में से कोई नहीं/उपर्युक्त में से एक से अधिक

56. निम्नलिखित में से शुद्ध वर्तनी का चयन कीजिए
(a) अंत्येष्ठि (b) अकांक्षा
(c) तलाशी (d) अकाश
(e) उपर्युक्त में से कोई नहीं/उपर्युक्त में से एक से अधिक

57. निम्नलिखित विकल्पों में से अशुद्ध वर्तनी का चयन कीजिए।
(a) प्रेयसी (b) पद्मिनी
(c) प्रतिज्ञा (d) पुरूस्कार
(e) उपर्युक्त में से कोई नहीं/उपर्युक्त में से एक से अधिक

58. 'अंतर्मन' में उपसर्ग है
(a) अंत (b) अंत:
(c) अन (d) अ
(e) उपर्युक्त में से कोई नहीं/उपर्युक्त में से एक से अधिक

59. 'आव' प्रत्यय से बना शब्द निम्न में से कौन-सा है ?
(a) घुमाव (b) भकाव
(c) सुनाव (d) इनमें से कोई नहीं
(e) उपर्युक्त में से कोई नहीं/उपर्युक्त में से एक से अधिक

60. "सुबह से काम करते-करते थक गया हूँ, ज़रा ....।" वाक्य में कौन सा मुहावरा उपयुक्त है?
(a) कमर कस लूँ (b) चहल कदमी कर लूँ
(c) कमर सीधी कर लूँ (d) कल न पड़ लूँ
(e) उपर्युक्त में से कोई नहीं/उपर्युक्त में से एक से अधिक

61. दिए गये प्रश्न में मुहावरों एवं लोकोक्तियों का सही विकल्प छाँटिए-
खून-पसीना एक करना
(a) बहुत कठिन परिश्रम करना
(b) बहुत सताना या परेशान करना
(c) बहुत मारपीट या झगड़ा होना
(d) असंभव बातें करना
(e) उपर्युक्त में से कोई नहीं/उपर्युक्त में से एक से अधिक

62. 'अपनी पगड़ी अपने हाथ' लोकोक्ति का आशय है
(a) अपनी इज्जत दूसरों के हाथ
(b) अपनी इज्जत अपने हाथ
(c) दूसरों की इज्जत अपने हाथ
(d) अपना सामान अपने पास
(e) उपर्युक्त में से कोई नहीं/उपर्युक्त में से एक से अधिक

63. 'जो आसानी से प्राप्य है' के लिए निम्नलिखित में से कौन सा शब्द होगा?
(a) प्रियदशी (b) पराधीन
(c) सुलभ (d) मनोहर
(e) उपर्युक्त में से कोई नहीं/उपर्युक्त में से एक से अधिक

64. निम्नलिखित में से शब्द-युग्म "थाति - थाती" के सही अर्थ भेद का चयन कीजिए
(a) दारू - लकड़ी (b) स्थिरता - धरोहर
(c) दीवा - दीपक (d) द्वेष - शत्रुता
(e) उपर्युक्त में से कोई नहीं/उपर्युक्त में से एक से अधिक

65. निम्नलिखित में से 'आओ आज नहर में तैरा जाए' - वाक्य से संबद्ध वाच्य कौन-सा है ?
(a) कर्तृवाच्य (b) भाववाच्य
(c) सहायकवाच्य (d) कर्मवाच्य
(e) उपर्युक्त में से कोई नहीं/उपर्युक्त में से एक से अधिक

66. 'सविता कपड़े धो रही है।' इस वाक्य में अपूर्ण भूतकाल का प्रयोग कर वाक्य पूर्ण कीजिए।
(a) सविता कपड़े धो रही थी।
(b) सविता कपड़े धो चुकी होगी।
(c) सविता ने कपड़े धोये।
(d) सविता ने कपड़े धोये हैं।
(e) उपर्युक्त में से कोई नहीं/उपर्युक्त में से एक से अधिक

67. निम्न दिये गये विकल्पों में से जिस वाक्य में 'दही' का लिंग-निर्णय होता हो, वह है
(a) दही खट्टी है। (b) दही खट्टा है।
(c) मैं दही खाती हूँ। (d) मैं दही खाता हूँ।
(e) उपर्युक्त में से कोई नहीं/उपर्युक्त में से एक से अधिक

68. कौन-सा शब्द हमेशा एकवचन में प्रयुक्त होता है?

(a) चांदी (b) मुनि

(c) तिनका (d) तस्वीर

(e) उपर्युक्त में से कोई नहीं/उपर्युक्त में से एक से अधिक

69. निम्नलिखित में से किस विकल्प में उत्तमावस्था गुणवाचक विशेषण-विशेष्य का प्रयोग किया गया है?

(a) हमारी गाय दस लीटर दूध देती है।

(b) ज़िन्दगी में एक शेर की भांति निडर होना चाहिए।

(c) हमारे कॉलेज में रमेश सबसे अच्छा विद्यार्थी है।

(d) इन दोनों लड़कियों में वह सुन्दर है।

(e) उपर्युक्त में से कोई नहीं/उपर्युक्त में से एक से अधिक

70. दिए गए रेखांकित पद के पद परिचय का सही विकल्प चुनिए -

बर्तन में थोड़ा पानी है।

(a) सर्वनाम, अनिश्चय वाचक, पुल्लिंग, एकवचन, कर्म कारक

(b) विशेषण, अनिश्चित परिमाण वाचक, पुल्लिंग, पानी विशेष्य का विशेषण

(c) विशेषण, अनिश्चित संख्या वाचक, पुल्लिंग, पानी विशेष्य का विशेषण

(d) विशेषण, सार्वनामिक, पुल्लिंग, बर्तन विशेष्य की विशेषता

(e) उपर्युक्त में से कोई नहीं/उपर्युक्त में से एक से अधिक

71. निम्नलिखित में से किस विकल्प में उपसर्ग व प्रत्यय से निर्मित शब्द है?

(a) कुविचार, आभ्यंतरिक (b) नैयायिक, आन्विक्षिकी

(c) अवच्छिन्न, सुशिक्षित (d) समकालीन, नैतिक

(e) उपर्युक्त में से कोई नहीं/उपर्युक्त में से एक से अधिक

72. किस वाक्य में समुच्चयबोधक अव्यय है?

(a) बिजली चली गई और गमी लगने लगी

(b) मेरे घर के सामने सिनेमा-घर है

(c) शीतल ही देखेगी

(d) अरे! बारह बज गए।

(e) उपर्युक्त में से कोई नहीं/उपर्युक्त में से एक से अधिक

73. 'शरीर का कोई भाग' वाक्यांश के लिए उचित शब्द बताइए -

(a) अवयव (b) अभिन्न

(c) कृशांग (d) दृष्टि

(e) उपर्युक्त में से कोई नहीं/उपर्युक्त में से एक से अधिक

74. निम्नलिखित प्रश्न में ,चार विकल्पों में से उस विकल्प का चयन करें जो दिए गए वाक्य के भेद का सही विकल्प है।

आम में बौर आने पर कोयल कुहकने लगती है।

(a) मिश्रित वाक्य (b) सरल वाक्य

(c) संयुक्त वाक्य (d) विधान वाचक वाक्य

(e) उपर्युक्त में से कोई नहीं/उपर्युक्त में से एक से अधिक

75. निम्नलिखित में से कौन सा शब्द 'तद्धितांत यौगिक' है?

(a) सुलेख (b) सुशीला

(c) पढ़ाई (d) लिखाई

(e) उपर्युक्त में से कोई नहीं/उपर्युक्त में से एक से अधिक

76. Choose the option that gives the correct meaning to the word underlined in the given sentence:

My grandmother who is over 80 years old was feeling under the weather and we rushed her to the doctor.

(a) Not feeling well

(b) Feels cold during the winter

(c) Did not like hot weather

(d) Does not like to carry an umbrella

(e) None of the above/More than one of the above

77. Out of the four alternatives suggested, select the one which best expresses the same sentence in Indirect speech.

"When are you coming to meet me?" Ram said to me.

(a) Ram asked me when he was coming to meet him.

(b) Ram asked me that when I was coming to meet her.

(c) Ram asked me that when I was coming to meet him.

(d) Ram asked me when I was coming to meet him.

(c) None of the above/More than one of the above

78. In the following question, out of the given alternatives, choose the best one which expresses the meaning of the given word.

Excessive

(a) Sluggish (b) Moderate

(c) Rubbish (d) Extreme

(e) None of the above/More than one of the above

79. Find the word for the given sentence.

A scientist who studies nerves and treats their diseases

(a) Psychiatrist (b) Orthopaedist

(c) Neurologist (d) Opthalmologist

(e) None of the above/More than one of the above

80. Select the correct indirect form of the given sentence.

Kalpana said to me, "This house has been too big for me."

(a) Kalpana told me that that house has been too big for her.
(b) Kalpana told me that that house had being too big for her.
(c) Kalpana told me that that house have been too big for me.
(d) Kalpana told me that that house had been too big for her.
(e) None of the above/More than one of the above

81. Choose the word which best expresses the opposite meaning of the given word.

Personality

(a) Humor (b) Conventionality
(c) Temper (d) Oneness
(e) None of the above/More than one of the above

82. Select the most appropriate meaning of the given idiom.

Wrap your head around something

(a) That's true, I agree
(b) I have no idea
(c) Make a problem worse
(d) Understand something complicated
(e) None of the above/More than one of the above

83. Fill in the blank with the most appropriate word from the given options.

The opera was an ________ as well as a visual delight.

(a) amend (b) emend
(c) aural (d) oral
(e) None of the above/More than one of the above

84. Spot the erroneous part, if any, in the following sentences.

I worked with him (A) / to two years before I (B) / discovered who he really was. (C) / No error (D)

(a) A (b) B
(c) C (d) D
(e) None of the above/More than one of the above

85. What will be the noun form of 'Predict' ?

(a) Predicts (b) Predicting
(c) Prediction (d) Predicted
(e) None of the above/More than one of the above

86. Select the option that is opposite in meaning to the underlined word.

It was <u>contemptible</u> of him to speak like that about a respectable teacher.

(a) outbreak (b) escape
(c) admirable (d) breakout
(e) None of the above/More than one of the above

87. Select the most appropriate option to improve the underlined segment in the given sentence. If there is no need to improve it, select 'No improvement required'.

She lifted it up and she was still smiling <u>from</u> me.

(a) for (b) at
(c) with (d) No improvement.
(e) None of the above/More than one of the above

88. Parts of a sentence are given below in jumbled order. Arrange the parts in the right order to form a meaningful sentence.

per annum (P)/ the country (Q)/worth $600 million (R)/ exports goods (S)

(a) QSPR (b) QSRP
(c) PSRQ (d) RPSQ
(e) None of the above/More than one of the above

89. Complete the sentence by choosing the correct alternative.

I don't want you to give that number to anyone________.

(a) if it's an emergency
(b) although it's an emergency
(c) unless it's an emergency
(d) until it's an emergency
(e) None of the above/More than one of the above

90. Identify the segment that contains a grammatical error.

He needs you right now, unless he knows it or not.

(a) unless he knows (b) right now,
(c) it or not (d) He needs you
(e) None of the above/More than one of the above

Direction (Question 91-95): Read the following passage and answer the questions given after it.

"Water, water everywhere, but not a drop to drink." You must have heard this phrase many times in

your life. It means that although there is water all around us, in Earth's oceans, seas, lakes, rivers, etc., most of it is not drinkable water! The oceans cover up more than 70 per cent of all of the Earth's surface, which is why it is very easy to raise the question - then why do we say that there is a shortage of water? It is because the water in the oceans is so salty that it is not safe to drink it.

Thus, we must rely upon the other sources of water that the Earth provides us, from the rivers that come from glaciers. However, we must also remember that this water is limited, and will exhaust a few decades down the line. Therefore, it is very important to use this water responsibly and do everything we can to avoid wasting it.

While there is a lot of water now, if we keep on using water for unnecessary things or wasting it, there won't be much left around the world.

What if the water in the world finishes? Aquatic life such as fish, coral reefs, seahorses, etc. will not be able to survive, because they will lose their habitats. We humans will not survive because our bodies are made up of 70% water, and without it, we cannot sustain ourselves. All the plants and animals around us will become extinct too. The Earth, which is a planet characterized by its ability to house life, will not be what it is now.

91. Most of the water is undrinkable because:

(a) it is sweet (b) it is sour
(c) it is muddy (d) it is salty
(e) None of the above/More than one of the above

92. How much per cent of the Earth's surface is covered with water?

(a) More than 73 (b) More than 72
(c) More than 70 (d) More than 75
(e) None of the above/More than one of the above

93. What is the main source of water on Earth?

(a) lake (b) glacier
(c) sea (d) river
(e) None of the above/More than one of the above

94. Which of the following is not an example of aquatic life?

(a) fish (b) coral reefs
(c) sea horses (d) sea hens
(e) None of the above/More than one of the above

95. What is the synonym of the word 'survive' as given in the question?

(a) discontinue (b) depend
(c) rely (d) continue
(e) None of the above/More than one of the above

96. Read each sentence to determine whether there is an error in any underlined part i.e., (1) or (2) or (3). If you find no error, your response should be indicated as (4).

She knew very little (1) / about the man with who (2) / she had promised to spend the summer. (3) / No error (4)

(a) (1) (b) (2)
(c) (3) (d) (4)
(e) None of the above/More than one of the above

97. Read the sentence carefully and find which part of speech the underlined word belongs to.

We studied the history of Victorian England in school today.

(a) Interjection (b) Adjective
(c) Noun (d) Conjunction
(e) None of the above/More than one of the above

98. Select the most appropriate option to fill in the blank.

I have an _______ with the doctor at 6 pm.

(a) agreement (b) engagement
(c) arrangement (d) appointment
(e) None of the above/More than one of the above

99. Select the option that can best substitute the following group of words.

One who possesses the qualities of a woman

(a) Emollient (b) Egoist
(c) Effeminate (d) Embezzle
(e) None of the above/More than one of the above

100. Select the incorrectly spelt word from the following.

(a) Diarrohea (b) Embarrass
(c) Occasion (d) Committee
(e) None of the above/More than one of the above

उत्तर माला

1.	(d)	2.	(c)	3.	(c)	4.	(a)	5.	(c)	6.	(d)	7.	(a)	8.	(b)
9.	(c)	10.	(b)	11.	(c)	12.	(c)	13.	(c)	14.	(d)	15.	(a)	16.	(b)
17.	(b)	18.	(d)	19.	(d)	20.	(d)	21.	(c)	22.	(a)	23.	(d)	24.	(d)
25.	(c)	26.	(c)	27.	(c)	28.	(a)	29.	(a)	30.	(c)	31.	(d)	32.	(a)
33.	(a)	34.	(c)	35.	(b)	36.	(c)	37.	(a)	38.	(d)	39.	(d)	40.	(c)
41.	(d)	42.	(d)	43.	(d)	44.	(b)	45.	(d)	46.	(a)	47.	(c)	48.	(b)
49.	(d)	50.	(d)	51.	(b)	52.	(d)	53.	(a)	54.	(a)	55.	(a)	56.	(c)
57.	(d)	58.	(b)	59.	(a)	60.	(c)	61.	(a)	62.	(b)	63.	(c)	64.	(b)
65.	(b)	66.	(a)	67.	(b)	68.	(a)	69.	(c)	70.	(b)	71.	(b)	72.	(a)
73.	(a)	74.	(a)	75.	(b)	76.	(a)	77.	(d)	78.	(d)	79.	(c)	80.	(d)
81.	(b)	82.	(d)	83.	(c)	84.	(b)	85.	(c)	86.	(c)	87.	(b)	88.	(b)
89.	(c)	90.	(a)	91.	(d)	92.	(c)	93.	(b)	94.	(d)	95.	(d)	96.	(b)
97.	(b)	98.	(d)	99.	(c)	100.	(a)								

उत्तर सहित व्याख्या

1. (d) घर के पीछे जहाँ घर की नाबी एक बड़ी नाली से मिलती थी
2. (c) नहानघर की बाल्टी में झोले की मछलियाँ डालीं गई
3. (c) झोले में 3 मछलियाँ थीं और 2 जिन्दा थीं
4. (a) बारिश का पानी झोले के अंदर पड़े जिससे मछलियों में जान आ जाए
5. (c) मछलियाँ झोले में बिना पानी के मर न जाएँ
6. (d) योगरूढ़ शब्द- यह ऐसे शब्द है जो संरचना की दृष्टि से योगिक है किंतु इनका अर्थ एक विशेष रूप में रूढ़ हो चुका है।
7. (a) रूढ़ शब्द- ये वे शब्द है जिनकी ध्वनियों को अलग करके कोई अर्थ नहीं निकाला जा सकता या जिन की व्युत्पत्ति ज्ञात न हो। जैसे-हाथ, पेट, किताब, कमीज़ इत्यादि।
8. (b) व्यंग ख़ वि अंग अर्थात् अंगरहित , अंगहीन , विकलांग, व्यंग्य-ताना मारना
9. (c) जहां समानता के कारण उपमेय में संभावना या कल्पना की जाए, वहाँ उत्प्रेक्षा अलंकार होता है।
10. (b) उपरोक्त पंक्तियों में 'अतिश्योक्ति' अलंकार है। अतः सही उत्तर विकल्प इ 'अतिश्योक्ति अलंकार है। 'आगे नदिया पड़ी अपार, घोडा कैसे उतरे पार। राणा ने सोचा इस पार, तब तक चेतक था उस पार।
11. (c) 'वात' का पर्यायवाची शब्द हुताशन नहीं है
12. (c) 'सरस्वती' का पर्यायवाची है - भारती,वीणापाणि, वागेश्वरी, शारदा, वाग्देवी, महाश्वेता, ज्ञानदा, हंसवाहिनी, वागीश्वरी आदि हैं।
13. (c) केवट के पर्यायवाची शब्द मल्लाह, माँझी, खेवैया, नाविक है
14. (d) देशज शब्द- लोटा, कटोरा, डोंगा, डिबिया, खिचड़ी, खिड़की, अंटा, चसक, चिड़िया, जूता, ठेठ, ठुमरी, तेंदुआ, फुनगी, कलाई आदि।
15. (a) 'मत्सर' शब्द का अनेकार्थी शब्द - द्वेष, ईर्ष्या, कुढ़न, जलन, डाह।
16. (b) 'बल' शब्द का अर्थ - सामर्थ्य, शक्ति, जोर है
17. (b) जीभ शब्द का अर्थ - स्वाद बताने वाली कर्मेन्द्रिय। 'जीभ' तद्भव शब्द है, इसका तत्सम शब्द 'जिव्हा' है
18. (d) कपूत शब्द तत्सम नहीं है
19. (d) हॉस्पिटल शब्द का तद्भवीकरण नहीं हुआ है
20. (d) क से शुरू होने वाले तत्सम = तद्भव शब्दण कर्ण = कानण कर्म = कामण
21. (c) टेलीफोन शब्द देशज नहीं हैं
22. (a) साग शब्द का विपरीतार्थक शब्द नहीं होता है

23. (d) तुर्की भाषा- सुराग, तमगा, सौगात, मुगल, आका, कालीन, लफंगा, लाश, बहादुर, कुली, बेगम इत्यादि।

24. (d) फारसी भाषा के 'संबोसाग' से निकला हुआ शब्द है समोसाण कुछ इतिहासकारों की माने तो गजनवी साम्राज्य के शाही दरबार में एक 'नमकीन पेस्ट्री' परोसी जाती थी और इस पेस्ट्री को मीट कीमा और सुखा मेवा भरकर बनाया जाता थाण

25. (c) गरल का विलोम शब्द होता है सुधा जिसको हम अमृत कहतें हैं। विष का मतलब होता है जहर।

26. (c) विद्युच्छक्ति शब्द का संधि विच्छेद- विद्युत्. शक्ति

27. (c) हर्ष का विलोम शब्द दुःख या विषाद होता है।

28. (a) समवाय शब्द अरबी-फारसी उपसर्ग युक्त नहीं है

29. (a) सुव्यवस्थित, दुर्व्यवहार शब्द दो से अधिक उपसगीं से निर्मित है

30. (c) आन =उठान,उडान,मिलान

31. (d) सूर, ताल, और राग यह संगीत के तीन प्रमुख अंग है। भारतीय संगीत में सा, रे, ग, म, प, ध, नी यह सात सूर है। पश्चिमी देशों में भी इन्ही के आधारपर सी, एफ आदी अक्षरोंद्वारा सुरों को दर्शाया जाता है। इनमे सा और प यह दो स्वर अचल है।

32. (a) गुणहीन शब्द का समास विग्रह गुण से हीन होता है। जो अपादान तत्पुरुष का उदाहरण है।

33. (a) तत् + जन्य = तद्जन्य संधि शब्द सही नहीं है

34. (c) जो दूसरों के साथ धृष्टतापूर्वक व्यवहार करता हो या धृष्टता से पेश आता हो "उच्छृंखल" शब्द का सही वर्तनी विश्लेषण 'उ + च् + छ + अ + ; + ङ् + अ + ख् + अ + ल् + अ' है।

35. (b) अचल - अचला = पर्वत - नारी

36. (c) गुरु शब्द शब्द-कोश में पहले आएगा

37. (a) रूपक अंलकार का मतलब है कि उपमेय और उपमान में कोई अंतर नहीं दिखाई होता है। जहां उपमेय और उपमान के बीच भेद को खत्म कर उसे एक कर दिया जाता है तो वहां पर रूपक अंलकार होता है।

38. (d) हरिगीतिका चार चरणों वाला एक सम मात्रिक छंद है। इसके प्रत्येक चरण में 16 व 12 के विराम से 28 मात्रायें होती हैं तथा अंत में लघु गुरु आना अनिवार्य है। हरिगीतिका में 16 और 12 मात्राओं पर यति होती है। अन्य विकल्प असंगत है।

39. (d) 'वीभत्स रस' का स्थायी भाव इनमें से जुगुप्सा है, अतः सही उत्तर 'जुगुप्सा' होगा। जिन वस्तुओं के वर्णन से मनुष्य के अन्दर घृणा का भाव आये जैसे मांस, पीत (मवाद), खून इत्यादि, वहां वीभत्स रस होता है। जुगुप्सा का अर्थ है – उपेक्षापूर्वक की जानेवाली घृणा, वीभत्स।

40. (c) वे शब्द जो क्रिया के घटित होने के स्थान का बोध कराते हैं, उन्हें स्थानवाचक क्रियाविशेषण कहते हैं। जैसे - यहाँ, वहाँ, कहाँ, जहाँ, सामने, नीचे, ऊपर, आगे, भीतर, बाहर, दूर, पास, अंदर, किधर, इस ओर, उस ओर, इधर, उधर, जिधर, दाएँ, बाएँ, दाहिने आदि।

41. (d) जिस संज्ञा या सर्वनाम पर कती द्वारा किए गए क्रिया का प्रभाव पड़ता हैं उसे कर्म कारक कहते है। दूसरे शब्दों में वाक्य में क्रिया का फल जिस शब्द पर पड़ता है, उसे कर्म कारक कहते है।

42. (d) बच्चों ने कहा कि, "उन्हें नए कपड़े, खिलौने और मिठाइयाँ चाहिए।"

43. (d) रविमोहन के पुत्र सचिन पधारे हैं।

44. (b) जिन संज्ञा शब्दों से किसी भी व्यक्ति या वस्तु के समूह का बोध होता है, उन शब्दों को समूहवाचक या समुदायवाचक संज्ञा कहते हैं। जैसे- भीड़, मेला, सभा, कक्षा, परिवार, पुस्तकालय, झुंड, गिरोह, सेना, दल, गुच्छा, दल, टुकड़ी आदि शब्द हमें किसी न किसी समूह का बोध कराते हैं।

45. (d) किसी प्राणी, वस्तु या स्थान विशेष की जाति या सम्पूण ि वर्ग का बोध करवाने वाले शब्द को जाति वाचक संज्ञा कहते हैं। जैसेः नदी, पहाड़, जानवर, शहर, गाँव इत्यादि। जैसेः मनुष्य, घर, पहाड़, गाय, बकरी इत्यादि।

46. (a) (उसकी) छोटी बहन दिव्या है।

47. (c) जिन सर्वनाम शब्दों से किसी निश्चित व्यक्ति अथवा वस्तु की ओर संकेत का बोध होता है उन्हें निश्चयवाचक सर्वनाम कहते हैं।

48. (b) जिस क्रिया के उपयोग से दो कामों के पूरे होने का पता चलता है उसे द्विकर्मक क्रिया कहते हैं।

49. (d) विकास सोता है।

50. (d) वह शब्द है जिससे क्रिया की विशेषता का पता चलता है। प्रायः इसका प्रयोग वाक्य में क्रिया से तुरंत पहले किया जाता है। यह अविकारी शब्द है अर्थात् इसमें लिंग, वचन, कारक, काल आदि के कारण कोई परिवर्तन नहीं आता है। यह हमेशा अपने मूल रूप में प्रयुक्त होता है।

51. (b) जो अविकारी शब्द किसी क्रिया की रीति का बोध कराते हैं, उन्हें रीतिवाचक क्रिया विशेषण कहते हैं। जैसे- सचमुच, ठीक, अवश्य, कदाचित्, यथासम्भव, ऐसे, वैसे, सहसा, तेज़, सच, अतः, इसलिए, क्योंकि, नहीं, मत, कदापि, तो, हो, मात्र, भर आदि।

52. (d) वे शब्द जो क्रिया के घटित होने के स्थान का बोध कराते हैं, उन्हें स्थानवाचक क्रियाविशेषण कहते हैं। जैसे - यहाँ, वहाँ, कहाँ, जहाँ, सामने, नीचे, ऊपर, आगे, भीतर, बाहर, दूर, पास, अंदर, किधर, इस ओर, उस ओर, इधर, उधर, जिधर, दाएँ, बाएँ, दाहिने आदि।

53. (a) किसी भी बात पर अतिरिक्त भार देने के लिए जिन शब्दों का प्रयोग किया जाता है उसे निपात कहते है। जैसे- तक, मत, क्या, हाँ, भी, केवल, जी, नहीं, न, काश।

54. (a) 'कर्णिका ने देखा कि बूढ़ी काकी जूठी पत्तलों को खाने लगी ।' में खाने लगी अशुद्ध भाग है।

55. (a) भावानुकूल छंद चयन करने में भी उन्होंने अपनी मौलिकता का प्रदर्शन किया है।

56. (c) दिए गए विकल्पों में सही उत्तर विकल्प ब 'तलाशी' होगा। अन्य विकल्प अनुचित उत्तर हैं। उपरोक्त विकल्पों में 'तलाशी' शब्द वर्तनीगत शुद्ध है।

57. (d) पुरूस्कार अशुद्ध वर्तनी है शुद्ध वर्तनी- पुरस्कार

58. (b) 'अंतर्मन' में अंतः उपसर्ग है।

59. (a) 'आव' प्रत्यय से बनने वाले अन्य शब्द हैं 'बहाव, घुमाव, चढ़ाव, खिंचाव, बचाव आदि।

60. (c) "सुबह से काम करते-करते थक गया हूँ, ज़रा कमर सीधी कर लूँ।

61. (a) खून पसीना एक करना मुहावरे का अर्थ होता है अधिक परिश्रम करना मतलब जब आप किसी चीज के लिए अधिक मेहनत करते हैं तो इसी को कहा जाता है कि आप खून पसीना बहा रहे हैं। जब आप किसी चीज को पाना चाहते हैं और आप उसके लिए जी जान से जुट जाते हैं तो वही खून पसीना एक करना कहलाता है।

62. (b) अपनी पगड़ी अपने हाथ मुहावरे का अर्थ है अपनी इज्जत, मान-सम्मान अपने हाथ होना। अपनी पगड़ी अपने हाथ मुहावरे का अर्थ है कि आपकी इज्जत आपके हाथ में है अर्थात जब कोई आपके साथ बुरा करे या आपके लिए बुरा सोचे तो उसके साथ वैसा व्यवहार नहीं करना चाहिए।

63. (c) इसका सही उत्तर विकल्प ब 'सुलभ' होगा। अन्य विकल्प असंगत हैं। 'जो आसानी से प्राप्य है' के लिए एक शब्द 'सुलभ' है।

64. (b) "थाति - थाती" के सही अर्थ भेद - स्थिरता - धरोहर

65. (b) क्रिया के उस रूपान्तर को भाववाच्य कहते हैं, जिससे वाक्य में क्रिया अथवा भाव की प्रधानता का बोध हो।

66. (a) सविता कपड़े धो रही थी ।

67. (b) दही, गुस्सा और मज़ा के मामले में दोनों लिंग प्रचलित हैं इसलिये दोनों सही हैं, जैसा आपको ठीक लगे वैसा प्रयोग कीजिये। दही खट्टा लगे तो खट्टा है और खट्टी लगे तो खट्टी है।

68. (a) निम्न शब्द सदैव हिंदी व्याकरण में एकवचन में ही प्रयुक्त होते हैं:- सोना, चांदी, लोहा, स्टील, पानी ,दूध , जनता, आग, आकाश, घी, सत्य , झूठ, मिठास प्रेम,मोह, सामान, ताश,सहायता, तेल,वर्षा, जल, क्रोध, क्षमा।

69. (c) जब दो से अधिक व्यक्तियों या वस्तुओं के बीच तुलना की जाती है और उनमें से एक को श्रेष्ठता या निम्नता दी जाती है, तब विशेषण की उत्तमावस्था कहलाती है।

70. (b) विशेषण, अनिश्चित परिमाण वाचक, पुल्लिंग, पानी विशेष्य का विशेषण

71. (b) नैयायिक, आन्विक्षिकी- उपसर्ग व प्रत्यय से निर्मित शब्द है

72. (a) 'बिजली चली गई और गमी लगने लगी' वाक्य में समुच्चयबोधक अव्यय है, क्योंकि इसमें दो वाक्य 'और' संयोजक से जुड़े हुए हैं। शेष विकल्प असंगत हैं। अतः सही विकल्प 'बिजली चली गई और गमी लगने लगी' है।

73. (a)'शरीर का कोई भाग' वाक्यांश के लिए उचित शब्द अवयव है।

74. (a) जिस वाक्य में एक से अधिक वाक्य मिले हों, किन्तु एक प्रधान उपवाक्य तथा शेष आश्रित उपवाक्य हों, मिश्रित वाक्य कहलाता है। सरल शब्दों में - जिस वाक्य में मुख्य उद्देश्य और मुख्य विधेय के अलावा एक या अधिक समापिका क्रियाएँ हों, उसे 'मिश्रित वाक्य' कहते हैं।

75. (b) क्रिया-भिन्न शब्दों में प्रत्यय लगाने से बने शब्द तद्धितांत होते हैं। सुशीला शब्द तद्धितान्त यौगिक है।

76. (a) To feel under the weather means to feel sick.

77. (d) Ram asked me when I was coming to meet him.

78. (d) Excessive alternatives = Extreme

79. (c) ' A neurologist is a physician dealing in disorders of the brain and nervous system. He diagnoses and treats neurological disorders and diseases.

80. (d) Kalpana told me that that house had been too big for her.

81. (b) Personality opposite word = Conventionality

82. (d) The correct answer is 'Understand something complicated.' Key Points Given Idiom: Wrap your head around something means to under.

83. (c) The opera was an aural as well as a visual delight.

84. (b) to two years before I

85. (c) prediction noun. the act of predicting. something predicted; a forecast, prophecy, etc.

86. (c) CONTEMPTIBLE: admirable, laudable, praiseworthy

87. (b) She lifted it up and she was still smiling at me.

88. (b) the country (Q)/ exports goods (S)/ worth $600 million (R)/ per annum (P)
89. (c) I don't want you to give that number to anyone unless it's an emergency
90. (a) He needs you right now, unless he knows it or not. grammatical error is 'unless he knows'.
91. (d) Most of the water is undrinkable because it is salty.
92. (c) More than 70 per cent of the Earth's surface is covered with water.
93. (b) Glacier is the main source of water on Earth.
94. (d) Sea hens is not an example of aquatic life
95. (d) Synonyms for SURVIVE: endure, live, withstand, make it (through), be, weather, ride (out), continue;
96. (b) about the man with who
97. (b) Adjectives are words that describe the qualities or states of being of nouns: enormous, doglike, silly, yellow, fun, fast.
98. (d) I have an appointment with the doctor at 6 pm.
99. (c) The correct answer is, 'Effeminate'. Synonym- effete, womanly. Example- Dev is very effeminate in the way he walks.
100. (a) A Diarrhoea is usually a symptom of a bowel infection (gastroenteritis).

For example:- It is especially important to find the cause of Diarrhoea.

This is the only incorrect spelling among all the other spellings.